CUADERNO DE EJERCICIOS

Houghton
Mifflin
Harcourt

STECK-VAUGHN

RAZONAMIENTO
MATEMÁTICO

PREPARACIÓN PARA LA PRUEBA DE GED® 2014

- Resolver problemas algebraicos
- Resolver problemas cuantitativos
- Práctica de Matemáticas

POWERED BY

PAXEN

Houghton
Mifflin
Harcourt

POWERED BY

PAXEN

Reconocimientos

For each of the selections and images listed below, grateful acknowledgement is made for permission to excerpt and/or reprint original or copyrighted material, as follows:

Text

Excerpt from *Assessment Guide for Educators*, published by GED Testing Service LLC. Text copyright © 2014 by GED Testing Service LLC. GED® and GED Testing Service® are registered trademarks of the American Council on Education (ACE). They may not be used or reproduced without the express written permission of ACE or GED Testing Service. The GED® and GED Testing Service® brands are administered by GED Testing Service LLC under license from the American Council on Education. Translated and reprinted by permission of GED Testing Service LLC.

Images

Cover (bg) ©Chen Ping-hung/E+/Getty Images; **(bg)** ©Tetra Images/Corbis; **(inset)** ©John Elk/Lonely Planet Images/Getty Images; **(calculator)** ©iStockPhoto.com; iii **(paper and pencil)** ©LPETTET/iStockPhoto.com; vi ©daboost/iStockPhoto.com; vii **(b)** ©CDH Design/iStockPhoto.com; **(t)** ©daboost/iStockPhoto.com; xii ©Guy Jarvis/Houghton Mifflin Harcourt.

Printed in the U.S.A.

ISBN   978-0-544-30133-7

3 4 5 6 7 8 9 10   0868   23 22 21 20 19 18 17 16 15

4500523794   A B C D E F G

Razonamiento Matemático

©iStockPhoto.com, ©goktugg/iStockPhoto.com, ©LPETTET/iStockPhoto.com

Contenido

Acerca de la Prueba de GED®

Bienvenido al primer día del resto de tu vida. Ahora que te has comprometido a estudiar para obtener tu credencial GED®, te espera una serie de posibilidades y opciones: académicas y profesionales, entre otras. Todos los años, cientos de miles de personas desean obtener una credencial GED®. Al igual que tú, abandonaron la educación tradicional por una u otra razón. Ahora, al igual que ellos, tú has decidido estudiar para dar la Prueba de GED® y, de esta manera, continuar con tu educación.

En la actualidad, la Prueba de GED® es muy diferente de las versiones anteriores. La Prueba de GED® de hoy consiste en una versión nueva, mejorada y más rigurosa, con contenidos que se ajustan a los Estándares Estatales Comunes. Por primera vez, la Prueba de GED® es tanto un certificado de equivalencia de educación secundaria como un indicador del nivel de preparación para la universidad y las carreras profesionales. La nueva Prueba de GED® incluye cuatro asignaturas: Razonamiento a través de las Artes del Lenguaje (RLA, por sus siglas en inglés), Razonamiento Matemático, Ciencias y Estudios Sociales. Cada asignatura se presenta en formato electrónico y ofrece una serie de ejercicios potenciados por la tecnología.

Las cuatro pruebas requieren un tiempo total de evaluación de siete horas. La preparación puede llevar mucho más tiempo. Sin embargo, los beneficios son significativos: más y mejores oportunidades profesionales, mayores ingresos y la satisfacción de haber obtenido la credencial GED®. Para los empleadores y las universidades, la credencial GED® tiene el mismo valor que un diploma de escuela secundaria. En promedio, los graduados de GED® ganan al menos $8,400 más al año que aquellos que no finalizaron los estudios secundarios.

El Servicio de Evaluación de GED® ha elaborado la Prueba de GED® con el propósito de reflejar la experiencia de una educación secundaria. Con este fin, debes responder diversas preguntas que cubren y conectan las cuatro asignaturas. Por ejemplo, te puedes encontrar con un pasaje de Estudios Sociales en la Prueba de Razonamiento a través de las Artes del Lenguaje, y viceversa. Además, encontrarás preguntas que requieren diferentes niveles de esfuerzo cognitivo, o Niveles de conocimiento. En la siguiente tabla se detallan las áreas de contenido, el número de ejercicios, la calificación, los Niveles de conocimiento y el tiempo total de evaluación para cada asignatura.

Prueba de:	Áreas de contenido	Ejercicios	Calificación bruta	Niveles de conocimiento	Tiempo
Razonamiento a través de las Artes del Lenguaje	**Textos informativos—75%** **Textos literarios—25%**	*51	65	80% de los ejercicios en el Nivel 2 o 3	150 minutos
Razonamiento Matemático	**Resolución de problemas algebraicos—55%** **Resolución de problemas cuantitativos—45%**	*46	49	50% de los ejercicios en el Nivel 2	115 minutos
Ciencias	**Ciencias de la vida—40%** **Ciencias físicas—40%** **Ciencias de la Tierra y del espacio—20%**	*34	40	80% de los ejercicios en el Nivel 2 o 3	90 minutos
Estudios Sociales	**Educación cívica/Gobierno—50%** **Historia de los Estados Unidos: —20%** **Economía—15%** **Geografía y el mundo—15%**	*35	44	80% de los ejercicios en el Nivel 2 o 3	90 minutos

*El número de ejercicios puede variar levemente según la prueba.

Debido a que las demandas de la educación secundaria de la actualidad y su relación con las necesidades de la población activa son diferentes de las de hace una década, el Servicio de Evaluación de GED® ha optado por un formato electrónico. Si bien las preguntas de opción múltiple siguen siendo los ejercicios predominantes, la nueva serie de Pruebas de GED® incluye una variedad de ejercicios potenciados por la tecnología, en los que el estudiante debe: elegir la respuesta correcta a partir de un menú desplegable; completar los espacios en blanco; arrastrar y soltar elementos; marcar un punto clave en una gráfica; ingresar una respuesta breve e ingresar una respuesta extendida.

En la tabla de la derecha se identifican los diferentes tipos de ejercicios y su distribución en las nuevas pruebas de cada asignatura. Como puedes ver, en las cuatro pruebas se incluyen preguntas de opción múltiple, ejercicios con menú desplegable, ejercicios para completar los espacios en blanco y ejercicios para arrastrar y soltar elementos.

EJERCICIOS PARA 2014

	RLA	Matemáticas	Ciencias	Estudios Sociales
Opción múltiple	✓	✓	✓	✓
Menú desplegable	✓	✓	✓	✓
Completar los espacios	✓	✓	✓	✓
Arrastrar y soltar	✓	✓	✓	✓
Punto clave		✓	✓	✓
Respuesta breve			✓	
Respuesta extendida	✓			✓

Existe cierta variación en lo que respecta a los ejercicios en los que se debe marcar un punto clave o ingresar una respuesta breve/extendida.

Además, la nueva Prueba de GED® se relaciona con los estándares educativos más exigentes de hoy en día a través de ejercicios que se ajustan a los objetivos de evaluación y a los diferentes Niveles de conocimiento.

- **Temas/Objetivos de evaluación** Los temas y los objetivos describen y detallan el contenido de la Prueba de GED®. Se ajustan a los Estándares Estatales Comunes, así como a los estándares específicos de los estados de Texas y Virginia.
- **Prácticas de contenidos** La práctica describe los tipos y métodos de razonamiento necesarios para resolver ejercicios específicos de la Prueba de GED®.
- **Niveles de conocimiento** El modelo de los Niveles de conocimiento detalla el nivel de complejidad cognitiva y los pasos necesarios para llegar a una respuesta correcta en la prueba. La nueva Prueba de GED® aborda tres Niveles de conocimiento.
  - **Nivel 1** Debes recordar, observar, representar y hacer preguntas sobre datos, y aplicar destrezas simples. Por lo general, solo debes mostrar un conocimiento superficial del texto y de las gráficas.
  - **Nivel 2** El procesamiento de información no consiste simplemente en recordar y observar. Deberás realizar ejercicios en los que también se te pedirá resumir, ordenar, clasificar, identificar patrones y relaciones, y conectar ideas. Necesitarás examinar detenidamente el texto y las gráficas.
  - **Nivel 3** Debes inferir, elaborar y predecir para explicar, generalizar y conectar ideas. Por ejemplo, es posible que necesites resumir información de varias fuentes para luego redactar composiciones de varios párrafos. Esos párrafos deben presentar un análisis crítico de las fuentes, ofrecer argumentos de apoyo tomados de tus propias experiencias e incluir un trabajo de edición que asegure una escritura coherente y correcta.

Aproximadamente el 80 por ciento de los ejercicios de la mayoría de las áreas de contenido pertenecen a los Niveles de conocimiento 2 y 3, mientras que los ejercicios restantes forman parte del Nivel 1. Los ejercicios de escritura –por ejemplo, el ejercicio de Estudios Sociales (25 minutos) y de Razonamiento a través de las Artes del Lenguaje (45 minutos) en el que el estudiante debe ingresar una respuesta extendida–, forman parte del Nivel de conocimiento 3.

Ahora que comprendes la estructura básica de la Prueba de GED® y los beneficios de obtener una credencial GED®, debes prepararte para la Prueba de GED®. En las páginas siguientes encontrarás una especie de receta que, si la sigues, te conducirá hacia la obtención de tu credencial GED®.

Prueba de GED® en la computadora

Junto con los nuevos tipos de ejercicios, la Prueba de GED® 2014 revela una nueva experiencia de evaluación electrónica. La Prueba de GED® estará disponible en formato electrónico, y solo se podrá acceder a ella a través de los Centros Autorizados de Evaluación de Pearson VUE. Además de conocer los contenidos y poder leer, pensar y escribir de manera crítica, debes poder realizar funciones básicas de computación –hacer clic, hacer avanzar o retroceder el texto de la pantalla y escribir con el teclado– para aprobar la prueba con éxito. La pantalla que se muestra a continuación es muy parecida a una de las pantallas que te aparecerán en la Prueba de GED®.

El botón **INFORMACIÓN** contiene material clave para completar el ejercicio con éxito. Aquí, al hacer clic en el botón Información, aparecerá un mapa sobre la Guerra de Independencia. En la prueba de Razonamiento Matemático, los botones **HOJA DE FÓRMULAS** y **REFERENCIAS DE CALCULADORA** proporcionan información que te servirá para resolver ejercicios que requieren el uso de fórmulas o de la calculadora TI-30XS. Para mover un pasaje o una gráfica, haz clic en ellos y arrástralos hacia otra parte de la pantalla.

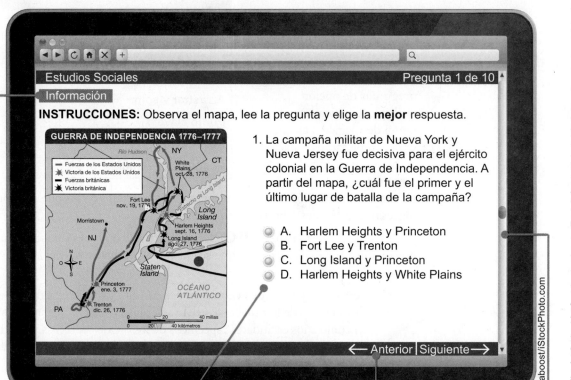

Para seleccionar una respuesta, haz clic en el botón que está junto a la respuesta. Si deseas cambiar tu respuesta, haz clic en otro botón. La selección anterior desaparecerá.

Cuando no puedes ver la totalidad de un pasaje o de una gráfica en una ventana, debes hacer clic en la barra de desplazamiento y moverla hacia abajo hasta mostrar la parte del texto o de la gráfica que deseas ver. La parte de la barra de color gris claro muestra la parte del texto o de la gráfica que no puedes ver en ese momento.

Para volver a la pantalla anterior, haz clic en **ANTERIOR**. Para avanzar a la pantalla siguiente, haz clic en **SIGUIENTE**.

En algunos ejercicios de la nueva Prueba de GED®, como en los que se te pide completar los espacios en blanco o ingresar respuestas breves/extendidas, deberás escribir las respuestas en un recuadro. En algunos casos, es posible que las instrucciones especifiquen la extensión de texto que el sistema aceptará. Por ejemplo, es posible que en el espacio en blanco de un ejercicio solo puedas ingresar un número del 0 al 9 junto con un punto decimal o una barra, pero nada más. El sistema también te dirá qué teclas no debes presionar en determinadas situaciones. La pantalla y el teclado con comentarios que se muestran a continuación proporcionan estrategias para ingresar texto y datos en aquellos ejercicios en los que se te pide completar los espacios en blanco e ingresar respuestas breves/extendidas.

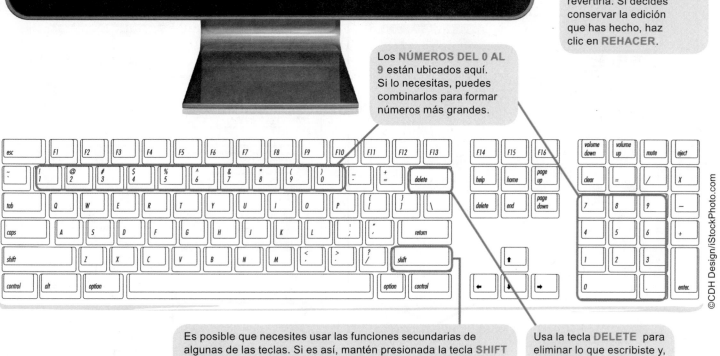

Estudios Sociales

Pregunta 1 de 10

El pasaje que aparece a continuación es un extracto de *El sentido común*, un ensayo escrito por Thomas Paine antes de la Guerra de Independencia. En él, Paine exponía argumentos a favor de que los colonos estadounidenses establecieran un nuevo gobierno, independiente de la monarquía británica.

Nos hemos vanagloriado de la protección de Gran Bretaña, sin considerar que lo hacía por su propio *interés*, y no con la intención de *unirse* a nosotros; que no nos protegía de *nuestros enemigos* por *nuestra cuenta* sino de *sus enemigos* por su *propia cuenta*, de aquellos con los que no discrepábamos por ninguna *otra causa* y que siempre serán nuestros enemigos por la MISMA CAUSA. Dejen que Gran Bretaña renuncie a sus pretensiones con respecto al continente, o que el continente se libere de su dependencia, y estemos en paz con Francia y España aunque ellas estuvieran en guerra con Gran Bretaña.

Escribe un resumen que muestre cómo la postura de Thomas Paine en este pasaje refleja el carácter perdurable de la independencia de los Estados Unidos de Gran Bretaña. Incluye evidencia relevante y específica del pasaje, como también tu propio conocimiento del hecho y de las circunstancias que condujeron a la Guerra de Independencia. Esta tarea puede llevarte 25 minutos.

Cortar Copiar Pegar Deshacer Rehacer

← Anterior | Siguiente →

Al escribir una respuesta extendida, es posible que necesites mover palabras de un lugar a otro. Si es así, primero selecciona las palabras relevantes y, luego, haz clic en **CORTAR**. Luego, mueve el cursor hacia la parte correspondiente de la ventana de texto y haz clic en **PEGAR**. Si no estás convencido de mover el texto, puedes seleccionar **COPIAR**, lo que te permitirá conservar el texto en su posición original mientras pruebas cómo queda en otra parte del documento. Si haces una edición y luego cambias de opinión, puedes hacer clic en **DESHACER** para revertirla. Si decides conservar la edición que has hecho, haz clic en **REHACER**.

Los **NÚMEROS DEL 0 AL 9** están ubicados aquí. Si lo necesitas, puedes combinarlos para formar números más grandes.

Es posible que necesites usar las funciones secundarias de algunas de las teclas. Si es así, mantén presionada la tecla **SHIFT** y presiona la tecla que representa la función secundaria que deseas usar, por ejemplo, el signo de pregunta.

Usa la tecla **DELETE** para eliminar lo que escribiste y, luego, escribe una nueva respuesta.

©daboost/iStockPhoto.com

©CDH Design/iStockPhoto.com

Acerca de la *Preparación para la Prueba de GED® 2014 de Steck-Vaughn*

Además de haber decidido obtener tu credencial GED®, has tomado otra decisión inteligente al elegir la *Preparación para la Prueba de GED® 2014 de Steck-Vaughn* como tu herramienta principal de estudio y preparación. Nuestro énfasis en la adquisición de conceptos clave de lectura y razonamiento te proporciona las destrezas y estrategias necesarias para aprobar con éxito la Prueba de GED®.

Las microlecciones de dos páginas en cada libro del estudiante te brindan una instrucción enfocada y eficiente. Para aquellos que necesiten apoyo adicional, ofrecemos cuadernos de ejercicios complementarios que *duplican* el apoyo y la cantidad de ejercicios de práctica.

La mayoría de las lecciones de la serie incluyen una sección llamada *Ítem en foco*, que corresponde a uno de los tipos de ejercicios potenciados por la tecnología que aparecen en la Prueba de GED®.

La sección **APRENDE LA DESTREZA** brinda información acerca de la destreza que se estudiará.

Cada lección incluye correlaciones con los **OBJETIVOS DE EVALUACIÓN**, lo que te ayudará a centrarte en tus estudios.

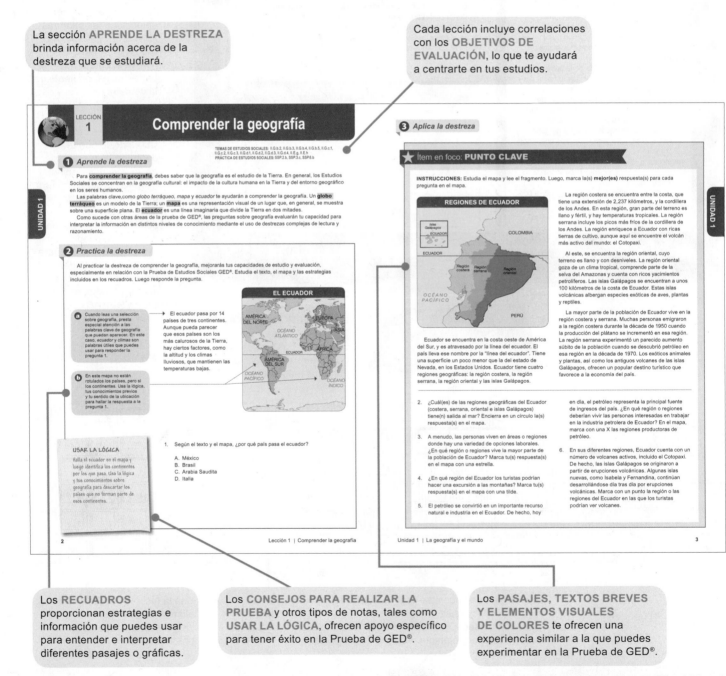

Los **RECUADROS** proporcionan estrategias e información que puedes usar para entender e interpretar diferentes pasajes o gráficas.

Los **CONSEJOS PARA REALIZAR LA PRUEBA** y otros tipos de notas, tales como **USAR LA LÓGICA**, ofrecen apoyo específico para tener éxito en la Prueba de GED®.

Los **PASAJES, TEXTOS BREVES Y ELEMENTOS VISUALES DE COLORES** te ofrecen una experiencia similar a la que puedes experimentar en la Prueba de GED®.

Cada unidad de la *Preparación para la Prueba de GED® 2014 de Steck-Vaughn* comienza con la sección GED® SENDEROS, una serie de perfiles de personas que obtuvieron su credencial GED® y que la utilizaron como trampolín al éxito. A partir de ahí, recibirás una instrucción y una práctica intensivas a través de una serie de lecciones conectadas que se ajustan a los Temas/Objetivos de evaluación, a las Prácticas de contenidos (donde corresponda) y a los Niveles de conocimiento.

Cada unidad concluye con un repaso de ocho páginas que incluye una muestra representativa de ejercicios (incluidos los ejercicios potenciados por la tecnología) de las lecciones que conforman la unidad. Si lo deseas, puedes usar el repaso de la unidad como una prueba posterior para evaluar tu comprensión de los contenidos y de las destrezas, y tu preparación para ese aspecto de la Prueba de GED®.

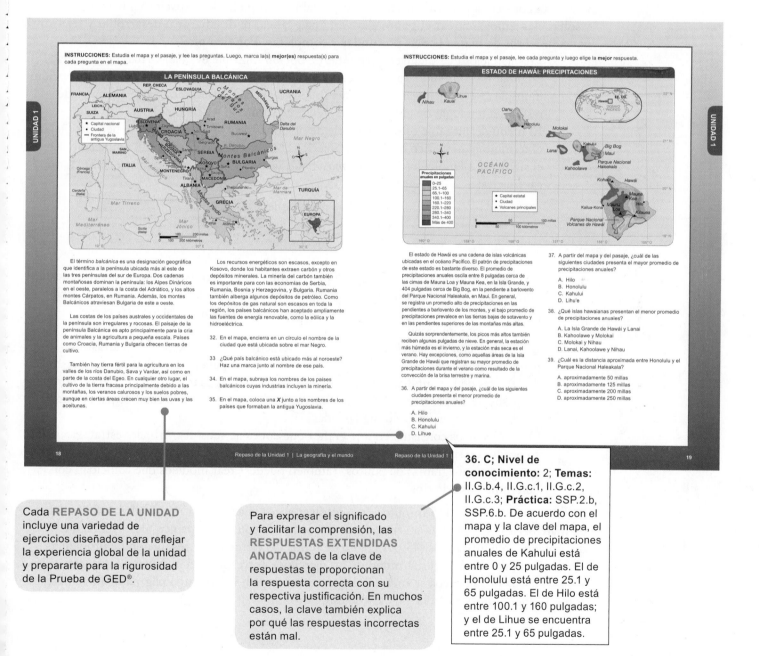

Cada **REPASO DE LA UNIDAD** incluye una variedad de ejercicios diseñados para reflejar la experiencia global de la unidad y prepararte para la rigurosidad de la Prueba de GED®.

Para expresar el significado y facilitar la comprensión, las **RESPUESTAS EXTENDIDAS ANOTADAS** de la clave de respuestas te proporcionan la respuesta correcta con su respectiva justificación. En muchos casos, la clave también explica por qué las respuestas incorrectas están mal.

36. C; Nivel de conocimiento: 2; **Temas:** II.G.b.4, II.G.c.1, II.G.c.2, II.G.c.3; **Práctica:** SSP.2.b, SSP.6.b. De acuerdo con el mapa y la clave del mapa, el promedio de precipitaciones anuales de Kahului está entre 0 y 25 pulgadas. El de Honolulu está entre 25.1 y 65 pulgadas. El de Hilo está entre 100.1 y 160 pulgadas; y el de Lihue se encuentra entre 25.1 y 65 pulgadas.

Acerca de la Prueba de Razonamiento Matemático GED®

La nueva Prueba de Razonamiento Matemático GED® es más que un simple conjunto de ejercicios matemáticos. De hecho, refleja el intento de incrementar el rigor de la Prueba de GED® a fin de satisfacer con mayor eficacia las demandas propias de una economía del siglo XXI. Con ese propósito, la Prueba de Razonamiento Matemático GED® ofrece una serie de ejercicios potenciados por la tecnología, a los que se puede acceder a través de un sistema de evaluación por computadora. Estos ejercicios reflejan el conocimiento, las destrezas y las aptitudes que un estudiante desarrollaría en una experiencia equivalente, dentro de un marco de educación secundaria.

Las preguntas de opción múltiple constituyen la mayor parte de los ejercicios que conforman la Prueba de Razonamiento Matemático GED®. Sin embargo, una serie de ejercicios potenciados por la tecnología (por ejemplo, ejercicios en los que el estudiante debe: elegir la respuesta correcta a partir de un menú desplegable; completar los espacios en blanco; arrastrar y soltar elementos; marcar el punto clave en una gráfica) te desafiarán a desarrollar y transmitir conocimientos de maneras más profundas y completas. Por ejemplo:

- Los ejercicios que incluyen preguntas de opción múltiple evalúan virtualmente cada estándar de contenido, ya sea de manera individual o conjunta. Las preguntas de opción múltiple que se incluyen en la nueva Prueba de GED® ofrecerán cuatro opciones de respuesta (en lugar de cinco), con el siguiente formato: A./B./C./D.
- El menú desplegable ofrece una serie de opciones de respuesta, lo que te permite elegir el término matemático o el valor numérico correcto para completar un enunciado. En el siguiente ejemplo, los términos *mayor que*, *igual a* y *menor que* permiten comparar dos cantidades:

$$\sqrt{65} \qquad \begin{matrix} \text{mayor que} \\ \text{igual a} \\ \text{menor que} \end{matrix} \qquad 7^2$$

- Los ejercicios que incluyen espacios para completar te permiten ingresar una respuesta numérica a través del teclado o de un selector de caracteres. Estos ejercicios también te permiten ingresar respuestas breves, o de una sola palabra, relacionadas con el razonamiento matemático.
- Otros ejercicios consisten en actividades interactivas en las que se deben arrastrar pequeñas imágenes, palabras o expresiones numéricas para luego soltarlas en zonas designadas de la pantalla. Estas actividades te pueden ayudar a organizar datos, a ordenar los pasos de un proceso o a mover números hacia el interior de recuadros para crear expresiones, ecuaciones y desigualdades.
- Otros ejercicios consisten en una gráfica que contiene sensores virtuales estratégicamente colocados en su interior. Te permiten marcar puntos en cuadrículas de coordenadas, rectas numéricas o diagramas de puntos. También puedes crear modelos que coincidan con determinados criterios.

Tendrás un total de 115 minutos para resolver aproximadamente 46 ejercicios. La prueba de matemáticas se organiza en función de dos áreas de contenido principales: resolución de problemas cuantitativos (45 por ciento de todos los ejercicios) y resolución de problemas algebraicos (55 por ciento). La mitad de los ejercicios corresponden al Nivel de conocimiento 2. En la interfaz de la prueba se incluirá una calculadora TI-30XS y una página de fórmulas, tal como la que se muestra en la pág. xiv de este libro.

Acerca de la *Preparación para la Prueba de GED® 2014 de Steck-Vaughn: Razonamiento Matemático*

El libro del estudiante y el cuaderno de ejercicios de Steck-Vaughn te permiten abrir la puerta del aprendizaje y desglosar los diferentes elementos de la prueba al ayudarte a elaborar y a desarrollar destrezas clave de matemáticas. El contenido de nuestros libros se ajusta a los nuevos estándares de contenido de matemáticas y a la distribución de ejercicios de GED® para brindarte una mejor preparación para la prueba.

Gracias a nuestra sección *Ítem en foco*, cada uno de los ejercicios potenciados por la tecnología recibe un tratamiento más profundo y exhaustivo. En la introducción inicial, a un único tipo de ejercicio —por ejemplo, el de arrastrar y soltar elementos— se le asigna toda una página de ejercicios de ejemplo en la lección del libro del estudiante y tres páginas en la lección complementaria del cuaderno de ejercicios. La cantidad de ejercicios en las secciones subsiguientes puede ser menor; esto dependerá de la destreza, la lección y los requisitos.

Una combinación de estrategias específicamente seleccionadas, recuadros informativos, preguntas de ejemplo, consejos, pistas y una evaluación exhaustiva ayudan a destinar los esfuerzos de estudio a las áreas necesarias.

Además de las secciones del libro, una clave de respuestas muy detallada ofrece la respuesta correcta junto con su respectiva justificación. De esta manera, sabrás exactamente por qué una respuesta es correcta. El libro del estudiante y el cuaderno de ejercicios de *Razonamiento Matemático* están diseñados teniendo en cuenta el objetivo final: aprobar con éxito la Prueba de Razonamiento Matemático GED®.

Además de dominar los contenidos clave y las destrezas de lectura y razonamiento, te familiarizarás con ejercicios alternativos que reflejan, en material impreso, la naturaleza y el alcance de los ejercicios incluidos en la Prueba de GED®.

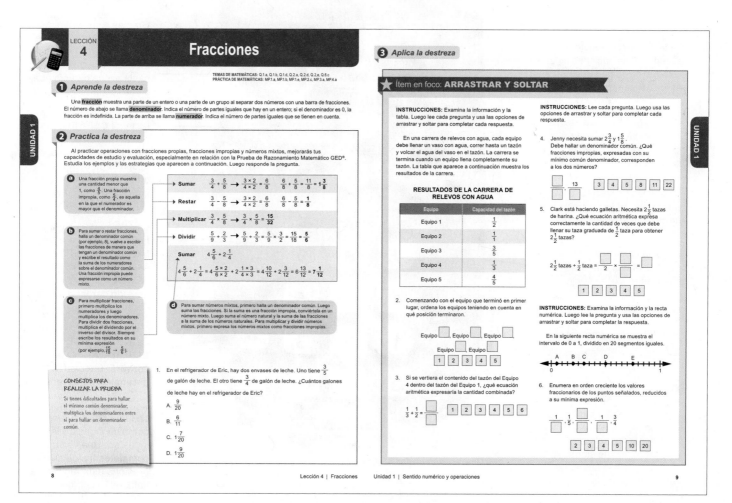

Indicaciones de la calculadora

Algunos ejercicios de la Prueba de Razonamiento Matemático GED® te permiten usar una calculadora como ayuda para responder las preguntas. Esa calculadora, la TI-30XS, está integrada en la interfaz de la prueba. La calculadora TI-30XS estará disponible para la mayoría de los ejercicios de la Prueba de Razonamiento Matemático GED® y para algunos ejercicios de la Prueba de Ciencias GED® y la Prueba de Estudios Sociales GED®. La calculadora TI-30XS se muestra a continuación, junto con algunos recuadros que detallan algunas de sus teclas más importantes. En el ángulo superior derecho de la pantalla, hay un botón que permite acceder a la hoja de referencia para la calculadora.

La tecla 2nd te permite acceder a las funciones de color verde que aparecen arriba de las distintas teclas.

La tecla N/D (NUMERADOR/DENOMINADOR) te permite escribir fracciones en la calculadora.

La tecla EXPONENTE te permite elevar un número a un exponente distinto de dos.

La tecla CUADRADO te permite elevar números al cuadrado.

Usa las teclas correspondientes a los NÚMEROS para ingresar valores numéricos.

La tecla SIGNO te permite cambiar el signo de positivo a negativo para los números enteros negativos. Recuerda que las teclas de signo negativo y de la función de resta son diferentes.

Los problemas aparecen del lado izquierdo de la pantalla y las respuestas, del lado derecho.

Gracias a las teclas de DESPLAZAMIENTO te puedes mover hacia la izquierda, hacia la derecha, hacia arriba o hacia abajo dentro de la pantalla.

La tecla CLEAR te permite borrar números, signos y ecuaciones. Úsala después de completar un problema y antes de comenzar uno nuevo.

Las teclas de las cuatro funciones matemáticas básicas –DIVISIÓN, MULTIPLICACIÓN, RESTA y SUMA– están del lado derecho, justo debajo de la tecla CLEAR.

La tecla de CONMUTACIÓN te permite convertir fracciones en decimales y viceversa.

La tecla ENTER funciona como un signo de la igualdad. Una vez que completes tus cálculos, presiona esta tecla para hallar el resultado.

©Guy Jarvis/Houghton Mifflin Harcourt

Cómo empezar

Para habilitar la calculadora, haz clic en el ángulo superior izquierdo de la pantalla de la prueba. Si la calculadora aparece y te impide ver un problema, puedes hacer clic en ella para arrastrarla y moverla hacia otra parte de la pantalla. Una vez habilitada, la calculadora podrá usarse (no es necesario presionar la tecla **ON**).

- Usa la tecla **CLEAR** para borrar todos los números y las operaciones de la pantalla.
- Usa la tecla **ENTER** para completar todos los cálculos.

Tecla 2nd

La tecla verde **2nd** se encuentra en el ángulo superior izquierdo de la calculadora TI-30XS. La tecla **2nd** habilita las funciones secundarias de las teclas, representadas con color verde y ubicadas arriba de las teclas de función primaria. Para usar una función secundaria, primero haz clic en el número, luego haz clic en la tecla **2nd** y, por último, haz clic en la tecla que representa la función secundaria que deseas implementar. Por ejemplo, para ingresar **25%**, primero ingresa el número [**25**]. Luego, haz clic en la tecla **2nd** y, por último, haz clic en la tecla de apertura de paréntesis, cuya función secundaria permite ingresar el símbolo de porcentaje (%).

Fracciones y números mixtos

Para ingresar una fracción, como por ejemplo $\frac{3}{4}$, haz clic en la tecla **n/d (numerador/denominador)** y, luego, en el número que representará el numerador [**3**]. Ahora haz clic en la **flecha hacia abajo** (en el menú de desplazamiento ubicado en el ángulo superior derecho de la calculadora) y, luego, en el número que representará el denominador [**4**]. Para hacer cálculos con fracciones, haz clic en la **flecha hacia la derecha** y, luego, en la tecla de la función correspondiente y en los otros números de la ecuación.

Para ingresar números mixtos, como por ejemplo $1\frac{3}{8}$, primero ingresa el número entero [**1**]. Luego, haz clic en la tecla **2nd** y en la tecla cuya función secundaria permite ingresar **números mixtos** (la tecla **n/d**). Ahora ingresa el numerador de la fracción [**3**] y, luego, haz clic en el botón de la **flecha hacia abajo** y en el número que representará el denominador [**8**]. Si haces clic en **ENTER**, el número mixto se convertirá en una fracción impropia. Para hacer cálculos con números mixtos, haz clic en la **flecha hacia la derecha** y, luego, en la tecla de la función correspondiente y en los otros números de la ecuación.

Números negativos

Para ingresar un número negativo, haz clic en la tecla del **signo negativo** (ubicada justo debajo del número **3** en la calculadora). Recuerda que la tecla del **signo negativo** es diferente de la tecla de **resta**, que se encuentra en la columna de teclas ubicada en el extremo derecho, justo encima de la tecla de **suma (+).**

Cuadrados, raíces cuadradas y exponentes

- **Cuadrados**: La tecla x^2 permite elevar números al cuadrado. La tecla **exponente (^)** eleva los números a exponentes mayores que dos, como por ejemplo, al cubo. Para hallar el resultado de 5^3 en la calculadora, ingresa la base [**5**], haz clic en la tecla exponente (^) y en el número que funcionará como exponente [**3**], y, por último, en la tecla **ENTER**.
- **Raíces cuadradas**: Para hallar la raíz cuadrada de un número, como por ejemplo 36, haz clic en la tecla **2nd** y en la tecla cuya función secundaria permite calcular una **raíz cuadrada** (la tecla x^2). Ahora ingresa el número [**36**] y, por último, haz clic en la tecla **ENTER**.
- **Raíces cúbicas**: Para hallar la raíz cúbica de un número, como por ejemplo **125**, primero ingresa el cubo en formato de número [**3**] y, luego, haz clic en la tecla **2nd** y en la tecla cuya función secundaria permite calcular una **raíz cuadrada**. Por último, ingresa el número para el que quieres hallar el cubo [**125**], y haz clic en **ENTER**.
- **Exponentes**: Para hacer cálculos con números expresados en notación científica, como 7.8×10^9, primero ingresa la base [**7.8**]. Ahora haz clic en la tecla de **notación científica** (ubicada justo debajo de la tecla **DATA**) y, luego, ingresa el número que funcionará como exponente [**9**]. Entonces, obtienes el resultado de 7.8×10^9.

Fórmulas para la Prueba de Razonamiento Matemático GED®

A continuación se pueden observar las fórmulas que se usarán en la nueva Prueba de Razonamiento Matemático GED®. En el ángulo superior izquierdo de la pantalla aparecerá un botón a través del cual se podrá acceder a la hoja de fórmulas para usar como referencia.

Área de un …

Paralelogramo:	$A = base \times altura\ (bh)$
Trapecio:	$A = \frac{1}{2}h\ (base_1 + base_2)$

Área total y volumen de un/una …

Prisma rectangular:	$SA = ph + 2B$	$V = Bh$
Cilindro:	$SA = 2\pi rh + 2\pi r^2$	$V = \pi r^2 h$
Pirámide:	$SA = \frac{1}{2}ps + B$	$V = \frac{1}{3}Bh$
Cono:	$SA = \pi rs + \pi r^2$	$V = \frac{1}{3}\pi r^2 h$
Esfera:	$SA = 4\pi r^2$	$V = \frac{4}{3}\pi r^3$

(p = perímetro de la base; *B* = área de la base; *s* = altura del lado inclinado; *h* = altura; *r* = radio; *v* = volumen; *SA* = área total; π = 3.14*)*

Álgebra

Pendiente de una línea:	$m = \dfrac{y_2 - y_1}{x_2 - x_1}$
Ecuación de una línea en la forma pendiente-intersección:	$y = mx + b$
Ecuación de una línea en la forma punto-pendiente:	$y - y_1 = m(x - x_1)$
Forma estándar de una ecuación cuadrática:	$y = ax^2 + bx + c$
Fórmula cuadrática:	$x = \dfrac{-b \pm \sqrt{b^2 - 4ac}}{2a}$
Teorema de Pitágoras:	$a^2 + b^2 = c^2$
Interés simple:	$I = prt$

(I = interés, *p* = principal, *r* = tasa, *t* = tiempo*)*

Consejos para realizar la prueba

La nueva Prueba de GED® incluye más de 160 ejercicios distribuidos en los exámenes de las cuatro asignaturas: Razonamiento a través de las Artes del Lenguaje, Razonamiento Matemático, Ciencias y Estudios Sociales. Los exámenes de las cuatro asignaturas requieren un tiempo total de evaluación de siete horas. Si bien la mayoría de los ejercicios consisten en preguntas de opción múltiple, hay una serie de ejercicios potenciados por la tecnología. Se trata de ejercicios en los que los estudiantes deben: elegir la respuesta correcta a partir de un menú desplegable; completar los espacios en blanco; arrastrar y soltar elementos; marcar un punto clave en una gráfica; ingresar una respuesta breve e ingresar una respuesta extendida.

A través de este libro y los que lo acompañan, te ayudamos a elaborar, desarrollar y aplicar destrezas de lectura y razonamiento indispensables para tener éxito en la Prueba de GED®. Como parte de una estrategia global, te sugerimos que uses los consejos que se detallan aquí, y en todo el libro, para mejorar tu desempeño en la Prueba de GED®.

➤ **Siempre lee atentamente las instrucciones para saber exactamente lo que debes hacer.** Como ya hemos mencionado, la Prueba de GED® de 2014 tiene un formato electrónico completamente nuevo que incluye diversos ejercicios potenciados por la tecnología. Si no sabes qué hacer o cómo proceder, pide al examinador que te explique las instrucciones.

➤ **Lee cada pregunta con detenimiento para entender completamente lo que se te pide.** Por ejemplo, algunos pasajes y gráficas pueden presentar más información de la que se necesita para responder correctamente una pregunta específica. Otras preguntas pueden contener palabras en negrita para enfatizarlas (por ejemplo, "¿Qué enunciado representa la corrección **más** adecuada para esta hipótesis?").

➤ **Administra bien tu tiempo para llegar a responder todas las preguntas.** Debido a que la Prueba de GED® consiste en una serie de exámenes cronometrados, debes dedicar el tiempo suficiente a cada pregunta, pero no *demasiado* tiempo. Por ejemplo, en la Prueba de Razonamiento Matemático GED®, tienes 115 minutos para responder aproximadamente 46 preguntas, es decir, un promedio de dos minutos por pregunta. Obviamente, algunos ejercicios requerirán más tiempo y otros menos, pero siempre debes tener presente el número total de ejercicios y el tiempo total de evaluación. La nueva interfaz de la Prueba de GED® te ayuda a administrar el tiempo. Incluye un reloj en el ángulo superior derecho de la pantalla que te indica el tiempo restante para completar la prueba.

Además, puedes controlar tu progreso a través de la línea de **Pregunta**, que muestra el número de pregunta actual, seguido por el número total de preguntas del examen de esa asignatura.

➤ **Responde todas las preguntas, ya sea que sepas la respuesta o tengas dudas.** No es conveniente dejar preguntas sin responder en la Prueba de GED®. Recuerda el tiempo que tienes para completar cada prueba y adminístralo en consecuencia. Si deseas revisar un ejercicio específico al final de una prueba, haz clic en **Marcar para revisar** para señalar la pregunta. Al hacerlo, aparece una bandera amarilla. Es posible que, al final de la prueba, tengas tiempo para revisar las preguntas que has marcado.

➤ **Haz una lectura rápida.** Puedes ahorrar tiempo si lees cada pregunta y las opciones de respuesta antes de leer o estudiar el pasaje o la gráfica que las acompañan. Una vez que entiendes qué pide la pregunta, repasa el pasaje o el elemento visual para obtener la información adecuada.

➤ **Presta atención a cualquier palabra desconocida que haya en las preguntas.** Primero, intenta volver a leer la pregunta sin incluir la palabra desconocida. Luego, intenta usar las palabras que están cerca de la palabra desconocida para determinar su significado.

➤ **Vuelve a leer cada pregunta y vuelve a examinar el texto o la gráfica que la acompaña para descartar opciones de respuesta.** Si bien las cuatro respuestas son *posibles* en los ejercicios de opción múltiple, recuerda que solo una es *correcta*. Aunque es posible que puedas descartar una respuesta de inmediato, seguramente necesites más tiempo, o debas usar la lógica o hacer suposiciones, para descartar otras opciones. En algunos casos, quizás necesites sacar tu mejor conclusión para inclinarte por una de dos opciones.

➤ **Hazle caso a tu intuición al momento de responder.** Si tu primera reacción es elegir la opción A como respuesta a una pregunta, lo mejor es que te quedes con esa respuesta, a menos que determines que es incorrecta. Generalmente, la primera respuesta que alguien elige es la correcta.

Números naturales

Usar con el *Libro del estudiante*, págs. 2–3.

TEMAS DE MATEMÁTICAS: Q.1, Q.2.a, Q.2.e, Q.6.c
PRÁCTICA DE MATEMÁTICAS: MP.1.a, MP.1.b, MP.1.c, MP.1.e, MP.2.c, MP.3.a

UNIDAD 1

1 Repasa la destreza

Los **números naturales** son aquellos números que se escriben con los dígitos del 0 al 9. Para determinar el valor de un dígito en un número natural, primero debes conocer su valor posicional. Si un número (por ejemplo, *100*) tiene más dígitos que otro número (*95*), automáticamente tendrá un valor mayor. Sin embargo, si dos números tienen la misma cantidad de dígitos, como *200* y *195*, deberás comparar estos dígitos de izquierda a derecha.

En una tabla, debes leer la información y los números de izquierda a derecha y de arriba abajo. En algunos casos, las tablas pueden incluir más información o datos de los que realmente necesitas para resolver un problema. En esos casos, debes saber qué información o datos usar y cuáles ignorar. Comprender el valor posicional te ayudará a comparar, ordenar y redondear números naturales.

2 Perfecciona la destreza

Para comprender conceptos matemáticos más complejos y resolver problemas con éxito en la Prueba de Razonamiento Matemático GED®, debes perfeccionar el concepto de los números naturales. Estudia el párrafo y la tabla. Luego responde las preguntas.

Un parque de diversiones vende pases diarios para los visitantes. En la tabla que aparece a continuación se muestra el número de pases diarios vendidos cada día de una semana de julio.

a Al leer tablas, empieza por el título. En este caso, el título indica que la tabla contiene información sobre el número de pases vendidos durante una semana en verano. Además, las tablas tienen filas y columnas, que ofrecen tipos de información distintos pero relacionados.

a NÚMERO DE PASES VENDIDOS
(SEMANA DEL 19 DE JULIO)

Domingo	4,586 **c**
Lunes	3,989
Martes	4,209 **b**
Miércoles	4,001
Jueves	4,249
Viernes	4,329
Sábado	5,683 **c**

b Cuando comparas números que tienen la misma cantidad de dígitos, trabaja de izquierda a derecha para comparar los valores posicionales.

c Cuando te pidan que identifiques una tendencia, compara toda la información que te den. Busca maneras en que la información varía con el tiempo o números que son mucho más pequeños o mucho más grandes que el resto para ayudarte a identificar tendencias.

1. ¿Qué día se vendieron más pases diarios?

   A. domingo
   B. lunes
   C. jueves
   D. sábado

2. A partir de la información, ¿qué tendencia puedes identificar?

   A. La asistencia al parque aumentó cada día.
   B. La asistencia al parque descendió cada día.
   C. Los días con más visitantes fueron los del fin de semana.
   D. En total, hubo menos visitantes durante la semana que durante el fin de semana.

CONSEJOS PARA REALIZAR LA PRUEBA

Para realizar la prueba lo mejor posible, subraya las palabras clave que podrían ayudarte a resolver la pregunta. Por ejemplo, la palabra *más* en la pregunta 1 te indica que tendrás que comparar para resolver el problema.

INSTRUCCIONES: Estudia la información y la tabla, lee cada pregunta y elige la **mejor** respuesta.

Los asientos en un gran auditorio están marcados con números y letras. En la tabla se muestra el rango de números de cada fila, que lleva asignada una letra.

NÚMEROS DE ASIENTO

Letra de la fila	Rango de números
A	100–250
B	251–500
C	501–750
D	751–1000
E	1001–1250
F	1251–1500

3. ¿En qué fila te sentarás si tu número de asiento es 1107?

   A. Fila C
   B. Fila D
   C. Fila E
   D. Fila F

4. Una familia de cuatro miembros tiene los asientos del número 1000 al 1003. ¿En qué dos filas del auditorio se sentarán?

   A. C y D
   B. D y E
   C. E y F
   D. D y F

5. ¿Qué fila tiene el menor número de asientos?

   A. Fila A
   B. Fila B
   C. Fila C
   D. Fila E

6. ¿Cuántas filas tienen números de asiento en los millares?

   A. 1
   B. 2
   C. 3
   D. 4

7. El auditorio planea añadir dos filas de asientos. Con esta reforma, ¿cuál será el número del último asiento?

   A. 1600
   B. 1700
   C. 1900
   D. 2000

INSTRUCCIONES: Estudia la información, lee cada pregunta y elige la **mejor** respuesta.

En un diccionario, las siguientes letras se pueden encontrar en estas páginas asociadas:

P: páginas 968 a 1096

Q: páginas 1097 a 1105

R: páginas 1105 a 1178

S: páginas 1178 a 1360

8. ¿Con qué letra empieza una palabra que se encuentra en la página 1100?

   A. P
   B. Q
   C. R
   D. S

9. ¿Qué rango de páginas incluirá palabras que empiezan con la letra S?

   A. 998–1045
   B. 1046–1105
   C. 1117–1165
   D. 1234–1287

INSTRUCCIONES: Lee cada pregunta y elige la **mejor** respuesta.

10. El trabajo de Callie incluye ingresar datos. ¿Qué dígitos debe teclear para introducir el número doce mil ochocientos dos?

    A. 1, 2, 8, 0, 2
    B. 1, 2, 8, 2, 0
    C. 1, 2, 8, 0, 0, 2
    D. 1, 2, 0, 8, 0, 2

11. Las puntuaciones de Romy en sus cinco pruebas de estudios sociales de este semestre se muestran a continuación.

    98, 75, 84, 92, 95

    ¿Cuál es el orden de sus puntuaciones en las pruebas de estudios sociales de mayor a menor?

    A. 75, 84, 92, 95, 98
    B. 75, 92, 95, 84, 98
    C. 95, 92, 98, 84, 75
    D. 98, 95, 92, 84, 75

UNIDAD 1

INSTRUCCIONES: Lee la pregunta y elige la **mejor** respuesta.

12. Calvin está escribiendo un ensayo. Quiere escribir la oración "150,218 personas vivían en la ciudad en 2013", pero una buena norma para escribir es evitar comenzar una oración con un número. ¿Cómo podría Calvin mejorar su oración?

   A. Ciento cincuenta mil dos dieciocho personas vivían en la ciudad en 2013.
   B. Ciento cincuenta mil doscientos dieciocho personas vivían en la ciudad en 2013.
   C. Mil cincuenta doscientos dieciocho personas vivían en la ciudad en 2013.
   D. Ciento cincuenta mil veintiuno ocho personas vivían en la ciudad en 2013.

INSTRUCCIONES: Estudia la información y la tabla, lee cada pregunta y elige la **mejor** respuesta.

El club de boliche Northside registró sus puntajes nocturnos en la siguiente tabla. La frecuencia es el número de puntajes que hay en cada rango.

PUNTAJES DE BOLICHE

Puntaje	Frecuencia
100–119	3
120–139	5
140–159	8
160–179	9
180–199	5

13. ¿Cuántos jugadores anotaron entre 100 y 139?

   A. 3
   B. 5
   C. 8
   D. 13

14. ¿Qué rango de puntajes tuvo la frecuencia más alta?

   A. 120–139
   B. 140–159
   C. 160–179
   D. 180–199

15. ¿Qué rango de puntajes tuvo la frecuencia más baja?

   A. 100–119
   B. 120–139
   C. 140–159
   D. 180–199

INSTRUCCIONES: Estudia la información y la tabla, lee cada pregunta y elige la **mejor** respuesta.

En la tabla se muestra el número de personas de distintos grupos de edad que vivía en San Francisco en 2010.

GRUPOS DE EDAD EN SAN FRANCISCO

Grupo de edad	Población
< 5 años	31,633
5 a 9 años	31,564
10 a 14 años	30,813
15 a 19 años	33,334
20 a 24 años	56,054
25 a 34 años	180,418
35 a 44 años	133,804
45 a 54 años	107,718
55 a 59 años	35,026
60 a 64 años	30,258
65 a 74 años	53,955
75 a 84 años	37,929
> 84 años	14,227

16. ¿Qué grupo de edad tenía el menor número de personas?

   A. 10 a 14 años
   B. 15 a 19 años
   C. 60 a 64 años
   D. 85 años o más

17. A partir de la tabla, ¿qué edad tenía la mayoría de habitantes de San Francisco en 2010?

   A. 9 años o menos
   B. 10 a 24 años
   C. 25 a 54 años
   D. 75 años o más

INSTRUCCIONES: Lee cada pregunta y elige la **mejor** respuesta.

18. Durante la selección de un jurado, un empleado llama a los miembros del jurado por número. Cuando un miembro oye su número, pasa al frente para hablar con el juez. Bryan tiene el número 807. ¿Cuándo debería pasar al frente para hablar con el juez?

   A. cuando el empleado diga "ochenta y siete"
   B. cuando el empleado diga "ochocientos siete"
   C. cuando el empleado diga "ochocientos setenta"
   D. cuando el empleado diga "ocho mil y siete"

INSTRUCCIONES: Lee la pregunta y elige la **mejor** respuesta.

19. Un museo lleva un registro mensual de sus visitantes. En estos registros, el museo redondea el número de visitantes que recibe en un mes a la centena más próxima. Si 8,648 personas visitaron el museo en julio, ¿qué número registrará el museo?

    A. 8,500
    B. 8,600
    C. 8,700
    D. 9,000

INSTRUCCIONES: Estudia la información y la tabla, lee cada pregunta y elige la **mejor** respuesta.

Algunas personas creen que, si duplicas la estatura de un niño de 2 años, obtendrás la estatura del niño cuando sea adulto. En la tabla que aparece a continuación se muestran las estaturas de cinco niños de 2 años de edad.

ESTATURA DE NIÑOS DE 2 AÑOS DE EDAD

Niño	Estatura (pulg)
Ellie	32
Jake	34
George	33
Charlie	35
Kiera	34
Melanie	31

20. Según la creencia anterior, ¿qué niño será más alto de adulto?

    A. Ellie
    B. Jake
    C. George
    D. Charlie

21. Si la creencia fuese cierta, ¿qué niño tendrá la misma estatura que Kiera cuando sea adulto?

    A. Ellie
    B. Jake
    C. George
    D. Charlie

22. ¿Quién medirá cuatro pulgadas más que Melanie cuando sea adulto?

    A. Charlie
    B. Jake
    C. Kiera
    D. George

INSTRUCCIONES: Estudia la información y la tabla, lee cada pregunta y elige la **mejor** respuesta.

La tabla muestra las ventas semanales de un concesionario de automóviles durante cinco fines de semana del mes de mayo.

VENTAS SEMANALES EN MAYO

Fin de semana	Ventas
Fin de semana 1	$168,000
Fin de semana 2	$102,000
Fin de semana 3	$121,000
Fin de semana 4	$119,000
Fin de semana 5	$305,000

23. ¿En qué fin de semana es más probable que el concesionario haya lanzado una promoción para vender más automóviles?

    A. Fin de semana 1
    B. Fin de semana 2
    C. Fin de semana 3
    D. Fin de semana 5

INSTRUCCIONES: Estudia la información y la tabla, lee la pregunta y elige la **mejor** respuesta.

La juguetería de Tom publicó sus datos de ventas trimestrales del último año. Las ventas se muestran a continuación.

VENTAS TRIMESTRALES

Trimestre	Ventas
Trimestre 1 (de enero a marzo)	$79,000
Trimestre 2 (de abril a junio)	$131,000
Trimestre 3 (de julio a septiembre)	$119,000
Trimestre 4 (de octubre a diciembre)	$151,000

24. ¿En qué trimestre vendió más la tienda?

    A. Trimestre 1
    B. Trimestre 2
    C. Trimestre 3
    D. Trimestre 4

25. ¿Cuál es el orden de ventas trimestrales de la tienda de menor a mayor?

    A. Trimestre 1, Trimestre 2, Trimestre 3, Trimestre 4
    B. Trimestre 2, Trimestre 3, Trimestre 4, Trimestre 1
    C. Trimestre 1, Trimestre 3, Trimestre 2, Trimestre 4
    D. Trimestre 4, Trimestre 2, Trimestre 3, Trimestre 1

Operaciones

Usar con el *Libro del estudiante,* págs. 4–5.

TEMAS DE MATEMÁTICAS: Q.1.b, Q.2.a, Q.2.e, Q.3.a, Q.6.c
PRÁCTICA DE MATEMÁTICAS: MP.1.a, MP.1.b, MP.1.c, MP.1.d, MP.1.e, MP.2.c, MP.3.a, MP.5.c

UNIDAD 1

1 Repasa la destreza

La suma, la resta, la multiplicación y la división son las cuatro operaciones matemáticas básicas. Elige una operación a partir de la información que necesites hallar. Por ejemplo, **suma** para hallar un total. Resta para hallar la diferencia entre dos números. Multiplica para sumar el mismo número varias veces. Divide para separar una cantidad en partes iguales.

Cuando sumes, restes o multipliques, trabaja de derecha a izquierda. Cuando dividas, trabaja de izquierda (el divisor) a derecha (el dividendo). En algunos casos, es posible que tengas que reagrupar números para completar la operación. De ser así, debes alinear los dígitos según su valor posicional.

2 Perfecciona la destreza

Usarás una o más de las cuatro operaciones básicas para resolver muchos problemas de la Prueba de Razonamiento Matemático GED®. Debes entender cuándo y por qué se usa cada operación para resolver problemas eficazmente. Estudia la información y la tabla. Luego responde las preguntas.

En la tabla se muestra el número de cajas de cereales que produjo una compañía por día en una semana.

a Para sumar, alinea los valores posicionales. Luego suma los números de cada columna para hallar el total. Si la suma de una columna es mayor que 9, debes reagrupar.

b Cuando uses tablas, asegúrate de leer el título y los encabezados de las filas y las columnas para obtener información. Por ejemplo, todos los datos de una columna están relacionados con la categoría que indica el encabezado de la parte superior de la columna. En ocasiones, las tablas pueden contener más información de la necesaria para resolver un problema. Por esta razón, es posible que necesites evaluar la importancia de la información de la tabla en relación a la solución de un problema.

PRODUCCIÓN DE UNA COMPAÑÍA DE CEREALES

Día de la semana	Número de cajas
Lunes	4,596 **a**
Martes	4,025
Miércoles	3,548 **b**
Jueves	4,250
Viernes	3,115 **c**

c Las palabras de las preguntas pueden darte pistas acerca de la operación que necesitas. Por ejemplo, la pregunta 2 dice que la producción de cereales fue 3 *veces* mayor que la del viernes anterior. La palabra *veces* sugiere que la operación que debes usar para resolver el problema es la multiplicación.

1. ¿Cuál fue el número total de cajas que se produjeron el lunes y el martes?

   A. 8,144
   B. 8,611
   C. 8,620
   D. 8,621

2. El viernes siguiente, la empresa aumentó la producción y elaboró 3 veces el número de cajas de cereales que había producido el viernes anterior. ¿Cuántas cajas de cereales se produjeron el viernes siguiente?

   A. 7,730
   B. 9,345
   C. 9,430
   D. 12,460

USAR LA LÓGICA

La suma y la resta son operaciones inversas. Por lo tanto, se puede usar la suma para comprobar las respuestas de problemas de resta y viceversa. La multiplicación y la división están relacionadas de la misma manera.

⭐ Ítem en foco: **COMPLETAR LOS ESPACIOS**

INSTRUCCIONES: Lee cada pregunta. Luego escribe tu respuesta en el recuadro.

3. Alex ahorra $325 por mes para la matrícula de la universidad. ¿Cuánto habrá ahorrado después de 6 meses?

4. Angelo ha pagado $1,560 por el préstamo para su carro. Si su préstamo es de $2,750, ¿cuánto debe?

5. Tamara paga la misma cantidad cada mes por su factura de electricidad. Si paga $72 por mes, ¿cuál es el costo total de la electricidad en un año?

6. Cuatro compañeros de habitación comparten la renta mensual en partes iguales. La renta mensual es de $1,080. ¿Cuánto paga cada uno al mes?

7. ¿Qué número natural es el mayor factor común de los números 45 y 72?

8. Una ciudad destina $567,800 de su presupuesto para parques y recreación y $258,900 para mantenimiento de instalaciones. ¿Cuánto se gasta en total en estas dos cosas?

9. Mara donó 22 camisas, 14 pares de pantalones y 12 bufandas. ¿Cuántas prendas donó en total?

10. Eli escribe un ensayo de 1,500 palabras para su clase de inglés. Lleva escritas 892 palabras. ¿Cuántas palabras le quedan por escribir?

INSTRUCCIONES: Estudia la información y la tabla que aparecen a continuación. Luego escribe tu respuesta en el recuadro.

En la tabla se muestra el costo de que cinco personas asistan a un partido de fútbol americano profesional.

COSTO DE ASISTIR AL PARTIDO

Producto/Servicio	Costo
Combustible y estacionamiento	$50
Boletos	$335
Comida	$80
Recuerdos	$75

11. Si cinco amigos decidieran repartir los costos en partes iguales, ¿cuánto pagaría cada persona?

12. Si dos amigos más decidieran asistir al partido y todos los amigos dividiesen los gastos por igual, como pensaban hacerlo antes, ¿cuál sería el nuevo costo de asistir al partido?

★ Ítem en foco: **COMPLETAR LOS ESPACIOS**

INSTRUCCIONES: Estudia la información y la tabla. Luego escribe tu respuesta en el recuadro que aparece a continuación.

En la tabla se muestra el presupuesto mensual de Antonio.

PRESUPUESTO MENSUAL

Categoría	Cantidad presupuestada
Renta	$825
Servicios	$220
Comida	$285
Recreación	$100
Préstamo para el carro	$179
Seguro del carro	$62

13. ¿Cuál es la cantidad total del presupuesto de Antonio destinada a la renta, los servicios y la comida?

14. ¿Cuánto dinero más destina Antonio para la comida que para el préstamo para su carro?

15. ¿Cuánto paga Antonio por el préstamo para su carro por año?

16. ¿Cuánto más gasta Antonio cada año en la renta que en los servicios, la comida y la recreación juntos?

17. Para ahorrar $15 por mes, Antonio decidió pagar el seguro de su carro en un pago único. ¿Cuál es la nueva cantidad que gastará anualmente en el seguro del carro?

INSTRUCCIONES: Lee cada pregunta. Luego escribe tu respuesta en el recuadro que aparece a continuación.

18. Annette trabaja 5 días cada semana, 6 h al día. Gana $13 por h. ¿Cuánto gana Annette, sin tener en cuenta los impuestos, en 4 semanas?

19. Andrew trabajó 54 h en una semana y 39 h la semana siguiente. Gana $11 por h. ¿Cuánto ganó, sin tener en cuenta los impuestos, en las 2 semanas?

20. En enero, la familia Wilson gastó $458 en alimentos. En febrero, gastó $397 en alimentos y en marzo, $492. ¿Cuánto dinero gastó la familia en total en esos tres meses en alimentos?

21. Una tienda de artículos deportivos lanzó una promoción por una tienda de campaña en particular. Durante la promoción, se vendieron tiendas de campaña por $23,870. Si cada tienda costaba $385, ¿cuántas tiendas de campaña se vendieron?

22. ¿Qué número natural mayor que 1 es el factor común más pequeño de 45 y 75?

23. Para un patrón, se necesitan 2 yardas de tela para una camisa y 5 yardas de tela para un vestido. Una costurera hace cinco camisas y cinco vestidos para una tienda. ¿Cuántas yardas de tela más usa para los vestidos que para las camisas?

INSTRUCCIONES: Lee cada pregunta. Luego escribe tu respuesta en el recuadro que aparece a continuación.

24. Joanne maneja 37 millas en total por día para ir y volver del trabajo. Trabaja de lunes a viernes. ¿Cuántas millas maneja Joanne en 4 semanas?

25. Una organización benéfica quiere donar $12,500 a un banco de alimentos. Ya ha recaudado $4,020 en donaciones de empresas locales y $3,902 en donaciones de particulares. ¿Cuánto más necesita recaudar la organización para alcanzar su objetivo?

26. El señor y la señora Dale pagaron $1,445 para colocar un piso nuevo en su cocina. La compañía colocó 289 pies cuadrados de piso. ¿Cuánto pagaron los Dale por cada pie cuadrado de piso?

27. Maggie compró un carro usado. Financió su carro a través del concesionario. Va a hacer pagos mensuales iguales durante 3 años. Si debe un total de $13,392, ¿cuánto tiene que pagar por mes?

28. Becky, la amiga de Maggie, está pensando en comprar un carro nuevo. Si paga $3,000 de anticipo, puede financiar el carro en 5 años con pagos mensuales de $265. ¿Cuál será el costo del carro financiado en 5 años?

INSTRUCCIONES: Estudia la información y la tabla. Luego escribe tu respuesta en el recuadro que aparece a continuación.

En la tabla se muestran los precios de compra de varios valores.

PRECIO DE LOS VALORES

Valor	Precio por acción
Computadoras Para Ti	$30
Celulares Sol	$23
Aerolíneas en Línea	$15
Realidad Virtual, Inc.	$42

29. Mario quiere invertir en un servicio de viajes en línea. ¿Cuántas acciones de Aerolíneas en Línea puede comprar por $270?

30. Karissa compró 25 acciones de Realidad Virtual, Inc., y cuando las vendió, tres meses después, obtuvo un beneficio de $7 por acción. ¿Qué beneficio obtuvo Karissa por su venta de Realidad Virtual, Inc.?

INSTRUCCIONES: Lee cada pregunta. Luego escribe tu respuesta en el recuadro que aparece a continuación.

31. ¿Qué número natural es el factor común mayor de los números 30 y 42?

32. ¿Cuál es el número natural más pequeño que tiene a 12 y 15 como factores?

Números enteros

Usar con el *Libro del estudiante,* págs. 6–7.

TEMAS DE MATEMÁTICAS: Q.1.d, Q.2.a, Q.2.e, Q.6.c
PRÁCTICA DE MATEMÁTICAS: MP.1.a, MP.1.b, MP.1.c, MP.1.d, MP.1.e, MP.3.a, MP.4.a

UNIDAD 1

1 Repasa la destreza

Los **números enteros** incluyen los números naturales positivos y negativos y el cero. Los números positivos pueden escribirse con o sin el signo de la suma (+). Por ejemplo, +1 y 1 son números enteros positivos con el mismo valor. Sin embargo, los números negativos, como el –1, deben llevar un signo de la resta precediéndolos.

Usa el orden de operaciones para sumar, restar, multiplicar y dividir números enteros. Existen reglas específicas que debes seguir en relación a los signos de los números enteros al hacer operaciones. Si la diferencia entre dos números enteros (por ejemplo, –2 y 1) es negativa, el signo será negativo. Si la diferencia entre dos números enteros (por ejemplo, 2 y –1) es positiva, el signo será positivo.

2 Perfecciona la destreza

Para resolver con éxito problemas con números enteros en la Prueba de Razonamiento Matemático GED®, debes entender las reglas de los números enteros y el orden de operaciones. Estudia la información y la tabla. Luego responde las preguntas.

En la tabla se muestra la temperatura en una estación meteorológica en varios momentos del día.

a Recuerda que, cuando se te pide que halles un cambio, debes restar la temperatura original de la nueva temperatura. Para responder la pregunta 1, resta 68 de 65.

b Para decir qué operación usar, busca las palabras clave. En la pregunta 2, *descendió* te indica que debes restar.

TEMPERATURA A LO LARGO DEL DÍA

Hora	Temperatura (°F)
a 6:00 a. m.	68
9:00 a. m.	72
12:00 p. m.	75
3:00 p. m.	78
6:00 p. m.	76
9:00 p. m.	71
a 12:00 a. m.	65

1. ¿Cuál fue el cambio de temperatura entre las 6:00 a. m. y las 12:00 a. m.?

   A. –3 °F
   B. +3 °F
   C. –4 °F
   D. +4 °F

2. Si la temperatura descendió 4 °F entre las 6:00 p. m. y las 8:00 p. m., ¿cuál era la temperatura a las 8:00 p. m.?

   A. 69 °F
   B. 70 °F
   C. 71 °F
   D. 72 °F

TEMAS

En esta lección se presentan las rectas numéricas, los valores absolutos y las diferencias en el contexto de los números enteros. El valor absoluto de un número entero es su distancia desde 0; los valores absolutos siempre son mayores que o iguales a cero, pero nunca son negativos.

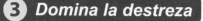

INSTRUCCIONES: Lee cada pregunta y elige la **mejor** respuesta.

3. El índice industrial Dow Jones abrió una mañana en 13,498. Ese día, cerró en 13,416. ¿Qué número entero describe el cambio?

   A. +82
   B. +18
   C. −18
   D. −82

4. En un juego de naipes, Deshon tenía −145 puntos. Luego obtuvo 80 puntos, y luego otros 22. ¿Cuál es la puntuación de Deshon en este momento?

   A. 247
   B. 87
   C. −43
   D. −87

5. Un equipo de fútbol americano tiene la posesión de la pelota. En la primera jugada, avanzaron 8 yardas. En la segunda jugada, perdieron 10 yardas. En la tercera jugada, avanzaron 43 yardas. ¿Cuánto han avanzado?

   A. 25 yardas
   B. 33 yardas
   C. 41 yardas
   D. 51 yardas

6. Un ciclista de montaña comienza en la cima de una montaña con una altitud de 8,453 pies. Desciende 2,508 pies antes de tomarse un descanso. Luego sube otros 584 pies. ¿A qué altitud se encuentra ahora?

   A. 11,545 pies
   B. 10,961 pies
   C. 9,037 pies
   D. 6,529 pies

7. El viernes, Anna tenía $784 en su cuenta corriente. Durante el fin de semana, emitió cheques por $23, $69 y $90. El lunes, depositó $129. ¿Cuál era el saldo de su cuenta después de depositar el cheque?

   A. $913
   B. $731
   C. $692
   D. $655

INSTRUCCIONES: Lee cada pregunta y elige la **mejor** respuesta.

8. Una clavadista comienza a una altura de 3 metros sobre el agua en un trampolín. Al saltar, alcanza una altura de 2 metros sobre el trampolín. Desde ese punto, desciende 8 metros. ¿Qué número entero describe su posición en este momento en relación con la superficie del agua?

   A. −3 metros
   B. −2 metros
   C. 2 metros
   D. 3 metros

9. Si se suma −7 a un número, el resultado es 12. ¿Cuál es el número?

   A. −5
   B. 5
   C. 12
   D. 19

INSTRUCCIONES: Estudia la información y la tabla, lee la pregunta y elige la **mejor** respuesta.

Cuatro amigas jugaron a un juego. Cada jugadora llevó un registro del número de puntos que consiguió en cada ronda.

PUNTOS POR RONDA

Jugadora	Ronda		
	1	2	3
Nikki	0	10	−15
Clara	−15	15	0
Donna	5	−10	−10
Dorothy	15	5	0

10. ¿Qué puntaje tenía Donna al terminar la Ronda 3?

    A. −25
    B. −15
    C. −10
    D. 0

11. ¿Cuántos puntos más que Nikki obtuvo Dorothy?

    A. 5
    B. 10
    C. 15
    D. 25

INSTRUCCIONES: Lee cada pregunta y elige la **mejor** respuesta.

12. Un submarino está 3,290 pies bajo el nivel del mar. Asciende 589 pies antes de descender otros 4,508 pies. ¿Qué número entero describe su posición actual respecto del nivel del mar?

A. 7,209
B. 1,807
C. −1,807
D. −7,209

13. Scott fue a jugar al golf en un campo local. Igualó el par total en los primeros 9 hoyos, anotó +3 en cada uno de los tres hoyos siguientes, −4 sobre el par en cada uno de los tres siguientes y −1 sobre el par en cada uno de los tres últimos. ¿Cuál fue su puntuación en la ronda?

A. 2 bajo el par
B. 1 bajo el par
C. par
D. 2 sobre el par

14. Un tren de rueda dentada transporta esquiadores a la cima de una montaña. Hay dos estaciones donde los esquiadores pueden subir y bajar del tren. La Estación A está 5,993 pies sobre el nivel del mar. La Estación B está 10,549 pies sobre el nivel del mar. La cumbre de la montaña está 872 pies por encima de la Estación B. ¿Cuál es la altura de la montaña en su punto más elevado?

A. −16,542 pies
B. −11,421 pies
C. 6,865 pies
D. 11,421 pies

15. Jordan tenía $890 en su cuenta bancaria. En una semana, retiró $45 tres veces. ¿Cuál era el saldo de su cuenta al final de la semana?

A. $755
B. $800
C. $845
D. $935

INSTRUCCIONES: Examina la información y la recta numérica, lee cada pregunta y elige la **mejor** respuesta.

La siguiente recta numérica representa el viaje en bicicleta de Erik, en el que viajó hacia el este desde su casa, en el Punto *A*, hasta el Punto *B* y luego hizo parte del camino de regreso, hasta el Punto *C*. Las distancias están expresadas en millas.

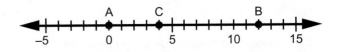

16. ¿A qué distancia de su casa estaba Erik cuando se detuvo en el Punto *C*?

A. 4 millas
B. 8 millas
C. 12 millas
D. 16 millas

17. ¿Cuál fue la distancia total que recorrió Erik en su viaje desde su casa hasta el Punto *C*?

A. 12 millas
B. 16 millas
C. 20 millas
D. 24 millas

INSTRUCCIONES: Lee cada pregunta y elige la **mejor** respuesta.

18. Cada uno de los cuatro miembros de un equipo tiene −120 puntos. ¿Cuántos puntos tienen en total como equipo?

A. −480
B. −360
C. 240
D. 360

19. Un grupo de escaladores desciende una pared rocosa en tres fases iguales. Descendieron el mismo número de pies cada vez. Si la altura de la pared era 363 pies, ¿qué número describe su cambio de altura en cada fase?

A. −242 pies
B. −121 pies
C. 121 pies
D. 242 pies

20. A Brenda le descuentan $156 por mes de su cuenta corriente por la prima de su seguro médico. ¿Qué número entero describe el cambio que provoca su seguro médico en su cuenta bancaria en un año?

    A. $1,872
    B. $936
    C. -$936
    D. -$1,872

21. Dani jugó a un juego. Obtuvo 3 puntos en la primera ronda. Después de la segunda ronda, su puntaje total era -10. ¿Cuántos puntos obtuvo Dani en la segunda ronda?

    A. -13
    B. -7
    C. 5
    D. 7

22. El número -7 se multiplica por -1. Luego se multiplica el producto por -1. Por último, se multiplica este producto por -1. ¿Cuál es el producto final?

    A. -10
    B. -7
    C. -4
    D. 7

23. Karin le debe $1,554 a su hermana. Ha presupuestado una cantidad igual de dinero durante los próximos 6 meses para devolverle el dinero. ¿Cuánto dinero le pagará Karin a su hermana cada mes?

    A. $257
    B. $258
    C. $259
    D. $260

24. Si se resta -10 de un número, el resultado es 6. ¿Cuál es el número?

    A. -16
    B. -4
    C. 0
    D. 4

25. Jumana tenía $80 en su cuenta corriente. Depositó $25 el lunes. El martes, emitió dos cheques por $75 cada uno. Le cobraron una comisión por sobregiro de $25. ¿Cuál es el saldo de la cuenta de Jumana?

    A. -$70
    B. -$60
    C. -$50
    D. -$40

26. En un año, Connor pagó $3,228 por el préstamo para su carro. Pagó la misma cantidad cada mes. ¿Qué número entero describe el cambio mensual en su cuenta bancaria después de pagar la cuota de su carro?

    A. -$279
    B. -$269
    C. -$259
    D. -$249

27. Janet visitó un rascacielos en Chicago. Entró al elevador en la planta baja y subió 54 pisos. Luego bajó 22 pisos. Se dio cuenta de que tendría que haber bajado del ascensor 5 pisos más arriba, así que volvió a subir en el elevador. ¿En qué piso está Janet ahora?

    A. 27
    B. 32
    C. 37
    D. 59

28. Cheryl recibe $527 mensuales por su jubilación. ¿Qué número entero describe la cantidad que recibe en 6 meses?

    A. -$3,689
    B. -$3,162
    C. $2,635
    D. $3,162

29. El equipo de béisbol de fantasía de Steve encabezaba su liga con 90 puntos. El valor de sus puntos no cambió en cinco de las 10 categorías estadísticas que determinan las posiciones. En las otras cinco categorías, el equipo de Steve tuvo +2 en promedio de bateo, -1 en carreras anotadas, +3 en bases robadas, -2 en victorias y -2 en eliminación por strikes. ¿Cuál es la nueva puntuación total del equipo?

    A. 89
    B. 90
    C. 91
    D. 92

UNIDAD 1

Fracciones

Usar con el *Libro del estudiante,* págs. 8–9.

UNIDAD 1

TEMAS DE MATEMÁTICAS: Q.1.a, Q.1.b, Q.2.a, Q.2.d, Q.2.e, Q.3.a, Q.6.c
PRÁCTICA DE MATEMÁTICAS:: MP.1.a, MP.1.b, MP.1.d, MP.1.e, MP.2.c, MP.4.a

1 Repasa la destreza

Una **fracción** muestra una parte de un entero o una parte de un grupo. Una barra de fracciones separa dos números, el **numerador** (que está arriba de la barra de fracciones) y el **denominador** (que está debajo de la barra de fracciones). Una **fracción impropia** tiene un numerador mayor que el denominador. Muestra una cantidad mayor que un entero. Un **número mixto** tiene una parte entera y una parte fraccionaria. Para comparar y ordenar fracciones, primero debes hallar un denominador común.

Para sumar o restar fracciones, las fracciones primero deben tener denominadores comunes. Luego debes sumar o restar los numeradores. Para multiplicar fracciones, multiplica los numeradores y luego multiplica los denominadores. Para dividir fracciones, multiplica el dividendo por el recíproco del divisor. Para hallar el recíproco, invierte el numerador y el denominador en la fracción.

2 Perfecciona la destreza

Al perfeccionar las destrezas relacionadas con las operaciones con fracciones, mejorarás tus capacidades de estudio y evaluación, especialmente en relación con la Prueba de Razonamiento Matemático GED®. Estudia la información y la tabla que aparecen a continuación. Luego responde las preguntas.

a En algunos problemas te pedirán que compares fracciones con distintos denominadores. Estas fracciones se llaman *fracciones no semejantes.* Para resolver problemas con fracciones no semejantes, vuelve a escribir las fracciones usando un denominador común. Luego resta los numeradores para hallar la diferencia.

b Para hallar *cuánto más*, resta las cantidades. En la pregunta 1, puede ser útil escribir los números mixtos como fracciones impropias, ya que $\frac{1}{8} < \frac{1}{4}$.

En la siguiente tabla se muestran las yardas de tela que se necesitan para cada talla del diseño de un vestido.

YARDAS DE TELA QUE SE NECESITAN PARA LOS VESTIDOS

Talla	Tela de 45 pulg (Yd)	Tela de 60 pulg (Yd)
XS (extra pequeño)	$3\frac{1}{4}$	$2\frac{3}{4}$
S (pequeño)	$3\frac{1}{2}$	$3\frac{1}{4}$
M (mediano)	$3\frac{5}{8}$	$3\frac{3}{4}$
L (grande)	$3\frac{7}{8}$	$4\frac{1}{8}$
XL (extra grande)	$4\frac{1}{8}$	$4\frac{3}{8}$

CONSEJOS PARA REALIZAR LA PRUEBA

Puedes reducir algunas fracciones antes de multiplicarlas o dividirlas para hacer que tus cálculos sean más sencillos. Para simplificar, divide el numerador y el denominador entre el mismo número.

$\frac{1}{2} \times \frac{4}{5} = \frac{1 \times \cancel{4}}{\cancel{2} \times 5} = \frac{2}{5}$

1. Sharon está cosiendo un vestido de talla XS para su hija y uno de talla XL para ella usando tela de 45 pulg. ¿Cuánta tela más necesitará para el vestido XL que para el vestido XS?

A. $\frac{1}{8}$ yarda

B. $\frac{7}{8}$ yarda

C. $1\frac{1}{8}$ yardas

D. $2\frac{1}{4}$ yardas

⭐ Ítem en foco: **ARRASTRAR Y SOLTAR**

INSTRUCCIONES: Lee cada pregunta. Luego usa las opciones de arrastrar y soltar para completar cada respuesta.

2. Dos de cada cinco estudiantes de una escuela secundaria son varones. ¿Qué fracción de los estudiantes de la escuela secundaria son varones?

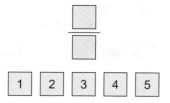

| 1 | 2 | 3 | 4 | 5 |

3. En la banda de la escuela hay 64 estudiantes. Hay 16 trompetistas. ¿Qué fracción de la banda representan los trompetistas?

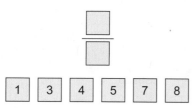

| 1 | 3 | 4 | 5 | 7 | 8 |

4. El club de ajedrez de la escuela ha celebrado su último campeonato. Los 15 miembros del equipo salieron a comer un postre. Cinco de los miembros pidieron tarta, 4 pidieron helado, 3 pidieron pastel y 3 pidieron batidos. ¿Qué fracción de los miembros del club de ajedrez pidió helado?

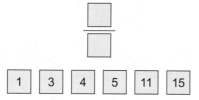

| 1 | 3 | 4 | 5 | 11 | 15 |

5. Anna extrajo $50 de su cuenta corriente. Gastó $28 en un par de zapatos. ¿Qué fracción de su dinero le queda a Anna?

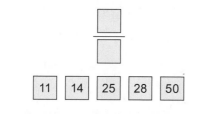

| 11 | 14 | 25 | 28 | 50 |

INSTRUCCIONES: Examina la información y la tabla. Luego lee cada pregunta y usa las opciones de arrastrar y soltar para completar cada respuesta.

En la tabla se muestran cinco estudiantes y la fracción de sus tareas que completó cada uno de ellos.

**TAREAS COMPLETADAS
POR VARIOS ESTUDIANTES**

Estudiante	Fracción de las tareas completadas
Tamara	$\frac{2}{5}$
Natalia	$\frac{7}{10}$
Miguel	$\frac{1}{2}$
Ethan	$\frac{9}{10}$
Walt	$\frac{4}{5}$

6. Haz una lista de los estudiantes de la tabla anterior en orden de cantidad de tareas completadas, empezando por el que más completó.

7. ¿La fracción de la tarea completada por qué dos estudiantes de la tabla es igual a la fracción de la tarea que completó Ethan?

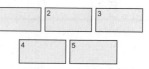

8. Un restaurante sirvió el desayuno a 72 clientes. De estos, 18 pidieron omelettes. ¿Qué fracción de los clientes pidió omelettes?

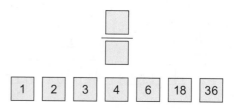

| 1 | 2 | 3 | 4 | 6 | 18 | 36 |

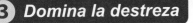

★ Ítem en foco: **ARRASTRAR Y SOLTAR**

INSTRUCCIONES: Lee cada pregunta. Luego usa las opciones de arrastrar y soltar para completar la respuesta.

9. Quentin está llenando un vaso en el que caben $1\frac{3}{4}$ tazas de agua. Está usando una taza graduada de $\frac{1}{4}$ de taza de capacidad. ¿Cuántas veces deberá llenar la taza graduada, que es más pequeña, para llegar a $1\frac{3}{4}$ tazas?

☐ veces

| 5 | 6 | 7 | 8 | 9 |

INSTRUCCIONES: Examina la información y la recta numérica. Luego lee cada pregunta y usa las opciones de arrastrar y soltar para completar cada respuesta.

La recta numérica que aparece a continuación representa la rapidez, en millas por h, de cinco carros rotulados de la A a la E. El tiempo que les lleva a los carros recorrer 50 millas, en h, se obtiene dividiendo 50 entre la rapidez.

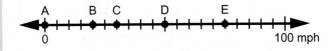

A   B   C   D   E

0   100 mph

10. ¿Para qué carro es indefinido el tiempo que le lleva recorrer 50 millas?

☐

| A | B | C | D | E |

11. ¿Cuántas h más le lleva recorrer las 50 millas al Carro B que al Carro D?

| 0 | 1 | 2 | 3 | 4 | 5 |

INSTRUCCIONES: Examina la información y la tabla. Luego lee cada pregunta y usa las opciones de arrastrar y soltar para completar cada respuesta.

En la siguiente tabla se muestra el número de millas que recorrió Luke en su bicicleta durante una semana.

MILLAS RECORRIDAS POR LUKE EN UNA SEMANA

Día	Número de millas
Domingo	$18\frac{2}{3}$
Lunes	$25\frac{9}{10}$
Martes	$15\frac{1}{2}$
Miércoles	$12\frac{7}{8}$
Jueves	$32\frac{5}{6}$
Viernes	$19\frac{7}{8}$
Sábado	$24\frac{5}{6}$

12. ¿Cuántas millas recorrió Luke durante el fin de semana?

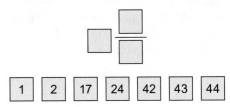

| 1 | 2 | 17 | 24 | 42 | 43 | 44 |

13. ¿Cuántas millas menos recorrió Luke el miércoles que el lunes?

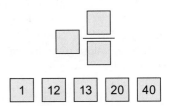

| 1 | 12 | 13 | 20 | 40 |

INSTRUCCIONES: Lee la pregunta. Luego usa las opciones de arrastrar y soltar para completar cada respuesta.

14. Ginny tiene que corregir 26 pruebas. Le lleva $\frac{1}{9}$ de h corregir cada prueba. ¿Cuántas h tardará Ginny en corregir todas las pruebas?

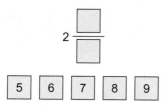

INSTRUCCIONES: Examina la información y la recta numérica. Luego lee cada pregunta y usa las opciones de arrastrar y soltar para completar cada respuesta.

En la siguiente recta numérica se muestra el intervalo de 0 a 1 dividido en 20 segmentos iguales.

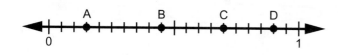

15. Haz una lista de los valores fraccionarios de los puntos, en su mínima expresión en orden decreciente.

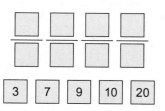

16. ¿Cuál es la distancia entre los puntos B y D, expresada como una fracción en su mínima expresión?

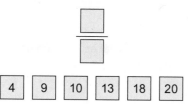

INSTRUCCIONES: Lee la información y la pregunta. Luego usa las opciones de arrastrar y soltar para completar cada respuesta.

La propiedad distributiva de la suma y la resta dice que: $[(3)(5) + (3)(7)] = (3)(5 + 7)$.

17. Usa la propiedad distributiva para simplificar la siguiente fracción.

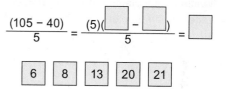

18. Usa la propiedad distributiva para simplificar la siguiente fracción.

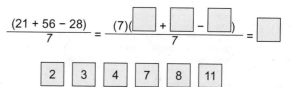

INSTRUCCIONES: Lee la pregunta. Luego usa las opciones de arrastrar y soltar para completar la respuesta.

19. Esta semana, Mario tiene que trabajar $32\frac{5}{6}$ h.

Hasta ahora, ha trabajado $19\frac{7}{8}$ h

¿Cuántas h más debe trabajar Mario esta semana?

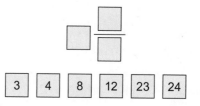

Razones y proporciones

Usar con el *Libro del estudiante,* págs. 10–11.

UNIDAD 1

① Repasa la destreza

TEMAS DE MATEMÁTICAS: Q.2.a, Q.2.e, Q.3.a, Q.3.b, Q.3.c, Q.6.c
PRÁCTICA DE MATEMÁTICAS: MP.1.a, MP.1.b, MP.1.d, MP.1.e, MP.2.c, MP.3.a, MP.4.a

Una **razón** compara dos números. El segundo número, o el número de abajo, de una razón no necesariamente representa un entero. Una razón con denominador 1 se conoce como **tasa por unidad**. Cuando dos razones se escriben como iguales, la ecuación es una **proporción**.

Puedes escribir una razón como una fracción, usando la palabra *a* o con dos puntos (:). Recuerda escribir las razones en su mínima expresión en todos los casos.

② Perfecciona la destreza

Al perfeccionar la destreza de resolver razones y proporciones, mejorarás tus capacidades de estudio y evaluación, especialmente en relación con la Prueba de Razonamiento Matemático GED®. Estudia la tabla que aparece a continuación. Luego responde las preguntas.

A continuación se muestra el número de estudiantes que tocan un instrumento determinado en la banda de la escuela.

a Escribe la proporción $\frac{3}{4} = \frac{x}{8}$ y luego halla x para resolver el primer problema.

b El problema 2 tiene varios pasos. Para escribir una razón, tienes que hallar el número de niñas que tocan el clarinete. Luego resta el número de niños del total de clarinetistas.

MIEMBROS DE LA BANDA Y SUS INSTRUMENTOS

Instrumento	Número de estudiantes
Flauta	**a** 8
Percusión	5
Saxofón	4
Clarinete	**b** 12
Trompeta	5
Trombón	4
Tuba	2

c Recuerda que, cuando escribes una proporción para resolver un problema, los términos de ambas razones deben estar escritos en el mismo orden.

CONSEJOS PARA REALIZAR LA PRUEBA

Incluye etiquetas en tus razones para asegurarte de que estás escribiendo los números en el orden correcto. Después de escribir tu razón, léela en palabras. Asegúrate de que coincide con lo que dice el problema.

1. La razón de niñas al número total de estudiantes de la banda es 3 a 4. Con esa razón, ¿cuántas niñas esperarías que tocaran la flauta?

   A. 5
   B. 6
   C. 7
   D. 8

c 2. Hay cuatro clarinetistas varones. ¿Cuál es la razón de clarinetistas varones a clarinetistas mujeres?

   A. 8:4
   B. 8:12
   C. 4:12
   D. 1:2

INSTRUCCIONES: Lee cada pregunta y elige la **mejor** respuesta.

3. En una prueba de destrezas de natación, Olive hizo 12 destrezas correctamente y 4 incorrectamente. ¿Cuál es la razón de las destrezas incorrectas al total de destrezas?

   A. $\frac{1}{4}$

   B. $\frac{1}{2}$

   C. $\frac{2}{1}$

   D. $\frac{4}{1}$

4. En esta temporada, el equipo de básquetbol de Joe ganó 38 partidos y perdió 4. ¿Cuál es la razón de partidos perdidos a partidos ganados?

   A. 38:4
   B. 4:38
   C. 19:2
   D. 2:19

5. Una caja de sopa contiene 8 latas. Si la caja cuesta $16, ¿cuál es la tasa por unidad?

   A. $0.50 por lata
   B. $1 por lata
   C. $2 por lata
   D. $4 por lata

6. Un dibujo a escala de una sala está a una escala de 1 pulg:3 pies. Si la longitud de una pared es 4 pulg en el dibujo, ¿cuál es la longitud de la pared real?

   A. 4 pies
   B. 7 pies
   C. 12 pulg
   D. 12 pies

7. Annie manejó 96 millas el lunes y 60 millas el martes. ¿Cuál es la razón de millas que manejó el lunes a millas que manejó el martes?

   A. $\frac{2}{1}$

   B. $\frac{5}{8}$

   C. $\frac{8}{5}$

   D. $1\frac{3}{5}$

INSTRUCCIONES: Lee cada pregunta y elige la **mejor** respuesta.

8. Una receta de panqueques para 30 personas lleva 12 huevos. Marti quiere preparar panqueques solo para 10 personas. ¿Cuál es la razón de huevos a porciones para la receta reducida?

   A. 2 a 5
   B. 1 a 3
   C. 5 a 2
   D. 5 a 6

9. La razón de victorias a derrotas del equipo de rugby Gatos Salvajes fue 8:3. Si el equipo ganó 24 partidos, ¿cuántos perdió?

   A. 8
   B. 9
   C. 19
   D. 64

10. En la fábrica de neumáticos hay 30 empleados a tiempo completo y 12 empleados a tiempo parcial. ¿Cuál es la razón de empleados a tiempo completo a empleados a tiempo parcial?

    A. 2:1
    B. 4:1
    C. 5:2
    D. 7:2

11. La escala de un mapa indica que 2 pulg equivalen a 150 millas. Si la distancia entre dos ciudades es 6 pulg en el mapa, ¿cuántas millas las separan?

    A. 300
    B. 450
    C. 600
    D. 900

12. En una escuela primaria hay 460 estudiantes. Para ir a la escuela, $\frac{4}{5}$ de los estudiantes usan el autobús. ¿Cuántos estudiantes usan otro medio de transporte?

    A. 92
    B. 115
    C. 368
    D. 575

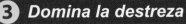

UNIDAD 1

★ Ítem en foco: **ARRASTRAR Y SOLTAR**

INSTRUCCIONES: Lee cada pregunta. Luego usa las opciones de arrastrar y soltar para completar cada proporción y respuesta.

13. Por cada $5 que una persona dona a una asociación benéfica, la empresa Bahía donará $15 a esa misma asociación benéfica. Si las donaciones particulares suman $275, ¿cuántos dólares aportará la empresa Bahía?

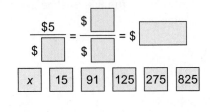

$$\frac{\$5}{\$\boxed{}} = \frac{\$\boxed{}}{\$\boxed{}} = \$\boxed{}$$

| x | 15 | 91 | 125 | 275 | 825 |

14. En una escuela, la razón de estudiantes a maestros es 14 a 1. Si hay 406 estudiantes, ¿cuántos maestros trabajan en la escuela?

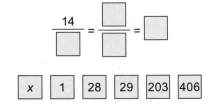

$$\frac{14}{\boxed{}} = \frac{\boxed{}}{\boxed{}} = \boxed{}$$

| x | 1 | 28 | 29 | 203 | 406 |

INSTRUCCIONES: Lee cada pregunta y elige la **mejor** respuesta.

15. Una persona puede quemar alrededor de 110 calorías caminando una milla. ¿Cuántas calorías quemará una persona si camina $4\frac{1}{2}$ millas?

A. 440
B. 495
C. 550
D. 615

16. En un día de mucho tránsito, Trevor recorrió 48 millas en 3 h. ¿Cuál fue la tasa por unidad de su rapidez?

A. 16 millas por h
B. 45 millas por h
C. 48 millas por h
D. 144 millas por h

17. En una oficina de 30 personas, 16 personas van al trabajo en carro y el resto caminan o van en bicicleta. ¿Cuál es la razón de personas que van en carro a personas que no van en carro?

A. 7:8
B. 8:7
C. 8:15
D. 15:7

18. Se hizo una encuesta a treinta personas acerca de su tipo de trabajo. Dos de cada cinco personas trabajan en un campo relacionado con la educación. ¿Cuántas de las personas encuestadas trabajan en la educación?

A. 5
B. 8
C. 12
D. 15

19. La receta de una salsa para postres lleva 2 cucharaditas de salsa de chocolate y 3 cucharaditas de salsa de caramelo. Si Mary hizo en total 20 cucharaditas de salsa para postres, ¿cuántas cucharaditas de caramelo usó?

A. 11
B. 12
C. 13
D. 14

20. En un negocio local, la razón de carros a lugares para estacionar es 2:3. Si hay 24 carros, ¿cuántos lugares para estacionar hay?

A. 16
B. 32
C. 36
D. 48

21. En un partido de softball, Allison lanzó 84 strikes en 105 lanzamientos. En el resto de los lanzamientos el árbitro cantó bola. ¿Cuál fue la razón de strikes a bolas de Allison?

    A. 4:1
    B. 5:1
    C. 5:2
    D. 6:1

22. La razón de socorristas a bañistas en una piscina es 1:22. Si hay 176 bañistas en la piscina, ¿cuántos socorristas hay?

    A. 6
    B. 8
    C. 88
    D. 154

INSTRUCCIONES: Examina la información y la tabla, lee cada pregunta y elige la **mejor** respuesta.

En la tabla se muestra el número de millas que recorrió Leila en su carro cada semana con el tanque de combustible lleno.

MILLAS QUE RECORRIÓ LEILA POR SEMANA

Semana 1	420 millas
Semana 2	414 millas
Semana 3	389 millas
Semana 4	421 millas
Semana 5	396 millas

23. Si en el tanque de Leila caben 18 galones de combustible, ¿cuántas millas por galón hizo su carro en la Semana 2?

    A. 22
    B. 23
    C. 46
    D. 28

24. ¿Cuál es la razón del número de millas que recorrió Leila durante la Semana 1 al número total de millas que recorrió durante las 5 semanas?

    A. 1:4
    B. 7:9
    C. 7:34
    D. 99:508

INSTRUCCIONES: Lee cada pregunta y elige la **mejor** respuesta.

25. La razón de gatos a personas en una ciudad es 3 a 8. ¿Cuántos habitantes tiene la ciudad si hay 387 gatos registrados?

    A. 129
    B. 1,032
    C. 1,161
    D. 3,096

26. Ayla compró un pavo de 8 libras por $24. ¿Cuánto gastaría en un pavo de 12 libras?

    A. $3
    B. $16
    C. $28
    D. $36

INSTRUCCIONES: Examina la tabla, lee cada pregunta y elige la **mejor** respuesta.

EDITORIAL BOOKSMART

Puesto	Vacantes	Candidatos
Diseñador gráfico	5	25
Investigador artístico	3	27
Redactor	4	48
Editor	2	12

27. ¿Qué puesto tiene una razón de 12 candidatos a 1 vacante?

    A. diseñador gráfico
    B. investigador artístico
    C. redactor
    D. editor

28. Debido a un incremento en la carga de trabajo, Booksmart anunció recientemente que planea contratar a dos directores de proyecto. La razón de vacantes a candidatos era 1:7. ¿Cuántos candidatos más había para el puesto de director de proyecto que para el de editor?

    A. 2
    B. 13
    C. 15
    D. 26

Números decimales

Usar con el *Libro del estudiante*, págs. 12–13.

TEMAS DE MATEMÁTICAS: Q.1.a, Q.2.a, Q.2.e, Q.3.a, Q.6.c
PRÁCTICA DE MATEMÁTICAS: MP.1.a, MP.1.b, MP.1.e, MP.2.c, MP.3.a, MP.4.a

1 Repasa la destreza

Un **número decimal** muestra una fracción de un número mediante el sistema de valor posicional. El valor de los lugares decimales disminuye de izquierda a derecha. Cuando resuelves problemas relacionados con el dinero, debes saber cómo redondear números decimales. A menos que te indiquen otra cosa, redondea tus respuestas al centavo, o centésimo, más próximo.

Para sumar o restar números decimales, alinea los puntos decimales y realiza la operación. Para multiplicar números decimales, hazlo de la misma forma en que multiplicas números naturales. Luego cuenta los lugares decimales de los factores para determinar el número de lugares decimales del producto.

Para dividir números decimales, desarrolla el problema como lo harías con los números naturales. Ajusta el problema de modo que no haya lugares decimales en el divisor. Luego divide. Coloca el punto decimal en el cociente exactamente arriba de su lugar en el dividendo.

2 Perfecciona la destreza

Al perfeccionar la destreza de realizar operaciones con números decimales, mejorarás tus capacidades de estudio y evaluación, especialmente en relación con la Prueba de Razonamiento Matemático GED®. Estudia la información y la tabla que aparecen a continuación. Luego responde las preguntas.

La familia Peterman sale a jugar boliche una vez por semana. Cada miembro de la familia tiene su propia bola de boliche. En la tabla que aparece a continuación se muestra el peso de cada bola de boliche.

(a) Para comparar un número decimal hasta los décimos con uno hasta los centésimos, escribe un cero para rellenar la posición de los centésimos. Por ejemplo, 6.2 es igual a 6.20. Ahora ya puedes comparar el dígito de los centésimos.

(b) Se entiende que un número natural tiene un punto decimal después del lugar de las unidades. Escribe 6 kg como 6.0 kg para restar. Un valor decimal que no tiene un número natural tiene un cero a la izquierda del punto decimal. Escribe .2 kg como 0.2 kg.

MASA DE LAS BOLAS DE BOLICHE (kg)

Julie	5.8 kg
Tay	5.2 kg
Christopher	(a) 6.2 kg
Sr. Peterman	7.2 kg
Sra. Peterman	7.2 kg

(a) 1. ¿Cuántas de las bolas de la familia Peterman tienen una masa mayor que 6.25 kg?

A. 1
B. 2
C. 3
D. 4

(b) 2. Julie compra una nueva bola de boliche que tiene una masa de 6 kg. ¿Cuánto mayor es la masa de su nueva bola que la de su bola anterior?

A. 0 kg
B. 0.2 kg
C. 1.2 kg
D. 2 kg

⭐ Ítem en foco: **COMPLETAR LOS ESPACIOS**

INSTRUCCIONES: Estudia la tabla. Luego escribe tu respuesta en el recuadro que aparece a continuación.

REGISTRO DE MANEJO DE KATE

Día	Millas
Lunes	37.5 millas
Martes	38.1 millas
Miércoles	37.8 millas
Jueves	37.7 millas
Viernes	38.3 millas

3. ¿Qué día recorrió Kate el menor número de millas?

4. ¿Cuál fue el número total de millas que recorrió Kate durante la semana?

5. ¿Cuántas millas más recorrió Kate el viernes que el lunes?

6. El jefe de Kate le devuelve $0.45 por cada milla que recorre por razones de trabajo. La semana pasada, recorrió 21.4 millas por razones personales y el resto fueron por razones de trabajo. ¿Cuánto dinero se le devolverá?

$

INSTRUCCIONES: Estudia la información y la tabla, lee la pregunta y elige la **mejor** respuesta.

7. Natalia completó su rutina en la barra de equilibrio en un encuentro de gimnasia con un puntaje de 15.975. En la tabla que aparece a continuación se muestran los puntajes de tres de los contrincantes de Natalia. ¿En qué lugar finalizó Natalia la competencia?

PUNTAJES EN LA BARRA DE EQUILIBRIO

Gimnasta	Puntaje
Johnson	15.995
Hen	15.98
Kalesh	15.97

A. primera
B. segunda
C. tercera
D. cuarta

INSTRUCCIONES: Lee cada pregunta y elige la **mejor** respuesta.

8. En un parque de diversiones, el agua embotellada cuesta $1.79. Dylan tiene $8. ¿Alrededor de cuántas botellas de agua podría comprar Dylan en el parque de diversiones?

A. 4
B. 6
C. 7
D. 8

9. Isaiah trabaja en el departamento de control de calidad de una fábrica de helados. Cada recipiente de medio galón de helado debe pesar más de 1.097 kg y menos de 1.103 kg. ¿Cuál de los siguientes recipientes de helado rechazaría Isaiah?

A. Muestra A – 1.099 kg
B. Muestra B – 1.101 kg
C. Muestra C – 1.121 kg
D. Muestra D – 1.098 kg

INSTRUCCIONES: Estudia la información y la tabla, lee cada pregunta y elige la **mejor** respuesta.

Una biblioteca ordena sus libros usando números decimales. En la tabla se muestra la ubicación de los libros en la biblioteca.

UBICACIÓN POR NÚMERO DE LIBRO

Piso y Sección	Rango de números de los libros
Piso 1, Sección A	14.598 – 17.654
Piso 1, Sección B	17.655 – 21.584
Piso 2, Sección A	31.858 – 35.784
Piso 2, Sección B	35.785 – 42.955

10. ¿Dónde podrías encontrar un libro rotulado con el número 17.653?

    A. Piso 1, Sección A
    B. Piso 1, Sección B
    C. Piso 2, Sección A
    D. Piso 2, Sección B

11. La señora Cafferty necesita guardar un libro con el número 35.78. ¿Dónde encontrará el estante al que corresponde este libro?

    A. Piso 1, Sección A
    B. Piso 1, Sección B
    C. Piso 2, Sección A
    D. Piso 2, Sección B

INSTRUCCIONES: Lee cada pregunta y elige la **mejor** respuesta.

12. En una tienda de comestibles, el salami cuesta $3.95 por libra. ¿Cuál es el costo, sin el impuesto sobre las ventas, de 2.3 libras de salami?

    A. $9.08
    B. $9.09
    C. $9.90
    D. $10.08

13. En una tienda de artículos para el hogar, Teresa compró una nueva lámpara por $14.89, un paquete de bombillas por $2.38 y un interruptor por $0.79. Pagó con un billete de $20. ¿Cuánto cambio deben darle?

    A. $1.94
    B. $2.73
    C. $17.26
    D. $18.06

INSTRUCCIONES: Lee cada pregunta y elige la **mejor** respuesta.

14. Sylvia compró una computadora con un plan de financiación. En total, hará 12 pagos iguales para pagar la computadora. Si el costo de la computadora era $675, ¿cuál es la cantidad de cada pago mensual?

    A. $56.00
    B. $56.25
    C. $56.40
    D. $58.25

15. Tim obtuvo 97.75 en su primer examen de matemáticas, 92.5 en su segundo examen y 98.25 en su tercer examen. ¿Cuál es el total combinado de sus calificaciones en los tres exámenes?

    A. 285.95
    B. 286.05
    C. 286.75
    D. 288.5

INSTRUCCIONES: Estudia la información y la tabla, lee la pregunta y elige la **mejor** respuesta.

16. En la tabla se muestran los promedios de bateo de cinco jugadores de béisbol.

PROMEDIOS DE BATEO

Jugador	Promedio de bateo
A	0.279
B	0.350
C	0.305
D	0.298
E	0.289

Los jugadores con los tres mejores promedios de bateo están primeros en la formación de bateo. Batearán en orden del promedio más bajo al más alto. ¿En qué opción se muestra el orden de bateo correcto?

    A. Jugador D, Jugador B, Jugador C
    B. Jugador B, Jugador C, Jugador D
    C. Jugador C, Jugador B, Jugador D
    D. Jugador D, Jugador C, Jugador B

17. Shauna obtuvo 9.25, 8.75 y 9.5 en tres pruebas de matemáticas. ¿En qué opción se muestran sus calificaciones en orden de la más baja a la más alta?

    A. 9.25, 8.75, 9.5
    B. 8.75, 9.25, 9.5
    C. 8.75, 9.5, 9.25
    D. 9.5, 9.25, 8.75

18. Normalmente, los fideos finos en Comidas de tu Ciudad cuestan $2.29. Esta semana, están en oferta por $2.05. Lorenzo compró 5 cajas en oferta. ¿Cuánto dinero ahorró?

    A. $0.24
    B. $1.20
    C. $1.24
    D. $7.96

19. El puntaje de un clavadista se calcula sumando los puntajes otorgados por tres jueces y después multiplicando esta suma por el grado de dificultad del salto. Craig hizo un salto con un grado de dificultad de 3.2. Recibió los puntajes 8, 8.5 y 7.5. ¿Cuál fue su puntaje total por el salto?

    A. 67.8
    B. 75.36
    C. 76.8
    D. 86.7

20. Walt pidió un préstamo para comprar su carro nuevo. Hace pagos mensuales iguales. En un año, paga $1,556.28. ¿Cuánto paga por mes por el préstamo para su carro?

    A. $128.29
    B. $129.69
    C. $130.99
    D. $131.09

21. Un ciclista recorrió 115.02 millas en 5.4 h. Si se movió a una rapidez constante, ¿cuántas millas por h recorrió?

    A. 20.3
    B. 21.1
    C. 21.3
    D. 22.1

INSTRUCCIONES: Estudia la información, lee la pregunta y elige la **mejor** respuesta.

22. En una competencia de saltos ornamentales, Morgan terminó en segundo lugar. El clavadista que quedó en primer lugar obtuvo 218.65 puntos. El que quedó en tercer lugar obtuvo 218.15 puntos. ¿Cuál de las siguientes opciones podría ser el puntaje que obtuvo Morgan?

    A. 218 puntos
    B. 218.05 puntos
    C. 218.105 puntos
    D. 218.5 puntos

INSTRUCCIONES: Estudia la tabla, lee cada pregunta y elige la **mejor** respuesta.

COSTOS DE ENVÍO

Rango de peso del paquete (libras)	Costo del envío
0–4.65	$3.95
4.66–7.85	$5.55
7.86–10.95	$8.99
10.96–15.40	$12.30

23. Gary quiere enviar un paquete que pesa 6.8 libras. ¿Cuánto le costará?

    A. $3.95
    B. $5.55
    C. $8.99
    D. $12.30

24. Margaret colocó 3 libros en una caja. Cada libro pesa 2.91 libras. La caja y los materiales para embalar pesan 1.6 libras. ¿Cuánto costará enviar el paquete?

    A. $3.95
    B. $5.55
    C. $8.99
    D. $12.30

25. Tyler envía un paquete que pesa 4.51 libras y otro que pesa 10.9 libras. Paga con un billete de $20. ¿Cuánto cambio recibirá?

    A. $4.59
    B. $7.06
    C. $12.94
    D. $15.41

Porcentaje

Usar con el *Libro del estudiante,* págs. 14–15.

1 Repasa la destreza

TEMAS DE MATEMÁTICAS: Q.2.a, Q.2.e, Q.3.c, Q.3.d, Q.6.c
PRÁCTICA DE MATEMÁTICAS: MP.1.a, MP.1.b, MP.1.d, MP.1.e, MP.2.c, MP.3.a, MP.4.a

Puedes escribir fracciones y números decimales como porcentajes. Los **porcentajes** son razones que usan

el número 100 como denominador. Por ejemplo, 11 de 100 se escribe $\frac{11}{100}$. Los porcentajes se escriben con un signo de porcentaje, por lo tanto, $\frac{11}{100}$ es igual a 11%.

Un problema de porcentaje incluye una base, una parte y una tasa. La **base** es la cantidad total. La **parte** es una porción de la base. La **tasa** es un porcentaje. También puedes resolver problemas usando proporciones o la fórmula del porcentaje **base × tasa = parte.**

2 Perfecciona la destreza

Al perfeccionar las destrezas de hallar porcentajes y resolver problemas con porcentajes, mejorarás tus capacidades de estudio y evaluación, especialmente en relación con la Prueba de Razonamiento Matemático GED®. Estudia la información que aparecen a continuación. Luego responde las preguntas.

A continuación se muestra el recibo de un restaurante.

a Para responder la pregunta 1, convierte 15% en una fracción. Quita el signo de porcentaje y luego escribe una fracción con el porcentaje como numerador y 100 como denominador. Simplifica.

b Para responder la pregunta 2, halla primero el 20% de propina sobre la base de $40.66. Luego suma la propina al subtotal para hallar el total.

Cafetería de Sally

Comida y bebida: $38.00

Impuestos: $2.66

Subtotal: **a** $40.66

Propina: **b** _____

Total: _____

Gracias. ¡Vuelva a visitarnos!

TECNOLOGÍA PARA REALIZAR LA PRUEBA

Para tener éxito en la Prueba de GED®, hay que tener capacidad para usar el ratón. Para los ejercicios con menú desplegable, debes hacer clic en una flecha para revelar las posibles respuestas y después hacer clic una segunda vez para seleccionar la respuesta correcta.

1. Un camarero de la cafetería recibió una propina del 15% del subtotal del recibo que se muestra arriba. ¿Qué fracción del subtotal representa la propina?

   A. $\frac{1}{15}$

   B. $\frac{3}{20}$

   C. $\frac{1}{20}$

   D. $\frac{6}{15}$

2. Un cliente dejó una propina del 20% del subtotal que se muestra en el recibo. ¿Cuál fue el total?

   A. $8.13
   B. $32.53
   C. $40.86
   D. $48.79

⭐ Ítem en foco: **MENÚ DESPLEGABLE**

INSTRUCCIONES: Lee la información y elige la opción que **mejor** complete cada oración.

3. Dos quintos de los niños de primer grado son llevados a la escuela por sus padres.

   Menú desplegable % de los niños de primer grado son llevados a la escuela.

   A. 5
   B. 25
   C. 40
   D. 60

4. De 140 estudiantes de dieciséis años, el 85% han tomado clases de manejo y obtenido su licencia.

   Menú desplegable estudiantes han tomado clases de manejo y han obtenido su licencia.

   A. 21
   B. 55
   C. 85
   D. 119

5. Cada semestre, alrededor de $\frac{3}{25}$ de los estudiantes de una universidad estudian en el extranjero.

   El Menú desplegable de los estudiantes estudian en el extranjero.

   A. 9%
   B. 12%
   C. 22%
   D. 75%

6. Un refrigerador cuesta $580. Sam compró el refrigerador con un 30% de descuento.

   Sam pagó $ Menú desplegable por su refrigerador.

   A. 174
   B. 406
   C. 506
   D. 754

INSTRUCCIONES: Lee la información y elige la opción que **mejor** complete cada oración.

7. Marie necesita imprimir 500 folletos a un costo de $2 por folleto. Dado el tamaño del pedido, la imprenta le pide a Marie que pague un 30% por adelantado.

   Marie debe hacer un pago inicial de $ Menú desplegable .

   A. 60
   B. 150
   C. 300
   D. 530

8. El 1 de enero, el alquiler mensual de Theo aumentó de $585 a $615.

   El porcentaje aproximado del aumento del alquiler de Theo fue de Menú desplegable %.

   A. 3
   B. 5
   C. 6.5
   D. 17

9. Ezra invirtió $3,000 por 18 meses a una tasa de interés anual del 3%.

   Ganará $ Menú desplegable de interés por su inversión.

   A. 90.00
   B. 135.00
   C. 900
   D. 1,350

10. Cuando compró un carro nuevo que costaba $16,584.00, Dan pagó el 20% por adelantado. Pagará el saldo en 24 pagos mensuales iguales.

    Pagará $ Menú desplegable por mes.

    A. 1,105.60
    B. 667.18
    C. 552.80
    D. 132.20

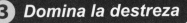

★ Ítem en foco: **MENÚ DESPLEGABLE**

UNIDAD 1

INSTRUCCIONES: Lee la información y elige la opción que **mejor** complete cada oración.

11. Noelle trabaja en ventas y tiene un salario de $2,500 por mes más una comisión del 8% del total de sus ventas. El mes pasado, las ventas de Noelle sumaron un total de $42,800.

El mes pasado, Noelle ganó $ Menú desplegable en total.

A. 5,924.00
B. 3,424.00
C. 2,000.00
D. 200.00

12. Remy pidió un crédito para hacer mejoras en su casa y pagar sus nuevos armarios para la cocina. El crédito fue de $10,000 a una tasa de interés anual del 5.6%. Remy terminó de pagar el crédito en 36 meses.

Ella pagó $ Menú desplegable en total.

A. 10.680.00
B. 11,680.00
C. 12,016.00
D. 12,760.00

13. Nina recorrió 45 millas en bicicleta en dos días. El primer día recorrió 36 millas.

El segundo día, Nina recorrió un Menú desplegable % de las millas.

A. 15%
B. 20%
C. 23%
D. 25%

14. El 82% de los empleados de una planta de procesamiento de alimentos pertenecen a un sindicato de empleados.

82% = Menú desplegable

A. 0.82
B. 0.82%
C. 8.2%
D. 08.2

INSTRUCCIONES: Lee la información y elige la opción que **mejor** complete cada oración.

15. Los Lobos tenían 20 jugadores en su equipo de fútbol, tres de los cuales eran estudiantes de primer año.

El porcentaje de estudiantes de primer año del equipo de fútbol de los Lobos era Menú desplegable %.

A. 5%
B. 10%
C. 15%
D. 20%

16. Las Panteras ganaron 22 de sus 34 partidos.

Las Panteras ganaron aproximadamente el Menú desplegable % de sus partidos.

A. 67.4
B. 64.7
C. 61.7
D. 58.8

17. Hace poco, Bryon compró una computadora portátil. Pagó un 20 por ciento al comprarla. La computadora cuesta $1,230.

Bryon debe $ Menú desplegable después de hacer ese pago.

A. 246
B. 492
C. 984
D. 1,107

18. Jim confecciona y vende mochilas de mezclilla por $10.50 cada una. Le cuesta $7 producir cada mochila.

Jim obtiene una ganancia del Menú desplegable % por cada mochila.

A. 33
B. 50
C. 75
D. 125

INSTRUCCIONES: Lee la información y la tabla. Luego elige la opción que **mejor** complete cada oración.

Una fábrica de partes registra el número de cada parte que se vende en un informe mensual. A continuación se muestra el informe de mayo.

PARTES VENDIDAS EN MAYO

Número de Parte	Cantidad vendida
A056284	120,750
B057305	254,860
P183456	184,340
F284203	290,520
Q754362	308,205

19. Alrededor del [Menú desplegable] % de las partes vendidas eran del número Q754362.

    A. 22
    B. 25
    C. 26
    D. 27

20. En conjunto, las ventas de las partes con los números B057305 y F284203 igualan el porcentaje de las partes vendidas en mayo, alrededor del [Menú desplegable] %.

    A. 22
    B. 25
    C. 46
    D. 47

INSTRUCCIONES: Lee la información y elige la opción que **mejor** complete la oración.

21. Jay pidió un préstamo de $210,000 para una pequeña empresa. Las condiciones del préstamo son el 5% de interés anual durante cuatro años.

    Jay habrá pagado $ [Menú desplegable] cuando finalicen los cuatro años.

    A. 420,000
    B. 252,000
    C. 168,000
    D. 42,000

INSTRUCCIONES: Lee la información y elige la opción que **mejor** complete cada oración.

22. En marzo, el número promedio de pasajeros en un tren fue de 5,478 por día. En abril, este número bajó a 4,380 debido a obras en la línea de tren.

    Los pasajeros [Menú desplegable 22.1]

    aproximadamente un [Menú desplegable 22.2] % de marzo a abril.

Opciones de respuesta del menú desplegable

22.1	A. aumentaron
	B. disminuyeron

22.2	A. 18
	B. 20
	C. 25

23. Había 35 estudiantes matriculados en una clase de ejercicios aeróbicos. El tamaño de la clase aumentó en un 20%.

    Ahora hay [Menú desplegable] estudiantes en la clase.

    A. 28
    B. 37
    C. 42
    D. 48

24. Delia gana $28,500 al año. Destina $\frac{1}{5}$ de esa cantidad para la comida y 0.35 a la vivienda.

    Queda el [Menú desplegable] % de sus ingresos para que lo destine a otras cosas.

    A. 15
    B. 45
    C. 55
    D. 85

25. El equipo de fútbol los Goleadores jugó 24 partidos y ganó el 75 por ciento de ellos.

    Los Goleadores perdieron [Menú desplegable] de sus partidos.

    A. 6
    B. 8
    C. 14
    D. 16

Medición y unidades de medida

Usar con el *Libro del estudiante,* págs. 26–27.

TEMAS DE MATEMÁTICAS: Q.1.a, Q.1.b, Q.2.a, Q.2.d, Q.2.e, Q.3.a, Q.3.b, Q.6.c
PRÁCTICA DE MATEMÁTICAS: MP.1.a, MP.1.b, MP.1.d, MP.1.e, MP.2.c, MP.4.a

UNIDAD 2

1 Repasa la destreza

Los sistemas de medición más usados son el sistema usual de EE. UU. y el sistema métrico. Posiblemente uses el **sistema usual de EE. UU.** en tu vida diaria para medir longitudes y para cocinar. Las unidades básicas de medida del sistema usual de EE. UU. incluyen el pie (longitud), la libra (peso) y el galón (capacidad). Las unidades básicas del **sistema métrico** incluyen el metro (longitud), el gramo (peso) y el litro (capacidad).

También mides el **tiempo** en unidades estándares como segundos, minutos, horas, días, semanas, meses y años. Las unidades de medida de tiempo son iguales en el sistema usual de EE. UU. y en el sistema métrico. Muchos problemas relacionados con el tiempo aplican la fórmula **distancia = tasa × tiempo**.

2 Perfecciona la destreza

Al perfeccionar la destreza de medir y convertir entre unidades, mejorarás tus capacidades de estudio y evaluación, especialmente en relación con la Prueba de Razonamiento Matemático GED®. Estudia la información que aparece a continuación. Luego responde la pregunta.

a Cuando conviertes unidades del sistema métrico de una unidad mayor a una unidad menor, multiplica por una potencia de 10. Cuando conviertes de una unidad menor a una unidad mayor, divide entre una potencia de 10.

b Puedes multiplicar por 1,000 corriendo el punto decimal tres lugares a la derecha, por 100 corriendo el punto decimal dos lugares a la derecha y por 10 corriendo el punto decimal un lugar a la derecha. Para dividir, corre el punto decimal el número correspondiente de lugares a la izquierda.

Unidades de masa del sistema métrico
1 kilogramo (kg) = 1,000 gramos (g)
1 gramo (g) = 100 centigramos (cg)
1 centigramo   (cg) = 10 miligramos (mg)

CONVERTIR UNIDADES DE MEDIDA DEL SISTEMA MÉTRICO

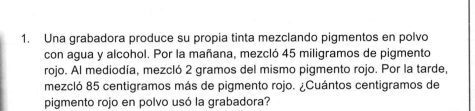

Multiplica   × 1,000   × 100   × 10

a

kilómetro	metro	centímetro	milímetro
kilogramo	gramo	centigramo	miligramo
kilolitro	litro	centilitro	mililitro

a

Divide   ÷ 1,000   ÷ 100   ÷ 10

CONSEJOS PARA REALIZAR LA PRUEBA

Primero identifica la unidad de medida que pide la respuesta. Luego, convierte cada unidad, según sea necesario, antes de realizar otros cálculos, como suma o resta.

1. Una grabadora produce su propia tinta mezclando pigmentos en polvo con agua y alcohol. Por la mañana, mezcló 45 miligramos de pigmento rojo. Al mediodía, mezcló 2 gramos del mismo pigmento rojo. Por la tarde, mezcló 85 centigramos más de pigmento rojo. ¿Cuántos centigramos de pigmento rojo en polvo usó la grabadora?

   A. 33 cg
   B. 109.5 cg
   C. 289.5 cg
   D. 320 cg

INSTRUCCIONES: Estudia la receta, lee cada pregunta y elige la **mejor** respuesta.

Cedric está haciendo refresco de frutas para llevar a una reunión familiar. Quiere triplicar la receta de Refresco de piña que aparece a continuación.

Refresco de piña
0.5 taza de jugo de limón
2 tazas de jugo de naranja
1 taza de azúcar
5 pintas de refresco de jengibre
4 pintas de agua con gas
8 rodajas de piña enlatada

Capacidad

1 taza (tz) = 8 onzas fluidas (oz fl)
1 pinta (pt) = 2 tazas
1 cuarto (ct) = 2 pintas
1 gallon (gal) = 4 cuartos

2. ¿Cuántas pintas de jugo de naranja necesitará Cedric?

A. 1 pt
B. 2 pt
C. 3 pt
D. 4 pt

3. ¿Cuántos cuartos de agua con gas necesitará Cedric?

A. 2 ct
B. 3 ct
C. 4 ct
D. 6 ct

4. ¿Cuántas tazas de refresco de jengibre necesitará Cedric?

A. 7.5 tz
B. 10 tz
C. 13 tz
D. 30 tz

INSTRUCCIONES: Lee la pregunta y elige la **mejor** respuesta.

5. Para un grabado, un artista usa 50 miligramos de pigmento azul, 55 centigramos de pigmento verde y 3 gramos de pigmento rojo. ¿Cuánto mayor es la masa del pigmento rojo que la masa combinada de los pigmentos azul y verde?

A. 2.05 g
B. 2.4 g
C. 3.60 g
D. 12.5 g

INSTRUCCIONES: Estudia la información y la tabla, lee cada pregunta y elige la **mejor** respuesta.

Sabrina está marcando la ruta de una próxima carrera pedestre a campo traviesa. Anota el número de metros que marca cada día.

Unidades de longitud del sistema métrico

1 kilómetro (km) = 1,000 metros (m)
1 metro (m) = 100 centímetros (cm)
1 centímetro (cm) = 10 milímetros (mm)

CARRERA PEDESTRE A CAMPO TRAVIESA

Día	1	2	3	4
Metros marcados	700 m	600 m	800 m	1,000 m

6. ¿Cuántos kilómetros de ruta de la carrera a campo traviesa marcó Sabrina el Día 1?

A. 0.0007 km
B. 0.007 km
C. 0.07 km
D. 0.7 km

7. ¿Cuántos kilómetros de la ruta había marcado Sabrina al terminar el Día 4?

A. 0.31 km
B. 3.1 km
C. 31 km
D. 310 km

INSTRUCCIONES: Lee cada pregunta y elige la **mejor** respuesta.

8. Si los nervios más veloces del cuerpo humano pueden conducir impulsos a 120 metros por segundo, determina cuán lejos puede viajar un impulso en 5 milisegundos.

A. 0.120 m
B. 60 cm
C. 600 m
D. 120 cm

9. Los objetos en la Luna generalmente pesan un cuarto de su peso en la Tierra. Si un paquete pesa 3 kg en la Luna, ¿cuál sería su peso en la Tierra?

A. 12 mg
B. 120 cg
C. 3,000 mg
D. 12,000 g

INSTRUCCIONES: Estudia la información, lee cada pregunta y elige la **mejor** respuesta.

DESARROLLO DE ÁRBOLES JÓVENES DURANTE 4 MESES

	mayo	junio	julio	agosto
arce	55 cm	62 cm	83 cm	101 cm
cerezo	15 cm	18 cm	21 cm	23 cm
roble	91 cm	98 cm	105 cm	121 cm
fresno	33 cm	38 cm	45 cm	57 cm

Unidades de longitud del sistema métrico

1 kilómetro (km) = 1,000 metros (m)

1 metro (m) = 100 centímetros (cm)

1 centímetro (cm) = 10 milímetros (mm)

---

10. ¿Cuál fue la altura, en metros, del árbol joven más alto en agosto?

    A. 1.01 m
    B. 1.21 m
    C. 2.3 m
    D. 12.1 m

11. ¿Cuál es la diferencia entre la altura del fresno en mayo y su altura en agosto?

    A. 0.24 m
    B. 2.4 m
    C. 24 m
    D. 240 m

INSTRUCCIONES: Estudia la información, lee la pregunta y elige la **mejor** respuesta.

Unidades de longitud del sistema métrico

1 kilómetro (km) = 1,000 metros (m)

1 metro (m) = 100 centímetros (cm)

1 centímetro (cm) = 10 milímetros (mm)

---

12. Un edificio que se muestra en una revista tiene una altura de 50 milímetros. Darlene está haciendo un dibujo a escala del edificio. Quiere que su dibujo tenga cuatro veces el tamaño que se muestra en la revista. ¿Qué altura tendrá su dibujo?

    A. 1 m
    B. 2 m
    C. 20 cm
    D. 150 cm

INSTRUCCIONES: Estudia la información, lee cada pregunta y elige la **mejor** respuesta.

El oro puro (24k) es de color amarillo dorado. Sin embargo, se pueden formar colores alternativos de oro mezclando oro puro amarillo con metales de diferentes colores en diversas proporciones. Usa la receta que aparece a continuación para hacer oro blanco de 10k. Usa la información para las preguntas 13 y 14.

Receta para hacer oro blanco de 10k

37.5 gramos de oro puro
52 gramos de plata
4.9 gramos de cobre
4.2 gramos de zinc
1.4 gramos de níquel

---

13. Si un joyero usa 112.5 gramos (g) de oro puro, determina la cantidad de plata que se debe agregar para hacer oro blanco de 10k.

    A. 0.156 kg
    B. 15.6 g
    C. 156 mg
    D. 52 g

14. Se analizó un collar de oro blanco y se encontró que contiene 0.007 kg de níquel. Determina la cantidad de oro puro del collar.

    A. 18.75 g
    B. 45.9 g
    C. 187.5 g
    D. 262 g

15. Cada 10 milisegundos (ms), una sustancia misteriosa reduce su peso a la mitad. A la hora cero, la sustancia pesa 5 kg. Determina su peso si pasaron 3 centisegundos (cs).

    A. 1,250 g
    B. 625 g
    C. 312.5 g
    D. 156.25 g

16. Cada 20 segundos (s), una sustancia misteriosa duplica su peso. A la hora cero, la sustancia pesa 40 mg. Determina cuánto tiempo necesitará la sustancia para pesar 0.160 kg.

    A. 1 min, 40 segundos
    B. 1,000 s
    C. 40 s
    D. 5 ms

UNIDAD 2

**Medidas de capacidad
del sistema métrico**

1 kilolitro (kl) = 1,000 litros (l)

1 litro (l) = 100 centilitros (cl)

1 centilitro (cl) = 10 mililitros (ml)

Medidas de longitud estándares

1 pie (pie) = 12 pulgadas (pulg)

1 yarda (yd) = 3 pies

1 milla (mi) = 5,280 pies

1 milla = 1,760 yardas

---

17. Kyle está decorando su restaurante con peceras de peces tropicales. Tres de las peceras tienen una capacidad de 448 l agua cada una. Dos de las peceras tienen una capacidad de 236 l de agua cada una. ¿Cuántos kilolitros de agua necesitará Kyle para llenar todas las peceras?

    A. 0.0186 kl
    B. 0.186 kl
    C. 1.816 kl
    D. 18.16 kl

18. Los microbiólogos recolectaron 15 tubos de agua de estanque. Llenaron 5 tubos con 10 mililitros de agua de estanque cada uno, 5 tubos con 1 mililitro de agua de estanque cada uno y 5 tubos con 0.1 mililitros de agua de estanque cada uno. ¿Cuántos centilitros de agua de estanque recolectaron en total?

    A. 0.6 cl
    B. 1.11 cl
    C. 11.1 cl
    D. 5.55 cl

19. El equipo de fútbol bebió un total de 17 litros de agua durante el partido. ¿Cuántos kilolitros consumió el equipo?

    A. 0.017 kl
    B. 0.17 kl
    C. 170 kl
    D. 1,700 kl

20. La señora Lafayne ha comprado 2 kl de pintura para pintar 4 paredes de su nueva oficina. Si cada pared necesita 450 l de pintura, ¿cuánta pintura le sobrará?

    A. 0.2 kl
    B. 450 l
    C. 1.8 kl
    D. 2 kl

21. Hannah camina 875 yardas el lunes, el miércoles y el viernes. Camina 2,625 yardas el martes y también el jueves. ¿Aproximadamente cuántas millas ha caminado al final del día viernes?

    A. 1.5 mi
    B. 4 mi
    C. 4.5 mi
    D. 7.875 mi

22. Para cada servicio de mesa se necesitan 18 pulgadas de cinta. Si Mara prepara 24 servicios de mesa, ¿cuántos pies de cinta necesitará?

    A. 12 pies
    B. 36 pies
    C. 144 pies
    D. 432 pies

Un tipo especial de planta de bambú puede crecer 39 pulgadas en 24 horas.

23. ¿Cuánto crecerá una de esas plantas en 60 segundos?

    A. 0.5 pulgadas
    B. 0.00045 pulgadas
    C. 1.63 pulgadas
    D. 0.027 pulgadas

24. A esa tasa, ¿cuántas pulgadas crecerá el bambú después de 48 horas?

    A. 0.027 pulgadas
    B. 1.625 pulgadas
    C. 48 pulgadas
    D. 78 pulgadas

UNIDAD 2

Longitud, área y volumen

Usar con el *Libro del estudiante,* págs. 28–29.

TEMAS DE MATEMÁTICAS: Q.2.a, Q.2.e, Q.3.b, Q.4.a, Q.4.c, Q.4.d, Q.5.a, Q.5.c, Q.5.f
PRÁCTICA DE MATEMÁTICAS: MP.1.a, MP.1.b, MP.1.d, MP.1.e, MP.2.c, MP.3.a, MP.4.a

1 Repasa la destreza

El **perímetro** es la distancia alrededor de un polígono, como un triángulo o un rectángulo. Para determinar el perímetro de un polígono, mide y suma las longitudes de sus lados. El **área** es la cantidad de espacio que cubre una figura bidimensional. El área de un rectángulo se puede determinar multiplicando su ancho y su longitud. El área se expresa en unidades cuadradas, como pies cuadrados, centímetros cuadrados, etc.

El **volumen** es la cantidad de espacio que hay dentro de una figura tridimensional. El volumen de una figura medido en unidades cúbicas nos indica cuántos cubos de un tamaño dado llenan una figura dada. El prisma rectangular es una figura tridimensional muy común. El área total de un prisma rectangular es la suma de las áreas de sus lados. Un **cubo** es un tipo especial de prisma rectangular que tiene seis lados congruentes.

2 Perfecciona la destreza

Al perfeccionar las destrezas de hallar el perímetro, el área y el volumen, mejorarás tus capacidades de estudio y evaluación, especialmente en relación con la Prueba de Razonamiento Matemático GED®. Estudia la información que aparece a continuación. Luego responde las preguntas.

Un granjero compra un terreno. En una pequeña parte, quiere construir una casa y cercar el jardín. El que aparece a continuación es un diagrama del terreno del granjero.

VISTA DEL TERRENO DEL GRANJERO

a Las medidas de la figura más pequeña proporcionan la información que necesitas para determinar que la figura es un cuadrado.

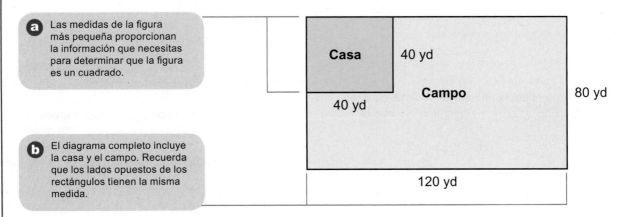

b El diagrama completo incluye la casa y el campo. Recuerda que los lados opuestos de los rectángulos tienen la misma medida.

1. ¿Cuál es el perímetro del pequeño terreno en el que el granjero quiere construir una casa?

   A. 40 yd
   B. 80 yd
   C. 120 yd
   D. 160 yd

2. ¿Cuál es el perímetro de todo el terreno?

   A. 160 yd
   B. 200 yd
   C. 240 yd
   D. 400 yd

CONSEJOS PARA REALIZAR LA PRUEBA

El texto y la figura de un ítem de la prueba pueden dar información sobre dos o más figuras. Sin embargo, la pregunta puede pedir información solo sobre una de las figuras. Léela detenidamente para comprender exactamente qué es lo que pide.

UNIDAD 2

★ Ítem en foco: MENÚ DESPLEGABLE

INSTRUCCIONES: Lee la información, lee cada pregunta y elige la **mejor** respuesta.

El diagrama que aparece a continuación muestra el patio rectangular y el jardín cuadrado de Érica.

PATIO DE ÉRICA

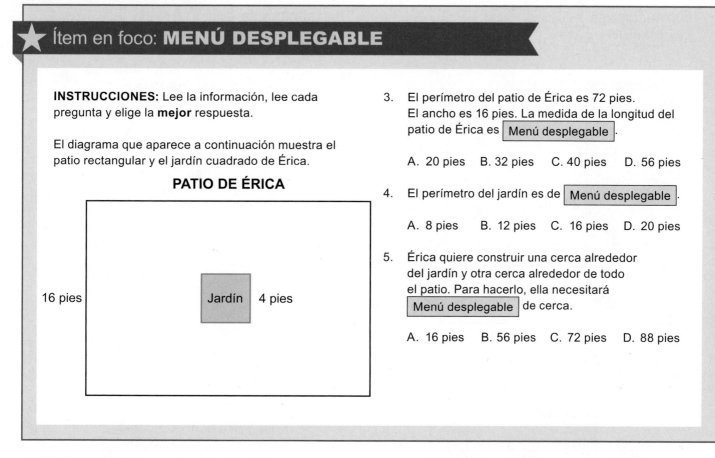

16 pies

Jardín   4 pies

3. El perímetro del patio de Érica es 72 pies. El ancho es 16 pies. La medida de la longitud del patio de Érica es [Menú desplegable].

   A. 20 pies   B. 32 pies   C. 40 pies   D. 56 pies

4. El perímetro del jardín es de [Menú desplegable].

   A. 8 pies   B. 12 pies   C. 16 pies   D. 20 pies

5. Érica quiere construir una cerca alrededor del jardín y otra cerca alrededor de todo el patio. Para hacerlo, ella necesitará [Menú desplegable] de cerca.

   A. 16 pies   B. 56 pies   C. 72 pies   D. 88 pies

INSTRUCCIONES: Lee cada pregunta y elige la **mejor** respuesta.

6. Un rectángulo tiene un perímetro de 54 cm. La longitud es 16 cm. ¿Cuál es el ancho del rectángulo?

   A. 11 cm
   B. 19 cm
   C. 38 cm
   D. 864 cm

7. Si un cubo tiene un volumen de 27 pies cúbicos, ¿cuál es su área total?

   A. 9 pies cuadrados
   B. 81 pies cuadrados
   C. 54 pies cuadrados
   D. 18 pies cuadrados

8. Si el área de una figura es 64 pies cuadrados y su longitud es 16 pies, ¿cuál es su ancho?

   A. 4 pies
   B. 4 pies cúbicos
   C. 16 pies cúbicos
   D. 256 pies

INSTRUCCIONES: Examina las figuras, lee la información y la pregunta y elige la **mejor** respuesta.

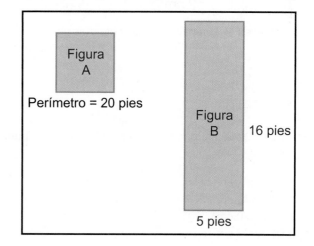

Figura A

Perímetro = 20 pies

Figura B   16 pies

5 pies

9. Si la Figura A es un cuadrado con un perímetro de 20 pies, determina la longitud de un lado.

   A. 4 pies
   B. 5 pies
   C. 16 pies
   D. 20 pies

INSTRUCCIONES: Estudia las figuras, lee cada pregunta y elige la **mejor** respuesta.

INSTRUCCIONES: Estudia las figuras, lee la información y cada pregunta y elige la **mejor** respuesta.

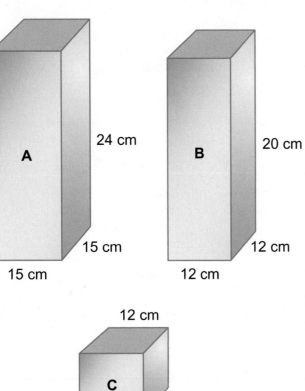

DOS CAJAS DE EMBALAJE

Cada caja que aparece arriba es un cubo. La longitud de la Caja 2 es tres veces la longitud de la Caja 1.

10. ¿Cuál es el volumen del recipiente más pequeño?

    A. 36 cm³
    B. 156 cm³
    C. 1,560 cm³
    D. 1,728 cm³

11. ¿Cuál es la diferencia de volumen entre los recipientes A y B?

    A. 576 cm³
    B. 1,440 cm³
    C. 2,520 cm³
    D. 3,672 cm³

12. Un exportador necesita transportar 8,000 cm³ de arena. El flete de cada uno de los recipientes que aparecen arriba cuesta $100. ¿Cuál es la forma más económica de transportar toda la arena?

    A. colocar la arena en 7 unidades del recipiente C
    B. colocar la arena en 3 unidades del recipiente B
    C. colocar la arena en 1 unidad del recipiente A
    D. colocar la arena en 2 unidades del recipiente A

13. Un pintor está preparando un trabajo para una exposición. Tiene la intención de pintar las cajas de embalaje que aparecen arriba. Si un galón de pintura cubre 1,000 cm² de la caja, ¿aproximadamente cuántos galones de pintura necesitará para pintar las dos cajas?

    A. 15 galones
    B. 10 galones
    C. 8.5 galones
    D. 1 galón

14. Determina el volumen de un cubo si el área total es 600 pies².

    A. 10 pies³
    B. 100 pies³
    C. 1,000 pies³
    D. 10,000 pies³

INSTRUCCIONES: Estudia las figuras, lee cada pregunta y elige la **mejor** respuesta.

DOS PISCINAS

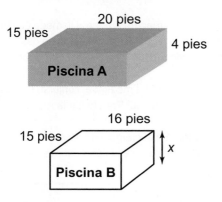

Cada modelo de piscina contiene aproximadamente la misma cantidad de agua. La altura de la Piscina B está representada por *x*.

15. ¿Qué cantidad de agua puede contener la Piscina A?

    A. 80 pies³
    B. 300 pies³
    C. 1,000 pies³
    D. 1,200 pies³

16. ¿Cuál es el valor de *x*?

    A. 4 pies
    B. 5 pies
    C. 6 pies
    D. 8 pies

17. ¿Cuál es el área total de la Piscina A?

    A. 120 pies²
    B. 480 pies²
    C. 880 pies²
    D. 580 pies²

18. El área total de la Piscina B es

    A. mayor que el área total de la Piscina A.
    B. menor que el área total de la Piscina A.
    C. igual a la superficie de la Piscina A.
    D. igual al doble del área total de la Piscina A.

INSTRUCCIONES: Estudia las figuras, lee cada pregunta y elige la **mejor** respuesta.

Owen tiene un garaje con forma de prisma rectangular. Construyó una ampliación con forma de cubo.

EL GARAJE DE OWEN Y SU NUEVA AMPLIACIÓN

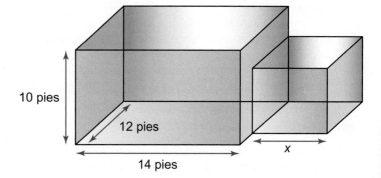

19. ¿Cuál es el volumen del garaje de Owen sin la ampliación?

    A. 120 pies³
    B. 140 pies³
    C. 168 pies³
    D. 1,680 pies³

20. El volumen de la ampliación es 512 pies³. ¿Cuál es el valor de *x*?

    A. 6 pies
    B. 8 pies
    C. 11 pies
    D. 23 pies

21. ¿Qué volumen tiene el garaje de Owen con la nueva ampliación?

    A. 1,168 pies³
    B. 1,856 pies³
    C. 2,192 pies³
    D. 3,360 pies³

22. Owen quería agregar un techo falso al garaje que reduciría la altura del techo en 2 pies. ¿Cuál es el volumen del garaje con el techo falso pero sin la ampliación?

    A. 1,344 pies³
    B. 1,400 pies³
    C. 1,440 pies³
    D. 1,536 pies³

TEMAS DE MATEMÁTICAS: Q.1.a, Q.2.a, Q.2.e, Q.6.c, Q.7.a
PRÁCTICA DE MATEMÁTICAS: MP.1.a, MP.1.b, MP.1.d, MP.1.e, MP.2.c, MP.3.a, MP.4.a

① Repasa la destreza

La media, la mediana, la moda y el rango son diferentes formas de describir un grupo de números llamado conjunto de datos. La **media** describe el valor promedio de un conjunto de números. La media puede ser útil para conjuntos de datos sin números muy altos o muy bajos. La **mediana** es el número del medio de un conjunto de datos donde los valores están ordenados de menor a mayor.

En el conjunto de datos 30, 30, 43, 55 y 72, la mediana es 43, ya que es el número del medio del conjunto de datos. Cuando un conjunto de datos está formado por un número par de valores, hay dos números del medio. Para hallar la mediana, suma esos dos números del medio y divide la suma entre 2.

La **moda** es el valor que ocurre con mayor frecuencia en un conjunto de datos. En el ejemplo de arriba, 30, que aparece dos veces en el conjunto de datos, es la moda. El **rango** es la diferencia entre el valor mayor y el valor menor de un conjunto de datos.

② Perfecciona la destreza

Al perfeccionar la destreza de hallar la media, la mediana, la moda y el rango, mejorarás tus capacidades de estudio y evaluación, especialmente en relación con la Prueba de Razonamiento Matemático GED®. Estudia la información que aparece a continuación. Luego responde las preguntas.

Kyle quiere saber cuántas carreras anota su equipo de béisbol favorito por partido. Para ello, hace una tabla y escribe el número de carreras que anota el equipo en cada partido.

a Para hallar el rango, identifica el número mayor y el número menor. Luego, resta el menor del mayor.

CARRERAS ANOTADAS POR LOS PATRIOTAS

Partido	Carreras anotadas
1	3
2	9 **a**
3	3
4	4
5	7
6	5
7	6
8	3
9	1 **a**
10	5

b Para determinar la media, suma todos los valores y divide entre la cantidad del conjunto de datos. Cuando un conjunto de datos consiste en un número par de valores, hay dos números del medio. En ese caso, suma los dos números del medio y divide entre dos para hallar la mediana.

CONSEJOS PARA REALIZAR LA PRUEBA

Las preguntas de la Prueba de Razonamiento Matemático GED® te pueden pedir que determines la media, la mediana y la moda. Asegúrate de leer detenidamente cada pregunta para dar la descripción correcta de los datos.

1. ¿Cuál es el rango del conjunto de datos que recopiló Kyle?

A. 1
B. 4
C. 6
D. 8

2. Kyle quiere determinar el número promedio de carreras anotadas por los Patriotas. ¿Cuál es la media de los datos de Kyle?

A. 3
B. 4.5
C. 4.6
D. 5.1

INSTRUCCIONES: Estudia la tabla, lee cada pregunta y elige la **mejor** respuesta.

PUNTUACIÓN FINAL DEL EXAMEN

Estudiante	Puntuación
David	87
Marla	72
Elena	75
Jeff	85
Tyrell	89
Jasmine	93
Kim	68
Chris	97
Jessica	85
Mel	70
Jean	91

3. ¿Cuál es el rango de la puntuación del examen?

   A. 29
   B. 68
   C. 72
   D. 85

4. ¿Cuál es la moda del conjunto de puntuaciones del examen?

   A. 29
   B. 82
   C. 85
   D. 93

5. ¿Cuál es la diferencia entre la puntuación de Elena y la mediana de la puntuación del examen?

   A. 7
   B. 8
   C. 10
   D. 22

6. En este conjunto de datos, ¿cuál es la diferencia entre la moda y la media?

   A. 2.1
   B. 4.1
   C. 10.1
   D. 29.0

INSTRUCCIONES: Estudia la información y la tabla, lee cada pregunta y elige la **mejor** respuesta.

La tienda de bicicletas de Fred hizo un seguimiento de sus ventas durante un año. Sus ventas mensuales, redondeadas a los diez dólares más próximos, aparecen a continuación.

VENTAS DE BICICLETAS

Mes	Ventas
enero	$8,320
febrero	$7,200
marzo	$11,820
abril	$18,560
mayo	$23,630
junio	$26,890
julio	$24,450
agosto	$22,110
septiembre	$23,450
octubre	$19,300
noviembre	$15,340
diciembre	$16,980

7. ¿Cuál es la mediana desde enero hasta junio?

   A. $15,190
   B. $16,070
   C. $18,560
   D. $18,930

8. ¿Cuál es la media de ventas desde julio hasta diciembre? Redondea al dólar más próximo.

   A. $9,110
   B. $18,171
   C. $20,272
   D. $20,705

9. ¿Cuál es el rango de ventas durante el año?

   A. $15,310
   B. $17,250
   C. $18,570
   D. $19,690

10. ¿Cuál es la diferencia entre la media y la mediana de las ventas del año?

   A. $389.17
   B. $759.17
   C. $1,129.17
   D. $3,939.17

INSTRUCCIONES: Estudia la información y la tabla, lee cada pregunta y elige la **mejor** respuesta.

Jessica está haciendo una encuesta aleatoria para saber cuánto tiempo pasan las personas en Internet. La tabla que aparece a continuación muestra los resultados en horas por día.

HORAS POR DÍA PASADAS EN INTERNET

	lun	mar	mié	jue	vie	sáb	dom
Jen	3	4.25	5	1	1.5	5.5	6
Mila	4	3.5	5.5	2.5	4	6	5.5
Trang	2	1.5	0.5	0.25	0.75	3	3
Ron	3.5	4.25	5	5.5	2.25	6.25	7
Yusef	2.5	1	1	1.5	0.5	5.25	7.5

11. ¿Cuál es el rango del conjunto de datos que muestra el número de horas pasadas por día en Internet?

    A. 0.0
    B. 3.4
    C. 5.5
    D. 7.25

12. ¿Cuál es el rango del número de horas que Ron pasa por día en Internet?

    A. 7
    B. 5
    C. 4.75
    D. 3.5

13. ¿Cuál es la mediana del número de horas que Trang pasa por día en Internet?

    A. 1.1
    B. 1.5
    C. 1.6
    D. 3.0

14. ¿Cuál es la diferencia entre la media de los datos del miércoles y la media de los datos del domingo?

    A. 1. 25
    B. 1.5
    C. 2.0
    D. 2.4

15. ¿Cuál es la moda del conjunto de datos?

    A. 1
    B. 4.25
    C. 5.5
    D. 7.5

INSTRUCCIONES: Estudia la información y la tabla, lee cada pregunta y elige la **mejor** respuesta.

La tabla que aparece a continuación muestra el número de puntos anotados por el equipo de fútbol americano Piratas y sus rivales en los primeros seis partidos de la temporada.

ANOTACIONES DE FÚTBOL AMERICANO

Partido	Puntos anotados por los Piratas	Puntos anotados por sus rivales
1	24	0
2	7	14
3	13	21
4	12	6
5	0	12
6	36	30

16. ¿Cuál es el número promedio de puntos anotados por los Piratas?

    A. 13.2
    B. 13.8
    C. 15.3
    D. 18.4

17. ¿Cuál es la mediana del número de puntos anotados por los rivales de los Piratas?

    A. 12.5
    B. 13
    C. 14
    D. 16.5

INSTRUCCIONES: Lee cada pregunta y elige la **mejor** respuesta.

18. Un grupo de cuatro amigos promedió 85% en una prueba. Si las puntuaciones de tres amigos fueron 75%, 100% y 70%, ¿cuál fue la puntuación de la cuarta persona?

    A. 80%
    B. 85%
    C. 90%
    D. 95%

19. Un grupo de 25 personas hizo una prueba sorpresa. Diez personas tuvieron una puntuación promedio de 80, mientras que el resto de los estudiantes tuvo una puntuación promedio de 65. ¿Cuál fue la puntuación promedio de todo el grupo?

    A. 68
    B. 70
    C. 71
    D. 80

INSTRUCCIONES: Estudia la tabla y lee cada pregunta. Luego escribe tu respuesta en el recuadro.

CANTIDAD DE DINERO QUE LOS ADOLESCENTES LLEVARON A LA FERIA

Amigos	Dinero ($)
Julie	100
Candy	50
Humza	200
Brian	?

20. Si la cantidad media de dinero que los adolescentes llevaron a la feria fue $125, ¿cuánto dinero tenía Brian? Completa los espacios para mostrar tu respuesta.

Brian llevó _____ a la feria.

21. Si la media es $125, el rango del conjunto de datos es _____.

INSTRUCCIONES: Estudia la información y la tabla, lee cada pregunta y elige la **mejor** respuesta.

TENENCIA DE MASCOTAS

Número de mascotas	Frecuencia
1	2
2	5
3	7
4	2
5	1

Los resultados de una encuesta sobre la tenencia de mascotas se muestran en la tabla de arriba.

22. ¿Cuál es la moda del conjunto de datos?

A. 2
B. 3
C. 4
D. 5

23. ¿Cuál es la mediana del conjunto de datos?

A. 1
B. 2
C. 3
D. 4

24. ¿Cuál es la media del conjunto de datos?

A. 2.7
B. 3.0
C. 3.4
D. 4.0

INSTRUCCIONES: Lee la pregunta y elige la **mejor** respuesta.

25. ¿Cuál de los conjuntos de datos que aparecen a continuación tiene un rango de 6.5?

A. 3, 0, 6.5, 4.5
B. 6, 0.5, 3, 4.5
C. 4, 6.5, 3, 0.5
D. 3.5, 6.5, 6, 0.5

INSTRUCCIONES: Estudia la información y la tabla, lee la pregunta y elige la **mejor** respuesta.

La tabla muestra los resultados de los tiempos del equipo de carreras a campo traviesa en una reciente carrera de 3 millas.

Nombre	Tiempos (Minutos:Segundos)
Holly	25:21
Karen	21:07
Ana	20:58
Jessie	26:10
Sonya	23:27

26. ¿Cuál fue el rango de los tiempos que marcaron los miembros del equipo?

A. 4 minutos, 14 segundos
B. 4 minutos, 23 segundos
C. 5 minutos, 3 segundos
D. 5 minutos, 12 segundos

UNIDAD 2

Probabilidad

Usar con el **Libro del estudiante,** págs. 32–33.

TEMAS DE MATEMÁTICAS: Q.2.a, Q.2.e, Q.3.c, Q.3.d, Q.6.c, Q.8.a, Q.8.b
PRÁCTICA DE MATEMÁTICAS: MP.1.a, MP.1.b, MP.1.d, MP.1.e, MP.2.c, MP.3.a,
MP.3.b, MP.3.c, MP.4.a, MP.5.a, MP.5.b, MP.5.c

① Repasa la destreza

Es probable que todos los días consultes el pronóstico del tiempo para saber sobre las temperaturas locales, los cambios en las condiciones y el estado de las carreteras y el tránsito. Un pronóstico del tiempo da una **probabilidad**, o posibilidad, de que ocurran ciertos sucesos. En matemáticas, la probabilidad compara el número de resultados favorables con el número total de resultados. La probabilidad se puede expresar como una fracción $\left(\frac{7}{10}\right)$, una razón (7:10) o un porcentaje (70%).

Un tipo de probabilidad, llamada **probabilidad teórica**, describe el número de resultados favorables entre el número total de resultados posibles. Por ejemplo, cuando tiras una moneda, tienes iguales posibilidades de que caiga en cara o cruz. Eso se puede expresar como 1 de 2, $\frac{1}{2}$ (fracción), 1:2 (razón) o como 50%.

Otro tipo de probabilidad, con base en los resultados de un experimento, se llama **probabilidad experimental**. Al igual que con la probabilidad teórica, puedes expresar la probabilidad experimental como una fracción, una razón o un porcentaje. Si tiras una moneda de 25¢ 10 veces y sacas cara 4 veces, la probabilidad experimental es $\frac{4}{10}$, que se simplifica a $\frac{2}{5}$.

② Perfecciona la destreza

Si un suceso tiene una probabilidad del 0%, se considera que es *imposible*. Si la probabilidad es menor que 50%, se considera que el suceso es *improbable*. Si las posibilidades son mayores que 50%, se considera que es *probable*. Si la probabilidad de un suceso es del 100%, se considera que es *seguro*. Lee el texto y examina la rueda giratoria. Luego responde las preguntas.

La rueda giratoria que aparece a continuación tiene cinco secciones iguales.

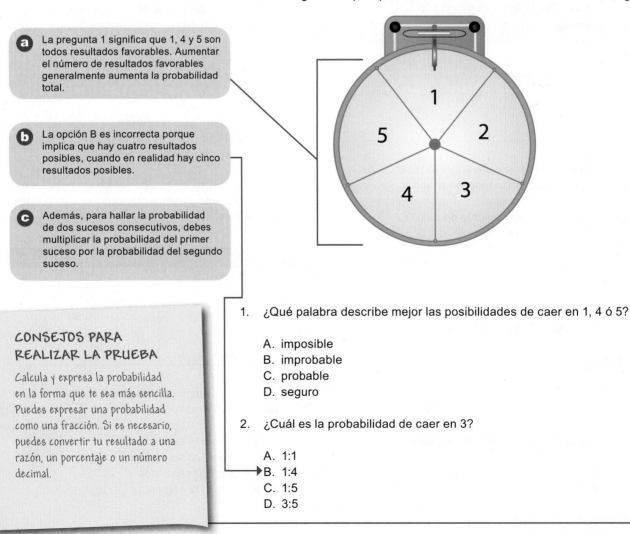

a La pregunta 1 significa que 1, 4 y 5 son todos resultados favorables. Aumentar el número de resultados favorables generalmente aumenta la probabilidad total.

b La opción B es incorrecta porque implica que hay cuatro resultados posibles, cuando en realidad hay cinco resultados posibles.

c Además, para hallar la probabilidad de dos sucesos consecutivos, debes multiplicar la probabilidad del primer suceso por la probabilidad del segundo suceso.

CONSEJOS PARA REALIZAR LA PRUEBA

Calcula y expresa la probabilidad en la forma que te sea más sencilla. Puedes expresar una probabilidad como una fracción. Si es necesario, puedes convertir tu resultado a una razón, un porcentaje o un número decimal.

1. ¿Qué palabra describe mejor las posibilidades de caer en 1, 4 ó 5?

   A. imposible
   B. improbable
   C. probable
   D. seguro

2. ¿Cuál es la probabilidad de caer en 3?

   A. 1:1
   B. 1:4
   C. 1:5
   D. 3:5

⭐ Ítem en foco: **MENÚ DESPLEGABLE**

INSTRUCCIONES: Estudia la información y la rueda giratoria, lee cada pregunta y elige la opción del menú desplegable que **mejor** complete cada oración.

Jay usa esta rueda giratoria para hacer experimentos de probabilidad.

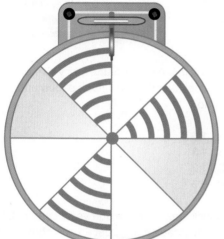

3. La probabilidad de que la rueda giratoria caiga en un sector rayado o blanco es [Menú desplegable].

   A. 2:8   B. 3:4   C. 3:8   D. 6:6

4. La probabilidad de que la rueda giratoria caiga en un sector amarillo o rayado es [Menú desplegable].

   A. $\frac{1}{4}$ B. $\frac{3}{8}$ C. $\frac{1}{2}$ D. $\frac{5}{8}$

5. La probabilidad de que la rueda giratoria caiga en un sector blanco o amarillo es [Menú desplegable].

   A. $\frac{1}{4}$ B. $\frac{3}{8}$ C. $\frac{5}{8}$ D. $\frac{6}{8}$

6. La probabilidad de que, en dos giros consecutivos, la rueda giratoria caiga en un sector amarillo y luego en un sector blanco es [Menú desplegable].

   A. 0.09
   B. 0.38
   C. 0.58
   D. 0.625

INSTRUCCIONES: Estudia la información y la figura, lee cada pregunta y elige la opción del menú desplegable que **mejor** complete cada oración.

Jenna tiene una bolsa de canicas que contiene 7 canicas rayadas y 5 canicas negras.

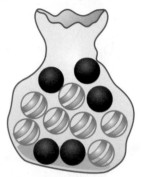

7. La probabilidad de que Jenna saque una canica negra es [Menú desplegable].

   A. 1:1   B. 5:12   C. 1:2   D. 7:12

8. Jenna saca una canica rayada y no la repone en la bolsa. Luego, Jenna saca una canica negra y no la repone. La probabilidad de que saque una canica rayada en el tercer suceso es [Menú desplegable].

   A. 40%   B. 50%   C. 56%   D. 60%

9. En otro experimento, usando un conjunto desconocido de canicas negras y rayadas, Jenna quiere hallar la probabilidad de sacar una canica rayada. En el primer suceso, saca una canica negra y la vuelve a poner en la bolsa. En el segundo y tercer sucesos, saca una canica rayada que repone cada vez. Hasta ahora, la probabilidad experimental de sacar una canica rayada es [Menú desplegable].

   A. $\frac{1}{3}$ B. $\frac{2}{3}$ C. $\frac{1}{2}$ D. $\frac{3}{4}$

UNIDAD 2

③ **Domina la destreza**

INSTRUCCIONES: Estudia la información y la rueda giratoria, lee cada pregunta y elige la **mejor** respuesta.

Marta usa esta rueda giratoria para hacer experimentos de probabilidad.

10. ¿Cuál es la probabilidad de que Marta caiga en un sector amarillo o en un número impar?

   A. 20%
   B. 40%
   C. 50%
   D. 100%

11. Marta gira la rueda y cae en 4. ¿Cuál es la probabilidad de que, en un segundo giro, caiga en 4?

   A. 1:2
   B. 1:4
   C. 1:6
   D. 2:5

12. ¿Cuál es la probabilidad de que Marta caiga en 6, 2 o uno de los sectores blancos?

   A. 1:2
   B. 2:3
   C. 5:6
   D. 6:6

INSTRUCCIONES: Estudia la información y la figura, lee cada pregunta y elige la **mejor** respuesta.

Chuck está haciendo experimentos de probabilidad con un solo dado.

13. Chuck lanza el dado una vez y cae en 2. ¿Cuál es la probabilidad de que Chuck saque un 2 en su segundo turno?

   A. 1:6
   B. 1:3
   C. 1:2
   D. 2:3

14. Chuck lanza el dado una vez y cae en 3. Lo vuelve a lanzar y cae en 5. ¿Cuál es la probabilidad experimental hasta ahora de que caiga en un número impar?

   A. 1:1
   B. 1:6
   C. 1:3
   D. 2:3

15. ¿Cuál es la probabilidad de que Chuck saque un número par?

   A. 33.3%
   B. 50.0%
   C. 66.7%
   D. 83.3%

16. Para ganar el juego, Chuck debe sacar un total de 9 en dos turnos con el dado. Su primer tiro fue un 5. ¿Cuál es la probabilidad de que su segundo tiro sea un 4?

   A. 1:36
   B. 1:6
   C. 1:3
   D. 2:3

INSTRUCCIONES: Estudia la información y la tabla, lee cada pregunta y elige la **mejor** respuesta.

Ryan hizo una encuesta aleatoria de 100 carros. La tabla que aparece a continuación muestra los resultados.

ENCUESTA DE CARROS

Color del carro	Cantidad
Negro	32
Azul	15
Rojo	25
Blanco	18
Otro	10

17. A partir de la encuesta de Ryan, ¿cuál es la probabilidad de que el siguiente carro que vea sea azul o rojo?

    A. 0.40
    B. 0.60
    C. 0.75
    D. 0.85

18. ¿Cuál es la probabilidad de que el siguiente carro que vea Ryan no sea negro, azul, rojo o blanco?

    A. 0%
    B. 10%
    C. 50%
    D. 100%

19. ¿Qué color de carro es más probable que vea Ryan a continuación?

    A. azul
    B. rojo
    C. negro
    D. blanco

20. ¿Cuál es la probabilidad de que el siguiente carro que vea Ryan no sea negro o blanco?

    A. 20%
    B. 40%
    C. 50%
    D. 60%

INSTRUCCIONES: Estudia el párrafo, lee la pregunta y elige la **mejor** respuesta.

Julián tiene una bolsa de canicas. Sabe que la bolsa contiene 10 canicas, algunas de ellas negras y algunas rojas. Hace experimentos para predecir cuántas canicas de cada color hay en la bolsa.

21. En el primer suceso, Julián saca una canica negra. La vuelve a poner en su lugar. En el segundo y tercer sucesos, saca una canica roja. Vuelve a poner la canica en su lugar después de cada suceso. ¿Cuál es la probabilidad experimental de que luego saque una canica roja?

    A. $\frac{1}{5}$

    B. $\frac{3}{10}$

    C. $\frac{1}{3}$

    D. $\frac{2}{3}$

INSTRUCCIONES: Estudia el párrafo, lee cada pregunta y elige la **mejor** respuesta.

El número PIN de tu tarjeta de banco tiene 4 dígitos. Cada dígito debe ser un número entre 0 y 9, y no puedes usar un número más de una vez.

22. ¿De entre cuántas combinaciones posibles de números PIN debes elegir?

    A. 10
    B. 5,040
    C. 6,561
    D. 10,000

23. El número PIN de tu hermana tiene solo 3 dígitos. Debe usar los números de 0 a 4 y no puede usar un número más de una vez. Piensa que solo hay 15 opciones diferentes de PIN.

    ¿Cuál de las siguientes opciones describe los cálculos de tu hermana y la respuesta correcta?

    A. Está equivocada porque sumó en lugar de multiplicar. La respuesta correcta es 5 × 5 × 5 = 125.
    B. Está equivocada porque no puede usar un número más de una vez. La respuesta correcta es 5 + 4 + 3 = 12.
    C. Está equivocada porque no puede usar un número más de una vez y sumó en lugar de multiplicar. La respuesta correcta es 5 × 4 × 3 = 60.
    D. Está en lo correcto.

Gráficas de barras y lineales

⟩ Usar con el *Libro del estudiante,* págs. 34–35.

① Repasa la destreza

TEMAS DE MATEMÁTICAS: Q.2.a, Q.2.e, Q.6.a, Q.6.c
PRÁCTICA DE MATEMÁTICAS: MP.1.a, MP.1.b, MP.1.e, MP.2.c, MP.3.a, MP.4.a, MP.4.c

Las personas usan las gráficas para organizar y presentar datos de manera visual. Las **gráficas de barras** utilizan barras verticales u horizontales para mostrar y también para comparar datos. Tanto en las **gráficas de barra simple** como las **gráficas de doble barra**, las barras muestran cómo unos datos se comparan con otros. Las **gráficas lineales**, que pueden tener una o más líneas, te ayudan a ver cómo los datos aumentan o disminuyen con el paso del tiempo.

Un **diagrama de dispersión** es un tipo de gráfica lineal que muestra cómo un conjunto de datos influye en otro. Esta relación puede ser positiva (que se extiende hacia arriba desde el origen hasta los puntos *x* y *y*), negativa (que se extiende hacia abajo desde el eje de la *y* hasta el eje de la *x*) o puede no existir. Las gráficas y los diagramas de dispersión incluyen escalas y claves que dan detalles sobre los datos.

② Perfecciona la destreza

Al perfeccionar la destreza de interpretar gráficas de barras y lineales, mejorarás tus capacidades de estudio y evaluación, especialmente en relación con la Prueba de Razonamiento Matemático GED®. Lee el ejemplo y las estrategias que aparecen a continuación. Luego responde las preguntas.

El administrador de los puestos de comida de un estadio de la liga menor de béisbol quiere saber cómo se comparan las ventas de los ítems. También quiere ver cómo se comparan las ventas de los ítems individuales desde la primera hasta la quinta entrada del partido con las ventas desde la sexta hasta la novena entrada.

ⓐ La pregunta 1 te indica la categoría en la que debes concentrarte para la respuesta. También te indica que estás buscando la cantidad y la naturaleza del cambio.

ⓑ Examina con atención todos los elementos de la gráfica de doble barra. Las categorías del eje horizontal, la escala del eje vertical y la clave dan información esencial.

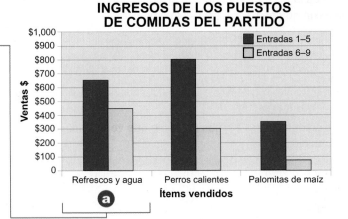

INGRESOS DE LOS PUESTOS DE COMIDAS DEL PARTIDO

1. ¿Cuál fue el cambio en las ventas de refrescos y agua desde la primera parte del partido hasta la última?

   A. un aumento de $100
   B. una disminución de $200
   C. un aumento de $250
   D. una disminución de $300

CONSEJOS PARA REALIZAR LA PRUEBA

Vuelve a revisar tu respuesta para asegurarte de que usaste e interpretaste la gráfica de doble barra de manera correcta.

2. ¿Qué enunciado sobre la gráfica de doble barra es verdadero?

   A. Se vendieron más refrescos y agua en la última parte del partido.
   B. Se vendieron más perros calientes que refrescos y agua durante el partido.
   C. Los perros calientes mostraron la mayor disminución en ventas desde la primera parte del partido hasta la última parte.
   D. La venta de todos los productos aumentó en la última parte del partido.

⭐ Ítem en foco: **PUNTO CLAVE**

INSTRUCCIONES: Estudia la información y la gráfica y lee cada pregunta. Luego, marca la **mejor** respuesta para cada pregunta en la gráfica.

La gráfica de barras muestra la población de una ciudad durante un período de 60 años.

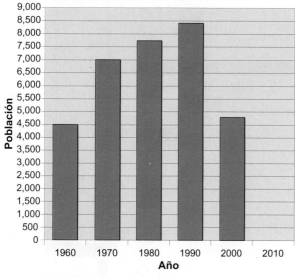

POBLACIÓN DE SMITHVILLE

3. ¿En qué dos años la población permaneció aproximadamente igual? Encierra esas fechas en un círculo en la gráfica.

4. En el año 2010, la población de Smithville era aproximadamente la mitad de su población de 1970. Dibuja la población de 2010 en la gráfica.

INSTRUCCIONES: Estudia la información y el diagrama de dispersión. Luego, marca la **mejor** respuesta para cada pregunta en el diagrama.

Una compañía local de mercadotecnia hizo un estudio para comparar los ingresos anuales de los trabajadores con sus edades. Sus hallazgos se muestran en el diagrama de dispersión que aparece a continuación.

INGRESOS ANUALES

5. Encierra en un círculo la edad en el eje de la *x* más próxima a la edad de los trabajadores que ganan el salario promedio más alto.

6. Encierra en un círculo los ingresos promedio en el eje de la *y* para una persona de 45 años.

7. La compañía contrató una nueva vicepresidente. Tiene 30 años de edad y gana un promedio de $80,000 por año. Marca un punto en la gráfica que represente su edad y su nivel de salario.

El diagrama de dispersión de la derecha muestra la demanda de propiedades inmuebles en varias ciudades en los primeros dos trimestres de 2013.

8. En el diagrama de dispersión, encierra en un círculo aquellas ciudades que están clasificadas como mercados inmobiliarios "en auge" o "en ebullición".

9. Se recopilaron datos de otra ciudad en la que el precio inicial aumentó un 25% y el nivel de solidez del mercado fue 50. Marca un punto en la gráfica que represente a esa ciudad.

VARIACIÓN EN LOS PRECIOS Y SOLIDEZ DEL MERCADO INMOBILIARIO

⭐ Ítem en foco: **PUNTO CLAVE**

INSTRUCCIONES: Estudia la información y la gráfica de barras sobre los presentadores de *Fútbol americano de lunes por la noche.* Luego, marca la **mejor** respuesta para cada pregunta en la gráfica de barras.

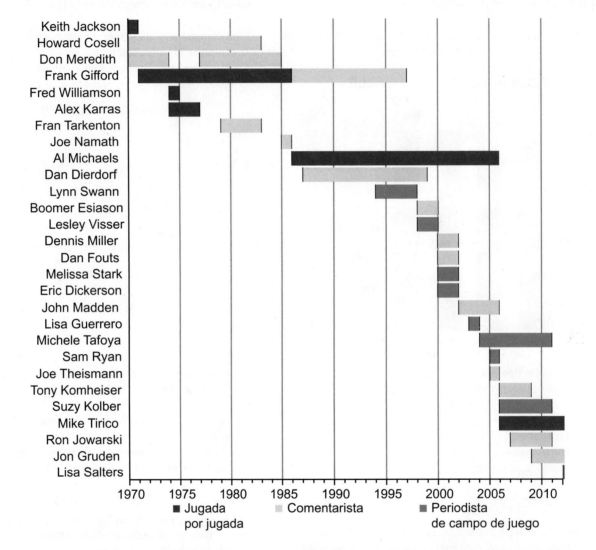

10. Encierra en un círculo en la gráfica el nombre del comentarista que tiene dos participaciones en *Fútbol americano de lunes por la noche.*

11. Encierra en un círculo en la gráfica los nombres de los presentadores que transmitían *Fútbol americano de lunes por la noche* en 2012.

12. Haz un asterisco al lado del presentador o los presentadores que figuran con permanencia en el puesto durante una temporada en *Fútbol americano de lunes por la noche.*

13. Encierra en un círculo en la gráfica el nombre del presentador que se encargó de las tareas de comentar jugada por jugada y hacer comentarios generales.

14. Haz un asterisco al lado del nombre del primer presentador que se desempeñó como periodista de campo de juego en *Fútbol americano de lunes por la noche.*

15. Encierra en un círculo el nombre del presentador que tuvo la mayor permanencia como comentarista de jugada por jugada en *Fútbol americano de lunes por la noche.*

INSTRUCCIONES: Estudia la información y la gráfica de barras y lee cada pregunta. Luego, marca la **mejor** respuesta para cada pregunta en la gráfica.

Cada cinco años, los ecologistas anotan el tipo y número de mamíferos que viven en Parque del Lago. La gráfica de barras de abajo muestra sus cómputos para 2005 y 2010.

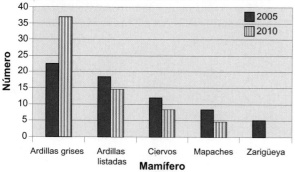

MAMÍFEROS EN PARQUE DEL LAGO

16. Encierra en un círculo al mamífero que aumentó en número a lo largo del período de 5 años.

17. Haz una **X** al lado del nombre del mamífero que no fue visto en Parque del Lago en 2010.

INSTRUCCIONES: Estudia la información y la gráfica de barras y lee cada pregunta. Luego, marca la **mejor** respuesta para cada pregunta en la gráfica.

La gráfica de barras que aparece a continuación muestra las ocupaciones de las mujeres en Ciudad Central.

OCUPACIONES DE LAS MUJERES EN CIUDAD CENTRAL

18. Encierra en un círculo la ocupación que tienen aproximadamente el doble de las mujeres que se ocupan de la venta minorista.

INSTRUCCIONES: Estudia la información y la gráfica lineal y lee cada pregunta. Luego, marca la **mejor** respuesta para cada pregunta en la gráfica.

Esta gráfica lineal compara el promedio anual de precipitaciones de Anchorage, Alaska, con el promedio anual de precipitaciones de los Estados Unidos.

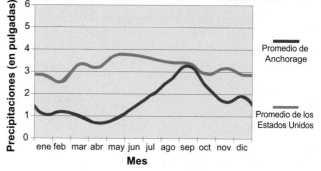

PROMEDIO ANUAL DE PRECIPITACIONES

19. En la gráfica, encierra en un círculo el mes en que el promedio de precipitaciones de Anchorage y de los Estados Unidos es aproximadamente el mismo.

20. En la gráfica, encierra en un círculo el mes en que la diferencia entre las dos cantidades de precipitaciones es mayor.

INSTRUCCIONES: Estudia la información y la gráfica lineal y lee cada pregunta. Luego, marca la **mejor** respuesta para cada pregunta en la gráfica.

La gráfica lineal muestra la cantidad promedio de luz solar a lo largo del año en Pueblo de Pinos.

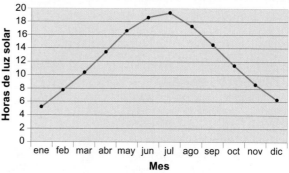

HORAS DE LUZ SOLAR EN PUEBLO DE PINOS

21. En la gráfica, encierra en un círculo los meses que reciben más de 17 horas de luz solar.

Gráficas circulares

Usar con el *Libro del estudiante*, págs. 36–37.

UNIDAD 2

1 Repasa la destreza

TEMAS DE MATEMÁTICAS: Q.2.a, Q.2.e, Q.6.a
PRÁCTICA DE MATEMÁTICAS: MP.1.a, MP.1.b, MP.1.d, MP.1.e, MP.2.c, MP.3.a, MP.4.a, MP.4.c

Al igual que otras gráficas, las gráficas circulares muestran datos de manera visual. A diferencia de otras gráficas, que pueden comparar datos o mostrar cambios de los datos a lo largo del tiempo, una **gráfica circular** muestra cómo diferentes partes de un entero se comparan entre sí, así como con el total.

Los valores en una gráfica circular se pueden expresar como fracciones, números decimales, porcentajes o incluso como números naturales. El círculo mismo representa un entero o 100%. Si una sección es la mitad del entero, representa $\frac{1}{2}$, 0.50, ó 50%. Si una sección es un cuarto del círculo, representa $\frac{1}{4}$, 0.25, ó 25%.

2 Perfecciona la destreza

Al perfeccionar la destreza de interpretar gráficas circulares, mejorarás tus capacidades de estudio y evaluación, especialmente en relación con la Prueba de Razonamiento Matemático GED®. Estudia la gráfica que aparece a continuación. Luego responde las preguntas.

Se les preguntó a los primeros 100 clientes del Palacio del Emparedado qué plato del menú planeaban comprar. Los resultados se muestran en la gráfica circular que aparece a continuación.

COMPRAS EN EL PALACIO DEL EMPAREDADO

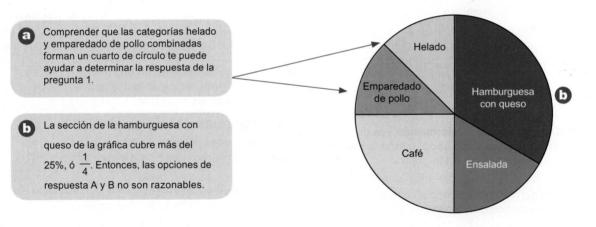

a Comprender que las categorías helado y emparedado de pollo combinadas forman un cuarto de círculo te puede ayudar a determinar la respuesta de la pregunta 1.

b La sección de la hamburguesa con queso de la gráfica cubre más del 25%, ó $\frac{1}{4}$. Entonces, las opciones de respuesta A y B no son razonables.

CONSEJOS PARA REALIZAR LA PRUEBA

Estima el valor de una categoría de la gráfica circular en la forma que te sea más sencilla. Luego, convierte según sea necesario. Por ejemplo, el valor de la categoría café es aproximadamente $\frac{1}{4}$, 0.25, 25% ó 25.

1. A partir de la gráfica, ¿aproximadamente qué porcentaje de personas querían comprar helado?

   A. 5%
   B. 12%
   C. 25%
   D. 30%

2. ¿Qué fracción representa a las personas que querían hamburguesas con queso?

   A. $\frac{1}{5}$
   B. $\frac{1}{4}$
   C. $\frac{1}{3}$
   D. $\frac{2}{3}$

INSTRUCCIONES: Estudia la información y la gráfica, lee cada pregunta y elige la **mejor** respuesta.

Como parte de un proyecto de educación cívica, Randall hizo una gráfica circular que muestra los combustibles para calefacción más usados en Villachica.

FUENTES DE COMBUSTIBLE PARA CALEFACCIÓN EN VILLACHICA

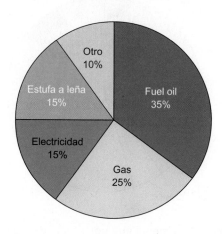

3. ¿Qué dos fuentes de combustible juntas representan más del 50% del total generalmente usado como combustible para calefacción?

   A. gas y estufa a leña
   B. fuel oil y electricidad
   C. estufa a leña y fuel oil
   D. fuel oil y gas

4. ¿Qué dos fuentes de combustible usa la población en el mismo porcentaje?

   A. estufa a leña y gas
   B. electricidad y otro
   C. fuel oil y gas
   D. electricidad y estufa a leña

5. ¿Qué porcentaje de la población usa una fuente que no sea gas?

   A. 75%
   B. 50%
   C. 35%
   D. 25%

6. ¿Qué porcentaje representa una fuente de calefacción que no sea una estufa a leña?

   A. 10
   B. 15
   C. 85
   D. 100

INSTRUCCIONES: Estudia la información y la gráfica, lee cada pregunta y elige la **mejor** respuesta.

La gráfica circular que aparece a continuación muestra la conducta de voto de los residentes de Villamedia.

CÓMO VOTA VILLAMEDIA

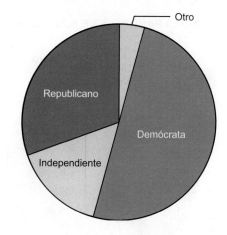

7. ¿Por qué partido votó la mitad de la población?

   A. Republicano
   B. Independiente
   C. Demócrata
   D. Otro

8. ¿Aproximadamente qué porcentaje de la población votó por el candidato independiente o el candidato republicano?

   A. 15%
   B. 30%
   C. 45%
   D. 50%

9. En total, ¿aproximadamente qué porcentaje de la población de Villamedia votó por el candidato independiente o por otro candidato?

   A. 10%
   B. 20%
   C. 30%
   D. 35%

10. Si el pueblo de Villamedia consta de 200 personas, ¿aproximadamente cuántas votaron por el candidato independiente?

    A. 25
    B. 30
    C. 40
    D. 50

INSTRUCCIONES: Estudia la información y la gráfica, lee cada pregunta y elige la **mejor** respuesta.

Tom pidió a 100 de sus amigos y miembros de su familia que mencionaran su forma favorita de ejercicio. La gráfica circular que aparece a continuación muestra sus hallazgos.

FORMA FAVORITA DE EJERCICIO

11. ¿Qué enunciado sobre la gráfica circular es acertado?

    A. Menos del 20% de las personas prefieren caminar.
    B. El número de personas que prefieren el fútbol es el mismo que el de las que prefieren nadar.
    C. La mitad de las personas prefieren correr o caminar.
    D. Aproximadamente 70 personas prefieren un ejercicio que no sea nadar.

12. ¿Aproximadamente qué fracción de las personas prefiere un ejercicio que no sea correr?

    A. $\dfrac{1}{4}$

    B. $\dfrac{1}{2}$

    C. $\dfrac{3}{4}$

    D. $\dfrac{9}{10}$

INSTRUCCIONES: Estudia la información y la gráfica, lee cada pregunta y elige la **mejor** respuesta.

La gráfica circular muestra los porcentajes de especies de árboles en un parque estatal.

ESPECIES DE ÁRBOLES

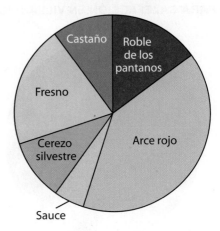

13. ¿Aproximadamente qué porcentaje de los árboles son arces rojos?

    A. 10%
    B. 20%
    C. 30%
    D. 40%

14. Hay 400 árboles en el parque. ¿Aproximadamente cuántos de ellos son fresnos?

    A. 40
    B. 80
    C. 120
    D. 150

15. ¿Qué especies de árboles conforman aproximadamente $\dfrac{1}{6}$ de los árboles del parque estatal?

    A. roble de los pantanos
    B. castaño
    C. cerezo silvestre
    D. fresno

16. ¿Qué especie conforma más de un cuarto de los árboles del parque?

    A. castaño
    B. fresno
    C. arce rojo
    D. sauce

INSTRUCCIONES: Estudia la información y la gráfica, lee cada pregunta y elige la **mejor** respuesta.

La gráfica circular muestra los idiomas hablados por los estudiantes de la Escuela Secundaria Internacional Marbletown.

IDIOMAS HABLADOS POR LOS ESTUDIANTES

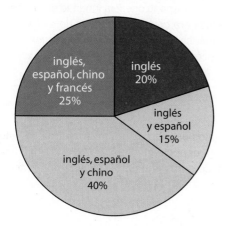

17. ¿Qué porcentaje de los estudiantes habla más de dos idiomas?

   A. 15%
   B. 25%
   C. 40%
   D. 65%

18. ¿Qué porcentaje de los estudiantes no habla chino?

   A. 20%
   B. 25%
   C. 35%
   D. 65%

19. A partir de la gráfica circular, ¿qué enunciado es acertado?

   A. La mitad de los estudiantes habla francés.
   B. Un cuarto de los estudiantes habla español.
   C. Menos de la mitad de los estudiantes habla dos o más idiomas.
   D. Todos los estudiantes hablan inglés.

20. A partir de la gráfica circular, ¿qué enunciado es acertado?

   A. Más del 40% de los estudiantes habla español.
   B. Menos del 50% de los estudiantes habla chino.
   C. Más del 30% de los estudiantes habla francés.
   D. Ningún estudiante habla inglés y español.

INSTRUCCIONES: Estudia la gráfica, lee cada pregunta y elige la **mejor** respuesta.

PRESUPUESTO MENSUAL DE DIEGO

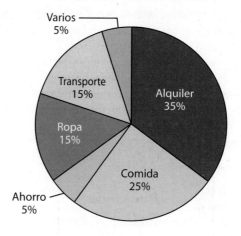

21. De cada $100, ¿aproximadamente cuánto debe gastar Diego en comida?

   A. $5
   B. $15
   C. $25
   D. $35

22. Si este mes Diego gana $2,200, ¿cuánto debe ahorrar?

   A. $5
   B. $50
   C. $110
   D. $1,100

23. A partir de la gráfica, ¿qué enunciado es acertado?

   A. Diego gasta la mayor parte de su presupuesto mensual en comida.
   B. Diego gasta más en transporte y gastos varios que en comida.
   C. Diego gasta más en transporte que en ropa.
   D. La comida y el alquiler representan el mayor porcentaje de los gastos mensuales de Diego.

UNIDAD 2

Diagramas de puntos, histogramas y diagramas de caja

> Usar con el *Libro del estudiante,* págs. 38–39.

TEMAS DE MATEMÁTICAS: Q.1, Q.2.a, Q.2.e, Q.6.b, Q.7.a
PRÁCTICA DE MATEMÁTICAS: MP.1.a, MP.1.b, MP.1.e, MP.2.c, MP.3.a, MP.4.a, MP.4.c

① Repasa la destreza

Los diagramas de puntos y los histogramas son maneras útiles de presentar las frecuencias relativas, o apariciones, de conjuntos de datos numéricos. Los **diagramas de puntos** constan de una recta numérica y una serie de puntos. La recta numérica representa un conjunto de cantidades de resultados posibles. Al mismo tiempo, cada uno de los puntos corresponde a una aparición de una cantidad específica o resultado. Los **histogramas** son similares, pero la recta numérica está dividida en intervalos del mismo ancho. Las barras del histograma representan el número de apariciones; la longitud de las barras se puede determinar de una escala asociada, haciendo que los histogramas sean útiles para conjuntos grandes de datos.

Los **diagramas de caja** resumen gráficamente un conjunto de datos numéricos usando cinco características de cada conjunto de datos: el valor de la mediana, los valores del primer cuartil (25%) y del tercer cuartil (75%), y los valores máximo y mínimo.

UNIDAD 2

② Perfecciona la destreza

Al perfeccionar las destrezas de representar, mostrar e interpretar datos usando diagramas de puntos, histogramas y diagramas de caja, mejorarás tus capacidades de estudio y evaluación, especialmente en relación con la Prueba de Razonamiento Matemático GED®. Estudia la información y el diagrama de puntos que aparecen a continuación. Luego responde las preguntas.

ⓐ Un conjunto de datos puede tener más de una moda. Imagina, por ejemplo, que el número de estudiantes con dos hermanos fuera 5, en lugar de 4 como se muestra en el diagrama de puntos. Entonces, los valores 2 y 3 representarían las modas de la distribución, porque ambos tendrían el número máximo de apariciones (5).

ⓑ Las cantidades, como la mediana y el primer y tercer cuartil, *resumen* la distribución.

Se le pide a una clase de 16 estudiantes que informe el número de hermanos y hermanas que tiene cada uno. El número de hermanos y hermanas está marcado en el diagrama de puntos que aparece a continuación.

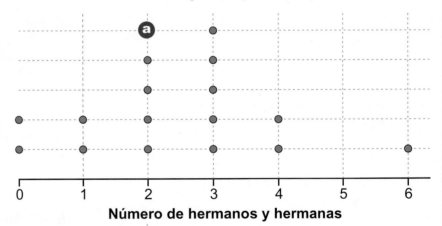

Número de hermanos y hermanas

TEMAS

Los estándares de contenido que ayudan a preparar la nueva Prueba de Razonamiento Matemático GED® mencionan específicamente la necesidad de representar, mostrar e interpretar datos en diagramas de puntos, histogramas y diagramas de caja.

1. ¿A qué número de hermanos y hermanas corresponde la moda de la distribución?

   A. 2.5
   B. 3.0
   C. 5.0
   D. 6.0

2. ¿Cuál es la mediana del número de hermanos y hermanas?

   A. 2.5
   B. 3.0
   C. 5.0
   D. 6.0

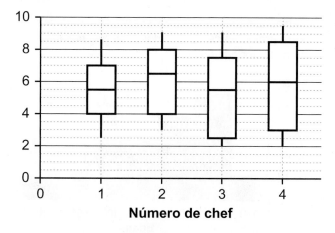

3 Domina la destreza

INSTRUCCIONES: Estudia la información y la representación de datos, lee cada pregunta y elige la **mejor** respuesta.

Un club de natación está abierto durante 24 semanas desde mediados de abril hasta mediados de septiembre. El total mensual de visitantes está marcado a continuación.

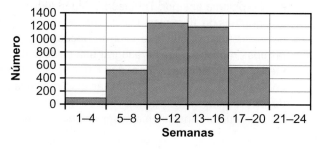

3. ¿En qué semanas visitó el club de natación el mayor número de personas?

   A. Semanas 1-4 y 5-8
   B. Semanas 9-12 y 13-16
   C. Semanas 13-16 y 17-20
   D. Semanas 17-20 y 21-24

Los clientes juzgan cuatro platos de cuatro chefs en una escala de 0 a 10. Los diagramas de caja que representan el puntaje que recibió cada chef se presentan a continuación.

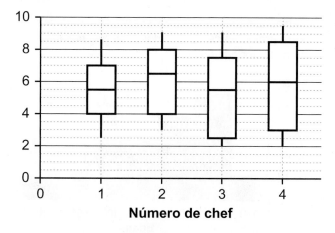

4. El chef con la mediana más alta de puntaje es el ganador. ¿Cuál es el número del chef ganador?

   A. 1
   B. 2
   C. 3
   D. 4

5. Si los chefs fueran juzgados a partir de quién tuvo el mayor tercer cuartil, ¿qué chef ganaría?

   A. 1
   B. 2
   C. 3
   D. 4

INSTRUCCIONES: Estudia la información y el diagrama de puntos, lee cada pregunta y elige la **mejor** respuesta.

Se lanzan dos dados de 4 lados un total de 30 veces. El diagrama de puntos que aparece a continuación muestra la suma de los dos dados para cada lanzamiento.

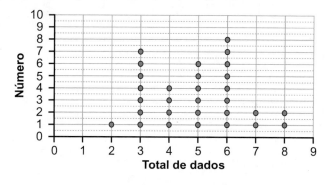

6. ¿Cuál es la mediana del número de lanzamientos de dados?

   A. 4.5
   B. 5
   C. 5.5
   D. 6

7. ¿Qué total de los dados representa el valor modal?

   A. 6
   B. 5
   C. 4
   D. 3

8. ¿Cuál es el valor mínimo?

   A. 2
   B. 3
   C. 6
   D. 8

9. Si se realizara un gran número de lanzamientos de dados, ¿cuál sería el valor modal esperado?

   A. 3
   B. 4
   C. 5
   D. 6

⭐ Ítem en foco: **PUNTOS CLAVE**

INSTRUCCIONES: Lee la información y marca los puntos en las gráficas que aparecen a continuación.

10. Thomas ha hecho ocho pruebas de 10 puntos en su clase de ciencias. Sus calificaciones son las siguientes: 7, 8, 9, 6, 8, 7, 10, 6. Muestra los datos en el diagrama de puntos.

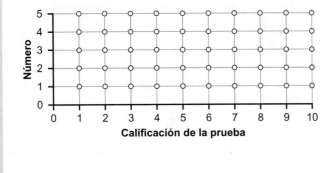

11. Después de hacer las ocho pruebas mencionadas en el problema anterior, Thomas tiene pendientes dos pruebas de 10 puntos. Determina las calificaciones mínimas que Thomas necesita en las dos pruebas finales para lograr una calificación media, o promedio, no menor que 8.0. Representa gráficamente los datos, incluidas las calificaciones de las primeras ocho pruebas y las calificaciones de las dos pruebas finales en el diagrama de puntos.

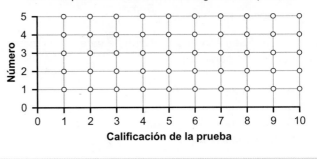

INSTRUCCIONES: Estudia la información y el histograma, lee la pregunta y elige la **mejor** respuesta.

Una compañía que hace barras de acero tiene un ítem en particular en existencia que debería tener 60.0 cm de largo. Se mide la longitud de una muestra aleatoria de 53 barras y los resultados están tabulados en el histograma que aparece a continuación.

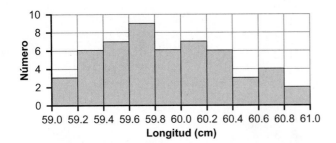

12. La compañía decide rechazar las barras cuya longitud esté fuera del rango de 59.4 cm a 60.6 cm. A partir de esta muestra, ¿aproximadamente qué porcentaje de barras será rechazado?

A. 9.4%
B. 17.0%
C. 28.3%
D. 47.2%

INSTRUCCIONES: Estudia la información y el histograma, lee la pregunta y elige la **mejor** respuesta.

El histograma que aparece a continuación registra el número promedio de espectadores de una nueva película, agrupados por edades.

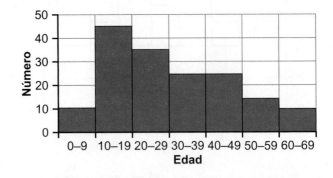

13. ¿Cuál es la moda de la edad de los espectadores de la nueva película?

A. 10 a 19
B. 20 a 29
C. 30 a 39
D. 40 a 49

INSTRUCCIONES: Estudia el diagrama de puntos, lee cada pregunta y elige la **mejor** respuesta.

Los 19 estudiantes de una clase de mecanografía son evaluados sobre el número de palabras que pueden teclear en un minuto. Sus resultados se muestran en el diagrama de puntos que aparece a continuación.

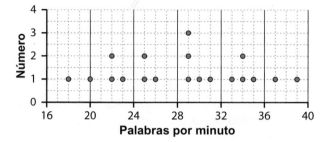

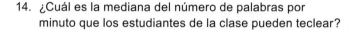

14. ¿Cuál es la mediana del número de palabras por minuto que los estudiantes de la clase pueden teclear?

    A. 25
    B. 26
    C. 29
    D. 34

15. ¿Cuál es el rango de palabras tecleadas por minuto por los estudiantes de la clase?

    A. 15
    B. 17
    C. 19
    D. 21

INSTRUCCIONES: Estudia el histograma, lee cada pregunta y elige la **mejor** respuesta.

El maestro de la clase de mecanografía convirtió los datos de un diagrama de puntos en un histograma.

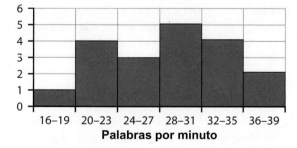

16. ¿Cuál es la moda de palabras tecleadas por minuto en la clase de mecanografía?

    A. 20 a 23
    B. 24 a 27
    C. 28 a 31
    D. 32 a 35

INSTRUCCIONES: Estudia el diagrama de caja y la información, lee cada pregunta y elige la **mejor** respuesta.

Se prueban cuatro termostatos ubicados en habitaciones similares con las temperaturas en 68°, dejando que la temperatura se estabilice durante una hora y luego tabulándola cada minuto durante una hora. Los resultados se muestran en los diagramas de caja que aparecen a continuación.

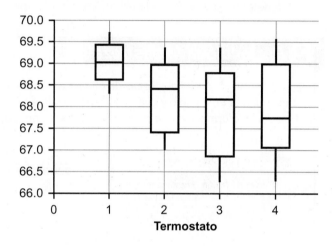

17. ¿Cuál de los cuatro termostatos minimiza mejor la fluctuación de la temperatura?

    A. 1
    B. 2
    C. 3
    D. 4

18. ¿Qué termostato mantiene una mediana de temperatura más próxima al valor fijado?

    A. 1
    B. 2
    C. 3
    D. 4

19. ¿Qué termostato muestra el mayor rango de temperatura?

    A. 1
    B. 2
    C. 3
    D. 4

20. ¿Qué termostato muestra el menor rango de temperatura?

    A. 1
    B. 2
    C. 3
    D. 4

Expresiones algebraicas y variables

Usar con el *Libro del estudiante,* págs. 50–51.

TEMAS DE MATEMÁTICAS: Q.1.b, Q.2.a, Q.2.e, Q.4.a, A.1.a, A.1.b, A.1.c, A.1.d, A.1.e, A.1.g, A.1.i, A.1.j
PRÁCTICA DE MATEMÁTICAS: MP.1.a, MP.1.b, MP.1.e, MP.2.a, MP.2.c, MP.3.a, MP.4.a, MP.4.b

1 Repasa la destreza

Las **expresiones algebraicas** traducen palabras en relaciones numéricas mediante números, signos de operaciones y variables. Las **variables** son letras que representan números. Una variable puede cambiar su valor, lo que permite que una expresión tenga también distintos valores. Cuando se simplifica una expresión, su valor no cambia.

Cuando evalúas una expresión, reemplazas las variables con los valores y luego usas el orden de las operaciones para determinar el valor de la expresión. Por ejemplo, si $a = 5$, entonces $a + 15 = 20$. Si $a = -5$, entonces $a + 15 = 10$.

2 Perfecciona la destreza

Al perfeccionar las destrezas de utilizar variables y de simplificar y evaluar expresiones algebraicas, mejorarás tus capacidades de estudio y evaluación, especialmente en relación con la Prueba de Razonamiento Matemático GED®. Estudia la información que aparece a continuación. Luego responde las preguntas.

a Busca palabras clave. Por ejemplo, *veces* indica multiplicación. Frases como *con un incremento de* indican suma.

El número de millas que hay entre la casa de Elizabeth y la casa de sus abuelos es 3 veces el número de millas que hay entre su casa y el apartamento de su hermano mayor.

b Puedes evaluar una expresión que contenga cualquier número de variables en tanto las variables sean conocidas. En este caso, tanto x como y son valores dados, por lo tanto, puedes reemplazar las variables con esos valores para evaluar la expresión.

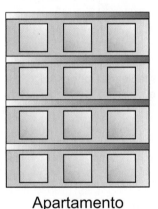

Casa de Elizabeth · Apartamento del hermano · Casa de los abuelos

TECNOLOGÍA PARA LA PRUEBA

El signo de la resta y el signo de negativo se ingresan de forma diferente en la calculadora. Usa el signo de la resta para la resta. Para ingresar un número negativo, toca en el botón de negativo (–) seguido del número.

1. Si el apartamento del hermano de Elizabeth está a 39 millas de la casa de Elizabeth, ¿a qué distancia de la casa de Elizabeth está la casa de sus abuelos?

   A. 13 millas
   B. 36 millas
   C. 42 millas
   D. 117 millas

2. Si la expresión $\dfrac{9x - y}{5}$ representa la distancia entre la casa de Elizabeth y la casa de sus abuelos, y $x = 12$ y $y = 3$, ¿cuál es la distancia entre la casa de Elizabeth y la casa de sus abuelos?

   A. 16.2 millas
   B. 21.0 millas
   C. 22.2 millas
   D. 105.01 millas

INSTRUCCIONES: Lee cada pregunta y elige la **mejor** respuesta.

3. El número de niñas que se registraron para jugar básquetbol en una liga de verano es 15 menos que el doble del número de niños. Si *b* es el número de niños, ¿qué expresión describe el número de niñas que se registraron?

   A. $\dfrac{2b}{15}$

   B. $\dfrac{1}{2}b + 15$

   C. $15 + 2b$

   D. $2b - 15$

4. En un paquete, hay un número *l* de lápices. Hay 50 paquetes en una caja y 12 cajas en un bulto. Julia entrega 3 bultos a una tienda. Abre un bulto para tomar 1 lápiz para usarlo. ¿Qué expresión representa el número de lápices que quedan?

   A. $3 + 12 + 50 + l - 1$

   B. $3(12)(50)l - 1$

   C. $3(12)\left(\dfrac{50}{l}\right) - 1$

   D. $3(12)(50)l + 1$

5. El martes, Edward recorrió con su carro 4 veces el número de millas que recorrió en miércoles y el jueves juntos. ¿Qué expresión describe el número de millas que recorrió el martes en función del número de millas que recorrió el miércoles (*x*) y el jueves (*y*)?

   A. $x + 4y$

   B. $\dfrac{4}{x + y}$

   C. $\dfrac{x + y}{4}$

   D. $4(x + y)$

6. El boleto de entrada a un museo para un niño cuesta $4 más que la mitad del boleto para un adulto. ¿Qué expresión describe el monto pagado para que 12 niños y 4 adultos visiten el museo?

   A. $10a + 4$

   B. $10a + 24$

   C. $10a + 48$

   D. $14a + 16$

7. ¿Qué expresión representa el perímetro del triángulo que se muestra a continuación?

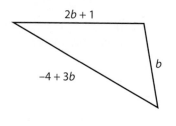

   A. $5b - 3$

   B. $6b + 3$

   C. $6b - 3$

   D. $-b + 4$

8. La edad del abuelo de Nick es 5 años más que el doble de las edades de sus dos nietos juntas. Si *x* y *y* son las edades de los dos nietos, ¿qué expresión describe la edad del abuelo de Nick?

   A. $2(x + y) + 5$

   B. $\dfrac{x + y}{2} + 5$

   C. $\dfrac{2(x + y)}{5}$

   D. $2x + 2y - 5$

9. Una escuela vendió boletos para adultos y boletos para niños para un partido de fútbol americano. El número de boletos para niños vendidos fue 56 más que un tercio del número de boletos para adultos. ¿Qué expresión describe el número de boletos para niños vendidos?

   A. $\dfrac{1}{3}a - 56$

   B. $\dfrac{a}{3} + 56$

   C. $\dfrac{56a}{3}$

   D. $\dfrac{3}{a} + 56$

10. El número de estudiantes de una clase de primer año es 3 veces el número de estudiantes de la clase segundo año dividido entre 4. ¿Qué expresión describe el número de estudiantes de la clase de primer año?

   A. $4y + 3$

   B. $\dfrac{3y}{4}$

   C. $\dfrac{4}{3y}$

   D. $3y - 4$

③ Domina la destreza

11. La expresión $3(x + 2x)$ representa la distancia entre dos ciudades. ¿Cuál es la distancia si $x = 4$?

    A. 48
    B. 36
    C. 27
    D. 18

12. La expresión $15a + 25b$ representa la cantidad de dinero que se recauda por noche en un teatro si se vende un número a de asientos de \$15 y un número b de asientos de \$25. ¿Cuánto dinero recauda el teatro si $a = 207$ y $b = 134$?

    A. \$5,115
    B. \$5,175
    C. \$6,455
    D. \$7,185

13. La longitud de un rectángulo es 3 menos que 3 por su ancho. Si a = el ancho del rectángulo, ¿qué expresión representa al área del rectángulo?

    A. $3a - 3$
    B. $\frac{1}{2}a(3a - 3)$
    C. $a(3a - 3)$
    D. $\frac{3a - 3}{2}$

14. El número de minutos que dedicó Erin al proyecto A es 45 menos que la mitad del tiempo que dedicó al proyecto B. ¿Qué expresión representa mejor el tiempo que dedicó al proyecto B, si t es igual al número de minutos dedicados al proyecto A?

    A. $2t + 90$
    B. $2t - 45$
    C. $\frac{2t}{45}$
    D. $\frac{1}{2}t - 45$

15. Un número es la mitad del valor de la suma de un segundo número (x) y un tercer número (y). ¿Qué expresión describe el primer número?

    A. $2x + 2y$
    B. $\frac{2}{x - y}$
    C. $\frac{x + y}{2}$
    D. $2(x + y)$

16. El lunes, un ciclista recorrió 20 millas menos que 3 por el número de millas que recorrió el domingo. Si el domingo recorrió 30 millas, ¿cuántas millas recorrió el lunes?

    A. 40
    B. 50
    C. 60
    D. 70

17. La edad de Leo es 21 menos que 2 por la edad de su hermana. Si su hermana tiene 23 años, ¿cuántos años tiene Leo?

    A. 21
    B. 23
    C. 25
    D. 46

18. Una escuela intermedia tiene 374 estudiantes varones. El número de estudiantes mujeres es 56 más que la mitad del número de estudiantes varones. ¿Cuántas estudiantes mujeres hay en la escuela intermedia?

    A. 215
    B. 243
    C. 402
    D. 804

19. Una tienda vende zapatos para mujeres y para hombres. En un día, el número de zapatos para mujeres vendidos fue 12 más que 4 por el número de zapatos para hombres vendidos. Si ese día se vendieron 9 pares de zapatos para hombres, ¿cuántos pares de zapatos para mujeres vendió la tienda?

    A. 24
    B. 48
    C. 60
    D. 108

20. Sean nadó 8 vueltas menos que el doble del número de vueltas que nadó Antonio. Si Antonio nadó 15 vueltas, ¿cuántas vueltas nadó Sean?

    A. 22
    B. 23
    C. 31
    D. 38

21. El número de estudiantes que obtuvieron una calificación más alta que el promedio en una prueba fue 34 menos que el doble del número de estudiantes que obtuvieron una calificación de nivel promedio. Si 45 estudiantes obtuvieron una calificación de nivel promedio, ¿cuántos obtuvieron una calificación más alta que el promedio?

    A. 34
    B. 56
    C. 66
    D. 90

22. La distancia entre la casa de Kristina y su trabajo es 15 millas menos que 4 por la distancia entre su casa y la casa de sus padres. Si la distancia entre su casa y el trabajo es 33 millas, ¿a qué distancia se encuentra la casa de Kristina de la casa de sus padres?

    A. 12
    B. 18
    C. 27
    D. 60

23. Si $-3 = x$, ¿a qué es igual $4y - 8(3 - 2x)$?

    A. $-68y$
    B. $4y - 72$
    C. $4y - 24$
    D. $4y + 24$

24. Jada emitió un cheque para pagar la gasolina. El monto del cheque era $5 menos que la mitad del monto que había depositado en su cuenta ese día. Si depositó $84, ¿cuánto pagó por la gasolina?

    A. $37
    B. $42
    C. $74
    D. $79

25. Un número es 3 por el valor del cociente de un segundo número (x) y un tercer número (y). ¿Qué expresión describe al primer número?

    A. $\dfrac{xy}{3}$

    B. $\dfrac{3}{x + y}$

    C. $\dfrac{3}{x} + y$

    D. $3\left(\dfrac{x}{y}\right)$

26. La longitud de un rectángulo es 6 más que dos tercios de su ancho, a. ¿Qué expresión representa el perímetro del rectángulo?

    A. $\dfrac{10}{3}a + 12$

    B. $a(6 + \dfrac{2}{3}a)$

    C. $\dfrac{4}{3}a + 12$

    D. $\dfrac{10}{3}a + 6$

27. Vuelve a escribir la expresión $\dfrac{y(x + 4)}{x(y + 4)}$ en función de x, considerando que $y = 2x$.

    A. 1

    B. $\dfrac{2(x + 4)}{6x}$

    C. $\dfrac{(x + 4)}{(x + 2)}$

    D. 2

28. Evalúa la expresión $\dfrac{(x^2 - y^2)}{(x^2 + y^2)}$ cuando $x = 2$ y $y = -1$.

    A. $\dfrac{1}{3}$

    B. $\dfrac{3}{5}$

    C. 1

    D. $\dfrac{5}{3}$

Ecuaciones

Usar con el *Libro del estudiante,* págs. 52–53.

1 Repasa la destreza

TEMAS DE MATEMÁTICAS: Q.2.a, Q.2.e, Q.3.a, Q.3.d, A.1.a, A.1.j, A.2.a, A.2.b, A.2.c
PRÁCTICA DE MATEMÁTICAS: MP.1.a, MP.1.b, MP.1.e, MP.2.a, MP.2.c, MP.3.a, MP.4.a, MP.4.b

Una **ecuación** es un enunciado matemático que indica que dos expresiones son iguales. Puedes resolver ecuaciones despejando la variable a través de operaciones inversas. Si tienes dos ecuaciones con dos variables, puedes despejar una de las variables de una ecuación y luego reemplazar la variable con esa solución en la otra ecuación. Todas las fórmulas que se usan para resolver problemas de matemáticas incluyen ecuaciones.

2 Perfecciona la destreza

Al perfeccionar la destreza de resolver ecuaciones, mejorarás tus capacidades de estudio y evaluación, especialmente en relación con la Prueba de Razonamiento Matemático GED®. Estudia la información que aparece a continuación. Luego responde las preguntas.

A continuación se muestra el menú de un restaurante de Nueva Inglaterra.

a Suele haber más de una manera de escribir una ecuación. En la pregunta 1, las opciones de respuesta C y D son iguales, porque $\frac{4}{3}$ es lo mismo que $4 \times \frac{1}{3}$.

b Para la pregunta 2, usa la ecuación $2(8) + 3c = 70$, donde c representa el precio de una cola de langosta.

Menú paradisíaco de mariscos

PRODUCTO	PRECIO
Cola de langosta	Valor de Mercado
Sopa espesa de almejas	$8
Salmón atlántico	$13
Cangrejos envueltos en lechuga	$10
Taza de bisque de langosta	$8

USAR LA LÓGICA

Observa lo que representa la variable en tu ecuación. El valor de la variable no necesariamente es la respuesta. La pregunta 2 te pregunta el costo de las *colas* de langosta, no el costo de una sola *cola* de langosta.

a 1. Si el precio de las colas de langosta para un día dado era $4 más que un tercio del precio de los cangrejos envueltos en lechuga, ¿qué ecuación podrías utilizar para hallar el precio de las colas de langosta en ese día?

A. $3c + 4 = 10$

B. $c = \frac{1}{3}(10) + 4$

C. $\frac{4}{3}c = 10$

D. $(4)\frac{1}{3}c = 10$

b 2. León y su familia pidieron 2 tazas de bisque de langosta y 3 colas de langosta. Si la cuenta por estos 5 productos fue de $70, ¿cuál era el costo de las colas de langosta?

A. $15

B. $18

C. $52

D. $54

INSTRUCCIONES: Lee cada pregunta y elige la **mejor** respuesta.

INSTRUCCIONES: Lee cada pregunta y elige la **mejor** respuesta.

3. Un número es 5 por el valor de un segundo número. La suma de los números es 72. ¿Qué ecuación se puede usar para hallar el segundo número?

   A. $\dfrac{6}{x} = 72$

   B. $\dfrac{x}{6} = 72$

   C. $5x = 72$

   D. $6x = 72$

4. El monto que gastó John en restaurantes en un mes es $55 más que el doble de lo que gastó en comestibles. Si gastó $y en comestibles, ¿cuál de las siguientes ecuaciones podría resolverse para hallar la cantidad de dinero que gastó en restaurantes?

   A. $\dfrac{r}{2} + 55 = y$

   B. $r = 55 + 2y$

   C. $55 - 2r = y$

   D. $\dfrac{1}{2}r + 55 = y$

5. Patricia compró una impresora. Después de pagar el 6% de impuesto sobre las ventas, el total fue de $105.97. ¿Qué ecuación podría resolverse para hallar el precio p de la impresora antes de los impuestos?

   A. $p + 0.06 = 105.97$

   B. $0.06p = 105.97$

   C. $\dfrac{105.97}{0.06} = p$

   D. $p + 0.06p = 105.97$

6. El boleto de entrada a un parque de diversiones para un niño de menos de 48 pulgadas de estatura es $3 menos que la mitad del precio de un boleto para adultos. Si el boleto para un niño cuesta $26, ¿qué ecuación se podría usar para hallar el precio de un boleto para adultos?

   A. $2a - 3 = 26$

   B. $\dfrac{1}{2}a - 3 = 26$

   C. $\dfrac{a}{2} + 3 = 26$

   D. $\dfrac{1}{2}a + 26 = 3$

7. Rachel gana el doble de dinero que su esposo. Entre los dos, ganan $1,050 por semana. ¿Qué ecuación se podría usar para hallar los ingresos semanales del esposo de Rachel?

   A. $3h = 1,050$
   B. $2h + 2 = 1,050$
   C. $2h = 1,050$
   D. $\dfrac{3}{2}h = 1,050$

8. Esta semana, Steven trabajó 2 horas más que un tercio de las horas que trabajó la semana pasada. La semana pasada trabajó 33 horas. ¿Cuántas horas trabajó esta semana?

   A. 11
   B. 13
   C. 17
   D. 21

9. En una yarda hay 36 pulgadas. ¿Qué ecuación representa esta situación si p = número de pulgadas y y = número de yardas?

   A. $36p = y$
   B. $36 - p = y$
   C. $36y = p$
   D. $\dfrac{36}{p} = y$

10. En una encuesta reciente, 419 personas que eligieron el fútbol como su deporte favorito fueron 13 menos que 3 por el número de personas que eligieron el béisbol como su deporte favorito. ¿Cuántas personas eligieron el béisbol como su deporte favorito?

    A. 39
    B. 47
    C. 144
    D. 445

11. Hace poco, Ted vendió la mitad de sus revistas de historietas y luego compró 92 más. Ahora tiene 515 revistas de historietas. ¿Cuántas revistas de historietas tenía al principio?

    A. 846
    B. 607
    C. 561
    D. 423

⭐ Ítem en foco: **MENÚ DESPLEGABLE**

INSTRUCCIONES: Lee cada pregunta y usa las opciones de cada ejercicio con menú desplegable para elegir la **mejor** respuesta.

12. Un número es dos tercios de otro número. La suma de los números es 55.

El número mayor es [Menú desplegable].

A. 22   B. 30   C. 32   D. 33

13. Karleen y su madre se fueron de vacaciones. Karleen pagó la gasolina y su madre pagó el alojamiento. Karleen gastó $65.25 más que un cuarto de lo que gastó su madre. Gastaron $659 en total.

Karleen gastó $ [Menú desplegable].

A. 475.00   B. 184.00   C. 164.75   D. 118.75

14. Emma compró 3 botellas de ginger ale a $2.29 por botella. También compró algunas cajas de galletas a $3.35 por caja. El total de la cuenta fue de $23.62.

Compró [Menú desplegable] cajas de galletas.

A. 4   B. 5   C. 6   D. 7

15. Una tienda paga $53.80 por un cartón de cajas de cereal. Cada caja de cereal cuesta $2.69.

Hay [Menú desplegable] cajas de cereal en un cartón.

A. 18   B. 19   C. 20   D. 21

INSTRUCCIONES: Lee cada pregunta y elige la **mejor** respuesta.

16. Una barcaza viaja río abajo a una velocidad promedio de 15 millas por hora. Recorre una distancia de 60 millas. ¿Qué ecuación se puede usar para hallar cuántas horas viajó la barcaza?

A. $15 = 60t$

B. $\frac{t}{15} = 60$

C. $\frac{60}{t} = 15 + t$

D. $60 = 15t$

17. El sábado, Ben y Brian recorrieron largas distancias con sus bicicletas. Entre los dos, recorrieron un total de 107 millas. Si Ben recorrió 11 millas más que Brian, ¿cuántas millas recorrió Brian?

A. 32
B. 48
C. 59
D. 96

18. La maestra Logan encargó 12 pupitres nuevos y 20 sillas nuevas para su salón de clases. El costo total de los pupitres y sillas fue $1,260. Si cada silla costó $30, ¿cuál fue el costo de cada pupitre?

A. $50
B. $55
C. $58
D. $60

19. Si $y = \frac{1}{2}$, ¿a qué es igual x cuando

$4 - 2(3x - y) = 5x - 2\frac{1}{3}$?

A. $-1\frac{2}{3}$

B. $-\frac{2}{3}$

C. $\frac{2}{3}$

D. $1\frac{1}{3}$

20. Kira tiene un total de 12 monedas de 10¢ y de 5¢ en su bolsillo. Las monedas tienen un valor total de $0.95. ¿Cuántas monedas de 10¢ hay en el bolsillo de Kira?

    A. 5
    B. 7
    C. 9
    D. 12

21. Un número es 8 menos que el doble de otro número x. La suma de los números es 40. ¿Cuál es el valor de x?

    A. 16
    B. 12
    C. 10
    D. 8

22. Myra llevó a sus 5 hijos a tomar helado. Cada niño pidió una sola bola de helado en un cono. El empleado añadió $0.87 a la cuenta de Myra por el impuesto sobre las ventas. Myra pagó un total de $15.37. Si cada cono costó lo mismo, ¿cuál fue el costo de un cono?

    A. $2.82
    B. $2.90
    C. $3.07
    D. $3.25

23. En la tienda A, un teléfono celular cuesta $10 menos que el doble del costo del mismo teléfono celular en la tienda B. Si el teléfono cuesta $49.99 en la tienda B, ¿cuánto cuesta en la tienda A?

    A. $89.98
    B. $99.98
    C. $109.98
    D. $119.99

24. Los boletos para un partido de béisbol cuestan $9 para adultos. Un boleto para niños cuesta $2 más que la mitad del precio de un boleto para adultos. Melanie compra 4 boletos para adultos y algunos boletos para niños. Si pagó $75 por los boletos, ¿cuántos boletos para niños compró?

    A. 3
    B. 4
    C. 5
    D. 6

25. Juan puede ganar $200 por semana más un 15% de comisión o $300 por semana más un 10% de comisión. ¿De cuánto deben ser las ventas de Juan para que se pague la misma cantidad con ambas opciones?

    A. $10,000
    B. $2,000
    C. $400
    D. $20

26. Una compañía llevó a cabo un evento para recaudar fondos para una organización benéfica. Andrew contribuyó $25 menos que el doble de lo que contribuyó Michael. La suma de sus contribuciones fue de $200. ¿Cuánto contribuyó Andrew?

    A. $75
    B. $125
    C. $150
    D. $175

27. Las edades de Xavier y Madeleine suman 28. Xavier tiene 4 años más que la mitad de la edad de Madeleine. ¿Qué edad tendrá Xavier en 2 años?

    A. 12
    B. 14
    C. 16
    D. 18

28. La renta de Beth es $74 menos que 4 veces el pago de su préstamo de estudiante. El total de estas cuentas es $486. ¿De cuánto es el pago de préstamo de estudiante de Beth?

    A. $112
    B. $140
    C. $374
    D. $448

29. El salario semanal de Ann es $543 menos que el doble del salario semanal de Joe. Si Joe gana $874 por semana, ¿cuál es el salario semanal de Ann?

    A. $331
    B. $1,174
    C. $1,205
    D. $1,417

UNIDAD 3

Elevar al cuadrado, elevar al cubo y extraer las raíces

Usar con el *Libro del estudiante,* págs. 54–55.

TEMAS DE MATEMÁTICAS: Q.1.c, Q.2.a, Q.2.b, Q.2.c, Q.2.d, Q.2.e, Q.4.a, Q.4.c
PRÁCTICA DE MATEMÁTICAS: MP.1.a, MP.1.b, MP.1.e, MP.2.c, MP.3.a, MP.4.a, MP.4.b

1 Repasa la destreza

El **cuadrado** de un número es el resultado de multiplicar ese número por sí mismo. Para hallar la **raíz cuadrada** de un número se requiere hallar un segundo número que, cuando se multiplica por sí mismo, da como resultado el primer número. Dado que tanto los números positivos como los negativos, al elevarse al cuadrado, dan como resultado números positivos, las raíces cuadradas de números positivos tienen dos valores matemáticos posibles, mientras que las raíces cuadradas de números negativos no están definidas para números reales.

El **cubo** de un número es el resultado de multiplicar tres veces ese número por sí mismo. Así, 33, por ejemplo, es $3 \times 3 \times 3 = 27$. Como el cubo de un número negativo es también negativo, la **raíz cúbica** de un número negativo existe y es también negativa.

2 Perfecciona la destreza

Al perfeccionar las destrezas de elevar al cuadrado, elevar al cubo y extraer las raíces correspondientes de cantidades, mejorarás tus capacidades de estudio y evaluación, especialmente en relación con la Prueba de Razonamiento Matemático GED®. Estudia el diagrama y la información que aparecen a continuación. Luego responde las preguntas.

a Para responder la pregunta 1, recuerda que un cuadrado tiene cuatro lados iguales. Para hallar el área de un cuadrado, multiplica la longitud de un lado por sí misma.

b Para la pregunta 2, aumentar todos los lados de un rectángulo según el mismo factor de escala tiene el efecto de aumentar el área según el factor elevado al cuadrado. De la misma manera, aumentar todos los lados de un prisma rectangular según el mismo factor tiene el efecto de aumentar el volumen según el factor elevado al cubo.

En el diagrama se muestra el área del jardín cuadrado de Meredith.

A = 121 pies cuad

TECNOLOGÍA PARA LA PRUEBA

La calculadora en pantalla, Texas Instruments TI-30XS MultiView™, cuenta con las funciones de elevar al cuadrado y extraer la raíz cuadrada además de funcionalidades más generales que permiten elevar al cubo y extraer raíces cúbicas.

1. Usa la fórmula del área de un cuadrado. ¿Cuál es la longitud de un lado del jardín de Meredith?

   A. 12 pies
   B. 11 pies
   C. 10 pies
   D. 9 pies

2. Meredith decide duplicar la longitud de cada lado de su jardín. ¿Cuál será su nueva área?

   A. 242 pies cuad
   B. 363 pies cuad
   C. 484 pies cuad
   D. 605 pies cuad

UNIDAD 3

INSTRUCCIONES: Lee cada pregunta y elige la **mejor** respuesta.

3. Un sitio web de Matemáticas da el número de preguntas de su prueba diaria como una raíz cuadrada. Hoy, hay $\sqrt{144}$ preguntas. ¿Cuántas preguntas hay?

   A. 10
   B. 11
   C. 12
   D. 13

4. Amanda usó su calculadora para hallar $\sqrt{7,788}$. ¿Cuál es este número redondeado al centésimo más próximo?

   A. 88.24
   B. 88.25
   C. 89.24
   D. 89.25

5. La longitud de un cubo es 29 cm. ¿Cuál es el volumen del cubo en centímetros cúbicos?

   A. 87
   B. 841
   C. 24,389
   D. 707,281

6. El área de un cuadrado es 6.7 pies cuad. ¿Cuál es la longitud de un lado del cuadrado al décimo de pie más próximo?

   A. 2.5
   B. 2.6
   C. 2.9
   D. 3.4

7. ¿Entre qué dos números se encuentra la raíz cuadrada de 33?

   A. 4 y 5
   B. 5 y 6
   C. 6 y 7
   D. 7 y 8

8. El área de un cuadrado cuyos lados tienen una longitud de x es x^2. ¿Cuál es el área del cuadrado si $x = 7.8$ pulgadas?

   A. 15.6 pulg cuad
   B. 49.00 pulg cuad
   C. 60.84 pulg cuad
   D. 62.41 pulg cuad

INSTRUCCIONES: Lee cada pregunta y elige la **mejor** respuesta.

9. Hanna está comprando una alfombra para su sala, que tiene un área de 216 pies cuadrados y es un 50% más larga que ancha. ¿Cuáles son las dimensiones de la sala?

   A. ancho = 12 pies; longitud = 18 pies
   B. ancho = 6 pies; longitud = 9 pies
   C. ancho = 12 pies; longitud = 12 pies
   D. ancho = 18 pies; longitud = 12 pies

10. ¿Qué conjunto de números enteros resuelve la ecuación $x^2 = 16$?

    A. 4, −2
    B. 4, −4
    C. 2, 8
    D. −2, −8

11. Un contenedor de transporte tiene un ancho igual a su altura, una longitud de 5 veces su ancho y un volumen de 2,560 pies cúbicos. ¿Cuáles son las dimensiones del contenedor?

    A. ancho = 8 pies; altura = 16 pies; longitud = 16 pies
    B. ancho = 8 pies; altura = 40 pies; longitud = 8 pies
    C. ancho = 8 pies; altura = 8 pies; longitud = 40 pies
    D. ancho = 40 pies; altura = 8 pies; longitud = 8 pies

12. El pago mensual por el carro de Jon es el cuadrado de 19 menos la raíz cuadrada de 169. ¿Cuál es el pago mensual de Jon por el carro?

    A. $188
    B. $348
    C. $361
    D. $530

13. Una cancha de fútbol para una liga juvenil tiene un área de 4,000 yardas cuadradas y es un 60% más larga que ancha. ¿Cuál es la longitud de la cancha?

    A. 50 yardas
    B. 60 yardas
    C. 70 yardas
    D. 80 yardas

14. Una mesa de vidrio tiene la forma de un cubo con una longitud de lado de 4 pies. El centro de la mesa es un cubo hueco con una longitud de lado de 1.5 pies. ¿Qué volumen de vidrio se utilizó para hacer la mesa?

    A. 60.625 pies cúbicos
    B. 61.75 pies cúbicos
    C. 64 pies cúbicos
    D. 67.375 pies cúbicos

UNIDAD 3

INSTRUCCIONES: Lee cada pregunta y elige la **mejor** respuesta.

15. La longitud de cada cara de un prisma rectangular aumenta en un factor de tres. ¿En qué factor aumenta el volumen?

    A. 3
    B. 9
    C. 18
    D. 27

16. La longitud de cada lado de un rectángulo aumenta en un factor de 2. ¿En qué factor aumenta el área?

    A. 2
    B. 4
    C. 6
    D. 8

17. La edad de Justin en años es la solución, x, de la ecuación $\left(2 - \sqrt{x + 2}\right)^2 = 4$. ¿Cuántos años tiene Justin?

    A. entre 0 y 5 años
    B. entre 5 y 10 años
    C. entre 10 y 15 años
    D. más de 15 años

18. La ecuación $x^2 = 25$ tiene dos soluciones. ¿Cuál es el producto de estas dos soluciones?

    A. −25
    B. −5
    C. 5
    D. 25

19. La ecuación $(x - 1)^2 = 64$ tiene dos soluciones. ¿Cuál es el producto de estas dos soluciones?

    A. 81
    B. 49
    C. −49
    D. −63

20. ¿Cuántas veces mayor es el cubo de la raíz cuadrada positiva de 64 que el cuadrado de la raíz cúbica de 64?

    A. 4
    B. 8
    C. 16
    D. 32

INSTRUCCIONES: Lee cada pregunta y elige la **mejor** respuesta.

21. La ecuación $(x - 6)^2 = 4$ tiene dos soluciones. ¿Cuál es el producto de estas dos soluciones?

    A. −64
    B. −32
    C. 32
    D. 64

22. El área de una cara de un cubo es 30.25 pulgadas cuadradas. ¿Cuál es el volumen del cubo, redondeado a la pulgada cúbica más próxima?

    A. 121
    B. 166
    C. 242
    D. 915

23. Una mesa cuadrada tiene un área de 2,000 pulgadas cuadradas. ¿Cuál es la longitud de cada lado, redondeada a la pulgada más próxima?

    A. 40 pulgadas
    B. 44 pulgadas
    C. 45 pulgadas
    D. 50 pulgadas

24. Un refrigerador pequeño tiene forma cúbica y tiene un ancho exterior de 18 pulgadas. ¿Cuál es el volumen del espacio que ocupa el refrigerador, expresado en *pies* cúbicos, al décimo de pie cúbico más próximo?

    A. 2.3
    B. 3.3
    C. 3.4
    D. 4.5

25. Un niño tiene un juego de bloques con forma cúbica cuyas caras miden 2 pulgadas de lado. ¿Cuántos bloques necesita el niño para armar una pila con forma cúbica y un volumen de 1 pie cúbico?

    A. 18
    B. 36
    C. 144
    D. 216

26. Una relación entre la temperatura medida en grados Fahrenheit (F) y la temperatura medida en grados Celsius (C) es: $25(F - 32)^2 = 81C^2$. Si la temperatura medida en grados Fahrenheit es 41, ¿cuál es la temperatura en grados Celsius?

    A. 5
    B. 9
    C. 23
    D. 45

27. Un cohete modelo acelera desde la posición de reposo. Mientras se consume el combustible, la distancia que recorre el cohete en pies, D, durante un tiempo t después del lanzamiento, expresado en segundos, está dada por la ecuación $D = 400t^3$. Cuando se termina el combustible, el cohete se encuentra a una altura de 1,350 pies. ¿Durante cuánto tiempo se consume el combustible?

    A. 1.4 segundos
    B. 1.5 segundos
    C. 1.8 segundos
    D. 3.4 segundos

28. ¿Qué número resuelve la ecuación $x^2 = -16$?

    A. 4
    B. −4
    C. −8
    D. Es indefinido.

29. ¿Qué numero resuelve la ecuación $x^3 = -64$?

    A. 4
    B. −4
    C. −8
    D. Es indefinido.

30. Chris está colocando baldosas en su cocina, que tiene un ancho que es $\frac{3}{4}$ de su longitud y un área de 192 pies cuadrados. ¿Cuáles son las dimensiones de la habitación?

    A. 12 pies por 15 pies
    B. 12 pies por 16 pies
    C. 16 pies por 18 pies
    D. 20 pies por 24 pies

31. Kelly está haciendo una caja que tiene un ancho igual a su profundidad, una longitud igual al triple de su profundidad y un volumen de 192 pulgadas cúbicas. ¿Cuáles serán las dimensiones de la caja?

    A. profundidad = 4 pulgadas; ancho = 4 pulgadas; longitud = 12 pulgadas
    B. profundidad = 2 pulgadas; ancho = 4 pulgadas; longitud = 8 pulgadas
    C. profundidad = 4 pulgadas; ancho = 4 pulgadas; longitud = 8 pulgadas
    D. profundidad = 12 pulgadas; ancho = 4 pulgadas; longitud = 4 pulgadas

32. Una pelota se arroja desde una ventana que está 9.8 metros sobre el nivel del suelo. La altura sobre el nivel del suelo, h, un cierto tiempo después de ser arrojada, t, está dada por la ecuación $h = 9.8 - 4.9t^2$. ¿Cuánto tarda la pelota en tocar el suelo, al décimo de segundo más próximo?

    A. 0.7 segundos
    B. 1.4 segundos
    C. 1.5 segundos
    D. 2.0 segundos

33. Entre los números que se muestran, selecciona aquellos para los que la siguiente expresión es indefinida: $\sqrt{(x^2 - 1.5)}$.

    A. 1.5, −1.5, −2
    B. 1.4, 1.6, −1.8
    C. 1.3, 2, −3
    D. −1, 0, 1

34. Rob acaba de refinanciar el pago mensual de su préstamo de estudiante de modo que sea igual al cuadrado de 14. Además, Rob paga de renta mensual el cuadrado de 21 menos la raíz cuadrada de 49. ¿Cuánto paga Rob por mes por el préstamo de estudiante y la renta?

    A. $396
    B. $445
    C. $630
    D. $686

35. ¿Para qué expresión es indefinido el valor de x?

    A. $x^3 = 8$
    B. $x^3 = -27$
    C. $x^2 = -49$
    D. $x^2 = 121$

UNIDAD 3

Exponentes y notación científica

Usar con el *Libro del estudiante,* págs. 56–57.

TEMAS DE MATEMÁTICAS: Q.1.c, Q.2.a, Q.2.b, Q.2.c, Q.2.d, Q.2.e, Q.6.c, A.1.a, A.1.d, A.1.e, A.1.f, A.1.i
PRÁCTICA DE MATEMÁTICAS: MP.1.a, MP.1.b, MP.1.e, MP.2.c, MP.3.a, MP.4.a, MP.4.b, MP.5.a, MP.5.c

① Repasa la destreza

Los **exponentes** muestran cuántas veces se multiplica un número por sí mismo. Existen reglas específicas para hacer operaciones matemáticas con números con exponentes. Las sumas y diferencias de cantidades con exponentes se pueden simplificar si, y solo si, tienen la misma base y los mismos exponentes. Por ejemplo, $2x^3 + 5x^3$ se puede simplificar para que se lea como $7x^3$. La multiplicación o división de dos cantidades expresadas con exponentes se puede simplificar si dichas cantidades tienen la misma base. Los exponentes se suman o se restan, respectivamente. Por ejemplo, $(4x^4) \cdot (2x^7) = 8x^{11}$; $(4x^4) \div (2x^7) = 2x^{-3}$.

En la **notación científica** se usan exponentes y potencias de 10 para escribir números muy pequeños y muy grandes. Una notación científica adecuada requiere que el punto decimal esté ubicado justo a la derecha del primer dígito distinto de cero. Se elige el exponente de modo que el número tenga la magnitud correcta.

② Perfecciona la destreza

Al perfeccionar la destreza de trabajar con exponentes y notación científica, mejorarás tus capacidades de estudio y evaluación, especialmente en relación con la Prueba de Razonamiento Matemático GED®. Estudia el diagrama que aparece a continuación. Luego responde las preguntas.

A continuación se muestran las dimensiones del área de juego de una cancha de fútbol americano.

a Al dividir números en notación científica, primero se pueden dividir los números y luego volver a escribirlos en su notación adecuada, o bien se los puede volver a escribir adecuadamente antes de hacer la división. Por ejemplo, la pregunta 2 se puede escribir como: $(150) \div (57.6 \times 10^3)$, que automáticamente dará como resultado una respuesta expresada en la notación adecuada.

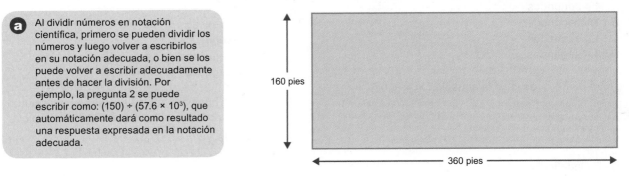

160 pies

360 pies

PRÁCTICAS DE CONTENIDOS

Típicamente, resolver expresiones algebraicas (MP.4.b) conlleva prácticas como desarrollar términos, combinar términos semejantes, buscar factores comunes entre términos y simplificar factores.

1. El área de la cancha de fútbol americano es el producto de la longitud y el ancho: 57,600 pies cuadrados. ¿Cuál es el área de la cancha de fútbol americano en pies cuadrados, expresada en notación científica?

   A. 5.76×10^2
   B. 5.76×10^3
   C. 5.76×10^4
   D. 5.76×10^5

a 2. Se requieren 150 libras de semillas de pasto para volver a sembrar la cancha. Si las semillas se esparcen de manera uniforme, ¿cuántas libras de semillas van en cada pie cuadrado?

   A. 2.60×10^{-2}
   B. 2.60×10^{-3}
   C. 2.60×10^{-4}
   D. 2.60×10^{-5}

INSTRUCCIONES: Lee cada pregunta y elige la **mejor** respuesta.

3. El escarabajo con alas estadounidense es uno de los escarabajos más pequeños del mundo. Mide menos de 0.0005 metros de longitud. ¿Cómo se expresa esta longitud en notación científica?

   A. 5.0×10^{-4}
   B. 5.0×10^{-3}
   C. 5.0×10^{-2}
   D. 5.0×10^{4}

4. El Instituto Smithsonian tiene aproximadamente 3^4 objetos en su División de Colección de Arqueología del Mundo Antiguo. ¿Aproximadamente cuántos objetos hay en esta colección?

   A. 30
   B. 70
   C. 80
   D. 90

5. Hay 3^4 estudiantes en una clase de psicología y 2^6 estudiantes en otra clase de psicología. ¿Qué expresión representa el número total de estudiantes de las dos clases?

   A. 5^{10}
   B. 6^{10}
   C. $3^4 + 2^6$
   D. $3^4 \times 2^6$

6. Olivia tiene que escribir el número de hermanos que tiene usando exponentes. Escribió 4^0. ¿De qué otra manera se puede escribir el número de hermanos que tiene usando exponentes?

   A. 5^0
   B. 5^1
   C. 5^{-1}
   D. 4^1

7. ¿A cuál de las siguientes expresiones es igual la expresión $4x(x^2 + 2y)$?

   A. $4x^3 + 2y$
   B. $4x^2 + 8xy$
   C. $4x^3 + 8y$
   D. $4x^3 + 8xy$

INSTRUCCIONES: Lee cada pregunta y elige la **mejor** respuesta.

En la siguiente tabla se muestran las masas de los planetas.

MASAS DE LOS PLANETAS

Planeta	Masa (kg)
Mercurio	3.3×10^{23}
Venus	4.87×10^{24}
Tierra	5.97×10^{24}
Marte	6.42×10^{23}
Júpiter	1.899×10^{27}
Saturno	5.68×10^{26}
Urano	8.68×10^{25}
Neptuno	1.02×10^{26}

8. ¿Qué planeta tiene la mayor masa?

   A. Venus
   B. Tierra
   C. Júpiter
   D. Urano

9. ¿Qué planeta tiene la menor masa?

   A. Mercurio
   B. Venus
   C. Tierra
   D. Marte

10. ¿Aproximadamente cuántas veces mayor es la masa de Júpiter que la de Marte?

    A. 3×10^2
    B. 3×10^3
    C. 3×10^4
    D. 3×10^5

11. ¿Cuál es la suma aproximada de las masas de los planetas?

    A. 2.7×10^{27}
    B. 2.7×10^{28}
    C. 3.8×10^{27}
    D. 3.8×10^{28}

⭐ Ítem en foco: **MENÚ DESPLEGABLE**

INSTRUCCIONES: Lee cada pregunta y elige la opción de cada ejercicio con menú desplegable que **mejor** complete cada ecuación.

12. $(5x^5 - 15x^4 + 10x^3) =$ [Menú desplegable]

    A. $5x^5(1 - 3x + 2x^2)$
    B. $5x^3(x^2 - 3x + 2)$
    C. $5x^{-3}(x^2 - 3x + 2)$
    D. $5x^{-5}(1 - 3x + 2x^2)$

13. $\dfrac{(x^4 + 5x^3) + x^2(x^2 - 2x)}{x^3} =$ [Menú desplegable]

    A. $\dfrac{(2x^3 + 5x^3 - 2)}{x^2}$
    B. $x^6(2x + 7)$
    C. $x^6(2x + 3)$
    D. $2x + 3$

14. $3(2x^2 - 1) - (5x^2 + x + 3) =$ [Menú desplegable]

    A. $(x^2 - 4x + 3)$
    B. $-x(2x + 1)$
    C. $x(x - 1)$
    D. $x(x + 1)$

INSTRUCCIONES: Lee cada pregunta y elige la opción de cada ejercicio con menú desplegable que **mejor** describa la expresión dada cuando se evalúa en el valor especificado de *x*.

15. Para $x = -1$: $\dfrac{(x^3)}{(x^3 - 1)} =$ [Menú desplegable]

    A. < 0
    B. $= 0$
    C. > 0
    D. indefinido

16. Para $x = -1$: $\dfrac{(x^3)}{(x^3 + 1)} =$ [Menú desplegable]

    A. < 0
    B. $= 0$
    C. > 0
    D. indefinido

17. Para $x = -1$: $\dfrac{(x - 1)^4}{(x^2 - 1)} =$ [Menú desplegable]

    A. < 0
    B. $= 0$
    C. > 0
    D. indefinido

INSTRUCCIONES: Estudia la información y la tabla, lee cada pregunta y elige la **mejor** respuesta.

En la tabla se muestran las distancias entre los planetas y el Sol.

Planeta	Distancia al Sol (km)
Mercurio	5.79×10^7
Venus	1.082×10^8
Tierra	1.496×10^8
Marte	2.279×10^8
Júpiter	7.786×10^8
Saturno	1.4335×10^9
Urano	2.8725×10^9
Neptuno	4.4951×10^9

18. Halla la distancia entre Saturno y el Sol. ¿Cómo se expresa este número en notación estándar?

    A. 14,335,000 km
    B. 143,350,000 km
    C. 1,433,500,000 km
    D. 14,335,000,000 km

19. ¿Cuántos kilómetros más lejos del Sol se encuentra Júpiter que Venus?

    A. 6.704×10^7
    B. 6.704×10^8
    C. 6.704×10^9
    D. 6.704×10^{16}

20. El número aproximado de personas que visitaron el parque de diversiones en julio se puede escribir como 10^5. ¿Aproximadamente cuántas personas fueron al parque en julio?

    A. 1,000
    B. 10,000
    C. 100,000
    D. 1,000,000

21. ¿Qué expresión es equivalente a b^{-4}?

    A. b^4
    B. $\dfrac{1}{b^4}$
    C. $-b^4$
    D. $(-b)(-b)(-b)(-b)$

22. Uno de los genomas, o conjuntos de material genético, más grandes es el del pez pulmonado jaspeado. A pesar de ello, este genoma pesa solamente 1.3283×10^{-10} gramos. ¿Cómo se expresa este número en notación estándar?

    A. 0.0000013283
    B. 0.00000013283
    C. 0.000000013283
    D. 0.00000000013283

23. El perihelio de Plutón mide 4,435,000,000 km. ¿Cómo se escribe esta distancia en notación científica?

    A. 4.435×10^7
    B. 4.435×10^8
    C. 4.435×10^9
    D. 4.435×10^{10}

24. ¿Cuál de las siguientes opciones tiene el mismo valor que 4.404×10^9?

    A. 0.4404×10^8
    B. 0.4404×10^9
    C. 0.4404×10^{10}
    D. 44.04×10^{10}

25. Si $3^x = 81$, ¿cuál es el valor de x?

    A. 1
    B. 2
    C. 3
    D. 4

26. El número de estudiantes que van a la Escuela Secundaria Shadyside se puede escribir como 2^9. La Escuela Secundaria Sunnyside tiene 3 veces el número de estudiantes que tiene Shadyside. ¿Cuántos estudiantes van a la Escuela Secundaria Sunnyside?

    A. 171
    B. 512
    C. 1,536
    D. 4,096

27. ¿Qué enunciado sobre la siguiente expresión es verdadero?

    $$(-5)^x$$

    A. Si x es igual a un número par, el resultado será negativo.
    B. Si x es igual a un número par, el resultado será positivo.
    C. Si x es igual a un número impar, el resultado será positivo.
    D. Si x es igual a cero, el resultado será cero.

28. Si $(3^x)(3^x) = 3$, ¿cuál debe ser el valor de x?

    A. -1
    B. 0
    C. $\dfrac{1}{2}$
    D. 1

29. ¿Cuál es el producto de los valores de x para los que la expresión $(x^3 + 27)^{-1} (x^4 + 16)^{-1} (x^5 + 1)^{-1}$ es indefinida?

    A. -3
    B. -2
    C. -1
    D. 3

30. Una supercomputadora puede hacer 5×10^{13} operaciones por segundo. ¿Cuántas operaciones puede hacer en una hora?

    A. 1.8×10^{15}
    B. 1.8×10^{17}
    C. 3×10^{14}
    D. 3×10^{15}

UNIDAD 3

Patrones y funciones

Usar con el *Libro del estudiante*, págs. 58–59.

TEMAS DE MATEMÁTICAS: Q.2.a, Q.2.b, Q.2.c, Q.2.e, Q.3.d, Q.6.c, A.1.b, A.1.e, A.2.c, A.7.a, A.7.b, A.7.c
PRÁCTICA DE MATEMÁTICAS: MP.1.a, MP.1.b, MP.1.e, MP.2.a, MP.2.c, MP.3.a, MP.4.a, MP.4.b

1 Repasa la destreza

Un **patrón matemático** es una disposición de números o términos en un orden en particular. El orden de la disposición sigue una regla específica. Puedes identificar la regla describiendo lo que harías con un término para obtener el término siguiente. Una **función**, que establece relaciones entre valores de *x* y *y*, se puede escribir como una regla algebraica. En una función, hay un solo valor de *y* para cada valor de *x*.

2 Perfecciona la destreza

Al perfeccionar la destreza de identificar y ampliar patrones, mejorarás tus capacidades de estudio y evaluación, especialmente en relación con la Prueba de Razonamiento Matemático GED®. Estudia la información y la tabla de funciones que aparecen a continuación. Luego responde las preguntas.

a Reemplaza *t* con 5 en la ecuación *distancia = tasa × tiempo* + 20, o *d = r(t)* + 20, y resuelve para hallar la distancia del tren después de 5 horas para responder a la pregunta 1.

b El tren recorre 60 km cada hora. Sin embargo, después de 1 hora, está a 80 km de la estación A. Esto se debe a que cuando comenzó el viaje, ya estaba a 20 km de la estación A. Esto se muestra como "+ 20" en la ecuación.

Se midió la distancia de un tren con respecto a la estación A en distintos momentos mientras viajaba hacia la estación B. En la siguiente tabla se muestra un registro de la ubicación del tren y el tiempo.

DISTANCIA ENTRE EL TREN Y LA ESTACIÓN A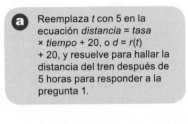

Tiempo (*t*) en horas	1	2	3	4	5
Distancia a la estación (*d*) en Km	80	140	200	260	

CONSEJOS PARA REALIZAR LA PRUEBA

Puedes usar las opciones de respuesta como ayuda para resolver un problema. En lugar de determinar la regla a partir de la tabla, puedes intentar con cada opción para ver si funciona.

1. ¿A cuántos kilómetros de la estación estará el tren después de 5 horas?

A. 290
B. 300
C. 310
D. 320

b 2. ¿A cuántos kilómetros de la estación estaba el tren cuando comenzó su viaje?

A. 20
B. 30
C. 50
D. 60

INSTRUCCIONES: Estudia la tabla, lee cada pregunta y elige la **mejor** respuesta.

x	−2	0	2	4	6
y	−8	−2	4	10	

3. ¿Qué ecuación expresa la relación entre x y y?

A. $y = 3x - 2$

B. $y = \frac{1}{4}x$

C. $y = 2x + 3$

D. $y = \frac{2}{3}x$

4. ¿Qué número falta en la tabla?

A. 12
B. 14
C. 16
D. 18

INSTRUCCIONES: Lee cada pregunta y elige la **mejor** respuesta.

5. ¿Cuál es el sexto término en la siguiente secuencia?
1, 3, 9, 27, ...

A. 729
B. 243
C. 81
D. 9

6. ¿Qué valor de x para la función $f(x) = \frac{1}{2}x$ da como resultado un valor de $f(x)$ que es igual a 1?

A. −2

B. $-\frac{1}{2}$

C. $\frac{1}{2}$

D. 2

INSTRUCCIONES: Lee cada pregunta y elige la **mejor** respuesta.

7. Solomon sigue un patrón a medida que apila los bloques que se muestran a continuación. ¿Cuántos bloques apilará en la siguiente figura de su secuencia?

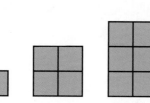 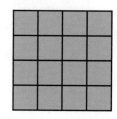

A. 18
B. 25
C. 32
D. 42

8. ¿Cuál es el siguiente término en la secuencia que aparece a continuación?

−5, −10, −20, −40, −80, ...

A. −160
B. −140
C. −120
D. −100

9. Se usó la función $f(x) = 50 - x^2$ para crear la siguiente tabla de funciones. ¿Qué número falta en la tabla?

x	−2	−1	0	1	2
f(x)	46	49	50		46

A. 51
B. 50
C. 49
D. 46

10. ¿Qué regla se puede usar para ampliar la siguiente secuencia?

2, 4, 8, 16, 32, ...

A. sumar 4
B. restar 4
C. multiplicar por 2
D. dividir entre 2

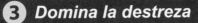
INSTRUCCIONES: Lee cada pregunta y elige la **mejor** respuesta.

11. ¿Qué término de la secuencia tendrá solamente un círculo?

   A. el cuarto
   2. el quinto
   3. el sexto
   4. el séptimo

12. ¿Cuál es el séptimo término en la siguiente secuencia?

$$-3, -6, -9, -12, -15, \ldots$$

   A. −18
   B. −21
   C. −24
   D. −27

13. Para la función $f(x) = \dfrac{8}{x}$, ¿qué valor de x da como resultado un valor de $f(x)$ que es menor que 1?

   A. 6
   B. 7
   C. 8
   D. 9

14. ¿Cuántos triángulos tendrá el siguiente término de la secuencia?

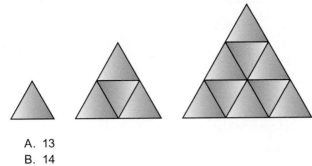

   A. 13
   B. 14
   C. 16
   D. 18

15. Para la función $y = x^3$, ¿qué valor de x da como resultado un valor de y que es igual al valor de x?

   A. 1
   B. 2
   C. 4
   D. 8

INSTRUCCIONES: Lee cada pregunta y elige la **mejor** respuesta.

16. La función $d = 55t$ describe la distancia d que recorrerá un carro a una velocidad constante de 55 millas por hora en una cierta cantidad de tiempo t. ¿Para cuál de los siguientes valores de t el valor de d es igual a 220?

   A. 4.0
   B. 3.5
   C. 3.0
   D. 2.5

17. El aumento en una población que crece un 1% al año se puede describir con la función $A = 0.01N$, donde A es el aumento y N es el tamaño de la población inicial. ¿En qué número aumenta la población en un año si la población inicial es 5,000?

   A. 5
   B. 10
   C. 25
   D. 50

18. $F = \dfrac{9}{5}C + 32$ describe la relación entre los grados Fahrenheit (F) y los grados Celsius (C). ¿A qué temperatura Celsius equivalen aproximadamente 80 °F?

   A. 26.7 °C
   B. 44. 4 °C
   C. 62.2 °C
   D. 176.0 °C

19. La fórmula $I = (1{,}000)(r)(5)$ representa el monto de interés ganado con una inversión de $1,000 a lo largo de 5 años con una tasa de interés determinada. ¿Cuál debe ser la tasa de interés para ganar al menos $250 de interés sobre la inversión en 5 años?

   A. 2%
   B. 3%
   C. 4%
   D. 5%

20. Para la función $f(x) = \dfrac{1}{(x^2 + 1)}$, ¿qué valor de x da como resultado un valor de $f(x)$ que es menor que $\dfrac{1}{2}$?

   A. 1
   B. 0
   C. −1
   D. −2

Un arquero disparó una flecha a un ángulo de 45 grados. Se registraron la distancia y altura de la flecha a lo largo de su recorrido en varios puntos. Los datos se muestran en la tabla que aparece a continuación.

Distancia (d) en metros	1	2	3	4	5
Altura (h) en metros	0.8	1.2	1.2	0.8	

21. ¿Qué ecuación expresa la relación entre h y d?

   A. $h = d + 0.2d$
   B. $h = d - 0.2$
   C. $h = d - 0.2d^2$
   D. $h = d^2 - 0.2d^2$

22. ¿Cuál es la altura de la flecha cuando ha recorrido una distancia de 5 metros?

   A. 0 metros
   B. 0.2 metros
   C. 0.4 metros
   D. 0.6 metros

INSTRUCCIONES: Lee cada pregunta y elige la **mejor** respuesta.

23. Kara reemplazó x con 1 en la función $f(x) = 3x^2 + 1$. Henry reemplazó x con otro valor, pero obtuvo la misma salida. ¿Qué valor de x daría la misma salida?

   A. 4
   B. 0
   C. −1
   D. −2

24. ¿Cuál es el octavo término en la siguiente secuencia?

$$2, -4, 8, -16, 32, \ldots$$

   A. −256
   B. −128
   C. 128
   D. 256

INSTRUCCIONES: Lee cada pregunta y elige la **mejor** respuesta.

25. Se usó la función $y = x^2$ para crear la siguiente tabla de funciones. ¿Qué número falta en la tabla?

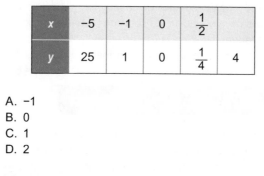

x	−5	−1	0	$\frac{1}{2}$	
y	25	1	0	$\frac{1}{4}$	4

   A. −1
   B. 0
   C. 1
   D. 2

INSTRUCCIONES: Estudia la información y la tabla que aparecen a continuación, lee la pregunta y elige la **mejor** respuesta.

A medida que te alejas hacia abajo del nivel del mar, la presión aumenta. En la siguiente tabla se muestran presiones a diferentes profundidades.

Distancia (d) en metros por debajo del nivel del mar	0	10	20	30	40
Presión (p) en libras por pulgada cuadrada	14.7	29.4	44.1	58.8	

26. ¿Qué ecuación expresa la relación entre d y p?

   A. $p = \dfrac{d}{10} + 14.7$

   B. $p = \dfrac{d}{10}(14.7) + 14.7$

   C. $p = 10d + 14.7$

   D. $p = \dfrac{d}{10}(14.7)$

27. En un experimento, se dejó caer una pelota de un edificio alto a $t = 0$ segundos. La distancia h que había caído la pelota en varios momentos distintos está dada en pies.

t	0.5	1.0	1.5	2.0	2.5
h	4	16	36	64	100

La relación entre la distancia y el tiempo debe ser $h = \dfrac{1}{2}at^2$, donde a es una constante determinada a partir de los datos. ¿Cuál es el valor de a?

   A. 28
   B. 32
   C. 36
   D. 40

Ecuaciones lineales con una variable

Usar con el **Libro del estudiante,** págs. 60–61.

TEMAS DE MATEMÁTICAS: Q.2.a, Q.2.e, Q.3.a, Q.4.a, A.2.a, A.2.b
PRÁCTICA DE MATEMÁTICAS: MP.1.a, MP.1.b, MP.1.e, MP.2.a, MP.3.a, MP.3.b, MP.4.a, MP.5.a

① Repasa la destreza

Una **ecuación lineal con una variable** es una ecuación que consiste en expresiones que tienen solamente valores numéricos y productos de constantes y una variable. Un ejemplo es $3x + 3 = 9$. Puede haber términos de variables en ambos lados de la ecuación. La solución de una ecuación lineal con una variable es el valor de la variable que hace que la ecuación sea verdadera.

Para resolver una ecuación lineal con una variable, usa **operaciones inversas** para despejar la variable. En el ejemplo anterior, resta 3 de cada lado, de modo que $3x = 6$. Luego divide cada lado entre 3, de modo que $x = 6$.

② Perfecciona la destreza

Al perfeccionar la destreza de resolver ecuaciones lineales con una variable, mejorarás tus capacidades de estudio y evaluación, especialmente en relación con la Prueba de Razonamiento Matemático GED®. Estudia la información que aparece a continuación. Luego responde las preguntas.

a Multiplica cada cantidad que está dentro de los paréntesis por la cantidad que está fuera de los paréntesis.

b Para resolver la pregunta 1, recuerda aplicar el signo negativo. Usa la propiedad distributiva para multiplicar cada cantidad que está dentro de los paréntesis por −2.

c Para resolver la pregunta 2, aplica la propiedad distributiva en ambos lados de la ecuación. Luego usa operaciones inversas para despejar y hallar x.

Resuelve la ecuación

$4(2x - 1) = 3x + 6$	
$4(2x) - 4(1) = 3x + 6$	← Propiedad distributiva.
$8x - 4 = 3x + 6$	← Simplifica.
$8x - 3x - 4 = 3x - 3x + 6$	← Resta $3x$ de ambos lados.
$5x - 4 = 6$	← Simplifica.
$5x - 4 + 4 = 6 + 4$	← Suma 4 a ambos lados.
$5x = 10$	← Simplifica.
$\dfrac{5x}{5} = \dfrac{10}{5}$	← Divide ambos lados entre 5.
$x = 2$	← Simplifica.

Comprueba:

$$4[2(2) - 1] \overset{?}{=} 3(2) + 6$$

$$4[4 - 1] \overset{?}{=} 6 + 6$$

$$4(3) \overset{?}{=} 12$$

$$12 = 12$$

DENTRO DEL EJERCICIO

Asegúrate de comprobar tus soluciones, sobre todo en preguntas donde debes completar los espacios. Reemplaza la variable con tu solución en la ecuación original. Si tu solución hace que la ecuación sea verdadera, entonces es correcta.

b 1. ¿Qué valor de x hace que la ecuación $8x = -2(3 - 2x)$ sea verdadera?

   A. −1.5
   B. −0.6
   C. −0.5
   D. 0.5

c 2. Resuelve la ecuación para hallar m.

   $$2(m + 3) = 5(6 - 2m)$$

   A. −3
   B. 2
   C. 6
   D. 6.75

UNIDAD 3

INSTRUCCIONES: Lee cada pregunta y elige la **mejor** respuesta.

3. Halla el valor de *x* que hace que la ecuación sea verdadera.

   $0.5(4x - 8) = 6$

   A. −1
   B. 1
   C. 5
   D. 7

4. Resuelve la ecuación para hallar *x*.

   $3\left(\frac{2}{3}x + 4\right) = -5$

   A. −8.5
   B. −4.5
   C. −3.5
   D. −0.5

5. La edad de Drew es 3 más que la mitad de la edad de Tyler. La ecuación $d = \frac{1}{2}t + 3$ representa la relación entre sus edades. Si Drew tiene 17 años, ¿cuántos años tiene Tyler?

   A. 7
   B. 10
   C. 28
   D. 40

6. ¿Cuál es el valor de *x* si $0.25(3x - 8) = 2(0.5x + 4)$?

   A. −64
   B. −40
   C. −24
   D. 24

7. Halla el valor de *w* que hace que la ecuación sea verdadera.

   $10w + 8 - 2(3w - 4) = -12$

   A. −7
   B. −1
   C. −3
   D. 1

INSTRUCCIONES: Lee cada pregunta y elige la **mejor** respuesta.

8. Resuelve la ecuación para hallar *b*.

   $12b - 2(b - 1) = 6 - 4b$

   A. $\frac{2}{7}$
   B. $\frac{4}{7}$
   C. $\frac{2}{3}$
   D. $\frac{4}{3}$

9. Si $(x - 4)$ es 5 más que $3(2x + 1)$, ¿cuál es el valor de *x*?

   A. −3
   B. −2.4
   C. −2
   D. −0.4

10. Amelia y Brandon resuelven la siguiente ecuación.

    $-2(4x - 5) = 3x - (6 - x)$

    Amelia obtiene $\frac{4}{3}$. Brandon obtiene $\frac{8}{5}$ como resultado. ¿Cuál de los siguientes enunciados describe sus resultados?

    A. Amelia tiene razón; Brandon cometió un error al desarrollar los paréntesis.
    B. Amelia tiene razón; Brandon usó una operación incorrecta para agrupar términos constantes en un lado de la ecuación.
    C. Brandon tiene razón; Amelia cometió un error al desarrollar los paréntesis.
    D. Brandon tiene razón; Amelia usó una operación incorrecta para agrupar los términos constantes en un lado de la ecuación.

11. Si $0.1q - 0.2(3q + 4) = -0.3(5q + 3)$, ¿cuál es el valor de *q*?

    A. 0.01
    B. 0.05
    C. 0.85
    D. −0.1

★ Ítem en foco: **COMPLETAR LOS ESPACIOS**

INSTRUCCIONES: Lee cada pregunta. Luego escribe tu respuesta en el recuadro que aparece a continuación.

12. ¿Qué valor de *y* hace que la ecuación sea verdadera?

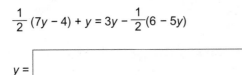

$$\frac{1}{2}(7y - 4) + y = 3y - \frac{1}{2}(6 - 5y)$$

$y =$

13. Resuelve la ecuación para hallar *k*.

$$8k(4 - 6) - 2k = 16(3 - k)$$

$k =$

14. Los lados congruentes de un triángulo isósceles tienen una longitud de 4 pies menos que 3 por la longitud del tercer lado. La ecuación $P = x + 2(3x - 4)$ da el perímetro del triángulo. Si el perímetro es de 9.5 pies, ¿cuál es la longitud del tercer lado?

pies

15. Resuelve la siguiente ecuación para hallar *a*.

$$4(2.25a + 0.75) = 12(2a + 3)$$

$a =$

16. ¿Cuál es el valor de *z*?

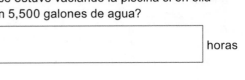

$$-\frac{1}{5}(z + 12) = \frac{2}{5}(9 - 3z)$$

$z =$

17. Una piscina con un volumen inicial de 9,250 galones se vacía a una tasa de 50 galones por minuto. La ecuación $w = 9{,}250 - 60(50t)$ representa la cantidad de agua que queda en la piscina después de *t* horas. ¿Durante cuántas horas se estuvo vaciando la piscina si en ella quedan 5,500 galones de agua?

horas

INSTRUCCIONES: Estudia el diagrama, lee la pregunta y elige la **mejor** respuesta.

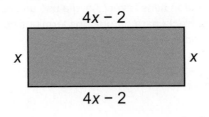

18. El perímetro *P* del rectángulo es igual a $2x + 2(4x - 2)$. Si tiene un perímetro de 35 pulgadas, ¿cuál es el valor de *x*?

A. 3.1
B. 3.9
C. 4.0
D. 4.2

INSTRUCCIONES: Lee cada pregunta y elige la **mejor** respuesta.

19. Todas las siguientes operaciones se usan para resolver la ecuación que aparece a continuación para hallar *y*, **excepto** una. ¿Cuál?

$$10y - 12 = 5(2y + 3) - y$$

A. suma
B. división
C. multiplicación
D. resta

20. Resuelve la siguiente ecuación para hallar *t*.

$$4(\frac{1}{8}t + 2) = 2(t - 8) - \frac{1}{2}t$$

A. 8
B. 12
C. 16
D. 24

INSTRUCCIONES: Estudia el diagrama, lee la pregunta y elige la **mejor** respuesta.

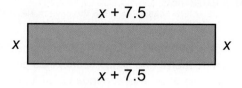

$$x + 7.5$$

21. La longitud del material para cercos que se necesita para un jardín con un ancho de x pies y una longitud de $x + 7.5$ pies está dada por $f = 2x + 2(x + 7.5)$. Si se usa un total de 65 pies de material para cercos, ¿cuál es el valor de x?

    A. 12.5
    B. 14.375
    C. 18.125
    D. 20.0

INSTRUCCIONES: Lee cada pregunta y elige la **mejor** respuesta.

22. Keira está resolviendo la ecuación $4(3x - 5) = -2(x + 7)$. Aplica la propiedad distributiva y halla que $12x - 20 = -2x - 14$. Luego agrupa los términos de las variables y halla que $ax - 20 = -14$. ¿Cuál es el valor de a?

    A. 6
    B. 10
    C. 14
    D. 26

23. Quentin resolvió la ecuación $0.5(7y - 6) = 2(2y + 1)$. En la tabla se muestra su solución.

Paso 1	$3.5y - 3 = 4y + 2$
Paso 2	$-0.5y - 3 = 2$
Paso 3	$-0.5y = -1$
Paso 4	$y = -10$

    ¿En qué paso Quentin cometió un error?

    A. Paso 1
    B. Paso 2
    C. Paso 3
    D. Paso 4

INSTRUCCIONES: Lee cada pregunta y elige la **mejor** respuesta.

24. Resuelve la siguiente ecuación para hallar b.

    $10 - 3(2b + 4) = -4b - 2(5 - b)$
    A. −2
    B. 1
    C. 2
    D. 6

25. Lisa resolvió la ecuación $\frac{1}{4}(2x + 12) = 3(\frac{1}{4}x - 2)$.

    En la tabla se muestra su solución.

Paso 1	$\frac{2}{4}x + 3 = \frac{3}{4}x - 2$
Paso 2	$\frac{1}{4}x + 3 = -2$
Paso 3	$\frac{1}{4}x = -5$
Paso 4	$x = 20$

    ¿En qué paso Lisa cometió un error?

    A. Paso 1
    B. Paso 2
    C. Paso 3
    D. Paso 4

26. ¿Qué valor de n hace que la ecuación sea verdadera?

    $0.2(6n + 5) = 0.5(2n - 8) + 3$

    A. −10
    B. −6
    C. −4
    D. 0

27. Si $3w - 2(0.5w + 1) = -4(2 + w)$, ¿cuál es el valor de w?

    A. −6
    B. −1.5
    C. −1
    D. 3

28. Resuelve la siguiente ecuación para hallar x.

    $2x + 3(5 - x) - 12 = 4(x + 2)$

    A. −2.4
    B. −1
    C. 0.2
    D. 1.4

Ecuaciones lineales con dos variables

Usar con el *Libro del estudiante,* págs. 62–63.

① Repasa la destreza

TEMAS DE MATEMÁTICAS: Q.2.a, Q.2.e, Q.6.c, A.2.b, A.2.d
PRÁCTICA DE MATEMÁTICAS: MP.1.a, MP.1.b, MP.1.e, MP.2.a, MP.2.c, MP.3.a, MP.4.a, MP.4.b, MP.5.a, MP.5.c

Un sistema de **ecuaciones lineales con dos variables** puede resolverse por sustitución o por combinación lineal. La solución es un par ordenado. Para resolver mediante la **sustitución**, resuelve una de las ecuaciones para hallar una variable y reemplaza esa variable con el valor en la ecuación original para hallar la segunda variable. Para resolver mediante la **combinación lineal**, o eliminación, multiplica una o ambas ecuaciones por un factor de modo que los coeficientes de una de las variables sean opuestos y se cancelen entre sí.

Si ninguna de las dos variables del sistema tiene coeficientes que son múltiplos uno de otro, halla el **mínimo común múltiplo** (m.c.m.) de los coeficientes de una variable. Luego multiplica cada ecuación por un factor que dé como resultado un coeficiente para esa variable que sea igual al m.c.m.

② Perfecciona la destreza

Al perfeccionar la destreza de resolver ecuaciones lineales con dos variables, mejorarás tus capacidades de estudio y evaluación, especialmente en relación con la Prueba de Razonamiento Matemático GED®. Estudia la información que aparece a continuación. Luego responde las preguntas.

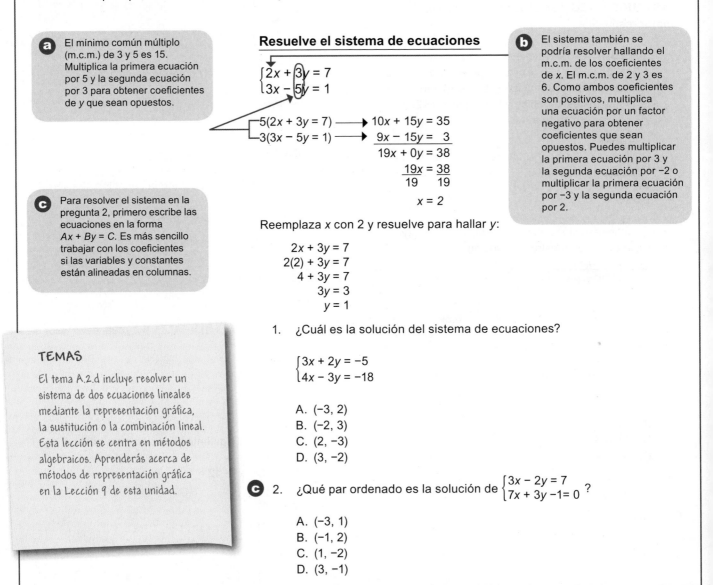

a El mínimo común múltiplo (m.c.m.) de 3 y 5 es 15. Multiplica la primera ecuación por 5 y la segunda ecuación por 3 para obtener coeficientes de y que sean opuestos.

Resuelve el sistema de ecuaciones

$$\begin{cases} 2x + 3y = 7 \\ 3x - 5y = 1 \end{cases}$$

$$5(2x + 3y = 7) \longrightarrow 10x + 15y = 35$$
$$3(3x - 5y = 1) \longrightarrow \underline{9x - 15y = 3}$$
$$19x + 0y = 38$$
$$\frac{19x}{19} = \frac{38}{19}$$
$$x = 2$$

b El sistema también se podría resolver hallando el m.c.m. de los coeficientes de x. El m.c.m. de 2 y 3 es 6. Como ambos coeficientes son positivos, multiplica una ecuación por un factor negativo para obtener coeficientes que sean opuestos. Puedes multiplicar la primera ecuación por 3 y la segunda ecuación por −2 o multiplicar la primera ecuación por −3 y la segunda ecuación por 2.

c Para resolver el sistema en la pregunta 2, primero escribe las ecuaciones en la forma $Ax + By = C$. Es más sencillo trabajar con los coeficientes si las variables y constantes están alineadas en columnas.

Reemplaza x con 2 y resuelve para hallar y:

$$2x + 3y = 7$$
$$2(2) + 3y = 7$$
$$4 + 3y = 7$$
$$3y = 3$$
$$y = 1$$

TEMAS

El tema A.2.d incluye resolver un sistema de dos ecuaciones lineales mediante la representación gráfica, la sustitución o la combinación lineal. Esta lección se centra en métodos algebraicos. Aprenderás acerca de métodos de representación gráfica en la Lección 9 de esta unidad.

1. ¿Cuál es la solución del sistema de ecuaciones?

$$\begin{cases} 3x + 2y = -5 \\ 4x - 3y = -18 \end{cases}$$

   A. (−3, 2)
   B. (−2, 3)
   C. (2, −3)
   D. (3, −2)

c 2. ¿Qué par ordenado es la solución de $\begin{cases} 3x - 2y = 7 \\ 7x + 3y - 1 = 0 \end{cases}$?

   A. (−3, 1)
   B. (−1, 2)
   C. (1, −2)
   D. (3, −1)

UNIDAD 3

INSTRUCCIONES: Lee cada pregunta y elige la **mejor** respuesta.

3. Resuelve el sistema de ecuaciones lineales.

$$\begin{cases} 2x + y = 13 \\ 4x - y = 17 \end{cases}$$

A. (2, 9)
B. (4, 5)
C. (4, −1)
D. (5, 3)

4. ¿Cuál es la solución del sistema?

$$\begin{cases} 3x - 2y = 14 \\ x + 4y = -14 \end{cases}$$

A. (−2, −3)
B. (0, −7)
C. (2, −4)
D. (6, 2)

5. Resuelve el sistema.

$$\begin{cases} 6x - 2y = -10 \\ 4x + y + 2 = 0 \end{cases}$$

A. (−1, 2)
B. (0, −2)
C. (3, 14)
D. (2, 11)

INSTRUCCIONES: Estudia el sistema, lee cada pregunta y elige la **mejor** respuesta.

$$\begin{cases} 2x - 3y = 8 \\ 5x + 4y = -3 \end{cases}$$

6. ¿Por qué factores se podría multiplicar cada ecuación para resolver el sistema por combinación lineal?

A. la primera ecuación por 2; la segunda ecuación por 5
B. la primera ecuación por 3; la segunda ecuación por 4
C. la primera ecuación por 3; la segunda ecuación por 8
D. la primera ecuación por 4; la segunda ecuación por 3

7. ¿Cuál es la solución del sistema anterior?

A. (−2, −4)
B. (1, −2)
C. (4, 3)
D. (5, 1)

INSTRUCCIONES: Lee cada pregunta y elige la **mejor** respuesta.

8. Darnell resolvió el siguiente sistema por combinación lineal.

$$\begin{cases} 4x - 5y = -7 \\ 7x - 3y = 5 \end{cases}$$

Después de multiplicar cada ecuación por un factor y de sumar las nuevas ecuaciones, Darnell tiene la ecuación $-23x = -46$. ¿Por qué factores multiplicó Darnell las dos ecuaciones?

A. la primera ecuación por 3; la segunda ecuación por −5
B. la primera ecuación por 3; la segunda ecuación por 5
C. la primera ecuación por 7; la segunda ecuación por −4
D. la primera ecuación por 7, la segunda ecuación por 4

9. ¿Cuál es la solución del siguiente sistema?

$$\begin{cases} 4x - 5y = -6 \\ 3x + 2y = -16 \end{cases}$$

A. (2, −4)
B. (1, 2)
C. (−4, −2)
D. (4, 1)

INSTRUCCIONES: Estudia la información, lee la pregunta y elige la **mejor** respuesta.

PRECIOS DE LOS BOLETOS

	Adultos	Niños
Función de la tarde	$15	$8
Función de la noche	$22	$16

10. Un grupo comunitario planea una excursión al teatro. En el grupo hay a adultos y n niños. Asistir a una función de la tarde costará un total de $308. Asistir a una función de la noche costará un total de $520. El sistema de ecuaciones que aparece a continuación representa el costo total para cada función.

$$\begin{cases} 15a + 8n = 308 \\ 22a + 16n = 520 \end{cases}$$

¿Cuántos adultos asistirán a la función?

A. 12
B. 16
C. 24
D. 28

INSTRUCCIONES: Lee cada pregunta y elige la **mejor** respuesta.

11. Resuelve el sistema de ecuaciones lineales.

$$\begin{cases} 2x - y = 3 \\ 3x - 2y = 2 \end{cases}$$

A. $(5, 7)$
B. $(3, 2)$
C. $(-4, -5)$
D. $(4, 5)$

12. Resuelve el siguiente sistema.

$$\begin{cases} 4x + 2y = 2 \\ 2x - 2y = 10 \end{cases}$$

A. $(2, 3)$
B. $(-2, 3)$
C. $(2, -3)$
D. $(-2, -3)$

13. Resuelve el sistema de ecuaciones lineales.

$$\begin{cases} 3x + 4y = 18 \\ 5x - 2y + 22 = 0 \end{cases}$$

A. $(10, -3)$
B. $(-2, 6)$
C. $(-4, 1)$
D. $(2, -6)$

14. ¿Qué valores de x y y hacen que el siguiente sistema sea verdadero?

$$\begin{cases} 7x + 5y = -2 \\ 3x - 4y = -7 \end{cases}$$

A. $(-1, 1)$
B. $(1, -1)$
C. $(4, -6)$
D. $(7, 7)$

15. Resuelve el sistema de ecuaciones lineales.

$$\begin{cases} 4x + 5y = 2 \\ 2x + 5y = -4 \end{cases}$$

A. $(-2, 1)$
B. $(-2, 2)$
C. $(2, 6)$
D. $(3, -2)$

INSTRUCCIONES: Lee cada pregunta y elige la **mejor** respuesta.

16. Liam resolvió el siguiente sistema por combinación lineal.

$$\begin{cases} 9x - 4y = 2 \\ 5x - 3y = -2 \end{cases}$$

Después de multiplicar cada ecuación por un factor y de sumar las nuevas ecuaciones, Liam tiene la ecuación $7y = 28$. ¿Por qué factores multiplicó Liam las dos ecuaciones?

A. la primera ecuación por -5; la segunda ecuación por 9
B. la primera ecuación por -3; la segunda ecuación por 4
C. la primera ecuación por 3, la segunda ecuación por -4
D. la primera ecuación por 5; la segunda ecuación por -9

17. Resuelve el sistema.

$$\begin{cases} 10x + 3y = 8 \\ 4x - 2y = 16 \end{cases}$$

A. $(-5, -2)$
B. $(-2, 4)$
C. $(2, -4)$
D. $(5, 2)$

18. Scott y Craig están resolviendo el sistema que aparece a continuación.

$$\begin{cases} 3x - 8y = 27 \\ 5x - 6y = 23 \end{cases}$$

Scott resuelve el sistema multiplicando la primera ecuación por 5 y la segunda ecuación por -3. Craig resuelve el sistema multiplicando la primera ecuación por 3 y la segunda ecuación por -4. ¿Quién tiene razón?

A. Craig
B. Scott
C. ambos
D. ninguno de los dos

19. Resuelve el sistema.

$$\begin{cases} 2x - 3y = 7 \\ 4x + 6y = 26 \end{cases}$$

A. $(5, 1)$
B. $(3, 2)$
C. $(2, 3)$
D. $(-1, 5)$

Hannah usó los pasos que aparecen a continuación para resolver el siguiente sistema de ecuaciones:

$$\begin{cases} 5x + 4y = -2 \\ 2x + 3y = -5 \end{cases}$$

Paso 1:	$3(5x + 4y = -2) \longrightarrow 15x + 12y = -6$ $-4(2x + 3y = -5) \longrightarrow -8x - 12y = 20$
Paso 2:	$7x = -14$ $x = -2$
Paso 3:	$5(-2) + 4y = -2$ $-10 + 4y = -2$
Paso 4:	$4y = 8$ $y = 2$

20. ¿En qué paso Hannah cometió un error?

 A. Paso 1
 B. Paso 2
 C. Paso 3
 D. Paso 4

INSTRUCCIONES: Estudia la información, lee la pregunta y elige la **mejor** respuesta.

PRECIOS DE INSUMOS DE OFICINA

	Papel (resma)	Bolígrafos (caja de 12)
Precio normal	$7	$5
Precio de oferta	$4	$3

21. Una gerente de oficina está encargando insumos. Necesita r resmas de papel y c cajas de bolígrafos. Si encarga hoy los insumos, obtendrá el precio de oferta y gastará un total de $205, antes de los impuestos. Si se pierde la oferta, gastará un total de $355, antes de los impuestos. En el sistema de ecuaciones que aparece a continuación se representa el costo total durante la oferta y después de ella.

$$\begin{cases} 4r + 3c = 205 \\ 7r + 5c = 355 \end{cases}$$

¿Cuántas resmas de papel encargará la gerente de oficina?

 A. 15
 B. 20
 C. 30
 D. 40

INSTRUCCIONES: Lee cada pregunta y elige la **mejor** respuesta.

22. ¿Cuál es la solución del sistema?

$$\begin{cases} 2x + 2y = 6 \\ 5y = 19 - 4x \end{cases}$$

 A. $(-7, -4)$
 B. $(-4, 7)$
 C. $(4, -7)$
 D. $(7, -4)$

23. Resuelve el sistema.

$$\begin{cases} 7x + 2y = -11 \\ 3x + 5y = 16 \end{cases}$$

 A. $(-3, 5)$
 B. $(2, -2)$
 C. $(2, 2)$
 D. $(3, -5)$

24. Yasmine está comprando dos tipos de piso para su casa. Necesita un total de 1,200 pies cuadrados de piso. La alfombra cuesta $3 por pie cuadrado. El piso de madera cuesta $8 por pie cuadrado. El piso costará un total de $5,600. El sistema que aparece a continuación representa la cantidad de pies cuadrados de alfombra a y de piso de madera m que comprará Yasmine. ¿Cuántos pies cuadrados de cada tipo de piso comprará Yasmine?

$$\begin{cases} a + m = 1{,}200 \\ 3a + 8m = 5{,}600 \end{cases}$$

 A. alfombra = 400 pies cuad;
 piso de madera = 800 pies cuad
 B. alfombra = 500 pies cuad;
 piso de madera = 700 pies cuad
 C. alfombra = 600 pies cuad;
 piso de madera = 600 pies cuad
 D. alfombra = 800 pies cuad;
 piso de madera = 400 pies cuad

25. En el sistema que aparece a continuación, la variable a representa un número entero.

$$\begin{cases} 9x + ay = 25 \\ 5x + 4y = 14 \end{cases}$$

Si $x = 2$, ¿cuál es el valor de a?

 A. 1
 B. 2
 C. 5
 D. 7

UNIDAD 3

Descomponer en factores

Usar con el *Libro del estudiante,* págs. 64–65.

TEMAS DE MATEMÁTICAS: Q.2.a, Q.2.e, Q.4.a, Q.4.c, Q.3.a, A.1.a, A.1.f, A.1.g, A.4.a, A.4.b
PRÁCTICA DE MATEMÁTICAS: MP.1.a, MP.1.b. MP.1.e, MP.2.a, MP.2.c, MP.3.a, MP.4.a, MP.4.b

❶ Repasa la destreza

Los **factores** son números o expresiones que se multiplican para formar un producto. Los factores pueden tener un término (6 ó 6x), dos términos (por ejemplo, 6x + 4) o más de dos términos. Puedes usar el método *FOIL* (del inglés *First, Inner, Outer* y *Last*) para hallar los productos de dos factores con dos términos cada uno. Mediante el método *FOIL*, se multiplican los primeros términos, los términos externos, los términos internos y los últimos términos, en ese orden.

Las **ecuaciones cuadráticas** se pueden escribir como $ax^2 + bx + c = 0$, de modo que a, b y c sean números enteros y a no sea igual a cero. Puedes resolver ecuaciones cuadráticas descomponiéndolas en dos factores de dos términos e igualando cada factor a cero. Las ecuaciones cuadráticas también pueden resolverse reemplazando a, b y c en la fórmula cuadrática que aparece en la Prueba de Razonamiento Matemático GED®.

❷ Perfecciona la destreza

Al perfeccionar la destreza de escribir y resolver ecuaciones mediante factores, mejorarás tus capacidades de estudio y evaluación, especialmente en relación con la Prueba de Razonamiento Matemático GED®. Estudia el diagrama y la información que aparecen a continuación. Luego responde las preguntas

a La ecuación del área de la alfombra es una ecuación cuadrática. Iguálala a cero para resolver la operación.

b Las soluciones para a son 8 y −6. El ancho de una alfombra no puede ser negativo, por lo tanto, a = 8 pies.

En el diagrama se muestra la alfombra de un área rectangular. La longitud de la alfombra es 2 pies menos que su ancho. El área de la alfombra es 48 pies cuadrados.

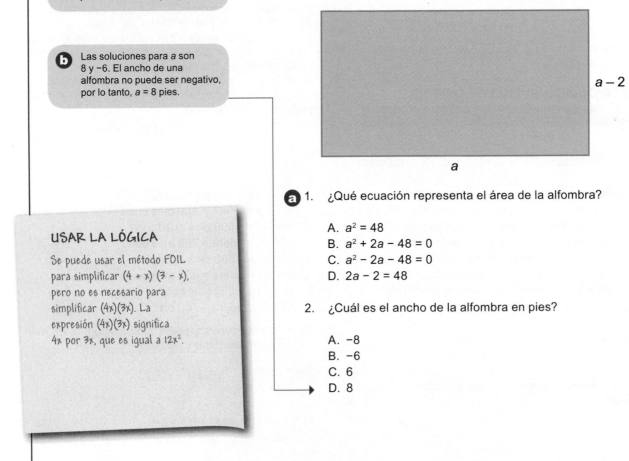

$a - 2$

a

a 1. ¿Qué ecuación representa el área de la alfombra?

    A. $a^2 = 48$
    B. $a^2 + 2a - 48 = 0$
    C. $a^2 - 2a - 48 = 0$
    D. $2a - 2 = 48$

2. ¿Cuál es el ancho de la alfombra en pies?

    A. −8
    B. −6
    C. 6
    D. 8

USAR LA LÓGICA

Se puede usar el método FOIL para simplificar $(4 + x)(3 - x)$, pero no es necesario para simplificar $(4x)(3x)$. La expresión $(4x)(3x)$ significa $4x$ por $3x$, que es igual a $12x^2$.

③ Domina la destreza

INSTRUCCIONES: Lee cada pregunta y elige la **mejor** respuesta.

INSTRUCCIONES: Lee cada pregunta y elige la **mejor** respuesta.

3. ¿Cuál de las siguientes opciones podría ser un valor de z en la ecuación que aparece a continuación?

$(z - 3)^2 = 10$

A. 3.3
B. $\sqrt{10} + 3$
C. 7
D. 13

4. ¿Cuál es el producto de $(x + 5)(x - 4)$?

A. $x^2 + x + 20$
B. $x^2 + 9x - 20$
C. $x^2 + x - 20$
D. $x^2 - x - 20$

5. El lado de un cuadrado se representa con $x - 4$. ¿Qué expresión representa al área del cuadrado?

A. $x^2 + 16$
B. $x^2 - 16$
C. $x^2 - 8x - 16$
D. $x^2 - 8x + 16$

6. La longitud de un rectángulo se representa con $x + 2$ y el ancho del rectángulo se representa con $x - 5$. ¿Qué expresión representa el área del rectángulo?

A. $x^2 - 3x - 10$
B. $x^2 - 10x - 3$
C. $x^2 + 3x - 10$
D. $x^2 + 3x + 10$

7. ¿Qué par de soluciones hace que la ecuación cuadrática $x^2 - 16 = 0$ sea verdadera?

A. -4 y 1
B. -4 y 2
C. -4 y 4
D. 2 y -8

8. El número de estudiantes en un salón de clases es 5 menos que el número de lápices que tiene cada estudiante. Si x representa el número de estudiantes que hay en el salón, ¿qué ecuación representa el número total de lápices que hay en el salón?

A. $x^2 - 5$
B. $x^2 + 5x$
C. $x^2 - 5x$
D. $x^2 + 5$

9. ¿Qué expresión es igual a $x^2 - 4x - 21$?

A. $(x + 3)(x - 7)$
B. $(x - 3)(x + 7)$
C. $(x + 1)(x - 21)$
D. $(x - 1)(x + 21)$

10. En la ecuación $x^2 + 8x - 20 = 0$, ¿cuál de las siguientes opciones es un valor posible de x?

A. -10
B. -8
C. 8
D. 10

11. Si el área de un cuadrado se representa con $x^2 + 6x + 9$, ¿qué expresión representa un lado del cuadrado?

A. $x + 1$
B. $x + 3$
C. $x + 6$
D. $x + 9$

12. El producto de dos números enteros consecutivos es 42. ¿Qué ecuación cuadrática se podría resolver para hallar el valor del primer número entero?

A. $x^2 + 2x - 42 = 0$
B. $x^2 + x - 42 = 0$
C. $x^2 - 42x = 0$
D. $x^2 - x + 42 = 0$

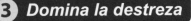

3 *Domina la destreza*

INSTRUCCIONES: Lee cada pregunta y elige la **mejor** respuesta.

INSTRUCCIONES: Lee cada pregunta y elige la **mejor** respuesta.

13. El área del cuadrado que aparece a continuación es 49 pies cuadrados. ¿Cuál es el valor de x?

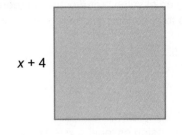

x + 4

A. −11
B. −3
C. 0
D. 3

14. La suma de los cuadrados de dos números enteros consecutivos es 113. ¿Cuáles son los dos números enteros?

A. 4 y 5
B. 5 y 6
C. 6 y 7
D. 7 y 8

15. El producto de dos números enteros impares consecutivos es 35. ¿Cuál es el segundo número entero?

A. 7
B. 5
C. 3
D. 1

16. El producto de dos números enteros positivos pares consecutivos es 48. ¿Qué ecuación cuadrática se podría resolver para hallar el valor del primer número entero?

A. $x^2 + 4x − 48 = 0$
B. $x^2 + x − 48 = 0$
C. $x^2 − 48x = 0$
D. $x^2 + 2x − 48 = 0$

17. La longitud de un rectángulo es 4 pies mayor que su ancho. El área del rectángulo es 165 pies cuadrados. ¿Cuál es la longitud del rectángulo?

A. 11 pies
B. 13 pies
C. 15 pies
D. 19 pies

18. Para una demostración en clase, se lanza un mini cohete a 19.6 metros por segundo (m/s) desde una plataforma de lanzamiento de 58.8 metros de altura. La altura h del objeto t segundos después del lanzamiento se puede representar con la ecuación $h = −4.9t^2 + 19.6t + 58.8$, donde h está expresada en metros. ¿Cuánto tiempo transcurrirá antes de que el proyectil toque el suelo?

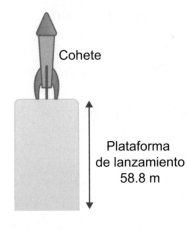

Cohete

Plataforma de lanzamiento 58.8 m

A. −2 s
B. 6 s
C. 5 s
D. 19.6 s

19. Hank está parado en el balcón de un hotel. Lanza una pelota a su amigo en la calle. La ecuación para hallar la altura h de la pelota t segundos después de ser lanzada es $h = t^2 − 2t − 8$. ¿Cuántos segundos tarda la pelota en tocar el suelo, o en alcanzar una altura de 0?

A. 1
B. −2
C. 4
D. 8

20. ¿Cuál de las siguientes ecuaciones resulta del desarrollo de $(x + 6)^2$?

A. $x^2 + 12x + 12$
B. $x^2 + 36x + 12$
C. $x^2 + 12x + 6$
D. $x^2 + 12x + 36$

★ Ítem en foco: COMPLETAR LOS ESPACIOS

INSTRUCCIONES: Lee la información y cada pregunta. Luego escribe tus respuestas en los recuadros que aparecen a continuación.

Una pequeña empresa agrícola ha creado una ecuación para representar sus ingresos mensuales, donde I representa el dinero ganado después de todos los gastos y x representa los kilogramos de productos vendidos.

$$I = x^2 + 20x - 300$$

21. Si la compañía ganó $809,600 el mes pasado, ¿aproximadamente cuántos kilogramos de producto se vendieron?

22. En un mes particularmente malo, cuando no se vende ningún producto, ¿cuánto dinero pierde la empresa?

23. ¿Cuál es el ingreso cuando se venden 100 kg de producto?

INSTRUCCIONES: Lee cada pregunta y elige la **mejor** respuesta.

24. En sus vacaciones, Brian salta de un acantilado de 160 pies hacia las azules y brillantes aguas que hay debajo. Al mismo tiempo, su amigo lanza una pelota por el acantilado a 48 pies por segundo. La ecuación de la altura (h) sobre el nivel del agua se representa con las ecuaciones que aparecen a continuación.

Brian: $h(t) = -16t^2 + 160$
Pelota: $h(t) = -16t^2 - 48t + 160$

Si Brian y la pelota comienzan a caer del acantilado al mismo tiempo, ¿cuál de las siguientes opciones representa la diferencia entre los tiempos que tardan en llegar al agua?

A. 2 s
B. $(\sqrt{10} - 2)$ s
C. 10 s − 5 s
D. 5 s

25. Jimmy usa un ovillo de estambre para hacer el contorno de un triángulo rectángulo. El cateto más corto es 6 unidades menor que el cateto más largo. La hipotenusa es 6 unidades menor que el doble del cateto más corto. ¿Qué longitud tiene el ovillo de estambre?

A. 24 unidades
B. 30 unidades
C. 144 unidades
D. 72 unidades

26. ¿Cuál de las siguientes ecuaciones resulta del desarrollo de $(x - 8)^2$?

A. $x^2 - 16x - 64$
B. $x^2 - 16x + 64$
C. $x^2 - 8x$
D. 64

INSTRUCCIONES: Lee la pregunta y elige la **mejor** respuesta.

27. El área del rectángulo es 84 pies cuadrados. ¿Cuánto mide el lado más largo del rectángulo?

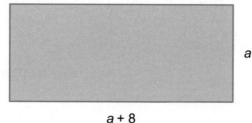

$a + 8$

A. 6 pies
B. 14 pies
C. 28 pies
D. 36 pies

Expresiones racionales y ecuaciones

Usar con el *Libro del estudiante,* págs. 66–67.

TEMAS DE MATEMÁTICAS: Q.2.a, Q.2.e, A.1.a, A.1.f, A.1.h
PRÁCTICA DE MATEMÁTICAS: MP.1.a, MP.1.b, MP.1.d, MP.1.e, MP.2.a, MP.2.c, MP.3.a, MP.3.b, MP.4.a, MP.4.b, MP.5.a, MP.5.c

① Repasa la destreza

Un **número racional** es un número escrito como $\frac{a}{b}$, donde a y b son números enteros y $b \neq 0$. Una **expresión racional** es una fracción cuyo numerador, denominador o ambos son polinomios distintos de cero. Una expresión racional está en su forma simplificada si su numerador y denominador no tienen factores en común distintos de 1. Una **ecuación racional** es una ecuación que contiene expresiones racionales.

Descompón cada expresión en factores por completo y cancela términos comunes del numerador y denominador antes de sumar, restar, multiplicar o dividir. Identifica términos comunes en los denominadores para identificar el mínimo común denominador.

② Perfecciona la destreza

Al perfeccionar las destrezas de hacer operaciones con expresiones racionales y resolver ecuaciones racionales, mejorarás tus capacidades de estudio y evaluación, especialmente en relación con la Prueba de Razonamiento Matemático GED®. Estudia la información que aparece a continuación. Luego responde las preguntas.

ⓐ Para descomponer en factores el trinomio cuadrático $x^2 + bx + c$, halla los números p y q de modo que $p + q = b$ y $pq = c$. Luego los factores serán $(x + p)$ y $(x + q)$. En este ejemplo, $2 + 3 = 5$ y $(2)(3) = 6$, por lo tanto, los factores de $x^2 + 5x + 6$ son $(x + 2)$ y $(x + 3)$. Como el denominador de una expresión es un factor del denominador de la otra expresión, resulta más sencillo ver que el mínimo común denominador es $(x + 2)(x + 3)$.

Descompón en factores para hallar el mínimo común denominador (m.c.d.)

$$\frac{4}{x + 2} - \frac{3x}{x^2 + 5x + 6} = \frac{4}{x + 2} - \frac{3x}{(x + 2)(x + 3)}$$

$$= \frac{4(x + 3)}{(x + 2)(x + 3)} - \frac{3x}{(x + 2)(x + 3)}$$

$$= \frac{4(x + 3) - 3x}{(x + 2)(x + 3)}$$

$$= \frac{4x + 12 - 3x}{(x + 2)(x + 3)}$$

$$= \frac{x + 12}{(x + 2)(x + 3)}$$

ⓑ Para simplificar una suma o diferencia, usa la propiedad distributiva y luego combina los términos semejantes. Para simplificar un producto o cociente, descompón en factores y cancela los factores comunes.

ⓒ Para responder la pregunta 1, comienza descomponiendo en factores el numerador y denominador de cada expresión. Cancela los términos comunes para simplificar cada expresión racional. Luego halla el m.c.d. de las expresiones simplificadas.

HACER SUPOSICIONES

Recuerda que si $\frac{a}{b} = \frac{c}{d}$, entonces $ad = bc$. De la misma manera, si cada lado de una ecuación racional es una fracción simple, entonces puedes aplicar la multiplicación cruzada para resolver la ecuación.

1. Simplifica $\frac{3}{x + 1} + \frac{x - 2}{x^2 - 4}$.

A. $\frac{1}{(x + 2)}$

B. $\frac{1}{(x + 2)(x - 2)}$

C. $\frac{4x + 7}{(x + 1)(x + 2)}$

D. $\frac{4x^2 - x - 4}{(x + 1)(x^2 - 4)}$

2. Resuelve $\frac{5}{y - 1} = \frac{-10}{y^2 + 5y - 6}$.

A. -8
B. -7
C. -2
D. 4

INSTRUCCIONES: Estudia la información, lee cada pregunta y elige la **mejor** respuesta.

$$\frac{4x}{x^2 - 6x + 9} - \frac{3}{x - 3}$$

3. ¿Cuál es el mínimo común denominador de las expresiones racionales?

   A. $(x - 3)$
   B. $(x - 3)(x + 3)$
   C. $(x - 3)(x - 3)$
   D. $(x - 3)(x^2 - 6x + 9)$

4. ¿Cuál es el numerador de la diferencia simplificada de las expresiones racionales?

   A. $x + 9$
   B. $4x - 3$
   C. $7x - 9$
   D. $x^2 + 6x - 27$

INSTRUCCIONES: Lee cada pregunta y elige la **mejor** respuesta.

5. Simplifica $\dfrac{x - 2}{x^2 + x - 6} + \dfrac{4x}{x + 3}$.

   A. $\dfrac{4x + 1}{x + 3}$
   B. $\dfrac{5x - 2}{x + 3}$
   C. $\dfrac{5x + 3}{x + 3}$
   D. $\dfrac{4x + 1}{(x + 3)(x - 2)}$

6. Simplifica $\dfrac{x^2 - 16}{x} \div \dfrac{x^2 - x - 12}{x + 3}$.

   A. $\dfrac{x - 4}{x}$
   B. $\dfrac{x + 4}{x}$
   C. $\dfrac{x^2 - 16}{x(x - 4)}$
   D. $\dfrac{(x + 4)(x - 4)(x - 4)}{x}$

7. Resuelve $\dfrac{5}{x} + \dfrac{x + 1}{3x + 3} = \dfrac{2}{x}$.

   A. $x = -9$
   B. $x = -3$
   C. $x = 2$
   D. $x = 21$

8. Evan simplificó la expresión $\dfrac{12 - 3x}{x^2 + 5x + 4}$.

   A continuación se muestran los pasos de su solución.

Paso 1	$\dfrac{12 - 3x}{x^2 + 5x + 4} = \dfrac{3(4 - x)}{(x + 1)(x + 4)}$
Paso 2	$\dfrac{3(4 - x)}{(x + 1)(x + 4)} = \dfrac{-3(x + 4)}{(x + 1)(x + 4)}$
Paso 3	$\dfrac{-3(x + 4)}{(x + 1)(x + 4)} = \dfrac{-3\cancel{(x + 4)}}{(x + 1)\cancel{(x + 4)}}$
Paso 4	$\dfrac{12 - 3x}{x^2 + 5x + 4} = \dfrac{-3}{(x + 1)}$

   ¿En qué paso Evan cometió un error?

   A. Paso 1
   B. Paso 2
   C. Paso 3
   D. Paso 4

9. Resuelve $\dfrac{2}{x + 3} + \dfrac{2}{x - 3} = \dfrac{20}{x^2 - 9}$.

   A. $x = 2$
   B. $x = 3$
   C. $x = 5$
   D. $x = 10$

10. Simplifica $\dfrac{8x}{x^2 + 10x + 16} \cdot (x + 2)$.

    A. $\dfrac{x}{x + 1}$
    B. $\dfrac{8x}{x + 8}$
    C. $\dfrac{8x^2 + 16x}{x + 8}$
    D. $\dfrac{8x(x + 2)}{x^2 + 10x + 16}$

11. Alicia tiene un promedio del 85% en sus primeras cuatro pruebas de matemáticas. Para subir su promedio al 90%, quiere obtener una calificación del 100% en las próximas x pruebas de matemáticas. La ecuación $= \dfrac{4(0.85) + x}{4(1.00) + x}$ representa la situación.

    ¿En cuántas pruebas necesitará Alicia obtener una calificación del 100%?

    A. 2
    B. 3
    C. 4
    D. 5

UNIDAD 3

3 *Domina la destreza*

INSTRUCCIONES: Estudia la información, lee cada pregunta y elige la **mejor** respuesta.

$$\frac{x}{5} + 1 = \frac{12}{2x + 8}$$

12. ¿Cuál es el mínimo común denominador de la ecuación?

   A. $x + 4$
   B. $2x + 8$
   C. $5(x + 4)$
   D. $5(2x + 8)$

13. ¿Cuál es el valor de x en la ecuación?

   A. $x = -1$ ó $x = 10$
   B. $x = 1$ ó $x = -10$
   C. $x = -3$ ó $x = 5$
   D. $x = 3$ ó $x = -5$

INSTRUCCIONES: Lee cada pregunta y elige la **mejor** respuesta.

14. Emma y Marco están hallando la suma de las siguientes expresiones racionales.

$$\frac{x^2 - 25}{x^2 + 7x + 10} + \frac{4x + 8}{x^2 + 4x - 5}$$

Emma dice que el mínimo común denominador es $(x + 5)(x + 2)(x - 1)$. Marco dice que es $(x - 1)$. ¿Qué enunciado explica quién tiene razón?

   A. Emma tiene razón, porque el factor común de $(x + 5)$ se puede cancelar del numerador y el denominador del primer sumando.
   B. Marco tiene razón, porque el término constante en el factor $(x - 1)$ es el menor de los términos constantes entre los factores de los denominadores.
   C. Emma tiene razón, porque el factor común de $(x + 5)$ se puede cancelar del numerador del primer sumando y el denominador del segundo sumando.
   D. Marco tiene razón, porque los factores comunes de $(x + 5)$ y $(x + 2)$ se pueden cancelar de uno de los numeradores y al menos uno de los denominadores.

15. Resuelve para hallar x en $3 + \frac{4}{x - 6} = \frac{x + 6}{x^2 - 36}$.

   A. 10
   B. 6
   C. 5
   D. 4

INSTRUCCIONES: Lee cada pregunta y elige la **mejor** respuesta.

16. Simplifica $\frac{x^2 + 2x - 15}{7x^2} \div (x - 3)$.

   A. $\frac{x + 5}{7x^2}$
   B. $\frac{(x + 5)(x - 3)}{7x^2}$
   C. $\frac{(x + 3)(x - 5)}{7x^2}$
   D. $\frac{x - 5}{7x^2}$

17. Simplifica $\frac{x^2 - 25}{x^2 + 9x + 20} - \frac{2}{x + 4}$.

   A. $\frac{x - 7}{x + 4}$
   B. $\frac{x - 3}{x - 4}$
   C. $\frac{(x + 5)(x - 5)}{(x - 4)(x + 5)}$
   D. $\frac{x - 3}{x + 4}$

18. Resuelve $\frac{3}{x + 2} + \frac{2}{6x + 12} = \frac{5}{6}$.

   A. -6
   B. -2
   C. 2
   D. 6

19. Resuelve para hallar x en $\frac{3}{x - 3} + 1 = \frac{4}{x^2 - 9}$.

   A. 1, -4
   B. 3, -5
   C. $-5, -3$
   D. $-1, 4$

20. Resuelve para hallar x en $\frac{x + 2}{x - 6} = \frac{3x - 29}{x^2 - 13 + 42}$.

   A. $-3, -5$
   B. 3, -5
   C. $-3, 5$
   D. 3, 5

21. Simplifica $\frac{(8x^2 - 18)}{(x^2 - 1)} \cdot \frac{(3x - 3)}{(4x + 6)}$.

   A. $\frac{3(2x - 3)}{(x + 1)}$
   B. $\frac{3(2x + 3)}{(x - 1)}$
   C. $\frac{6(2x - 3)}{(x + 1)}$
   D. $\frac{6(2x + 3)}{(x - 1)}$

UNIDAD 3

22. ¿Cuál de las siguientes ecuaciones tiene un mínimo común denominador de $(x + 4)(x - 3)$?

 A. $\dfrac{7}{2x + 8} + 1 = \dfrac{3}{3x - 9}$

 B. $\dfrac{2x - 4}{x^2 + 2x - 8} = \dfrac{3}{x + 4}$

 C. $\dfrac{x + 3}{x^2 - 9} = \dfrac{x + 5}{x^2 + 2x - 15}$

 D. $\dfrac{6}{3x + 12} + 2 = \dfrac{x^2 - 16}{x^2 + x - 12}$

23. En las expresiones simplificadas que aparecen a continuación, a y b son números enteros y el mínimo común denominador es $(x + a)(x + b)$.

$$\dfrac{n}{(x + a)} + \dfrac{m}{(x + b)}$$

 ¿Qué expresión, al sumarla a las expresiones de arriba, cambiaría necesariamente el mínimo común denominador?

 A. $\dfrac{p}{(x - b)}$

 B. $\dfrac{p}{(x^2 - a)}$

 C. $\dfrac{p}{(x + b)^2}$

 D. $\dfrac{p}{2x + 2a}$

24. Una química tiene 100 ml de una solución de alcohol al 10%. Para llevar a cabo un experimento, necesita una solución de alcohol al 15%. La ecuación que aparece a continuación representa el número de mililitros m de una solución de alcohol al 25% que debe agregar la química a la solución de alcohol al 10% para producir una solución de alcohol al 15%.

$$0.15 = \dfrac{0.1(100) + 0.25m}{100 + m}$$

 ¿Cuántos mililitros de la solución de alcohol al 25% debe agregar la química?

 A. 25
 B. 50
 C. 125
 D. 250

INSTRUCCIONES: Lee cada pregunta y elige la **mejor** respuesta.

25. Simplifica $\dfrac{x^2 + 4x}{3x + 12} - \dfrac{4x}{x + 7}$.

 A. $\dfrac{-(x^2 + 3)}{x + 7}$

 B. $\dfrac{x^2 - 5x}{3x + 7}$

 C. $\dfrac{x^2 - 5x}{3x + 21}$

 D. $\dfrac{7 - 11x}{3x + 21}$

26. Simplifica $\dfrac{x^2 + 6x - 16}{3x + 15} \cdot \dfrac{x^2 - 25}{x^2 - 4x + 4}$.

 A. $\dfrac{(x + 8)(x - 5)}{3}$

 B. $\dfrac{(x + 8)(x + 5)}{3(x - 2)}$

 C. $\dfrac{(x + 8)(x - 5)}{3(x - 2)}$

 D. $\dfrac{(x + 8)(x^2 - 25)}{(3x + 15)(x - 2)}$

27. ¿Cuál es el numerador de la expresión simplificada

$$\dfrac{2}{5x - 10} + \dfrac{x + 1}{x^2 - 7x + 10} + \dfrac{1}{2 - x}?$$

 A. $x + 4$
 B. $-2(x - 8)$
 C. $2(x + 20)$
 D. $5(x - 2)(x - 5)$

28. Rebecca resolvió la ecuación $\dfrac{x}{x - 3} + \dfrac{1}{5} = \dfrac{3}{x - 3}$.

 En la siguiente tabla se muestran los pasos de su solución.

Paso 1	$5(x - 3) \cdot \dfrac{x}{x - 3} + 5(x - 3) \cdot \dfrac{1}{5} = 5(x - 3) \cdot \dfrac{3}{x - 3}$
Paso 2	$5x + (x - 15) = 5(3)$
Paso 3	$6x = 30$
Paso 4	$x = 5$

 ¿En qué paso Rebecca cometió un error?

 A. Paso 1
 B. Paso 2
 C. Paso 3
 D. Paso 4

UNIDAD 3

Resolver desigualdades y representarlas gráficamente

> Usar con el *Libro del estudiante,* págs. 68–69.

① Repasa la destreza

TEMAS DE MATEMÁTICAS: A.3.a, A.3.b, A.3.c, A.3.d
PRÁCTICA DE MATEMÁTICAS: MP.1.a, MP.1.b, MP.1.e, MP.2.a, MP.2.c, MP.3.a, MP.4.a, MP.4.b

Una **desigualdad** algebraica establece que dos expresiones algebraicas no son iguales. Las expresiones están separadas por uno de estos cuatro signos: mayor que (>), menor que (<), mayor que o igual a (≥) o menor que o igual a (≤). Las desigualdades se resuelven como las ecuaciones. Al traducir palabras en desigualdades, recuerda que los signos de desigualdad siempre apuntan a la cantidad menor.

② Perfecciona la destreza

Al perfeccionar las destrezas de resolver desigualdades y representarlas gráficamente, mejorarás tus capacidades de estudio y evaluación, especialmente en relación con la Prueba de Razonamiento Matemático GED®. Estudia la información que aparece a continuación. Luego responde las preguntas.

ⓐ La fórmula del área es $A = l \times a$. Como el área debe ser al menos 100 pies cuadrados, $l \times a$ puede ser mayor que o igual a 100.

Alex usa una pieza rectangular de contrachapado para construir un banco de trabajo. Quiere que el área del banco de trabajo sea al menos 100 pies cuadrados. La longitud del contrachapado es 25 pies.

ⓑ En la pregunta 2, el ancho más pequeño que podría tener el contrachapado es la solución de la desigualdad.

$A ≥ 100$ pies cuadrados

25 pies

USAR LA LÓGICA

A medida que intentas representar gráficamente desigualdades en una recta numérica, como las de la pág. 95, puedes comprobar tu solución reemplazando la variable con los valores. Por ejemplo, si se sombrea 3 en la recta numérica, $x = 3$ debe hacer que la desigualdad sea verdadera.

ⓐ 1. ¿Qué desigualdad se podría resolver para hallar el ancho mínimo del contrachapado?

A. $25 - a ≤ 100$
B. $25 + a ≥ 100$
C. $25a ≤ 100$
D. $25a ≥ 100$

ⓑ 2. ¿Cuál es la solución de la desigualdad?

A. $a ≤ 4$
B. $a > 4$
C. $a ≥ 4$
D. $a < 4$

INSTRUCCIONES: Lee cada pregunta y elige la **mejor** respuesta.

3. ¿Cuál de las siguientes desigualdades se representa en la recta numérica?

   A. $x \geq 3$
   B. $x \geq -3$
   C. $x \leq -3$
   D. $x > -3$

4. ¿Cuál es la solución de la desigualdad $x + 5 < 14$?

   A. $x < -9$
   B. $x \geq 19$
   C. $x \leq 19$
   D. $x < 9$

5. ¿Cuál de las siguientes desigualdades se representa gráficamente en una recta numérica con un círculo cerrado?

   A. $x < 5$
   B. $x > -4$
   C. $x \geq -3$
   D. $x < -2$

6. ¿En cuál de las siguientes opciones se muestra la solución de la desigualdad $4(x - 1) \geq 8$?

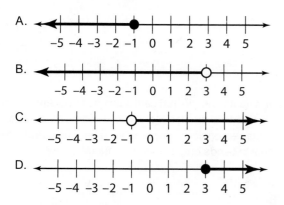

7. ¿Cuál es la solución de la desigualdad $2x + 3 \geq 5x + 4$?

   A. $x < -\dfrac{1}{3}$
   B. $x \leq -\dfrac{1}{3}$
   C. $x \geq -3$
   D. $x < 3$

8. ¿Qué desigualdad se representa en la recta numérica?

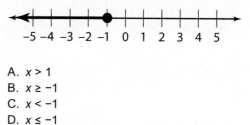

   A. $x > 1$
   B. $x \geq -1$
   C. $x < -1$
   D. $x \leq -1$

9. ¿Cuál es la solución de la desigualdad $2x - 7 \geq 15$?

   A. $x \geq 11$
   B. $x \geq 22$
   C. $x \leq 11$
   D. $x \leq 22$

10. Cuando a 3 se le suma 4 por un número, el resultado es mayor que 2 menos que 5 por ese mismo número. ¿Cuál de las siguientes opciones corresponde a la desigualdad?

   A. $4x + 3 > 5x - 2$
   B. $4x + 3 \geq 2 - 5x$
   C. $4x + 12 > 5x - 2$
   D. $4(x + 3) > 5(x - 2)$

11. Stacy paga $12 por mes para un servicio de telefonía celular básico. Cada minuto que habla cuesta $0.10 adicionales. Si asigna $25 por mes para su cuenta de teléfono celular, ¿cuál es el número máximo de minutos que puede hablar por mes?

   A. 12
   B. 120
   C. 130
   D. 1,300

12. Lydia compró 3 galones de leche. El total de la compra fue más de $9. ¿Cuál fue el menor precio posible de 1 galón de leche?

   A. $2.00
   B. $2.50
   C. $3.01
   D. $3.50

13. Dylan jugó dos juegos de boliche y obtuvo puntajes de 122 y 118. Quiere jugar una vez más y terminar con un promedio de al menos 124. ¿Qué desigualdad representa el puntaje x que necesita Dylan para obtener un puntaje promedio de al menos 124?

   A. $x \geq 132$
   B. $x \leq 132$
   C. $x \geq 240$
   D. $x \leq 240$

★ Ítem en foco: **COMPLETAR LOS ESPACIOS**

INSTRUCCIONES: Lee cada pregunta. Luego escribe tu respuesta en el recuadro que aparece a continuación.

14. Completa la desigualdad que está representada en la recta numérica.

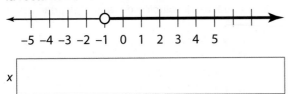

x

15. Completa la desigualdad que está representada en la recta numérica.

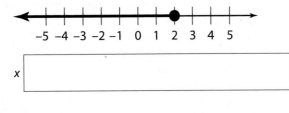

x

16. Resuelve la desigualdad $6x + 2 > 3x − 7$.

17. Resuelve la desigualdad $4y − 2 ≤ 7y + 10$.

18. La camioneta de Kyle puede transportar una carga máxima de 1,000 libras. Quiere transportar una carga de bloques de hormigón ligero que pesan 30 libras cada uno. Escribe una desigualdad que represente el número de bloques que puede transportar Kyle en su camioneta. Sea *b* el número de bloques de hormigón.

19. Matthew se está entrenando para una maratón. Hoy, debe trotar y correr una distancia total de más de 18 millas. Correrá el doble de lo que trotará. Escribe una desigualdad que represente el número mínimo de millas que trotará Matthew. Sea *m* el número de millas.

20. Kiera está preparando una pared para un mural. Tiene suficiente pintura blanca para cubrir un área de no más de 240 pies cuadrados. El mural medirá 15 pies de altura. ¿Cuál es el máximo ancho posible del mural?

 pies

INSTRUCCIONES: Lee cada pregunta y elige la **mejor** respuesta.

21. Brit obtuvo calificaciones de 45, 38 y 47 en sus primeras tres pruebas de matemáticas. ¿Cuál es la calificación mínima que debe obtener en la cuarta prueba para lograr una calificación promedio de al menos 44?

A. 43
B. 44
C. 45
D. 46

22. Una tienda vendió 156 camisetas de fútbol americano. Si a la tienda le quedan menos de 34 camisetas, ¿cuál de las siguientes opciones expresa el número de camisetas que tenía la tienda originalmente en función de *x*?

A. $x ≥ 190$
B. $x ≤ 190$
C. $x > 190$
D. $x < 190$

23. Gabe gana un salario base de $1,500 por mes. También gana una comisión del 3% sobre todas sus ventas. ¿Cuál debe ser el monto de sus ventas mensuales para que gane al menos $3,000 por mes?

A. $50
B. $500
C. $5,000
D. $50,000

24. En la segunda ronda de un juego de cartas, Allen obtuvo menos que 2 por el número de puntos que obtuvo en la primera ronda. Si obtuvo 10 puntos en la primera ronda, ¿en qué desigualdad se muestra el número de puntos que pudo haber obtenido en la segunda ronda?

    A. $y < 20$
    B. $y > 10$
    C. $y \leq 20$
    D. $y \geq 10$

25. Una tienda de comestibles tiene fideos en oferta. La primera caja de fideos cuesta $1.60. Cada caja adicional cuesta solamente $0.95. ¿Cuál es el número máximo de cajas de fideos que puede comprar Jax con $4.50?

    A. 1
    B. 2
    C. 3
    D. 4

26. Alia quiere comprar una nueva chaqueta de invierno y botas. La chaqueta cuesta $2\frac{1}{2}$ veces más que las botas. Si Alia no puede gastar más de $157.50, ¿cuál es el monto máximo que puede gastar en las botas?

    A. $37.50
    B. $45.00
    C. $63.00
    D. $105.00

27. El número de yardas que nadó Michael el martes fue 400 menos que 3 por el número de yardas que nadó el lunes. El número de yardas que nadó a lo largo de los dos días fue menor que 2,000. ¿Cuál podría ser el número de yardas que nadó Michael el lunes?

    A. 500
    B. 600
    C. 800
    D. 1,000

28. El año pasado, el promedio de bateo de José fue 0.266. Considerando que José tuvo el mismo número de turnos al bate, ¿cuál es el promedio mínimo de bateo que puede tener este año para terminar con un promedio total de al menos 0.300 a lo largo de los dos años?

    A. 0.283
    B. 0.334
    C. 0.366
    D. 0.444

29. Elena tomará un autobús para visitar a una amiga y comprará material de lectura para el viaje. Tiene $15 para gastar y quisiera comprar una revista y un libro. El libro cuesta $8.99. El impuesto sobre las ventas es el 6% del precio de compra. ¿Qué desigualdad representa el precio máximo de una revista que podría comprar?

    A. $x \leq 15 - 1.06(8.99)$
    B. $x \leq 1.06(15 - 8.99)$
    C. $1.06x \leq 15 - 8.99$
    D. $1.06(8.99 + x) \leq 15$

30. El número de estudiantes que se inscribieron para el primer semestre de biología en una universidad es 30 menos que el doble de los que se inscribieron el año pasado. Si el número de inscriptos para la clase no puede exceder los 100 estudiantes, ¿cuál fue el número máximo de estudiantes que se inscribieron en la clase el año pasado?

    A. 35
    B. 65
    C. 70
    D. 100

31. La cuenta de un restaurante fue menor que $45. Tres amigos dividieron la cuenta en partes iguales. ¿Cuál es el monto máximo que pudo haber pagado cada amigo?

    A. $11.99
    B. $12.99
    C. $13.99
    D. $14.99

32. En una clase de inglés, los estudiantes deben obtener una calificación promedio del 80% o más en sus trabajos escritos para obtener al menos una B en la clase. A continuación se muestran las calificaciones de Elisa en sus primeros cuatro trabajos.

CALIFICACIONES DE LOS TRABAJOS DE INGLÉS DE ELISA

Trabajo	Calificación (%)
1	78
2	85
3	82
4	74
5	?

¿Cuál es la calificación mínima que necesita Elisa en su quinto y último trabajo para obtener una B en la clase?

    A. 79
    B. 80
    C. 81
    D. 82

UNIDAD 3

La cuadrícula de coordenadas

Usar con el *Libro del estudiante*, págs. 70–71.

TEMAS DE MATEMÁTICAS: Q.2.a, Q.2.e, Q.6.c, A.5.a
PRÁCTICA DE MATEMÁTICAS: MP.1.a, MP.1.b. MP.1.d, MP.1.e, MP.2.c, MP.3.a, MP.4.c

① Repasa la destreza

Una **cuadrícula de coordenadas** brinda una representación visual de puntos. Estos puntos, que incluyen un valor de *x* y un valor de *y*, se conocen como **pares ordenados**. En un par ordenado, el valor de *x* siempre se muestra primero. La cuadrícula en sí se hace mediante la intersección de una línea horizontal (el eje de la *x*) y una línea vertical (el eje de la *y*). El punto donde se unen las rectas numéricas se denomina **origen**, que es (0,0).

Además de marcar puntos, las cuadrículas de coordenadas sirven para trazar segmentos y figuras y para hacer **traslaciones**, en las que las figuras se trasladan a una nueva posición. La cuadrícula se divide en cuatro **cuadrantes**, o secciones. La sección superior derecha de una cuadrícula corresponde al primer cuadrante. Desplázate en sentido contrario a las manecillas del reloj para nombrar a los cuadrantes restantes.

② Perfecciona la destreza

Al perfeccionar las destrezas de ubicar e identificar puntos en la cuadrícula de coordenadas, mejorarás tus capacidades de estudio y evaluación, especialmente en relación con la Prueba de Razonamiento Matemático GED®. Estudia la cuadrícula que aparece a continuación. Luego responde las preguntas.

En la siguiente cuadrícula de coordenadas se muestra el círculo G.

a Para hallar las coordenadas de un punto, comienza en el origen. Desplázate por el eje de la *x* hacia la coordenada *x* y luego por el eje de la *y*, hacia la coordenada *y*.

b Cuando se te pide que halles una traslación, presta mucha atención al sentido en el que se te pide que traslades la figura. Esto determinará qué coordenada debe cambiar y si aumentará o disminuirá.

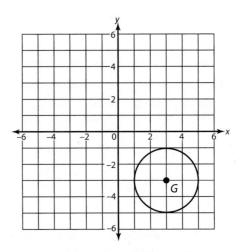

TEMAS

Recuerda que la coordenada x de un par ordenado siempre se escribe primero. Asimismo, recuerda que negativo significa hacia la izquierda o hacia abajo, mientras que positivo significa hacia la derecha o hacia arriba.

a 1. ¿Cuáles son las coordenadas del punto G?

A. (3, −4)
B. (4, −3)
C. (−3, 3)
D. (3, −3)

b 2. Si el círculo G y su centro se trasladaran 1 unidad hacia arriba y 2 unidades hacia la izquierda, ¿cuál sería la nueva ubicación del punto G?

A. (1, −2)
B. (−2, 1)
C. (4, −5)
D. (1, −4)

INSTRUCCIONES: Estudia la cuadrícula, lee cada pregunta y elige la **mejor** respuesta.

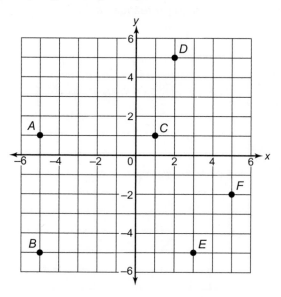

3. ¿Cuál de los siguientes pares ordenados identifica la ubicación del punto *D*?

   A. (2, 5)
   B. (5, 2)
   C. (−5, 2)
   D. (−2, −5)

4. Los puntos *A*, *B* y *C* marcan tres vértices de un cuadrado. ¿Cuál es la ubicación del cuarto vértice necesario para completar el cuadrado?

   A. (1, 5)
   B. (−5, −1)
   C. (−5, 1)
   D. (1, −5)

5. Los puntos *C*, *F* y *E* marcan vértices de un rectángulo. ¿Cuál es la ubicación del cuarto vértice necesario para completar el rectángulo?

   A. (−1, −3)
   B. (0, −2)
   C. (−2, −1)
   D. (−1, −2)

6. ¿Cuál es la nueva ubicación del punto *D* si se traslada 5 unidades hacia abajo y 2 unidades hacia la derecha?

   A. (4, 0)
   B. (0, 4)
   C. (−3, 3)
   D. (0, 0)

7. Si el punto *C* fuera el centro de un círculo y el círculo se trasladara 2 unidades hacia abajo, ¿cuál sería la nueva ubicación del punto *C*?

   A. (−1, 1)
   B. (1, 3)
   C. (3, 1)
   D. (1, −1)

INSTRUCCIONES: Lee cada pregunta y elige la **mejor** respuesta.

8. ¿Cuál de los siguientes puntos se encuentra en el cuadrante 2 de la cuadrícula de coordenadas?

   A. (2, 3)
   B. (−4, −3)
   C. (−2, 5)
   D. (1, −6)

9. Frank comenzó en el punto (4, −3). Luego se desplazó 1 unidad hacia abajo y 2 unidades hacia la derecha. ¿En qué punto terminó?

   A. (3, −1)
   B. (6, −4)
   C. (−4, 6)
   D. (−1, 3)

10. Si el punto (*x*, −6) se trasladara 3 unidades hacia abajo, ¿cuáles serían sus nuevas coordenadas?

   A. (*x* − 3, −6)
   B. (*x* − 3, −9)
   C. (*x*, −9)
   D. (*x*, −3)

INSTRUCCIONES: Estudia la cuadrícula, lee cada pregunta y elige la **mejor** respuesta.

INSTRUCCIONES: Estudia la cuadrícula, lee cada pregunta y elige la **mejor** respuesta.

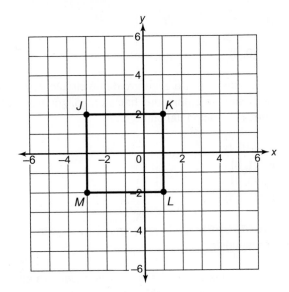

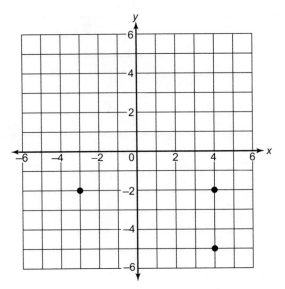

11. Cuando el cuadrado *JKLM* se traslada 2 unidades hacia arriba y 3 unidades hacia la derecha, la nueva ubicación del punto *J* es (0, 4). ¿Cuál de las siguientes opciones muestra la nueva ubicación del punto *M*?

   A. (−1, −1)
   B. (0, 0)
   C. (0, −1)
   D. (0, −5)

12. Luego de una traslación, el nuevo punto *M*, que está representado con *M'*, se encuentra en la misma ubicación que el punto *K* original. ¿Cuál de las siguientes opciones describe la traslación?

   A. 2 unidades hacia arriba y 3 unidades hacia la derecha
   B. 3 unidades hacia arriba y 3 unidades hacia la derecha
   C. 4 unidades hacia arriba y 4 unidades hacia la derecha
   D. 5 unidades hacia arriba y 4 unidades hacia la derecha

13. El punto *N* está ubicado en el centro del cuadrado *JKLM*. ¿Cuál es la nueva ubicación del punto *N* cuando el cuadrado *JKLM* se traslada 1 unidad hacia arriba y 2 unidades hacia la izquierda?

   A. (−3, 1)
   B. (0, −2)
   C. (−1, 0)
   D. (1, 1)

14. ¿Cuál de los siguientes pares ordenados describe la ubicación de un punto que está en el tercer cuadrante?

   A. (2, 3)
   B. (−2, 3)
   C. (−3, −2)
   D. (5, −2)

15. Los tres puntos marcados en la cuadrícula de coordenadas marcan vértices de un rectángulo. ¿Cuál es la ubicación del cuarto vértice necesario para completar la figura?

   A. (4, −3)
   B. (−3, −4)
   C. (−3, −5)
   D. (−5, −3)

16. Si trazaras segmentos para conectar los tres puntos existentes en la cuadrícula de coordenadas, ¿qué figura dibujarías?

   A. un triángulo equilátero
   B. un triángulo obtusángulo
   C. un triángulo isósceles
   D. un triángulo rectángulo

UNIDAD 3

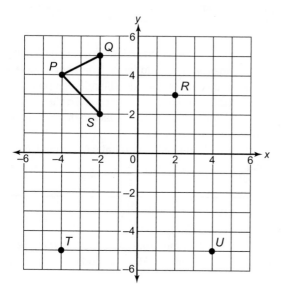

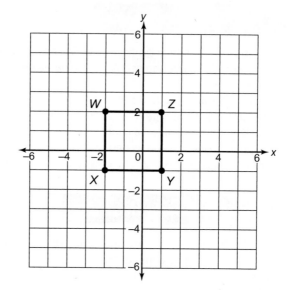

17. Un punto se traslada 2 unidades hacia abajo y termina en el punto R. ¿Cómo puedes hallar la ubicación original del punto?

    A. Puedo sumar 2 unidades a la coordenada x del punto R.
    B. Puedo sumar 2 unidades a la coordenada y del punto R.
    C. Puedo restar 2 unidades de la coordenada x del punto R.
    D. Puedo restar 2 unidades de la coordenada y del punto R.

18. El punto V tiene la misma coordenada x que el punto R y la misma coordenada y que el punto T. ¿Cuáles son las coordenadas del punto V?

    A. (−5, 2)
    B. (3, −4)
    C. (2, −5)
    D. (−4, 3)

19. El punto (x, y) se traslada a la ubicación (x − 5, y + 3). Si se hace la misma traslación con el punto U, ¿cuál es la ubicación final?

    A. (−1, −2)
    B. (4, −5)
    C. (9, −8)
    D. (7, −10)

20. ¿Cuál es el punto ubicado 6 unidades hacia la derecha y 3 unidades hacia abajo del punto X?

    A. (4, −4)
    B. (4, −3)
    C. (−4, 4)
    D. (−5, 5)

21. Eva decide aumentar 1 unidad por lado el tamaño del cuadrado WZYX. Con el aumento, ¿cuál es la nueva ubicación del punto W?

    A. (2, 3)
    B. (−1, 1)
    C. (2, −2)
    D. (−3, 3)

22. ¿Qué punto del cuadrado WZYX está ubicado en el cuadrante 1?

    A. punto W
    B. punto Z
    C. punto Y
    D. punto X

23. Marco decidió trasladar el cuadrado 3 unidades hacia la derecha sobre el eje de la x. ¿Cuáles son las nuevas coordenadas del punto Z?

    A. (4, 2)
    B. (1, 2)
    C. (4, −1)
    D. (1, −1)

Representar gráficamente ecuaciones lineales

Usar con el *Libro del estudiante*, págs. 72–73.

TEMAS DE MATEMÁTICAS: Q.2.a, Q.2.e, Q.6.c, A.1.b, A.2.d, A.5.a, A.5.d
PRÁCTICA DE MATEMÁTICAS: MP.1.a, MP.1.b, MP.1.d, MP.1.e, MP.2.c, MP.3.a, MP.4.a, MP.4.b, MP.4.c

1 Repasa la destreza

Puedes representar gráficamente una ecuación que contiene dos variables. Para cada valor de x, hay un único valor de y. Estos valores se pueden escribir como pares ordenados y se pueden marcar en una cuadrícula. Una **ecuación lineal** forma una línea recta en una gráfica. Se puede trazar una línea para la ecuación cuando se han identificado dos puntos.

Un **sistema de ecuaciones lineales** es un conjunto de dos o más ecuaciones lineales. La **solución de un conjunto de ecuaciones lineales** es el par ordenado (x, y) que satisface, o es solución de, todas las ecuaciones. En una gráfica, la solución de un conjunto de ecuaciones lineales es el punto en el que se intersecan las líneas.

Puedes contar espacios para determinar la distancia entre dos puntos sobre una línea vertical u horizontal. No obstante, para cualquier otro tipo de línea, debes usar la fórmula de la distancia.

2 Perfecciona la destreza

Al perfeccionar la destreza de representar gráficamente ecuaciones lineales, mejorarás tus capacidades de estudio y evaluación, especialmente en relación con la Prueba de Razonamiento Matemático GED®. Estudia la gráfica que aparece a continuación. Luego responde las preguntas.

a Para responder la pregunta 1, determina la ecuación que está representada gráficamente. Luego reemplaza cada opción de respuesta en la ecuación para hallar una que haga que la ecuación sea verdadera.

b Para responder la Pregunta 2, usa la siguiente fórmula de la distancia:
$$\text{distancia} = \sqrt{(x_2 - x_1)^2 + (y_2 - y_1)^2},$$
donde un punto es (x_1, y_1) y el otro es (x_2, y_2).

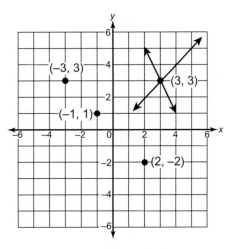

c Estas dos líneas se intersecan en el punto (3, 3). Por lo tanto, la solución del sistema de las dos ecuaciones que se representa en la línea es (3, 3).

CONSEJOS PARA REALIZAR LA PRUEBA

Trata de trabajar de atrás para adelante a partir de las opciones de respuesta. Para la pregunta 1, reemplaza los valores de x y y de un punto en cada ecuación. Si la ecuación no es verdadera, elimina la opción de respuesta.

a 1. ¿A cuál de las siguientes ecuaciones satisfacen los puntos representados gráficamente en la cuadrícula anterior?

A. $x - y = 0$
B. $x + y = 0$
C. $x - y = -1$
D. $x + y = 1$

b 2. Se traza una línea desde el punto (−3, 3) hasta el punto (2, −2). ¿Cuál es la longitud de la línea al décimo más próximo?

A. 1.4
B. 6.0
C. 7.1
D. 10.0

INSTRUCCIONES: Lee cada pregunta y elige la **mejor** respuesta.

3. ¿Qué par ordenado es una solución de $y = \frac{1}{2}x$?

   A. $(4, 8)$
   B. $(1, 3)$
   C. $(4, 2)$
   D. $(1, 2)$

4. ¿Cuál es el valor de y que falta si $(2, y)$ es una solución de $-x = y + 1$?

   A. -3
   B. -2
   C. -1
   D. 1

5. ¿Cuál es el valor de x que falta si $(x, -3)$ es una solución de $2x + 2y = -8$?

   A. -7
   B. -2
   C. -1
   D. 3

6. ¿Por qué punto de la cuadrícula de coordenadas pasaría la representación gráfica de la ecuación $y = 4 - 3x$?

   A. $(1, -1)$
   B. $(4, 8)$
   C. $(3, 1)$
   D. $(2, -2)$

7. ¿Cuál es el valor de x que falta si $(x, 1)$ es una solución de $2x - y = 5$?

   A. -3
   B. 2
   C. 3
   D. 6

8. ¿En cuál de las siguientes opciones se muestra la representación gráfica de la ecuación $x + 2y = 2$?

A.

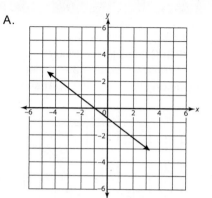

B.

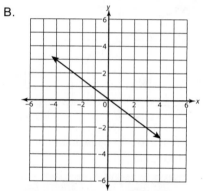

C.

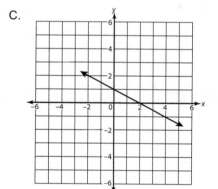

D.

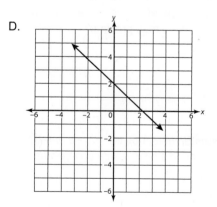

★ Ítem en foco: **ARRASTRAR Y SOLTAR**

INSTRUCCIONES: Estudia la cuadrícula. Luego usa las opciones de arrastrar y soltar para ubicar cada par ordenado o ecuación en el recuadro correspondiente.

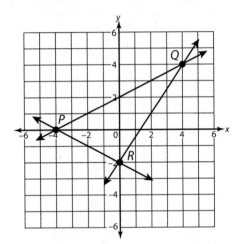

9. ¿Cuál es la ecuación de cada línea que constituye un lado del triángulo?

Lado *PR*	Lado *QR*	Lado *PQ*

$$y = \frac{1}{2}x + 2 \qquad y = \frac{3}{2}x - 2 \qquad y = -\frac{1}{2}x - 2$$

10. ¿Qué punto es la solución de cada par de ecuaciones?

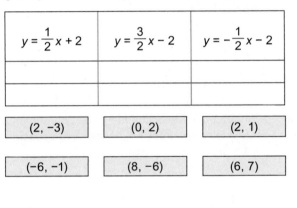

$y = \frac{1}{2}x + 2$	$y = \frac{3}{2}x - 2$	$y = -\frac{1}{2}x - 2$
y	y	y
$y = \frac{3}{2}x - 2$	$y = -\frac{1}{2}x - 2$	$y = \frac{1}{2}x + 2$

$$(-4, 0) \qquad (4, 4) \qquad (0, -2)$$

11. ¿Qué puntos están ubicados en cada línea?

$y = \frac{1}{2}x + 2$	$y = \frac{3}{2}x - 2$	$y = -\frac{1}{2}x - 2$

$$(2, -3) \qquad (0, 2) \qquad (2, 1)$$

$$(-6, -1) \qquad (8, -6) \qquad (6, 7)$$

INSTRUCCIONES: Lee cada pregunta y elige la **mejor** respuesta.

12. El punto *B* está ubicado en (4, 7) en una cuadrícula de coordenadas. Si se trazara una línea directamente desde el punto hasta el origen, ¿cuál sería la longitud de la línea al décimo más próximo?

A. 3.0
B. 3.3
C. 5.3
D. 8.1

13. Dos puntos están ubicados en (−2, −5) y (−3, −8). ¿Cuál es la distancia entre estos dos puntos?

A. 3.2
B. 4.2
C. 5.8
D. 13.9

INSTRUCCIONES: Lee cada pregunta y elige la **mejor** respuesta.

14. ¿Por qué punto pasa la representación gráfica de la ecuación $y = -2x - 1$?

A. (1, −3)
B. (1, −2)
C. (0, 1)
D. (−1, 2)

15. Dos puntos están ubicados en (−3, −2) y (−4, 5). ¿Cuál es la distancia entre estos dos puntos?

A. 3.2
B. 7.1
C. 8.2
D. 9.1

INSTRUCCIONES: Lee cada pregunta y elige la **mejor** respuesta.

16. ¿Qué gráfica representa la solución de las ecuaciones $2x - y = 2$ y $y = -x + 1$?

A.

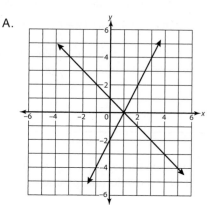

B.

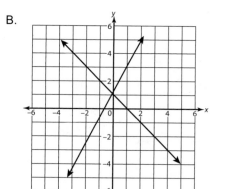

C.

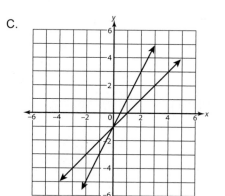

D.

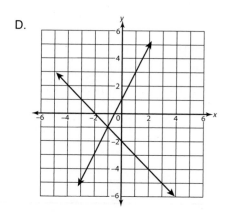

INSTRUCCIONES: Estudia la información y la gráfica, lee cada pregunta y elige la **mejor** respuesta.

Rachel tiene una pequeña empresa. Produce y vende caramelos de dulce de azúcar caseros. En la siguiente gráfica se muestran los ingresos totales y los gastos totales de Rachel según el número de libras de caramelos de dulce de azúcar vendidos.

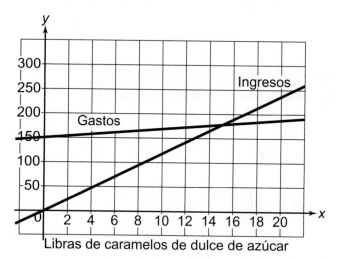

17. Si la línea de los *Ingresos* pasa por el punto (4, 48), ¿cuál es la ecuación de la línea de los *Ingresos*?

    A. $12x + y = 0$
    B. $4x - 5y = 0$
    C. $12x - y = 0$
    D. $4x + 5y = 0$

18. Los gastos iniciales totales de Rachel suman $150. ¿Cuál es la ecuación de la línea de los *Gastos*?

    A. $x - 2y = 150$
    B. $x + 2y = 150$
    C. $2x - y = -150$
    D. $2x - y = 150$

19. El conjunto de soluciones de una ecuación correspondiente a ingresos y una ecuación correspondiente a gastos se denomina punto de equilibrio. ¿Cuántas libras de caramelos de dulce de azúcar debe vender Rachel para alcanzar el punto de equilibrio?

    A. 18
    B. 15
    C. 10
    D. 8

Pendiente

Usar con el *Libro del estudiante,* págs. 74–75.

① Repasa la destreza

TEMAS DE MATEMÁTICAS: Q.2.a, Q.2.d, Q.2.e, Q.6.c, A.1.i, A.5.b, A.5.c, A.6.a, A.6.b
PRÁCTICA DE MATEMÁTICAS: MP.1.a, MP.1.b, MP.1.e, MP.2.a, MP.2.c, MP.3.a, MP.4.a, MP.4.c

Una **pendiente** es un número que describe la inclinación de una línea. Determina la pendiente entre dos puntos (x^1, y^1) y (x^2, y^2) usando la fórmula $m = \dfrac{y_2 - y_1}{x_2 - x_1}$. Usa la forma pendiente-intersección de una línea ($y = mx + b$) para hallar la ecuación de una línea.

En la forma pendiente-intersección de una línea, $y = mx + b$, m = pendiente y b = intersección con el eje y. Puede utilizarse la forma punto-pendiente si se conoce un punto: $y - y_1 = m(x - x_1)$, donde m es la pendiente y (x_1, y_1) es el punto.

② Perfecciona la destreza

Al perfeccionar la destreza de calcular y hallar la pendiente, mejorarás tus capacidades de estudio y evaluación, especialmente en relación con la Prueba de Razonamiento Matemático GED®. Estudia la información que aparece a continuación. Luego responde las preguntas.

a Cuando cuentas cuadrículas para hallar la pendiente, asegúrate de identificar si la pendiente es positiva o negativa. Para llegar del punto inferior al punto superior de la línea G, debes desplazarte 3 unidades hacia arriba y 6 unidades hacia la derecha.
Escribe $\dfrac{3}{6}$ y simplifica.

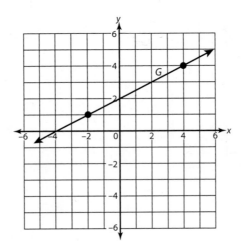

b Usa la forma pendiente-intersección de una línea para hallar la ecuación de una línea. Reemplaza m con la pendiente y b con la intersección con el eje y. Asegúrate de incluir el signo para cada número.

USAR LA LÓGICA

Si tienes un punto y una pendiente de una línea, puedes sustituir la pendiente, el valor de x y el valor de y en $y = mx + b$ para hallar la intersección con el eje y. Luego puedes usar la pendiente y la intersección con el eje y para escribir una ecuación para la línea.

1. ¿Cuál es la pendiente de la línea G?

   A. −1

   B. $-\dfrac{1}{2}$

   C. 0

   D. $\dfrac{1}{2}$

b 2. ¿Cuál es la ecuación de la línea G?

   A. $y = -\dfrac{1}{2}x - 2$

   B. $y = -\dfrac{1}{2}x + 2$

   C. $y = \dfrac{1}{2}x + 2$

   D. $y = 2x + 1$

INSTRUCCIONES: Lee cada pregunta y elige la **mejor** respuesta.

3. Los puntos (−4, 4) y (2, 3) están ubicados en la línea *H*. ¿Cuál es la pendiente de la línea *H*?

   A. $-\dfrac{1}{6}$

   B. $-\dfrac{13}{2}$

   C. $-\dfrac{1}{2}$

   D. 2

4. ¿Cuál es la pendiente de una línea que atraviesa los puntos (−1, −2) y (−3, −4)?

   A. $-\dfrac{1}{2}$

   B. $\dfrac{1}{2}$

   C. 0

   D. 1

5. Una ecuación líneal se representa con $y = \dfrac{1}{2}x + 3$. ¿La gráfica de qué ecuación sería paralela a la de la ecuación anterior?

   A. $y = -\dfrac{1}{3}x + 2$

   B. $y = \dfrac{1}{2}x - 3$

   C. $y = 2x + 3$

   D. $y = x - 3$

INSTRUCCIONES: Lee la información y la pregunta, y luego elige la **mejor** respuesta.

6. La línea *B* tiene una pendiente de −1. Atraviesa el punto *K* en (4, −2) y atraviesa el punto *L*, que tiene una coordenada *x* de 2.

   ¿Cuáles son las coordenadas del punto L?

   A. (2, −2)

   B. (0, 2)

   C. (2, 0)

   D. (−2, 0)

INSTRUCCIONES: Examina la cuadrícula, lee cada pregunta y luego elige la **mejor** respuesta.

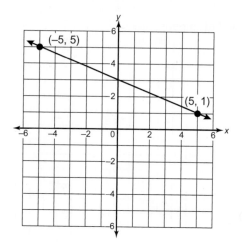

7. ¿Cuál es la ecuación de la línea representada en la cuadrícula anterior?

   A. $y = -\dfrac{2}{5}x + 3$

   B. $y = -\dfrac{1}{3}x + 3$

   C. $y = \dfrac{2}{5}x + 3$

   D. $y = \dfrac{1}{3}x + 3$

INSTRUCCIONES: Lee la información y la cuadrícula, lee cada pregunta y luego elige la **mejor** respuesta.

8. Andrea pagó una tarifa inicial de $20 para configurar su teléfono. Ahora paga $30 por mes por el servicio. El monto que paga por el servicio de telefonía celular para una cantidad determinada de meses puede representarse gráficamente en el primer cuadrante de una cuadrícula de coordenadas. ¿Cuál es la ecuación de la línea?

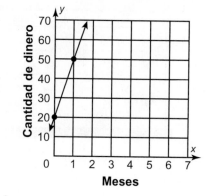

   A. $y = \dfrac{1}{3}x + 20$

   B. $y = 20x + 30$

   C. $y = 30x - 20$

   D. $y = 30x + 20$

INSTRUCCIONES: Examina la cuadrícula, lee la pregunta y luego elige la **mejor** respuesta.

9. ¿Cuál es la pendiente de la línea *T*?

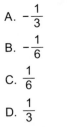

A. $-\dfrac{1}{3}$

B. $-\dfrac{1}{6}$

C. $\dfrac{1}{6}$

D. $\dfrac{1}{3}$

INSTRUCCIONES: Estudia la información y el diagrama, lee la pregunta y luego elige la **mejor** respuesta.

La pendiente del techo de la casa que aparece a continuación es $\dfrac{1}{3}$.

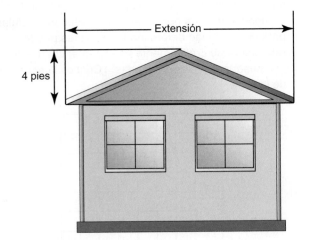

10. ¿Cuál es la extensión del techo?

A. 4 pies

B. 12 pies

C. 18 pies

D. 24 pies

INSTRUCCIONES: Examina la cuadrícula, lee cada pregunta y luego elige la **mejor** respuesta.

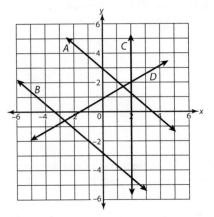

11. ¿Qué línea representada en la cuadrícula anterior tiene una pendiente positiva?

A. línea *A*

B. línea *B*

C. línea *C*

D. línea *D*

12. ¿Cuál de las líneas tiene una pendiente de cero?

A. línea *A*

B. línea *B*

C. línea *C*

D. línea *D*

INSTRUCCIONES: Lee la información y cada pregunta, y luego elige la **mejor** respuesta.

Kaylia se suscribe a un plan de telefonía celular que cuesta $15 por mes, más 10 centavos por cada minuto consumido. Supongamos que Kaylia consume 200 minutos de teléfono por mes.

13. Si el costo mensual de la factura de teléfono celular de Kaylia fuera representado gráficamente para 12 meses, ¿qué valor numérico representaría la pendiente de la gráfica?

A. 15

B. 20

C. 200

D. 420

14. ¿Cuál será el monto de su factura al final del primer mes?

A. $15

B. $35

C. $50

D. $200

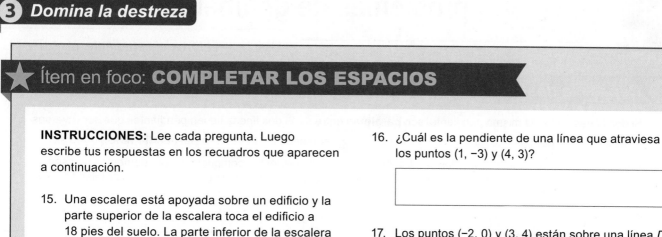

INSTRUCCIONES: Lee cada pregunta. Luego escribe tus respuestas en los recuadros que aparecen a continuación.

15. Una escalera está apoyada sobre un edificio y la parte superior de la escalera toca el edificio a 18 pies del suelo. La parte inferior de la escalera está afirmada a 4 pies del edificio. ¿Cuál es la pendiente de la escalera?

16. ¿Cuál es la pendiente de una línea que atraviesa los puntos (1, −3) y (4, 3)?

17. Los puntos (−2, 0) y (3, 4) están sobre una línea *D*. ¿Cuál es la pendiente de la línea *D*?

INSTRUCCIONES: Examina la tabla, lee cada pregunta y luego elige la **mejor** respuesta.

Tiempo (h)	Distancia recorrida (km)
4	200
6	300
8	400

18. ¿Cuál es la tasa de cambio en la tabla anterior?

   A. 0.02 km/h
   B. 50 km/h
   C. 100 km/h
   D. 200 km/h

INSTRUCCIONES: Lee cada pregunta y elige la **mejor** respuesta.

19. Un helicóptero despega del techo de un edificio de 200 pies de altura. Si sube a 90 pies/min, escribe una ecuación para representar la altura del helicóptero en el tiempo *t*.

   A. $h = 90$
   B. $h = 200$
   C. $h = 90(t) + 200$
   D. $h = 200(t) + 90$

INSTRUCCIONES: Lee la información y cada pregunta, y luego elige la **mejor** respuesta.

   Cuando el sol se pone a las 6 p. m., la temperatura de la tarde de 90 grados Fahrenheit comienza a descender 4 grados por hora y no aumenta hasta que el sol sale al día siguiente. Si la temperatura desciende por debajo de los 60 grados Fahrenheit durante más de dos horas, la planta de María morirá.

20. ¿Cuál es la temperatura a la medianoche?

   A. 4 grados Fahrenheit
   B. 24 grados Fahrenheit
   C. 64 grados Fahrenheit
   D. 66 grados Fahrenheit

21. ¿Qué ecuación representa el cambio de temperatura?

   A. $y = 90 − 4x$
   B. $y = 66 − 4x$
   C. $y = 23 − 4x$
   D. $y = 4 − 90x$

22. Si el sol salió a las 4:30 a. m., identifica el enunciado correcto entre las opciones que aparecen a continuación.

   A. La temperatura desciende por debajo de los 60 grados Fahrenheit durante 1 hora, por lo que la planta de María sobrevive.
   B. La temperatura está por encima de los 60 grados Fahrenheit, por lo que la planta de María sobrevive.
   C. La temperatura desciende por debajo de los 60 grados Fahrenheit durante más de 2 horas, por lo que la planta de María muere.
   D. La temperatura está por debajo de los 30 grados Fahrenheit, por lo que la planta de María muere.

Usar la pendiente para resolver problemas de geometría

> Usar con el *Libro del estudiante,* págs. 76–77.

1 Repasa la destreza

TEMAS DE MATEMÁTICAS: Q.2.a, Q.2.d, Q.2.e, Q.6.c, A.5.a, A.5.b, A.6.a, A.6.b, A.6.c
PRÁCTICA DE MATEMÁTICAS: MP.1.a, MP.1.b, MP.1.c, MP.1.d, MP.1.e, MP.2.c, MP.3.a, MP.4.a, MP.5.c

Si dos líneas tienen la misma pendiente, son **paralelas** entre sí. Si dos líneas tienen pendientes que son inversos negativos entre sí, por ejemplo, si una es -3 y la otra es $\frac{1}{3}$, entonces las líneas son **perpendiculares** entre sí.

Ciertas figuras geométricas, como los cuadrados y los rectángulos, están compuestos por segmentos que son paralelos o perpendiculares entre sí. Comprender el concepto de pendiente puede ayudarte a analizar tales figuras.

2 Perfecciona la destreza

Al perfeccionar la destreza de usar la pendiente para resolver problemas de geometría, mejorarás tus capacidades de estudio y evaluación, especialmente en relación con la Prueba de Razonamiento Matemático GED®. Estudia la información y la gráfica que aparecen a continuación. Luego responde las preguntas.

a Las ecuaciones de las líneas discontinuas pueden deducirse utilizando las reglas relacionadas con las pendientes y la fórmula de punto-pendiente de una línea: $(y - y_1) = m(x - x_1)$, donde m es la pendiente y el punto (x_1, y_1) es un punto sobre la línea.

b Una buena comprobación para determinar si las pendientes de líneas perpendiculares han sido determinadas correctamente: el producto de las dos pendientes debe ser igual a -1. En este caso, -3 multiplicado por $\frac{1}{3}$ equivale a -1, lo que confirma que las líneas son perpendiculares.

En la siguiente gráfica se muestra una línea continua con la ecuación $y = -3x + 2$ y un punto $(-2, 2)$. Las líneas discontinuas atraviesan el punto y son paralelas o perpendiculares a la línea dada.

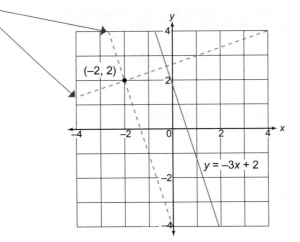

DENTRO DEL EJERCICIO

Hallar la pendiente de una línea perpendicular a otra línea con una pendiente dada es un ejercicio de Nivel de conocimiento I. Simplemente deberás invertir los valores y restar el negativo de la pendiente.

1. ¿Cuál es la ecuación para la línea paralela a la línea dada?

A. $(y - 2) = -3(x + 2)$

B. $(y - 2) = -\frac{1}{3}(x + 2)$

C. $(y + 2) = -3(x - 2)$

D. $(y + 2) = -\frac{1}{3}(x - 2)$

2. ¿Cuál es la ecuación para la línea perpendicular a la línea dada?

A. $(y - 2) = \frac{1}{3}(x + 2)$

B. $(y - 2) = 3(x + 2)$

C. $(y + 2) = \frac{1}{3}(x + 2)$

D. $(y + 2) = -3(x + 2)$

INSTRUCCIONES: Lee cada pregunta y elige la **mejor** respuesta.

3. Una ecuación líneal se representa con $y = \frac{1}{2}x + 3$.

   ¿La gráfica de qué ecuación sería paralela a la de la ecuación anterior?

   A. $y = \frac{1}{3}x + 2$

   B. $y = \frac{1}{2}x - 3$

   C. $y = -2x + 3$

   D. $y = x + 3$

4. Una ecuación líneal se representa con $y = -2x + \frac{3}{2}$.

   ¿La gráfica de qué ecuación sería perpendicular a la de la ecuación anterior?

   A. $y = -2x - 3$

   B. $y = -\frac{1}{2}x + 2$

   C. $y = \frac{1}{2}x - 3$

   D. $y = 2x + 3$

5. ¿Qué dos líneas de esta gráfica son paralelas entre sí?

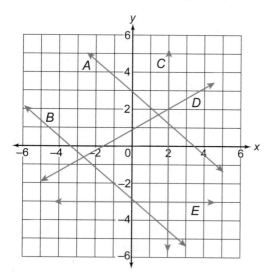

   A. línea *A* y línea *B*
   B. línea *B* y línea *C*
   C. línea *C* y línea *D*
   D. línea *D* y línea *E*

INSTRUCCIONES: Estudia la siguiente cuadrícula, lee cada pregunta y elige la **mejor** respuesta.

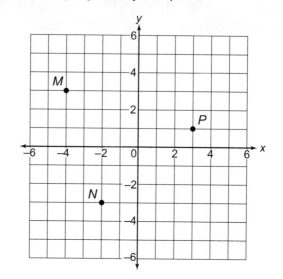

6. ¿Qué ecuación podría reflejar una línea que es paralela a una línea trazada a través de los puntos *N* y *P*?

   A. $y = \frac{5}{4}x + 4$

   B. $y = -\frac{1}{5}x + 4$

   C. $y = 4x + 2$

   D. $y = \frac{4}{5}x - 4$

7. ¿Cuál sería la pendiente de una línea que es paralela a una línea trazada a través de los puntos *M* y *P*?

   A. $-\frac{7}{2}$

   B. $-\frac{2}{7}$

   C. $\frac{2}{7}$

   D. $\frac{7}{2}$

8. ¿Cuál sería la pendiente de una línea que es perpendicular a una línea trazada a través de los puntos *M* y *P*?

   A. $-\frac{7}{2}$

   B. $-\frac{2}{7}$

   C. $\frac{2}{7}$

   D. $\frac{7}{2}$

★ Ítem en foco: COMPLETAR LOS ESPACIOS

INSTRUCCIONES: Estudia la siguiente información y la cuadrícula. Luego lee cada pregunta y escribe tus respuestas en los recuadros que aparecen a continuación.

Los puntos *A*, *B*, *C* y *D* forman un rectángulo. Los puntos *A* y *B* tienen coordenadas (−2, 0) y (0, 4) respectivamente, y la línea que une los puntos *C* y *D* atraviesa el origen.

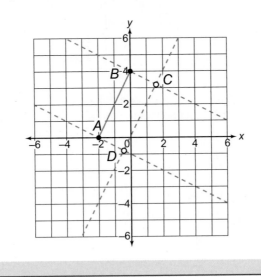

9. ¿Cuál es la ecuación de la línea que atraviesa los puntos *C* y *D*?

10. En forma decimal, ¿cuál es la pendiente de la línea que atraviesa los puntos *B* y *C*?

11. ¿Cuáles son las coordenadas *x* y *y* del punto *C*?

   x: ;   *y:*

12. ¿Cuáles son las coordenadas *x* y *y* del punto *D*?

   x: ;   *y:*

INSTRUCCIONES: Estudia la siguiente información y figura, lee cada pregunta y elige la **mejor** respuesta.

Los puntos *A*, *B* y *C* forman un triángulo rectángulo, donde el lado *AB* es perpendicular al lado *BC*. El punto *A* está ubicado en el origen, el punto *B* tiene las coordenadas (3, 1) y el punto *C* está ubicado sobre el eje de la *y*.

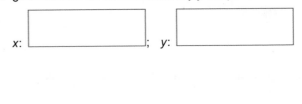

13. ¿Cuál es la pendiente de la línea que atraviesa los puntos *B* y *C*?

A. −3

B. $-\dfrac{1}{3}$

C. $\dfrac{1}{3}$

D. 3

14. ¿Cuál es la intersección con el eje *y* de la línea que atraviesa los puntos *B* y *C*?

A. −10

B. 8

C. 7

D. 10

INSTRUCCIONES: Lee cada pregunta y elige la **mejor** respuesta.

INSTRUCCIONES: Estudia la siguiente información y figura, lee cada pregunta y elige la **mejor** respuesta.

15. Una figura de cuatro lados se forma por cuatro puntos con las coordenadas que se muestran a continuación. Roger sostiene que la figura es un rectángulo porque tiene ese aspecto y las coordenadas de los dos puntos inferiores son los valores negativos de aquellas de los dos puntos superiores. ¿Qué enunciado es verdadero?

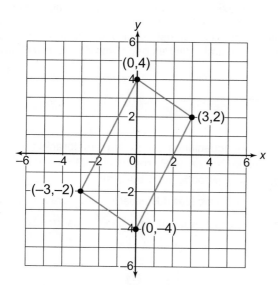

A. Es un rectángulo; Roger tiene razón.

B. No es un rectángulo; los lados cortos no son paralelos.

C. No es un rectángulo; los lados largos no son paralelos.

D. No es un rectángulo; los lados cortos no son perpendiculares a los lados largos.

16. Una línea se define por los puntos A y B, con las coordenadas $(1, 3)$ y $(2, 7)$, respectivamente. ¿Cuál es la ecuación de la línea que es paralela a la línea formada por A y B, pero con un aumento de 2 unidades para la intersección con el eje y?

A. $y = \frac{1}{4}x + 1$

B. $y = \frac{1}{4}x + 2$

C. $y = 4x + 1$

D. $y = 4x + 2$

Una alfombra pequeña rectangular, representada a continuación con los puntos A, B, C y D en sus esquinas, se ubica en una habitación y se rota, de modo que las cuatro esquinas tocan la pared. El tamaño de la habitación en dirección y es 14 pies, y los puntos A y B están a 12 pies y 6 pies de la esquina inferior izquierda, como se muestra.

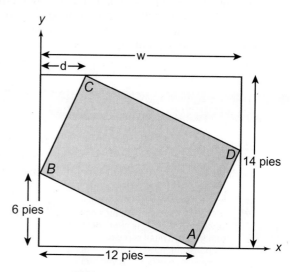

17. Si se considera que la esquina inferior izquierda es el origen de un sistema de coordenadas x-y, ¿cuál es la ecuación de la línea que atraviesa los puntos A y B?

A. $y = -\frac{1}{2}x - 6$

B. $y = -\frac{1}{2}x + 6$

C. $y = -2x - 6$

D. $y = -2x + 6$

18. ¿Cuál es la pendiente de la línea que atraviesa los puntos B y C?

A. 2

B. -2

C. $-\frac{1}{2}$

D. $\frac{1}{2}$

19. ¿Cuál es la distancia, d, en pies?

A. 2

B. 4

C. 8

D. 14

Representar gráficamente ecuaciones cuadráticas

Usar con el *Libro del estudiante,* págs. 78–79.

TEMAS DE MATEMÁTICAS: Q.2.a, Q.2.e, Q.6.c, A.1.e, A.1.f, A.1.g, A.4.a, A.4.b, A.5.a, A.5.e
PRÁCTICA DE MATEMÁTICAS: MP.1.a, MP.1.b, MP.1.c, MP.1.d, MP.1.e, MP.2.a, MP.2.c, MP.3.a, MP.4.a, MP.4.b, MP.4.c, MP.5.c

① Repasa la destreza

Las **ecuaciones cuadráticas** son ecuaciones expresadas como $ax^2 + bx + c = 0$, donde a es distinto de cero. La palabra cuadrática deriva de *cuadrado*. Por lo tanto, una ecuación cuadrática incluye una variable elevada al cuadrado, x^2. La solución a una ecuación cuadrática puede hallarse utilizando la fórmula cuadrática de $x = \dfrac{-b}{2a}$

Entre las características de ecuaciones cuadráticas se incluyen cero, uno o dos puntos donde el trazado de tal ecuación cruza el eje de la x, un punto donde cruza el eje de la y, un máximo (cuando $a < 0$) o un mínimo (cuando $a > 0$), y simetría con respecto a ese máximo o mínimo.

Los coeficientes de una ecuación —a, b y c— pueden cuantificar estas características. Por ejemplo, valores mayores de a contraerán una curva, mientras que valores menores de a la expandirán. Valores negativos de a la invertirán.

② Perfecciona la destreza

Al perfeccionar las destrezas asociadas a representar gráficamente ecuaciones cuadráticas, mejorarás tus capacidades de estudio y evaluación, especialmente en relación con la Prueba de Razonamiento Matemático GED®. Estudia la información y la gráfica que aparecen a continuación. Luego responde las preguntas.

ⓐ Se puede utilizar la simetría para identificar puntos adicionales en la curva. Por ejemplo, la curva del lado izquierdo atraviesa el punto $(0, 4)$. Esto es cuatro unidades hacia la derecha del mínimo, que tiene un valor de x de -4. Mediante la simetría, puedes determinar un punto sobre la curva, con $y = 4$, cuatro unidades hacia la izquierda del mínimo, en $x = -4 - 4 = -8$, lo que da como resultado el punto $(-8, 4)$.

ⓑ A mayor magnitud de a, más pronunciada será la curva. La curva del lado derecho tiene a con una magnitud de 2, mientras que la curva del lado izquierdo tiene a con una magnitud de $\frac{1}{2}$. La curva del lado derecho muestra un cambio más rápido en y a medida que te alejas del máximo con respecto a cambios en y a medida que te alejas del mínimo de la curva del lado izquierdo.

En la siguiente gráfica están marcadas dos ecuaciones cuadráticas. La de la izquierda es $y = \dfrac{1}{2}x^2 + 4x + 4$, mientras que la de la derecha es $y = -2x^2 + 16x - 24$.

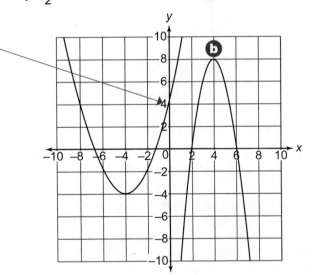

TECNOLOGÍA PARA LA PRUEBA

Las preguntas clave aparecen como ítems en foco en esta lección. Como los ejercicios clave permiten a los estudiantes marcar puntos concretamente en una gráfica, generan una fuerte conexión entre la preparación para la prueba y la experiencia de evaluación en sí.

1. ¿En qué valor de y la curva de la derecha cruza el eje de la y?

   A. -16
   B. -24
   C. -32
   D. -40

2. ¿En qué valores de x la curva de la izquierda cruza el eje de la x, expresado al décimo más próximo?

   A. $x = -6.8$, $x = -1.2$
   B. $x = -6.7$, $x = -1.2$
   C. $x = -6.8$, $x = -1.1$
   D. $x = -6.7$, $x = -1.1$

INSTRUCCIONES: Lee cada pregunta y elige la **mejor** respuesta.

3. ¿Qué valor de y corresponde al punto donde la curva definida por $y = 2x^2 - 5x + 3$ cruza el eje de la y?

   A. $y = -5$
   B. $y = -3$
   C. $y = 3$
   D. $y = 5$

4. Indica si la curva definida por $y = -3x^2 + 12x - 5$ atraviesa un máximo o un mínimo, y el valor de x en el que ocurre.

   A. Mínimo, $x = -2$
   B. Mínimo, $x = +2$
   C. Mínimo, $x = -2$
   D. Mínimo, $x = +2$

INSTRUCCIONES: Estudia el diagrama y la información, lee la pregunta y elige la **mejor** respuesta.

En la siguiente gráfica se muestra el recorrido de una pelota arrojada horizontalmente desde una altura de 36 pies. La pelota recorre una distancia horizontal de 6 pies al momento en que aterriza.

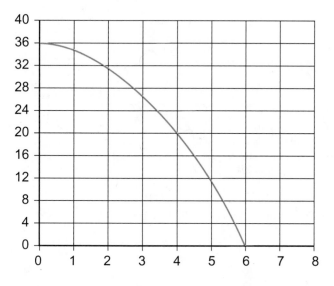

5. ¿Cuál es la ecuación cuadrática que corresponde al recorrido de la pelota?

   A. $y = -x^2 - 36$
   B. $y = -x^2 + 36$
   C. $y = -x^2 + 6x - 36$
   D. $y = -x^2 + 6x + 36$

INSTRUCCIONES: Estudia el siguiente diagrama y la información, lee cada pregunta y elige la **mejor** respuesta.

En la siguiente gráfica se muestran marcas de cinco ecuaciones cuadráticas diferentes de la forma $y = ax^2 + bx + c$, identificadas con las letras A a la E.

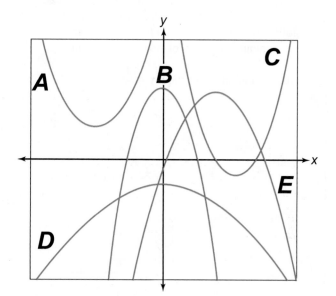

6. ¿Qué curvas corresponden a las ecuaciones con $a < 0$?

   A. Curva A solamente
   B. Curva D solamente
   C. Curvas A y C
   D. Curvas B, D y E

7. ¿Qué curvas corresponden a las ecuaciones con $b = 0$?

   A. Curva D solamente
   B. Curvas B y D
   C. Curva C solamente
   D. Curvas A y C

8. ¿Qué curvas corresponden a las ecuaciones con $\frac{b}{2a} > 0$?

   A. Curva A solamente
   B. Curva D solamente
   C. Curvas C y D
   D. Curvas C y E

9. ¿Qué curva corresponde a la ecuación con el valor más negativo de a?

   A. Curva B
   B. Curva C
   C. Curva D
   D. Curva E

UNIDAD 3

⭐ Ítem en foco: **PUNTO CLAVE**

INSTRUCCIONES: Estudia la ecuación de cada pregunta y en la gráfica que sigue a cada una, marca todos los puntos donde la curva atraviesa un máximo o un mínimo, o cruza el eje de la *x* o de la *y*.

10. Ecuación cuadrática: $y = \frac{1}{2}x^2 - 2$

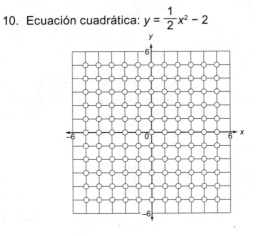

11. Ecuación cuadrática: $y = x^2 + 4x + 3$

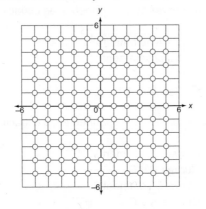

12. Ecuación cuadrática: $y = -x^2 + 2x + 3$

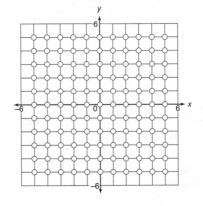

INSTRUCCIONES: Las siguientes preguntas contienen marcas de varios puntos correspondientes a una ecuación cuadrática, a las coordenadas del máximo o mínimo, y a la cantidad de puntos que se pueden inferir a partir de la simetría. Marca esos puntos simétricos en la gráfica.

13. Mínimo en (−1.5, −3.1); cuatro puntos

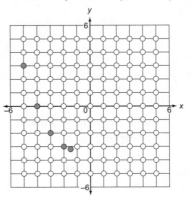

14. Máximo en (2, 5); tres puntos

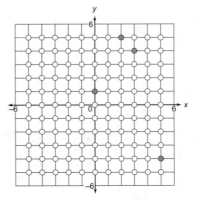

15. Mínimo en (−1, −5); tres puntos

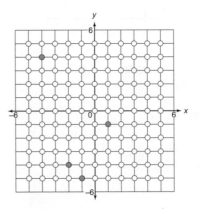

INSTRUCCIONES: Estudia la siguiente ecuación cuadrática, lee cada pregunta y elige la **mejor** respuesta.

$$y = -2x^2 - 4x + 6$$

16. ¿Qué par de valores de x representan los lugares donde la curva cruza el eje de la x?

   A. $x = 3$, $x = 1$
   B. $x = 1$, $x = 3$
   C. $x = -1$, $x = 3$
   D. $x = -3$, $x = 1$

17. ¿Qué valor de y representa el lugar donde la curva cruza el eje de la y?

   A. $y = -6$
   B. $y = -2$
   C. $y = 2$
   D. $y = 6$

18. ¿Qué valor de x representa el lugar donde la curva atraviesa un mínimo?

   A. $x = 2$
   B. $x = 1$
   C. $x = -1$
   D. $x = -2$

INSTRUCCIONES: Estudia la gráfica, lee la pregunta y elige la **mejor** respuesta.

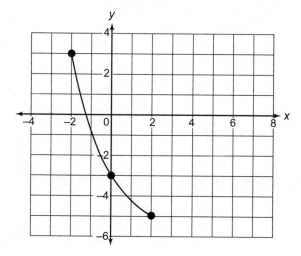

19. Si el punto en (2, −5) es el mínimo, ¿qué valor positivo de x corresponde a un valor de y de +3?

   A. 7
   B. 6
   C. 5
   D. 4

INSTRUCCIONES: Estudia la siguiente información y el diagrama, lee cada pregunta y elige la **mejor** respuesta.

En el diagrama se muestra una persona que juega con una pelota. Está parada en el origen y arroja la pelota a otro jugador. El recorrido de la pelota, expresado en pies, obedece a la ecuación $y = -\dfrac{1}{144}x^2 + x + 6$, que supone que la pelota está a 6 pies del suelo cuando es arrojada y atrapada.

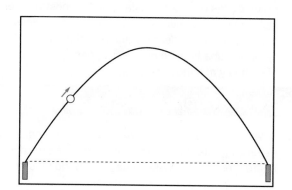

20. ¿A qué distancia se encuentran los dos jugadores?

   A. 36 pies
   B. 72 pies
   C. 108 pies
   D. 144 pies

21. Cuando la pelota llega a su punto más alto, ¿cuánto camino recorrió horizontalmente?

   A. 36 pies
   B. 72 pies
   C. 108 pies
   D. 144 pies

22. ¿A qué distancia del suelo está la pelota cuando está en su punto más alto?

   A. 30 pies
   B. 36 pies
   C. 42 pies
   D. 72 pies

23. Supongamos que la pelota fuera arrojada con mayor fuerza, de modo que alcanzara su altura máxima en una distancia horizontal de 92 pies. ¿Cuánto mayor será la distancia horizontal *total* recorrida, suponiendo que su recorrido sigue siendo representado con una función cuadrática?

   A. 0 pies
   B. 20 pies
   C. 40 pies
   D. 60 pies

UNIDAD 3

Evaluación de funciones

⟩ Usar con el **Libro del estudiante,** págs. 80–81.

TEMAS DE MATEMÁTICAS: Q.2.a, Q.6.c, A.1.e, A.1.f, A.1.i, A.5.e, A.7.b
PRÁCTICA DE MATEMÁTICAS: MP.1.a, MP.1.b, MP.1.e, MP.2.c, MP.3.a, MP.4.a, MP.4.c, MP.5.b, MP.5.c

① Repasa la destreza

Una **función** incluye tres partes: la entrada, la relación y la salida. Por ejemplo, una entrada de 8 y una relación de $\times 7$ produce una salida de 56 (8 x 7 = 56). En la función $f(x) = x^2$, f es la función, x es la entrada y x^2 es la salida. La función $f(x) = x^2$ muestra que la función f toma la x y la eleva al cuadrado. Por lo tanto, una entrada de 8 daría como resultado una salida de 64: $f(8) = 8^2$.

Las funciones por lo general tienen una salida (valor de y) para cada entrada (valor de x). Las funciones y sus propiedades o características pueden mostrarse en gráficas, tablas y expresiones algebraicas. Los siguientes elementos incluyen características de funciones cuadráticas: intersecciones, máximos y mínimos, y simetrías. El cálculo de puntos aislados ubicados cerca de intersecciones y puntos donde una función es indefinida brinda información adicional acerca de dónde una función es positiva, negativa, creciente o decreciente, y estimaciones con respecto a dónde la función tiene máximos y mínimos relativos.

② Perfecciona la destreza

Al perfeccionar la destreza de evaluar funciones, mejorarás tus capacidades de estudio y evaluación, especialmente en relación con la Prueba de Razonamiento Matemático GED®. Estudia la información y la gráfica que aparecen a continuación. Luego responde las preguntas.

ⓐ Los puntos donde las funciones son indefinidas —como los valores de x en los que un denominador de una función se convierte en cero— se reflejan en rápidos cambios en la función con respecto a los valores de y a cada lado de la gráfica.

ⓑ Las funciones racionales, que son razones de polinomios, pueden contener tanto intersecciones con el eje de la x como puntos en los que una función es indefinida. Estos puntos son evidentes en representaciones gráficas de las funciones, como los de la gráfica de la derecha, y a menudo pueden determinarse a partir de ecuaciones.

ⓑ En la siguiente gráfica se marca la función $y = \dfrac{x-2}{x+1}$:

DENTRO DEL EJERCICIO

Al interpretar funciones en gráficas, asegúrate de estudiar también la misma función por escrito, en busca de pistas. Por ejemplo, la función de arriba, de $y = \dfrac{x-2}{x+1}$ brinda pistas que te ayudarán a resolver las Preguntas 1 y 2.

1. ¿En qué valor de x interseca la función anterior al eje de la x?

   A. $x = -2$
   B. $x = -1$
   C. $x = 0$
   D. $x = 2$

2. ¿Para qué valor de x es indefinida la función anterior?

   A. $x = -2$
   B. $x = -1$
   C. $x = 0$
   D. $x = 2$

INSTRUCCIONES: Lee cada pregunta y elige la **mejor** respuesta.

3. ¿Qué ecuación corresponde a la gráfica que aparece a continuación?

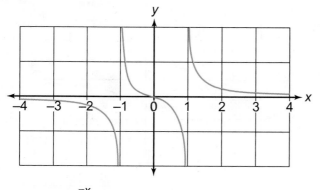

A. $y = \dfrac{-x}{(x + 2)(x - 2)}$

B. $y = \dfrac{-x}{(x + 1)(x - 1)}$

C. $y = \dfrac{x}{(x + 2)(x - 2)}$

D. $y = \dfrac{x}{(x + 1)(x - 1)}$

4. ¿Qué ecuación corresponde a la gráfica que aparece a continuación?

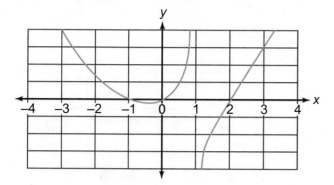

A. $y = \dfrac{x(x - 1)(x + 2)}{(x + 1)}$

B. $y = \dfrac{x(x + 1)(x - 2)}{(x - 1)}$

C. $y = \dfrac{-x(x - 1)(x + 2)}{(x + 1)}$

D. $y = \dfrac{-x(x + 1)(x - 2)}{(x - 1)}$

INSTRUCCIONES: Estudia la información y la gráfica, lee cada pregunta y elige la **mejor** respuesta.

La siguiente gráfica es una representación de la función $y = -x^3 - 2x^2$. Hay cuatro posiciones de x rotuladas.

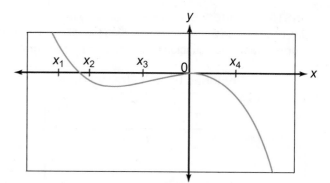

5. ¿En cuál de los valores de x especificados es positivo y?

A. x_1
B. x_2
C. x_3
D. x_4

6. ¿En cuál de los valores de x especificados es positiva la pendiente?

A. x_1 solamente
B. x_2 solamente
C. x_3 solamente
D. x_2, x_3 y x_4 solamente

7. ¿En qué intervalo de x atraviesa la curva un máximo relativo?

A. a la izquierda de x_1
B. entre x_1 y x_2
C. entre x_2 y x_3
D. entre x_3 y x_4

8. ¿En qué valor de y interseca la curva al eje de la y?

A. −2
B. −1
C. 0
D. 2

9. ¿En qué valores de x interseca la curva al eje de la x?

A. −2 solamente
B. −2, 2
C. 0 solamente
D. 0, −2

⭐ Ítem en foco: **ARRASTRAR Y SOLTAR**

INSTRUCCIONES: Examina las gráficas y usa las opciones de arrastrar y soltar para identificar correctamente la ecuación que acompaña a cada gráfica.

Opciones de arrastrar y soltar

A	$y = \dfrac{(x + 1)(x - 1)}{x}$
B	$y = \dfrac{x(x - 1)}{(x + 1)}$
C	$y = -\dfrac{1}{x}$
D	$y = \dfrac{-(x + 1)(x - 1)}{x}$
E	$y = \dfrac{x(x + 1)}{(x - 1)}$
F	$y = \dfrac{-x(x - 1)}{(x + 1)}$

10.

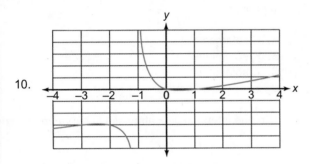

11.

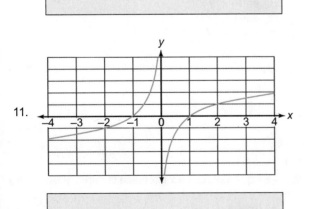

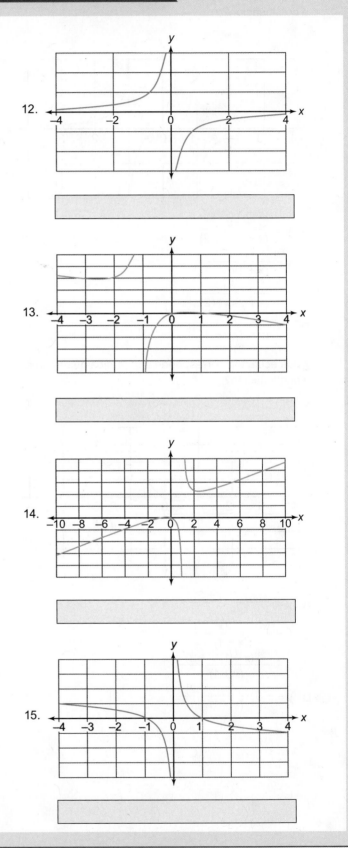

12.

13.

14.

15.

INSTRUCCIONES: Lee cada pregunta y elige la **mejor** respuesta.

16. ¿Qué ecuación corresponde a la gráfica siguiente?

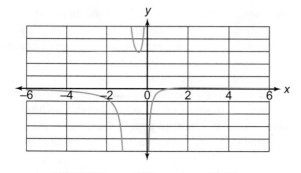

A. $y = \dfrac{-(x-1)}{x(x+1)}$

B. $y = \dfrac{-(x+1)}{x(x-1)}$

C. $y = \dfrac{(x-1)}{x(x+1)}$

D. $y = \dfrac{(x+1)}{x(x-1)}$

17. De las siguientes cuatro gráficas, ¿cuáles corresponden a funciones que tienen exactamente una salida para cada entrada?

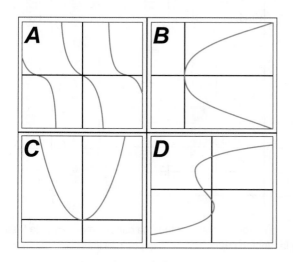

A. Gráfica *B* solamente
B. Gráfica *C* solamente
C. Gráfica *A* y *C* solamente
D. Gráfica *A*, *C* y *D* solamente

INSTRUCCIONES: Lee cada pregunta y elige la **mejor** respuesta.

18. ¿Qué ecuación corresponde a la gráfica siguiente?

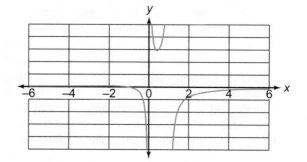

A. $y = \dfrac{-(x-1)}{x(x+1)}$

B. $y = \dfrac{-(x+1)}{x(x-1)}$

C. $y = \dfrac{(x-1)}{x(x+1)}$

D. $y = \dfrac{(x+1)}{x(x-1)}$

19. ¿Qué ecuación corresponde a la gráfica siguiente?

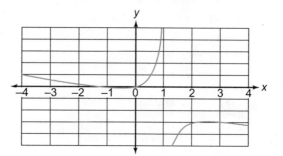

A. $y = \dfrac{x(x-1)}{(x+1)}$

B. $y = \dfrac{x(x+1)}{(x-1)}$

C. $y = \dfrac{-x(x-1)}{(x+1)}$

D. $y = \dfrac{-x(x+1)}{(x-1)}$

20. En el punto en el que la función $y = x^4 - 9x^3 + 6x^2 - 2x + 10$ interseca al eje de la *y*, ¿la función es positiva o negativa? ¿Es creciente o decreciente?

A. negativa, decreciente
B. negativa, creciente
C. positiva, decreciente
D. positiva, creciente

UNIDAD 3

Comparación de funciones

Usar con el **Libro del estudiante,** págs. 82–83.

① Repasa la destreza

TEMAS DE MATEMÁTICAS: Q.2.a, Q.2.e, Q.6.c, A.5.e, A.7.a, A.7.b. A.7.c, A.7.d
PRÁCTICA DE MATEMÁTICAS: MP.1.a, MP.1.b, MP.1.d, MP.1.e, MP.2.c, MP.3.a,
MP.4.a, MP.4.c, MP.5.a

Las **funciones** se pueden representar con conjuntos de pares ordenados, en tablas, en gráficas, de manera algebraica o con descripciones verbales. Dos o más funciones se pueden comparar según sus pendientes o tasas de cambio, intersecciones, las ubicaciones y los valores de mínimos y máximos y otras características. Puedes comparar dos funciones lineales, dos funciones cuadráticas o una función lineal y una función cuadrática.

Las **funciones lineales** se representan con gráficas que son líneas rectas. La pendiente de una línea es la tasa de cambio de la función. La tasa de cambio es constante, lo que significa que para dos puntos cualesquiera de la línea, la pendiente será la misma. Las **funciones cuadráticas** se representan con gráficas que son parábolas. Las funciones cuadráticas no tienen una tasa de cambio constante. Puedes hallar la **tasa de cambio promedio** de una función con respecto a un intervalo en particular si hallas la razón del cambio vertical al cambio horizontal entre dos puntos.

② Perfecciona la destreza

Al perfeccionar la destreza de comparar funciones, mejorarás tus capacidades de estudio y evaluación, especialmente en relación con la Prueba de Razonamiento Matemático GED®. Estudia la información que aparece a continuación. Luego responde las preguntas.

ⓐ La función representada en la gráfica es una función cuadrática. La tasa de cambio promedio desde $x = 0$ hasta $x = 3$ es $\frac{2}{2} = 1$. La tasa de cambio promedio desde $x = 2$ hasta $x = 4$ es $\frac{7 - 1}{2} = 3$.

ⓑ La función representada en la tabla tiene una tasa de cambio constante de 2. Por lo tanto, la función representada en la tabla tiene una tasa de cambio mayor que la tasa de cambio promedio para la función representada en la gráfica para $x = 0$ a $x = 2$ y una tasa de cambio menor para $x = 2$ a $x = 4$.

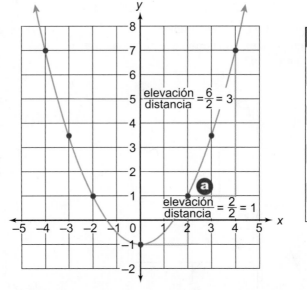

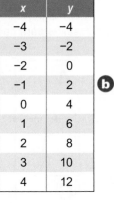

x	y
−4	−4
−3	−2
−2	0
−1	2
0	4
1	6
2	8
3	10
4	12

DENTRO DEL EJERCICIO

En la Prueba de Razonamiento Matemático GED®, probablemente veas ejercicios en los que dos funciones presentadas de la misma manera o de distintas maneras están separadas por un menú desplegable lleno de términos comparativos.

1. ¿Cuál de las funciones anteriores tiene una tasa de cambio menor que la tasa de cambio promedio de la función cuadrática con respecto al intervalo $x = 0$ a $x = 3$?

A. $f(x) = 2x − 1$
B. $f(x) = 0.5x + 3$
C. $f(x) = 7x + 2$
D. $f(x) = 1.5x − 4$

2. ¿Con respecto a qué intervalo la tasa de cambio de la función cuadrática anterior es la misma que la tasa de cambio de la función $f(x) = −2x − 3$?

A. $x = −4$ a $x = 0$
B. $x = −4$ a $x = −2$
C. $x = −3$ a $x = 2$
D. $x = 0$ a $x = 4$

UNIDAD 3

⭐ Ítem en foco: MENÚ DESPLEGABLE

INSTRUCCIONES: Estudia la tabla, lee cada pregunta y elige la opción del menú desplegable que **mejor** responda cada pregunta.

x	y
−3	27
−2	12
−1	3
0	0
1	3
2	12
3	27

3. La intersección con el eje de la y de la función que representa $f(x) = 6x + 4$ es Menú desplegable la intersección con el eje de la y de la función que se representa en la tabla.

   A. menor que   B. mayor que   C. igual a

4. La tasa de cambio de la función que representa $f(x) = 6x + 4$ es Menú desplegable la tasa de cambio promedio de la función que se representa en la tabla, con respecto al intervalo de $x = 0$ a $x = 1$.

   A. menor que   B. mayor que   C. igual a

5. La tasa de cambio de la función que representa $f(x) = 6x + 4$ es Menú desplegable la tasa de cambio promedio de la función que se representa en la tabla, con respecto al intervalo de $x = 0$ a $x = 2$.

   A. menor que   B. mayor que   C. igual a

6. La tasa de cambio de la función que representa $f(x) = 6x + 4$ es Menú desplegable la tasa de cambio promedio de la función que se representa en la tabla, con respecto al intervalo $x = 1$ a $x = 3$.

   A. menor que   B. mayor que   C. igual a

7. La intersección con el eje de la y de la función que representa $f(x) = -9x - 1$ es Menú desplegable la intersección con el eje de la y de la función que se representa en la tabla.

   A. menor que   B. mayor que   C. igual a

8. La tasa de cambio de la función que representa $f(x) = -9x - 1$ es Menú desplegable la tasa de cambio promedio de la función que se representa en la tabla, con respecto al intervalo de $x = -2$ a $x = -1$.

   A. menor que   B. mayor que   C. igual a

INSTRUCCIONES: Estudia la gráfica, lee cada pregunta y elige la **mejor** respuesta.

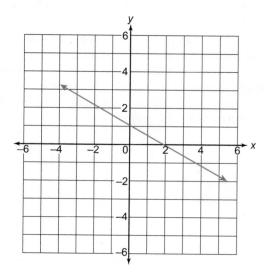

9. ¿Qué función tiene la misma intersección con el eje de la y que la función que se representa en la gráfica?

   A. $f(x) = x - 2$
   B. $f(x) = 2x^2 + 2$
   C. $f(x) = 3x - 1$
   D. $f(x) = 4x^2 + 1$

10. ¿Qué función tiene la misma intersección con el eje de la x que la función que se representa en la gráfica?

   A. $f(x) = x + 1$
   B. $f(x) = \frac{3}{2}x - 1$
   C. $f(x) = -x + 2$
   D. $f(x) = -\frac{2}{2}x - 2$

INSTRUCCIONES: Estudia la gráfica, lee cada pregunta y elige la **mejor** respuesta.

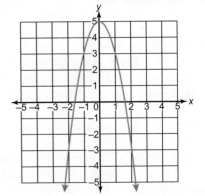

11. ¿Qué función tiene el mismo valor máximo que la función que se representa en la gráfica?

    A. $f(x) = x^2 + 5$
    B. $f(x) = 2x^2 - 3$
    C. $f(x) = -2x^2 + 3$
    D. $f(x) = -3x^2 + 5$

INSTRUCCIONES: Estudia la gráfica, lee la pregunta y elige la **mejor** respuesta.

Distancia recorrida por el carro 1

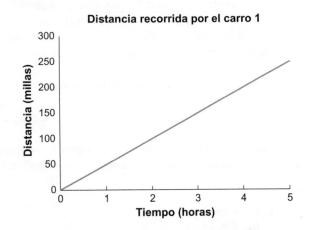

12. En la gráfica se muestra la distancia recorrida por el carro 1, que viaja a una velocidad constante. La ecuación $d = 45t$ representa la distancia, d, que recorre el carro 2 en t horas. ¿Qué enunciado explica qué carro viaja a una velocidad mayor?

    A. El carro 1 viaja a una velocidad mayor, porque la pendiente de la línea en la gráfica es menor que 45.
    B. El carro 1 viaja a una velocidad mayor, porque la pendiente de la línea en la gráfica es mayor que 45.
    C. El carro 2 viaja a una velocidad mayor, porque la pendiente de la línea en la gráfica es menor que 45.
    D. El carro 2 viaja a una velocidad mayor, porque la pendiente de la línea en la gráfica es mayor que 45.

INSTRUCCIONES: Estudia la gráfica, lee cada pregunta y elige la **mejor** respuesta.

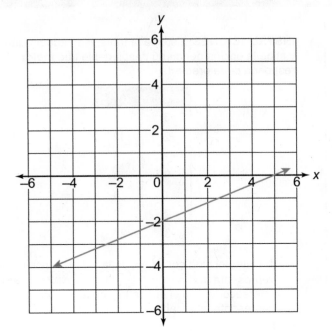

13. ¿Qué enunciado es verdadero?

    A. La función que se representa en la gráfica tiene una tasa de cambio mayor y una intersección mayor con el eje de la y que la función $f(x) = 0.75x - 1$.
    B. La función que se representa en la gráfica tiene una tasa de cambio mayor y una intersección menor con el eje de la y que la función $f(x) = 0.75x - 1$.
    C. La función que se representa en la gráfica tiene una tasa de cambio menor y una intersección mayor con el eje de la y que la función $f(x) = 0.75x - 1$.
    D. La función que se representa en la gráfica tiene una tasa de cambio menor y una intersección menor con el eje de la y que la función $f(x) = 0.75x - 1$.

14. Una gráfica de una función lineal $g(x)$ tiene la misma intersección con el eje de la y que la función que se representa en la gráfica y una pendiente que tiene el doble de inclinación que la de la función que se representa en la gráfica. ¿Qué punto aparece en la gráfica de la función $g(x)$?

    A. $(-10, -6)$
    B. $(-5, -6)$
    C. $(5, -2)$
    D. $(10, -10)$

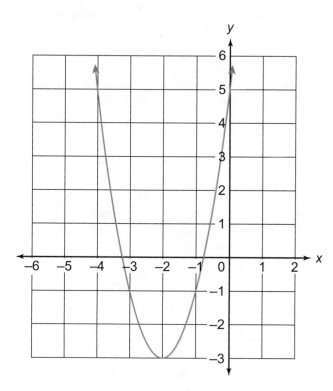

15. Alaina dice que la función $f(x) = x^2 - 2$ tiene el mismo valor mínimo que la función que se representa en la gráfica. ¿Cuál de los siguientes enunciados explica la conclusión de Alaina?

   A. Alaina tiene razón, porque ambas funciones tienen un valor mínimo de −2.

   B. Alaina tiene razón, porque ambas funciones tienen un valor mínimo de −3.

   C. Alaina no tiene razón, porque la función que se representa en la gráfica tiene un valor mínimo de −3 y la función $f(x) = x^2 - 2$ tiene un valor mínimo de 2.

   D. Alaina no tiene razón, porque la función que se representa en la gráfica tiene un valor mínimo de −3 y la función $f(x) = x^2 - 2$ tiene un valor mínimo de −2.

16. ¿Qué función lineal tiene una tasa de cambio que es igual a la tasa de cambio promedio de la función que se representa en la gráfica con respecto al intervalo desde $x = 3$ hasta $x = 0$?

   A. $f(x) = \dfrac{1}{4}x - 4$

   B. $f(x) = \dfrac{1}{2}x + 1$

   C. $f(x) = 2x - 6$

   D. $f(x) = 4x + 7$

x	y
−4	6
−2	5
0	4
2	3
4	2

17. Una función lineal tiene una tasa de cambio de −0.5 y una intersección con el eje de la y de 5. ¿Qué enunciado es verdadero?

   A. La función tiene la misma tasa de cambio e intersección con el eje de la y que la función que se representa en la tabla.

   B. La función tiene una tasa de cambio mayor y una intersección mayor con el eje de la y que la función que se representa en la tabla.

   C. La función tiene una tasa de cambio mayor y la misma intersección con el eje de la y que la función que se representa en la tabla.

   D. La función tiene la misma tasa de cambio y una intersección mayor con el eje de la y que la función que se representa en la tabla.

18. James dice que la función $f(x) = x + 8$ tiene la misma intersección con el eje de la x que la función que se representa en la tabla. Sam dice que la función $f(x) = 0.25x - 2$ tiene la misma intersección con el eje de la x que la función que se representa en la tabla. ¿Quién tiene razón?

   A. James

   B. Sam

   C. James y Sam

   D. ni James ni Sam

19. Los siguientes pares ordenados representan una función lineal.

$\{(-6, -1), (-2, 1), (4, 4), (8, 6)\}$

¿Qué enunciado es verdadero con respecto a la función que se representó anteriormente?

   A. La función aumenta a la misma tasa a la que aumenta la función que se representa en la tabla.

   B. La función aumenta a la misma tasa a la que disminuye la función que se representa en la tabla.

   C. La función disminuye a la misma tasa a la que aumenta la función que se representa en la tabla.

   D. La función disminuye a la misma tasa a la que disminuye la función que se representa en la tabla.

Triángulos y cuadriláteros

Usar con el *Libro del estudiante,* págs. 94–95.

TEMAS DE MATEMÁTICAS: Q.2.a, Q.2.e, Q.4.a, Q.4.c, Q.4.d, A.2.a, A.2.b, A.2.c
PRÁCTICA DE MATEMÁTICAS: MP.1.a, MP.1.b, MP.1.d, MP.1.e, MP.2.a, MP.2.b, MP.2.c,
MP.4.a, MP.4.b, MP.5.a, MP.5.b

❶ Repasa la destreza

Un **triángulo** es una figura cerrada de tres lados con tres ángulos o vértices. El **área** de un triángulo es $\frac{1}{2}bh$, donde b es la base y h es la altura. El **perímetro** de un triángulo es la suma de las longitudes de sus lados.

Un **cuadrilátero** es una figura cerrada de cuatro lados con cuatro ángulos. Los lados de un cuadrilátero pueden o no ser congruentes o paralelos. El perímetro de un cuadrilátero es la suma de las longitudes de sus lados. Si el cuadrilátero tiene dos o más lados congruentes, se puede usar una fórmula para hallar su perímetro. Usa una fórmula para hallar el área de un rectángulo ($A = lw$), un cuadrado ($A = s^2$) o un paralelogramo ($A = bh$).

❷ Perfecciona la destreza

Al perfeccionar la destreza de calcular el área y el perímetro de triángulos y cuadriláteros, mejorarás tus capacidades de estudio y evaluación, especialmente en relación con la Prueba de Razonamiento Matemático GED®. Estudia la información que aparece a continuación. Luego responde las preguntas.

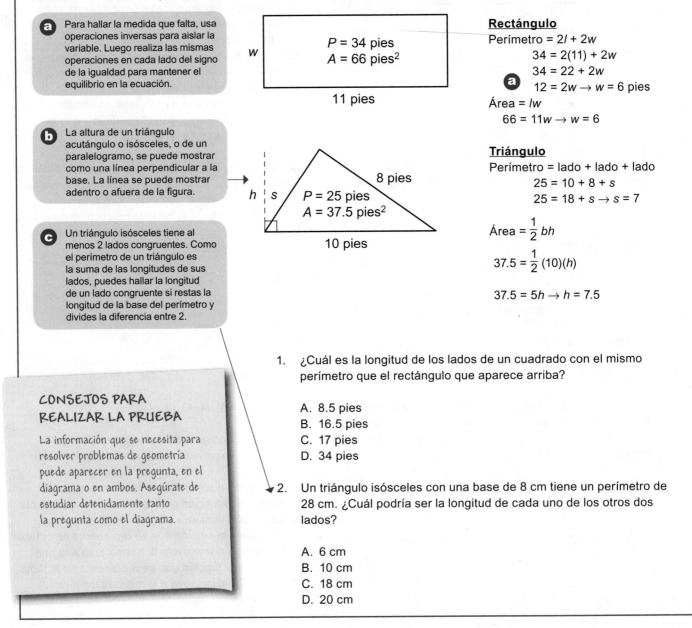

a Para hallar la medida que falta, usa operaciones inversas para aislar la variable. Luego realiza las mismas operaciones en cada lado del signo de la igualdad para mantener el equilibrio en la ecuación.

b La altura de un triángulo acutángulo o isósceles, o de un paralelogramo, se puede mostrar como una línea perpendicular a la base. La línea se puede mostrar adentro o afuera de la figura.

c Un triángulo isósceles tiene al menos 2 lados congruentes. Como el perímetro de un triángulo es la suma de las longitudes de sus lados, puedes hallar la longitud de un lado congruente si restas la longitud de la base del perímetro y divides la diferencia entre 2.

$P = 34$ pies
$A = 66$ pies^2
w
11 pies

$P = 25$ pies
$A = 37.5$ pies^2
h s 8 pies
10 pies

Rectángulo
Perímetro $= 2l + 2w$
$34 = 2(11) + 2w$
$34 = 22 + 2w$
a $12 = 2w \rightarrow w = 6$ pies
Área $= lw$
$66 = 11w \rightarrow w = 6$

Triángulo
Perímetro $=$ lado $+$ lado $+$ lado
$25 = 10 + 8 + s$
$25 = 18 + s \rightarrow s = 7$

Área $= \frac{1}{2}bh$

$37.5 = \frac{1}{2}(10)(h)$

$37.5 = 5h \rightarrow h = 7.5$

CONSEJOS PARA REALIZAR LA PRUEBA

La información que se necesita para resolver problemas de geometría puede aparecer en la pregunta, en el diagrama o en ambos. Asegúrate de estudiar detenidamente tanto la pregunta como el diagrama.

1. ¿Cuál es la longitud de los lados de un cuadrado con el mismo perímetro que el rectángulo que aparece arriba?

A. 8.5 pies
B. 16.5 pies
C. 17 pies
D. 34 pies

2. Un triángulo isósceles con una base de 8 cm tiene un perímetro de 28 cm. ¿Cuál podría ser la longitud de cada uno de los otros dos lados?

A. 6 cm
B. 10 cm
C. 18 cm
D. 20 cm

UNIDAD 4

⭐ Ítem en foco: **COMPLETAR LOS ESPACIOS**

INSTRUCCIONES: Estudia la figura y la información y lee cada pregunta. Escribe tu respuesta en el recuadro que aparece a continuación.

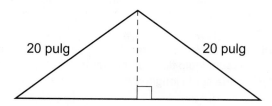

20 pulg   20 pulg

El perímetro del triángulo es 64 pulg.
El área del triángulo es 192 pulg².

3. ¿Cuál es la base del triángulo?

```
                                    pulg
```

4. ¿Cuál es la altura del triángulo?

```
                                    pulg
```

INSTRUCCIONES: Lee cada pregunta. Escribe tu respuesta en el recuadro que aparece a continuación.

5. Un triángulo rectángulo tiene un área de 30 cm². Uno de los lados que forma el ángulo recto mide 15 cm de longitud. ¿Qué longitud tiene el otro lado que forma el ángulo recto?

```
                                    cm
```

6. La longitud de un rectángulo mide 2 veces su ancho. El área del rectángulo mide 32 pulg². ¿Cuál es la longitud del rectángulo?

```
                                    pulg
```

7. Un edredón está hecho de cuadrados, cada uno con un área de $\frac{1}{4}$ pies². Los cuadrados están dispuestos en 12 filas de 10 cuadrados cada una. El borde del edredón tiene una cinta. ¿Qué longitud de cinta se necesita para hacer el borde del edredón?

```
                                    pulg
```

INSTRUCCIONES: Estudia las figuras y la información, lee la pregunta y elige la **mejor** respuesta.

El cuadrado y el paralelogramo que aparecen a continuación tienen el mismo perímetro.

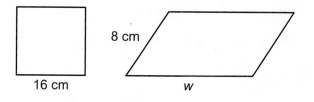

8 cm

16 cm   w

8. ¿Cuál es el perímetro de cada figura?

   A. 32 cm
   B. 48 cm
   C. 64 cm
   D. 128 cm

INSTRUCCIONES: Estudia las figuras y la información, lee la pregunta y elige la **mejor** respuesta.

Las dos figuras que aparecen a continuación tienen la misma área.

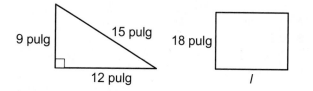

9 pulg   15 pulg   18 pulg
       12 pulg   l

9. ¿Cuál es el área de cada figura?

   A. 54 pulg²
   B. 90 pulg²
   C. 108 pulg²
   D. 180 pulg²

UNIDAD 4

INSTRUCCIONES: Estudia la figura, lee cada pregunta y elige la **mejor** respuesta.

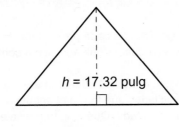

$h = 17.32$ pulg

$A = 86.6$ pulg^2

10. ¿Cuál es la base del triángulo que se muestra arriba?

    A. 5 pulg
    B. 10 pulg
    C. 15 pulg
    D. 20 pulg

11. El triángulo que aparece arriba es un triángulo equilátero. ¿Cuál es el perímetro del triángulo?

    A. 15 pulg
    B. 20 pulg
    C. 30 pulg
    D. 40 pulg

INSTRUCCIONES: Lee cada pregunta y elige la **mejor** respuesta.

12. Un paralelogramo tiene un área de 58 metros cuadrados y una base de 5 metros. ¿Cuál es la altura del paralelogramo?

    A. 5.8 m
    B. 11.6 m
    C. 24 m
    D. 26.5 m

13. ¿Cuál es la longitud de los lados de un cuadrado que tiene un perímetro de 0.5 metro?

    A. 0.125 m
    B. 0.25 m
    C. 1 m
    D. 2 m

14. Mary compró una cubierta para su piscina rectangular por $76.80. El material para la cubierta cuesta $0.15 por pie cuadrado. Su piscina mide 32 pies de longitud. ¿Cuál es el ancho de su piscina?

    A. 16 pies
    B. 24 pies
    C. 44.8 pies
    D. 51.6 pies

15. Kevin está comprando una alfombra rectangular. Él quiere que la alfombra tenga un área de entre 30 y 40 pies cuadrados y la longitud debe ser 7 pies. ¿Cuál podría ser el ancho de la alfombra?

    A. 3.9 pies
    B. 4.4 pies
    C. 5.8 pies
    D. 6.2 pies

16. El perímetro de un rectángulo es mayor que su área. El rectángulo tiene un perímetro de 24 pies. ¿Cuál podría ser la longitud?

    A. 2 pies
    B. 3 pies
    C. 4 pies
    D. 5 pies

INSTRUCCIONES: Estudia las figuras y la información, lee cada pregunta y elige la **mejor** respuesta.

Las cuatro figuras que aparecen a continuación tienen la misma área.

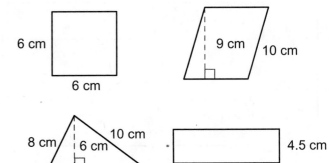

17. ¿Qué dimensión tiene un valor de 12 cm?

    A. la base del triángulo
    B. la longitud del cuadrado
    C. la longitud del rectángulo
    D. el ancho del paralelogramo

18. ¿Qué figura tiene un perímetro de 25 cm?

    A. paralelogramo
    B. rectángulo
    C. cuadrado
    D. triángulo

19. ¿Qué figura tiene la mayor diferencia entre su área y su perímetro?

    A. paralelogramo
    B. rectángulo
    C. cuadrado
    D. triángulo

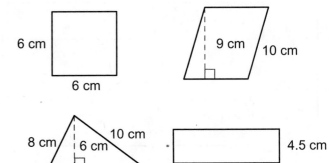

INSTRUCCIONES: Estudia la figura, lee la pregunta y elige la **mejor** respuesta.

20. Examina el paralelogramo.

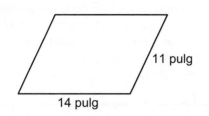

¿Qué enunciado es correcto?

A. El perímetro del paralelogramo mide 25 pulg, porque 1 + 14 = 25.

B. El área del paralelogramo mide 154 pulg², porque 11 × 14 = 154.

C. El área del paralelogramo mide 77 pulg², porque $\frac{1}{2}$(11)(14) = 77.

D. El perímetro del paralelogramo mide 50 pulg, porque 2(11) + 2(14) = 50.

INSTRUCCIONES: Examina la información y la figura, lee la pregunta y elige la **mejor** respuesta.

21. El triángulo isósceles que aparece a continuación está cortado a la mitad de modo que la altura de cada triángulo rectángulo es igual a la del triángulo isósceles y la base de cada triángulo rectángulo es una mitad de la base del triángulo original.

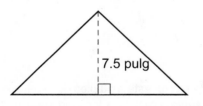

El área del triángulo isósceles mide 75 pulgadas cuadradas. ¿Cuál es la base de cada triángulo rectángulo?

A. 10 pulg
B. 15 pulg
C. 37.5 pulg
D. 20 pulg

INSTRUCCIONES: Estudia las figuras y la información, lee cada pregunta y elige la **mejor** respuesta.

Cada triángulo tiene un área de 30 cm².

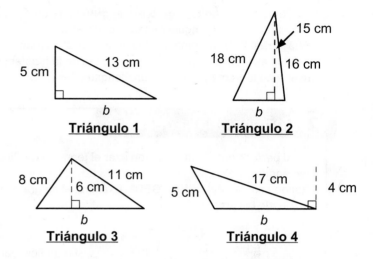

22. ¿Qué triángulo tiene la base más larga?

A. Triángulo 1
B. Triángulo 2
C. Triángulo 3
D. Triángulo 4

23. ¿Qué triángulo tiene el perímetro más grande?

A. Triángulo 1
B. Triángulo 2
C. Triángulo 3
D. Triángulo 4

INSTRUCCIONES: Lee cada pregunta y elige la **mejor** respuesta.

24. ¿Cuál de las siguientes figuras es más ancha?

A. un rectángulo con un área de 32 y una longitud de 6
B. un rectángulo con un área de 40 y una longitud de 7
C. un rectángulo con un área de 45 y una longitud de 8
D. un rectángulo con un área de 50 y una longitud de 9

25. Un triángulo isósceles tiene un perímetro de 48 y un lado cuya longitud es 12. Cualquiera de las cifras que aparecen a continuación podría ser la longitud de uno de los otros dos lados, ¿**excepto** cuál?

A. 12
B. 18
C. 24
D. 30

El teorema de Pitágoras

Usar con el *Libro del estudiante,* págs. 96–97.

TEMAS DE MATEMÁTICAS: Q.4.a, A.4.a, Q.4.e, A.4.b
PRÁCTICA DE MATEMÁTICAS: MP.1.a, MP.1.b, M.P.2.b, MP.3.c, MP.4.b, MP.5.a

① Repasa la destreza

Como sabes, un **triángulo rectángulo** tiene un ángulo recto. Los catetos (lados más cortos) y la **hipotenusa** (lado más largo) de un triángulo rectángulo tienen una relación especial que se puede describir mediante el **teorema de Pitágoras**. Este teorema establece que, en todo triángulo rectángulo, la suma de los cuadrados de las longitudes de los catetos es igual al cuadrado de la longitud de la hipotenusa. Se expresa en forma de ecuación como: $a^2 + b^2 = c^2$. Puedes usar este teorema para hallar una longitud desconocida de un triángulo rectángulo.

② Perfecciona la destreza

Al perfeccionar la destreza de usar el teorema de Pitágoras para hallar el lado desconocido de un triángulo rectángulo, mejorarás tus capacidades de estudio y evaluación, especialmente en relación con la Prueba de Razonamiento Matemático GED®. Examina el diagrama y las estrategias que aparecen a continuación. Luego responde las preguntas.

 a Se dan las medidas de los catetos del triángulo rectángulo. Halla la hipotenusa para hallar la longitud de la rampa.

b Para resolver la pregunta 2, reemplaza 10 con 12 y resuelve para hallar la hipotenusa. Recuerda que la hipotenusa es siempre el lado más largo de un triángulo rectángulo.

Se construyó una rampa para agregar un acceso para sillas de ruedas a un edificio público. La rampa alcanza los 2 pies de altura, como se muestra en el siguiente diagrama.

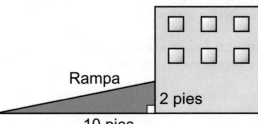

CONSEJOS PARA REALIZAR LA PRUEBA

Asegúrate de estar trabajando con un triángulo rectángulo antes de intentar usar el teorema de Pitágoras. Solamente se aplica a los triángulos rectángulos.

a 1. Si el borde inferior de la rampa está a 10 pies de la base del edificio a lo largo del nivel del suelo, ¿cuál es la longitud aproximada, en pies, de la rampa?

A. 9.2
B. 9.6
C. 9.8
D. 10.2

b 2. Los dueños del edificio están remodelando la entrada del frente. Les gustaría modificar la rampa para que comience a 12 pies del edificio. ¿Cuál será la longitud de esta nueva rampa?

A. 11.8 pies
B. 12.2 pies
C. 12.4 pies
D. 12.5 pies

⭐ Ítem en foco: **COMPLETAR LOS ESPACIOS**

INSTRUCCIONES: Estudia el plano de coordenadas, lee cada pregunta y escribe tu respuesta en el recuadro que aparece a continuación.

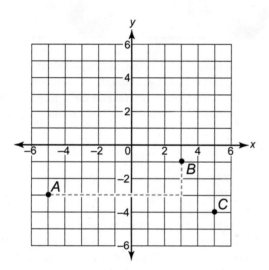

3. ¿Cuál es la distancia entre los puntos *A* y *B*? Redondea tu respuesta al centésimo más próximo.

4. ¿Cuál es la distancia entre los puntos *A* y *C*? Redondea tu respuesta al centésimo más próximo.

5. Se traza una nueva figura, Δ*JKL*, con las coordenadas dadas: *J* (−4, 4) *K* (−4, 0) *L* (2, 0). ¿Cuál es la distancia entre los puntos *J* y *L*? Redondea tu respuesta al centésimo más próximo.

6. ¿Cuál es la distancia entre los puntos *K* y *L*?

7. ¿Cuál es el perímetro de Δ*JKL*? Redondea tu respuesta al centésimo más próximo.

INSTRUCCIONES: Lee la información y la pregunta, y elige la **mejor** respuesta.

Elba determinó incorrectamente la longitud de uno de los catetos de un triángulo rectángulo. Su trabajo se muestra a continuación.

$$4^2 + a^2 = 10^2$$
$$16 + a^2 = 100$$
$$a^2 = 116$$
$$a \approx 10.8$$

8. ¿Qué opción de respuesta describe mejor por qué la respuesta de Elba es incorrecta?

    A. Ella calculó incorrectamente la raíz cuadrada de 116.
    B. Ella elevó incorrectamente 10 al cuadrado.
    C. Ella elevó incorrectamente 4 al cuadrado.
    D. Ella sumó incorrectamente 16 cuando lo debería haber restado.

INSTRUCCIONES: Lee la figura y la información que aparecen a continuación. Luego lee la pregunta y elige la **mejor** respuesta.

Dana diseñó el cuadrado de un edredón como se muestra a continuación.

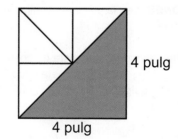

4 pulg

4 pulg

9. ¿Cuál es la longitud de la diagonal del cuadrado externo? Redondea tu respuesta a la centena más próxima.

    A. 5.66 pulg
    B. 4.00 pulg
    C. 2.83 pulg
    D. 2.01 pulg

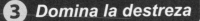

INSTRUCCIONES: Lee la pregunta y elige la **mejor** respuesta.

10. Se dice que el monitor de una computadora mide 21 pulgadas. Esa es la distancia que hay a través de la pantalla en diagonal. Si la pantalla mide 16 pulgadas de ancho, ¿cuál es la altura de la pantalla redondeada al décimo de pulgada más próximo?

   A. 4.5
   B. 9.1
   C. 13.6
   D. 27.2

INSTRUCCIONES: Estudia la figura que aparece a continuación, lee la pregunta y elige la **mejor** respuesta.

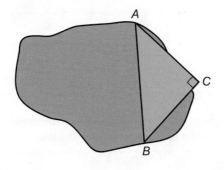

11. Una agrimensora desea hallar cuál es el ancho de un estanque. Ella colocó estacas en los puntos A, B y C. Sabe que ΔABC es un triángulo rectángulo. Si la distancia entre A y C es 75 pies y la distancia entre B y C es 63 pies, ¿cuál es el ancho aproximado del estanque entre los puntos A y B?

   A. 12.2 pies
   B. 40.7 pies
   C. 54.5 pies
   D. 97.9 pies

INSTRUCCIONES: Lee la pregunta y elige la **mejor** respuesta.

12. La carpeta vacía de Caleb vista de costado forma un triángulo rectángulo. Si la carpeta mide 3 pulgadas de altura y 11 pulgadas de ancho, ¿cuál es la longitud aproximada de la hipotenusa?

   A. 8 pulg
   B. 9.2 pulg
   C. 11.4 pulg
   D. 14 pulg

INSTRUCCIONES: Estudia el diagrama, lee cada pregunta y elige la **mejor** respuesta.

13. Una rampa de 7.9 pies va desde la parte trasera de un camión hasta el suelo. Si la rampa llega al suelo a 6.5 pies de distancia del camión, ¿aproximadamente a cuántos pies del suelo está la rampa?

   A. 2.0
   B. 4.5
   C. 7.1
   D. 10.2

14. Si la rampa ubicada en la parte trasera del camión estuviera a 5 pies del suelo y tocara el suelo en un punto ubicado a 8 pies de distancia de la parte trasera del camión, ¿aproximadamente cuántos pies de longitud tendría la rampa?

   A. 3.6
   B. 5.3
   C. 9.1
   D. 9.4

INSTRUCCIONES: Lee la pregunta y elige la **mejor** respuesta.

15. Un triángulo rectángulo tiene lados de 55 pulgadas y de 40 pulgadas. ¿Cuál es la longitud de la hipotenusa, redondeada al pie más próximo?

   A. 5
   B. 6
   C. 7
   D. 8

16. Los monitores de las computadoras portátiles se miden diagonalmente. El monitor de la computadora portátil de Mona mide 6 pulgadas de alto por 8.5 pulgadas de ancho. ¿Cuánto mide su monitor?

   A. 10 pulgadas
   B. 10.2 pulgadas
   C. 10.4 pulgadas
   D. 10.8 pulgadas

INSTRUCCIONES: Estudia la información y el diagrama, lee cada pregunta y elige la **mejor** respuesta.

Henry está construyendo un sendero a través de un jardín rectangular, como se muestra en el siguiente diagrama.

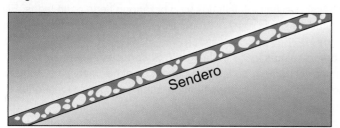

17. Si la longitud del jardín es 30 yardas y el ancho del jardín es 17 yardas, ¿cuál es la longitud aproximada del sendero en yardas?

   A. 34.5
   B. 24.7
   C. 21.4
   D. 13.3

18. Si la longitud del sendero es 40 yardas y el ancho del jardín es 12 yardas, ¿cuál es la longitud aproximada del jardín en yardas?

   A. 28.4
   B. 38.2
   C. 41.8
   D. 52.3

INSTRUCCIONES: Lee cada pregunta y elige la **mejor** respuesta.

19. Se coloca una escalera de 15 pies contra un lado de un edificio de manera que se eleve 12 pies en ese lado del edificio. ¿A qué distancia del edificio está su base?

   A. 8 pies
   B. 9 pies
   C. 10 pies
   D. 11 pies

20. Se extiende la escalera hasta que mide 18 pies. Ahora llega a 16 pies sobre el costado del edificio. ¿Aproximadamente a qué distancia del edificio está su base ahora?

   A. 8.2 pies
   B. 9 pies
   C. 9.2 pies
   D. 10 pies

21. Se coloca la escalera de 18 pies a 6 pies del costado del edificio. ¿Aproximadamente a qué altura del edificio llega ahora?

   A. 13.4 pies
   B. 15.2 pies
   C. 16.97 pies
   D. 17.1 pies

INSTRUCCIONES: Estudia la figura y la información que aparecen a continuación, lee cada pregunta y elige la **mejor** respuesta.

A continuación se muestra el frente de una casa de muñecas.

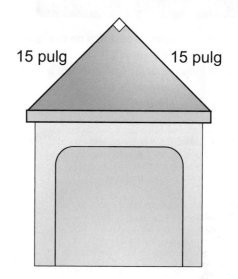

15 pulg   15 pulg

22. ¿Cuál es el ancho aproximado de la casa de muñecas en pulgadas?

   A. 17.5
   B. 18.6
   C. 19.2
   D. 21.2

23. ¿Cuál es el área de la sección triangular del techo en pulgadas cuadradas?

   A. 112.5
   B. 159.0
   C. 225.0
   D. 318.0

24. Si la altura de la sección rectangular mide 18 pulgadas, ¿cuál es el perímetro de la vista frontal?

   A. 69.2 pulgadas
   B. 87.2 pulgadas
   C. 90.4 pulgadas
   D. 108.4 pulgadas

Polígonos

Usar con el *Libro del estudiante,* págs. 98–99.

TEMAS DE MATEMÁTICAS: Q.2.a, Q.2.e, Q.4.c
PRÁCTICA DE MATEMÁTICAS: MP.1.a, MP.1.b, MP.1.d, MP.1.e, MP.2.a, MP.2.b, MP.2.c, MP.3.a, MP.3.b, MP.4.c, MP.5.b

1 Repasa la destreza

Un **polígono** es toda figura cerrada con tres o más lados. Un polígono recibe su nombre de acuerdo con su número de lados. Por ejemplo, un pentágono tiene cinco lados, un hexágono tiene seis lados y un octágono tiene ocho lados. El perímetro de un **polígono regular** es el producto de la longitud de sus lados y el número de lados. El perímetro de un **polígono irregular** es la suma de las longitudes de sus lados.

Si conoces el perímetro, puedes determinar la longitud de uno o más lados de la figura. Si conoces el perímetro y la longitud de los lados de un polígono regular, puedes determinar el número de lados. Si conoces el perímetro y el número de lados de un polígono regular, puedes determinar la longitud de los lados. Si conoces el perímetro y algunas longitudes de los lados de un polígono irregular, puedes determinar la longitud del resto de los lados.

2 Perfecciona la destreza

Al perfeccionar la destreza de calcular la longitud de los lados y el perímetro de los polígonos, mejorarás tus capacidades de estudio y evaluación, especialmente en relación con la Prueba de Razonamiento Matemático GED®. Estudia la información que aparece a continuación. Luego responde las preguntas.

a El perímetro de un polígono regular es *ns*, donde *n* es el número de lados y *s* es la longitud de los lados. Si conoces el perímetro, trabaja de atrás para adelante para hallar la longitud de los lados: $s = p \div n$.

b El perímetro de un polígono irregular es la suma de las longitudes de sus lados. Resta las longitudes de los lados que conoces del perímetro para hallar la longitud del lado restante.

c Para responder la pregunta 2, multiplica el número de pies por 12 para hallar la respuesta en pulgadas.

Cada figura tiene un perímetro de 27 pies.

a

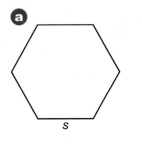

s

b

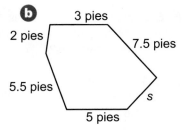

3 pies
2 pies
7.5 pies
5.5 pies
s
5 pies

1. ¿Cuál es la longitud de cada lado del hexágono regular?

   A. 3.375 pies
   B. 4.5 pies
   C. 5.4 pies
   D. 21 pies

2. ¿Cuál es la diferencia, en pulgadas, entre la longitud de los lados del hexágono regular y la longitud del lado desconocida del hexágono irregular?

   A. 5 pulg
   B. 6 pulg
   C. 12 pulg
   D. 48 pulg

INSTRUCCIONES: Estudia la información y la figura, lee cada pregunta y elige la **mejor** respuesta.

La figura que aparece a continuación tiene un perímetro de 32 metros.

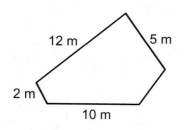

3. ¿Cuál es la longitud del lado que falta de la figura?

    A. 3 m
    B. 5 m
    C. 5.8 m
    D. 6.4 m

4. ¿Cuál es la longitud de los lados de un pentágono regular con el mismo perímetro?

    A. 5.8 m
    B. 6.2 m
    C. 6.4 m
    D. 15.4 m

INSTRUCCIONES: Estudia la información y la figura, lee cada pregunta y elige la **mejor** respuesta.

5. El mapa del parque muestra un sendero que conecta la entrada, la cafetería, la fuente y el patio de juegos. La distancia total del sendero es 135 yd.

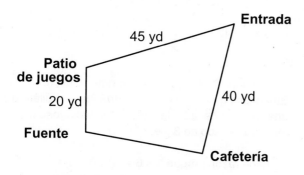

¿Cuál es la longitud del sendero entre la fuente y la cafetería?

    A. 30 yd
    B. 45 yd
    C. 70 yd
    D. 105 yd

INSTRUCCIONES: Lee cada pregunta y elige la **mejor** respuesta.

6. ¿Qué polígono regular tiene la longitud de lado más grande?

    A. un cuadrado con un perímetro de 36 pies
    B. un octágono con un perímetro de 32 pies
    C. un hexágono con un perímetro de 30 pies
    D. un pentágono con un perímetro de 35 pies

INSTRUCCIONES: Estudia la información y la figura, lee la pregunta y elige la **mejor** respuesta.

7. La siguiente figura tiene un perímetro de 70 cm. ¿Cuál es la longitud del lado que falta de la figura?

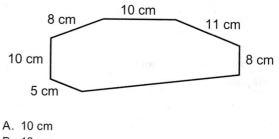

    A. 10 cm
    B. 18 cm
    C. 21 cm
    D. 52 cm

INSTRUCCIONES: Lee cada pregunta y elige la **mejor** respuesta.

8. Un polígono regular tiene un perímetro de 21 pulg y una longitud de lado de 3.5 pulg. ¿Cuántos lados tiene el polígono?

    A. 4
    B. 5
    C. 6
    D. 7

9. Eli dobla un trozo de alambre y le da la forma de un octágono regular, con una longitud de lado de 2.5 pulg. Luego dobla el mismo trozo de alambre y le da la forma de un pentágono regular. ¿Cuál es la longitud de lado del pentágono?

    A. 3 pulg
    B. 4 pulg
    C. 5.5 pulg
    D. 7.5 pulg

UNIDAD 4

INSTRUCCIONES: Estudia la información y las figuras, lee cada pregunta y elige la **mejor** respuesta.

Las siguientes figuras tienen el mismo perímetro.

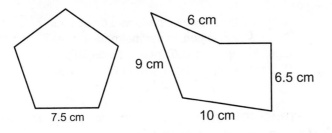

10. ¿Cuál es el perímetro de cada figura?

   A. 30 cm
   B. 31.5 cm
   C. 37.5 cm
   D. 45 cm

11. ¿Cuál es la longitud del lado que falta en el polígono irregular?

   A. 6 cm
   B. 6.3 cm
   C. 7 cm
   D. 7.5 cm

INSTRUCCIONES: Estudia la información y la figura, lee la pregunta y elige la **mejor** respuesta.

12. La siguiente figura tiene un perímetro de 33.5 pulgadas.

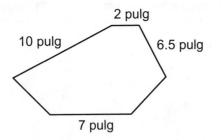

Las dos longitudes de lado que faltan son iguales. ¿Cuál es la longitud desconocida de cada uno de los lados?

   A. 4 pulg
   B. 5 pulg
   C. 8 pulg
   D. 16 pulg

INSTRUCCIONES: Estudia la información y las figuras, lee la pregunta y elige la **mejor** respuesta.

13. Examina los polígonos irregulares que aparecen a continuación.

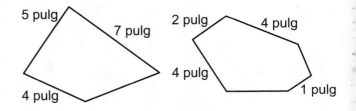

¿Qué enunciado brinda información suficiente para hallar la longitud del lado que falta del hexágono irregular?

   A. Las dos figuras tienen el mismo perímetro.
   B. El cuadrilátero tiene un perímetro de 22 pulg.
   C. Las dos figuras tienen el mismo perímetro de 22 pulg.
   D. La longitud del lado que falta del cuadrilátero es 6 pulg.

INSTRUCCIONES: Lee cada pregunta y elige la **mejor** respuesta.

14. Una caja tiene una sección transversal que es un octágono regular con una longitud de lado de 3.5 centímetros. Elba coloca una cinta de 40 centímetros alrededor de la caja y corta la cinta que le sobra. La cinta que le sobra encaja perfectamente alrededor de una caja cuya sección transversal es un hexágono regular. ¿Cuál es la longitud de lado del hexágono regular?

   A. 1.5 cm
   B. 2 cm
   C. 2.4
   D. 5 cm

15. Un polígono regular tiene un perímetro de 18 pies. Ethan dice que debe de ser un triángulo equilátero con una longitud de lado de 3 pies o un hexágono con una longitud de lado de 3 pies. Ethan

   A. tiene razón porque 3 × 6 = 18 y 6 × 3 = 18.
   B. tiene razón porque la longitud de lado debe ser un número entero.
   C. está equivocado porque podría tener una longitud de lado de 9 pies o de 18 pies.
   D. está equivocado porque el polígono podría tener 8 lados con una longitud de lado de 2.25 pies.

INSTRUCCIONES: Lee cada pregunta. Luego usa las opciones de arrastrar y soltar para responderlas.

16. Un octágono regular con un perímetro de ☐ pulgadas tiene una longitud de lado de ☐ pulgadas.

$\boxed{4.5}$ $\boxed{5}$ $\boxed{40}$ $\boxed{45}$

17. Un ☐ regular con un perímetro de ☐ cm tiene una longitud de lado de 9 cm.

$\boxed{\text{hexágono}}$ $\boxed{\text{pentágono}}$ $\boxed{50}$ $\boxed{54}$

18. Un ☐ regular con un perímetro de 12 pulgadas tiene una longitud de lado de ☐ pulgadas.

$\boxed{\text{pentágono}}$ $\boxed{\text{octágono}}$ $\boxed{1.5}$ $\boxed{2}$

19. Una figura regular de ☐ lados con un perímetro de 31.5 cm tiene una longitud de lado de ☐ cm.

$\boxed{7}$ $\boxed{8}$ $\boxed{3.5}$ $\boxed{4.5}$

INSTRUCCIONES: Estudia la información y la figura. Luego elige la **mejor** respuesta.

20. Daniel instaló una piscina con forma de hexágono regular. Rodeó la piscina con una plataforma y construyó una cerca hexagonal alrededor de la plataforma. El borde externo de la plataforma es 6 pies más ancho que el lado de la piscina. La cerca tiene un perímetro de 108 pies.

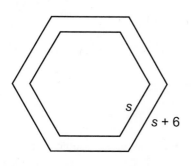

¿Cuánto mide cada lado de la piscina?

A. 12 pies
B. 18 pies
C. 24 pies
D. 17 pies

INSTRUCCIONES: Lee cada pregunta y elige la **mejor** respuesta.

21. El lado más corto de un pentágono irregular mide 3 pulgadas de longitud. El lado más largo mide 9 pulgadas. ¿Cuál podría ser el perímetro del pentágono?

A. 15 pulg
B. 24 pulg
C. 57 pulg
D. 76 pulg

22. La figura de la izquierda es un polígono regular.

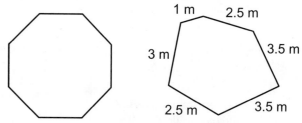

Si el perímetro del polígono regular es 1.5 veces el perímetro del polígono irregular, ¿cuál es la longitud de lado del polígono regular?

A. 2 m
B. 3 m
C. 4 m
D. 5 m

Círculos

› Usar con el *Libro del estudiante,* págs. 100–101.

TEMAS DE MATEMÁTICAS: Q.2.a, Q.2.e, Q.4.b, A.2.a, A.2.b, A.2.c
PRÁCTICA DE MATEMÁTICAS: MP.1.a, MP.1.b, MP.1.d, MP.1.e, MP.2.c, MP.4.a, MP.4.b

1 Repasa la destreza

Un **círculo** es una figura cerrada sin lados o vértices. Todos los puntos de un círculo son equidistantes del centro. La distancia desde el centro de un círculo hasta cualquier punto del círculo se llama **radio**. El **diámetro** es la distancia que atraviesa un círculo por el centro. El diámetro siempre es el doble del radio. La distancia alrededor de un círculo es su **circunferencia**.

Para hallar la circunferencia de un círculo, usa la fórmula $C = \pi d$. Para hallar el área de un círculo, usa la fórmula $A = \pi r^2$. Puedes hallar la circunferencia o el área de un círculo si conoces su radio o su diámetro. Si conoces el radio de un círculo, puedes duplicarlo para hallar el diámetro. Si conoces el diámetro de un círculo, puedes dividirlo entre 2 para hallar el radio.

2 Perfecciona la destreza

Al perfeccionar la destreza de hallar la circunferencia y el área de un círculo, mejorarás tus capacidades de estudio y evaluación, especialmente en relación con la Prueba de Razonamiento Matemático GED®. Estudia la información que aparece a continuación. Luego responde las preguntas.

a Para ambas preguntas, conoces la circunferencia y deseas hallar el diámetro. Usa la fórmula para la circunferencia y luego trabaja de atrás para adelante.

Elizabeth hizo un sendero en su jardín con adoquines redondos idénticos, como los que se muestran a continuación. La circunferencia de cada adoquín es 25.9 pulgadas.

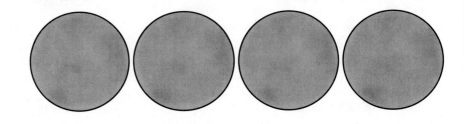

b Observa que la información dada está expresada en *pulgadas*. Para la pregunta 2, multiplica el número de adoquines por el diámetro de un adoquín. Luego divide entre 12 (pulgadas en un pie) para hallar el número de *pies*.

TEMAS

El tema Q.4.a establece que los estudiantes deben "calcular el área y la circunferencia de círculos". Al hacerlo, deben determinar el radio o el diámetro cuando conocen el área o la circunferencia.

1. ¿Cuál es el diámetro aproximado de cada adoquín en pulgadas?

   A. 2.87
   B. 4.13
   C. 6.48
   D. 8.25

b 2. Si Elizabeth usa 35 adoquines, ¿aproximadamente qué longitud, en pies, tendrá el sendero de su jardín?

   A. 24
   B. 76
   C. 92
   D. 289

③ Domina la destreza

★ Ítem en foco: **COMPLETAR LOS ESPACIOS**

INSTRUCCIONES: Estudia la información y el diagrama que aparecen a continuación, lee cada pregunta y escribe tu respuesta en el recuadro.

Los círculos que aparecen a continuación tienen el mismo centro. El radio del círculo más pequeño mide 3 pulgadas. El radio del círculo más grande mide 7 pulgadas.

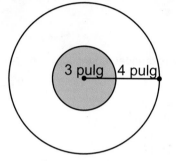

3 pulg   4 pulg

3. ¿Cuál es la circunferencia aproximada del círculo más pequeño?

    | | pulgadas

4. ¿Cuál es la circunferencia aproximada del círculo más grande?

    | | pulgadas

INSTRUCCIONES: Lee cada pregunta y escribe tu respuesta en el recuadro que aparece a continuación.

5. Un bebedero para pájaros tiene un diámetro de 30 pulgadas. ¿Cuál es la circunferencia aproximada del bebedero en pulgadas?

    | |

6. Linda está cortando figuras con forma de círculo para la pizarra de anuncios. Si quiere cortar un círculo que tenga una circunferencia de 25.12 pulgadas, ¿cuál debería ser el radio del círculo en pulgadas?

    | |

7. La cantimplora de Jenna tiene una circunferencia aproximada de 19 pulgadas. ¿Cuál es el diámetro de la cantimplora redondeado a la pulgada más próxima?

    | | pulgadas

INSTRUCCIONES: Lee cada pregunta y elige la **mejor** respuesta.

8. Lidia está usando un neumático para construir un arenero. Corta madera contrachapada para usarla como cubierta del arenero.

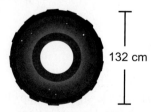

132 cm

¿Aproximadamente cuántos centímetros cuadrados de madera contrachapada necesita Lidia para cubrir el arenero?

A. 414
B. 828
C. 13,678
D. 54,711

9. El señor Dunn está pintando un círculo grande en el medio de un gimnasio. El diámetro del círculo mide 12 pies. ¿Cuál es el área aproximada del círculo?

A. 18.84 pies²
B. 37.68 pies²
C. 75.36 pies²
D. 113.04 pies²

10. ¿Cuál es el radio de un círculo que tiene una circunferencia de 50.24 pulgadas?

A. 8 pulgadas
B. 16 pulgadas
C. 20 pulgadas
D. 32 pulgadas

UNIDAD 4

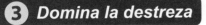

INSTRUCCIONES: Estudia la información y el diagrama, lee cada pregunta y elige la **mejor** respuesta.

El espejo circular que se muestra a continuación tiene un marco de 2 pulgadas de ancho. El diámetro del espejo y del marco juntos mide 11 pulgadas.

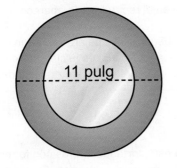

11 pulg

11. ¿Cuál es el radio del espejo sin el marco?

   A. 3.5 pulg
   B. 4.5 pulg
   C. 7 pulg
   D. 9 pulg

12. ¿Cuál es el área del espejo solamente en pulgadas cuadradas?

   A. 34.5
   B. 38.5
   C. 40.8
   D. 95.0

13. ¿Cuál es el área del marco solamente redondeada al décimo de pulgada cuadrada más próximo?

   A. 151.5
   B. 95.0
   C. 56.5
   D. 12.6

14. ¿Cuál es la circunferencia aproximada del espejo con el marco?

   A. 34.54
   B. 35.64
   C. 47.10
   D. 94.99

15. El área de un segundo espejo es 1.5 veces el área del espejo solo descripto arriba. ¿Aproximadamente cuál es el diámetro del segundo espejo?

   A. 4.3 pulgadas
   B. 8.6 pulgadas
   C. 12 pulgadas
   D. 17.5 pulgadas

INSTRUCCIONES: Estudia la información y el diagrama que aparecen a continuación, lee cada pregunta y elige la **mejor** respuesta.

En el siguiente diagrama, se muestra un mantel circular.

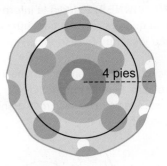

4 pies

16. ¿Aproximadamente cuántos pies cuadrados mide el mantel?

   A. 200.96
   B. 100.48
   C. 50.24
   D. 25.12

17. Tomás coloca el mantel sobre una mesa circular que tiene un diámetro de 6 pies. ¿Aproximadamente cuántos pies cuadrados de mantel colgarán del borde de la mesa?

   A. 12.56
   B. 21.98
   C. 50.24
   D. 78.50

INSTRUCCIONES: Lee cada pregunta y elige la **mejor** respuesta.

18. Jonna está cosiendo la cubierta del frente de una almohada circular. La almohada tiene un diámetro de 15 pulgadas. Para coser la cubierta del frente, debe cortar la tela con forma de círculo 2 pulgadas más ancha que la almohada. ¿Cuál es el área mínima, en pulgadas cuadradas, de la tela que usará?

   A. 706.5
   B. 283.4
   C. 226.9
   D. 95.0

19. Carol está haciendo un letrero con círculos de fieltro, que unirá en una hilera. Un círculo tiene una circunferencia de 37.68 pulgadas. ¿Cuántos círculos necesitará unir para hacer un cartel que mida 60 pulgadas de longitud?

   A. 2
   B. 3
   C. 4
   D. 5

UNIDAD 4

INSTRUCCIONES: Estudia la información y el diagrama, lee cada pregunta y elige la **mejor** respuesta.

La piscina de un hotel tiene forma de número ocho visto lateralmente.

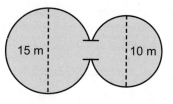

20. ¿Cuál es el área aproximada de la piscina en metros cuadrados?

    A. 78
    B. 255
    C. 471
    D. 1,019

21. Si se aumenta el diámetro de la sección más pequeña en 45 cm, ¿cuál será el área aproximada de toda la piscina agrandada?

    A. 79.90 metros cuadrados
    B. 255.57 metros cuadrados
    C. 262.35 metros cuadrados
    D. 269.89 metros cuadrados

INSTRUCCIONES: Lee cada pregunta y elige la **mejor** respuesta.

22. Un círculo grande tiene un radio de 6 metros. Un círculo más pequeño tiene un radio de 2 metros. ¿Cuál de los siguientes enunciados es correcto?

    A. La circunferencia del círculo más grande mide 3 veces la circunferencia del círculo más pequeño y el área del círculo más grande mide 3 veces el área del círculo más pequeño.
    B. La circunferencia del círculo más grande mide 3 veces la circunferencia del círculo más pequeño y el área del círculo más grande mide 9 veces el área del círculo más pequeño.
    C. La circunferencia del círculo más grande mide 9 veces la circunferencia del círculo más pequeño y el área del círculo más grande mide 3 veces el área del círculo más pequeño.
    D. La circunferencia del círculo más grande mide 9 veces la circunferencia del círculo más pequeño y el área del círculo más grande mide 9 veces el área del círculo más pequeño.

23. ¿Cuál es la diferencia aproximada en pulgadas cuadradas entre los dos círculos?

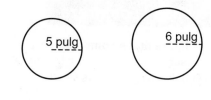

    A. 1.0
    B. 3.14
    C. 6.28
    D. 34.54

24. Dillon está construyendo un modelo de avión. Cada uno de los neumáticos frontales tiene un diámetro de 3.5 pulgadas. ¿Cuál es la circunferencia total de los dos neumáticos, redondeada al número entero más próximo?

    A. 7 pulg
    B. 11 pulg
    C. 20 pulg
    D. 22 pulg

INSTRUCCIONES: Estudia la información y el diagrama, lee cada pregunta y elige la **mejor** respuesta.

Ava colgó un parasol circular en una ventana de la sala de estar para bloquear el sol de la tarde.

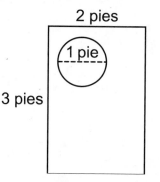

25. ¿Cuál es el área aproximada del parasol en pies cuadrados?

    A. 3.14
    B. 1.57
    C. 1.0
    D. 0.79

26. ¿Aproximadamente qué porcentaje del área de la ventana cubre el parasol?

    A. 13%
    B. 16%
    C. 17%
    D. 50%

Figuras planas compuestas

Usar con el *Libro del estudiante,* págs. 102–103.

TEMAS DE MATEMÁTICAS: Q.4.a, Q.4.b, Q.4.d
PRÁCTICA DE MATEMÁTICAS: MP.1.a, MP.1.b, MP.1.c, MP.1.d, MP.3.a, MP.5.c

① Repasa la destreza

Una **figura plana compuesta** está formada por varias figuras o partes de figuras. Las figuras planas compuestas pueden ser bidimensionales o tridimensionales. Puedes hallar el perímetro o el área de una figura plana compuesta dividiéndola en figuras más simples y sumando las longitudes de los lados o las áreas de cada figura simple.

② Perfecciona la destreza

Al perfeccionar las destrezas de reconocer figuras planas compuestas y calcular su área y su perímetro, mejorarás tus capacidades de estudio y evaluación, especialmente en relación con la Prueba de Razonamiento Matemático GED®. Estudia la información que aparece a continuación. Luego responde la pregunta.

a Para responder la pregunta 1 debes hallar el área total del mantel real. Multiplica primero por 2 para calcular los valores numéricos para el producto real. Luego, calcula el área de cada figura que lo compone para hallar el área total de esta figura irregular. Por ejemplo:

Área total = Área del semicírculo + rectángulo + semicírculo

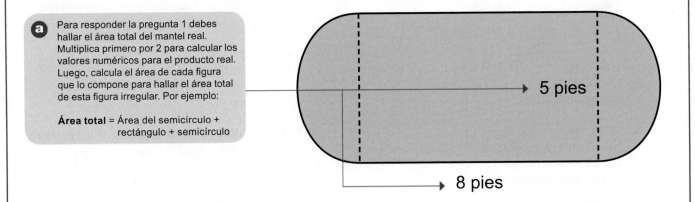

5 pies

8 pies

USAR LA LÓGICA

En ciertas ocasiones, puedes llegar a una respuesta analizando minuciosamente la figura. Por ejemplo, si calculas el área de un círculo obtienes el mismo valor que si calculas 2 semicírculos y luego los sumas.

1. La imagen que se muestra arriba representa un bosquejo de la vista desde arriba de un mantel de muestra. Si el mantel real es dos veces más grande que el del bosquejo, determina el área total aproximada del mantel real.

   A. 40 pies²
   B. 78.5 pies²
   C. 179.63 pies²
   D. 238.5 pies²

2. ¿Cuál es el área aproximada de cada región semicircular en el mantel del bosquejo?

   A. 19.63 pies²
   B. 47.9 pies²
   C. 55.7 pies²
   D. 59.63 pies²

INSTRUCCIONES: Estudia la información y la figura, lee cada pregunta y elige la **mejor** respuesta.

El siguiente diagrama muestra el espacio de la sala de estar de Laura.

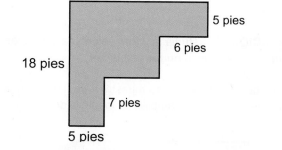

20 pies

5 pies

6 pies

18 pies

7 pies

5 pies

3. Laura está alfombrando su sala de estar. ¿Cuántos pies cuadrados de alfombra necesitará?

   A. 76
   B. 189
   C. 219
   D. 317

4. Laura necesita fijar la alfombra con una tira de tachuelas a la parte exterior del piso que la rodea. ¿Cuántos pies de tira de tachuelas necesitará?

   A. 72
   B. 76
   C. 78
   D. 85

INSTRUCCIONES: Estudia la información y la figura, lee la pregunta y elige la **mejor** respuesta.

Se pintó la siguiente imagen sobre el piso de un salón de clases de segundo grado.

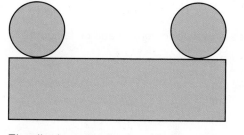

5. El radio de cada círculo mide 3 cm. El área del rectángulo mide 226.1 cm². ¿Cuál es el área total de toda la figura, redondeada al centímetro cuadrado más próximo?

   A. 36
   B. 226.1
   C. 254.4
   D. 282.62

INSTRUCCIONES: Lee la pregunta y elige la **mejor** respuesta.

6. Corina pidió una pizza con un diámetro de 16 pulg. Cortaron la pizza en 8 trozos iguales. Ella comió 3 trozos. ¿Cuál es el área aproximada de la pizza que queda?

   A. 75.36 pulg cuad
   B. 100.48 pulg cuad
   C. 125.6 pulg cuad
   D. 200.96 pulg cuad

INSTRUCCIONES: Estudia la información y la figura, lee la pregunta y elige la **mejor** respuesta.

Adam está poniendo losetas en el piso del baño que se muestra a continuación.

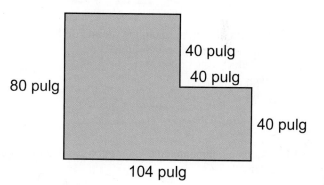

40 pulg

40 pulg

80 pulg

40 pulg

104 pulg

7. Si cada loseta mide 8 pulgadas por 8 pulgadas, ¿cuántas losetas necesita para cubrir el piso?

   A. 64
   B. 105
   C. 116
   D. 124

INSTRUCCIONES: Estudia la figura, lee la pregunta y elige la **mejor** respuesta.

8. Una compañía de teatro construye un telón de fondo arriba del escenario para una obra. Si la altura del triángulo es 3 m, ¿cuál es el área del telón de fondo?

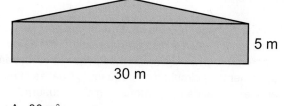

5 m

30 m

   A. 30 m²
   B. 150 m²
   C. 195 m²
   D. 360 m²

INSTRUCCIONES: Estudia la figura, lee cada pregunta y elige la **mejor** respuesta.

El diagrama muestra la disposición del cantero principal de un rosedal. Los dos círculos más grandes son congruentes.

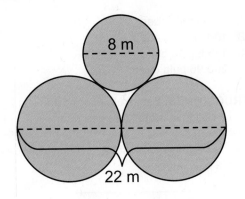

9. ¿Cuál es el área aproximada de uno de los círculos más grandes en metros cuadrados?

   A. 50
   B. 95
   C. 379
   D. 1,520

10. ¿Aproximadamente cuántos metros cuadrados mide el cantero?

    A. 145
    B. 190
    C. 240
    D. 290

INSTRUCCIONES: Lee cada pregunta y elige la **mejor** respuesta.

11. El jardinero pensó en unir los tres canteros y convertirlos en un círculo aún más grande. ¿Cuál sería el diámetro del nuevo cantero con forma de círculo más grande?

    A. 19 m
    B. 19.2 m
    C. 19.6 m
    D. 19.8 m

12. En vez de hacer un solo cantero, el jardinero decidió dejar los 2 canteros más grandes con forma de círculo y agregar 1 cantero circular más pequeño de tamaño congruente al círculo más pequeño. ¿Cuál es la nueva área aproximada del cantero en metros cuadrados?

    A. 190 m²
    B. 240 m²
    C. 290 m²
    D. 580 m²

13. El jardinero decidió extender un cantero rectangular de 10 metros de uno de los canteros más pequeños. ¿Cuál es el área aproximada del nuevo cantero?

    A. 12.56 m²
    B. 25.12 m²
    C. 50.24 m²
    D. 100.48 m²

INSTRUCCIONES: Estudia la información y la figura, lee cada pregunta y elige la **mejor** respuesta.

Stew dibujó la figura que se muestra a continuación. El diámetro del semicírculo también es la altura del rectángulo.

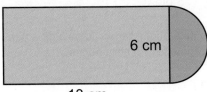

14. El semicírculo ubicado en el extremo del rectángulo mide exactamente la mitad de un círculo completo. ¿Cuál es el área aproximada del semicírculo en centímetros cuadrados?

    A. 9.42
    B. 14.13
    C. 28.26
    D. 78

15. ¿Cuál es el área aproximada de la figura en centímetros cuadrados?

    A. 87.42
    B. 92.13
    C. 96.84
    D. 106.26

16. ¿Cuál es el perímetro aproximado de la figura?

    A. 50.84 cm
    B. 47.42 cm
    C. 41.42 cm
    D. 38.0 cm

17. Si la figura tuviera el doble de alto, ¿cuál sería el área aproximada?

    A. 156 cm²
    B. 174.84 cm²
    C. 184.26 cm²
    D. 212.52 cm²

UNIDAD 4

INSTRUCCIONES: Estudia la información y la figura, lee cada pregunta y elige la **mejor** respuesta.

La figura muestra un triángulo colocado encima de un rectángulo.

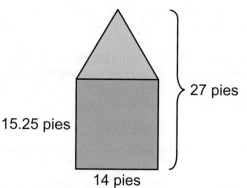

18. ¿Cuál es la altura del triángulo?

    A. 11.75 pies
    B. 13.5 pies
    C. 14 pies
    D. 15.25 pies

19. ¿Cuál es el área de la figura?

    A. 56.3 pies^2
    B. 75.0 pies^2
    C. 295.75 pies^2
    D. 378 pies^2

20. ¿Cuál es el perímetro de la figura?

    A. 56 pies
    B. 68 pies
    C. 71.9 pies
    D. 75 pies

21. Imagina que se separan las dos figuras y que el triángulo tiene todos sus lados igual que su base. Es necesario colocar una cerca para encerrar cada figura. ¿Cuánta cerca se necesita?

    A. 100.5 pies
    B. 93.75 pies
    C. 58.5 pies
    D. 42 pies

INSTRUCCIONES: Estudia la información y la figura, lee cada pregunta y elige la **mejor** respuesta.

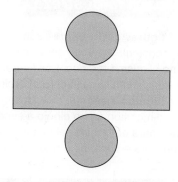

Algunos estudiantes de Grado 3 hacen un enorme signo de la división con papel, como se muestra arriba. La parte rectangular mide 24 pulgadas por 18 pulgadas y el diámetro de cada círculo es también 18 pulgadas.

22. ¿Cuál es el área total aproximada de toda la figura, medida en pulgadas cuadradas?

    A. 432
    B. 508
    C. 940.68
    D. 1,200

23. Los estudiantes quieren pintar todas las partes del signo, con excepción de uno de los círculos. ¿Cuál es el área total aproximada que pintarán?

    A. 254.3 pulg cuad
    B. 686.3 pulg cuad
    C. 940.7 pulg cuad
    D. 5,000 pulg cuad

24. Si cada recipiente de pintura cubre 100 pulgadas cuadradas, ¿cuál es la cantidad mínima de recipientes de pintura que se necesita para pintar toda la figura?

    A. 6
    B. 7
    C. 10
    D. 12

25. Si se duplica la longitud del rectángulo, ¿cuál sería la nueva área total?

    A. 50.24 pulg cuad
    B. 654.17 pulg cuad
    C. 1,372.7 pulg cuad
    D. 5,000 pulg cuad

Dibujos a escala

Usar con el *Libro del estudiante,* págs. 104–105.

TEMAS DE MATEMÁTICAS: Q.3.b, Q.3.c
PRÁCTICA DE MATEMÁTICAS: MP.1.a, MP.1.b, MP.1.d, M.P.4.b

1 Repasa la destreza

Las **figuras congruentes** son figuras que tienen exactamente la misma forma y tamaño porque sus ángulos correspondientes y lados correspondientes son iguales. Las **figuras semejantes** son figuras que tienen la misma forma pero no el mismo tamaño. Las figuras semejantes tienen ángulos correspondientes iguales pero las longitudes de los lados correspondientes son proporcionales, no iguales.

Los **dibujos a escala**, incluidos los mapas y los planos, son figuras semejantes. Un **factor de escala** es la razón de una dimensión en un dibujo a escala a la correspondiente dimensión en un dibujo real o en la realidad. Puedes usar razones para determinar el factor de escala de un dibujo. Se pueden usar proporciones para determinar una dimensión desconocida en un dibujo real o a escala, dados el factor de escala y la dimensión correspondiente.

2 Perfecciona la destreza

Al perfeccionar la destreza de razonamiento proporcional, mejorarás tus capacidades de estudio y evaluación, especialmente en relación con la Prueba de Razonamiento Matemático GED®. Estudia el diagrama y la información que aparecen a continuación. Luego responde las preguntas.

a Lee la pregunta 1 detenidamente para comprender cuál es la parte de la proporción desconocida. Aquí, conoces la longitud del objeto real y necesitas hallar su longitud en el plano.

b En la pregunta 2 debes buscar la longitud de la sala de estar más grande. Asegúrate de leer cada pregunta detenidamente para comprender su significado.

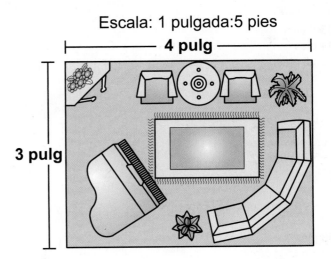

Escala: 1 pulgada:5 pies

4 pulg

3 pulg

USAR LA LÓGICA

Usa el sentido común para determinar si tu respuesta tiene sentido. Por ejemplo, sería razonable que una sala tuviera 12 pies de ancho y 8 pies de longitud; no 12 pulgadas de ancho o 12 pulgadas de longitud.

1. La longitud de la alfombra de la sala de estar real es 8 pies. ¿Cuántas pulgadas de longitud mide la alfombra de la sala de estar en el plano?

   A. 0.625 pulg
   B. 0.975 pulg
   C. 1.6 pulg
   D. 5.8 pulg

2. Se usará un plano similar para construir una sala de estar más grande en el sótano. Si el plano más grande mide 3 pulgadas de longitud, ¿cuál es la longitud de la sala de estar más pequeña?

   A. 3 pies
   B. 15 pies
   C. 20 pies
   D. 24 pies

UNIDAD 4

INSTRUCCIONES: Estudia las figuras y la información, lee la pregunta y elige la **mejor** respuesta.

Se amplía una fotografía de 4 pulgadas por 6 pulgadas proporcionalmente, como se muestra en el diagrama.

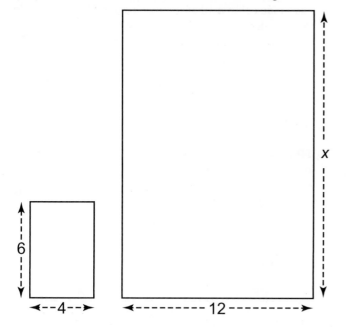

3. ¿Cuánto mide en pulgadas el lado más largo de la ampliación?

   A. 9
   B. 12
   C. 15
   D. 18

INSTRUCCIONES: Lee cada pregunta y elige la **mejor** respuesta.

4. En un mapa, dos ciudades están ubicadas a 3.5 pulgadas de distancia. La escala del mapa es 1 pulgada:5.5 millas. ¿Cuál es la distancia real en millas entre las dos ciudades?

   A. 2.25
   B. 9.25
   C. 11.25
   D. 19.25

5. El lago Superior mide 350 millas de longitud. Si la escala del mapa es 1 pulgada:25 millas, ¿cuántas pulgadas de longitud tiene el lago Superior en el mapa?

   A. 14
   B. 16
   C. 325
   D. 8,750

6. Peri recorrió en bicicleta 19.2 millas. Ella dibujó un mapa del camino que recorrió para un amigo y usó una escala de 2 pulgadas = 3.2 millas. ¿Cuántas pulgadas de longitud tiene el camino que recorrió Peri en el mapa que dibujó?

   A. 8
   B. 10
   C. 12
   D. 31

INSTRUCCIONES: Estudia la figura, lee cada pregunta y elige la **mejor** respuesta.

En el mapa que se muestra a continuación, 2 centímetros representan 6.5 kilómetros reales.

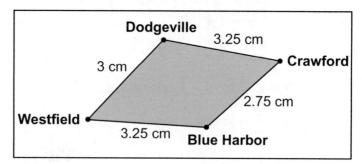

7. Redondeada al décimo de kilómetro más próximo, ¿cuál es la distancia real en kilómetros entre Dodgeville y Crawford?

   A. 4.0
   B. 9.8
   C. 10.0
   D. 10.6

8. ¿Aproximadamente cuántos kilómetros más manejarías desde Blue Harbor hasta Dodgeville pasando por Westfield que si manejaras desde Blue Harbor hasta Dodgeville pasando por Crawford?

   A. 0.1
   B. 0.4
   C. 0.6
   D. 0.8

INSTRUCCIONES: Lee la pregunta y elige la **mejor** respuesta.

9. Bloomington queda a 48 km de Orchard Point. En un mapa, estas ciudades están a 4 cm de distancia. ¿Cuál es la escala de este mapa?

   A. 1 cm = 16 km
   B. 1 cm = 12 km
   C. 1 cm = 8 km
   D. 1 cm = 0.5 km

INSTRUCCIONES: Estudia el diagrama, lee cada pregunta y elige la **mejor** respuesta.

En este plano, la escala es 0.5 pulgada = 5 pies.

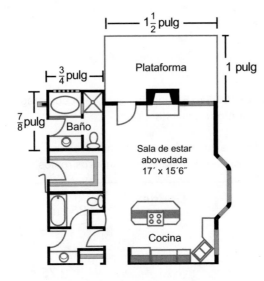

10. ¿Cuáles son las dimensiones de la plataforma real?

   A. 1.5 pies por 5 pies
   B. 0.15 pies por 0.8 pies
   C. 5 pies por 7.5 pies
   D. 10 pies por 15 pies

11. ¿Cuál es la longitud real del lado más largo del baño?

   A. $8\frac{3}{4}$ pies

   B. $8\frac{1}{2}$ pies

   C. 8 pies

   D. $4\frac{3}{8}$ pies

12. ¿Cuáles son las dimensiones del baño real?

   A. $7\frac{1}{2}$ pies por $8\frac{3}{4}$ pies

   B. $5\frac{1}{2}$ pies por $8\frac{1}{2}$ pies

   C. 5 pies por 8 pies

   D. 5 pies por $7\frac{1}{2}$ pies

INSTRUCCIONES: Lee la pregunta y elige la **mejor** respuesta.

13. La escala de un mapa es 3 cm:18 km. En el mapa, dos ciudades están a 10 cm de distancia. Si Stacey maneja a una velocidad promedio de 90 km por h de una ciudad hasta la otra, ¿aproximadamente cuánto tiempo tardará?

   A. 20 minutos
   B. 40 minutos
   C. 1 h
   D. 1 h 10 minutos

INSTRUCCIONES: Estudia las figuras, lee la pregunta y elige la **mejor** respuesta.

14. Un poste de 22 pies proyecta una sombra de 31.9 pies de longitud. A la misma hora del día, ¿aproximadamente cuántos pies de longitud tendría la sombra de un edificio de 55 pies?

   A. 31.9
   B. 37.9
   C. 64.9
   D. 79.8

INSTRUCCIONES: Lee cada pregunta y elige la **mejor** respuesta.

15. Un animal que mide 4.2 pies de altura proyecta una sombra de 3.8 pies de longitud. A la misma hora del día, un segundo animal proyecta una sombra de 6.8 pies de longitud. ¿Aproximadamente qué altura tiene el segundo animal?

   A. 7.5 pies
   B. 7.2 pies
   C. 6.4 pies
   D. 6.2 pies

16. El modelo de un carro tiene una escala de 1 pulgada:32 pulgadas. Si la longitud del parachoques del carro real es 108.8 pulgadas, ¿aproximadamente cuántas pulgadas de longitud tiene el parachoques del modelo del carro?

   A. 3.1 pulg
   B. 3.3 pulg
   C. 3.4 pulg
   D. 3.6 pulg

UNIDAD 4

INSTRUCCIONES: Lee la pregunta y elige la **mejor** respuesta.

17. Un dibujo a escala de un lote cuadrado tiene un perímetro de 22 cm. La escala del dibujo es 2 centímetros:5 yardas. ¿Qué longitud tiene un lado del cuadrado real?

A. 2.2 yd
B. 5.5 yd
C. 13.75 yd
D. 55 yd

INSTRUCCIONES: Estudia el diagrama, lee cada pregunta y elige la **mejor** respuesta.

Michael tuvo que enviar el dibujo a escala que se muestra a continuación con su solicitud de permiso para construir una plataforma nueva.

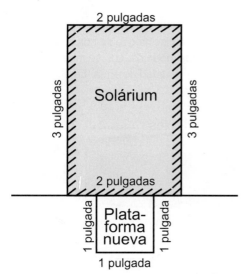

18. Si el lado más largo del solárium real mide 30 pies de longitud, ¿cuál es la escala del mapa?

A. 1 pulg:7 pies
B. 1 pulg:10 pies
C. 1 pulg:15 pies
D. 1 pulg:20 pies

19. Si el mapa tiene una escala de 0.5 pulg:6.5 pies, ¿cuáles son las dimensiones reales de la plataforma nueva?

A. 3.25 pies por 3.25 pies
B. 7 pies por 7 pies
C. 10 pies por 10 pies
D. 13 pies por 13 pies

INSTRUCCIONES: Estudia las figuras, lee la pregunta y elige la **mejor** respuesta.

Los siguientes triángulos rectángulos son semejantes. El segmento *CB* se corresponde con el segmento *GF*.

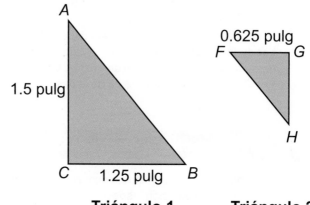

Triángulo 1   **Triángulo 2**

20. ¿Cuál es el factor de escala entre los Triángulos 1 y 2?

A. .78
B. 1.5
C. 2
D. 2.4

INSTRUCCIONES: Lee la pregunta, estudia la figura y elige la **mejor** respuesta.

21. Una empresa que comercializa alfombras fabrica dos tamaños de una alfombra muy vendida. Las alfombras son semejantes y la longitud de la alfombra más pequeña es 10 pies. ¿Cuál es el ancho de la alfombra más pequeña?

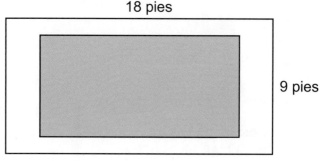

A. 1.8 pies
B. 5 pies
C. 16.2 pies
D. 162 pies

Prismas y cilindros

Usar con el *Libro del estudiante,* págs. 106–107.

1 Repasa la destreza

TEMAS DE MATEMÁTICAS: Q.2.a, Q.2.e, Q.5.a, Q.5.b, Q.5.c, A.2.a, A.2.b, A.2.c
PRÁCTICA DE MATEMÁTICAS: MP.1.a, MP.1.b, MP.1.d, MP.1.e, MP.2.a, MP.2.c, MP.3.a, MP.3.b, MP.4.a, MP.4.b, MP.5.b

Un **cuerpo geométrico** es una figura tridimensional. El **volumen** de un cuerpo geométrico es la cantidad de espacio que ocupa. El volumen de un prisma o de un cilindro es el producto del área de su base y su altura. El volumen se mide y se muestra en unidades cúbicas (^{3}).

El **área total** de un cuerpo geométrico es la suma de las áreas de sus dos bases *y* el área de sus superficies laterales. Las superficies de un prisma son polígonos. Usa fórmulas para las áreas de los triángulos, rectángulos y otros polígonos para calcular el área total de un prisma. Dichas fórmulas te ayudarán a determinar las dimensiones completas de un cuerpo. Por ejemplo, si conoces el área de la base de un cilindro y su área total, puedes calcular la altura.

2 Perfecciona la destreza

Al perfeccionar la destreza de calcular el área total y el volumen de prismas y cilindros, mejorarás tus capacidades de estudio y evaluación, especialmente en relación con la Prueba de Razonamiento Matemático GED®. Estudia la información que aparece a continuación. Luego responde las preguntas.

 a El volumen de las dos piscinas es el mismo. Para la pregunta 1, como el diámetro y la altura están dados para la Piscina A, halla el volumen de esta piscina.

b Recuerda que en la fórmula para el volumen de un cilindro se usa el radio, no el diámetro. Para ambas preguntas, divide el diámetro entre 2 para hallar el radio.

Genevieve quiere comprar una piscina que se coloca arriba del suelo. Está tratando de decidir entre dos modelos, que se muestran a continuación. Cada modelo contiene la misma cantidad de agua. La altura de la Piscina B está representada con *x*.

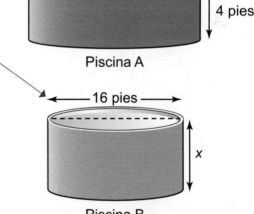

20 pies

4 pies

Piscina A

16 pies

x

Piscina B

1. ¿Cuál es el volumen, redondeado al pie cúbico más próximo, de cada piscina?

    A. 400
    B. 1,005
    C. 1,256
    D. 5,024

2. ¿Cuál es la altura, en pies, de la Piscina B?

    A. 4.25 pies
    B. 6.25 pies
    C. 8.0 pies
    D. 10.0 pies

UNIDAD 4

INSTRUCCIONES: Lee cada pregunta y elige la **mejor** respuesta.

3. Una tienda vende salchicha italiana cuyo envase tiene la forma de tubo cilíndrico que se muestra a continuación.

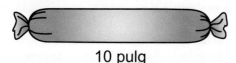

10 pulg

Si el radio del envase mide aproximadamente 1.5 pulgadas, ¿cuántas pulgadas cúbicas ocupa el envase?

A. 70.65
B. 93.40
C. 104.67
D. 141.30

4. Un cilindro tiene un diámetro de 10 metros y una altura de 7 metros. ¿Cuál es el volumen del cilindro?

A. 109.9 m³
B. 549.5 m³
C. 1725.4 m³
D. 2198 m³

INSTRUCCIONES: Estudia la información y la figura, lee cada pregunta y elige la **mejor** respuesta.

La caja con forma de cubo que se muestra a continuación tiene una longitud, un ancho y una altura de 18 pulgadas.

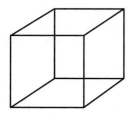

5. ¿Cuál es el volumen de la caja, redondeado al pie cúbico más próximo?

A. 3
B. 36
C. 324
D. 5,832

6. ¿Cuál es el área total de la caja, redondeada al pie cuadrado más próximo?

A. 14
B. 19
C. 324
D. 1944

INSTRUCCIONES: Lee cada pregunta y elige la **mejor** respuesta.

7. El frasco de perfume de Anaya es un prisma rectangular. El frasco mide 2.5 centímetros de ancho y 13 centímetros de altura. Si el volumen del frasco es 97.5 centímetros cúbicos, ¿cuál es la longitud del frasco de perfume, redondeada al centímetro entero más próximo?

A. 2.5 cm
B. 3.0 cm
C. 3.3 cm
D. 7.5 cm

8. Un paquete para envíos tiene la forma del prisma triangular que se muestra a continuación.

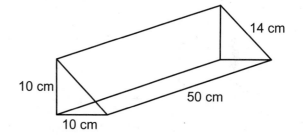

14 cm

10 cm

10 cm

50 cm

Suponiendo que el paquete no tiene huecos ni traslapos, ¿qué área de cartón se necesita para fabricar el paquete para envíos?

A. 1,300 cm²
B. 1,750 cm²
C. 1,800 cm²
D. 2,500 cm²

9. Calvin dice que el área total de un cubo es siempre mayor que su volumen. ¿Qué longitud de un lado de un cubo muestra que Calvin está equivocado?

A. 0.5 pies
B. 2 pies
C. 5 pies
D. 8 pies

10. ¿Cuál es el diámetro de un cilindro que tiene un volumen de 235.5 pulgadas cúbicas y una altura de 3 pulgadas?

A. 2.5 pulg
B. 5 pulg
C. 10 pulg
D. 25 pulg

⭐ Ítem en foco: **MENÚ DESPLEGABLE**

INSTRUCCIONES: Estudia la información y la figura, lee cada pregunta y elige la **mejor** respuesta del menú desplegable.

Una lata de harina que se abre desde arriba tiene una circunferencia de 31.4 centímetros y una altura de 20 centímetros. La parte inferior y la exterior están hechas de cartón y la tapa es de plástico.

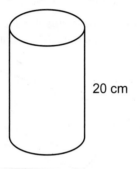

20 cm

11. Redondeada al centímetro cuadrado más próximo, y suponiendo que no hay traslapos, el área de cartón que se necesita para fabricar la lata es ⬚ Menú desplegable ⬚ cm².

    A. 157   B. 314   C. 628   D. 707

12. Una segunda lata contiene el mismo volumen de harina que la lata de la izquierda pero mide 15 centímetros de altura. Redondeada al décimo de centímetro más próximo, la circunferencia de la segunda lata es ⬚ Menú desplegable ⬚ cm.

    A. 33.3   B. 36.2   C. 72.5   D. 133.3

INSTRUCCIONES: Estudia la información y las figuras, lee la pregunta y elige la **mejor** respuesta del menú desplegable.

Los dos prismas tienen el mismo volumen.

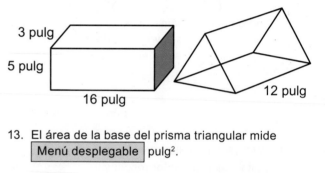

3 pulg
5 pulg
16 pulg
12 pulg

13. El área de la base del prisma triangular mide ⬚ Menú desplegable ⬚ pulg².

    A. 10   B. 11   C. 15   D. 20

INSTRUCCIONES: Estudia la figura, lee la pregunta y elige la **mejor** respuesta.

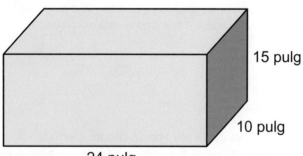

15 pulg
10 pulg
24 pulg

14. Alyssa tiene la pecera que se muestra a la izquierda. Si vierte agua en la pecera hasta que esté llena hasta la mitad, ¿cuántas pulgadas cúbicas de agua habrá en la pecera?

    A. 7,200
    B. 3,600
    C. 1,800
    D. 450

INSTRUCCIONES: Estudia la información, lee la pregunta y elige la **mejor** respuesta.

Una lata de refresco mide 3 pulgadas de diámetro y contiene 28.26 pulgadas cúbicas.

15. ¿Cuál es la altura de la lata?

    A. 1
    B. 3
    C. 4
    D. 6

INSTRUCCIONES: Estudia la información y la figura, lee cada pregunta y elige la **mejor** respuesta.

Una empresa fabrica vasos de papel enrollando trozos rectangulares de papel para darles forma de cilindro, como el que se muestra a continuación. Cada vaso mide 10 cm de altura.

10 cm

16. Si un vaso tiene un radio de 3.5 cm, ¿cuál es el volumen del vaso en centímetros cúbicos?

A. 384.7
B. 219.8
C. 192.3
D. 109.9

17. Si un vaso tiene un radio de 3.5 cm, ¿cuál es el área lateral del vaso en centímetros cuadrados?

A. 35
B. 70
C. 110
D. 220

INSTRUCCIONES: Lee la pregunta y elige la **mejor** respuesta.

18. Una empresa de servicios alimenticios envía cajas que contienen 40 latas de mantequilla. Cada lata tiene un radio de 2 pulgadas y una altura de 5 pulgadas. Las latas se colocan en una caja como la que se muestra a continuación. Después de que se colocan las latas en la caja, ¿cuánto espacio vacío queda en la caja?

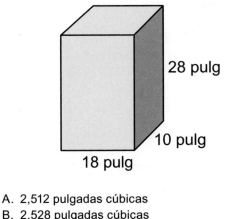

28 pulg

10 pulg

18 pulg

A. 2,512 pulgadas cúbicas
B. 2,528 pulgadas cúbicas
C. 3,784 pulgadas cúbicas
D. 4,973 pulgadas cúbicas

INSTRUCCIONES: Lee la pregunta y elige la **mejor** respuesta.

19. Kaya está plantando flores en la maceta cilíndrica que se muestra a continuación.

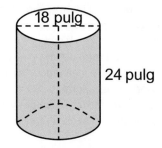

18 pulg

24 pulg

Ella comienza llenando las 3 pulgadas inferiores de la maceta con rocas. Luego, llena el resto de la maceta con tierra abonada. ¿Aproximadamente cuántas pulgadas cúbicas de tierra usa?

A. 760
B. 5,340
C. 6,100
D. 21,360

INSTRUCCIONES: Estudia la información y la figura, lee cada pregunta y elige la **mejor** respuesta.

Un prisma rectangular con un volumen de 4,050 pulgadas cúbicas tiene una base cuya longitud es el doble de su ancho. Su altura es 25 pulgadas.

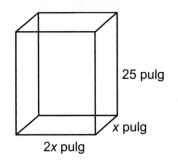

25 pulg

x pulg

2x pulg

20. ¿Cuál es la longitud del prisma?

A. 4.5 pulg
B. 9 pulg
C. 18 pulg
D. 27 pulg

21. ¿Cuál es el área total del prisma?

A. 1,674 pulg^2
B. 1,198 pulg^2
C. 837 pulg^2
D. 599 pulg^2

Pirámides, conos y esferas

Usar con el *Libro del estudiante,* págs. 108–109.

TEMAS DE MATEMÁTICAS: Q.2.a, Q.2.e, Q.5.d, Q.5.e, A.2.a, A.2.b, A.2.c
PRÁCTICA DE MATEMÁTICAS: MP.1.a, MP.1.b, MP.1.d, MP.1.e, MP.2.a, MP.2.c, MP.3.a, MP.3.b, MP.4.a, MP.4.b, MP.5.b

1 Repasa la destreza

Una **pirámide** es una figura tridimensional con un polígono como base y caras triangulares. El volumen, o cantidad de espacio que ocupa una pirámide, es $V = \frac{1}{3}Bh$. Un **cono** tiene una base circular. El volumen de un cono es $V = \frac{1}{3}\pi r^2 h$.

El **área total** de un cuerpo geométrico es la suma de las áreas de sus superficies. El área total de una pirámide es la suma del área de su base y sus caras triangulares. El área de cada cara se calcula usando la altura del lado inclinado. La fórmula para el área total de una pirámide es $SA = B + \frac{1}{2}Ps$, donde B es el área de la base, P es el perímetro de la base y s es la altura del lado inclinado. Asimismo, el área total de un cono es la suma de su base circular y su superficie curva. La fórmula para el área total es $SA = \pi rs + \pi r^2$.

Una **esfera** tiene forma de pelota y no tiene bases o caras. La fórmula para el volumen de una esfera es $\frac{4}{3}\pi r^3$. La fórmula para el área total de una esfera es $4\pi r^2$.

2 Perfecciona la destreza

Al perfeccionar la destreza de calcular el área total y el volumen de pirámides, conos y esferas, mejorarás tus capacidades de estudio y evaluación, especialmente en relación con la Prueba de Razonamiento Matemático GED®. Estudia la información que aparece a continuación. Luego responde las preguntas.

a El volumen de los dos edificios es el mismo. Para la pregunta 1, como el diámetro y la altura se dan para el Granero A, puedes hallar el volumen de este granero.

b Recuerda que en la fórmula para el volumen de un cono se usa el radio, no el diámetro. Divide el diámetro entre 2 para hallar el radio. Luego, multiplica el radio calculado por 2 para hallar el diámetro del Granero B.

Un granjero está planeando construir un granero cónico en su propiedad. Para ahorrar costos en la construcción, elige entre dos tamaños estándar, que se muestran a continuación. Cada modelo contiene la misma cantidad de granos. El diámetro del Granero B está representado con x.

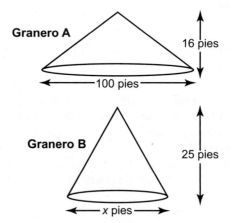

Granero A — 16 pies — 100 pies

Granero B — 25 pies — x pies

TEMAS

Los temas Q.5.d y Q.5.e requieren que calcules el volumen y el área total de pirámides, conos y esferas. También puedes necesitar hallar el diámetro, el radio o el área de una base, o la longitud, el ancho o la altura de un cuerpo.

a 1. ¿Cuál es el volumen, redondeado al pie cúbico más próximo, de cada granero?

A. 41,867
B. 65,417
C. 125,600
D. 167,467

b 2. ¿Cuál es el diámetro, en pies, del Granero B?

A. 20
B. 40
C. 80
D. 160

INSTRUCCIONES: Lee cada pregunta y elige la **mejor** respuesta.

3. Walt infla una pelota de playa con un diámetro de 15 pulgadas. ¿Aproximadamente cuántas pulgadas cúbicas de aire sopla dentro de la pelota?

   A. 710
   B. 1,770
   C. 2,820
   D. 10,600

4. Una pirámide cuadrada tiene una altura de 9 cm y una base con un área de 36 cm². ¿Cuál es el volumen de la pirámide cuadrada, redondeado al centímetro cúbico más próximo?

   A. 108
   B. 162
   C. 324
   D. 432

5. Una esfera tiene un área total de aproximadamente 28.26 pulgadas cúbicas. ¿Cuál es el radio de la esfera?

   A. 1.5 cm
   B. 2.1 cm
   C. 3.0 cm
   D. 6.0 cm

INSTRUCCIONES: Estudia la información y la figura, lee cada pregunta y elige la **mejor** respuesta.

   La pirámide cuadrada que aparece a continuación tiene un volumen de 64 pies cúbicos y un área total de 144 pies cuadrados.

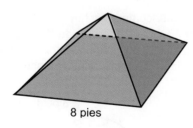

8 pies

6. ¿Cuál es la altura de la pirámide?

   A. 2.25 pies
   B. 3 pies
   C. 5 pies
   D. 12 pies

7. ¿Cuál es la altura del lado inclinado de la pirámide?

   A. 2.25 pies
   B. 4 pies
   C. 5 pies
   D. 13 pies

INSTRUCCIONES: Estudia la información y las figuras, lee cada pregunta y elige la **mejor** respuesta.

   La Cabaña de Conos de Nieve vende conos de tres tamaños. A continuación se muestran diagramas de los tres tamaños.

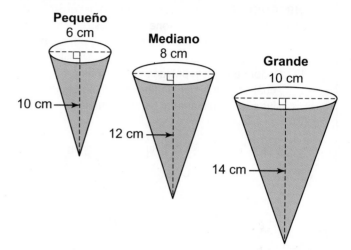

8. ¿Cuál es el volumen del cono más pequeño, redondeado al centímetro cúbico más próximo?

   A. 94
   B. 141
   C. 283
   D. 376

9. La altura del lado inclinado del recipiente más pequeño mide 10.4 cm. Redondeada al centímetro cuadrado más próximo, ¿qué área de papel se necesita para hacer el recipiente más pequeño? Imagina que el papel no se traslapa.

   A. 94 cm²
   B. 98 cm²
   C. 188 cm²
   D. 196 cm²

10. ¿Aproximadamente cuántos centímetros cúbicos más contiene el tamaño grande comparado con el mediano?

    A. 44
    B. 117
    C. 165
    D. 274

11. El dueño reemplazó el cono más pequeño con un cono que tiene un diámetro de 5 centímetros y una altura de 9 centímetros. ¿Aproximadamente cuántos centímetros cúbicos más grande era el tamaño del antiguo cono?

    A. 35 cm³
    B. 59 cm³
    C. 131 cm³
    D. 141 cm³

★ Ítem en foco: **ARRASTRAR Y SOLTAR**

INSTRUCCIONES: Lee cada pregunta y construye la ecuación usando las opciones de arrastrar y soltar para colocar las cantidades en los recuadros adecuados.

12. Redondeado a la pulgada cúbica más próxima, ¿cuál es el volumen de un cono de 8 pulgadas de altura, con un diámetro de 10 pulgadas?

$$V = \frac{\square}{\square} \times \pi \times \square^2 \times \square \approx \square \ \text{pulg}^3$$

| 1 | 3 | 4 | 5 | 8 | 10 | 41.8 | 209 |

13. ¿Cuál es el volumen de la pirámide que aparece a continuación?

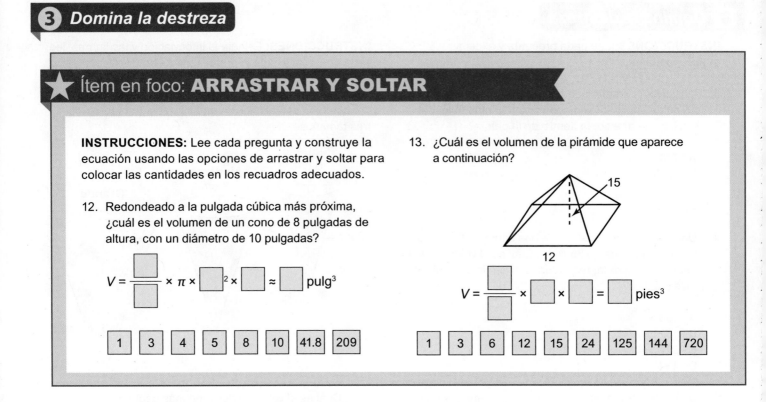

$$V = \frac{\square}{\square} \times \square \times \square = \square \ \text{pies}^3$$

| 1 | 3 | 6 | 12 | 15 | 24 | 125 | 144 | 720 |

INSTRUCCIONES: Estudia la información y las figuras, lee cada pregunta y elige la **mejor** respuesta.

Una empresa que hace esculturas en hielo está experimentando con bloques congelados con forma de pirámides cuadradas, como se muestra en el diagrama que aparece a continuación.

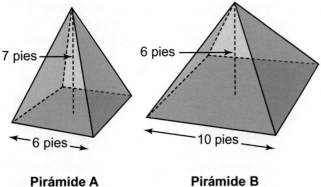

Pirámide A   **Pirámide B**

14. ¿Cuál es el volumen de la Pirámide A?

   A. 28 pies cúbicos
   B. 42 pies cúbicos
   C. 84 pies cúbicos
   D. 98 pies cúbicos

15. ¿Cuál es el volumen de la Pirámide B?

   A. 20 pies cúbicos
   B. 60 pies cúbicos
   C. 120 pies cúbicos
   D. 200 pies cúbicos

16. La Pirámide C tiene el mismo volumen que la Pirámide A y la misma longitud de la arista de la base que la Pirámide B. ¿Aproximadamente qué altura tiene la Pirámide C?

   A. 2.5 pies
   B. 5 pies
   C. 6.5 pies
   D. 16.7 pies

INSTRUCCIONES: Lee la pregunta y elige la **mejor** respuesta.

17. Un farol esférico tiene un hoyo circular en su parte superior. El radio del farol mide 12 pulgadas. El radio del hoyo mide 3 pulgadas. ¿Aproximadamente qué área de papel se necesita para construir el farol?

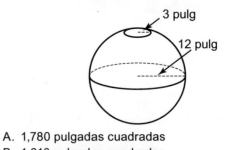

   A. 1,780 pulgadas cuadradas
   B. 1,810 pulgadas cuadradas
   C. 7,200 pulgadas cuadradas
   D. 7,230 pulgadas cuadradas

18. Un equipo de escultores que trabajan en la arena está construyendo un dinosaurio con púas en el lomo. Ellos eligieron la forma de cono para las púas. Si construyen púas que contienen aproximadamente 550 pulgadas cúbicas de arena, con un diámetro de 10 pulgadas, ¿qué altura tienen los conos, en pulgadas?

    A. 5
    B. 7
    C. 10
    D. 21

19. ¿Cuál es el volumen, redondeado al pie cúbico más próximo, de una pirámide cuadrada con una longitud de los lados de 2 pies y 6 pulgadas, y una altura de 3 pies y 3 pulgadas?

    A. 6
    B. 7
    C. 9
    D. 21

INSTRUCCIONES: Estudia la información y la figura, lee cada pregunta y elige la **mejor** respuesta.

El espacio que hay dentro del tipi que se muestra a continuación mide 803.84 pies cúbicos.

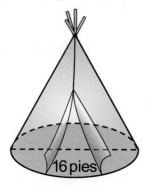

20. ¿Cuál es la altura del tipi, redondeada al pie más próximo?

    A. 3
    B. 4
    C. 12
    D. 24

21. Si se usan 563 pies cuadrados de material para hacer el tipi y su piso, ¿cuál es la altura del lado inclinado del tipi, redondeada a la pulgada más próxima?

    A. 7 pies 2 pulgadas
    B. 14 pies 5 pulgadas
    C. 40 pies 10 pulgadas
    D. 42 pies 3 pulgadas

INSTRUCCIONES: Estudia la información y las figuras, lee cada pregunta y elige la **mejor** respuesta.

Una arquitecta está diseñando un invernadero de vidrio con la forma de una pirámide cuadrada. Se construirán las caras triangulares de vidrio y la base cuadrada de madera. Los dos diseños que se muestran a continuación tienen el mismo volumen.

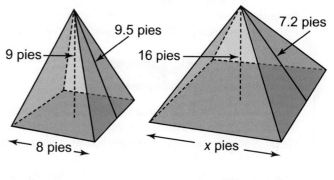

Invernadero A   **Invernadero B**

22. ¿Cuál es el volumen de cada invernadero?

    A. 48 pies cúbicos
    B. 72 pies cúbicos
    C. 192 pies cúbicos
    D. 576 pies cúbicos

23. ¿Qué área de madera se necesitará para el Invernadero B?

    A. 6 pies cuadrados
    B. 12 pies cuadrados
    C. 16 pies cuadrados
    D. 36 pies cuadrados

24. La arquitecta quiere minimizar la cantidad de vidrio que se usará para construir la estructura. ¿Cuál de los siguientes enunciados explica el diseño que debería elegir?

    A. Debería elegir el Invernadero A porque el área total del Invernadero A es menor que el área total del Invernadero B.
    B. Debería elegir el Invernadero A porque la suma de las áreas de las caras triangulares del Invernadero A es menor que la suma de las áreas de las caras triangulares del Invernadero B.
    C. Debería elegir el Invernadero B porque el área total del Invernadero B es menor que el área total del Invernadero A.
    D. Debería elegir el Invernadero B porque la suma de las áreas de las caras triangulares del Invernadero B es menor que la suma de las áreas de las caras triangulares del Invernadero A.

UNIDAD 4

Cuerpos geométricos compuestos

Usar con el *Libro del estudiante,* págs. 110–111.

TEMAS DE MATEMÁTICAS: Q.2.a, Q.2.e, Q.5.a, Q.5.b, Q.5.c, Q.5.d, Q.5.e, Q.5.f, A.1.a, A.1.c, A.1.g, A.2.c, A.4.b
PRÁCTICA DE MATEMÁTICAS: MP.1.a, MP.1.b, MP.1.c, MP.1.d, MP.1.e, MP.2.c, MP.3.a, MP.4.a, MP.4.b, MP.5.c

1 Repasa la destreza

Los cálculos que involucran áreas totales y volúmenes de **cuerpos geométricos compuestos** con frecuencia se pueden resolver más fácilmente separando un cuerpo geométrico compuesto en figuras más simples. Al hacerlo, hay que prestar atención para asegurarse de que las piezas puedan volver a combinarse y formar la figura original.

No siempre todas las dimensiones de las figuras más simples se dan explícitamente. Algunas se pueden inferir a partir de la geometría y de las dimensiones dadas para otros elementos del entero. Las relaciones como el teorema de Pitágoras también pueden usarse para brindar la información que falta.

2 Perfecciona la destreza

Al perfeccionar la destreza de calcular áreas totales y volúmenes de cuerpos geométricos compuestos, mejorarás tus capacidades de estudio y evaluación, especialmente en relación con la Prueba de Razonamiento Matemático GED®. Estudia la información y las figuras que aparecen a continuación. Luego responde las preguntas.

a Los cálculos del volumen generalmente implican la separación de un cuerpo geométrico en figuras simples que tienen fórmulas para el volumen bien definidas. En este caso, el cuerpo geométrico es una combinación de un prisma rectangular y una pirámide cuadrada.

b Se deben leer detenidamente los problemas relacionados con el área total de un cuerpo geométrico compuesto para identificar exactamente las superficies de interés. En este caso, lo que importa son las paredes del edificio, pero no el piso o el techo.

Las figuras que aparecen a continuación representan un depósito de 20 pies por 20 pies, con paredes de 12 pies de altura. La parte superior es una pirámide cuadrada, de 30 pies por 30 pies, que suma otros 12 pies a su altura.

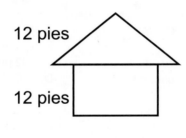

12 pies

12 pies

LADO

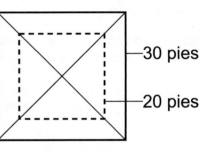

30 pies

20 pies

PARTE SUPERIOR

TEMAS

Los problemas relacionados con cuerpos geométricos compuestos se pueden plantear de forma numérica o a través de variables. En el último caso, la manipulación algebraica puede dar como resultado expresiones simplificadas que facilitan los cálculos.

1. ¿Cuál es el volumen que ocupa la parte cuadrada inferior del depósito?

    A. 400 pies cúbicos
    B. 900 pies cúbicos
    C. 4,800 pies cúbicos
    D. 10,800 pies cúbicos

2. ¿Cuál es el volumen total que ocupa el depósito?

    A. 6,400 pies cúbicos
    B. 8,400 pies cúbicos
    C. 10,200 pies cúbicos
    D. 15,600 pies cúbicos

UNIDAD 4

INSTRUCCIONES: Lee cada pregunta y elige la **mejor** respuesta.

3. Para la temporada de regreso a la escuela, una tienda vende un recipiente con clips que tiene forma de lápiz, como se muestra a continuación. El radio del recipiente con forma de lápiz es 3 cm. ¿Cuál es el volumen del recipiente, redondeado al centímetro cúbico más próximo?

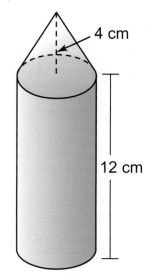

4 cm

12 cm

A. 226
B. 301
C. 377
D. 452

4. Una compañía de teatro construyó el escenario que se muestra a continuación. ¿Cuál es el volumen de la figura?

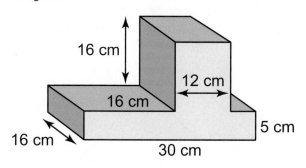

16 cm

12 cm

16 cm

16 cm

5 cm

30 cm

A. 1,632 cm³
B. 2,316 cm³
C. 5,312 cm³
D. 5,472 cm³

INSTRUCCIONES: Estudia la información y el diagrama, lee cada pregunta y elige la **mejor** respuesta.

El restaurante giratorio ubicado arriba de un rascacielos de la ciudad tiene forma de cilindro, con un techo abovedado con forma de cono, como se muestra en el diagrama que aparece a continuación.

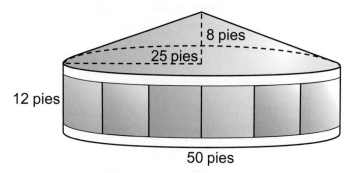

8 pies

25 pies

12 pies

50 pies

5. ¿Cuál es el volumen de la sección con forma de cono del restaurante en pies cúbicos?

A. 209.3
B. 5,233.3
C. 7,850.0
D. 15,700.0

6. ¿Cuál es el volumen aproximado, en pies cúbicos, del interior del restaurante?

A. 5,233
B. 18,317
C. 23,550
D. 28,783

7. Los dueños del restaurante decidieron agregar material aislante al interior del restaurante. Como resultado, el radio de todo el restaurante se redujo en 1 pie y la altura de la sección con forma de cono se redujo en 1 pie. ¿Aproximadamente en cuántos pies cúbicos se redujo el volumen del interior del restaurante?

A. 2,256
B. 2,859
C. 4,220
D. 4,668

8. Si r es el radio del restaurante, h es la altura de la pared de la parte cilíndrica y s es la altura del lado inclinado del techo cónico, ¿cuál es el área total combinada de la pared y el techo?

A. $A = \pi r (2h + s)$
B. $A = \pi r (2h - s)$
C. $A = \pi r (h + s)$
D. $A = \pi r (h - s)$

INSTRUCCIONES: Estudia la información y el diagrama, lee cada pregunta y elige la **mejor** respuesta.

El siguiente es un bosquejo de una mesa de trabajo resistente compuesta de una parte superior rectangular, de 4 pies de ancho × 8 pies de longitud × 0.5 pies de grosor, y cuatro patas cilíndricas, donde cada una mide 4 pies de longitud y tiene un diámetro de 0.5 pies.

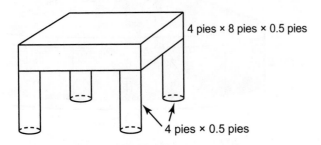

4 pies × 8 pies × 0.5 pies

4 pies × 0.5 pies

9. ¿Cuál es el volumen total de la mesa, incluidas las patas, redondeado al décimo de pie cúbico más próximo?

A. 16.0 pies cúbicos
B. 17.6 pies cúbicos
C. 19.1 pies cúbicos
D. 20.0 pies cúbicos

10. Si el material que se usó para hacer la parte superior de la mesa pesa 50 lb por pie³ y el material que se usó para hacer las patas pesa 120 lb por pie³, ¿cuánto pesa la mesa?

A. 377 libras
B. 423 libras
C. 800 libras
D. 1,177 libras

11. ¿Cuál es el área total combinada de la parte superior de la mesa y las patas, expresada al pie cuadrado más próximo?

A. 101 pies cuadrados
B. 76 pies cuadrados
C. 63 pies cuadrados
D. 51 pies cuadrados

12. Se aplica barniz a la parte superior de la mesa, a sus cuatro lados y a las superficies laterales de las patas. Redondeada al pie cuadrado más próximo, ¿cuál es el área total de la mesa barnizada?

A. 50 pies cuadrados
B. 57 pies cuadrados
C. 69 pies cuadrados
D. 101 pies cuadrados

INSTRUCCIONES: Lee cada pregunta y elige la **mejor** respuesta.

13. El siguiente bosquejo muestra un silo de granos que está compuesto por un cilindro que forma los lados y una semiesfera que forma la parte superior. ¿Cuál es el volumen que contiene el silo, expresado en función de altura H y radio R?

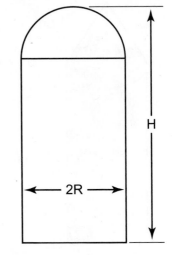

A. $V = \pi R^2 \left(H + \frac{1}{3}R \right)$

B. $V = \pi R^2 \left(H - \frac{1}{3}R \right)$

C. $V = \pi R^2 \left(H + \frac{2}{3}R \right)$

D. $V = \pi R^2 \left(H - \frac{2}{3}R \right)$

14. El siguiente bosquejo muestra una casa representada como la combinación de un prisma rectangular y un prisma triangular. En función de las variables dadas, ¿cuál es el volumen que ocupa la casa?

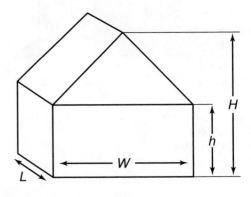

A. $V = LW(H + h)$
B. $V = LW(H - h)$

C. $V = \frac{1}{2}LW(H + h)$

D. $V = \frac{1}{2}LW(H - h)$

INSTRUCCIONES: Estudia la información y el diagrama, lee cada pregunta y elige la **mejor** respuesta.

El siguiente bosquejo representa un monumento. La parte inferior es un prisma cuadrado con un ancho de 50 pies y una altura de 400 pies. La parte superior es una pirámide cuadrada con una altura de 60 pies.

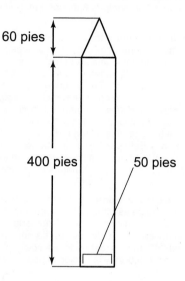

15. ¿Cuál es el volumen de la parte inferior del monumento?

   A. 80,000 pies cúbicos
   B. 500,000 pies cúbicos
   C. 785,000 pies cúbicos
   D. 1,000,000 pies cúbicos

16. ¿Cuál es el volumen total del monumento?

   A. 130,000 pies cúbicos
   B. 383,000 pies cúbicos
   C. 1,050,000 pies cúbicos
   D. 1,150,000 pies cúbicos

17. Redondeada a los 100 pies cuadrados más próximos, ¿cuál es el área total combinada de las paredes y la parte superior del monumento?

   A. 21,600 pies cuadrados
   B. 64,900 pies cuadrados
   C. 86,000 pies cuadrados
   D. 86,500 pies cuadrados

INSTRUCCIONES: Estudia la información y el diagrama, lee cada pregunta y elige la **mejor** respuesta.

El siguiente bosquejo representa una torre de agua con una parte superior semiesférica de 48 pies de diámetro, una parte inferior cilíndrica de 40 pies de altura y un diámetro de 8 pies y una sección cónica de 20 pies que une a las dos secciones anteriores.

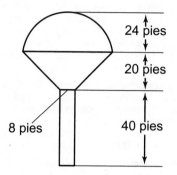

18. ¿Cuál es el volumen combinado de las secciones esférica y cilíndrica, redondeado a la decena más próxima?

   A. 5,630 pies cúbicos
   B. 28,940 pies cúbicos
   C. 30,950 pies cúbicos
   D. 59,890 pies cúbicos

19. ¿Cuál es el volumen de la sección cónica de la torre de agua?

   A. 14,400 pies cúbicos
   B. 14,470 pies cúbicos
   C. 14,540 pies cúbicos
   D. 14,610 pies cúbicos

20. ¿Cuál es el área total combinada de la pared de la sección cilíndrica y la sección semiesférica?

   A. 8,240 pies cuadrados
   B. 5,630 pies cuadrados
   C. 4,620 pies cuadrados
   D. 3,620 pies cuadrados

21. Imagina que la torre de agua contiene 27,210 pies cúbicos de agua. ¿Aproximadamente qué porcentaje de su capacidad máxima contiene la torre de agua?

   A. 88%
   B. 60%
   C. 53%
   D. 30%

Clave de respuestas

UNIDAD 1 SENTIDO NUMÉRICO Y OPERACIONES

LECCIÓN 1, *págs. 2–5*

1. **D**; **Nivel de conocimiento:** 1; **Temas:** Q.1, Q.6.c; **Práctica:** MP.1.e
Todos los números tienen la misma cantidad de dígitos, por lo que deben compararse los valores posicionales individuales, comenzando con el dígito del extremo izquierdo. Para esos dígitos, en el lugar de los millares, solamente el número del *sábado* es mayor que 4. Los dígitos del lugar de los millares son 4 o menos en los otros números. Esto significa que la cantidad de pases vendidos el *sábado*, *5,683*, fue mayor.

2. **C**; **Nivel de conocimiento:** 1; **Temas:** Q.1, Q.6.c; **Práctica:** MP.1.e
Al usar el valor posicional para comprobar el número de pases vendidos cada día, hallamos que los dos números mayores, *4,586* y *5,683*, ocurren en días del fin de semana. La asistencia descendió durante la primera parte de la semana y luego aumentó, por lo que las respuestas A, B y D son incorrectas.

3. **C**; **Nivel de conocimiento:** 1; **Temas:** Q.1, Q.6.c; **Práctica:** MP.1.e
El número 1107 es mayor que *1001* y menor que *1250*, por lo que el asiento *1107* está ubicado en la *Fila E*.

4. **B**; **Nivel de conocimiento:** 2; **Temas:** Q.1, Q.6.c; **Práctica:** MP.1.e
El asiento 1000 está ubicado en la *Fila D*. Los asientos del 1001 al 1003 están ubicados en la *Fila E*. Entonces, la familia se sentará tanto en la *Fila D* como en la *Fila E* (opción B).

5. **A**; **Nivel de conocimiento:** 2; **Temas:** Q.1, Q.2.a, Q.6.c; **Prácticas:** MP.1.a, MP1.b, MP.1.e
La diferencia entre el número mayor y el número menor de asientos en la *Fila A* es menor que 200. Las diferencias entre el número mayor y el número menor de asientos de las otras filas son mayores que 200, lo que las descarta como posibilidades. Por lo tanto, la *Fila A* tiene el menor número de asientos.

6. **C**; **Nivel de conocimiento:** 1; **Temas:** Q.1, Q.2.a, Q.6.c; **Práctica:** MP.1.a, MP.1.e
Si compruebas los números de asiento verás que el asiento 1000 se encuentra en la *Fila D* y que las *Filas E* y *F* tienen números de asientos en los millares. Entonces, hay 3 filas con números de asientos en los millares.

7. **D**; **Nivel de conocimiento:** 2; **Temas:** Q.1, Q.2.a, Q.6.c; **Prácticas:** MP.1.a, MP.1.b, MP.1.e
El número del último asiento de cada fila después de la *Fila A* es 250 veces mayor que el último asiento de la fila anterior. Eso indica que el número del último asiento de la fila que le sigue a la *Fila F* probablemente será 250 veces mayor que 1500, es decir, 1750. Del mismo modo, el número del último asiento de la fila siguiente a esa (el número del último asiento de las dos filas añadidas) probablemente será 2000 (opción D).

8. **B**; **Nivel de conocimiento:** 1; **Tema:** Q.1; **Práctica:** MP.1.e
El número *1100* es mayor que *1097* y menor que *1105*; entonces, la palabra se encuentra entre las páginas que tienen la letra Q. El número *1100* no entra dentro del rango de páginas para ninguna otra letra.

9. **D**; **Nivel de conocimiento:** 1; **Tema:** Q.1; **Práctica:** MP.1.e
Las palabras que comienzan con la letra *S* pueden encontrarse en las páginas *1178–1360*. Las páginas *1234–1287* (opción D) pueden encontrarse dentro de este rango. El rango de páginas mencionado para A, *998–1045*, entra completamente dentro del rango de páginas para la letra *P*, por lo que puede descartarse la opción A. Las opciones B y C pueden descartarse de manera semejante.

10. **A**; **Nivel de conocimiento:** 1; **Tema:** Q.1; **Práctica:** MP.1.e
Doce mil se escribe *12,000*. *Ochocientos dos* se escribe *802*. Si combinas estos dos, obtienes *12,802* (opción A). La opción B ubica el 2 en el lugar de las decenas; entonces, se leería como un número que termina en *veinte*. Las opciones C y D tienen seis dígitos, lo que significa que el primer dígito está en el lugar de las centenas de millar, por lo que se pueden descartar esas dos opciones.

11. **D**; **Nivel de conocimiento:** 2; **Tema:** Q.1; **Práctica:** MP.1.e
Todos los números tienen dos dígitos; entonces, primero tenemos que comparar los dígitos que están en el lugar de las decenas. Los números *98*, *92* y *95* tienen un *9* en el lugar de las decenas, mientras que los números *75* y *84* tienen dígitos más pequeños. Esto permite descartar las opciones A y B. Luego, comparamos los tres números que comienzan con *9*; si nos centramos en los dígitos que están en el lugar de las unidades, el más grande de los tres es *98*, que tiene un *8* en el lugar de las unidades, seguido de *95*, que tiene un *5*. Esto permite descartar la opción C, por lo que D es la única opción posible. Si procedemos de la misma manera, los números restantes están ordenados de mayor a menor, como *92*, *84*, *75*, lo que confirma la opción D.

12. **B**; **Nivel de conocimiento:** 1; **Tema:** Q.1; **Práctica:** MP.1.e
El número 150,000 se escribe *ciento cincuenta mil*. El número 218 se escribe *doscientos dieciocho*. Al combinarlos, obtenemos ciento cincuenta mil doscientos dieciocho (B). La opción A especifica un 2, en lugar del 200 que corresponde. La opción C especifica 1,000 y 50, en lugar de 150,000, y la opción D usa un 21 y un 8 en lugar de 218.

13. **C**; **Nivel de conocimiento:** 1; **Temas:** Q.1, Q.2.a, Q.6.c; **Prácticas:** MP.1.a, MP.1.b, MP.1.e, MP.2.c
Hubo 3 jugadores que anotaron entre 100 y 119 puntos. Otros 5 anotaron entre 120 y 139. Si sumamos los jugadores (3 y 5), obtenemos que 8 jugadores anotaron entre 100 y 139 puntos.

14. **C**; **Nivel de conocimiento:** 2; **Temas:** Q.1, Q.6.c; **Prácticas:** MP.1.a, MP.1.e
Si comparamos los distintos números de la columna de frecuencia, hallaremos que el valor mayor es 9, que ocurre para el rango de puntaje 160–179.

15. **A**; **Nivel de conocimiento:** 2; **Temas:** Q.1, Q.6.c; **Prácticas:** MP.1.a, MP.1.e
Si comparamos los distintos números de la columna de frecuencia, hallaremos que el valor menor es 3, que ocurre para el rango de puntaje 100–119 y que corresponde a la opción A.

16. **D**; **Nivel de conocimiento:** 2; **Temas:** Q.1, Q.6.c; **Prácticas:** MP.1.a, MP.1.e, MP.2.c
Todos los números son mayores que 30,000 excepto 14,227, que corresponde a personas de 85 años o más (D). De las cuatro opciones de población, todos son números de cinco dígitos y, como tales, pueden compararse primero usando los dígitos que están en el lugar de las decenas de millar. Las opciones A, B y C tienen un 3 en el lugar de las decenas de millar, mientras que D tiene un 1, por lo que tiene el menor número de personas.

17. **C**; **Nivel de conocimiento:** 3; **Temas:** Q.1, Q.2.a, Q.6.c; **Prácticas:** MP.1.a, MP.1.b, MP.1.c, MP.1.e, MP.2.c, MP.3.a
La población total del grupo de 25 a 54 años de edad puede hallarse sumando tres cantidades de grupos de edad, cada una mayor que 100,000. Los resultados para los otros grupos de edad implican sumar dos o tres cantidades, cada una menor que 100,000. Eso asegura que C es la respuesta correcta. También podríamos hacer las sumas reales.

18. B; Nivel de conocimiento: 1; **Tema:** Q.1; **Práctica:** MP.1.e
El 8 está en el lugar de las centenas y el 7 está en el lugar de las unidades, por lo que 807 se escribe *ochocientos siete* (B). La opción A indica 80, en lugar de 800. La opción C usa 70 en lugar del 7 que se especifica. El uso de la frase *ocho mil siete* de la opción de respuesta D indica incorrectamente un número de 8,000.

19. B; Nivel de conocimiento: 1; **Tema:** Q.1; **Práctica:** MP.1.e
El número que está en el lugar de las centenas es 6. Como el número que está en el lugar de las decenas (4) es menor que 5, el número 6 no se modifica cuando se redondea; la respuesta es 8,600. La opción A implica el redondeo al 500 más próximo. La opción C implica redondear al lugar de las centenas, no redondear hacia abajo a la centena más próxima. La opción D implica redondear al millar más próximo.

20. D; Nivel de conocimiento: 3; **Temas:** Q.1, Q.2.a, Q.2.e, Q.6.c; **Prácticas:** MP.1.a, MP.1.c, MP.1.e, MP.3.a
Se puede razonar que si la estatura de un adulto es el doble de la estatura de un niño a los 2 años, entonces el niño que sea más alto a los 2 años también será el adulto más alto. En ese caso, el adulto más alto será Charlie, que es el niño más alto a los 2 años. Todos los otros niños tienen estaturas menores que la de Charlie. También podríamos hacer las multiplicaciones y comparar.

21. B; Nivel de conocimiento: 3; **Temas:** Q.1, Q.2.a, Q.2.e, Q.6.c; **Prácticas:** MP.1.a, MP.1.c, MP.1.e, MP.3.a
Se puede razonar que si la estatura de un adulto es el doble de la estatura de un niño a los 2 años, entonces dos niños que tengan la misma estatura a los 2 años tendrán la misma estatura cuando sean adultos. En ese caso, el niño que tiene la misma estatura que Kiera (Jake) también tendrá la misma estatura cuando sea adulto. Ninguno de los otros niños tiene la misma estatura que Jake, por lo que se pueden descartar. También podríamos hacer las multiplicaciones y comparar.

22. D; Nivel de conocimiento: 2; **Temas:** Q.1, Q.2.a, Q.2.e, Q.6.c; **Prácticas:** MP.1.a, MP.1.c, MP.1.e, MP.3.a
Se espera que la estatura de Melanie cuando sea adulta sea el doble de su estatura cuando tenía 2 años, es decir, 2 × 31 = 62 pulgadas. La persona que será cuatro pulgadas más alta que 62 cuando sea adulta (es decir, 66 pulgadas) tendría la mitad de esa estatura, es decir, 33 pulgadas, a los 2 años. Esa persona es George (opción D). Otra alternativa sería razonar que cuatro pulgadas de diferencia de adulto corresponderá a dos pulgadas de diferencia a los 2 años. La persona que es dos pulgadas más alta que Melanie a los 2 años es, nuevamente, George.

23. D; Nivel de conocimiento: 2; **Temas:** Q.1, Q.6.c; **Prácticas:** MP.1.a, MP.1.e
Este problema puede resolverse más fácilmente si nos centramos en los dígitos que están en el lugar de las centenas de millar. El fin de semana 5 es el único fin de semana con ventas que superan los $300,000; entonces, *es más probable* que el concesionario haya lanzado una promoción durante ese fin de semana.

24. D; Nivel de conocimiento: 2; **Temas:** Q.1, Q.6.c; **Prácticas:** MP.1.a, MP.1.e
Si revisamos los números de la columna *Ventas*, podemos descartar inmediatamente el primer trimestre, ya que es el único con ventas inferiores a $100,000. Los números de ventas de los trimestres restantes tienen un 1 en el lugar de las centenas de millar, por lo que podríamos comparar los dígitos que están en el lugar de las decenas de millar. El mayor es el dígito 5 para el trimestre 4; entonces, la tienda vendió más durante ese trimestre (opción D).

25. C; Nivel de conocimiento: 2; **Temas:** Q.1, Q.6.c; **Práctica:** MP.1.e
El trimestre 1 es el único trimestre que tuvo ventas inferiores a $100,000 y, como tal, aparece primero. Eso descarta las opciones B y D. Las ventas de los tres trimestres restantes pueden ordenarse si comparamos los dígitos que están en el lugar de las decenas de millar. El trimestre 3 es el que le sigue, lo que descarta la opción A y deja la opción C como la respuesta. Por último, ordenar los dos últimos trimestres (el trimestre 2 y el trimestre 4) confirma esa opción.

LECCIÓN 2, *págs. 6–9*

1. D; Nivel de conocimiento: 1; **Temas:** Q.2.a, Q.2.e, Q.6.c; **Prácticas:** MP.1.a, MP.2.c
La solución requiere sumar el número de cajas que se produjeron el lunes (4,596) y el martes (4,025). Comienza con el dígito de las unidades, (6 + 5), es decir, 11; el número 1 que está en el lugar de las unidades es también el dígito de las unidades de la suma, mientras que el 1 que está en el lugar de las decenas, se reagrupa. Como resultado, en el dígito de las decenas, tienes (1 + 9 + 2), es decir, 12. El número 2 es el dígito de las decenas de la suma, y el 1 se reagrupa. Si seguimos de esta misma manera, obtenemos un resultado final de 8,621.

2. B; Nivel de conocimiento: 1; **Temas:** Q.2.a, Q.2.e, Q.6.c; **Prácticas:** MP.1.a, MP.2.c
El pedido de *3 veces* indica que tienes que multiplicar el número de cajas que se produjeron el viernes (3,115) por 3. El resultado es 9,345.

3. $1,950; Nivel de conocimiento: 1; **Temas:** Q.2.a, Q.2.e; **Práctica:** MP.1.a
Para obtener la respuesta correcta, multiplica el costo por mes (*$325*) por el número de meses (*6*). Comienza multiplicando el lugar de las unidades, es decir, *6* por *5* para obtener *30*. Conserva el *0* en el lugar de las unidades y reagrupa el *3* en el lugar de las decenas. Luego, multiplica el lugar de las decenas, es decir, *6* por *2*, que es igual a *12*, suma las *3* decenas reagrupadas del lugar de las unidades y obtienes *15*. Conserva el *5* en el lugar de las decenas (*50*) y reagrupa el *1* en el lugar de las centenas. Por último, multiplica el lugar de las centenas, es decir, *6* por *3*, que es igual a *18* centenas. Suma el *1* reagrupado del lugar de las decenas y obtienes *19 centenas*. Sumar *19 centenas + 5 decenas + 0 unidades* da como resultado $1,950.

4. $1,190; Nivel de conocimiento: 1; **Temas:** Q.2.a, Q.2.e; **Práctica:** MP.1.a
El monto que se debe es el monto del préstamo original (*$2,750*) menos el monto pagado (*$1,560*). El resultado es *$1,190*.

5. $864; Nivel de conocimiento: 1; **Temas:** Q.2.a, Q.2.e; **Prácticas:** MP.1.a, MP.1.b, MP.1.d
Si sabemos que hay *12 meses* en *un año*, el costo total es el monto de la cuenta mensual (*$72*) multiplicado por el número de meses (*12*). Para multiplicar *72* por *12*, comienza multiplicando *72* por el *2* que está en la columna de las unidades, lo que dará un producto parcial de *144*. Multiplica *72* por el *1* que está en la columna de las decenas y suma un marcador de posición de cero, que dará un producto parcial de *720*. Sumar los productos parciales (*720 + 144*) da como resultado $864.

Clave de respuestas

6. **$270**; **Nivel de conocimiento:** 1; **Temas:** Q.2.a, Q.2.e; **Práctica:** MP.1.a
Si tenemos en cuenta que los cuatro compañeros comparten la renta en *partes iguales*, cada compañero paga la renta mensual total (*$1,080*) dividida entre *4*. Divide los primeros dos dígitos del dividendo (*10*) entre el divisor (*4*) y obtendrás *2* como el dígito de las centenas del cociente. Multiplica *4* por *2*, escribe el producto (*8*) debajo del *10* en el dividendo y resta. Obtienes un *2* como resultado. Luego, una vez que bajas los dígitos de las unidades en el dividendo (*8*), divide *28* entre el divisor (*4*) y obtendrás *7* como el dígito de las decenas del cociente. Por último, como *4* no puede dividirse entre el *0* restante, agregas *0* como el dígito de las unidades del cociente. No hay residuo, por lo que la respuesta es *$270*.

7. **9**; **Nivel de conocimiento:** 3; **Temas:** Q.1.b, Q.2.a, Q.2.e; **Prácticas:** MP.1.a, MP.1.b, MP.2.c, MP.3.a, MP.5.c
El primer paso incluye enumerar todos los números naturales que se dividen entre *45* sin residuo: 1, 3, 5, 9, 15 y 45. La lista de números que se dividen entre *72* sin residuo incluye: 1, 2, 3, 4, 6, 8, 9, 12, 18, 24, 36 y 72. Hay dos números en común en las dos listas (3 y 9), de los cuales el 9 es el mayor factor común.

8. **$826,700**; **Nivel de conocimiento:** 1; **Temas:** Q.2.a, Q.2.e; **Práctica:** MP.1.a
Para hallar el monto que se gastó *en total*, debes sumar *$567,800* y *$258,900*. Sumar la columna de las unidades y la columna de las decenas da como resultado *0*. En la columna de las centenas, sumar 9 + 8 da como resultado 17. Reagrupa moviendo el 1 a la columna de los millares, de modo que tengas 7 + 8 + 1, lo que da como resultado 16. Vuelve a reagrupar moviendo el 1 a la columna de las decenas de millar, de modo que tengas 6 + 5 + 1, lo que da como resultado 12. Reagrupa una última vez a la columna de las centenas de millar, de modo que tengas 5 + 2 + 1, lo que da como resultado 8 centenas de millar. El resultado es $826,700.

9. **48**; **Nivel de conocimiento:** 1; **Temas:** Q.2.a, Q.2.e; **Práctica:** MP.1.a
Hallar el número de prendas donadas *en total* requiere la suma de *22*, *14* y *12*. La respuesta es 48.

10. **608**; **Nivel de conocimiento:** 1; **Temas:** Q.2.a, Q.2.e; **Práctica:** MP.1.a
El número de palabras que le quedan por escribir es el número escrito hasta ahora (892) restado del total requerido (1,500). La respuesta es 608 palabras.

11. **$108**; **Nivel de conocimiento:** 2; **Temas:** Q.2.a, Q.2.e, Q.6.c; **Prácticas:** MP.1.a, MP.1.b, MP.3.a
Si tenemos en cuenta que los cinco amigos comparten los costos *en partes iguales*, tenemos que hallar el costo total de asistir al partido y dividirlo entre 5. El costo total es la suma de los costos individuales de los cuatro productos y servicios mencionados: $540. Si divides esa suma entre 5 obtendrás como resultado $108.

12. **$756**; **Nivel de conocimiento:** 2. **Temas:** Q.2.a, Q.2.e, Q.6.c; **Prácticas:** MP.1.a, MP.2.c
El costo promedio para que un amigo asista al partido es $108. Si se sumaran dos amigos y los costos y la forma de compartirlos no se modificaran, esto aumentaría el precio a $756 (*$108* × 2 = *$216*; *$216* + *$540* = *$756*).

13. **$1,330**; **Nivel de conocimiento:** 1; **Temas:** Q.2.a, Q.2.e, Q.6.c; **Prácticas:** MP.1.a, MP.1.b, MP.2.c
Si identificamos que las tres primeras hileras de la tabla contienen la información relevante y sumamos las tres cantidades presupuestadas de esas hileras (*$825*, *$220* y *$285*), obtendremos como resultado $1,330. Las otras categorías de la tabla (*Recreación / Préstamo para el carro / Seguro del carro*) no son necesarias para responder esta pregunta.

14. **$106**; **Nivel de conocimiento:** 1; **Temas:** Q.2.a, Q.2.e, Q.6.c; **Práctica:** MP.1.a
Si nos concentramos en las dos hileras de *Comida* y *Préstamo para el carro* y tenemos en cuenta que *cuánto dinero más* sugiere hallar una diferencia, restamos *$179* de *$285*. El resultado es $106.

15. **$2,148**; **Nivel de conocimiento:** 1; **Temas:** Q.2.a, Q.2.e, Q.6.c; **Prácticas:** MP.1.a, MP.1.d
Si sabemos que hay 12 meses en un año y nos centramos en la hilera de *Préstamos para el carro*, multiplicamos *$179* por *12*, lo que dará un monto anual de $2,148.

16. **$2,640**; **Nivel de conocimiento:** 2; **Temas:** Q.2.a, Q.2.e; **Prácticas:** MP.1.a, MP.1.b
Primero, halla cuánto gasta Antonio en renta por año. Esa hilera de la tabla muestra que Antonio gasta $825 por mes en renta. Como hay 12 meses en un año, Antonio gasta $9,900 por año ($825 × 12) en renta. Luego, suma los costos mensuales para servicios ($220), comida ($285) y recreación ($100), que suman $605 por mes. Multiplica $605 × 12 meses para obtener un costo total de $7,260 anual. Por último, resta $7,260 de $9,900 para hallar que Antonio gasta $2,640 más en renta por año que en el total combinado de servicios, comida y recreación.

17. **$564**; **Nivel de conocimiento:** 2; **Temas:** Q.2.a, Q.2.e; **Prácticas:** MP.1.a, MP.1.b
Primero, halla el monto por mes que gasta Antonio en el seguro del carro ($62). Luego, resta $15 de $62 para hallar el nuevo total mensual ($47). A partir de allí, multiplica $47 por 12 meses para hallar el total del pago único que gastará en el seguro del carro ($564).

18. **$1,560**; **Nivel de conocimiento:** 2; **Temas:** Q.2.a, Q.2.e; **Prácticas:** MP.1.a, MP.1.b
A partir de la información dada, para hallar el número total de horas que trabaja Annette, hay que multiplicar *6 horas por día* por *5 días por semana* (*30 horas por semana*) y después multiplicar ese resultado por *4 semanas*. Las 20 horas resultantes se multiplican por el monto que gana por hora (*$13*), lo que da un total de $1,560.

19. **$1,023**; **Nivel de conocimiento:** 2; **Temas:** Q.2.a, Q.2.e; **Prácticas:** MP.1.a, MP.1.b
El número total de horas que trabajó Andrew durante las dos semanas es la suma de *54 horas* y *39 horas*: 93 horas. Si multiplicas ese resultado por el monto que gana por hora (*$11*), obtendrás un total de $1,023.

20. **$1,347**; **Nivel de conocimiento:** 1; **Temas:** Q.2.a, Q.2.e; **Práctica:** MP.1.a
Para hallar el monto total que gastó la familia en alimentos, hay que sumar el monto que se gastó en cada uno de los tres meses (*$458, $397 y $492*), lo que da un resultado de $1,347.

21. **62; Nivel de conocimiento:** 1; **Temas:** Q.2.a, Q.2.e; **Práctica:** MP.1.a, MP.1.b
Si las ventas totales de tiendas de campaña fueron de *$23,870* y cada tienda de campaña costaba *$385*, divide *$23,870* entre *$385* para obtener el número de tiendas de campaña vendidas: 62.

22. **3; Nivel de conocimiento:** 3; **Temas:** Q.1.b, Q.2.a, Q.2.e; **Prácticas:** MP.1.a, MP.1.b, MP.2.c, MP.3.a, MP.5.c
El primer paso consiste en enumerar todos los números naturales que se dividen entre *45* sin residuo: 1, 3, 5, 9, 15 y 45. La lista de números que se dividen entre *75* sin residuo incluye 1, 3, 5, 15, 25 y 75. Los números en común de las dos listas incluyen *3*, *5* y *15*, donde el *3* es el factor común más pequeño mayor que 1.

23. **15; Nivel de conocimiento:** 2; **Temas:** Q.1.b, Q.2.a, Q.2.e; **Prácticas:** MP.1.a, MP.1.b, MP.1.c, MP.3.a
La manera más rápida de hallar la solución es reconocer que se necesitan 3 yardas más de tela para hacer un vestido que para hacer una camisa. La diferencia al confeccionar 5 unidades de cada prenda se halla multiplicando *5* por *3*, para obtener 15 yardas. Otra alternativa es aplicar la multiplicación para cada caso por separado y hallar la tela que se necesita para cinco camisas (*10 yardas*) y restarlo de la cantidad que se necesita para cinco vestidos (*25 yardas*).

24. **740; Nivel de conocimiento:** 2; **Temas:** Q.2.a, Q.2.e; **Prácticas:** MP.1.a, MP.1.b
Si tenemos en cuenta que Joanne trabaja *cinco días por semana* y maneja *37 millas por día*, podemos hallar, mediante la multiplicación, que maneja un total de 185 millas por semana. La multiplicación de ese resultado por *4 semanas* da un resultado de 740 millas.

25. **$4,578; Nivel de conocimiento:** 1; **Temas:** Q.2.a, Q.2.e; **Prácticas:** MP.1.a, MP.1.b
La suma total de las donaciones recibidas hasta ahora es: ($4,020) + ($3,902) = $7,922. Las donaciones adicionales que se necesitan para alcanzar el objetivo corresponden a la diferencia entre esa cantidad y el objetivo de $12,500: ($12,500) − ($7,922) = $4,578.

26. **$5; Nivel de conocimiento:** 1; **Temas:** Q.2.a, Q.2.e, Q.3.a; **Prácticas:** MP.1.a, MP.1.b
Para hallar el costo por pie cuadrado, tienes que dividir el costo total de *$1,445* entre el número de pies cuadrados (*289*), lo que da un resultado de $5 para cada pie cuadrado.

27. **$372; Nivel de conocimiento:** 2; **Temas:** Q.2.a, Q.2.e, Q.3.a; **Prácticas:** MP.1.a, MP.1.b, MP.1.d, MP.1.e
Si sabemos que hay 12 meses en un año, tenemos que hallar, mediante la multiplicación, que Maggie estará haciendo pagos iguales durante un total de *36* meses. El monto que pagará cada mes será el total de *$13,392* dividido entre *36* meses, es decir, $372.

28. **$18,900; Nivel de conocimiento:** 2; **Temas:** Q.2.a, Q.2.e; **Prácticas:** MP.1.a, MP.1.b
Primero determina que 5 años = 60 meses. Luego, multiplica el pago mensual de $265 por 60 meses para hallar un pago total de $15,900. Por último, suma el pago inicial de $3,000 al pago financiado de $15,900 para llegar a un costo total de $18,900 por el carro.

29. **18; Nivel de conocimiento:** 1; **Temas:** Q.2.a, Q.2.e, Q.6.c; **Prácticas:** MP.1.a, MP.1.b, MP.2.c
Si nos centramos en la hilera de información que corresponde a Aerolíneas en Línea, observamos que cada acción cuesta *$15*. Para hallar el número de acciones que se pueden comprar por *$270* tendremos que dividir ese monto entre *$15*, lo que da como resultado 18 acciones.

30. **$175; Nivel de conocimiento:** 1; **Temas:** Q.2.a, Q.2.e, Q.6.c; **Prácticas:** MP.1.a, MP.1.e, MP.2.c
El beneficio total que obtuvo se halla multiplicando el beneficio por cada acción (*$7*) por el número total de acciones (*25*), lo que da como resultado $175.

31. **6; Nivel de conocimiento:** 3; **Temas:** Q.1.b, Q.2.a, Q.2.e; **Prácticas:** MP.1.a, MP.1.b, MP.2.c, MP.3.a, MP.5.c
Los números naturales que son factores de 30 son 1, 2, 3, 5, 6, 10, 15 y 30. Los números naturales que son factores de 42 incluyen 1, 2, 3, 6, 7, 14, 21 y 42. El mayor factor que tienen en común las dos listas es 6.

32. **60; Nivel de conocimiento:** 3; **Temas:** Q.1.b, Q.2.a, Q.2.d; **Prácticas:** MP.1.a, MP.1.b, MP.2.c, MP.3.a, MP.5.c
Enumera los múltiplos de 12 y 15 para hallar el mínimo común múltiplo. Para 12: 12, 24, 36, 48, 60, 72, 84. Para 15: 15, 30, 45, 60, 75, 90. El mínimo común múltiplo es 60.

LECCIÓN 3, *págs. 10–13*

1. **A; Nivel de conocimiento:** 1; **Temas:** Q.1.d, Q.2.a, Q.2.e, Q.6.c; **Prácticas:** MP.1.a, MP.4.a
Para hallar el cambio, resta la temperatura que corresponde a las 6:00 a. m. (65 °F) de la temperatura que corresponde a las 12:00 a. m. (68 °F). Recuerda que esto es lo mismo que sumar el primer número al negativo del segundo: (65 °F) + (−68 °F). Se obtiene un resultado de −3 °F.

2. **D; Nivel de conocimiento:** 1; **Temas:** Q.1.d, Q.2.a, Q.2.e, Q.6.c; **Prácticas:** MP.1.a, MP.4.a
Como la temperatura *descendió*, se indica la resta de 4 °F de la temperatura que corresponde a las 6:00 p. m. (76 °F). Una vez más, el problema se puede escribir de la siguiente manera: (76 °F) + (−4 °F). El resultado es 72 °F.

3. **D; Nivel de conocimiento:** 1; **Temas:** Q.2.a, Q.2.e; **Prácticas:** MP.1.a, MP.4.a
Para hallar el cambio, debes restar el valor de apertura del valor de cierre: 13,416 − 13,498. Esto es lo mismo que +13,416 + (−13,498), que da como resultado −82.

4. **C; −43; Nivel de conocimiento:** 2; **Temas:** Q.2.a, Q.2.e; **Prácticas:** MP.1.a, MP.4.a
Para hallar la puntuación, hay que sumar. Primero suma −145 puntos y +80 puntos, para obtener −65 puntos. Luego suma ese resultado a +22 puntos para obtener −43 puntos. Observa además que el orden no importa. Podrías comenzar sumando +80 puntos y +22 puntos para obtener +102 puntos y luego sumar eso a −145 puntos. Cuando sumas más de dos números, reagruparlos puede facilitarte el proceso.

5. **C; Nivel de conocimiento:** 2; **Temas:** Q.2.a, Q.2.e; **Prácticas:** MP.1.a, MP.4.a
Para hallar cuánto han avanzado, hay que sumar. Primero suma +8 yardas y −10 yardas para obtener −2 yardas. Luego suma +43 yardas a ese resultado para obtener +41 ó 41 yardas.

6. **D; Nivel de conocimiento:** 2; **Temas:** Q.2.a, Q.2.e; **Prácticas:** MP.1.a, MP.4.a
Primero resta el descenso de 2,508 pies de la altitud inicial de 8,453 pies, que te dará 5,945 pies como resultado. Sumar los 584 pies siguientes dará un resultado final de 6,529 pies. Las otras opciones de respuesta reflejan cálculos incorrectos.

Clave de respuestas

UNIDAD 1 *(continuación)*

7. B; **Nivel de conocimiento:** 2; **Temas:** Q.2.a, Q.2.e; **Prácticas:** MP.1.a, MP.1.b, MP.1.c, MP.1.e, MP.4.a
Observa que emitir cheques resta dinero de la cuenta corriente de Anna, mientras que depositar dinero, suma. Podría resolverse un problema de resta para cada uno de los tres cheques, seguido de un problema de suma para resolver el tema del depósito. Una vez más, como el orden no es importante, puedes hacer que el problema sea un poco más fácil y sumar primero el saldo original y el depósito: $784 + $129 = $913. Luego puedes sumar los montos de los cheques: $23 + $69 + $90 = $182. Si restas los dos resultados, obtienes $913 − $182 = $731. A algunos estudiantes puede resultarles más sencillo llegar a la solución ordenando el problema de esta manera.

8. A; **Nivel de conocimiento:** 2; **Temas:** Q.2.a, Q.2.e; **Prácticas:** MP.1.a, MP.4.a
En este problema, primero tienes que sumar 3 metros y 2 metros para obtener una altura máxima de 5 metros sobre el agua. Si restas el descenso de 8 metros de ese valor, obtendrás como resultado: +5 metros + (−8 metros) = −3 metros.

9. D; **Nivel de conocimiento:** 2; **Tema:** Q.2.a; **Prácticas:** MP.1.a, MP.4.a, MP.1.b, MP.3.a, MP.4.a
Una manera de resolver este problema es tomar 12 e invertir la función de −7 a +7, de modo que 12 + 7 = x. Luego resuelve para hallar x, de modo que x = 19.

10. B; **Nivel de conocimiento:** 2; **Temas:** Q.2.a, Q.2.e, Q.6.c; **Prácticas:** MP.1.a, MP.4.a
Puedes restar los 10 puntos que se perdieron en la segunda ronda de los 5 puntos que se ganaron en la primera ronda para obtener −5 puntos después de dos rondas. Restar otros 10 puntos da un total de −15 puntos después de tres rondas. Otra alternativa es sumar los resultados negativos de la segunda ronda y la tercera para obtener −20 puntos y después sumar eso a los +5 puntos de la primera ronda.

11. D; **Nivel de conocimiento:** 2; **Temas:** Q.2.a, Q.2.e, Q.6.c; **Prácticas:** MP.1.a, MP.4.a
Si sumas los tres puntos de Dorothy (15, 5, 0) obtendrás un total de 20. Si sumas los puntos de Nikki (0, 10, −15) obtendrás un total de −5. La diferencia entre los dos puntos es (20) − (−5), que puede escribirse como (20) + (5) = 25.

12. D; **Nivel de conocimiento:** 2; **Temas:** Q.2.a, Q.2.e; **Prácticas:** MP.1.a, MP.4.a
Primero, suma el ascenso de 589 pies a la posición inicial de −3,290 pies, lo que dará −2,701 pies como resultado. Luego resta el descenso siguiente de 4,508 pies y obtendrás un resultado final de −7,209 pies.

13. A; **Nivel de conocimiento:** 2; **Temas:** Q.2.a, Q.2.e; **Prácticas:** MP.1.a, MP.4.a
Como las puntuaciones están distribuidas en partes iguales en tres hoyos cada una, puedes sumar los números correspondientes bajo el par (−5) al número sobre el par (+3) para hallar que Scott anotó 2 bajo el par durante el día.

14. D; **Nivel de conocimiento:** 2; **Temas:** Q.2.a, Q.2.e; **Prácticas:** MP.1.a, MP.2.c, MP.4.a
Se da la ubicación de la cima de la montaña respecto de la Estación B. También se da la altura de la Estación B respecto del nivel del mar. Luego se da la altura de la montaña, respecto del nivel del mar, mediante la suma de esos dos números: (10,549 pies) + (872 pies) = 11,421 pies. Observa que si bien se da la altura de la Estación A, el valor no se necesita para resolver el problema.

15. A; **Nivel de conocimiento:** 2; **Temas:** Q.2.a, Q.2.e; **Prácticas:** MP.1.a, MP.1.b, MP.1.c, MP.1.e, MP.3.a, MP.4.a
Se podrían hacer tres problemas de resta y restar $45 del saldo del banco cada vez para obtener el resultado final. Sin embargo, probablemente sea más fácil tener en cuenta que el monto total que se retira de la cuenta es (3)($45) = $135 y restar después ese monto del saldo inicial del banco: ($890) − ($135) = $755.

16. A; **Nivel de conocimiento:** 3; **Temas:** Q.1.d, Q.2.a, Q.2.e; **Prácticas:** MP.1.a, MP.1.b, MP.1.c, MP.1.e, MP.4.a
La distancia entre la casa de Erik y el Punto C puede hallarse contando simplemente el número de espacios en la recta numérica. Otra alternativa es hallar la distancia de la casa de Erik, si se observa que la distancia aumentó en 12 millas durante la primera parte de su viaje y luego disminuyó 8 millas después de regresar. La distancia final desde la casa, entonces, es (12 millas) − (8 millas) = 4 millas.

17. C; **20 millas**; **Nivel de conocimiento:** 3; **Temas:** Q.1.d, Q.2.a, Q.2.e; **Prácticas:** MP.1.a, MP.1.b, MP.1.c, MP.1.e, MP.4.a
Erik recorre una distancia de 12 millas desde su casa hasta el Punto B, que se halla contando los espacios en la recta numérica. Luego recorre una distancia adicional de 8 millas desde el Punto B hasta el Punto C. La distancia total que recorrió es la suma de las dos: (12 millas) + (8 millas) = 20 millas.

18. A; **Nivel de conocimiento:** 1; **Temas:** Q.2.a, Q.2.e; **Prácticas:** MP.1.a, MP.4.a
Cada uno de los cuatro miembros tiene el mismo número de puntos (−120), por lo que tienes que multiplicar para obtener el total: (4) × (−120). Observa que los signos son diferentes por lo que la respuesta será negativa: −480.

19. B; **Nivel de conocimiento:** 1; **Temas:** Q.2.a, Q.2.e; **Prácticas:** MP.1.a, MP.4.a
El descenso de 363 pies se dividió entre tres fases iguales. Para hallar el cambio en altura de cada fase, observa que la palabra descenso implica un cambio negativo de altura, por lo que tienes que dividir −363 pies entre 3 para obtener −121 pies.

20. D; **Nivel de conocimiento:** 1; **Temas:** Q.2.a, Q.2.e; **Prácticas:** MP.1.a, MP.1.d, MP.4.a
Si sabes que hay 12 meses en un año y que una extracción representa un cambio negativo en el saldo de la cuenta corriente de Brenda, tienes que multiplicar (12)(−$156) = −$1,872.

21. A; **Nivel de conocimiento:** 2; **Temas:** Q.2.a, Q.2.e; **Prácticas:** MP.1.a, MP.4.a
El número de puntos que obtuvo Dani en la segunda ronda es la diferencia entre su puntaje total y su puntaje al final de la primera ronda: (−10) − (+3) = −13.

22. D; **Nivel de conocimiento:** 2; **Tema:** Q.2.a; **Prácticas:** MP.1.a, MP.4.a
Una manera de resolver este problema es simplemente hacer las tres multiplicaciones requeridas, comenzando con (−7)(−1) = 7. Otra alternativa es llegar a la conclusión de que multiplicar por −1 un número impar de veces dará como resultado un cambio de signo.

23. C; **Nivel de conocimiento:** 1; **Temas:** Q.2.a, Q.2.e; **Prácticas:** MP.1.a, MP.4.a
Karin devuelve el préstamo de $1,554 en 6 pagos iguales. El monto de cada pago es $1,554 ÷ 6 = $259.

24. B; Nivel de conocimiento: 2; **Tema:** Q.2.a; **Prácticas:** MP.1.a, MP.4.a, MP.1.b, MP.3.a, MP.4.a

Observa que restar −10 es lo mismo que sumar +10. Entonces, el problema podría volver a escribirse así: "Si se suma 10 a un número, el resultado es 6". Como el resultado de 6 es menor que 10, el número que se desea obtener debe ser negativo. Si razonamos eso, el número debe ser −4.

25. A; Nivel de conocimiento: 2; **Temas:** Q.2.a, Q.2.e; **Prácticas:** MP.1.a, MP.1.b, MP.1.c, MP.1.e, MP.4.a

Una vez más, si tenemos en cuenta que los depósitos representan aumentos positivos en el saldo de Jumana y que los cheques y las comisiones representan cambios negativos, los cambios positivos y negativos pueden agruparse. El depósito de $25 sumado al saldo inicial de $80 es igual a +$105. Los dos cheques y la comisión por sobregiro suman (−$75) + (−$75) + (−$25) = −$175. El resultado neto (+$105) + (−$175) = −$70.

26. B; Nivel de conocimiento: 2; **Temas:** Q.2.a, Q.2.e; **Prácticas:** MP.1.a, MP.1.d, MP.4.a

Si sabemos que hay 12 meses en un año y que los pagos del préstamo representan un cambio negativo en la cuenta bancaria de Connor, el cambio cada mes es (−$3,228 ÷ 12) = −$269.

27. C; Nivel de conocimiento: 2; **Temas:** Q.2.a, Q.2.e; **Prácticas:** MP.1.a, MP.4.a

La respuesta a este problema requiere la suma de tres números: (+54) + (−22) + (+5) = 37.

28. D; Nivel de conocimiento: 1; **Temas:** Q.2.a, Q.2.e; **Prácticas:** MP.1.a, MP.4.a

Durante los 6 meses, Cheryl recibe 6 × $527 = $3,162.

29. B; Nivel de conocimiento: 2; **Temas:** Q.2.a, Q.2.e; **Prácticas:** MP.1.a, MP.4.a

Para hallar el nuevo total del equipo de béisbol de fantasía, suma los aumentos positivos (+2 + +3 = +5) y las disminuciones negativas (−1 + −2 + −2 = −5). Luego, súmalas entre sí: 5 + −5 = 0. No hubo ningún cambio en la puntuación del equipo, por lo que queda en 90 puntos.

LECCIÓN 4, págs. 14–17

1. B; Nivel de conocimiento: 1; **Temas:** Q.1.b, Q.2.a, Q.2.e, Q.6.c; **Prácticas:** MP.1.a, MP.2.c, MP.4.a

La frase *Cuánto más* indica un problema de resta. Si identificamos la información relevante, obtenemos que $4\frac{1}{8} - 3\frac{1}{4}$, que se pueden volver a escribir como fracciones impropias: $\frac{33}{8} - \frac{13}{4}$.

Si volvemos a escribir las fracciones en función del denominador común de 8, obtenemos que $\frac{33}{8} - \frac{26}{8} = \frac{7}{8}$ yarda.

2. $\frac{2}{5}$; Nivel de conocimiento: 1; **Temas:** Q.2.a, Q.2.e; **Prácticas:** MP.1.a, MP.4.a

El entero está representado por el número 5; la porción que se considera es la de los 2 estudiantes varones de cada 5. Entonces, la fracción es: $\frac{2}{5}$.

3. $\frac{1}{4}$; Nivel de conocimiento: 1; **Temas:** Q.2.a, Q.2.e; **Prácticas:** MP.1.a, MP.4.a

El total es 64 estudiantes y el número que se considera es 16 trompetistas, por lo que la fracción es $\frac{16}{64}$. Tanto el numerador como el denominador pueden dividirse entre 16; entonces, la fracción en su mínima expresión es $\frac{1}{4}$.

4. $\frac{4}{15}$; Nivel de conocimiento: 1; **Temas:** Q.2.a, Q.2.e; **Prácticas:** MP.1.a, MP.2.c, MP.4.a

El número total dado es 15 miembros y el número que se considera corresponde a los 4 miembros que pidieron helado. Entonces, la fracción es $\frac{4}{15}$; la fracción no se puede simplificar.

5. $\frac{11}{25}$; Nivel de conocimiento: 1; **Temas:** Q.2.a, Q.2.e; **Prácticas:** MP.1.a, MP.1.d, MP.4.a

El total es $50, mientras que el monto que se considera es ($50 − $28) = $22 que le quedan a Anna. Entonces, la fracción es $\frac{22}{50}$, que en su mínima expresión es $\frac{11}{25}$.

6. Ethan, Walt, Natalia, Miguel y Tamara. Nivel de conocimiento: 2; **Temas:** Q.1.a, Q.2.a, Q.2.e, Q.6.c; **Prácticas:** MP.1.a, MP.1.b, MP.1.d, MP.4.a

La manera más directa de ordenar a los estudiantes es reconocer que todas las fracciones dadas tienen 10 como denominador común. Entonces, la lista, en el orden dado, puede expresarse así: $\frac{4}{10}, \frac{7}{10}, \frac{5}{10}, \frac{9}{10}, \frac{8}{10}$. A partir de allí, ordena los numeradores de mayor a menor.

7. Miguel y Tamara; Nivel de conocimiento: 2; **Temas:** Q.1.b, Q.2.a, Q.2.e, Q.6.c; **Prácticas:** MP.1.a, MP.1.b, MP.1.d, MP.1.e, MP.4.a

La manera más sencilla de determinar la respuesta es consultar la lista de fracciones, expresada en función del denominador común de 10, que escribimos en el problema anterior. El numerador para Ethan es 9 y los resultados que se buscan de los dos estudiantes tendrían numeradores que suman ese mismo valor de 9. Si observamos los numeradores de la lista, vemos claramente que los dos únicos estudiantes que tienen numeradores que suman 9 son Miguel (5) y Tamara (4). Entonces, el resultado que se busca es el de estos dos estudiantes.

8. $\frac{1}{4}$; Nivel de conocimiento: 1; **Temas:** Q.2.a, Q.2.e; **Prácticas:** MP.1.a, MP.4.a

El número total es 72, mientras que el número que se considera corresponde a las 18 personas que pidieron omelettes. Entonces, la fracción es $\frac{18}{72}$. Tanto el numerador como el denominador pueden dividirse entre 18, por lo que la fracción en su mínima expresión es $\frac{1}{4}$. Observa, además, que si no es muy evidente que una fracción pueda simplificarse a ese punto, se puede avanzar por pasos. Por ejemplo, es posible que para algunos estudiantes sea más evidente que el numerador y el denominador se pueden dividir entre 9, lo que daría una fracción de $\frac{2}{8}$; así, la simplificación al resultado final es más evidente.

9. 7; Nivel de conocimiento: 1; **Temas:** Q.2.a; Q.2.e; **Prácticas:** MP.1.a, MP.4.a

La frase *Cuántas veces* indica división. Para dividir $1\frac{3}{4}$ tazas ÷ $\frac{1}{4}$ de taza, expresa el primer número como una fracción impropia y multiplica por el inverso del segundo número: $\left(\frac{7}{4}\right)\left(\frac{4}{1}\right) = 7$.

Clave de respuestas

UNIDAD 1 (continuación)

10. **A; Nivel de conocimiento:** 3; **Temas:** Q.2.a, Q.2.d, Q.2.e, Q.3.a; **Prácticas:** MP.1.a, MP.1.b, MP.4.a
Como se puede observar en la información dada, el tiempo que tarda un carro en recorrer las 50 millas es el número 50 dividido entre la rapidez del carro. Para que el tiempo sea *indefinido*, la rapidez del carro debe ser 0. El carro con rapidez 0 es el Carro A. Observa que, en esta pregunta, cuanto menor sea la rapidez de un carro, más tiempo tardará en recorrer las 50 millas; en el caso del Carro A, el tiempo es indefinido porque, como el carro no está en movimiento, nunca recorre la distancia especificada.

11. $1\frac{1}{2}$ **horas; Nivel de conocimiento:** 1; **Temas:** Q.1.b, Q.2.a, Q.2.e, Q.3.a; **Prácticas:** MP.1.a, MP.2.c, MP.4.a

El tiempo que tarda el Carro B en recorrer la distancia es 50 millas divididas entre 20 mph, mientras que el tiempo que tarda el Carro D en recorrer la distancia es 50 millas divididas entre 50 mph. Expresada en fracciones, la diferencia de tiempo es $\left(\frac{50}{20} - \frac{50}{50}\right)$ horas $= \left(2\frac{1}{2} - 1\right)$ horas $= 1\frac{1}{2}$ horas.

12. $43\frac{1}{2}$ **millas; Nivel de conocimiento:** 1; **Temas:** Q.1.b, Q.2.a, Q.2.e, Q.6.c; **Prácticas:** MP.1.a, MP.4.a
Si identificamos el número de millas que recorrió Luke durante esos dos días y las sumamos, obtenemos $24\frac{5}{6} + 18\frac{2}{3}$. Si expresamos las dos fracciones en función del denominador común de 6, obtenemos $24\frac{5}{6} + 18\frac{4}{6}$, lo que da un total de $42\frac{9}{6}$. Si expresamos la fracción impropia como un número mixto y simplificamos, obtenemos $42 + 1\frac{3}{6} = 43\frac{1}{2}$.

13. $13\frac{1}{40}$; **Nivel de conocimiento:** 1; **Temas:** Q.1.b, Q.2.a, Q2.e, Q.6.c; **Prácticas:** MP.1.a, MP.2.c, MP.4.a
La frase *Cuántas millas menos* indica un problema de resta. Si simplificamos los números relevantes para los dos días especificados, obtenemos $25\frac{9}{10} - 12\frac{7}{8}$. Si expresamos las dos fracciones en función de su mínimo común denominador de 40, obtenemos: $25\frac{36}{40} - 12\frac{35}{40} = 13\frac{1}{40}$. La fracción no se puede simplificar más.

14. $2\frac{8}{9}$ **horas; Nivel de conocimiento:** 1; **Temas:** Q.2.a, Q.2.e; **Prácticas:** MP.1.a, MP.4.a
Cuando se dan una tasa y un total, por lo general hay que hacer una multiplicación. Si multiplicamos las 26 pruebas por las horas por prueba, obtenemos la fracción $\frac{26}{9}$ horas. Esa fracción expresada como una fracción mixta es $2\frac{8}{9}$ horas.

15. $\frac{9}{10}, \frac{7}{10}, \frac{9}{20}, \frac{3}{20}$; **Nivel de conocimiento:** 2; **Temas:** Q.1.a, Q.2.a; **Prácticas:** MP.1.a, MP.1.b, MP.4.a
Para resolver este problema tenemos que leer los valores de cada punto en la recta numérica y escribirlos en su mínima expresión, cuando sea necesario. Si comenzamos con el número más grande (Punto D), la fracción es $\frac{18}{20}$; como el numerador y el denominador pueden dividirse entre 2, esta fracción en su mínima expresión es $\frac{9}{10}$. El siguiente punto (Punto C) tiene un valor fraccionario de $\frac{14}{20}$, que en su mínima expresión es $\frac{7}{10}$. El Punto B corresponde a $\frac{9}{20}$, que no se puede simplificar. Por último, el Punto A tiene un valor fraccionario de $\frac{3}{20}$, que tampoco se puede simplificar.

16. $\frac{9}{20}$; **Nivel de conocimiento:** 1; **Temas:** Q.1.b, Q.2.a; **Prácticas:** MP.1.a, MP.2.c, MP.4.a
La distancia entre los puntos B y D se halla mediante la resta: $\frac{18}{20} - \frac{9}{20} = \frac{9}{20}$.

17. $\frac{(5)(21 - 8)}{5} = 13$; **Nivel de conocimiento:** 3; **Temas:** Q.1.b, Q.2.a; **Prácticas:** MP.1.a, MP.1.b, MP.1.d, MP.1.e, MP.4.a
En este caso, la información dada muestra que 5 es un factor de 105 y de 40 que se está excluyendo de la suma en el numerador. La diferencia resultante en el numerador es $(21 - 8)$. Si observamos que el 5 del numerador y el 5 del denominador se cancelan, todo lo que queda es la diferencia $(21 - 8)$, que equivale a 13.

18. $\frac{(7)(3 + 8 - 4)}{7} = 7$; **Nivel de conocimiento:** 3; **Temas:** Q.1.b, Q.2.a; **Prácticas:** MP.1.a, MP.1.b, MP.1.d, MP.1.e, MP.4.a
En este caso, la información dada muestra que 7 es el factor de 21, 56 y 28 que se excluye de la expresión que está entre paréntesis en el numerador. La expresión resultante es $(3 + 8 - 4)$, que equivale a 7. Como el otro 7 del numerador se cancela con el 7 del denominador, 7 es la respuesta correcta.

19. $12\frac{23}{24}$; **Nivel de conocimiento:** 1; **Temas:** Q.1.b, Q.2.a, Q.2.e; **Prácticas:** MP.1.a, MP.4.a
Para hallar *Cuántas horas más*, debes restar el número de horas que ya trabajó Mario del número de horas que necesita trabajar: $32\frac{5}{6} - 19\frac{7}{8}$. Si convertimos las fracciones con el denominador común de 24, $32\frac{20}{24} - 19\frac{21}{24} = 31\frac{44}{24} - 19\frac{21}{24}$, donde se ha vuelto a escribir el primer número "pidiéndole prestado" un 1 al número entero para facilitar la resta de las fracciones. El resultado es $12\frac{23}{24}$.

LECCIÓN 5, *págs. 18–21*
1. **B; Nivel de conocimiento:** 2; **Temas:** Q.2.a, Q.2.e, Q.3.c, Q.6.c; **Prácticas:** MP.1.a, MP.1.d, MP.1.e, MP.2.a, MP.4.a
La proporción $\frac{3}{4} = \frac{x}{8}$ representa la situación. El número superior de la razón corresponde a las niñas y el número inferior corresponde al número total de miembros de la banda. El producto cruzado es 24. Si dividimos el producto cruzado entre 4, obtenemos un cociente de 6.

2. **D**; **Nivel de conocimiento:** 2; **Temas:** Q.2.a, Q.2.e, Q.3.c, Q.6.c; **Prácticas:** MP.1.a, MP.1.d, MP.1.e, MP.2.a, MP.4.a
El número total de clarinetistas es 12. Hay 4 clarinetistas varones, por lo que hay 12 − 4 = 8 clarinetistas mujeres. La razón de clarinetistas varones a clarinetistas mujeres es 4:8, o 1:2. Es importante escribir los números de la razón en el mismo orden en que se describen.

3. **A**; **Nivel de conocimiento:** 2; **Temas:** Q.2.a, Q.2.e, Q.3.c; **Prácticas:** MP.1.a, MP.1.d, MP.1.e, MP.2.a, MP.4.a
El número total de destrezas es la suma del número de destrezas correctas y el número de destrezas incorrectas: 12 + 4 = 16. La razón de destrezas incorrectas al total de destrezas es $\frac{4}{16}$, o $\frac{1}{4}$.

Es importante escribir los números de la razón en el mismo orden en que se describen.

4. **D**; **Nivel de conocimiento:** 2; **Temas:** Q.2.a, Q.3.c; **Prácticas:** MP.1.a, MP.1.e
La razón de partidos perdidos a partidos ganados es 4:38, que en su mínima expresión es 2:19. Es importante escribir los números de la razón en el mismo orden en que se describen.

5. **C**; **Nivel de conocimiento:** 1; **Temas:** Q.2.a, Q.2.e, Q.3.a, Q.3.c; **Prácticas:** MP.1.a, MP.1.e, MP.2.a, MP.4.a
Una tasa por unidad es una razón con un denominador de 1. Para hallar la tasa por unidad por lata, tienes que dividir el costo total entre el número de latas: 16 ÷ 8 = 2. La tasa por unidad es $2.

6. **D**; **Nivel de conocimiento:** 2; **Temas:** Q.2.a, Q.2.e, Q.3.b, Q.3.c; **Prácticas:** MP.1.a, MP.1.e, MP.2.a, MP.4.a
La proporción $\frac{1}{3} = \frac{4}{x}$ representa la situación. El número superior de cada razón es el número de pulgadas y el número inferior es el número de pies. El producto cruzado es 12, por lo que el número que falta es 12. La escala es la razón de pulgadas a pies, por lo que la respuesta correcta es 12 pies. Es importante leer cuidadosamente las unidades.

7. **C**; **Nivel de conocimiento:** 1; **Temas:** Q.2.a, Q.3.c; **Prácticas:** MP.1.a, MP.1.e
La razón de millas del lunes a millas del martes es $\frac{96}{60}$, que en su mínima expresión es $\frac{8}{5}$. Es importante escribir los números de la razón en el mismo orden en que se describen.

8. **A**; **Nivel de conocimiento:** 2; **Temas:** Q.2.a, Q.3.c; **Prácticas:** MP.1.a, MP.1.d, MP.2.c
La razón de huevos a porciones de la receta reducida será la misma que la razón de huevos a porciones de la receta original. La razón de huevos a porciones es 12 a 30, que en su mínima expresión es 2 a 5.

9. **B**; **Nivel de conocimiento:** 2; **Temas:** Q.2.a, Q.2.e, Q.3.c; **Prácticas:** MP.1.a, MP.1.e, MP.2.a, MP.4.a
La proporción $\frac{8}{3} = \frac{24}{x}$ representa la situación. El número superior de cada razón es el número de victorias y el número inferior es la cantidad de derrotas. El producto cruzado es 72. Si dividimos el producto cruzado entre 8, obtenemos un cociente de 9.

10. **C**; **Nivel de conocimiento:** 2; **Temas:** Q.2.a, Q.3.c; **Prácticas:** MP.1.a, MP.1.e
La razón de empleados a tiempo completo a empleados a tiempo parcial es 30:12, que en su mínima expresión es 5:2. Es importante comparar las cantidades correctas de empleados a tiempo completo a empleados a tiempo parcial.

11. **B**; **Nivel de conocimiento:** 2; **Temas:** Q.2.a, Q.2.e, Q.3.b, Q.3.c; **Prácticas:** MP.1.a, MP.1.e, MP.2.a, MP.4.a
La proporción $\frac{2}{150} = \frac{6}{x}$ representa la situación. El número superior de cada razón es el número de pulgadas y el número inferior es el número de millas. El producto cruzado es 900. Si dividimos entre 2, obtenemos un cociente de 450.

12. **A**; **Nivel de conocimiento:** 2; **Temas:** Q.2.a, Q.2.e, Q.3.c; **Prácticas:** MP.1.a, MP.1.d, MP.1.e, MP.1.a, MP.4.a
La proporción $\frac{4}{5} = \frac{x}{460}$ representa la situación. El número superior de cada razón representa el número de estudiantes que usan el autobús para ir a la escuela y el número inferior representa el número total de estudiantes. El producto cruzado es 1,840. Si dividimos el producto cruzado entre 5, obtenemos un cociente de 368. Resta el número de estudiantes que usan el autobús del número total de estudiantes: 460 − 368 = 92. Entonces, 92 estudiantes usan un medio de transporte diferente para ir a la escuela.

13. $\frac{5}{15} = \frac{275}{x}$ = $825; **Nivel de conocimiento:** 2; **Tema:** Q.3.c; **Prácticas:** MP.1.a, MP.1.d, MP.2.a
La razón de donaciones particulares a donaciones de la empresa Bahía es $\frac{5}{15}$. El número superior de cada razón es la cantidad de donaciones particulares y el número inferior de cada razón es la cantidad que donará la empresa Bahía. El monto total de donaciones de la empresa Bahía es x, es decir, es desconocido. Multiplica 15 por 275 para obtener un producto cruzado de 4,125 y divide esa cifra entre 5 para hallar un cociente de $825 correspondiente a la donación de la empresa Bahía.

14. $\frac{14}{1} = \frac{406}{x}$ = 29; **Nivel de conocimiento:** 2; **Temas:** Q.3.c; **Prácticas:** MP.1.a, MP.1.d, MP.2.a
La razón de estudiantes a maestros es 14:1. El número superior de cada razón es el número de maestros. El número inferior de cada razón es el número de estudiantes. El número total de maestros es x, es decir, es desconocido. El producto cruzado es 406. Si dividimos entre el tercer número, 14, obtenemos un cociente de 29.

15. **B**; **Nivel de conocimiento:** 2; **Temas:** Q.2.a, Q.2.e, Q.3.a, Q.3.c; **Prácticas:** MP.1.a, MP.1.e, MP.2.a, MP.4.a
La tasa por unidad es 110 calorías por milla. Multiplica la tasa por unidad por el número de millas, o escribe una proporción y resuélvela: $\frac{1}{2}$ × 110 = 495.

16. **A**; **Nivel de conocimiento:** 1; **Temas:** Q.2.a, Q.2.e, Q.3.a, Q.3.c; **Prácticas:** MP.1.a, MP.1.e, MP.2.a, MP.4.a
Una tasa por unidad es una razón con un denominador de 1. Para hallar la tasa por unidad, debes dividir el número de millas por el número de horas: 48 ÷ 3 = 16.

17. **B**; **Nivel de conocimiento:** 2; **Temas:** Q.2.a, Q.2.e, Q.3.c; **Prácticas:** MP.1.a, MP.1.d, MP.1.e, MP.2.a, MP.4.a
El número de personas que caminan o van en bicicleta es la diferencia entre el número total de personas y el número de personas que van en carro: 30 − 16 = 14. La razón de personas que van en carro a personas que caminan o van en bicicleta es 16:14, que en su mínima expresión es 8:7.

Clave de respuestas

UNIDAD 1 *(continuación)*

18. **C**; **Nivel de conocimiento:** 2; **Tema:** Q.3.c; **Prácticas:** MP.1.a, MP.1.d, MP.2.a
La razón de personas que trabajan en la educación al total de personas es 2:5. El número superior de cada razón es el número de personas que trabajan en la educación. El número inferior es el número de personas. El número total de personas que trabajan en la educación es *x*, es decir, es desconocido. Multiplica para hallar un producto cruzado de 60. Luego divide el producto cruzado de 60 entre el tercer número, 5, para hallar un cociente de 12 personas en el campo de la educación.

19. **B**; **Nivel de conocimiento:** 2; **Tema:** Q.3.c; **Prácticas:** MP.1.a, MP.1.d, MP.2.a
La razón de cucharaditas de salsa de caramelo a cucharaditas de salsa para postres es 3:5, porque 2 + 3 = 5. El número superior de cada razón es el número de cucharaditas de salsa de caramelo. El número inferior de cada razón es el número de cucharaditas de salsa para postres. El número total de cucharaditas de salsa de caramelo es *x*, es decir, es desconocido. Multiplica para hallar un producto cruzado de 60. Luego, divide esa cifra entre el tercer número, 5, para hallar un cociente de 12 cucharaditas de salsa de caramelo.

20. **C**; **Nivel de conocimiento:** 2; **Temas:** Q.2.a, Q.2.e, Q.3.c; **Prácticas:** MP.1.a, MP.1.e, MP.2.a, MP.4.a
La proporción $\frac{2}{3} = \frac{24}{x}$ representa la situación, en la que el número superior de cada razón es el número de carros y el número inferior es el número de lugares para estacionar. El producto cruzado es 72. Si dividimos el producto cruzado entre 2, obtenemos un cociente de 36 lugares para estacionar.

21. **A**; **Nivel de conocimiento:** 2; **Temas:** Q.2.a, Q.2.e, Q.3.c; **Prácticas:** MP.1.a, MP.1.e, MP.2.a, MP.4.a
Para establecer una razón, primero debes hallar el número de bolas que van con el número de strikes. Para eso, resta 84 de 105 = 21 bolas. A partir de allí, puedes establecer tu razón de 84:21, que en su mínima expresión es 4:1.

22. **B**; **Nivel de conocimiento:** 2; **Temas:** Q.2.a, Q.2.e, Q.3.c; **Prácticas:** MP.1.a, MP.1.e, MP.2.a, MP.4.a
La proporción $\frac{1}{22} = \frac{x}{176}$ representa la situación. El número superior de cada razón es el número de socorristas y el número inferior es el número de bañistas. El producto cruzado es 176. Si dividimos entre el tercer número, 22, obtenemos un cociente de 8 socorristas.

23. **B**; **Nivel de conocimiento:** 2; **Temas:** Q.2.a, Q.2.e, Q.3.a, Q.3.c, Q.6.c; **Prácticas:** MP.1.a, MP.1.d, MP.1.d, MP.2.a, MP.4.a
Leila recorrió 414 millas en la Semana 2 con 18 galones de combustible, por lo que su tasa por unidad fue de 414 ÷ 18 = 23 millas por galón.

24. **C**; **Nivel de conocimiento:** 2; **Temas:** Q.2.a, Q.2.e, Q.3.c; **Prácticas:** MP.1.a, MP.1.d, MP.1.e, MP.2.a, MP.4.a
El número total de millas es 2,040. La razón de millas recorridas en carro en la Semana 1 al número total de millas es 420:2040, que en su mínima expresión es 7:34.

25. **B**; **Nivel de conocimiento:** 2; **Temas:** Q.2.a, Q.2.e, Q.3.c; **Prácticas:** MP.1.a, MP.1.e, MP.2.a, MP.4.a
La proporción $\frac{3}{8} = \frac{387}{x}$ representa la situación. El número superior de cada razón es el número de gatos y el número inferior es el número de personas. El producto cruzado es 3,096. Si dividimos entre 3, obtenemos un cociente de 1,032 personas.

26. **D**; **Nivel de conocimiento:** 2; **Temas:** Q.2.a, Q.2.e, Q.3.c; **Prácticas:** MP.1.a, MP.1.e, MP.2.a, MP.4.a
La proporción $\frac{8}{24} = \frac{12}{x}$ representa la situación. El número superior de cada razón es el número de libras y el número inferior es el costo. El producto cruzado es 288. Si dividimos entre 8, obtenemos un cociente de $36.

27. **C**; **Nivel de conocimiento:** 2; **Temas:** Q.2.a, Q.2.e, Q.3.c, Q.6.c; **Prácticas:** MP.1.a, MP.1.e, MP.2.a, M.2.c, MP.4.a
La razón de vacantes a candidatos para el puesto de redactor es 48:4, que en su mínima expresión es 12:1.

28. **A**; **Nivel de conocimiento:** 2; **Temas:** Q.2.a, Q.2.e, Q.3.c, Q.6.c; **Prácticas:** MP.1.a, MP.1.e, MP.2.a, M.2.c, MP.4.a
La proporción $\frac{1}{7} = \frac{2}{x}$ representa la situación. El número superior de cada razón es el número de puestos y el número inferior es el número de candidatos. El producto cruzado es 14. Hubo 14 candidatos para el puesto de director de proyecto. Hubo 12 candidatos para el puesto de editor: 14 − 12 = 2.

LECCIÓN 6, *págs. 22–25*

1. **B**; **Nivel de conocimiento:** 2; **Temas:** Q.1.a, Q.6.c; **Práctica:** MP.1.a
Compara cada número de la tabla con 6.25. Primero compara los dígitos que están en el lugar de las unidades. Como 7 es mayor que 6, 7.2 es mayor que 6.25 y tanto las bolas de boliche del señor Peterman como las bolas de boliche de la señora Peterman tienen masas mayores que 6 kg. Del mismo modo, como 6 es mayor que 5, 5.2 y 5.8 son menores que 6.25. Las bolas de boliche de Tay y de Julie tienen una masa menor que 6.25 kg. La masa de la bola de boliche de Christopher, 6.2 kg, tiene los mismos dígitos en el lugar de las unidades y en el lugar de los décimos que 6.25. Escribe 6.2 como 6.20 para comparar los dígitos de los centésimos. Como 0 es menor que 5, 6.20 es menor que 6.25 y la bola de boliche de Christopher tiene una masa menor que 6.25 kg. Entonces, 2 de las bolas de boliche tienen una masa mayor que 6.25 kg.

2. **B**; **Nivel de conocimiento:** 2; **Temas:** Q.2.a, Q.2.e, Q.6.c; **Prácticas:** MP.1.a, MP.1.b, MP.1.e, MP.2.c, MP.4.a
Para hallar la diferencia en masas, resta 5.8 de 6. Se entiende que un número natural tiene un punto decimal después del lugar de las unidades, por lo que debes escribir 6 kg como 6.0 kg, y luego restar, sin olvidarte de reagrupar. 6.0 − 5.8 = 0.2.

3. **Lunes**; **Nivel de conocimiento:** 2; **Temas:** Q.1.a, Q.6.c; **Práctica:** MP.1.a
Todas las distancias recorridas tienen el mismo dígito en el lugar de las decenas, por lo que debes observar el lugar de las unidades. Como 8 es mayor que 7, descarta el martes y el viernes. Luego, observa el lugar de los décimos. Como 5 es menor que 8 y que 7, la menor distancia recorrida es 37.5, que es la que recorrió Kate el lunes.

4. **189.4**; **Nivel de conocimiento:** 2; **Temas:** Q.2.a, Q.2.e, Q.6.c; **Prácticas:** MP.1.a, MP.1.b, MP.1.e, MP.2.c, MP.4.a
El número total de millas es la suma de las cinco distancias recorridas durante la semana. Alinea el punto decimal y suma lugar por lugar, sin olvidarte de reagrupar cuando sea necesario. 37.5 + 38.1 + 37.8 + 37.7 + 38.3 = 189.4 millas.

5. **0.8**; **Nivel de conocimiento:** 2; **Temas:** Q.2.a, Q.2.e, Q.6.c; **Prácticas:** MP.1.a, MP.1.b, MP.1.e, MP.2.c, MP.4.a
Resta la distancia que recorrió Kate el lunes de la distancia que recorrió el viernes, sin olvidarte de reagrupar. 38.3 − 37.5 = 0.8.

6. $75.60; **Nivel de conocimiento: 3**; **Temas:** Q.2.a, Q.2.e, Q.6.c; **Prácticas:** MP.1.a, MP.1.b, MP.1.e, MP.2.c, MP.4.a
El total de millas que recorre Kate es la suma de la cantidad de millas de la tabla: 37.5 + 38.1 + 37.8 + 37.7 + 38.3 = 189.4 millas. Resta el número de millas que recorrió por razones personales: 189.4 − 21.4 = 168 millas. Multiplica ese número de millas por $0.45: 0.45 × 168 = $75.60.

7. C; **Nivel de conocimiento: 2**; **Temas:** Q.1.a, Q.6.c; **Práctica:** MP.1.a
Ordena los puntajes de la barra de equilibrio de mayor a menor. Todos los puntajes tienen los mismos dígitos en el lugar de las decenas, en el lugar de las unidades y en el lugar de los décimos, por lo que debes comparar el lugar de los centésimos y el lugar de los milésimos. Como 9 es mayor que 8 y 7, el mayor puntaje fue 15.995, lo que significa que Natalia no finalizó en el primer puesto. Como 8 es mayor que 7, el siguiente puntaje mayor fue 15.98, lo que significa que Natalia no finalizó en el segundo puesto. Compara 15.975 y 15.970. Como 5 es mayor que 0, Natalia finalizó en el tercer puesto.

8. A; **Nivel de conocimiento: 2**; **Temas:** Q.2.a, Q.2.e; **Prácticas:** MP.1.a, MP.1.b, MP.1.e, MP.2.c, MP.4.a
Para estimar una respuesta, redondea los decimales al número natural más próximo. $1.79 es aproximadamente $2; entonces, tienes que dividir $8 entre $2, que equivale a 4.

9. C; **Nivel de conocimiento: 2**; **Temas:** Q.1.a, Q.6.c; **Práctica:** MP.1.a
Compara el peso de cada muestra con los pesos mínimo y máximo permitidos. Los pesos de las Muestras A y D tienen los mismos dígitos en el lugar de las unidades, en el lugar de los décimos y en lugar de los centésimos que 1.097. Los dígitos de los milésimos son mayores que 7, por lo que las Muestras A y D están por encima del peso mínimo. Las Muestras A y D también están por debajo del peso máximo, ya que el dígito que está en el lugar de los décimos en el peso máximo, 1, es mayor que los dígitos que están en el lugar de los décimos en los pesos de las muestras, 0. Los pesos de las Muestras B y C tienen los mismos dígitos en el lugar de las unidades que 1.097. El dígito que está en el lugar de los décimos es mayor que 0, por lo que las Muestras B y C están por encima del peso mínimo. Los dígitos que están en el lugar de los décimos en los pesos de estas muestras son los mismos que el dígito que está en el lugar de los décimos en el peso máximo, por lo que debes observar los dígitos que están en el lugar de los centésimos. Como 2 es mayor que 0, la Muestra C es más pesada de lo permitido, por lo que Isaiah la rechazaría.

10. A; **Nivel de conocimiento: 2**; **Temas:** Q.1.a, Q.6.c; **Práctica:** MP.1.a
Compara el número del libro con el rango de cada piso y sección. El número del libro tiene los mismos dígitos en el lugar de las decenas, en el lugar de las unidades, en el lugar de los décimos y en el lugar de los centésimos que el número más alto del Piso 1, Sección A, y el número más bajo en el Piso 1, Sección B. Observa los dígitos que están en el lugar de los milésimos. Como 3 es menor que 4, el libro estará en el Piso 1, Sección A.

11. C; **Nivel de conocimiento: 2**; **Temas:** Q.1.a, Q.6.c; **Práctica:** MP.1.a
Para comparar un decimal que está en el lugar de los décimos con un decimal que está en el lugar de los centésimos, debes volver a escribir el decimal con un 0 en el lugar de los centésimos. Compara 35.780 con los números de la tabla. El número del libro tiene los mismos dígitos en el lugar de las decenas, en el lugar de las unidades, en el lugar de los décimos y en el lugar de los centésimos que el número más alto en el Piso 2, Sección A, y que el número más bajo en el Piso 2, Sección B. Observa el dígito que está en el lugar de los milésimos. Como 0 es menor que 4, el libro estará en el Piso 2, Sección A.

12. B; **Nivel de conocimiento: 2**; **Temas:** Q.2.a, Q.2.e; **Prácticas:** MP.1.a, MP.1.b, MP.1.e, MP.2.c, MP.4.a
El costo del salami es el producto del precio por libra y el número de libras. Multiplica: 2.3 × 3.95 = 9.085. Redondea la respuesta a la moneda de 1¢ más próxima, es decir, al centésimo más próximo: $9.09.

13. A; **Nivel de conocimiento: 2**; **Temas:** Q.2.a, Q.2.e; **Prácticas:** MP.1.a, MP.1.b, MP.1.e, MP.2.c, MP.4.a
Para hallar el cambio que recibirá Teresa, resta el costo total de $20. Suma los costos de los artículos y reagrupa si es necesario: $14.98 + $2.39 + $0.79 = $18.06. Resta el total de $20.00. $20.00 − $18.06 = $1.94.

14. B; **Nivel de conocimiento: 2**; **Temas:** Q.2.a, Q.2.e; **Prácticas:** MP.1.a, MP.1.b, MP.1.e, MP.2.c, MP.4.a
El monto de cada pago equivalente es el cociente del costo total y el número de meses. Divide: $675.00 ÷ 12 = $56.25.

15. D; **Nivel de conocimiento: 2**; **Temas:** Q.2.a, Q.2.e; **Prácticas:** MP.1.a, MP.1.b, MP.1.e, MP.2.c, MP.4.a
El total de las tres calificaciones de Tim es la suma de los tres números. Suma los números y asegúrate de alinear los puntos decimales y de reagrupar cuando sea necesario. 97.75 + 92.5 + 98.25 = 288.5.

16. D; **Nivel de conocimiento: 2**; **Temas:** Q.2.a, Q.2.e, Q.6.c; **Prácticas:** MP.1.a, MP.1.b, MP.1.e, MP.2.c, MP.4.a
Los tres promedios de bateo superiores son los tres números mayores de la tabla. Todos los números tienen un 0 en el lugar de las unidades, por lo que debes comparar los dígitos que están en el lugar de los décimos. Los Jugadores B y C tienen un 3 en el lugar de los décimos. Compara los lugares de los centésimos para esos números. Como 5 es mayor que 0, el Jugador B tiene el mayor promedio de bateo y el Jugador C tiene el segundo mayor promedio de bateo. Luego, compara los promedios de bateo de los jugadores restantes. Todos tienen un 2 en el lugar de los décimos, por lo que debes comparar los dígitos que están en el lugar de los centésimos. Como 9 es mayor que 8 y que 7, el Jugador D tiene el tercer mayor promedio de bateo. Los Jugadores B, C y D tienen los mayores promedios de bateo, por lo que batearán en este orden: Jugador D, Jugador C y Jugador B.

17. B; **Nivel de conocimiento: 2**; **Temas:** Q.1.a, Q.6.c; **Práctica:** MP.1.a
Compara los dígitos que están en el lugar de las unidades. Como 8 es menor que 9, la calificación más baja fue 8.75. Luego, compara los lugares de los décimos de las dos calificaciones restantes. Como 5 es mayor que 2, 9.5 fue la calificación más alta. En orden de menor a mayor, las calificaciones son 8.75, 9.25, 9.5.

18. B; **Nivel de conocimiento: 2**; **Temas:** Q.2.a, Q.2.e; **Prácticas:** MP.1.a, MP.1.b, MP.1.e, MP.2.c, MP.4.a
El precio normal de 5 cajas de fideos finos es 5 × $2.29 = $11.45. El precio en oferta de 5 cajas es 5 × $2.05 = $10.25. Resta para hallar cuánto ahorró Lorenzo: $11.45 − $10.25 = $1.20. Otra alternativa es considerar que cada caja de fideos finos cuesta $2.29 − $2.05 = $0.24, por lo que en 5 cajas Lorenzo ahorró 5 × $0.24 = $1.20.

19. C; **Nivel de conocimiento: 2**; **Temas:** Q.2.a, Q.2.e; **Prácticas:** MP.1.a, MP.1.b, MP.1.e, MP.2.c, MP.4.a
Suma para hallar el puntaje total de los jueces, sin olvidarte de alinear los puntos decimales y de reagrupar cuando sea necesario: 8 + 8.5 + 7.5 = 24. Multiplica el puntaje de los jueces por el grado de dificultad: 3.2 × 24 = 76.8.

20. B; **Nivel de conocimiento: 2**; **Temas:** Q.2.a, Q.2.e; **Prácticas:** MP.1.a, MP.1.b, MP.1.e, MP.2.c, MP.4.a
Hay 12 meses en un año, por lo que hay que dividir la cantidad del préstamo entre 12 y reagrupar cuando sea necesario. $1,556.28 ÷ 12 = $129.69.

Clave de respuestas

UNIDAD 1 *(continuación)*

21. C; Nivel de conocimiento: 2; **Temas:** Q.2.a, Q.2.e; **Prácticas:** MP.1.a, MP.1.b, MP.1.e, MP.2.c, MP.4.a
El número de millas por hora, es decir, la tasa, es igual al cociente de la distancia total y el número de horas. Divide 115.02 entre 5.4, sin olvidarte de colocar correctamente el punto decimal. 115.02 ÷ 5.4 = 21.3 millas por hora.

22. D; Nivel de conocimiento: 2; **Tema:** Q.1.a; **Práctica:** MP.1.a
Todas las opciones de respuesta tienen los mismos dígitos en los lugares de las centenas, decenas y unidades, por lo que hay que comparar los lugares de los décimos. Escribe 218 como 218.0. Como 0 es menor que 1, 218 y 218.05 son demasiado bajos. Compara los lugares de los centésimos. Como 0 es < 5, 218.105 es demasiado bajo. Como 5 está entre 1 y 6 en el lugar de los décimos, el puntaje de Morgan podría ser 218.5.

23. B; Nivel de conocimiento: 2; **Temas:** Q.1.a, Q.6.c; **Práctica:** MP.1.a
Compara el peso del paquete de Gary con los pesos de la tabla. Compara los dígitos que están en el lugar de las unidades. Como 6 es menor que 7, el paquete de Gary pertenece al rango de peso de 4.66–7.85. Entonces, le costará $5.55 enviar el paquete.

24. C; Nivel de conocimiento: 3; **Temas:** Q.1.a, Q.2.a, Q.2.e, Q.6.c; **Prácticas:** MP.1.a, MP.1.b, MP.1.e, MP.2.c, MP.4.a
El peso total del paquete es el peso de los libros más el peso de los materiales para embalar. Los libros pesan 3 × 2.91 = 8.73 libras. Suma el peso de los materiales para embalar: 8.73 + 1.6 = 10.33. Compara el peso con los pesos de la tabla. Como los dígitos del peso del paquete que están en el lugar de las decenas y en el lugar de las unidades son los mismos que los dígitos que están en el lugar de las decenas y en el lugar de las unidades en 10.95 y 10.96, tienes que comparar el dígito que está en el lugar de los décimos. Como 3 es menor que 9, el paquete corresponde al rango de peso de 7.86–10.95 y el costo de envío es $8.99.

25. B; Nivel de conocimiento: 3; **Temas:** Q.1.a, Q.2.a, Q.2.e, Q.6.c; **Prácticas:** MP.1.a, MP.1.b, MP.1.e, MP.2.c, MP.4.a
Primero, halla el costo para enviar el paquete que pesa 4.51 libras. Como el dígito que está en el lugar de las unidades es el mismo que los dígitos que están en el lugar de las unidades en 4.65 y 4.66, tienes que comparar el dígito que está en el lugar de los décimos. Como 5 es menor que 6, el paquete corresponde al rango de peso de 0–4.65 y el envío costará $3.95. Para el segundo paquete, que pesa 10.9 libras, los dígitos que están en el lugar de las decenas, en el lugar de las unidades y en el lugar de los décimos son los mismos que en 10.95 y 10.96, por lo que tienes que comparar los dígitos que están en el lugar de los centésimos. 10.9 es igual a 10.90 y 0 es menor que 5, por lo que el paquete corresponde al rango de peso de 7.86–10.95 y el envío costará $8.99. Suma los dos costos de envío, alinea los puntos decimales y reagrupa según sea necesario: $3.95 + $8.99 = $12.94. Resta del monto total pagado: $20.00 − $12.94 = $7.06.

LECCIÓN 7, *págs. 26–29*
1. B; Nivel de conocimiento: 1; **Temas:** Q.2.a, Q.2.e, Q.3.d; **Prácticas:** MP.1.a, MP.1.e
Para escribir un porcentaje en forma de fracción, elimina el signo de porcentaje y escribe el porcentaje como una fracción con denominador 100. Simplifica. $\frac{15 \div 5}{100 \div 5} = \frac{3}{20}$.

2. D; Nivel de conocimiento: 2; **Temas:** Q.2.a, Q.2.e, Q.3.c, Q.3.d; **Prácticas:** MP.1.a, MP.1.e, MP.2.c, MP.4.a
Para hallar el monto de la propina, usa la ecuación **base × tasa = parte**, donde la base es $40.66, la tasa es 20% o 0.2 y la parte es desconocida. Multiplica: 0.20 × $40.66 = $8.13.
Otra alternativa es desarrollar y resolver la proporción $\frac{parte}{40.66} = \frac{20}{100}$. Suma el monto de la propina al subtotal para hallar el total: $40.66 + $8.13 = $48.79.

3. C; Nivel de conocimiento: 1; **Temas:** Q.2.a, Q.2.e, Q.3.d; **Prácticas:** MP.1.a, MP.1.e
Para escribir una fracción en forma de porcentaje, divide el numerador entre el denominador. Luego multiplica el número decimal por 100 y agrega el signo de porcentaje. 2 ÷ 5 = 0.4, 0.4 × 100 = 40. Entonces, 40% de los niños de primer grado son llevados a la escuela.

4. D; Nivel de conocimiento: 2; **Temas:** Q.2.a, Q.2.e, Q.3.c, Q.3.d; **Prácticas:** MP.1.a, MP.1.e, MP.2.c, MP.4.a
Usa la ecuación **base × tasa = parte**, donde la base es 140, la tasa es 85% o 0.85 y la parte es desconocida. Multiplica: 0.85 × 140 = 119. Otra alternativa es desarrollar y resolver la proporción $\frac{parte}{140} = \frac{85}{100}$.

5. B; Nivel de conocimiento: 1; **Temas:** Q.2.a, Q.2.e, Q.3.d; **Prácticas:** MP.1.a, MP.1.e
Para escribir una fracción en forma de porcentaje, divide el numerador 3 entre el denominador 25.
Obtendrás como resultado 0.12 o 12/centésimos. $\frac{12}{100}$ es 12%.

6. B; Nivel de conocimiento: 2; **Temas:** Q.2.a, Q.2.e, Q.3.c, Q.3.d; **Prácticas:** MP.1.a, MP.1.d, MP.1.e, MP.2.c, MP.4.a
Primero, halla el monto del descuento. Usa la ecuación **base × tasa = parte**, donde la base es $580, la tasa es 30% o 0.3 y la parte es desconocida. Multiplica: 580 × 0.3 = 174. Resta el descuento del precio original para hallar el precio que pagó Sam: $580 − $174 = $406.

7. C; Nivel de conocimiento: 2; **Temas:** Q.2.a, Q.2.e, Q.3.c, Q.3.d; **Prácticas:** MP.1.a, MP.1.d, MP.1.e, MP.2.c, MP.4.a
Marie necesita pagar 30% del costo de los folletos como pago inicial. El costo total de los folletos es $2 × 500 = $1,000. Usa la ecuación **base × tasa = parte**, donde la base es $1,000, la tasa es 30% o 0.3 y la parte es el monto del pago inicial. Multiplica: 1,000 × 0.3 = $300.

8. B; Nivel de conocimiento: 2; **Temas:** Q.2.a, Q.2.e, Q.3.d; **Prácticas:** MP.1.a, MP.1.e, MP.2.c, MP.4.a
Para hallar el aumento de porcentaje, primero tienes que hallar el monto del aumento restando el alquiler original del alquiler nuevo: $615 − $585 = $30. Divide ese número entre el alquiler original y escribe el número decimal en forma de porcentaje. $30 ÷ $585 = 0.051 ≈ 5%.

9. B; Nivel de conocimiento: 2; **Temas:** Q.2.a, Q.2.e, Q.3.d; **Prácticas:** MP.1.a, MP.1.e, MP.2.c, MP.4.a
Usa la ecuación $I = prt$, donde I es el monto del interés ganado. En este caso, p es el monto de la inversión, $3,000; r es la tasa de interés, 3% o 0.03; y t es el tiempo, 18 meses, o 1.5 años. $I = 3,000 × 0.03 × 1.5 = 135$.

10. **C**; **Nivel de conocimiento:** 3; **Temas:** Q.2.a, Q.2.e, Q.3.c, Q.3.d; **Prácticas:** MP.1.a, MP.1.d, MP.1.e, MP.2.c, MP.4.a
Halla el monto del pago que hizo Dan por adelantado usando la ecuación **base × tasa = parte**, donde la base es $16,584, la tasa es 20% o 0.2 y la parte es desconocida. $16,584 × 0.2 = $3,316.80. Otra alternativa es desarrollar y resolver la proporción $\frac{\text{parte}}{16,584} = \frac{20}{100}$. Resta el pago por adelantado (parte) del costo del carro: $16,584 − $3,316.80 = $13,267.20. Por último, divide el saldo entre el número de meses, 24, para hallar el pago mensual: $13,267.20 ÷ 24 = $552.80.

11. **A**; **Nivel de conocimiento:** 2; **Temas:** Q.2.a, Q.2.e, Q.3.c, Q.3.d; **Prácticas:** MP.1.a, MP.1.d, MP.1.e, MP.2.c, MP.4.a
Primero, halla el monto que ganó Noelle en comisiones. Usa la ecuación **base × tasa = parte**, donde la base es $42,800, la tasa es 8% o 0.08 y la parte es desconocida. Multiplica: $42,800 × 0.08 = $3,424.00. Suma el salario de Noelle a su comisión para hallar sus ganancias totales: $2,500.00 + $3,424.00 = $5,924.00.

12. **B**; **Nivel de conocimiento:** 2; **Temas:** Q.2.a, Q.2.e, Q.3.d; **Prácticas:** MP.1.a, MP.1.e, MP.2.c, MP.4.a
Usa la ecuación $I = prt$, donde I es el monto de interés pagado. En este caso, p es el monto del crédito, $10,000; r es la tasa de interés, 5.6% o 0.056; y t es el tiempo, 36 meses, o 3 años. $I = 10,000 × 0.056 × 3 = 1,680$. Suma el monto del crédito, $10,000, al monto del interés pagado, $1,680, para hallar el monto total que pagó Remy: $10,000 + $1,680 = $11,680.00.

13. **B**; **Nivel de conocimiento:** 2; **Temas:** Q.2.a, Q.2.e, Q.3.d; **Prácticas:** MP.1.a, MP.1.d, MP.1.e, MP.2.c
Para determinar el porcentaje de millas que recorrió Nina en bicicleta el segundo día, primero determina el porcentaje de millas que recorrió el primer día. El primer día, recorrió 36 de 45 millas posibles. Escribe $\frac{36}{45}$ en forma de fracción y simplifica según el máximo común múltiplo. En este caso, 36 y 45 se pueden dividir entre 9, por lo que $\frac{36}{45}$ en su mínima expresión es $\frac{4}{5}$. Para hallar el porcentaje de $\frac{4}{5}$, divide el denominador entre el numerador para obtener 0.8, que se convierte en 80%. Nina recorrió 80% de las millas (36 de ellas) el primer día, lo que significa que recorrió 20% de las millas el segundo día.

14. **A**; **Nivel de conocimiento:** 2; **Temas:** Q.2.a, Q.2.e, Q.3.d; **Prácticas:** MP.1.a, MP.1.e
Para escribir un porcentaje en forma de número decimal, elimina el signo de porcentaje y divide entre 100. 82% = 0.82. Es importante eliminar el signo de porcentaje, ya que 0.82% no es lo mismo que 82%.

15. **C**; **Nivel de conocimiento:** 2; **Temas:** Q.2.a, Q.2.e, Q.3.d; **Prácticas:** MP.1.a, MP.1.d, MP.1.e, MP.2.c
Para determinar el porcentaje de estudiantes de primer año que hay en el equipo de fútbol de los Lobos, divide 3 entre 20 para hallar 0.15. Para comprobar tu respuesta, multiplica 0.15 por 20 para obtener 3, lo que confirma la respuesta. Luego, convierte 0.15 en 15% para llegar a la respuesta correcta.

16. **B**; **Nivel de conocimiento:** 2; **Temas:** Q.2.a, Q.2.e, Q.3.d; **Prácticas:** MP.1.a, MP.1.e
Las Panteras ganaron $\frac{22}{34}$ de sus partidos. Para escribir una fracción en forma de porcentaje, divide el numerador entre el denominador. Luego multiplica por 100 y escribe el signo de porcentaje. 22 ÷ 34 ≈ 0.647, que equivale a 64.7%.

17. **C**; **Nivel de conocimiento:** 2; **Temas:** Q.2.a, Q.2.e, Q.3.c, Q.3.d; **Prácticas:** MP.1.a, MP.1.d, MP.1.e, MP.2.c
Para hallar el monto que pagó Bryon, usa la ecuación **base × tasa = parte**, donde la base es $1,230, la tasa es 20% o 0.2 y la parte es desconocida. 1,230 × 0.2 = 246. Resta el pago de $246 que hizo por adelantado del costo de $1,230 para hallar el monto que debe Bryon: $1,230 − $246 = $984.

18. **B**; **Nivel de conocimiento:** 2; **Temas:** Q.2.a, Q.2.e, Q.3.d; **Prácticas:** MP.1.a, MP.1.d, MP.1.e, MP.2.c
El porcentaje de ganancia es el porcentaje del aumento del costo de producción respecto del precio de venta. La ganancia que obtiene Jim por cada mochila es la diferencia entre el precio de venta y el costo de producción: $10.50 − $7 = $3.50. Para hallar el porcentaje de ganancia, divide la ganancia entre el costo de producción. Luego multiplica por 100 y escribe el signo de porcentaje: $3.50 ÷ $7.00 = 0.5 = 50%.

19. **D**; **Nivel de conocimiento:** 2; **Temas:** Q.2.a, Q.2.e, Q.3.d, Q.6.c; **Prácticas:** MP.1.a, MP.1.e
Para hallar el porcentaje de partes vendidas del número Q754362, divide el número de partes de Q754362 entre el número total de partes. El número total de partes es 1,158,675. 308,205 ÷ 1,158,675 = 0.266, que es aproximadamente 27%.

20. **D**; **Nivel de conocimiento:** 2; **Temas:** Q.2.a, Q.2.e, Q.3.d, Q.6.c; **Prácticas:** MP.1.a, MP.1.e
En conjunto, las ventas de las partes con los números B057305 y F284203 fueron 545,380. Divide el número de partes con los números B057305 o F284203 entre el número total de partes. El número total de partes es 1,158,675. 545,380 ÷ 1,158,675 = 0.4706, que puede redondearse a 47%.

21. **B**; **Nivel de conocimiento:** 2; **Temas:** Q.2.a, Q.2.e, Q.3.d; **Prácticas:** MP.1.a, MP.1.e, MP.2.c, MP.4.a
Usa la ecuación $I = prt$, donde I es el monto de interés pagado. En este caso, p es el monto del préstamo, $210,000; r es la tasa de interés, 5% o 0.05; y t es el tiempo, 4 años. $I = 210,000 × 0.05 × 4 = 42,000$. Suma el monto del préstamo, $210,000, al monto del interés pagado, $42,000, para hallar el monto total que habrá pagado Jay: $210,000 + $42,000 = $252,000.

22.1 **B**; 22.2 **B**; **Nivel de conocimiento:** 2; **Temas:** Q.2.a, Q.2.e, Q.3.d; **Prácticas:** MP.1.a, MP.1.e, MP.2.c, MP.4.a
El número de pasajeros bajó, por lo que los pasajeros disminuyeron. Para hallar el porcentaje de disminución, primero tienes que hallar el monto de disminución restando el número de pasajeros de abril del número de pasajeros de marzo: 5,478 − 4,380 = 1,098. Luego, divide la cantidad de cambio entre el número original de pasajeros y escribe el número decimal en forma de porcentaje. 1,098 ÷ 5,478 ≈ 0.20 = 20%.

23. **C**; **Nivel de conocimiento:** 2; **Temas:** Q.2.a, Q.2.e, Q.3.c, Q.3.d; **Prácticas:** MP.1.a, MP.1.e, MP.2.c, MP.4.a
El número de estudiantes aumentó en 20%. Para hallar el número de estudiantes nuevos, usa la ecuación **base × tasa = parte**, donde la base es 35, la tasa es 20% o 0.2 y la parte es desconocida. Multiplica: 35 × 0.2 = 7. Suma el número de estudiantes nuevos, 7, al número original de estudiantes, 35: 35 + 7 = 42.

UNIDAD 1 *(continuación)*

24. B; Nivel de conocimiento: 2; **Temas:** Q.2.a, Q.2.e, Q.3.d; **Prácticas:** MP.1.a, MP.1.d, MP.1.e, MP.2.c
El presupuesto total de Delia es el 100% de sus ganancias. Para hallar el porcentaje de sus ganancias que le queda para destinar a otras cosas, convierte los números del problema en porcentajes. Convierte $\frac{1}{5}$ en un número decimal dividiendo el numerador entre el denominador y luego convierte el decimal en un porcentaje multiplicando por 100: $1 \div 5 = 0.20 = 20\%$. Convierte 0.35 en un porcentaje multiplicando por 100: $0.35 = 35\%$. Resta de 100% para hallar el porcentaje de ganancias que le quedan: $100\% - 20\% - 35\% = 45\%$.

25. A; Nivel de conocimiento: 2; **Temas:** Q.2.a, Q.2.e, Q.3.c, Q.3.d; **Prácticas:** MP.1.a, MP.1.d, MP.1.e
Si ganaron el 75% de los partidos, perdieron el 25%. Halla el 25% de 24: $\frac{25}{100} \cdot \frac{24}{1} = \frac{600}{100} = 6$.

UNIDAD 2 MEDICIÓN/ANÁLISIS DE DATOS

LECCIÓN 1, *págs. 30–33*
1. C; Nivel de conocimiento: 2; **Temas:** Q.2.a, Q.2.e; **Prácticas:** MP.1.a, MP.1.b, MP.1.d, MP.1.e, MP.2.c, MP.3.a
Primero, convierte todas las unidades a centigramos:
45 mg ÷ 10 = 4.5 cg
2 g × 100 = 200 cg
Total de pigmento rojo usado = 4.5 cg + 200 cg + 85 cg = 289.5 cg.

2. C; Nivel de conocimiento: 2; **Temas:** Q.2.a, Q.2.e, Q.3.c; **Prácticas:** MP.1.a, MP.1.b, MP.1.d, MP.1.e, MP.2.c, MP.3.a, MP.4.a
La receta original requiere 2 tazas de jugo de naranja. Como la receta debe triplicarse, Cedric necesita multiplicar cada ingrediente por 3. Necesitará 2 × 3 = 6 tazas de jugo de naranja. A continuación, desarrolla una ecuación como ayuda para convertir las unidades:
$$\frac{1 \ pinta}{2 \ tazas} = \frac{x}{6 \ tazas}$$

$2x = 6$
$x = 3$ pintas
La opción de respuesta A no incluye triplicar la receta. Las opciones de respuesta B y D provienen de una conversión incorrecta de las unidades.

3. D; Nivel de conocimiento: 2; **Temas:** Q.2.a, Q.2.e, Q.3.c; **Prácticas:** MP.1.a, MP.1.b, MP.1.d, MP.1.e, MP.2.c, MP.3.a
La receta original requería 4 pintas de agua con gas. Como la receta debe triplicarse, Cedric necesitará 12 pintas. Desarrolla una ecuación como ayuda para convertir las unidades:
$$\frac{2 \ pintas}{1 \ cuarto} = \frac{12 \ pintas}{x}$$

$2x = 12$
$x = 6$ cuartos
La opción de respuesta A no incluye triplicar la receta. Las opciones de respuesta B y C provienen de una conversión incorrecta de las unidades.

4. D; Nivel de conocimiento: 2; **Temas:** Q.2.a, Q.2.e, Q.3.c; **Prácticas:** MP.1.a, MP.1.b, MP.1.d, MP.1.e, MP.2.c, MP.3.a, MP.4.a
La receta original requería 5 pintas de refresco de jengibre. Como la receta debe triplicarse, se necesitarán 15 pintas. Desarrolla una ecuación como ayuda para convertir las unidades:
$$\frac{1 \ pinta}{2 \ tazas} = \frac{15 \ pintas}{x}$$

$1x = 30$ tazas
La opción de respuesta B no incluye triplicar la receta. Las opciones de respuesta A y C provienen de una conversión incorrecta de las unidades.

5. B; Nivel de conocimiento: 2; **Temas:** Q.2.a, Q.2.e; **Prácticas:** MP.1.a, MP.1.b, MP.1.d, MP.1.e, MP.2.c, MP.3.a
Primero, convierte todas las unidades a gramos:
50 mg ÷ 1,000 = 0.05 g de pigmento azul
55 cg ÷ 100 = 0.55 g de pigmento verde
Después, suma el pigmento azul y el pigmento verde: 0.05 g + 0.55 g = 0.6 g. Luego, resta la masa combinada del pigmento azul y el verde a la masa del pigmento rojo: 3 g − 0.6 g = 2.4 g.

6. D; Nivel de conocimiento: 2; **Temas:** Q.2.a, Q.2.e; **Prácticas:** MP.1.a, MP.1.b, MP.1.d, MP.1.e, MP.2.c, MP.3.a
Desarrolla una ecuación como ayuda para convertir las unidades:
$$\frac{1 \ km}{1,000 \ m} = \frac{x}{700 \ x}$$

$1,000 \ x = 700$
$x = 700 \div 1,000$
$x = 0.7$ km

Esto descarta las opciones de respuesta A, B y C, ya que todas ellas provienen de una conversión incorrecta de las unidades.

7. B; Nivel de conocimiento: 2; **Temas:** Q.2.a, Q.2.e, Q.3.c; **Prácticas:** MP.1.a, MP.1.b, MP.1.d, MP.1.e, MP.2.c, MP.3.a, MP.4.a
Al terminar el Día 4, Sabrina marcó:
700 m + 600 m + 800 m + 1,000 m = 3,100 m.
Desarrolla una ecuación como ayuda para convertir las unidades:
$$\frac{1 \ km}{1,000 \ m} = \frac{x}{3,100 \ x}$$

$1,000 \ x = 3,100$
$x = 3,100 \div 1,000$
$x = 3.1$ km
Esto descarta las opciones de respuesta A, C y D, ya que todas ellas provienen de una conversión incorrecta de las unidades.

8. B; Nivel de conocimiento: 3; **Temas:** Q.2.a, Q.2.e, Q.3.c; **Prácticas:** MP.1.a, MP.1.b, MP.1.d, MP.1.e, MP.2.c, MP.3.a, MP.4.a
Convierte milisegundos (ms) a segundos.
5 ms = 0.005 s
distancia = tasa × tiempo
distancia = 120 m/s × 0.005s
distancia = 0.6 m
Multiplica por 100 para convertir 0.6 m a cm: 0.6 m × 100 = 60 cm.

9. **D; Nivel de conocimiento: 2; Temas:** Q.2.a, Q.2.e, Q.3.c; **Prácticas:** MP.1.a, MP.1.b, MP.1.d, MP.1.e, MP.2.c, MP.3.a, MP.4.a

Peso en la Tierra: $\dfrac{1\ Luna}{4\ Tierra} = \dfrac{3\ kg\ Luna}{x\ kg\ Tierra}$; $x = 4 \times 3\ kg = 12\ kg$

12 kg × 1,000 = 12,000 g
Las opciones de respuesta A, B y C se descartan por conversión incorrecta de las unidades. La opción de respuesta C también se descarta porque no refleja el aumento de peso que tienen los objetos en la Tierra.

10. **B; Nivel de conocimiento: 2; Temas:** Q.2.a, Q.2.e, Q.6.c; **Prácticas:** MP.1.a, MP.1.b, MP.1.d, MP.1.e, MP.2.c, MP.3.a
Las opciones de respuesta A y C provienen de leer la tabla erróneamente (por ejemplo, el árbol joven más alto mide 121 cm, no 101 cm ni 23 cm). La opción de respuesta D proviene de una conversión incorrecta de las unidades.

11. **A; Nivel de conocimiento: 2; Temas:** Q.2.a, Q.2.e, Q.3.c, Q.6.c; **Prácticas:** MP.1.a, MP.1.e
La diferencia de altura es 57 cm − 33 cm = 24 cm.
24 cm ÷ 100 = 0.24 m.

12. **C; Nivel de conocimiento: 2; Temas:** Q.2.a, Q.2.e, Q.3.b, Q.3.c, Q.6.c; **Prácticas:** MP.1.a, MP.1.e
Su dibujo tendrá una altura de 4 × 50 mm = 200 mm. A continuación, para convertir 200 mm a cm, divide entre 10, que da como resultado 20 cm.

13. **A; Nivel de conocimiento: 2; Temas:** Q.2.a, Q.2.e, Q.3.c, Q.6.c; **Prácticas:** MP.1.a, MP.1.b, MP.1.d, MP.1.e, MP.2.c, MP.3.a, MP.4.a
Desarrolla una razón como ayuda para hallar la cantidad desconocida: $\dfrac{Oro}{Plata} = \dfrac{37.5\ g}{52\ g} = \dfrac{112.5\ g}{x}$

37.5x = 5,850
1x = 156 g
156 g ÷ 1,000 = 0.156 kg
La opción de respuesta D puede descartarse porque no tiene los dígitos *156*. Las opciones de respuesta B y C provienen de una conversión incorrecta de las unidades.

14. **C; Nivel de conocimiento: 2; Temas:** Q.2.a, Q.2.e, Q.3.c, Q.6.c; **Prácticas:** MP.2.c, MP.3.a, MP.4.a
Desarrolla una razón como ayuda para hallar la cantidad desconocida. Observa que, cuando desarrollas una ecuación, los números siempre deben estar expresados en las mismas unidades. En este caso, primero debes convertir 0.007 kg a gramos.
0.007 kg × 1,000 = 7g
$\dfrac{Oro}{Níquel} = \dfrac{37.5\ g}{1.4\ g} = \dfrac{x}{7\ g}$
1.4x = 262.5 g
1x = 187.5 g

15. **B; Nivel de conocimiento: 3; Temas:** Q.2.a, Q.2.e, Q.3.a, Q.3.c, Q.6.c; **Prácticas:** MP.1.a, MP.1.b, MP.1.d, MP.1.e, MP.2.c, MP.3.a, MP.4.a
Convierte 3 cs a ms: (3 cs × 10 = 30 ms)

Tiempo	Peso
0	5 kg
10 ms	2.5 kg
20 ms	1.25 kg
30 ms	0.625 kg

Convertir 0.625 kg da 625 g. La opción de respuesta A representa la cantidad de sustancia misteriosa que queda cuando *t* = 20 ms. La opción de respuesta C representa la cantidad de sustancia misteriosa que queda cuando *t* = 40 ms. La opción de respuesta D representa la cantidad de sustancia misteriosa que queda cuando *t* = 50 ms.

16. **C; Nivel de conocimiento: 2; Temas:** Q.2.a, Q.2.e, Q.3.a, Q.3.c, Q.6.c; **Prácticas:** MP.1.a, MP.1.b, MP.1.d, MP.1.e, MP.2.c, MP.3.a, MP.4.a
T = 0, *Peso* = 40 mg
T = 20 s, *Peso* = 80 mg
T = 40 s, *Peso* = 160 mg
Para convertir de mg a kg, divide 160 mg entre 1,000, que da 0.160 kg. Por lo tanto, se necesitan 40 s para que la sustancia pese 0.160 kg.

17. **C; Nivel de conocimiento: 2; Temas:** Q.2.a, Q.2.e; **Prácticas:** MP.1.a, MP.1.e
Total de litros necesarios = (3 × 448 l) + (2 × 236 l) = 1,816 l.
Desarrolla una ecuación como ayuda para la conversión o simplemente divide entre 1,000:
Método 1
1,816 ÷ 1,000 = 1.816 l
Método 2 (ecuación)
$\dfrac{1\ kl}{1,000\ l} = \dfrac{x}{1,816\ l}$; 1,000x = 1,816;
$x = \dfrac{1,816}{1,000}$; x = 1.816 kl
Todas las demás opciones de respuesta provienen de una conversión incorrecta de las unidades.

18. **D; Nivel de conocimiento: 2; Temas:** Q.2.a, Q.2.e, Q.3.c; **Prácticas:** MP.1.a, MP.1.e
Volumen total de agua de estanque:
(5 × 10 ml) + (5 × 1 ml) + (5 × 0.1 ml) = 55.5 ml
Solo la opción de respuesta *D* tiene los dígitos 55.5, así que las opciones de respuesta A, B y C pueden descartarse.

19. **A; Nivel de conocimiento: 2; Temas:** Q.2.a, Q.2.e, Q.3.c; **Prácticas:** MP.1.a, MP.1.e
1 kl = $\dfrac{1}{1,000}$ l; 17 l ÷ 1,000 = 0.017 kl

Cuando conviertes de una unidad menor a una unidad mayor, usa la división. Las opciones de respuesta C y D usan la multiplicación en lugar de la división.

20. **A; Nivel de conocimiento: 2; Temas:** Q.2.a, Q.2.e, Q.3.c; **Prácticas:** MP.1.a, MP.1.e
Pintura necesaria para 4 paredes = 450 l × 4 = 1,800 l. A continuación, divide $\dfrac{1,800\ l}{1,000}$ = 1.8 kl.

Pintura que le sobrará = 2 kl − 1.8 kl = 0.2 kl
La opción de respuesta B representa la cantidad de pintura necesaria para pintar una pared. La opción de respuesta C representa la cantidad de pintura necesaria para pintar las cuatro paredes. La opción de respuesta D es la cantidad de pintura que se compró.

Clave de respuestas

UNIDAD 2 *(continuación)*

21. **C**; **Nivel de conocimiento:** 2; **Temas:** Q.2.a, Q.2.e, Q.3.c;
Prácticas: MP.1.a, MP.1.b, MP.1.d, MP.1.e, MP.2.c, MP.3.a, MP.4.a
Total de yardas caminadas = (875 × 3) + (2,625 × 2)
$$= 2,625 + 5,250$$
$$= 7,875 \text{ yardas}$$
Desarrolla una razón como ayuda para la conversión:
$$\frac{1}{1,760x} = \frac{x}{7,875}$$
1,760x = 7,875
    1x ≈ 4.47 millas, que se redondea a 4.5 millas
Las opciones de respuesta incorrectas A, B y D provienen de una conversión incorrecta de las unidades.

22. **B**; **Nivel de conocimiento:** 2; **Temas:** Q.2.a, Q.2.e, Q.3.c;
Prácticas: MP.1.a, MP.1.b, MP.1.d, MP.1.e, MP.2.c, MP.3.a
Total de cinta necesaria = 18 × 24 = 432 pulgadas.
Desarrolla una razón como ayuda para la conversión:
$$\frac{1 \text{ } pie}{12 \text{ } pulgadas} = \frac{x}{432 \text{ } pulgadas}$$
12x = 432
  1x = 36 pies
Las otras opciones de respuesta provienen de una conversión incorrecta de las unidades.

23. **D**; **Nivel de conocimiento:** 3; **Temas:** Q.2.a, Q.2.e, Q.3.a, Q.3.c; **Prácticas:** MP.1.a, MP.1.b, MP.1.d, MP.1.e, MP.2.c, MP.3.a, MP.4.a
Desarrolla una ecuación como ayuda para la conversión:
$$\frac{39 \text{ } pulgadas}{24 \text{ } h} = \frac{x}{1 \text{ } h}$$
24x = 39
  1x = 1.625 pulgadas
En 1 h (60 min), la planta crece 1.625 pulgadas.
Desarrolla una segunda ecuación para ver cuánto crece la planta en 60 segundos (1 minuto):
$$\frac{1.625 \text{ } pulgadas}{60 \text{ } min} = \frac{x}{1 \text{ } min}$$
60x = 1.625 pulgadas
  1x = 0.027 pulgadas.
Las otras opciones de respuesta provienen de una conversión incorrecta de las unidades.

24. **D**; **Nivel de conocimiento:** 2; **Temas:** Q.2.a, Q.2.e, Q.3.a, Q.3.c; **Prácticas:** MP.1.a, MP.1.b, MP.1.d, MP.1.e, MP.2.c, MP.3.a, MP.4.a
En 24 horas, el bambú crece 39 pulgadas. En 24 × 2 = 48 horas, el bambú crece 39 × 2 = 78 pulgadas.
El valor numérico de la opción de respuesta A representa la altura del bambú después de 1 minuto. La opción de respuesta B representa la altura del bambú después de 1 hora. La opción de respuesta C es el número de horas que han transcurrido.

LECCIÓN 2, *págs. 34–37*
1. **D**; **Nivel de conocimiento:** 2; **Temas:** Q.2.a, Q.2.e, Q.4.a, Q.4.c, Q.4.d; **Prácticas:** MP.1.a, MP.1.b, MP.1.d, MP.1.e
P = 40 yd × 4 lados = 160 yd

2. **D**; **Nivel de conocimiento:** 2; **Temas:** Q.2.a, Q.2.e, Q.4.a, Q.4.c, Q.4.d; **Prácticas:** MP.1.a, MP.1.b, MP.1.d, MP.1.e
P = (2 × 120 yd) + (2 × 80 yd) = 400 yd

3. **A**; **Nivel de conocimiento:** 2; **Temas:** Q.2.a, Q.2.e, Q.4.c, Q.5.a; **Prácticas:** MP.1.a, MP.1.b, MP.1.d, MP.1.e, MP.2.c, MP.3.a, MP.4.a
Rectángulo: 2L + 2W
        = 2L + 2(16 pies)
    72 pies = 2L + 32 pies
Si vuelves a escribir la ecuación de arriba, obtienes:
2L = 72 pies − 32 pies
2L = 40 pies, 1L = 20 pies
La opción de respuesta incorrecta C representa 2 longitudes. La opción de respuesta B representa 2 anchos. La opción de respuesta D representa la diferencia entre el perímetro y una longitud del patio.

4. **C**; **Nivel de conocimiento:** 1; **Temas:** Q.2.a, Q.2.e, Q.4.c, Q.5.a; **Prácticas:** MP.1.a, MP.1.b, MP.1.d, MP.1.e
Perímetro del jardín = 2L + 2W
        = 2(4 pies) + 2(4 pies)
        = 16 pies

Las opciones de respuesta A, B y D provienen del uso incorrecto de la fórmula del perímetro.

5. **D**; **Nivel de conocimiento:** 1; **Temas:** Q.2.a, Q.2.e, Q.4.a, Q.4.d; **Prácticas:** MP.1.a, MP.1.b, MP.1.d, MP.1.e
Cantidad total de cerca necesaria = perímetro del jardín + perímetro del patio
Perímetro de la cerca = 16 pies + 72 pies = 88 pies
Las opciones de respuesta A, B y C provienen del uso incorrecto de la fórmula del perímetro.

6. **A**; **Nivel de conocimiento:** 2; **Temas:** Q.2.a, Q.2.e, Q.4.a, Q.4.c; **Prácticas:** MP.1.a, MP.1.b, MP.1.d, MP.1.e, MP.2.c, MP.3.a, MP.4.a
Perímetro del rectángulo = 2L + 2W
        54 cm = 2(16 cm) + 2(W)
        2W = 54 cm − 32 cm
        2W = 22 cm
        1W = 11 cm

7. **C**; **Nivel de conocimiento:** 3; **Temas:** Q.2.a, Q.2.e, Q.5.a, Q.5.c; **Prácticas:** MP.1.a, MP.1.b, MP.1.d, MP.1.e, MP.2.c, MP.3.a, MP.4.a
Volumen de un cubo = L × L × L
        27 = L × L × L
        1L = 3 pies
Área total de 1 cara = 3 pies × 3 pies = 9 pies^2
Como un cubo tiene seis caras iguales, el área = 9 pies × 6 = 54 pies^2.
La opción de respuesta A representa el área total de una cara del cubo. Las opciones de respuesta B y D se derivan de operaciones matemáticas incorrectas.

8. **A**; **Nivel de conocimiento:** 1; **Temas:** Q.2.a, Q.2.e, Q.4.c, Q.5.a; **Prácticas:** MP.1.a, MP.1.b, MP.1.d, MP.1.e, MP.2.c, MP.3.a, MP.4.a
Para hallar el ancho de una figura que tiene un área de 64 pies cuadrados y una longitud de 16 pies, usa la fórmula del área de un rectángulo:
Área = L × W
  64 = 16 × W
  64 = 16W
   4 = W

9. **B**; **Nivel de conocimiento:** 1; **Temas:** Q.2.a, Q.2.e, Q.4.a, Q.4.c; **Prácticas:** MP.1.a, MP.1.b, MP.1.d, MP.1.e
Al dividir el perímetro de un cuadrado entre 4 se obtiene la longitud de cada lado, por lo que 20 pies ÷ 4 = 5 pies. Las opciones de respuesta A, C y D provienen de un cálculo incorrecto.

10. **D**; **Nivel de conocimiento:** 2; **Temas:** Q.2.a, Q.2.e, Q.5.a, Q.5.c; **Prácticas:** MP.1.a, MP.1.b, MP.1.d, MP.1.e, MP.2.c

Volumen = L × W × H

Volumen = 12 cm × 12 cm × 12 cm = 1,728 cm³

11. **C**; **Nivel de conocimiento:** 2; **Temas:** Q.2.a, Q.2.e, Q.5.a, Q.5.c; **Prácticas:** MP.1.a, MP.1.b, MP.1.d, MP.1.e, MP.2.c

Recipiente A: 15 cm × 15 cm × 24 cm = 5,400 cm³

Recipiente B: 12 cm × 12 cm × 20 cm = 2,880 cm³

Recipiente: 5,400 cm³ − 2,880 cm³ = 2,520 cm³

12. **D**; **Nivel de conocimiento:** 3; **Temas:** Q.2.a, Q.2.e, Q.5.a, Q.5.c; **Prácticas:** MP.1.a, MP.1.b, MP.1.d, MP.1.e, MP.2.c, MP.3.a, MP.4.a

Volumen a transportar: 8,000 cm³

Volumen del Recipiente A: 5,400 cm³

Volumen del Recipiente B: 2,880 cm³

Volumen del Recipiente C: 1,728 cm³

Métodos para transportar arena	Costo
A. 7 unidades del Recipiente C: 12,096 cm³	$700
B. 3 unidades del Recipiente B: 8,640 cm³	$300
C. 1 unidad del Recipiente A: 5,400 cm³	$100
D. 2 unidades del Recipiente A: 10,800 cm³	$200

8,000 cm³ de arena entran en 3 unidades del Recipiente B, en 2 unidades del Recipiente A o en 7 unidades del Recipiente C. La opción más económica es usar 2 unidades del Recipiente A, ya que esto solo cuesta $200.

13. **B**; **Nivel de conocimiento:** 3; **Temas:** Q.2.a, Q.2.e, Q.5.a, Q.5.c; **Prácticas:** MP.1.a, MP.1.b, MP.1.d, MP.1.e, MP.2.c, MP.3.a, MP.4.a

Aquí la meta es calcular el área total de las dos cajas.

Caja A:

Área total = 6 × (L × W)

= 6 × 12.5 × 12.5

= 937.5 cm²

Caja B:

Observa que la Longitud = 3 × 12.5 = 37.5

Área total = 6 × (37.5 × 37.5)

= 8,437.5 cm²

Total del área total = 937.5 + 8,437.5 = 9,375 cm²

Como con un galón se pintan 1,000 cm³, necesitaremos por lo menos 10 galones para cubrir esta área total.

14. **C**; **Nivel de conocimiento:** 2; **Temas:** Q.2.a, Q.2.e, Q.5.a, Q.5.c; **Prácticas:** MP.1.a, MP.1.b, MP.1.d, MP.1.e, MP.2.c, MP.3.a, MP.4.a

Área total de un cubo = 6 (L × L)

600 pies² = 6 (L × L)

600 ÷ 6 = L × L

100 = L × L

$\sqrt{100} = \sqrt{(L \times L)}$

10 = L

Volumen de un cubo = L × L × L

= 10 pies × 10 pies × 10 pies

= 1,000 pies cúbicos

Todas las opciones de respuesta están expresadas en la unidad correcta, pero las opciones de respuesta A, B y D tienen valores numéricos incorrectos. El número 10 representa la longitud de cada lado, mientras que 100 representa el área total de cada cara. La respuesta D se deriva de un cálculo incorrecto.

15. **D**; **Nivel de conocimiento:** 2; **Temas:** Q.2.a, Q.2.e, Q.5.a, Q.5.c; **Prácticas:** MP.1.a, MP.1.b, MP.1.d, MP.1.e, MP.2.c, MP.3.a

La cantidad de agua que puede contener la Piscina A es igual al volumen de la Piscina A.

Volumen de la Piscina A =

L × W × H = 15 pies × 20 pies × 4 pies = 1,200 pies³.

16. **B**; **Nivel de conocimiento:** 2; **Temas:** Q.2.a, Q.2.e, Q.5.a, Q.5.c; **Prácticas:** MP.1.a, MP.1.b, MP.1.d, MP.1.e, MP.2.c, MP.3.a, MP.4.a

Volumen de la Piscina B = L × W × H

1,200 pies³ = 15 pies × 16 pies(x)

1,200 pies³ = 240 x

1,200 ÷ 240 = x

x = 5 pies

17. **C**; **Nivel de conocimiento:** 2; **Temas:** Q.2.a, Q.2.e, Q.5.a, Q.5.c; **Prácticas:** MP.1.a, MP.1.b, MP.1.d, MP.1.e, MP.2.c, MP.3.a, MP.4.a

La Piscina A es un prisma rectangular. Halla el área total de cada cara y luego súmalas.

Cara superior:	15 pies × 20 pies = 300 pies²
Cara inferior:	15 pies × 20 pies = 300 pies²
Cara izquierda:	4 pies × 15 pies = 60 pies²
Cara derecha:	4 pies × 15 pies = 60 pies²
Cara frontal:	4 pies × 20 pies = 80 pies²
Cara posterior:	4 pies × 20 pies = 80 pies²

Total del área total = 300 pies² + 300 pies² + 60 pies² + 60 pies² + 80 pies² + 80 pies² = 880 pies²

18. **B**; **Nivel de conocimiento:** 3; **Temas:** Q.2.a, Q.2.e, Q.5.a, Q.5.c; **Prácticas:** MP.1.a, MP.1.b, MP.1.d, MP.1.e, MP.2.c, MP.3.a, MP.4.a

La Piscina B es un prisma rectangular. Halla el área total de cada cara y luego súmalas.

Cara superior:	15 pies × 16 pies = 240 pies²
Cara inferior:	15 pies × 16 pies = 240 pies²
Cara izquierda:	5 pies × 15 pies = 75 pies²
Cara derecha:	5 pies × 15 pies = 75 pies²
Cara frontal:	5 pies × 16 pies = 80 pies²
Cara posterior:	5 pies × 16 pies = 80 pies²

Total del área total = 480 pies² + 150 pies² + 160 pies² = 790 pies², por lo que el área total de la Piscina B (790 pies²) es menor que el área total de la Piscina A (880 pies²).

19. **D**; **Temas:** Q.2.a, Q.2.e, Q.5.a, Q.5.c; **Prácticas:** MP.1.a, MP.1.b, MP.1.d, MP.1.e, MP.2.c, MP.3.a

Volumen = L × W × H

Volumen = 12 pies × 14 pies × 10 pies

Volumen = 1,680 pies³

20. **B**; **Nivel de conocimiento:** 2; **Temas:** Q.2.a, Q.2.e, Q.5.a, Q.5.c; **Prácticas:** MP.1.a, MP.1.b, MP.1.d, MP.1.e, MP.2.c, MP.3.a

Si el volumen de la ampliación es un cubo, entonces:

Volumen = L × L × L

512 pies³ = 8 pies × 8 pies × 8 pies

L = 8 pies

El valor de x es 8 pies.

Las opciones de respuesta A, C y D derivan del uso incorrecto de la fórmula del volumen.

21. **C**; **Nivel de conocimiento:** 2; **Temas:** Q.2.a, Q.2.e, Q.5.a, Q.5.c; **Prácticas:** MP.1.a, MP.1.b, MP.1.d, MP.1.e, MP.2.c, MP.3.a, MP.4.a

Primero calcula el volumen del garaje de Owen.

Volumen = L × W × H

Volumen = 12 pies × 14 pies × 10 pies

Volumen = 1,680 pies³

Suma el volumen del garaje de Owen al volumen de la ampliación que te da la pregunta 20: 1,680 pies³ + 512 pies³ = 2,192 pies³.

Clave de respuestas

UNIDAD 2 *(continuación)*

22. A; **Nivel de conocimiento:** 2; **Temas:** Q.2.a, Q.2.e, Q.5.a, Q.5.c, Q.5.f; **Prácticas:** MP.1.a, MP.1.b, MP.1.d, MP.1.e, MP.2.c, MP.3.a, MP.4.a
Nueva altura del techo falso = 10 − 2 = 8 pies
Nuevo volumen sin la ampliación = 8 pies × 12 pies × 14 pies
Volumen = 1,344 pies³.

LECCIÓN 3, *págs. 38–41*

1. D; **Nivel de conocimiento:** 2; **Temas:** Q.2.a, Q.2.e, Q.6.c, Q.7.a; **Prácticas:** MP.1.a, MP.1.b, MP.1.c, MP.1.d, MP.1.e, MP.2.c, MP.3.a
El rango del conjunto de datos es 9 − 1 = 8.

2. C; **Nivel de conocimiento:** 2; **Temas:** Q.2.a, Q.2.e, Q.6.c, Q.7.a; **Prácticas:** MP.1.a, MP.1.b, MP.1.c, MP.1.d, MP.1.e, MP.2.c, MP.3.a
Para hallar la media, suma todos los números y divide entre 10 para obtener 4.6. La opción de respuesta A es la moda, mientras que la opción de respuesta B es la mediana. La opción de respuesta D proviene de dividir 46 entre 9 y no entre 10.

3. A; **Nivel de conocimiento:** 2; **Temas:** Q.2.a, Q.2.e, Q.6.c, Q.7.a; **Prácticas:** MP.1.a, MP.1.b, MP.1.c, MP.1.d, MP.1.e, MP.2.c, MP.3.a
Para hallar el rango de un conjunto de datos, se debe identificar el punto de datos mayor y el menor, y luego restar el número menor del número mayor. En este caso sería 97 − 68 = 29.

4. C; **Nivel de conocimiento:** 2; **Temas:** Q.2.a, Q.2.e, Q.6.c; **Prácticas:** MP.1.a, MP.1.b, MP.1.c, MP.1.d, MP.1.e, MP.2.c, MP.3.a
La moda es el número que ocurre con mayor frecuencia en un conjunto de datos. En este caso, 85 aparece dos veces.

5. C; **Nivel de conocimiento:** 2; **Temas:** Q.2.a, Q.2.e, Q.6.c, Q.7.a; **Prácticas:** MP.1.a, MP.1.b, MP.1.c, MP.1.d, MP.1.e, MP.2.c, MP.3.a
Para hallar la mediana de un conjunto de datos, ordena los puntos de datos de menor a mayor. En este orden, el número del medio será la mediana. Aquí el número del medio es 85. La puntuación de Elena es 75, por lo que la diferencia entre los dos números es: 85 − 75 = 10. Las otras opciones de respuesta provienen de elegir diferentes valores del medio o de no ordenar el conjunto de datos en orden creciente.

6. A; **Nivel de conocimiento:** 2; **Temas:** Q.2.a, Q.2.e, Q.6.c, Q.7.a; **Prácticas:** MP.1.a, MP.1.b, MP.1.c, MP.1.d, MP.1.e, MP.2.c, MP.3.a
La moda es el número más común de un conjunto de datos. En este caso, el número 85 está escrito dos veces —más que cualquier otro número— así que es la moda. La media es el promedio de la suma de un conjunto de datos. En este caso, la suma del conjunto de datos es 912. Al dividir 912 entre el número de puntuaciones, 11, obtienes una media de 82.9. Resta 82.9 de 85 para hallar una diferencia de 2.1 entre la moda y la media. Las otras opciones de respuesta ocurren por hallar incorrectamente la moda.

7. A; **Nivel de conocimiento:** 2; **Temas:** Q.2.a, Q.2.e, Q.6.c, Q.7.a; **Prácticas:** MP.1.a, MP.1.b, MP.1.c, MP.1.d, MP.1.e, MP.2.c, MP.3.a
Para hallar la mediana de un conjunto de datos, ordena los puntos de datos de menor a mayor. En este orden, el número o los números del medio serán la mediana. En este caso, los dos números del medio son $11,820 y $18,560. Sumar esos números y dividirlos entre dos da una mediana de $15,190. Las otras opciones de respuesta provienen de elegir otros valores del medio, de no ordenar el conjunto de datos en orden creciente o de no reconocer que la mediana cubre solo los primeros 6 meses de las ventas.

8. C; **Nivel de conocimiento:** 2; **Temas:** Q.2.a, Q.2.e, Q.6.c, Q.7.a; **Prácticas:** MP.1.a, MP.1.b, MP.1.c, MP.1.d, MP.1.e, MP.2.c, MP.3.a
La fórmula para calcular la media es la siguiente:
$$\text{Media} = \frac{\text{Suma de todos los valores}}{\text{Número de entradas de datos}}$$
Entonces, la *media* = $\frac{121,630}{6}$, ó $20,271.66, que se redondea a $20,272. Las otras opciones de respuesta toman la suma de todo el año y no del período especificado de julio a diciembre.

9. D; **Nivel de conocimiento:** 2; **Temas:** Q.2.a, Q.2.e, Q.6.c, Q.7.a; **Prácticas:** MP.1.a, MP.1.b, MP.1.c, MP.1.d, MP.1.e, MP.2.c, MP.3.a
Para hallar el rango de un conjunto de datos, ordena todos los puntos de datos de menor a mayor y luego resta el número menor del número mayor. En este caso, sería $26,890 − $7,200 = $19,690. Las otras opciones de respuesta derivan de determinar incorrectamente la venta más alta y la más baja del conjunto.

10. B; **Nivel de conocimiento:** 2; **Temas:** Q.2.a, Q.2.e, Q.6.c, Q.7.a; **Prácticas:** MP.1.a, MP.1.b, MP.1.c, MP.1.d, MP.1.e, MP.2.c, MP.3.a
Para hallar la media de un conjunto de datos, suma todos los valores y divide entre la cantidad de entradas de datos. En este caso, suma las ventas de cada mes y divide entre 12 (el número de meses) para obtener una media total de ventas de $18,170.83. Para hallar la mediana, ordena los puntos de datos de menor a mayor. En este orden, el número del medio será la mediana. En este caso, tienes dos números del medio, $18,560 y $19,300, que debes sumar y luego dividir entre dos para hallar el promedio entre ellos, que es $18,930. Resta $18,170.83 de $18,930 para obtener una diferencia de $759.17 entre la media y la mediana.

11. D; **Nivel de conocimiento:** 2; **Temas:** Q.2.a, Q.2.e, Q.6.c, Q.7.a; **Prácticas:** MP.1.a, MP.1.b, MP.1.c, MP.1.d, MP.1.e, MP.2.c, MP.3.a
Para hallar el rango de un conjunto de datos, identifica el punto de datos mayor y el menor y luego resta el número menor del número mayor. En este caso, el número menor del conjunto de datos es 0.25. El número mayor del conjunto de datos es 7.5. Para hallar el rango, resta 0.25 de 7.5, entonces 7.5 − 0.25 = 7.25.

12. C; **Nivel de conocimiento:** 2; **Temas:** Q.2.a, Q.2.e, Q.6.c; **Prácticas:** MP.1.a, MP.1.b, MP.1.c, MP.1.d, MP.1.e, MP.2.c, MP.3.a
Para hallar el rango de un conjunto de datos, ordena todos los datos de menor a mayor y luego resta el número menor del número mayor. En este caso, el número menor del conjunto de datos es 2.25. El número mayor del conjunto de datos es 7. Para hallar el rango, resta 2.25 de 7, entonces 7 − 2.25 = 4.75.

13. **B; Nivel de conocimiento:** 2; **Temas:** Q.2.a, Q.2.e, Q.6.c; **Prácticas:** MP.1.a, MP.1.b, MP.1.c, MP.1.d, MP.1.e, MP.2.c, MP.3.a
Para hallar la mediana de un conjunto de datos, ordena los puntos de datos de menor a mayor. Al ordenar los números de menor a mayor, obtienes 0.25, 0.5, 0.75, 1.5, 2, 3, 3. La mediana es el número del medio, en este caso, 1.5.

14. **D; Nivel de conocimiento:** 2; **Temas:** Q.2.a, Q.2.e, Q.6.c; **Prácticas:** MP.1.a, MP.1.b, MP.1.c, MP.1.d, MP.1.e, MP.2.c, MP.3.a
Para hallar la media de un conjunto de datos, suma todos los datos y divide entre la cantidad de valores. En este caso, suma los valores del miércoles y divide entre 5:

Media (miércoles) = $\frac{17}{5}$ = 3.4

A continuación, suma los valores del domingo y también divide entre 5:

Media (domingo) = $\frac{29}{5}$ = 5.8

Resta la media del miércoles (3.4) de la media del domingo (5.8): 5.8 − 3.4 = 2.4.

15. **C; Nivel de conocimiento:** 2; **Temas:** Q.2.a, Q.2.e, Q.6.c; **Prácticas:** MP.1.a, MP.1.b, MP.1.c, MP.1.d, MP.1.e, MP.2.c, MP.3.a
Para determinar la moda de un conjunto de datos, halla el número más común. En este caso, 5.5 está escrito más que cualquier otro número, así que es la moda.

16. **C; Nivel de conocimiento:** 2; **Temas:** Q.2.a, Q.2.e, Q.6.c, Q.7.a; **Prácticas:** MP.1.a, MP.1.b, MP.1.c, MP.1.d, MP.1.e, MP.2.c, MP.3.a
Para hallar la media de un conjunto de datos, suma todos los datos y divide entre la cantidad de valores. En este caso, suma los puntos anotados por los Piratas, para obtener 92, y luego divide entre el número de partidos, 6, para hallar que la media de las anotaciones, o el número promedio de puntos que anotaron por partido, es 15.3. Las opciones de respuesta A y D se calcularon con un conjunto de datos incompleto, mientras que la opción de respuesta B da la media de los puntos anotados por los rivales.

17. **B; Nivel de conocimiento:** 2; **Temas:** Q.2.a, Q.2.e, Q.6.c, Q.7.a; **Prácticas:** MP.1.a, MP.1.b, MP.1.c, MP.1.d, MP.1.e, MP.2.c, MP.3.a
Para hallar la mediana de un conjunto de datos, ordena los puntos de datos de menor a mayor. Al ordenar los números de menor a mayor, obtienes 0, 6, 12, 14, 21 y 30. Como este es un conjunto de datos par, toma los dos números del medio del conjunto de datos y calcula el promedio para hallar la mediana. En este caso, el promedio de 12 y 14 es 13.

18. **D; Nivel de conocimiento:** 2; **Temas:** Q.2.a, Q.2.e, Q.6.c, Q.7.a; **Prácticas:** MP.1.a, MP.1.b, MP.1.c, MP.1.d, MP.1.e, MP.2.c, MP.3.a
Para hallar la media de un conjunto de datos, suma todos los datos y divide entre la cantidad de valores. En este caso, suma las 3 puntuaciones dadas (75 + 100 + 70) para obtener 245. A continuación, multiplica 85% por 4 puntuaciones para obtener 340 puntos totales. Resta 245 de 340 para obtener la puntuación restante: 340 − 245 = 95%.

19. **C; Nivel de conocimiento:** 2; **Temas:** Q.2.a, Q.2.e, Q.6.c, Q.7.a; **Prácticas:** MP.1.a, MP.1.b, MP.1.c, MP.1.d, MP.1.e, MP.2.c, MP.3.a
Para hallar la media de un conjunto de datos, suma todos los datos y divide entre la cantidad de valores. En este caso, multiplica 10 personas por su puntuación promedio de 80 = 800 puntos. A continuación, multiplica los 15 estudiantes restantes por su puntuación promedio de 65 = 975 puntos. Suma 800 puntos y 975 para obtener 1,775 puntos. Divide 1,755 entre 25 estudiantes para obtener una puntuación promedio de 71.

20. **$150; Nivel de conocimiento:** 2; **Temas:** Q.2.a, Q.2.e, Q.6.c; **Prácticas:** MP.1.a, MP.1.b, MP.1.c, MP.1.d, MP.1.e, MP.2.c, MP.3.a, MP.4.a

$$Media = \frac{Suma\ de\ todos\ los\ datos}{Número\ de\ entradas\ de\ datos}$$

Primero suma $100 + $50 + $200 = $350 para hallar la suma parcial. A continuación, multiplica $125 × 4 = $500. Después, resta $350 de $500: $500 − $350 = $150.

21. **$150; Nivel de conocimiento:** 2; **Temas:** Q.2.a, Q.2.e, Q.6.c; **Prácticas:** MP.1.a, MP.1.b, MP.1.c, MP.1.d, MP.1.e, MP.2.c, MP.3.a, MP.4.a
El rango de un conjunto de datos es el valor mayor menos el valor menor. En este caso, el rango = $200 − $50 = $150.

22. **B; Nivel de conocimiento:** 2; **Temas:** Q.2.a, Q.2.e, Q.6.c; **Prácticas:** MP.1.a, MP.1.b, MP.1.c, MP.1.d, MP.1.e, MP.2.c, MP.3.a
La moda de un conjunto de datos es el número que ocurre con mayor frecuencia. Como 7 personas tienen 3 mascotas, ese es el número de mayor frecuencia; por lo tanto, es la moda.

23. **C; Nivel de conocimiento:** 2; **Temas:** Q.2.a, Q.2.e, Q.6.c; **Prácticas:** MP.1.a, MP.1.b, MP.1.c, MP.1.d, MP.1.e, MP.2.c, MP.3.a
Para hallar la mediana, ordena cada valor en orden creciente: 1, 1, 2, 2, 2, 2, 2, 3, 3, 3, 3, 3, 4, 4, 5.
Como es un conjunto de datos impar, la mediana es el número del medio. En este caso, la mediana es 3.

24. **A; Nivel de conocimiento:** 3; **Temas:** Q.2.a, Q.2.e, Q.6.c; **Prácticas:** MP.1.a, MP.1.b, MP.1.c, MP.1.d, MP.1.e, MP.2.c, MP.3.a
Para hallar la media, multiplica y suma las frecuencias de cada categoría para obtener un total de 46. A continuación, divide 46 entre el número total de entradas, 17, para hallar que la media = 2.7.

25. **A; Nivel de conocimiento:** 2; **Temas:** Q.2.a, Q.2.e, Q.6.c; **Prácticas:** MP.1.a, MP.1.b, MP.1.c, MP.1.d, MP.1.e, MP.2.c, MP.3.a
La opción de respuesta A es la única opción en la que restar el número menor del mayor da 6.5.

26. **D; Nivel de conocimiento:** 2; **Temas:** Q.2.a, Q.2.e, Q.6.c, Q.7.a; **Prácticas:** MP.1.a, MP.1.b, MP.1.c, MP.1.d, MP.1.e, MP.2.c, MP.3.a
Para hallar el rango de un conjunto de datos, identifica el punto de datos mayor y el menor y luego resta el número menor del número mayor. En este caso, el número menor del conjunto de datos es 20:58. El número mayor del conjunto de datos es 26:10. Para hallar el rango, resta 20:58 de 26:10; entonces
26:10 − 20:58 = 5:12, o 5 minutos y 12 segundos. (Nota: convierte 1 minuto en 26:10 para obtener 25:70).

LECCIÓN 4, *págs. 42–45*

1. **C; Nivel de conocimiento:** 2; **Temas:** Q.3.c, Q.3.d, Q.8.b; **Práctica:** MP.2.c
La probabilidad de caer en 1, 4 ó 5 es $\frac{3}{5}$ ó 60%. Como este porcentaje es mayor que 50% pero menor que 100%, la posibilidad de caer en 1, 4 ó 5 es probable.

2. **C; Nivel de conocimiento:** 1; **Temas:** Q.3.c, Q.3.d, Q.8.b; **Prácticas:** MP.1.e, MP.2.c
La rueda giratoria tiene 5 secciones iguales y una de ellas está rotulada con el número 3. La probabilidad de girar y caer en el número 3 es 1:5.

Clave de respuestas

UNIDAD 2 *(continuación)*

3. **B; Nivel de conocimiento:** 2; **Temas:** Q.2.a, Q.2.e, Q.3.c, Q.8.b; **Prácticas:** MP.1.e, MP.2.c
Hay tres sectores rayados y tres sectores blancos, lo que da un total de 6 sectores que son blancos o rayados del total de 8 sectores. Entonces, 6:8 puede simplificarse a 3:4.

4. **D; Nivel de conocimiento:** 2; **Temas:** Q.2.a, Q.2.e, Q.3.c, Q.8.b; **Prácticas:** MP.1.e, MP.2.c
Hay dos sectores amarillos y tres sectores rayados, lo que da un total de 5 sectores que son amarillos o rayados del total de 8 sectores.

5. **C; Nivel de conocimiento:** 2; **Temas:** Q.2.a, Q.2.e, Q.3.c, Q.8.b; **Prácticas:** MP.1.e, MP.2.c
La probabilidad de que la rueda giratoria caiga en un sector blanco o amarillo es la combinación de los sectores blancos y amarillos de la rueda giratoria divididos entre el número total de sectores de la rueda giratoria. El número de sectores blancos o amarillos es 5, y el número total de sectores de la rueda giratoria es 8, por lo que la probabilidad es $\frac{5}{8}$.

6. **A; Nivel de conocimiento:** 3; **Temas:** Q.2.a, Q.2.e, Q.3.c; **Prácticas:** MP.1.a, MP.1.b, MP.1.d, MP.1.e, MP.2.c, MP.4.a
Esta pregunta se basa en el concepto de probabilidad compuesta, o la posibilidad de que ocurran dos sucesos. Para determinar la probabilidad compuesta, primero debes determinar la probabilidad de cada suceso por separado. Aquí, la posibilidad de que la rueda giratoria caiga en un sector amarillo es 2:8, que se simplifica a 1:4. La posibilidad de que la rueda giratoria caiga en un sector blanco es 3:8. A continuación, multiplica $\frac{1}{4} \times \frac{3}{8} = \frac{3}{32}$, que puede expresarse como 0.09.

7. **B; Nivel de conocimiento:** 2; **Temas:** Q.2.a, Q.2.e, Q.3.c, Q.8.b; **Prácticas:** MP.1.e, MP.2.c
La probabilidad de que Jenna saque una canica negra es el número de canicas negras entre el total de canicas. Hay 5 canicas negras y 12 canicas en total, por lo que la probabilidad de que Jenna saque una canica negra es $\frac{5}{12}$.

8. **D; Nivel de conocimiento:** 2; **Temas:** Q.2.a, Q.2.e, Q.3.c, Q.3.d, Q.8.b; **Prácticas:** MP.1.b, MP.1.e, MP.2.c
Una vez que Jenna saca la canica rayada y la canica negra de la bolsa, tiene 10 canicas en total. Ella sacó una de las 7 canicas rayadas originales, lo que deja solo 6. Por lo tanto, la probabilidad de que Jenna saque una canica rayada en el tercer suceso es 6 de 10, es decir, el 60%.

9. **B; Nivel de conocimiento:** 2; **Temas:** Q.2.a, Q.3.c, Q.8.b; **Prácticas:** MP.1.a, MP.1.b
La probabilidad experimental de sacar una canica rayada es 2 de 3, es decir, $\frac{2}{3}$.

10. **D; Nivel de conocimiento:** 2; **Temas:** Q.2.a, Q.2.e, Q.3.c, Q.3.d, Q.8.b; **Prácticas:** MP.1.e, MP.2.c
Todos los sectores de esta rueda giratoria son amarillos o impares. Por lo tanto, hay una probabilidad del 100% de girar la rueda y caer en un sector amarillo o en un número impar.

11. **C; Nivel de conocimiento:** 1; **Tema:** Q.3.c, Q.8.b; **Prácticas:** MP.1.e, MP.2.c
Girar la rueda una segunda vez es un suceso independiente. Eso significa que el lugar donde haya caído la rueda la primera vez no tiene ningún efecto sobre dónde cae la vez siguiente. Como hay un solo sector de la rueda giratoria que tiene el número 4, la probabilidad de que la rueda caiga en 4 en el segundo giro de Marta (o en cualquier giro) es 1:6.

12. **C; Nivel de conocimiento:** 2; **Temas:** Q.2.a, Q.2.e, Q.3.c, Q.8.b; **Prácticas:** MP.1.e, MP.2.c
Hay tres sectores blancos en la rueda giratoria y dos sectores más con los números 2 y 6, lo que da un total de 5 sectores. Por lo tanto, Marta tiene una probabilidad de 5:6 de que la rueda caiga en 6, 2 o en un sector blanco.

13. **A; Nivel de conocimiento:** 1; **Temas:** Q.3.c, Q.8.b; **Prácticas:** MP.1.e, MP.2.c
Lanzar un dado por segunda vez es un suceso independiente. Eso significa que el número que se sacó la primera vez no tiene ningún efecto sobre dónde cae el dado la vez siguiente. Como el dado tiene una sola cara con el número 2, la probabilidad de que Chuck saque un 2 en su segundo turno (o en cualquier turno) es 1:6.

14. **A; Nivel de conocimiento:** 2; **Temas:** Q.2.a, Q.2.e, Q.3.c, Q.8.b; **Prácticas:** MP.1.e, MP.2.c
Como esta pregunta es sobre la probabilidad experimental, debemos mirar los resultados del experimento de Chuck. Hasta ahora, solo ha lanzado el dado dos veces y las dos veces cayó en un número impar. Por lo tanto, el número de resultados hasta ahora ha sido solo uno (impar) y el número de resultados favorables solo ha sido impar. La probabilidad experimental de que Chuck saque un número impar es 1:1.

15. **B; Nivel de conocimiento:** 2; **Temas:** Q.3.c, Q.3.d, Q.8.b; **Prácticas:** MP.1.e, MP.2.c
Tres de las seis caras del dado son números pares. La probabilidad de que Chuck saque un número par es 3:6, es decir, 50%.

16. **B; Nivel de conocimiento:** 2; **Temas:** Q.3.c, Q.8.b; **Prácticas:** MP.1.e, MP.2.c
Para que Chuck gane el juego, debe sacar un 4. La probabilidad de que Chuck saque un 4 es 1:6.

17. **A; Nivel de conocimiento:** 2; **Temas:** Q.2.a, Q.2.e, Q.3.c, Q.8.b; **Prácticas:** MP.1.e, MP.2.c
Ryan vio 15 carros azules y 25 carros rojos, lo que da un total de 40 carros que son azules o rojos. Encuestó 100 carros en total, así que hay una probabilidad de 0.40 de que el siguiente carro que vea sea azul o rojo.

18. **B; Nivel de conocimiento:** 2; **Temas:** Q.2.a, Q.2.e, Q.3.c, Q.3.d, Q.8.b; **Prácticas:** MP.1.e, MP.2.c
Diez de los carros que encuestó Ryan no eran negros, ni azules, ni rojos, ni blancos. La probabilidad de que el siguiente carro tampoco sea de ninguno de esos cuatro colores es 10%.

19. **C; Nivel de conocimiento:** 2; **Temas:** Q.2.a, Q.2.e, Q.3.c, Q.8.b; **Prácticas:** MP.1.e, MP.2.c
De los 100 carros encuestados, Ryan vio carros negros con mayor frecuencia que de cualquier otro color. Por lo tanto, los carros negros tienen la mayor probabilidad de aparecer a continuación.

20. **C; Nivel de conocimiento:** 2; **Temas:** Q.2.a, Q.2.e, Q.3.d, Q.8.b; **Prácticas:** MP.1.e, MP.2.c
50 de los carros que encuestó Ryan son de un color distinto del negro y el blanco. La probabilidad de que el siguiente carro sea de uno de esos colores es 50%.

21. D; Nivel de conocimiento: 2; **Temas:** Q.2.a, Q.2.e, Q.3.c, Q.8.b; **Prácticas:** MP.1.e, MP.2.c

Julián solo ha sacado tres canicas, dos de las cuales fueron rojas. Como esta pregunta es sobre la probabilidad experimental, Julián tiene una probabilidad de $\frac{2}{3}$ de sacar una canica roja en su siguiente turno.

22. B; Nivel de conocimiento: 2; **Tema:** Q.8.a; **Prácticas:** MP.1.e, MP.2.c

Tu número PIN tiene cuatro dígitos. Para el primer dígito, tienes 10 números entre los cuales puedes elegir (de 0 a 9). Para el segundo dígito, solo tendrás 9 números para elegir porque ya usaste uno de ellos para el primer dígito. Para el tercer dígito, te quedan 8 números para elegir y te van a quedar 7 números para el dígito final. Para hallar el número total de combinaciones debes multiplicar las posibilidades para cada opción. 10 × 9 × 8 × 7 = 5,040 combinaciones posibles para tu número PIN.

23. C; Nivel de conocimiento: 3; **Tema:** Q.8.a; **Prácticas:** MP.1.e, MP.2.c, MP.3.c, MP.5.a

Necesitas multiplicar para hallar el número total de resultados posibles, lo que descarta las opciones de respuesta B y D. Como tu hermana no puede usar el mismo número dos veces, la opción A también es incorrecta.

LECCIÓN 5, págs. 46–49

1. B; Nivel de conocimiento: 2; **Temas:** Q.6.a, Q.6.c; **Prácticas:** MP.1.a, MP.3.a

Al comparar las dos barras que muestran las ventas de refrescos y agua de la entrada 1 a la 5 y de la entrada 6 a la 9, ves que las ventas de la primera parte del partido fueron de alrededor de $650 en comparación con las ventas de $450 en la última parte del partido, lo que da una disminución de $200 durante el partido. Las opciones A y C muestran aumentos, lo que es incorrecto. La opción D muestra una disminución, pero una mayor, de $300.

2. C; Nivel de conocimiento: 2; **Temas:** Q.6.a, Q.6.c; **Prácticas:** MP.1.a, MP.3.a, MP.4.c

Al analizar la evolución de las tres categorías y tendencias y compararlas entre sí, ves que los perros calientes mostraron una disminución en ventas de $500 desde las entradas 1 a 5 del partido hasta las entradas 6 a 9. La opción A es incorrecta porque los refrescos y el agua se vendieron mejor al comienzo del partido que hacia el final; la opción B también es incorrecta porque los refrescos y el agua se vendieron mejor de la entrada 6 a la 9 que los perros calientes; la opción D es incorrecta porque la venta de todos los productos disminuyó, en lugar de aumentar, en la última parte del partido.

3. Los estudiantes deben encerrar en un círculo 1960 y 2000 en la gráfica. Nivel de conocimiento: 2; **Tema:** Q.6.c; **Prácticas:** MP.1.a, MP.2.c

Las barras tanto de 1960 como de 2000 rondan la marca de 4,500.

4. La barra de la gráfica se debe dibujar de manera que refleje una población de 3,500 habitantes en 2010.
Nivel de conocimiento: 3; **Temas:** Q.2.a, Q.2.e, Q.6.a, Q.6.c; **Prácticas:** MP.1.a, MP.3.a, MP.4.a, MP.4.c

La población de 1970 era alrededor de 7,000 habitantes. La mitad de 7,000 es 3,500. La barra para el año 2010 debe extenderse hasta 3,500.

5. 55; Nivel de conocimiento: 2; **Temas:** Q.6.a, Q.6.c; **Prácticas:** MP.1.a, MP.3.a, MP.4.c

Los salarios anuales promedio más altos se concentran sobre el rango de edad de 55 años.

6. $60,000; Nivel de conocimiento: 2; **Tema:** Q.6.c; **Prácticas:** MP.1.a, MP.2.c

Un empleado de 45 años puede esperar ganar alrededor de $60,000 en la compañía.

7. El punto debe aparecer en (30; 80,000). Nivel de conocimiento: 3; **Temas:** Q.2.a, Q.2.e, Q.6.a, Q.6.c; **Prácticas:** MP.1.a, MP.3.a, MP.4.a, MP.4.c

Primero mira el eje horizontal y halla la edad de 30 años. Esta edad no está numerada pero puede encontrarse justo entre las edades de 25 y 35 años. Desde ese punto, sube hasta que te encuentres con la línea para un salario anual de $80,000.

8. Encerrar en un círculo: Raleigh, N.C.; Dallas, Texas; Boston, Mass.; Houston, Texas; San Francisco, Calif.; Seattle, Wash.; San Jose, Calif.; Denver, Colo.; y Salt Lake City, Utah.
Nivel de conocimiento: 3; **Temas:** Q.6.a, Q.6.c; **Prácticas:** MP.1.a, MP.3.a, MP.4.c

Las ciudades de Raleigh, N.C.; Dallas, Texas; Boston, Mass.; Houston, Texas; San Francisco, Calif.; Seattle, Wash.; San Jose, Calif.; Denver, Colo. y Salt Lake City, Utah, se ubican en la mitad del diagrama de dispersión dedicado a la solidez de los mercados. La ubicación en el diagrama de dispersión de Houston, Boston, Raleigh y Dallas sugiere que están más relacionadas a mercados "en ebullición", mientras que Seattle, San Francisco, San Jose, Denver y Salt Lake City están más cerca de mercados inmobiliarios "en auge".

9. (25, 50); Nivel de conocimiento: 1; **Tema:** Q.6.c; **Prácticas:** MP.1.a, MP.2.c

El cambio en el precio inicial se marca en el eje de la x. Un aumento del 25% está a medio camino entre 20 y 30 en el eje horizontal. El nivel de solidez del mercado se marca en el eje de la y. Un nivel de 50 está a medio camino en el eje vertical.

10. Los estudiantes deben encerrar en un círculo el nombre de Don Meredith. Nivel de conocimiento: 3; **Temas:** Q.2.a, Q.2.e, Q.6.a, Q.6.c; **Prácticas:** MP.1.a, MP.3.a, MP.4.a, MP.4.c

Meredith es el único comentarista que tiene dos participaciones separadas en *Fútbol americano de lunes por la noche*, de 1970 a 1974 y otra vez de 1977 a 1985. Esas participaciones separadas se indican con dos barras no conectadas al lado de su nombre, lo que sugiere una separación de tres años entre las participaciones.

11. Los estudiantes deben encerrar en un círculo los nombres de Mike Tirico, Jon Gruden y Lisa Salters.
Nivel de conocimiento: 2; **Temas:** Q.2.a, Q.2.e, Q.6.a, Q.6.c; **Prácticas:** MP.1.a, MP.3.a, MP.4.a, MP.4.c

Tirico, Gruden y Salters son los únicos presentadores cuyas barras se extienden hasta el año 2012.

12. Los estudiantes deben hacer un asterisco al lado de los nombres de Keith Jackson, Fred Williamson, Joe Namath, Lisa Guerrero, Sam Ryan y Joe Theismann.
Nivel de conocimiento: 2; **Temas:** Q.2.a, Q.2.e, Q.6.a, Q.6.c; **Prácticas:** MP.1.a, MP.3.a, MP.4.a, MP.4.c

Keith Jackson (1970), Fred Williamson (1974), Joe Namath (1985), Lisa Guerrero (2003), Sam Ryan (2005) y Joe Theismann (2006) tienen la longitud más corta de las barras de la gráfica, lo que indica que permanecieron en *Fútbol americano de lunes por la noche* durante una sola temporada.

UNIDAD 2 *(continuación)*

13. Los estudiantes deben encerrar en un círculo el nombre de Frank Gifford.
Nivel de conocimiento: 2; **Temas:** Q.2.a, Q.2.e, Q.6.a, Q.6.c;
Prácticas: MP.1.a, MP.3.a, MP.4.a, MP.4.c
Gifford es el único presentador que tiene una barra de dos colores, lo que indica que fue comentarista de jugada por jugada de 1971 a 1986 y comentarista de 1986 a 1997.

14. Los estudiantes deben hacer un asterisco al lado del nombre de Lynn Swann.
Nivel de conocimiento: 2; **Temas:** Q.2.a, Q.2.e, Q.6.a, Q.6.c;
Prácticas: MP.1.a, MP.3.a, MP.4.a, MP.4.c
Las barras verdes indican presentadores que se desempeñaron como periodistas de campo de juego. Para determinar la respuesta, debes leer el eje de la *y* para hallar el periodista de campo de juego que tuvo la primera participación. Es Swann, que comenzó como periodista de campo de juego en *Fútbol americano de lunes por la noche* en 1994.

15. Los estudiantes deben encerrar en un círculo el nombre de Al Michaels.
Nivel de conocimiento: 2; **Temas:** Q.2.a, Q.2.e, Q.6.a, Q.6.c;
Prácticas: MP.1.a, MP.3.a, MP.4.a, MP.4.c
Las barras azules indican presentadores que se desempeñaron como comentaristas de jugada por jugada. De todos ellos, Michaels tuvo la mayor permanencia en *Fútbol americano de lunes por la noche* de 1986 a 2006, un período de 20 años.

16. Los estudiantes deben encerrar en un círculo la opción ardillas grises.
Nivel de conocimiento: 2; **Tema:** Q.6.c; **Prácticas:** MP.1.a, MP.2.c
Las ardillas grises fueron los únicos animales cuya población aumentó a lo largo del período de 5 años entre 2005 y 2010.

17. Los estudiantes deben hacer una *X* en la opción zarigüeya.
Nivel de conocimiento: 1; **Tema:** Q.6.c; **Prácticas:** MP.1.a, MP.2.c
No hay una barra para el año 2010 para la zarigüeya, lo que indica que no se vio ninguna en el parque en ese año.

18. Los estudiantes deben encerrar en un círculo la ocupación especialista en computación.
Nivel de conocimiento: 2; **Temas:** Q.2.a, Q.2.e, Q.6.c; **Prácticas:** MP.1.a, MP.2.c
Las barras indican que aproximadamente 3,200 mujeres trabajan en venta minorista. Hay alrededor de 6,500 mujeres que trabajan como especialistas en computación en Ciudad Central, es decir, el doble del número de mujeres que trabajan en venta minorista.

19. Los estudiantes deben encerrar en un círculo la opción septiembre.
Nivel de conocimiento: 1; **Tema:** Q.6.c; **Prácticas:** MP.1.a, MP.2.c
En septiembre, las líneas de Anchorage y de los Estados Unidos se encuentran, lo que indica que el promedio de precipitaciones fue aproximadamente el mismo para ambos durante ese mes.

20. Los estudiantes deben encerrar en un círculo la opción mayo.
Nivel de conocimiento: 2; **Temas:** Q.2.a, Q.2.e, Q.6.c; **Prácticas:** MP.1.a, MP.2.c
Durante el mes de mayo, las líneas para el promedio de precipitaciones en Anchorage y el promedio de precipitaciones en los Estados Unidos están a la mayor distancia, lo que indica la mayor diferencia en las precipitaciones.

21. Los estudiantes deben encerrar en un círculo las opciones junio, julio y agosto.
Nivel de conocimiento: 2; **Temas:** Q.2.a, Q.2.e, Q.6.c; **Prácticas:** MP.1.a, MP.2.c
Tres puntos de la gráfica, que representan los totales de luz solar de junio, julio y agosto, están por encima o apenas por debajo del número 18 en el eje de la *y*, lo que indica luz solar durante más de 17 horas.

LECCIÓN 6, *págs. 50–53*

1. B; Nivel de conocimiento: 2; **Tema:** Q.6.a; **Práctica:** MP.2.c
Determina la parte del círculo que representa los clientes que querían comprar helado. En conjunto, las secciones de la gráfica del helado y el emparedado de pollo cubren alrededor de un cuarto o el 25% del círculo. Cada uno de esos dos platos del menú tiene aproximadamente el mismo tamaño de sección de los clientes. Por lo tanto, alrededor de la mitad de 25% o alrededor del 12% de las personas querían comprar helado.

2. C; Nivel de conocimiento: 2; **Tema:** Q.6.a; **Prácticas:** MP.1.a, MP.1.d, MP.1.e, MP.2.c
Determina la parte del círculo que representa los clientes que querían comprar hamburguesas con queso. La sección de la gráfica de la hamburguesa con queso cubre más de un cuarto y menos de un medio. Solo una opción de respuesta, $\frac{1}{3}$, es razonable si entiendes eso.

3. D; Nivel de conocimiento: 2; **Tema:** Q.6.a; **Práctica:** MP.2.c
Lee la gráfica circular para determinar el porcentaje de la población que usa cada tipo de combustible. El 25% de la población usa gas y el 15% de la población usa estufa a leña, así que un total de 25% + 15% = 40% de la población usa esas dos fuentes. Esto no es más que el 50%. El 35% de la población usa fuel oil y el 15% de la población usa electricidad, así que un total de 35% + 15% = 50% de la población usa esas dos fuentes. Esto no es más que el 50%. El 15% de la población usa estufa a leña y el 35% de la población usa fuel oil, así que un total de 15% + 35% = 50% de la población usa esas dos fuentes. Esto no es más que el 50%. El 35% de la población usa fuel oil y el 25% de la población usa gas, así que un total de 35% + 25% = 60% de la población usa esas dos fuentes. Esto es más que el 50%.

4. D; Nivel de conocimiento: 2; **Tema:** Q.6.a; **Prácticas:** MP.1.a, MP.1.b, MP.2.c, MP.3.a
Lee la gráfica circular para determinar el porcentaje de la población que usa cada tipo de combustible. El 15% de la población usa estufa a leña y el 25% de la población usa gas. Estos porcentajes no son iguales. El 15% de la población usa electricidad y el 10% de la población usa otras fuentes. Estos porcentajes no son iguales. El 35% de la población usa fuel oil y el 25% de la población usa gas. Estos porcentajes no son iguales. El 15% de la población usa electricidad y el 15% de la población usa estufa a leña. Estos porcentajes son iguales.

5. A; Nivel de conocimiento: 2; **Temas:** Q.2.a, Q.2.e, Q.6.a; **Prácticas:** MP.1.a, MP.1.d, MP.1.e, MP.2.c
Para hallar el porcentaje de la población que usa una fuente que no sea gas, resta el porcentaje que sí usa gas del 100%. Como el 25% de la población usa gas, 100% − 25% = 75% de la población usa una fuente que no sea gas. Como alternativa, halla la suma de los porcentajes de las fuentes que no sean gas: 35% + 15% + 15% + 10% = 75%.

6. C; Nivel de conocimiento: 2; **Temas:** Q.2.a, Q.2.e, Q.6.a; **Prácticas:** MP.1.a, MP.1.e, MP.2.c
Para hallar el porcentaje de población que usa una fuente que no sea estufa a leña, resta el porcentaje que sí usa estufa a leña del 100%. Como el 15% de la población usa estufa a leña, 100% − 15% = 85% de la población usa una fuente que no sea estufa a leña. Como alternativa, halla la suma de los porcentajes de las fuentes que no sean estufa a leña: 35% + 25% + 15% + 10% = 85%.

7. **C**; **Nivel de conocimiento:** 1; **Tema:** Q.6.a; **Prácticas:** MP.1.a, MP.1.d, MP.1.e, MP.2.c

La gráfica circular muestra la población, así que la mitad de la población está representada por la mitad del círculo. La sección de Demócrata es la mitad del círculo, por lo que la mitad de la población votó por el Partido Demócrata.

8. **C**; **Nivel de conocimiento:** 2; **Temas:** Q.2.a, Q.2.e, Q.6.a; **Prácticas:** MP.1.a, MP.1.d, MP.1.e, MP.2.c

En conjunto, la parte de la población que votó por el candidato independiente o el republicano es un poco menor que la mitad del círculo. Entonces, el porcentaje que votó por el candidato independiente o el republicano es un poco menor que el 50%. Por lo tanto, 45% es la única respuesta razonable.

9. **B**; **Nivel de conocimiento:** 2; **Temas:** Q.2.a, Q.2.e, Q.6.a; **Prácticas:** MP.1.a, MP.1.d, MP.1.e, MP.2.c

Por la pregunta 8, sabemos que alrededor del 45% de la población votó por el candidato independiente o el republicano. Esto significa que la sección Otro es aproximadamente 50% − 45% = 5%. La sección Republicano tiene aproximadamente el doble del tamaño de la sección Independiente, así que es razonable decir que el porcentaje de la sección Independiente es $45 \div (x + 2x) = 45 \div 3x = 15\%$. En conjunto, alrededor del 5% votó por otro candidato y alrededor del 15% votó por el candidato independiente, lo que da un total de 20%.

10. **B**; **Nivel de conocimiento:** 3; **Temas:** Q.2.a, Q.2.e, Q.6.a; **Prácticas:** MP.1.a, MP.1.d, MP.1.e, MP.2.c

Por la pregunta 9, sabemos que alrededor del 15% de los votantes votaron por el candidato independiente. Calcula el 15% de 200 para hallar el número de personas de Villamedia que votaron por el candidato independiente: 15% = 0.15; 0.15 × 200 = 30. Como alternativa, piensa: 15% de 100 = 15, por lo que 15% de 200 debe ser 2(15) = 30.

11. **C**; **Nivel de conocimiento:** 2; **Temas:** Q.2.a, Q.2.e, Q.6.a; **Prácticas:** MP.1.a, MP.1.d, MP.1.e, MP.2.c

Considera cada enunciado y compáralo con la información de la gráfica circular. Hubo 25 personas que dijeron que prefieren caminar. Como 25 de 100 es 25%, más del 20% de las personas prefieren caminar. El primer enunciado no es acertado. A continuación, como 8 personas prefieren el fútbol y 20 prefieren nadar, el segundo enunciado no es acertado. Además, hubo 20 personas que dijeron que prefieren nadar, así que hubo 100 − 20 = 80 personas que prefieren un ejercicio que no sea nadar. El cuarto enunciado no es acertado. Hubo 25 personas que prefieren caminar y 25 personas que prefieren correr, por lo que un total de 25 + 25 = 50 personas dijeron que prefieren correr o caminar. Cincuenta de 100 es igual al 50%, o la mitad, así que el tercer enunciado es acertado.

12. **C**; **Nivel de conocimiento:** 2; **Temas:** Q.2.a, Q.2.e, Q.6.a; **Prácticas:** MP.1.a, MP.1.d, MP.1.e, MP.2.c

Veinticinco de 100 personas prefieren correr, lo que equivale a $\frac{25}{100}$ ó $\frac{1}{4}$. Por lo tanto, para hallar la fracción de personas que prefieren un ejercicio que no sea correr, resta $\frac{1}{4}$ de 1: $1 - \frac{1}{4} = \frac{4}{4} - \frac{1}{4} = \frac{3}{4}$. Como alternativa, halla la suma de las personas que eligen un ejercicio que no sea correr y escribe ese número como el numerador de una fracción que tiene un denominador de 100: $\frac{25 + 20 + 10 + 8 + 7 + 5}{100} = \frac{75}{100} = \frac{3}{4}$.

13. **D**; **Nivel de conocimiento:** 2; **Tema:** Q.6.a; **Prácticas:** MP.1.a, MP.1.d, MP.1.e, MP.2.c, MP.4.c

La parte del círculo que representa el arce rojo está entre un cuarto y un medio. Está más cerca de un medio del círculo que de un cuarto del círculo, así que 40% es la respuesta más razonable.

14. **B**; **Nivel de conocimiento:** 3; **Temas:** Q.2.a, Q.2.e, Q.6.a; **Prácticas:** MP.1.a, MP.1.d, MP.1.e, MP.2.c, MP.4.c

La parte del círculo que representa el fresno es un poco menor de un cuarto. Por lo tanto, 20% es una estimación razonable del porcentaje de árboles que son fresnos. Usa la ecuación **base × tasa = parte**, en la que la base es 400 árboles, la tasa es el 20% ó 0.2 y la parte es el número desconocido de fresnos. Multiplica: 400 × 0.2 = 80.

15. **A**; **Nivel de conocimiento:** 2; **Temas:** Q.2.a, Q.2.e, Q.6.a; **Prácticas:** MP.1.a, MP.1.d, MP.1.e, MP.2.c, MP.4.c

El fresno está cerca de un cuarto del círculo, así que su parte es demasiado grande. De manera semejante, el castaño y el cerezo silvestre parecen conformar aproximadamente la mitad de la parte del círculo que tiene el fresno, así que cada uno de esos árboles conforma aproximadamente $\frac{1}{8}$. El roble de los pantanos conforma aproximadamente $\frac{1}{6}$ del círculo.

16. **C**; **Nivel de conocimiento:** 1; **Temas:** Q.2.a, Q.2.e, Q.6.a; **Prácticas:** MP.1.a, MP.1.d, MP.1.e

El arce rojo es la única opción que representa más de un cuarto de la gráfica.

17. **D**; **Nivel de conocimiento:** 2; **Temas:** Q.2.a, Q.2.e, Q.6.a; **Prácticas:** MP.1.a, MP.1.b, MP.1.d, MP.1.e, MP.2.c

Hay un 40% de estudiantes que hablan tres idiomas (inglés, español y chino) y un 25% de los estudiantes que hablan cuatro idiomas (inglés, español, chino y francés). Halla la suma de esos dos porcentajes: 40% + 25% = 65%.

18. **C**; **Nivel de conocimiento:** 2; **Temas:** Q.2.a, Q.2.e, Q.6.a; **Prácticas:** MP.1.a, MP.1.b, MP.1.d, MP.1.e, MP.2.c

El porcentaje de estudiantes que no hablan chino es la suma del porcentaje de los estudiantes que solo hablan inglés (20%) y el porcentaje de estudiantes que hablan solo inglés y español (15%). Suma: 20% + 15% = 35%. Como alternativa, resta el porcentaje de estudiantes que hablan inglés, español, chino y francés (25%) o inglés, español y chino (40%) del total, 100%: 100% − 25% − 40% = 35%.

19. **D**; **Nivel de conocimiento:** 2; **Temas:** Q.2.a, Q.2.e, Q.6.a; **Prácticas:** MP.1.a, MP.1.b, MP.1.d, MP.1.e, MP.2.c

Considera cada enunciado y compáralo con la información de la gráfica circular. Solo una parte de la gráfica circular muestra estudiantes que hablan francés. Esa parte del círculo es el 25%. Como 25% es mucho menor que la mitad, el primer enunciado no es acertado. Tres partes de la gráfica circular muestran estudiantes que hablan español: inglés, español, chino y francés (25%); inglés, español y chino (40%); e inglés y español (15%). Por lo tanto, 15% + 40% + 25% = 80% de los estudiantes hablan español. Como 80% es mucho más que un cuarto, el segundo enunciado no es acertado. Tres partes de la gráfica circular muestran estudiantes que hablan dos o más idiomas: inglés, español, chino y francés (25%); inglés, español y chino (40%); e inglés y español (15%). Por lo tanto, 15% + 40% + 25% = 80% de los estudiantes hablan dos o más idiomas. Como 80% es mucho más que la mitad, el tercer enunciado no es acertado. Por último, cada parte del círculo incluye estudiantes que hablan inglés. Por lo tanto, el 100% de los estudiantes hablan inglés; el cuarto enunciado es acertado.

Clave de respuestas

UNIDAD 2 *(continuación)*

20. A; Nivel de conocimiento: 2; **Temas:** Q.2.a, Q.2.e, Q.6.a;
Prácticas: MP.1.a, MP.1.d, MP.1.e, MP.2.c
Examinar la gráfica con cuidado muestra que solo la opción A
es correcta. La opción B es incorrecta porque el 65% de los
estudiantes hablan chino. La opción de respuesta C es incorrecta
ya que solo el 25% de los estudiantes hablan francés. La opción
de respuesta D es incorrecta ya que inglés y español están
representados en la gráfica.

21. C; Nivel de conocimiento: 2; **Temas:** Q.2.a, Q.2.e, Q.6.a;
Prácticas: MP.1.a, MP.1.d, MP.1.e, MP.2.c
Diego gasta el 25% de su dinero en comida. Usa la ecuación
base × tasa = parte, en la que la base es $100, la tasa es 25%
ó 0.25 y la parte es la cantidad desconocida gastada en comida.
Multiplica: $100 × 0.25 = $25.

22. C; Nivel de conocimiento: 2; **Temas:** Q.2.a, Q.2.e, Q.6.a;
Prácticas: MP.1.a, MP.1.d, MP.1.e, MP.2.c
Diego ahorra el 5% de su dinero. Usa la ecuación **base × tasa =
parte,** en la que la base es $2,200, la tasa es
el 5% ó 0.05 y la parte es la cantidad desconocida dedicada al
ahorro. Multiplica: $2,200 × 0.05 = $110.

23. D; Nivel de conocimiento: 2; **Temas:** Q.2.a, Q.2.e, Q.6.a;
Prácticas: MP.1.a, MP.1.b, MP.1.d, MP.1.e, MP.2.c
Considera cada enunciado y compáralo con la información de
la gráfica circular. Diego gasta el 25% de su ingreso mensual en
comida. Como 25% es menos de la mitad, el primer enunciado no
es acertado. A continuación, Diego gasta el 15% en transporte y
el 5% en gastos varios, por lo que gasta un total de 15% + 5% =
20% en esos dos gastos. Como 20% es menos que el porcentaje
que Diego gasta en comida (25%), el segundo enunciado no es
acertado. Además, Diego gasta el 15% en transporte y el 15% en
ropa. Como los dos porcentajes son iguales, el tercer enunciado
no es acertado. Por último, Diego gasta el 25% en comida y el
35% en alquiler, lo que da un total de 25% + 35% = 60% en esos
dos gastos. Como 60% es la mayor parte de los gastos de Diego,
el cuarto enunciado es acertado.

LECCIÓN 7, *págs. 54–57*
1. B; Nivel de conocimiento: 1; **Tema:** Q.6.b, Q.7.a; **Prácticas:**
MP.1.a, MP.2.c, MP.4.c
La moda es el valor que tiene el número máximo de apariciones
o, en este caso, el número de hermanos que informaron con
más frecuencia los estudiantes de la clase. En un diagrama de
puntos, esto está representado por el valor que tiene el número
máximo de puntos correspondientes (3 hermanos, es decir, la
opción de respuesta B). La opción de respuesta A corresponde a
la mediana de hermanos. La opción de respuesta C es el número
de estudiantes (5) que tienen el valor modal (3). La opción de
respuesta D es el rango.

2. A; Nivel de conocimiento: 2; **Temas:** Q.1, Q.2.a, Q.2.e, Q.6.b,
Q.7.a; **Prácticas:** MP.1.a, MP.1.b, MP.4.a, MP.4.c
Hay 16 hermanos, así que la mediana estará en el medio
de los valores del 8.° y el 9.° punto de datos, que son 2 y 3,
respectivamente. Entonces, la mediana es el promedio de esos
dos valores, es decir, 2.5. La explicación de las otras opciones es
la que se describe en la respuesta anterior.

3. B; Nivel de conocimiento: 2; **Temas:** Q.1, Q.6.b, Q.7.a;
Prácticas: MP.1.a, MP.1.b, MP.2.c, MP.4.c
Cada barra del histograma representa el número de visitantes del
mes relacionado. Las barras más altas ocurren en los rangos para
las semanas 9–12 y 13–16.

4. B; Nivel de conocimiento: 2; **Temas:** Q.1, Q.6.b, Q.7.a;
Prácticas: MP.1.a, MP.1.b, MP.2.c, MP.4.c
La mediana de puntajes está expresada por las barras de la mitad
de las cajas. La comparación de las cuatro cajas muestra que
el chef 2 (opción de respuesta B) tiene la mediana más alta de
puntaje.

5. D; Nivel de conocimiento: 2; **Temas:** Q.6.b, Q.7.a; **Prácticas:**
MP.2.c, MP.4.c
El tercer cuartil corresponde a la parte superior de cada caja. El
chef que tiene la caja cuya parte superior es la más alta es el chef
4 (opción de respuesta D).

6. B; Nivel de conocimiento: 2; **Temas:** Q.1, Q.6.b, Q.7.a;
Prácticas: MP.1.a, MP.4.c
Hay 30 lanzamientos, por lo que la mediana se ubicará entre el
15.° y el 16.° valor de una lista ordenada; ambos valores son 5,
por lo que la mediana es 5.0. Las otras opciones de respuesta se
derivan de una mediana incorrecta.

7. A; Nivel de conocimiento: 2; **Temas:** Q.1, Q.6.b, Q.7.a;
Prácticas: MP.1.a, MP.1.b, MP.2.c, MP.4.a, MP.4.c
La moda es el valor que tiene el mayor número de apariciones.
El total que tiene el mayor número de puntos es 6 (opción de
respuesta D). Las otras opciones representan los otros puntos
enteros que están entre los cuartiles primero y tercero.

8. A; Nivel de conocimiento: 2; **Temas:** Q.1, Q.2.a, Q.2.e, Q.6.b,
Q.7.a; **Prácticas:** MP.1.a, MP.1.b, MP.1.e, MP.4.a, MP.4.c
En el diagrama, el valor mínimo es 2 (opción de respuesta A). El
valor máximo es 8 (opción D), la moda y el rango son 6 (opción C),
y 3 tiene una frecuencia alta (opción B).

9. C; Nivel de conocimiento: 3; **Temas:** Q.1, Q.6.b, Q.7.a;
Prácticas: MP.1.a, MP.1.b, MP.1.e, MP.2.c, MP.3.a, MP.4.c
Hay solo una combinación posible de lanzamientos de dado
que da un total de 2 (1 + 1). De la misma manera, hay solo una
combinación posible de lanzamientos de dado que da un total de 8
(4 + 4). Hay dos combinaciones posibles de lanzamientos de dado
que dan un total de 3 (1 + 2 o 2 + 1); de la misma manera, hay solo
dos combinaciones posibles que dan 7 (4 + 3 y 3 + 4). Hay tres
combinaciones posibles que dan un total de 4 (1 + 3, 2 + 2 y 3 + 1)
y 6 (2 + 4, 3 + 3 y 4 + 2). Hay cuatro combinaciones que dan 5 (1 +
4, 2 + 3, 3 + 2 y 4 + 1). Como el número que puede obtenerse con
el máximo número de combinaciones posibles es 5, se esperaría
que la moda de un gran número de lanzamientos fuera 5.

10.

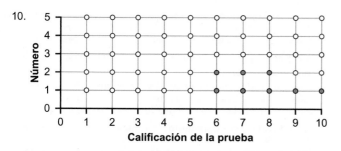

Nivel de conocimiento: 2; **Temas:** Q.1, Q.6.b; **Prácticas:** MP.1.a, MP.4.c

Se debe contar el número de casos de cada calificación; para simplificar esto, se puede poner la lista en orden creciente. Por ejemplo, hay dos casos con una calificación de 6 y dos casos con una calificación de 7 y así sucesivamente. Una vez que se han tabulado las frecuencias de cada calificación, coloca el número apropiado de puntos sobre cada valor de las calificaciones.

11.

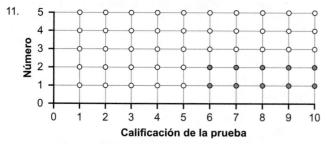

Nivel de conocimiento: 3; **Temas:** Q.1, Q.2.a, Q.2.e, Q.6.b, Q.7.a; **Prácticas:** MP.1.a, MP.1.b, MP.1.e, MP.3.a, MP.4.a, MP.4.c

Esto puede hacerse con números. Para tener una media de 8.0 después de hacer diez pruebas, la suma de las calificaciones de las pruebas debe dar un total de 80. Las calificaciones de las primeras ocho suman 61 en total, así que la suma de las calificaciones de las dos pruebas finales debe ser no menor que 19. Esto puede lograrse si obtiene un 9 en una y un 10 en la otra. (Una media no menor que 8.0 también puede obtenerse si obtiene 10 puntos en cada una, pero la pregunta pide las calificaciones mínimas). Sumar los dos puntos da el diagrama de puntos resultante.

12. C; Nivel de conocimiento: 3; **Temas:** Q.1, Q.2.a, Q.2.e, Q.6.b, Q.7.a; **Prácticas:** MP.1.a, MP.1.b, MP.1.e, MP.2.c, MP.3.a, MP.4.a, MP.4.c

El rango especificado *excluye* los primeros dos intervalos y los dos intervalos finales. El número de barras que corresponden a esos cuatro intervalos suma 15 del total de 53, lo que da un porcentaje de 28.3%. La opción A corresponde al rechazo del primero y del último intervalo solamente. La opción B corresponde al rechazo de los dos últimos intervalos solamente. La opción D corresponde al rechazo del último y de los primeros *tres* intervalos.

13. A; Nivel de conocimiento: 1; **Temas:** Q.6.b, Q.7.a; **Prácticas:** MP.1.a, MP.4.c

Para determinar la moda, halla la barra del histograma que se extiende más arriba que cualquier otra barra. Esto te indica la moda o el grupo de edad más frecuente de los espectadores.

14. C; Nivel de conocimiento: 2; **Temas:** Q.1, Q.6.b, Q.7.a; **Prácticas:** MP.1.a, MP.1.b, MP.4.c

Para hallar la mediana, primero ordena los números de menor a mayor (18, 20, 22, 22, 23, 25, 25, 26, 29, 29, 29, 30, 31, 33, 34, 34, 35, 37, 39). Como hay 19 puntos de datos, el valor de la mediana estará en el 10.° punto de datos (29).

15. D; Nivel de conocimiento: 2; **Temas:** Q.1, Q.6.b, Q.7.a; **Prácticas:** MP.1.a, MP.1.b, MP.4.c

Para determinar el rango, identifica el número mínimo de palabras por minuto y el número máximo de palabras por minuto. El número mínimo de palabras por minuto es 18 y el máximo es 39. Resta 18 de 39: 39 − 18 = 21.

16. C; Nivel de conocimiento: 2; **Temas:** Q.1, Q.6.b, Q.7.a; **Prácticas:** MP.1.a, MP.1.b, MP.4.c

Para determinar la moda, halla la barra del histograma que se extiende más arriba que cualquier otra barra. Esto te indica la moda o la cantidad más común de palabras tecleadas por minuto por los estudiantes de la clase de mecanografía.

17. A; Nivel de conocimiento: 2; **Temas:** Q.1, Q.6.b, Q.7.a; **Prácticas:** MP.1.a, MP.1.b, MP.2.c, MP.4.c

Independientemente de si se usa el rango o la diferencia entre el primer cuartil y el tercer cuartil para juzgar lo bien que un termostato mantiene una temperatura relativamente constante, el termostato 1 (opción A) es el mejor.

18. C; Nivel de conocimiento: 2; **Temas:** Q.1, Q.6.b, Q.7.a; **Prácticas:** MP.1.a, MP.1.b, MP.2.c, MP.4.c

La mediana está representada por la barra que está en el medio de la caja. El termostato que tiene la mediana más próxima al valor fijado de 68° es el termostato 3.

19. D; Nivel de conocimiento: 2; **Temas:** Q.1, Q.6.b, Q.7.a; **Prácticas:** MP.1.a, MP.1.b, MP.2.c, MP.4.c

Los extremos de las líneas que se extienden desde la caja en el diagrama representan el valor mínimo y el valor máximo; el rango es la diferencia. Entonces, el termostato que tiene el rango mayor es el número 4 (opción D).

20. A; Nivel de conocimiento: 2; **Temas:** Q.1, Q.6.b, Q.7.a; **Prácticas:** MP.1.a, MP.1.b, MP.2.c, MP.4.c

Los extremos de las líneas que se extienden desde la caja en el diagrama representan el valor mínimo y el valor máximo; el rango es la diferencia. Entonces, el termostato que tiene el rango menor es el número 1 (opción A).

UNIDAD 3 ÁLGEBRA, FUNCIONES Y PATRONES

LECCIÓN 1, *págs. 58–61*

1. D; Nivel de conocimiento: 1; **Temas:** Q.2.a; Q.2.e; **Prácticas:** MP.1.a, MP.1.b, MP.4.a

Si el apartamento de su hermano está a 39 millas de su casa, entonces 3 por ese número es 117 millas (opción D). La opción A *divide* las 39 millas entre 3 en lugar de multiplicarlas. La opción B *resta* 3 de 39 en lugar de multiplicar, mientras que la opción C *suma* 3 a 39.

2. B; Nivel de conocimiento: 2; **Temas:** Q.2.a, Q.2.e, A.1.b; **Prácticas:** MP.1.a, MP.4.a

Si reemplazamos x y y con los valores especificados en el numerador, obtenemos como resultado $9(12) − 3 = 105$. Si dividimos eso entre el 5 del denominador, obtenemos como resultado 21 millas (opción B). La opción A proviene del cálculo incorrecto del numerador, usando $9(x − y)$. La opción C proviene de tratar al numerador como $(9x + y)$. La opción D proviene de no dividir el numerador correcto entre 5 en el denominador.

Clave de respuestas

UNIDAD 3 *(continuación)*

3. **D; Nivel de conocimiento:** 2; **Tema:** A.1.c; **Prácticas:** MP.1.a, MP.1.b, MP.2.a
Si b es el número de niños, entonces el doble del número de niños es $2b$, y 15 menos que ese número es $2b - 15$ (opción D). La opción A es el doble del número de niños dividido entre 15, en lugar de *disminuido* en 15. La opción B comienza calculando *la mitad* del número de niños, en lugar del *doble* del número. La opción C es 15 *más* que el doble del número de niños, en lugar de 15 menos.

4. **B; Nivel de conocimiento:** 2; **Tema:** A.1.c; **Prácticas:** MP.1.a, MP.1.b, MP.2.a
Si al principio hay 3 bultos, cada uno con 12 cajas, entonces hay un total de $(3)(12)$ cajas en total. Si hay 50 paquetes en cada caja, entonces el número total de paquetes es 50 por el número de cajas, es decir, $(3)(12)(50)$. Ese resultado por el número de lápices que hay en un paquete (l) da como resultado el número total de lápices original. Como Julia quitó un lápiz, el número que queda es $(3)(12)(50)l - 1$ (opción B). La opción A suma los diferentes factores que corresponden al número original de lápices, en lugar de *multiplicarlos*. La opción C *divide* entre el número de lápices por paquete para obtener el número original, en lugar de *multiplicar*. La opción D supone que Julia *agrega* un lápiz al número original, en lugar de *quitar* un lápiz.

5. **D; Nivel de conocimiento:** 2; **Tema:** A.1.c; **Prácticas:** MP.1.a, MP.1.b, MP.2.a
Si x y y son el número de millas que recorrió Edward en su carro el miércoles y el jueves, respectivamente, entonces $(x + y)$ es el número total de millas que recorrió en carro durante esos días. Si recorrió 4 veces ese número de millas el martes, entonces recorrió $4(x + y)$ (opción D). La opción A supone que recorrió 4 veces el número de millas que recorrió el jueves más el número de millas que recorrió el miércoles, omitiendo multiplicar por 4 las millas que recorrió el miércoles. La opción B *divide* 4 entre el número total de millas, en lugar de *multiplicar* por 4 ese número total. La opción C supone que Edward recorrió $\frac{1}{4}$ del total de millas, en lugar de 4 veces el número total.

6. **C; Nivel de conocimiento:** 2; **Temas:** Q.2.a, Q.2.e; **Prácticas:** MP.1.a, MP.1.b, MP.4.a
Sea a = el costo del boleto para un adulto. Entonces, $\frac{a}{2} + 4$ representa el costo del boleto para un niño. El monto total pagado es $12\left(\frac{a}{2} + 4\right) + 4a = 6a + 48 + 4a = 10a + 48$. (opción C).

7. **C; Nivel de conocimiento:** 2; **Temas:** Q.2.a, Q.4.a, A.1.a, A.1.c; **Prácticas:** MP.1.a, MP.4.b
El perímetro del triángulo es la suma de las longitudes de los tres lados: $(2b + 1) + (b) + (-4 + 3b)$. Si combinamos los términos semejantes, obtenemos $(2b + b + 3b) + (1 - 4) = 6b - 3$ (opción C).

8. **A; Nivel de conocimiento:** 2; **Tema:** A.1.c; **Prácticas:** MP.1.a, MP.1.b, MP.2.a
Como x y y son las edades de los dos nietos, la suma de sus dos edades corresponde a $(x + y)$, y el doble de la suma de sus edades corresponde a $2(x + y)$. La edad del abuelo es 5 años más que ese valor, por lo que equivale a $2(x + y) + 5$ (opción A). La opción B comienza calculando la *mitad* de la suma de las edades, en lugar del *doble* de la suma de las edades. La opción C divide entre los 5 años, en lugar de sumar 5 años a la suma de las edades. La opción D supone que la edad del abuelo es 5 años *menos* que el doble de la suma de las edades, en lugar de 5 años *más*.

9. **B; Nivel de conocimiento:** 2; **Temas:** Q.2.a, Q.2.e; **Prácticas:** MP.1.a, MP.1.b, MP.4.a
Sea a = el número de boletos para adultos; entonces $\frac{1}{3}a + 56 = \frac{a}{3} + 56$ representa el número de boletos para niños vendidos. La respuesta D invierte la fracción, mientras que la opción C divide el producto de 56 y el número de boletos para adultos entre 3. La respuesta A usa la expresión adecuada, aunque con un signo de la resta en lugar de un signo de la suma.

10. **B; Nivel de conocimiento:** 2; **Temas:** Q.2.a, Q.2.e; **Prácticas:** MP.1.a, MP.1.b, MP.4.a
Sea y = la clase de estudiantes de segundo año; entonces la clase de estudiantes de primer año puede describirse como $\frac{3y}{4}$. Las opciones A y D multiplican y suman o restan 4, en lugar de dividir entre 4. La opción C invierte la expresión.

11. **B; Nivel de conocimiento:** 1; **Temas:** Q.2.a, Q.2.e, A.1.b; **Prácticas:** MP.1.a, MP.4.a
Si $x = 4$, entonces $x + 2x = 4 + 8 = 12$. Si multiplicamos el resultado por 3, obtenemos 36 (opción B). La opción A puede provenir de multiplicar el término $(x + 2x)$ por 4 en lugar de 3 o de sumar incorrectamente el término $(x + 2x)$ para obtener $4x$, en lugar de $3x$. La opción C proviene de tratar el factor entre paréntesis como $(1 + 2x)$. La opción D corresponde a un error de multiplicación de un factor de 2.

12. **C; Nivel de conocimiento:** 1; **Temas:** Q.2.a, Q.2.e, A.1.b; **Prácticas:** MP.1.a, MP.4.a
Hay 207 boletos vendidos para los asientos de \$15, lo que da un total de ventas de $(207)(\$15) = \$3,105$. Hay 134 boletos vendidos para los asientos de \$25, lo que da un total de ventas de $(134)(\$25) = \$3,350$. Si sumamos ambos valores, obtenemos $(\$3,105 + \$3,350) = \$6,455$ (opción C).

13. **C; Nivel de conocimiento:** 2; **Tema:** A.1.g; **Prácticas:** MP.1.a, MP.1.b
Si a es el ancho del rectángulo, entonces 3 por su ancho es $3a$, y 3 menos que esa cantidad, es decir, la longitud, es $3a - 3$. El área del rectángulo es el producto del ancho (a) y la longitud ($3a - 3$), lo que indica que la opción C corresponde al resultado: $a(3a - 3)$. La opción A es la expresión de la longitud del rectángulo. La opción B es un medio del área del rectángulo. La opción D es un medio de la longitud del rectángulo.

14. **A; Nivel de conocimiento:** 3; **Tema:** A.1.c; **Prácticas:** MP.1.a, MP.1.b, MP.1.e, MP.2.a, MP.2.c, MP.3.a
Esta pregunta requiere trabajar de atrás para adelante a partir de la información dada. El tiempo t es 45 minutos menos que la mitad del tiempo que se dedicó al proyecto B. Eso significa que $(t + 45)$ es la mitad del tiempo que se dedicó al proyecto B. Por lo tanto, a su vez, significa que $2(t + 45)$ es el tiempo que se dedicó al proyecto B. Si multiplicamos los términos entre paréntesis por el factor 2, obtenemos la opción A: $2t + 90$. La opción B es 45 menos que el doble del tiempo dedicado al proyecto A. La opción C es el doble del tiempo que se dedicó al proyecto A *dividido* entre 45. La opción D es 45 menos que la mitad del tiempo dedicado al proyecto A: el resultado que obtendríamos si invirtiéramos los tiempos dedicados a los dos proyectos.

15. **C; Nivel de conocimiento:** 2; **Tema:** A.1.c; **Prácticas:** MP.1.a, MP.1.b
La suma del segundo y del tercer número es $(x + y)$. La mitad de ese valor es $\frac{(x + y)}{2}$, es decir, la opción C. La opción A es el doble de la suma de los dos números. La opción B es 2 dividido entre la diferencia entre los dos números. La opción D es el doble de la suma de los dos números, al igual que la opción A, pero expresado de otra manera.

16. **D**; **Nivel de conocimiento:** 2; **Temas:** Q.2.a, Q.2.e; **Prácticas:** MP.1.a, MP.1.b, MP.4.a
Si el ciclista recorrió 30 millas el domingo, 3 por el número de millas que recorrió el domingo será 90 millas. Veinte (20) millas menos que ese resultado será 70 millas.

17. **C**; **Nivel de conocimiento:** 2; **Temas:** Q.2.a, Q.2.e; **Prácticas:** MP.1.a, MP.1.b, MP.4.a
Si la hermana de Leo tiene 23 años, 2 por la edad de su hermana es 46. Si disminuimos ese valor en 21, obtenemos 25.

18. **B**; **Nivel de conocimiento:** 2; **Temas:** Q.2.a, Q.2.e; **Prácticas:** MP.1.a, MP.1.b, MP.4.a
Si hay 374 estudiantes varones, entonces la mitad de ese número es 187. Si aumentamos ese número en 56, obtenemos 243.

19. **B**; **Nivel de conocimiento:** 2; **Temas:** Q.2.a, Q.2.e; **Prácticas:** MP.1.a, MP.1.b, MP.4.a
Si se vendieron 9 pares de zapatos para hombres, 4 por ese número es 36. Doce (12) más que ese resultado es 48.

20. **A**; **Nivel de conocimiento:** 2; **Temas:** Q.2.a, Q.2.e; **Prácticas:** MP.1.a, MP.1.b, MP.4.a
Si Antonio nadó 15 vueltas, el doble del número de vueltas es 30. Ocho (8) menos que ese resultado es 22.

21. **B**; **Nivel de conocimiento:** 3; **Temas:** Q.2.a, Q.2.e; **Prácticas:** MP.1.a, MP.1.b, MP.1.e, MP.2.c, MP.3.a, MP.4.a
Si 45 estudiantes obtuvieron una calificación de nivel promedio o menor, entonces el doble de ese número es 90. Treinta y cuatro (34) menos que ese resultado es 56. Ése es el número de estudiantes que obtuvieron una calificación más alta que el promedio.

22. **A**; **Nivel de conocimiento:** 3; **Temas:** Q.2.a, Q.2.e; **Prácticas:** MP.1.a, MP.1.b, MP.1.e, MP.2.c, MP.3.a, MP.4.a
Si la distancia entre la casa de Kristina y su trabajo (33 millas) es 15 millas menos que 4 por la distancia entre su casa y la casa de sus padres, entonces 48 millas es 4 por la distancia entre su casa y la casa de sus padres. Eso significa que la distancia entre su casa y la de sus padres es 12 millas.

23. **B**; **Nivel de conocimiento:** 2; **Temas:** Q.2.a, A.1.b; **Práctica:** MP.1.a
Si reemplazamos x con -3, el término entre paréntesis se convierte en $[3 - 2(-3)] = 3 - (-6) = 3 + 6 = 9$. Toda la expresión es, por lo tanto, $4y - 8(9) = 4y - 72$ (opción B).

24. **A**; **Nivel de conocimiento:** 2; **Temas:** Q.2.a, Q.2.e; **Prácticas:** MP.1.a, MP.1.b, MP.4.a
Si depositó $84, la mitad de esa cantidad es $42. Entonces, $5 menos que ese resultado es $37 (opción A). La opción B es la mitad de la cantidad que depositó Jada, y en ella se omite restar los $5 especificados. La opción C es la cantidad que depositó Jada disminuida en $5 y duplicada. La opción D es $5 menos que *toda* la cantidad que depositó Jada ese día.

25. **D**; **Nivel de conocimiento:** 2; **Tema:** A.1.j; **Prácticas:** MP.1.a, MP.1.b
El cociente del segundo y el tercer número es $\left(\frac{x}{y}\right)$. Tres (3) por ese cociente corresponde a la opción D: $3\left(\frac{x}{y}\right)$. La opción A es un tercio del producto del segundo y el tercer número. La opción B es 3 dividido entre la suma de los dos números. La opción C es el tercer número (y) sumado al cociente de 3 y x.

26. **A**; **Nivel de conocimiento:** 3; **Temas:** Q.2.a, A.1.a, A.1.c; **Prácticas:** MP.1.a, MP.1.b, MP.4.b
Dos tercios del ancho del rectángulo es $\left(\frac{2}{3}\right)a$; 6 más que ese resultado es la longitud del rectángulo: $\left(\frac{2}{3}\right)a + 6$. El perímetro es el doble del ancho sumado al doble de la longitud: $2a + \left(\frac{4}{3}\right)a + 12$. Si volvemos a escribir 2a como $\left(\frac{6}{3}a\right)$, el resultado final se convierte en la opción A: $\left(\frac{10}{3}\right)a + 12$.

27. **C**; **Nivel de conocimiento:** 3; **Temas:** Q.1.b, Q.2.a, A.1.a; **Prácticas:** MP.1.a, MP.4.b
Si reemplazamos y con $2x$ en el numerador, obtenemos $2x(x + 4)$. Si reemplazamos y con $2x$ en el denominador, obtenemos $x(2x + 4)$, que puede volver a escribirse como $2x(x + 2)$. Si observamos que tanto el numerador como el denominador tienen factores de $2x$ que se cancelan mutuamente, el resultado es la opción C: $\frac{(x + 4)}{(x + 2)}$.

28. **B**; **Nivel de conocimiento:** 2; **Temas:** Q.2.a, A.1.e, A.1.i; **Prácticas:** MP.1.a, MP.4.a
Si $x = 2$, entonces $x^2 = 4$. Si $y = -1$, entonces $y^2 = 1$. Si reemplazamos esos valores en la expresión, obtenemos la opción B: $\frac{(4 - 1)}{(4 + 1)} = \frac{3}{5}$.

LECCIÓN 2, págs. 62–65

1. **B**; **Nivel de conocimiento:** 2; **Temas:** Q.3.a, A.1.j, A.2.b, A.2.c; **Prácticas:** MP.1.a, MP.1.e, MP.2.a, MP.2.c
Sea c el precio de las colas de langosta. El precio de los cangrejos envueltos en lechuga es $10. El precio de las colas de langosta, c, es $4 más que un tercio del precio de los cangrejos envueltos en lechuga, o $4 más que $\frac{1}{3}(10)$, que equivale a $\frac{1}{3}(10)$. Por lo tanto, $c = \frac{1}{3}(10) + 4$.

2. **D**; **Nivel de conocimiento:** 2; **Temas:** Q.2.a, Q.2.e, Q.3.a, A.2.b, A.1.c, A.2.c; **Prácticas:** MP.1.a, MP.1.b, MP.1.e, MP.2.a, MP.2.c, MP.4.a
Sea c el costo de las colas de langosta. El bisque de langosta cuesta $8 por taza, por lo que el costo total de las dos tazas de bisque de langosta fue $2(\$8) = \$16$. Como la familia de León gastó un total de $70, $c + 16 = 70$. Resta 16 de ambos lados de la ecuación para hallar c; $c = 54$. La respuesta B brinda el precio de cada una de las tres colas de langosta, en lugar del precio total. Las respuestas A y C usan ecuaciones incorrectas.

3. **D**; **Nivel de conocimiento:** 2; **Temas:** A.1.j, A.2.a, A.2.c; **Prácticas:** MP.1.a, MP.1.e, MP.2.a, MP.2.c
Como el objetivo es hallar el segundo número, sea x el segundo número. El otro número es 5 por el valor del segundo número, o $5x$. La suma de los números x y $5x$ es 72, por lo que $x + 5x = 72$. Agrupa los términos semejantes: $6x = 72$.

4. **B**; **Nivel de conocimiento:** 2; **Temas:** A.2.b, A.2.c; **Prácticas:** MP.1.a, MP.1.e, MP.2.a, MP.2.c
Sea r el monto que gasta John en restaurantes. Gastó $55 más que el doble del monto que gastó en comestibles, $\$y$. $55 más que el doble de y es $55 más que $2y$, es decir, $55 + 2y$. Por lo tanto, $r = 55 + 2y$.

5. **D**; **Nivel de conocimiento:** 2; **Temas:** Q.3.d, A.1.j, A.2.b, A.2.c; **Prácticas:** MP.1.a, MP.1.e, MP.2.a, MP.2.c
El costo total de la impresora fue el precio de la impresora y un 6% de impuesto sobre las ventas. El precio de la impresora fue p. Patricia pagó un 6% de impuesto sobre las ventas por el precio p, que equivale a $0.06p$. Por lo tanto, $p + 0.06p = 105.97$.

Clave de respuestas

UNIDAD 3 *(continuación)*

6. **B**; **Nivel de conocimiento**: 2; **Temas**: A.2.b, A.2.c; **Prácticas**: MP.1.a, MP.1.e, MP.2.a, MP.2.c
Sea a el precio de un boleto para adultos. El precio de un boleto para niños, \$26, es \$3 menos que la mitad del precio de un boleto para adultos, a. La mitad del precio de un boleto para adultos es $\frac{1}{2}a$, por lo que \$3 menos que la mitad del precio de un boleto para adultos es $\frac{1}{2}a - 3$. Por lo tanto, $\frac{1}{2}a - 3 = 26$.

7. **A**; **Nivel de conocimiento**: 2; **Temas**: A.2.a, A.2.b, A.2.c; **Prácticas**: MP.1.a, MP.1.e, MP.2.a, MP.2.c
Sea h los ingresos semanales del esposo de Rachel. Rachel gana el doble de lo que gana su esposo, o $2h$. La suma de sus ingresos es $h + 2h$, por lo que $h + 2h = 1{,}050$. Agrupa los términos semejantes: $3h = 1{,}050$.

8. **B**; **Nivel de conocimiento**: 2; **Temas**: Q.2.a, Q.2.e, A.2.a, A.2.b, A.2.c; **Prácticas**: MP.1.a, MP.1.b, MP.1.e, MP.2.a, MP.2.c, MP.4.a
Sea x el número de horas que trabajó Steven esta semana. La semana pasada, Steven trabajó 33 horas. Un tercio de 33 horas es $\frac{1}{3}(33)$, y 2 más que eso es $\frac{1}{3}(33) + 2$. Por lo tanto, $x = \frac{1}{3}(33) + 2 = 11 + 2 = 13$. Steven trabajó 13 horas esta semana.

9. **C**; **Nivel de conocimiento**: 2; **Temas**: A.2.b, A.2.c; **Prácticas**: MP.1.a, MP.1.e, MP.2.a, MP.2.c
Hay 36 pulgadas en una yarda, por lo que el número de pulgadas, p, es 36 por el número de yardas, y, y $36y = p$.

10. **C**; **Nivel de conocimiento**: 2; **Temas**: A.2.b, A.2.c; **Prácticas**: MP.1.a, MP.1.e, MP.2.a, MP.2.c
Sea x = el número de personas que eligieron el béisbol como su deporte favorito, de modo que $3x - 13 = 419$. Suma 13 a ambos lados de modo que $3x = 432$. Divide 432 entre 3 para determinar que $x = 144$. Comprueba tu respuesta reemplazando x con 144 en la ecuación: $3(144) - 13 = 419$, que se convierte en $432 - 13 = 419$.

11. **A**; **Nivel de conocimiento**: 2; **Temas**: A.2.b, A.2.c; **Prácticas**: MP.1.a, MP.1.e, MP.2.a, MP.2.c
Para resolver esta ecuación, trabaja de atrás para adelante. Primero, resta 92 de 515 de modo que $515 - 92 = 423$ revistas de historietas después de vender la mitad de ellas. A continuación, duplica 423 para obtener la cantidad original, de modo que $423 \times 2 = 846$.

12. **D**; **Nivel de conocimiento**: 2; **Temas**: Q.2.a, Q.2.e, A.1.j, A.2.a, A.2.c; **Prácticas**: MP.1.a, MP.1.e, MP.2.a, MP.2.c
Sea x el número mayor. El número menor es dos tercios del número mayor, o $\frac{2}{3}x$. La suma de los números es 55, por lo que $x + \frac{2}{3}x = 55$. Multiplica ambos lados de la ecuación por 3 para eliminar la fracción: $3x + 2x = 165$. Agrupa los términos semejantes: $5x = 165$. Divide ambos lados entre 5: $x = 33$.

13. **B**; **Nivel de conocimiento**: 2; **Temas**: Q.2.a, Q.2.e, A.1.j, A.2.a, A.2.b, A.2.c; **Prácticas**: MP.1.a, MP.1.d, MP.1.e, MP.2.a, MP.2.c
Sea x el monto que gastó la madre de Karleen. Un cuarto de lo que gastó la madre de Karleen es $\frac{1}{4}x$, por lo que \$65.25 más que eso es $\frac{1}{4}x + 65.25$. Karleen y su madre gastaron un total de \$659, por lo que $x + \frac{1}{4}x + 65.25 = 659$. Multiplica ambos lados de la ecuación por 4 para eliminar la fracción: $4x + x + 261 = 2{,}636$. Agrupa los términos semejantes y resta 261 de ambos lados: $5x = 2{,}375$. Divide ambos lados entre 5: $x = 475$. Por lo tanto, la madre de Karleen gastó \$475 y Karleen gastó $\$659 - \$475 = \$184.00$.

14. **B**; **Nivel de conocimiento**: 2; **Temas**: Q.2.a, Q.2.e, A.1.j, A.2.a, A.2.b, A.2.c; **Prácticas**: MP.1.a, MP.1.e, MP.2.a, MP.2.c
Sea x el número de cajas de galletas. Por lo tanto, Emma gastó $3.35x$ en galletas. Emma compró 3 botellas de ginger ale por \$2.29, por lo que gastó $3 \times \$2.29 = \$6.87$ en ginger ale. Como Emma gastó un total de \$23.62, la suma del costo de las galletas y el costo del ginger ale es \$23.62, y $3.35x + 6.87 = 23.62$. Resta 6.87 de ambos lados de la ecuación: $3.35x = 16.75$. Divide ambos lados de la ecuación entre 3.35: $x = 5$.

15. **C**; **Nivel de conocimiento**: 2; **Temas**: Q.2.a, Q.2.e, A.1.j, A.2.a, A.2.b, A.2.c; **Prácticas**: MP.1.a, MP.1.e, MP.2.a, MP.2.c
Sea x el número de cajas de cereal. El costo total de las cajas de cereal es $2.69x$, y la tienda paga \$53.80 por un cartón de cajas. Por lo tanto, $2.69x = 53.80$. Divide ambos lados de la ecuación entre 2.69: $x = 20$.

16. **D**; **Nivel de conocimiento**: 2; **Temas**: Q.3.a, A.2.b, A.2.c; **Prácticas**: MP.1.a, MP.1.e, MP.2.a, MP.2.c
Sea t el número de horas que viajó la barcaza. La distancia, 60 millas, es igual a la tasa, 15 millas por hora, multiplicada por el tiempo, t. Por lo tanto, $60 = 15t$.

17. **B**; **Nivel de conocimiento**: 2; **Temas**: Q.2.a, Q.2.e, A.2.a, A.2.b, A.2.c; **Prácticas**: MP.1.a, MP.1.b, MP.1.e, MP.2.a, MP.2c, MP.4.a
Sea x el número de millas que recorrió Brian en bicicleta. Ben recorrió 11 millas más que Brian, por lo que Ben recorrió $x + 11$ millas. Recorrieron un total de 107 millas, por lo que $x + x + 11 = 107$, o $2x + 11 = 107$. Resta 11 de ambos lados: $2x = 96$. Divide ambos lados entre 2: $x = 48$.

18. **B**; **Nivel de conocimiento**: 2; **Temas**: Q.2.a, Q.2.e, A.2.a, A.2.b, A.2.c; **Prácticas**: MP.1.a, MP.1.b, MP.1.e, MP.2.a, MP.2.c, MP.4.a
Sea x el costo de cada pupitre. La maestra Logan encargó 12 pupitres, por lo que el costo total de los pupitres fue $12x$. Encargó 20 sillas a \$30 cada una, por lo que el costo total de las sillas fue $20 \times \$30 = \$600$. En total, los pupitres y las sillas costaron \$1,260, por lo que $12x + 600 = 1{,}260$. Resta 600 de ambos lados de la ecuación: $12x = 660$. Divide ambos lados de la ecuación entre 12: $x = 55$.

19. **C; Nivel de conocimiento:** 2; **Temas:** Q.2.a, A.1.a, A.2.a, A.2.b; **Prácticas:** MP.1.a, MP.1.b, MP.1.e, MP.2.a, MP.2.c, MP.4.a

Reemplaza y con $\frac{1}{2}$ en la ecuación y luego resuelve para hallar x.

$4 - 2(3x - y) = 5x - 2\frac{1}{3}$

$4 - 2\left(3x - \frac{1}{2}\right) = 5x - 2\frac{1}{3}$

$4 - 6x + 1 = 5x - 2\frac{1}{3}$

$5 - 6x = 5x - 2\frac{1}{3}$

$7\frac{1}{3} = 11x$

$\frac{22}{3} = 11x$

$\frac{2}{3} = x$

Las respuestas A y D provienen de ecuaciones incorrectas. La respuesta B proviene del uso incorrecto del signo de negativo.

20. **B; Nivel de conocimiento:** 3; **Temas:** Q.2.a, Q.2.e, A.1.j, A.2.a, A.2.b, A.2.c; **Prácticas:** MP.1.a, MP.1.b, MP.1.e, MP.2.a, MP.2.c

Sea d el número de monedas de 10¢. Sea n el número de monedas de 5¢. Como el número total de monedas es 12, $d + n = 12$. Cada moneda de 10¢ tiene un valor de $0.10, por lo que el valor total de las monedas de 10¢ es $0.10d$. Cada moneda de 5¢ tiene un valor de $0.05, por lo que el valor total de las monedas de 5¢ es $0.05n$. En total, las monedas tienen un valor de $0.95, por lo que $0.10d + 0.05n = 0.95$. Despeja la n de la primera ecuación: $d + n = 12$, por lo que $n = 12 - d$. Reemplaza n con $(12 - d)$ en la segunda ecuación: $0.10d + 0.05n = 0.95$, por lo que $0.10d + 0.05(12 - d) = 0.95$. Aplica la propiedad distributiva: $0.10d + 0.6 - 0.05d = 0.95$. Agrupa los términos semejantes y resta 0.6 de ambos lados: $0.05d = 0.35$. Divide ambos lados entre 0.05: $d = 7$, por lo que hay 7 monedas de 10¢.

21. **A; Nivel de conocimiento:** 2; **Temas:** A.1.c, A.2.b; **Prácticas:** MP.1.a, MP.1.e, MP.2.a, MP.2.c

Uno de los números es x. El doble de ese número es $2x$, y 8 menos que eso es $2x - 8$. La suma de los números es 40, por lo que $x + 2x - 8 = 40$. Agrupa los términos semejantes: $3x - 8 = 40$, o $3x + (-8) = 40$. Para resolver la ecuación, suma 8 a ambos lados, de modo que $3x = 48$. A continuación, divide ambos lados entre 3 para hallar que $x = 16$.

22. **B; Nivel de conocimiento:** 2; **Temas:** Q.2.a, Q.2.e, A.1.j, A.2.a, A.2.b, A.2.c; **Prácticas:** MP.1.a, MP.1.e, MP.2.a, MP.2.c

Sea x el costo de un cono. Por lo tanto, el costo de 5 conos es $5x$. La cuenta total, $15.37, es el costo de los conos y el monto del impuesto sobre las ventas, por lo que $5x + 0.87 = 15.37$. Resta 0.87 de ambos lados de la ecuación: $5x = 14.50$. Divide ambos lados entre 5: $x = 2.90$.

23. **A; Nivel de conocimiento:** 2; **Temas:** Q.2.a, Q.2.e, A.1.j, A.2.a, A.2.b, A.2.c; **Prácticas:** MP.1.a, MP.1.e, MP.2.a, MP.2.c

Sea x el costo de un teléfono celular en la tienda A. El teléfono celular cuesta $49.99 en la tienda B. El doble de ese valor es $2(\$49.99) = \$99.98$, y $10 menos que eso es $89.98.

24. **D; Nivel de conocimiento:** 2; **Temas:** Q.2.a, Q.2.e, A.1.j, A.2.a, A.2.b, A.2.c; **Prácticas:** MP.1.a, MP.1.b, MP.1.d, MP.1.e, MP.2.a, MP.2c, MP.4.a

Sea x el número de boletos para niños. Halla el costo de un boleto para niños. Un boleto para adultos cuesta $9. La mitad de ese precio es $\frac{1}{2}(9)$, y $2 más que eso es $\frac{1}{2}(9) + 2$. Simplifica: $\frac{1}{2}(9) + 2 = 4.5 + 2 = 6.5$. Por lo tanto, el boleto de un niño cuesta $6.50. Melanie compró 4 boletos para adultos, que cuestan $4(\$9) = \$36$, y algunos boletos para niños, que cuestan $6.50x. El costo total de los boletos fue $75, por lo que $6.50x + 36 = 75$. Resta 36 de ambos lados de la ecuación: $6.5x = 39$. Divide ambos lados entre 6.5: $x = 6$.

25. **B; Nivel de conocimiento:** 2; **Temas:** Q.2.a, Q.2.e, Q.3.d, A.1.j, A.2.a, A.2.b, A.2.c; **Prácticas:** MP.1.a, MP.1.b, MP.1.d, MP.1.e, MP.2.a, MP.2c, MP.4.a

Sea x las ventas de Juan cuando con ambas opciones se paga la misma cantidad. Con la primera opción, Juan gana $200 más el 15% de las ventas, es decir, $200 + 0.15x$. Con la segunda opción, Juan gana $300 más el 10% de las ventas, es decir, $300 + 0.10x$. Cuando se paga la misma cantidad con ambas opciones, las dos opciones son iguales, y $200 + 0.15x = 300 + 0.10x$. Resta 200 de ambos lados: $0.15x = 100 + 0.10x$. Resta $0.10x$ de ambos lados: $0.05x = 100$. Divide ambos lados entre 0.05: $x = 2,000$.

26. **B; Nivel de conocimiento:** 2; **Temas:** Q.2.a, Q.2.e, A.2.a, A.2.b, A.2.c; **Prácticas:** MP.1.a, MP.1.b, MP.1.d, MP.1.e, MP.2.a, MP.2c, MP.4.a

Sea x el monto que contribuyó Michael. El doble de eso es $2x$, y $25 menos que eso es $2x - 25$. La suma de las contribuciones de Andrew y de Michael fue $200, por lo que $x + 2x - 25 = 200$. Agrupa los términos semejantes y resta 25 de ambos lados de la ecuación: $3x = 225$. Divide ambos lados entre 3: $x = 75$. Por lo tanto, Michael contribuyó $75, mientras que Andrew contribuyó $20(75) - \$25 = \$125$.

27. **B; Nivel de conocimiento:** 2; **Temas:** Q.2.a, Q.2.e, A.2.a, A.2.b, A.2.c; **Prácticas:** MP.1.a, MP.1.b, MP.1.d, MP.1.e, MP.2.a, MP.2c, MP.4.a

Sea x la edad de Madeleine. La mitad de la edad de Madeleine es $\frac{1}{2}x$, y 4 más que eso es $\frac{1}{2}x + 4$. La suma de las edades de Xavier y de Madeleine es 28, por lo que $x + \frac{1}{2}x + 4 = 28$.

Multiplica ambos lados de la ecuación por 2 para eliminar la fracción: $2x + x + 8 = 56$. Agrupa los términos semejantes y resta 12 de ambos lados: $3x = 48$. Divide ambos lados de la ecuación entre 3: $x = 16$. Por lo tanto, Madeleine tiene 16 años y Xavier tiene $28 - 16 = 12$ años. En 2 años, Xavier tendrá $12 + 2 = 14$ años.

28. **A; Nivel de conocimiento:** 2; **Temas:** Q.2.a, Q.2.e, A.2.a, A.2.b, A.2.c; **Prácticas:** MP.1.a, MP.1.b, MP.1.e, MP.2.a, MP.2c, MP.4.a

Sea x el pago del préstamo de estudiante de Beth. Cuatro veces ese número es $4x$, y $74 menos que eso es $4x - 74$. El total de la cuenta de Beth es $486, por lo que $x + 4x - 74 = 486$. Agrupa los términos semejantes y suma 74 a ambos lados de la ecuación: $5x = 560$. Divide ambos lados entre 5: $x = 112$.

29. **C; Nivel de conocimiento:** 2; **Temas:** Q.2.a, Q.2.e, A.2.a, A.2.b, A.2.c; **Prácticas:** MP.1.a, MP.1.b, MP.1.e, MP.2.a, MP.2c, MP.4.a

Sea x el salario semanal de Ann. Joe gana $874 por semana. El doble de eso es $2(874)$, y $543 menos que esa cantidad es $2(874) - 543$. Por lo tanto, $x = 2(874) - 543$. Simplifica: $x = 1,748 - 543 = 1,205$.

Clave de respuestas

UNIDAD 3 *(continuación)*

LECCIÓN 3, *págs. 66–69*

1. B; Nivel de conocimiento: 1; **Temas:** Q.2.b, Q.4.a, Q.4.c; **Prácticas:** MP.1.a, MP.4.a
La longitud de lado es la raíz cuadrada del área dada (121 pies cuadrados). La raíz cuadrada de 121 es ese número que, al multiplicarse por sí mismo, es igual a 121. Si usamos una calculadora o razonamos a partir de la observación, obtenemos el número 11.

2. C; Nivel de conocimiento: 2; **Temas:** Q.2.a, Q.2.b, Q.2.e, Q.4.a, Q.4.c; **Prácticas:** MP.1.a, MP.1.b, MP.4.a
Si la longitud de lado original es a, entonces el área inicial es a^2. Si la longitud de lado se duplica a $2a$, el área aumenta a $(2a)(2a) = 2^2a^2 = 4a^2$. Por consiguiente, el área aumenta de su valor original de 121 pies cuadrados a 484 pies cuadrados (opción C). También puedes usar la respuesta de la pregunta 1 (11 pies), duplicarla (para obtener 22 pies), y elevar ese resultado al cuadrado. La opción A es el doble del área original, la opción B es tres veces el área original y la opción D es cinco veces el área original.

3. C; Nivel de conocimiento: 1; **Tema:** Q.2.b; **Prácticas:** MP.1.a, MP.4.a
La raíz cuadrada de 144 es el número que, al multiplicarse por sí mismo, da como resultado 144. Si usamos una calculadora o razonamos a partir de la observación, obtenemos el número 12 (opción C). Las opciones A, B y D son números enteros correlativos mayores y menores que la respuesta correcta.

4. B; Nivel de conocimiento: 2; **Temas:** Q.2.a, Q.2.c, Q.2.e, A.1.e; **Prácticas:** MP.1.a, MP.4.a
Con una calculadora, halla que la raíz cuadrada de 7,788 es 88.2496..., que, redondeado al centésimo más próximo, es 88.25 (opción B). La opción A proviene de redondear hacia abajo al centésimo más próximo. Las opciones C y D serían lo mismo que las opciones A y B, si no fuera por el valor incorrecto del dígito de las unidades, 9.

5. C; Nivel de conocimiento: 1; **Temas:** Q.2.a, Q.2.c; **Prácticas:** MP.1.a, MP.4.a
El volumen de un cubo es el cubo de la longitud de lado, en este caso, 29 cm. El volumen del cubo es 29 × 29 × 29 = 24,389 (opción C). La opción A es tres por la longitud de lado. La opción B es el cuadrado de la longitud de lado. La opción D es 841 (el cuadrado de las longitudes de lado) elevado al cuadrado.

6. B; Nivel de conocimiento: 1; **Temas:** Q.2.b, Q.4.a; **Prácticas:** MP.1.a, MP.4.a
La longitud de lado es la raíz cuadrada del área, que tiene 6.7 pies cuadrados. Con una calculadora, hallas que la raíz cuadrada es 2.5884..., que, redondeada al décimo de pie más próximo, es 2.6 (opción B).

7. B; Nivel de conocimiento: 2; **Tema:** Q.2.b; **Prácticas:** MP.1.a, MP.4.a
$5^2 = 25$ por lo que $\sqrt{25} = 5$, y $6^2 = 36$, por lo que $\sqrt{36} = 6$. Si ordenamos las raíces cuadradas: $\sqrt{25}, \sqrt{33}, \sqrt{36}$, vemos que $\sqrt{33}$ está ubicado entre 5 y 6.

8. C; Nivel de conocimiento: 1; **Temas:** Q.2.a, Q.2.b, Q.4.a, Q.4.c; **Prácticas:** MP.1.a, MP.4.a
El área de un cuadrado es la longitud de lado elevada al cuadrado. El valor de 7.8 elevado al cuadrado es 7.8 × 7.8 = 60.84.

9. A; Nivel de conocimiento: 3; **Temas:** Q.2.a, Q.2.b, Q.2.e; **Prácticas:** MP.1.a, MP.1.b, MP.1.e, MP.2.c, MP.3.a, MP.4.a, MP.4.b, MP.5.a, MP.5.b, MP.5.c
Si establecemos que el ancho de la sala es x, entonces la longitud de la sala es $1.5x$. El área de la habitación es el producto de la longitud y el ancho, es decir, $1.5x^2 = 216$. Si dividimos ambos lados entre 1.5, obtenemos la ecuación $x^2 = 144$. Si sacamos la raíz cuadrada de ambos lados, obtenemos un valor de x, el ancho de la habitación, de 12 pies. La longitud es 50% más que eso, es decir, 18 pies.

10. B; Nivel de conocimiento: 2; **Temas:** Q.2.a, Q.2.c, Q.2.e; **Prácticas:** MP.1.a, MP.4.a
El conjunto de números enteros que resuelve la ecuación es 4, −4, ya que al elevarse al cuadrado, ambos dan como resultado 16. En la opción A, el 4 se eleva al cuadrado y da como resultado 16, pero −2 al cuadrado es igual a 4, no a 16. Al multiplicar las opciones C y D entre sí, se obtiene un resultado de 16. De todos modos, ninguna de las dos da como resultado 16 al elevarse al cuadrado.

11. C; Nivel de conocimiento: 3; **Temas:** Q.2.a, Q.2.c, Q.2.e, Q.5.a; **Prácticas:** MP.1.a, MP.1.b, MP.1.e, MP.3.a, MP.4.a
Si establecemos que el ancho del contenedor es x, entonces la altura también es x, y la longitud es $5x$. El volumen es el producto del ancho, el alto y la longitud, es decir, $5x^3$. Si igualamos eso al volumen dado, 2,560 pies cúbicos, y dividimos cada lado entre 5, obtenemos la ecuación $x^3 = 512$. Si sacamos la raíz cúbica de ambos lados, obtenemos un valor de x, el ancho del contenedor, de 8 pies. La altura también es 8 pies, mientras que la longitud es 5 veces el ancho, es decir, 40 pies.

12. B; Nivel de conocimiento: 3; **Temas:** Q.2.a, Q.2.b, Q.2.e, Q.4.a; **Prácticas:** MP.1.a, MP.1.b, MP.1.e, MP.3.a, MP.4.a
El cuadrado de 19 = 361. La raíz cuadrada de 169 es 13. Resta 13 de 361 de modo que 361 − 13 = 348 para obtener la respuesta correcta.

13. D; Nivel de conocimiento: 3; **Temas:** Q.2.a, Q.2.b, Q.2.e, Q.4.a; **Prácticas:** MP.1.a, MP.1.b, MP.1.e, MP.3.a, MP.4.a
Si establecemos que el ancho de la cancha es x, entonces la longitud de la cancha es $1.6x$. El área es el producto del ancho y la longitud, es decir, $1.6x^2$. Si igualamos eso al área dada, 4,000 yardas cuadradas, y dividimos ambos lados entre 1.6, obtenemos la ecuación $x^2 = 2,500$. Si sacamos la raíz cuadrada de ambos lados, obtenemos un valor de x, el ancho de la cancha, de 50 yardas. La longitud es un 60% más larga que eso, es decir, 80 yardas. $1.6 \times 50 = 1$

14. A; Nivel de conocimiento: 2; **Temas:** Q.2.a, Q.2.c, Q.5.e, Q.5.a; **Prácticas:** MP.1.a, MP.1.b, MP.1.d, MP.1.e, MP.2.c, MP.4.a
El volumen de la mesa es el cubo de su longitud de lado: $4^3 = 64$. El volumen del cubo hueco es el cubo de su longitud de lado: $1.5^3 = 3.375$. El volumen total de vidrio que se utilizó es la diferencia entre el volumen de la mesa y el volumen del centro hueco: $64 − 3.375 = 60.625$ pies cúbicos (opción A).

15. D; Nivel de conocimiento: 2; **Temas:** Q.2.a, Q.2.b, Q.5.a; **Prácticas:** MP.1.a, MP.1.b, MP.1.e, MP.3.a, MP.4.a
Si las longitudes de los tres lados son a, b y c, respectivamente, el volumen inicial es abc. Si se aumenta cada lado en un factor de tres, el nuevo volumen es $(3a)(3b)(3c) = 3^3abc = 27abc$. Eso es más grande que el volumen original en un factor de 27 (opción D).

16. B; Nivel de conocimiento: 2; **Temas:** Q.2.a, Q.2.b, Q.4.a; **Prácticas:** MP.1.a, MP.1.b, MP.3.a, MP.4.a
Si las longitudes de los dos lados son a y b, entonces el área inicial es el producto de los dos, ab. Si duplicamos la longitud de los dos lados, obtenemos una nueva área de $(2a)(2b) = 2^2ab = 4ab$. Eso es 4 veces el área original (opción B).

17. C; Nivel de conocimiento: 3; **Temas:** Q.2.a, Q.2.b, Q.2.e; **Prácticas:** MP.1.a, MP.1.b, MP.1.e, MP.2.c, MP.3.a, MP.4.b
Si sacamos la raíz cuadrada de ambos lados de la ecuación, y observamos que la raíz cuadrada de 4 puede ser 2 ó −2, obtenemos el resultado $2 - \sqrt{x+2} = 2$ ó $2 - \sqrt{x+2} = -2$. Resta 2 de cada lado de ambas ecuaciones: $-\sqrt{x+2} = 0$ ó $-\sqrt{x+2} = -4$. Divide cada lado de ambas ecuaciones entre −1: $\sqrt{x+2} = 0$ ó $\sqrt{x+2} = 4$. Eleva al cuadrado ambos lados de cada ecuación: $x + 2 = 0$ ó $x + 2 = 16$. Resta 2 de cada lado de ambas ecuaciones: $x = -2$ ó $x = 14$.
Como 14 es la única respuesta que puede corresponder a la edad de una persona, esa es la opción correcta (C).

18. A; Nivel de conocimiento: 2; **Tema:** Q.2.b; **Prácticas:** MP.1.a, MP.4.a
Las dos soluciones posibles de la ecuación son $x = 5$ y -5. (Ambas, al elevarlas al cuadrado, dan como resultado 25). El producto de 5 y −5 es −25 (opción A).

19. D; Nivel de conocimiento: 3; **Temas:** Q.2.a, Q.2.b, Q.5.a; **Prácticas:** MP.1.a, MP.1.b, MP.1.e, MP.3.a, MP.4.b
Si sacamos la raíz cuadrada de ambos lados de la ecuación y observamos que la raíz cuadrada de 64 puede ser 8 o −8, hallamos que $x - 1$ puede ser igual a 8 o −8. Si resolvemos utilizando el valor positivo, $x = 9$. Si resolvemos usando el valor negativo, $x = -7$. El producto de las dos soluciones es −63 (opción D).

20. D; Nivel de conocimiento: 2; **Temas:** Q.2.a, Q.2.b, Q.2.c, Q.2.e; **Prácticas:** MP.1.a, MP.1.b, MP.1.d, MP.3.e, MP.2.c, MP.4.a
La raíz cúbica de 64 es 4. El cuadrado de la raíz cúbica de 64 es $4^2 = 16$. La raíz cuadrada de 64 es 8. El cubo de la raíz cuadrada de 64 es $8^3 = 512$. $\frac{512}{16} = 32$, por lo que el cubo de la raíz cuadrada es 32 veces mayor que el cuadrado de la raíz cúbica. (opción D).

21. C; Nivel de conocimiento: 3; **Tema:** Q.2.ba; **Prácticas:** MP.1.a, MP.1.b, MP.1.e, MP.3.a, MP.4.b
Si sacamos la raíz cuadrada de ambos lados, hallamos que x en $x - 6$ es igual a 2 o a −2. Para el valor positivo, hallamos la solución $x = 8$. Para el valor negativo, hallamos la solución $x = 4$. El producto de las dos soluciones es 32 (opción C).

22. B; Nivel de conocimiento: 3; **Temas:** Q.2.a, Q.2.b, Q.2.c, Q.5.a; **Prácticas:** MP.1.a, MP.3.a, MP.4.a
Si sacamos la raíz cuadrada del área dada, 30.25 pulgadas cuadradas, obtenemos la longitud, 5.5 pulgadas. Si elevamos al cubo ese resultado ($5.5 \times 5.5 \times 5.5$), obtenemos un volumen de 166.38 pulgadas cúbicas. Si redondeamos ese valor a la pulgada cúbica más próxima, obtenemos como resultado 166 pulgadas cúbicas (opción B).

23. C; Nivel de conocimiento: 1; **Temas:** Q.2.b, Q.4.a; **Prácticas:** MP.1.a, MP.4.a
Si sacamos la raíz cuadrada del área, 2,000 pulgadas cuadradas, obtenemos la longitud de lado, 44.721 pulgadas. Si redondeamos ese valor a la pulgada más próxima, obtenemos 45 pulgadas (opción C).

24. C; Nivel de conocimiento: 2; **Temas:** Q.2.a, Q.2.c, Q.2.e, Q.5.a; **Prácticas:** MP.1.a, MP.4.a
Si el ancho de un lado es 18 pulgadas, el ancho, expresado en pies, es 1.5 pies. El volumen es el cubo del ancho ($1.5 \times 1.5 \times 1.5$), es decir, 3.375 pies cúbicos. Redondeado al décimo de pie cúbico más próximo, da como resultado 3.4 pies cúbicos (opción C).

25. D; Nivel de conocimiento: 2; **Temas:** Q.2.a, Q.2.c, Q.2.e; **Prácticas:** MP.1.a, MP.1.b, MP.1.e, MP.3.a, MP.4.a
Como cada bloque tiene 2 pulgadas de ancho, se necesitarán 6×6 bloques para armar un cuadrado de un pie de longitud y un pie de alto. Se necesitarán 6 de estos cuadrados para armar un cubo, por lo tanto, el número total de bloques en la pila será 6^3, ó 216 bloques (opción D).

26. A; Nivel de conocimiento: 2; **Temas:** Q.2.a, Q.2.b, Q.2.e; **Prácticas:** MP.1.a, MP.1.b, MP.1.e, MP.2.c, MP.3.a, MP.4.b
Si reemplazamos F con 41 y observamos que $(41 - 32)$ es 9 y que 9^2 es 81, obtenemos el resultado $(25)(81) = (81)C^2$. Si cancelamos el 81 en ambos lados de la ecuación, queda $C^2 = 25$. Eso significa que, desde el punto de vista matemático, C puede ser 5 ó −5. Solamente el valor positivo aparece entre las opciones (A).

27. B; Nivel de conocimiento: 2; **Temas:** Q.2.a, Q.2.c, Q.2.e; **Prácticas:** MP.1.a, MP.3.a, MP.4.a, MP.4.b
Si reemplazamos D con la altura 1,350 y dividimos ambos lados de la ecuación entre 400, obtenemos el resultado $t^3 = 3.375$. Si sacamos la raíz cúbica de ambos lados, obtenemos la respuesta $t = 1.5$ segundos.

28. D; Nivel de conocimiento: 1; **Tema:** Q.2.c; **Prácticas:** MP.1.a, MP.4.a
La solución es indefinida. Las respuestas A y B, al elevarse al cuadrado, dan un valor positivo de 16, mientras que la respuesta C es igual 64 positivo, por lo que la respuesta D es la única respuesta posible. Es indefinida porque al elevarse al cuadrado, ningún número puede dar como resultado un número negativo.

29. B; Nivel de conocimiento: 1; **Tema:** Q.2.c; **Prácticas:** MP.1.a, MP.4.a
El cubo de los números negativos es en sí negativo, por lo tanto, la raíz cúbica de un número negativo existe y es negativa. En este caso, la raíz cúbica de −64 es el negativo de la raíz cúbica de +64, es decir, −4. Observa que +4 no es una solución, ya que el cubo de +4 es positivo.

30. B; Nivel de conocimiento: 3; **Temas:** Q.2.a, Q.2.b, Q.2.e, Q.4.a; **Prácticas:** MP.1.a, MP.1.b, MP.1.e, MP.3.a, MP.4.a
Si establecemos que la longitud de la habitación es x, entonces el ancho es $\frac{3}{4}x$. El área es el producto de la longitud y el ancho, es decir, $\frac{3}{4}x^2$. Si igualamos eso al área dada, 192 pies cuadrados, y dividimos ambos lados entre $\frac{4}{3}$, obtenemos la ecuación $x^2 = 256$. Si sacamos la raíz cuadrada de ambos lados, obtenemos $x = 16$ pies, que es la longitud. El ancho de la habitación es $\frac{3}{4}$ de eso, es decir, 12 pies.

31. A; Nivel de conocimiento: 3; **Temas:** Q.2.a, Q.2.c, Q.2.e, Q.5.a; **Prácticas:** MP.1.a, MP.1.b, MP.1.e, MP.3.a, MP.4.a
Si establecemos que la profundidad de la caja es x, entonces el ancho también es x y la longitud es $3x$. El volumen es el producto de la profundidad, el ancho y la longitud, es decir, $3x^3$. Si igualamos esto al volumen dado, 192 pulgadas cúbicas, y dividimos ambos lados entre el factor de 3, obtenemos el resultado $x^3 = 64$. Si resolvemos para hallar x obtenemos el resultado $x = 4.0$ pulgadas para la profundidad. El ancho también es 4.0 pulgadas y la longitud es el triple de la profundidad, es decir, 12.0 pulgadas.

32. B; Nivel de conocimiento: 3; **Temas:** Q.2.a, Q.2.b, Q.2.e; **Prácticas:** MP.1.a, MP.1.b, MP.1.e, MP.2.c, MP.3.a, MP.4.a, MP.4.b
Cuando la pelota toca el suelo, $h = 0$. Si igualamos $h = 0$ en la ecuación dada y volvemos a ordenarla, obtenemos el resultado $4.9t^2 = 9.8$. Si dividimos ambos lados entre 4.9, obtenemos el resultado $t^2 = 2$, lo que da un valor de t de 1.414 segundos. Si redondeamos al décimo de segundo más próximo, obtenemos el resultado final de 1.4 segundos.

Clave de respuestas

UNIDAD 3 *(continuación)*

33. D; Nivel de conocimiento: 3; **Temas:** Q.2.b, Q.2.d;
Prácticas: MP.1.a, MP.1.e. MP.3.a, MP.4.b
La expresión es indefinida si la cantidad en la raíz cuadrada es menor que cero. Eso ocurrirá para cualquier número, x, donde x^2 sea menor que 1.5. Los valores $x = -1$ (que da como resultado +1), $x = 0$ (que da como resultado 0) y $x = 1$ (que da como resultado -1) cumplen claramente el requisito; el cuadrado de menos de 1.5. Los otros números enteros dados, entre ellos -2 y -3, al ser elevados al cuadrado, arrojan valores mayores que 1.5.

34. C; Nivel de conocimiento: 3; **Temas:** Q.2.a, Q.2.b, Q.2.e, Q.4.a; **Prácticas:** MP.1.a, MP.1.b, MP.1.e, MP.3.a, MP.4.a
El cuadrado de 14 = 196 y el cuadrado de 21 = 441. Suma 196 + 441 para obtener 637. A continuación, determina la raíz cuadrada de 49 (7). Resta 7 de 637 para obtener $630.

35. C; Nivel de conocimiento: 1; **Temas:** Q.2.a, Q.2.b, Q.2.c, Q.4.d; **Prácticas:** MP.1.a, MP.4.a,
La raíz cuadrada de un número negativo no está definida, por lo que el valor de x para $x^2 = -49$ es indefinido (opción C). La opción A es la raíz cúbica de un número positivo, y $x = 2$. La opción B es la raíz cúbica de un número negativo, y $x = 3$. La opción D es la raíz cuadrada de un número positivo, y $x = 11$ ó $x = -11$.

LECCIÓN 4, *págs. 70–73*

1. C; Nivel de conocimiento: 1; **Temas:** Q.1.c, Q.2.e; **Práctica:** MP.1.a
Para convertir a notación científica, tenemos que mover el punto decimal de su ubicación inicial a la posición que está justo a la derecha del dígito de las unidades (5). El número de lugares que se mueve el punto decimal, en este caso, es 4. Como el lugar decimal se mueve hacia la *izquierda*, el exponente de 10 es 4 *positivo*. Entonces, la respuesta es 5.76×10^4 (opción C). Las opciones restantes provienen de un conteo incorrecto del número de lugares que se mueve el punto decimal.

2. B; Nivel de conocimiento: 2; **Temas:** Q.1.c, Q.2.a, Q.2.e; **Prácticas:** MP.1.a, MP.4.a
Si dividimos la cantidad de semillas de pasto (150 libras) entre el área total (57,600 pies cuad) obtenemos un resultado de aproximadamente 0.00260 libras por pie cuad. Para convertir esto a notación científica, tenemos que mover el punto decimal 3 lugares hacia la *derecha*, con un exponente de -3 (*negativo*). El resultado, entonces, es 2.60×10^{-3} (opción B). Las opciones restantes provienen de un conteo incorrecto del número de lugares que se mueve el punto decimal.

3. A; Nivel de conocimiento: 1; **Temas:** Q.1.c, Q.2.a, Q.4.a; **Prácticas:** MP.1.a, MP.4.a
El punto decimal se mueve a un punto ubicado justo a la derecha del primer dígito distinto de cero (5). Para ello, hay que mover el punto decimal cuatro lugares hacia la derecha. Por consiguiente, el número, expresado en notación científica, es 5.0×10^{-4} (opción A). El 10 se eleva a una potencia *negativa* porque el punto decimal se movió hacia la *derecha*. Las opciones B y C provienen de un conteo incorrecto del número de lugares que se movió el punto decimal. La opción D cambia el signo del exponente.

4. C; Nivel de conocimiento: 1; **Temas:** Q.2.a, Q.2.b, Q.2.e; **Prácticas:** MP.1.a, MP.4.a
La cantidad 3^4 es lo mismo que $3 \times 3 \times 3 \times 3$, que es igual a 81. La opción que más se acerca a 81 es la opción C. La opción A es la opción que más se acerca a 3^3. Las opciones B y D son el múltiplo de 10 que precede y el múltiplo de 10 que sigue a la respuesta correcta.

5. C; Nivel de conocimiento: 1; **Tema:** Q.1.c; **Práctica:** MP.1.a
El número total de estudiantes es la suma de las dos cantidades: $3^4 + 2^6$ (opción C). La opción A es la suma de las bases (2 + 3) elevada a la suma de los exponentes (4 + 6). La opción B es el producto de las dos bases elevado a la suma de los exponentes. La opción D es el producto de las dos cantidades.

6. A; Nivel de conocimiento: 2; **Tema:** Q.1.c; **Prácticas:** MP.1.a, MP.1.b, MP.4.a
Los números positivos distintos de cero elevados a la potencia cero siempre son iguales a 1. Por lo tanto, 4^0 es igual a 1, al igual que cualquier otro número entero elevado a la potencia cero. La opción A representa uno de estos casos; 5^0 también es igual a 1. La opción B es 5 elevado a la primera potencia, que es igual a 5. La opción C es 5 elevado a la potencia -1, que es el inverso de 5, es decir, $\frac{1}{5}$. La opción D es 4 elevado a la primera potencia, es decir, 4.

7. D; Nivel de conocimiento: 2; **Tema:** A.1.a, A.1.f; **Prácticas:** MP.1.a, MP.4.b
Si multiplicamos los dos términos que están dentro de los paréntesis por la cantidad que le precede, $4x$, obtenemos: $4x^3 + 8xy$ (opción D). La opción A omite multiplicar el segundo término por el factor que lo precede. La opción B omite un factor de x en el producto con el primer término. La opción C omite incluir la x del factor que la precede en el producto con el segundo término.

8. C; Nivel de conocimiento: 2; **Tema:** Q.6.c; **Práctica:** MP.1.a
Si observamos detenidamente la tabla, vemos que Júpiter tiene el valor de masa con el mayor exponente (27). Si hubiera más valores de masa con el mismo exponente, deberían compararse los números iniciales para determinar cuál es mayor. Como Júpiter tiene la única masa con el mayor exponente, tiene la mayor masa entre los planetas de la lista.

9. A; Nivel de conocimiento: 2; **Tema:** Q.6.c; **Práctica:** MP.1.a
Una vez más, si observamos detenidamente la tabla, vemos que los valores de masa con los menores exponentes son el de Mercurio y el de Marte (23). Los números iniciales de los dos planetas son 3.3 y 6.42, respectivamente. Como 3.3 es menor que 6.42, la masa de Mercurio (3.3×10^{23} kg) es menor que la masa de Marte (6.42×10^{23} kg). Eso significa que Mercurio tiene la menor masa entre los planetas de la lista.

10. B; Nivel de conocimiento: 2; **Temas:** Q.1.c, Q.2.a, Q.2.b, Q.2.e, Q.6.c; **Prácticas:** MP.1.a, MP.2.c, MP.4.a
La masa de Júpiter dividida entre la masa de Marte es $(1.899 \times 10^{27}$ kg$) \div (6.42 \times 10^{23}$ kg$)$. Esto se puede reordenar de modo que se lea $\left(\frac{1.899}{6.42}\right) \cdot \left(\frac{10^{27}}{10^{23}}\right)$. El primer factor entre paréntesis se redondea a 0.3. El segundo factor se puede volver a escribir como $10^{(27-23)}$, ó 10^4. El resultado, entonces, es 0.3×10^4 o, si lo volvemos a escribir en notación científica adecuada, 3×10^3. (Para mover el punto decimal un lugar hacia la *derecha*, tenemos que reducir el exponente en uno).

11. A; Nivel de conocimiento: 2; **Temas:** Q.1.c, Q.2.a, Q.2.b, Q.2.e, Q.6.c; **Prácticas:** MP.1.a, MP.2.c, MP.4.a
Para hallar la suma de números en notación científica, el primer paso es escribir los números usando la misma potencia de 10. Escribe cada masa en términos de 10^{27} kg, moviendo el punto decimal el número apropiado de lugares hacia la *izquierda*. Mercurio: 0.00033×10^{27}; Venus: 0.00487×10^{27}; Tierra: 0.00597×10^{27}; Marte: 0.000642×10^{27}; Júpiter: 1.899×10^{27}; Saturno 0.568×10^{27}; Urano: 0.0868×10^{27}; Neptuno: 0.102×10^{27}. La suma de las masas es 2.667612×10^{27}, que es aproximadamente 2.7×10^{27}.

12. **B**; **Nivel de conocimiento:** 3; **Temas:** Q.2.a, A.1.a, A.1.e, A.1.f; **Prácticas:** MP.1.a, MP.1.b, MP.1.e, MP.4.b
Los coeficientes numéricos de los tres términos (5, −15, 10) tienen 5 como factor común mayor. Las partes variables de cada término tienen x^3 como factor común. Por consiguiente, $5x^3$ se puede eliminar de la expresión; si colocamos el $5x^3$ delante y dividimos los tres términos que están dentro de los paréntesis entre $5x^3$, obtenemos la opción correcta.

13. **D**; **Nivel de conocimiento:** 3; **Temas:** Q.2.a, A.1.a, A.1.d; **Prácticas:** MP.1.a, MP.1.b, MP.1.e, MP.3.a, MP.4.b
Si desarrollamos el segundo término en el numerador multiplicando el coeficiente x^2 por la expresión que está entre paréntesis, obtenemos $x^4 − 2x^3$. Si sumamos esto al primer término del numerador, $(x^4 + 5x^3)$, obtenemos $2x^4 + 3x^3$. Si dividimos cada término entre el x^3 del denominador, obtenemos $2x + 3$, la opción correcta.

14. **C**; **Nivel de conocimiento** 3; **Temas:** Q.2.a, A.1.a, A.1.d, A.1.f; **Prácticas:** MP.1.a, MP.1.b, MP.1.e, MP.3.a, MP.4.b
Si multiplicamos por el factor de 3 para desarrollar el primer término, obtenemos $(6x^2 − 3)$. Si restamos el segundo término, $(5x^2 + x + 3)$, de ese resultado, obtenemos $(6x^2 − 5x^2 − x − 3 + 3) = (x^2 − x)$. Si observamos que un factor de x se puede eliminar de los paréntesis, obtenemos $x(x − 1)$.

15. **C**; **Nivel de conocimiento:** 2; **Temas:** Q.2.c, A.1.i; **Prácticas:** MP.1.a, MP.1.b, MP.3.a, MP.4.b
Si reemplazamos x con −1 en el numerador, obtenemos $(-1)^3 = (-1) \times (-1) \times (-1) = -1$. Si reemplazamos x con −1 en el denominador, obtenemos $[(-1)^3 - 1] = [-1 - 1] = -2$. Como el numerador y el denominador son negativos, el cociente es positivo, y, por lo tanto, mayor que cero.

16. **D**; **Nivel de conocimiento:** 2; **Temas:** Q.2.c, Q.2.d, A.1.i; **Prácticas:** MP.1.a, MP.1.b, MP.3.a, MP.4.b
Si reemplazamos x con −1 en el numerador, $(-1)^3 = -1$. Si hacemos lo mismo en el denominador, obtenemos $[(-1)^3 + 1] = [-1 + 1] = 0$. Como el denominador es cero, el resultado es indefinido.

17. **D**; **Nivel de conocimiento:** 2; **Temas:** Q.2.b, Q.2.d, A.1.i; **Prácticas:** MP.1.a, MP.1.b, MP.3.a, MP.4.b
Si reemplazamos x con −1 en el numerador, $(-1 - 1)^4 = (-2)^4 = 16$. Si hacemos lo mismo en el denominador, obtenemos $[(-1)^2 - 1] = [1 - 1] = 0$. Como el denominador es cero, la expresión es indefinida.

18. **C**; **Nivel de conocimiento:** 1; **Temas:** Q.1.c, Q.2.e, Q.6.c; **Prácticas:** MP.1.a, MP.2.c
La distancia entre Saturno y el Sol está dada en la tabla como 1.4335×10^9 km. Para escribir esto en notación estándar, observa que el exponente de 10 es +9 (*positivo*), lo que significa que el punto decimal debe moverse 9 lugares hacia la *derecha*. Si hacemos eso y completamos con los ceros del final, llegamos a la opción C. Las opciones restantes representan resultados obtenidos por un conteo erróneo del número de lugares que se movió el punto decimal.

19. **B**; **Nivel de conocimiento:** 2; **Temas:** Q.1.c, Q.2.a, Q.2.e, Q.6.c; **Prácticas:** MP.1.a, MP.2.c, MP.4.a
La diferencia en las distancias se puede hallar restando la distancia entre el Sol y Venus de la distancia entre el Sol y Júpiter: $(7.786 \times 10^8$ km$) - (1.082 \times 10^8$ km$)$. Por lo general, habría que volver a escribir el número menor para que estuviera expresado con la misma potencia de 10 que el número mayor, pero como ambos números usan el mismo exponente, eso no es necesario aquí. Podemos reordenar la expresión numérica de modo que se lea $(7.786 - 1.082) \times 10^8 = 6.704 \times 10^8$ km (opción B). Las opciones A y C representan ajustes incorrectos de la potencia de 10. La opción D suma las potencias de 8 de los dos números, lo que sería adecuado para la multiplicación, pero <u>no</u> para la resta que se necesita aquí.

20. **C**; **Nivel de conocimiento:** 1; **Temas:** Q.1.c, Q.2.e; **Práctica:** MP.1.a
Como $10^5 = 1 \times 10^5$ y el exponente (5) es *positivo*, tenemos que mover el punto decimal 5 lugares hacia la derecha y completar los ceros del final. El resultado es 100,000 (opción C). Las opciones restantes provienen de un conteo incorrecto del número de lugares que se debe mover un punto decimal.

21. **B**; **Nivel de conocimiento:** 1; **Tema:** Q.1.c; **Prácticas:** MP.1.a, MP.4.b
Elevar un número o una cantidad a una potencia negativa es lo mismo que dividir entre el mismo número elevado a la potencia *positiva*. En este caso, el exponente es −4, por lo tanto, el procedimiento consiste en invertir la expresión y cambiar el exponente a +4: $\frac{1}{b^4}$ (opción B). La opción A omite invertir la expresión. La opción C trae incorrectamente el signo de negativo del exponente. La opción D interpreta de manera inadecuada la expresión como si se elevara $(-b)$ a la potencia +4.

22. **D**; **Nivel de conocimiento:** 1; **Temas:** Q.1.c, Q.2.e; **Práctica:** MP.1.a
Si nos centramos primero en el exponente de 10, la potencia de −10 (*negativa*) implica que el punto decimal debe moverse 10 lugares hacia la izquierda, completando con ceros según sea necesario. En este caso, eso da como resultado nueve ceros entre el punto decimal y el primer dígito distinto de cero (opción D). Las opciones restantes provienen de un conteo incorrecto del número de lugares que debe moverse el punto decimal.

23. **C**; **Nivel de conocimiento:** 1; **Temas:** Q.1.c, Q.2.e; **Práctica:** MP.1.a
Para convertir a notación científica, tenemos que mover el punto decimal de su punto inicial (inmediatamente a la derecha del dígito de las unidades) hasta la ubicación que le sigue inmediatamente al dígito inicial del número (en el primer 4). El exponente de 10 corresponde al número de lugares que el debe moverse el decimal (9) y, como el punto decimal se mueve hacia la *izquierda*, el exponente es *positivo* (+9). El resultado es la opción C. Las otras opciones provienen de un conteo incorrecto del número de lugares que debe moverse el punto decimal.

24. **C**; **Nivel de conocimiento:** 2; **Tema:** Q.1.c; **Prácticas:** MP.1.a, MP.1.b
Para mantener el valor de un número expresado de esta manera, por cada lugar que un punto decimal se mueve hacia la izquierda (derecha), el exponente debe aumentar en 1. En este caso, para moverlo un lugar hacia la izquierda, tenemos que aumentar el exponente en uno: 0.4404×10^{10}. Para moverlo un lugar hacia la derecha, tenemos que *disminuir* el exponente en 1: 44.04×10^8. Ambos números tienen el mismo valor que el original.

Clave de respuestas

UNIDAD 3 *(continuación)*

25. D; **Nivel de conocimiento:** 1; **Temas:** Q.2.a, Q.2.b; **Prácticas:** MP.1.a, MP.1.b, MP.4.a
La manera más fácil de hallar x es observar que $81 = 9 \times 9$ y que $9 = 3 \times 3$. Esto significa que $81 = (3 \times 3) \times (3 \times 3) = 3^4$. Por lo tanto, $x = 4$. También podemos hallar la respuesta mediante el examen, multiplicando 3 por 3, y ese resultado por 3, y así sucesivamente, hasta hallar el número de veces que tiene que aparecer 3 como factor en el producto (4 veces) para obtener el resultado de 81.

26. C; **Nivel de conocimiento:** 2; **Temas:** Q.2.a, Q.2.e; **Prácticas:** MP.1.a, MP.4.a
El número de estudiantes de Shadyside se escribe como 2^9. Ya sea usando una calculadora o hallando el producto de nueve factores de 2, $2^9 = 512$ estudiantes. Sunnyside tiene 3 veces ese número de estudiantes, es decir, $3 \times 512 = 1{,}536$ estudiantes (opción C).

27. B; **Nivel de conocimiento:** 3; **Tema:** Q.2.b; **Prácticas:** MP.1.a, MP.1.e, MP.3.a, MP.4.b, MP.5.a, MP.5.c
Multiplicar (-5) por un exponente par, como ^{2}, siempre dará como resultado un número positivo, lo que significa que la opción A es incorrecta y que la opción B es correcta. Mediante un argumento similar, podemos observar que si multiplicamos (-5) por una potencia impar, el resultado siempre será negativo, lo que permite descartar la opción C como posibilidad. La opción D es también incorrecta ya que cualquier número distinto de cero elevado a la potencia 0 es 1.

28. C; **Nivel de conocimiento:** 3; **Temas:** Q.2.a, Q.2.b; **Prácticas:** MP.1.a, MP.1.b, MP.1.e, MP.3.a, Mp.4.b, MP.5.a, MP.5.c
Como las bases son iguales, podemos combinar los factores conservando la misma base y sumando los exponentes: $(3^x)(3^x) = (3)^{2x}$. Como esa cantidad es igual a 3, y 3 es igual a 3^1, si igualamos los exponentes, $2x = 1$, ó $x = \dfrac{1}{2}$ (opción C). Las otras opciones se pueden descartar por sustitución directa. Para la opción A, $(3^{-1})(3^{-1}) = \left(\dfrac{1}{3}\right)\left(\dfrac{1}{3}\right) = \dfrac{1}{9}$. Para la opción B, $(3^0)(3^0) = (1)(1) = 1$. Para la opción D, $(3^1)(3^1) = (3)(3) = 9$.

29. D; **Nivel de conocimiento:** 3; **Temas:** Q.2.a, Q.2.d, A.1.d; **Prácticas:** MP.1.a, MP.1.b, MP.1.e, MP.2.c, MP.3.a, MP.4.b, MP.5.c
La expresión será indefinida para cualquier valor para el que uno de los términos represente un cero en el denominador. Para el primer término, $(x^3 + 27)$, el único valor donde es cero es $x = -3$. Para el segundo término, como x^4 es siempre positivo, el término *nunca* puede ser cero. Por último, para el tercer término, el único valor de x donde el término es cero es $x = -1$. Hay, por lo tanto, dos valores para los que la expresión es indefinida, -3 y -1, y su producto es $+3$ (opción D).

30. B; **Nivel de conocimiento:** 2; **Temas:** Q.1.c, Q.2.a, Q.2.e, Q.6.c; **Prácticas:** MP.1.a, MP.2.c, MP.4.a
Hay 60 segundos en 1 minuto y 60 minutos en 1 hora, por lo tanto, hay $60 \times 60 = 3{,}600$ segundos en 1 hora.
$3{,}600 \times 5 \times 10^{13} = 18{,}000 \times 10^{13} = 1.8 \times 10^{17}$ (opción B)

LECCIÓN 5, *págs. 74–77*

1. D; **Nivel de conocimiento:** 2; **Temas:** A.7.b, Q.2.a, Q.2.e, Q.6.c; **Prácticas:** MP.1.a, MP.1.b
El tren recorre 60 millas por cada hora que viaja. Como había recorrido 260 millas después de 4 horas, después de 5 horas habrá recorrido $(260 + 60)$ millas $= 320$ millas. Las opciones restantes son valores espaciados de manera uniforme entre las distancias a las 4 y a las 5 horas, respectivamente.

2. A; **Nivel de conocimiento:** 2; **Temas:** A.7.b, Q.2.a, Q.2.e, Q.6.c; **Práctica:** MP.1.a
Como el tren recorre 60 millas cada hora y está a 80 millas de la estación A después de una hora, debe haber estado a 20 millas (80 millas − 60 millas) de la estación cuando comenzó el viaje. Las opciones restantes son valores espaciados de manera uniforme entre la respuesta correcta y la distancia después de una hora.

3. A; **Nivel de conocimiento:** 2; **Temas:** A.7.b, Q.2.a, Q.6.c, A.1.b, A.2.c; **Práctica:** MP.1.a
Hay varias maneras de identificar la relación correcta. Una manera rápida es observar que en $x = 0$, solamente una ecuación, la opción A, da el resultado correcto para y (-2). Esto permite descartar las opciones B, C y D. La sustitución de otros valores en la tabla confirma que la opción A es la correcta.

4. C; **Nivel de conocimiento:** 1; **Temas:** A.7.b, Q.2.a, Q.6.c, A.1.b; **Práctica:** MP.1.a
Si reemplazamos x con 6 en la ecuación $y = 3x - 2$, obtenemos $y = (3)(6) - 2 = 18 - 2 = 16$ (opción C). Las opciones restantes son números distribuidos de manera uniforme alrededor de la respuesta correcta.

5. B; **Nivel de conocimiento:** 3; **Temas:** Q.2.a, Q.2.b; **Prácticas:** MP.1.a, MP.1.b, MP.1.e, MP.2.c, MP.3.a
Los últimos tres números del patrón son múltiplos de 3, lo que sugiere que la regla es multiplicar el número anterior por 3. Si multiplicamos el cuarto término (27) por dos factores más de 3 $(3 \times 3 = 9)$, obtenemos 243. Las opciones A y C son los términos que están justo después y justo antes del término correcto, respectivamente. La opción D es una repetición del tercer término.

6. D; **Nivel de conocimiento:** 2; **Temas:** Q.2.a, A.1.b; **Práctica:** MP.1.a
Si igualamos $f(x)$ a 1, obtenemos la ecuación $1 = \dfrac{1}{2}x$. Si multiplicamos ambos lados por 2, obtenemos el resultado $x = 2$. La opción C es el resultado al que se llega reemplazando x por 1. Las opciones A y B son lo mismo que la C y la D, salvo por un error en el signo.

7. B; **Nivel de conocimiento:** 2; **Temas:** Q.2.a, Q.2.b, Q.6.c, A.1.b, A.1.e, A.1.i, A.7.a, A.7.b; **Prácticas:** MP.1.a, MP.1.b, MP.4.a
El número de bloques por lado aumenta de 1 a 2, de 2 a 3 y de 3 a 4. Es evidente que la siguiente pila de la secuencia será una pila de 5×5, que tendrá 25 bloques (opción B). Las opciones restantes representan pilas con un número incorrecto de bloques por lado (3×6, 4×8, 6×7, respectivamente).

8. A; **Nivel de conocimiento:** 2; **Temas:** Q.2.a, Q.2.e, Q.6.c, A.7.a, A.7.b; **Prácticas:** MP.1.a, MP.1.b, MP.1.e, MP.2.a, MP.2.c, MP.3.a, MP.4.a, MP.5.c
El segundo término es cinco menos que el primer término y el doble del primer término. El tercer término <u>no</u> es cinco menos que el segundo término, pero <u>es</u> el doble del segundo término. Los números restantes confirman que la regla es multiplicar el término anterior por 2. Las opciones restantes representan números que son múltiplos de 20 que están entre −80 y la opción correcta.

9. **C**; **Nivel de conocimiento:** 2; **Temas:** Q.2.a, Q.2.b, Q.6.c, A.1.e, A.7.b, A.7.c; **Prácticas:** MP.1.a, MP.1.b, MP.2.c, MP.4.a
En $x = 0$, $f(x)$ será igual a 50. A medida que te alejes de 1 unidad de $x = 0$ en cualquier dirección, $f(x)$ disminuirá en 1, a $f(x)0 = 50 − 1 = 49$.

10. **C**; **Nivel de conocimiento:** 2; **Tema:** Q.2.a; **Prácticas:** MP.1.a, MP.1.b, MP.2.c
Multiplicar los términos por 2 da como resultado los totales correctos para los términos subsiguientes. Sumar 4 solo funciona cuando pasamos de 4 a 8 (del segundo número al tercer número en la secuencia), mientras que restar y dividir no funcionan para ninguno de los números de la secuencia.

11. **B**; **Nivel de conocimiento:** 3; **Tema:** Q.2.a; **Prácticas:** MP.1.a, MP.1.b, MP.1.e, MP.2.c, MP.3.a
Los números de círculos en los tres patrones que se muestran son 9, 7 y 5, respectivamente. El número disminuye en 2 por cada término. El cuarto término tendrá $5 − 2 = 3$ círculos y el quinto término (opción B) tendrá $3 − 2 = 1$ círculo. Las opciones restantes son números enteros correlativos mayores y menores que la respuesta correcta.

12. **B**; **Nivel de conocimiento:** 3; **Tema:** Q.2.a; **Prácticas:** MP.1.a, MP.1.b, MP.1.e, MP.2.c, MP.3.a
Cada término sucesivo es 3 menos que el anterior. El sexto término será, por lo tanto, −18, y el séptimo término será −21 (opción B). Las opciones restantes son términos correlativos del patrón que están antes y después del término correcto.

13. **D**; **Nivel de conocimiento:** 2; **Temas:** Q.2.a, A.7.c; **Práctica:** MP.1.a
Cualquier valor x menor que 8 o igual a 8 dará como resultado un valor para $f(x)$ que es mayor que 1 o igual a 1. Cualquier valor de x mayor que 8 dará como resultado un valor menor que 1. Entre los términos de la secuencia, solamente 9 $\left(\text{como la fracción } \frac{8}{9}\right)$ producirá valores de $f(x)$ menores que 1.

14. **C**; **Nivel de conocimiento:** 3; **Tema:** Q.2.a; **Prácticas:** MP.1.a, MP.1.b, MP.1.e, MP.2.c, MP.3.a
Los términos 1.°, 2.° y 3.° que se muestran tienen 1, 4 y 9 triángulos, respectivamente. A partir de ese patrón, puede establecerse la siguiente regla: el $n.^{mo}$ término tendrá n^2 triángulos. El término siguiente es el 4.°, por lo tanto, estará compuesto de 4^2 triángulos.

15. **A**; **Nivel de conocimiento:** 2; **Temas:** Q.2.a, Q.2.c; **Prácticas:** MP.1.a, MP.1.b
Si igualamos $y = x$, obtenemos la ecuación $x = x^3$, que se simplifica a $x^2 = 1$. Hay dos valores posibles para x: −1 y +1. De ellos, solamente +1 aparece como opción (opción A).

16. **A**; **Nivel de conocimiento:** 1; **Temas:** Q.2.a, Q.2.e, A.1.b; **Prácticas:** MP.1.a, MP.2.a, MP.4.a
El tiempo que se tarda en recorrer una distancia dada es la distancia dividida entre 55. Si dividimos 220 entre 55, obtenemos 4.0 (opción A). Las opciones restantes son valores que están a la misma distancia entre sí y sus magnitudes son menores que la respuesta correcta.

17. **D**; **Nivel de conocimiento:** 1; **Temas:** Q.2.a, Q.2.e, Q.3.d, A.1.b; **Prácticas:** MP.1.a, MP.2.a
Si reemplazamos N con 5,000, obtenemos un valor de $N = (0.01)(5,000) = 50$ (opción D).

18. **A**; **Nivel de conocimiento:** 2; **Temas:** Q.2.a, Q.2.e, A.1.b; **Prácticas:** MP.1.a, MP.2.a, MP.4.b
Si igualamos F = 80 °C en la ecuación, obtenemos $80 = \frac{9}{5} C + 32$; restamos 32 de cada lado y multiplicamos por $\frac{5}{9}$ y obtenemos C $\frac{5}{9}$ (48) = 26.7 (opción A).

19. **D**; **Nivel de conocimiento:** 2; **Temas:** Q.2.a, Q.2.e, Q.3.d, A.1.b; **Prácticas:** MP.1.a, MP.2.a, MP.4.a
La tasa requerida para obtener un interés de $250 puede hallarse reemplazando I con 250 en la ecuación y resolviendo para hallar r. El resultado es $r = \frac{250}{(1000)\,(5)} = 0.05$. Si convertimos esto en porcentaje, obtenemos una tasa del 5%. Las tasas de interés menores que el 5% darán un interés menor a $250 y las tasas mayores que el 5% darán un interés mayor.

20. **D**; **Nivel de conocimiento:** 2; **Temas:** Q.2.a, Q.2.b, A.1.e, A.7.c; **Prácticas:** MP.1.a, MP.1.b, MP.2.c, MP.4.b
Para que la función sea menor que $\frac{1}{2}$, $(x^2 + 1)$ debe ser mayor que 2, ó x^2 debe ser mayor que 1. Eso significa que x debe ser mayor que 1 o menor que −1. La opción D ofrece una fracción de $\frac{1}{2}$, que es menor que $\frac{1}{2}$. Las otras opciones de respuesta brindan fracciones equivalentes a $\frac{1}{2}$ o el valor de número entero de 1.

21. **C**; **Nivel de conocimiento:** 2; **Temas:** Q.2.a, Q.2.b, Q.2.e, Q.6.c, A.1.e, A.7.a, A.7.b; **Prácticas:** MP.1.a, MP.1.b, MP.2.a, MP.2.c, MP.4.a
Reemplazar d con 1 permite descartar la opción A como posibilidad; $1.2 \neq 0.8$. Reemplazar d con 2 permite descartar la opción B ($2 − 0.2 \neq 1.2$) y la opción D ($3.2 \neq 1.2$). La opción C, sin embargo, funciona para todos los valores que se muestran. Nota: Como la información es cuadrática, la respuesta no puede ser A ni B porque son ecuaciones lineales.

22. **A**; **Nivel de conocimiento:** 1; **Temas:** Q.2.a, Q.2.b, Q.2.e, Q.6.c, A.1.e, A.7.b; **Prácticas:** MP.1.a, MP.2.a
Si reemplazamos d con 5 en la ecuación, obtenemos $5 − (0.2)(5^2) = 5 − (0.2)(25) = 5 − 5 = 0$ (opción A). Las opciones restantes son números que están a la misma distancia entre sí entre la respuesta correcta y el número anterior en la secuencia.

23. **C**; **Nivel de conocimiento:** 2; **Temas:** Q.2.a, Q.2.b, A.1.e, A.7.c; **Prácticas:** MP.1.a, MP.2.c
Si reemplazamos x con 1 en la función, obtenemos un resultado de 4. Podríamos reemplazar las distintas opciones en la ecuación para hallar otra que arroje el mismo resultado y hallaríamos que la opción correcta es −1 (opción C). También se puede observar que $f(x) = 4 = 3x^2 + 1$ implica que $3x^2 = 3$, ó $x^2 = 1$, que tiene a +1 y −1 como soluciones. Podríamos también observar a primera vista que como x aparece solamente en la ecuación como x^2, cualquier número con que se reemplace x arrojará el mismo valor que el obtenido al reemplazar $−x$.

24. **A**; **Nivel de conocimiento:** 3; **Tema:** Q.2.a; **Prácticas:** MP.1.a, MP.1.b, MP.1.e, MP.2.c, MP.3.a
Hay que observar dos cosas: primero, que las magnitudes de los números se duplican para cada término, y segundo, que los signos se alternan. Esto es exactamente lo que sucede si cada término se multiplica por −2. Los tres términos siguientes serán, por consiguiente, −64, 128 y −256. El valor −256 representa el octavo término. La opción B es el séptimo término y las opciones C y D representan el séptimo y octavo término con errores en los signos.

25. **D**; **Nivel de conocimiento:** 2; **Temas:** Q.2.a, Q.2.b, Q.6.c, A.7.b; **Práctica:** MP.1.a
Como $y = x^2$, el valor de x que falta es la raíz cuadrada de 4. Eso significa que x podría tomar el valor −2 ó +2. Como +2 es el único valor representado en las opciones, la opción D es la correcta. (Además, los valores de x tal como aparecen figuran en orden creciente, lo que sugiere que la raíz positiva es la deseada).

Clave de respuestas

UNIDAD 3 *(continuación)*

26. B; Nivel de conocimiento: 2; **Temas:** Q.2.a, Q.2.e, Q.6.c, A.1.b, A.2.c, A.7.a, A.7.b; **Prácticas:** MP.1.a, MP.1.b, MP.2.a, MP.2.c, MP.4.a
Reemplazar *d* con 0 permite descartar la opción D como posibilidad. Reemplazar *d* con 10 permite descartar las opciones A y C como posibilidades (ni 15.7 ni 114.7 equivalen al valor en la tabla, 29.4). No obstante, la sustitución de todos los valores en la opción B arroja resultados que concuerdan con la tabla.

27. B; Nivel de conocimiento: 2; **Temas:** Q.2.a, Q.2.b, Q.2.e, Q.6.c, A.1.b, A.7.b; **Prácticas:** MP.1.a, MP.1.b, MP.1.e, MP.2.a, MP.2.c, MP.4.a, MP.4.b
Si despejamos la *a* de la ecuación, obtenemos $a = 2h \div t^2$. Si usamos los datos de la tabla, podemos calcular un valor de *a* para cada punto. Por ejemplo, el primer punto da
$a = 2(4) \div (0.5)^2 = 8 \div (0.25) = 32$. Si hacemos el mismo cálculo para los otros puntos, obtenemos un resultado idéntico, 32. Por lo tanto, *a* = 32. Otra alternativa es reemplazar cualquier par de valores de *t* y *h* en la fórmula y resolver para hallar *a*.

LECCIÓN 6, *págs. 78–81*

1. A; Nivel de conocimiento: 2; **Temas:** Q.2.a, A.2.a; **Prácticas:** MP.1.a, MP.1.b, MP.1.e, MP.4.b
Para hallar el valor de *x* que hace que la ecuación sea verdadera, despeja la *x* de la ecuación. Primero, desarrolla los paréntesis en el lado derecho de la ecuación aplicando la propiedad distributiva. Multiplica cada término que está dentro de los paréntesis por −2: $8x = -2(3) - 2(-2x)$. Simplifica: $8x = -6 + 4x$. Resta 4x de ambos lados de la ecuación: $8x - 4x = -6 + 4x - 4x$. Simplifica: $4x = -6$. Divide ambos lados entre 4: $8x - 4x = -6 + 4x - 4x$. Simplifica:
$4x = -6$. Divide ambos lados entre 4: $\frac{4x}{4} = \frac{-6}{4}$. Simplifica:
$x = -1.5$. Las otras respuestas provienen del uso de operaciones incompletas o incorrectas (por ejemplo, si no se multiplica −2x por −2).

2. B; Nivel de conocimiento: 2; **Temas:** Q.2.a, A.2.a; **Prácticas:** MP.1.a, MP.1.b, MP.1.e, MP.4.b
Para resolver la ecuación para hallar *m*, comienza por desarrollar los paréntesis en ambos lados de la ecuación:
$2(m) + 2(3) = 5(6) - 5(2m)$. Simplifica: $2m + 6 = 30 - 10m$.
Suma 10m a ambos lados de la ecuación:
$2m + 10m + 6 = 30 - 10m + 10m$. Simplifica: $12m + 6 = 30$.
Resta 6 de ambos lados de la ecuación: $12m + 6 - 6 = 30 - 6$.
Simplifica: $12m = 24$. Divide ambos lados entre 12: $\frac{12m}{12} = \frac{24}{12}$.
Por lo tanto, *m* = 2. Las otras respuestas provienen del uso de operaciones incompletas o incorrectas (por ejemplo, restar 10m de ambos lados de la ecuación en lugar de sumarlos).

3. C; Nivel de conocimiento: 2; **Temas:** Q.2.a, A.2.a; **Prácticas:** MP.1.a, MP.1.b, MP.1.e, MP.4.b, MP.5.c
Para hallar el valor de *x* que hace que la ecuación sea verdadera, despeja la *x* de la ecuación. Primero, desarrolla los paréntesis en el lado izquierdo de la ecuación aplicando la propiedad distributiva. Multiplica cada término que está dentro de los paréntesis por 0.5: $0.5(4x) - 0.5(8) = 6$. Simplifica: $2x - 4 = 6$. A continuación, suma 4 a cada lado de la ecuación $2x - 4 + 4 = 6 + 4$. Simplifica: $2x = 10$.
Por último, divide ambos lados de la ecuación entre 2: $\frac{2x}{2} = \frac{10}{2}$.
Por lo tanto, *x* = 5.

4. A; Nivel de conocimiento: 2; **Temas:** Q.2.a, A.2.a; **Prácticas:** MP.1.a, MP.1.b, MP.1.e, MP.4.b
Para resolver la ecuación para hallar *x*, comienza por multiplicar cada término que está dentro de los paréntesis por 3: $3\left(\frac{2}{3}x\right) + 3(4) = -5$. Simplifica: $2x + 12 = -5$. Resta 12 de ambos lados de la ecuación: $2x + 12 - 12 = -5 - 12$. Simplifica: $2x = -17$. Divide ambos lados entre 2: $\frac{2x}{2} = \frac{-17}{2}$. Por lo tanto, *x* = −8.5.

5. C; Nivel de conocimiento: 1; **Temas:** Q.2.a, Q.2.e, A.2.a, A.2.b; **Prácticas:** MP.1.a, MP.1.b, MP.1.e, MP.2.a, MP.4.a
Como Drew tiene 17 años, $17 = \frac{1}{2}t + 3$. Resta 3 de ambos lados de la ecuación: $17 - 3 = \frac{1}{2}t + 3 - 3$. Simplifica: $14 = \frac{1}{2}t$. Multiplica ambos lados de la ecuación por 2: $2(14) = (2)\frac{1}{2}t$. Simplifica: $28 = t$.

6. B; Nivel de conocimiento: 2; **Temas:** Q.2.a, Q.2.e, A.2.a, A.2.b, A.2.c; **Prácticas:** MP.1.a, MP.1.b, MP.1.e, MP.2.a, MP.5.c
Para resolver la ecuación para hallar *x*, comienza por desarrollar los paréntesis en ambos lados de la ecuación:
$0.25(3x) - 0.25(8) = 2(0.5x) + 2(4)$. Simplifica: $0.75x - 2 = x + 8$.
Resta x de ambos lados de la ecuación: $0.75x - x - 2 = x - x + 8$.
Simplifica: $-0.25x - 2 = 8$. Suma 2 a ambos lados de la ecuación: $-0.25x - 2 + 2 = 8 + 2$. Simplifica: $-0.25x = 10$. Divide ambos lados de la ecuación entre −0.25x: $\frac{-0.25x}{-0.25} = \frac{10}{-0.25}$. Por lo tanto, *x* = −40.

7. A; Nivel de conocimiento: 2; **Temas:** Q.2.a, A.2.a; **Práctica:** MP.3.a
Para hallar el valor de *w* que hace que la ecuación sea verdadera, despeja la *w* de la ecuación. Comienza por multiplicar cada cantidad que está dentro de los paréntesis por −2: $10w + 8 - 2(3w) - 2(-4) = -12$. Simplifica: $10w + 8 - 6w + 8 = -12$. Agrupa los términos semejantes: $4w + 16 = -12$. Resta 16 de cada lado de la ecuación: $4w + 16 - 16 = -12 - 16$. Simplifica: $4w = -28$. Divide ambos lados de la ecuación entre 4: $\frac{4w}{4} = \frac{-28}{4}$. Por lo tanto, *w* = −7.

8. A; Nivel de conocimiento: 2; **Temas:** Q.2.a, A.2.a; **Prácticas:** MP.5.a, MP.5.c
Para resolver la ecuación para hallar *b*, comienza por desarrollar los paréntesis: $12b - 2(b) - 2(-1) = 6 - 4b$. Simplifica:
$12b - 2b + 2 = 6 - 4b$. A continuación, agrupa los términos semejantes: $10b + 2 = 6 - 4b$. Suma 4b a ambos lados de la ecuación: $10b + 4b + 2 = 6 - 4b + 4b$. Simplifica: $14b + 2 = 6$. Resta 2 de ambos lados de la ecuación: $14b + 2 - 2 = 6 - 2$. Simplifica:
$14b = 4$. Divide ambos lados entre 14 y simplifica: $\frac{14b}{14} = \frac{4}{14} = \frac{2}{7}$.

9. B; Nivel de conocimiento: 2; **Temas:** Q.2.a, A.2.a; **Prácticas:** MP.1.a, MP.1.b, MP.1.e, MP.4.b
Si $(x - 4)$ es 5 más que $3(2x + 1)$, entonces $(x - 4) = 3(2x + 1) + 5$. Para hallar *x*, comienza por desarrollar los paréntesis: $x - 4 = 3(2x) + 3(1) + 5$. Simplifica: $x - 4 = 6x + 3 + 5$. Agrupa los términos semejantes: $x - 4 = 6x + 8$. Resta 6x de ambos lados de la ecuación: $x - 6x - 4 = 6x - 6x + 8$. Simplifica: $-5x - 4 = 8$. Suma 4 a ambos lados de la ecuación: $-5x - 4 + 4 = 8 + 4$.
Simplifica $-5x = 12$. Divide ambos lados de la ecuación entre −5: $\frac{-5x}{-5} = \frac{12}{-5}$. Por lo tanto, *x* = −2.4.

10. **A**; **Nivel de conocimiento:** 3; **Temas:** Q.2.a, A.2.a; **Prácticas:** MP.1.a, MP.1.b, MP.1.e, MP.4.b

Para determinar cuál de las respuestas es correcta, debes resolver la ecuación. Comienza por multiplicar cada término que está dentro de los paréntesis por la cantidad que está fuera de los paréntesis: $-2(4x) - 2(-5) = 3x - 6 + x$. Simplifica: $-8x + 10 = 4x - 6$. Resta $4x$ de ambos lados de la ecuación: $-8x - 4x + 10 = 4x - 4x - 6$. Simplifica: $-12x + 10 = -6$. Resta 10 de ambos lados de la ecuación: $-12x + 10 - 10 = -6 - 10$. Simplifica: $-12x = -16$.

Divide ambos lados de la ecuación entre -12: $\frac{-12x}{-12} = \frac{-16}{-12} = \frac{4}{3}$.

Por lo tanto, Amelia tiene razón. Si Brandon hubiese cometido un error al agrupar los términos constantes en un lado de la ecuación, el coeficiente de x habría sido -4, porque $-8x + 4x = -4x$. No pudo haber llegado a un resultado de $\frac{8}{5}$ a partir de este error. Por lo tanto, Brandon cometió un error al desarrollar los paréntesis.

11. **D**; **Nivel de conocimiento:** 2; **Temas:** Q.2.a, A.2.a; **Prácticas:** MP.1.a, MP.1.b, MP.1.e, MP.4.b

Para hallar q, comienza por multiplicar cada término que está dentro de los paréntesis por la cantidad que está fuera de los paréntesis: $0.1q - 0.2(3q) - 0.2(4) = -0.3(5q) - 0.3(3)$. Simplifica: $0.1q - 0.6q - 0.8 = -1.5q - 0.9$. Agrupa los términos semejantes: $-0.5q - 0.8 = -1.5q - 0.9$. Suma $1.5q$ a ambos lados de la ecuación: $-0.5q + 1.5q - 0.8 = -1.5q + 1.5q - 0.9$. Simplifica: $q - 0.8 = -0.9$. Suma 0.8 a ambos lados de la ecuación: $q - 0.8 + 0.8 = -0.9 + 0.1$. Simplifica: $q = -0.1$.

12. **1**; **Nivel de conocimiento:** 2; **Temas:** Q.2.a, A.2.a; **Prácticas:** MP.1.a, MP.1.b, MP.1.e, MP.4.a

Para comenzar, multiplica cada término que está dentro de los paréntesis por la cantidad que está fuera de los paréntesis: $\frac{1}{2}(7y) - \frac{1}{2}(4) + y = 3y - \frac{1}{2}(6) - \frac{1}{2}(-5y)$. Simplifica: $\frac{7}{2}y - 2 + y = 3y - 3 + \frac{5}{2}y$. Escribe $3y$ y y como fracciones con denominadores de 2: $\frac{7}{2}y - 2 + \frac{2}{2}y = \frac{6}{2}y - 3 + \frac{5}{2}y$. Combina los términos semejantes: $\frac{9}{2}y - 2 = \frac{11}{2}y - 3$. Resta $\frac{11}{2}y$ de ambos lados de la ecuación: $\frac{9}{2}y - \frac{11}{2}y - 2 = \frac{11}{2}y - \frac{11}{2}y - 3$. Simplifica: $-\frac{2}{2}y - 2 = -3$. Escribe la fracción en su mínima expresión y suma 2 a cada lado de la ecuación: $-y - 2 + 2 = -3 + 2$. Simplifica: $-y = -1$. Multiplica ambos lados de la ecuación por -1: $y = 1$.

13. **−24**; **Nivel de conocimiento:** 2; **Temas:** Q.2.a, A.2.a; **Prácticas:** MP.1.a, MP.1.b, MP.1.e, MP.4.a

Para comenzar, multiplica cada término que está dentro de los paréntesis por la cantidad que está fuera de los paréntesis: $8k(4) - 8k(6) - 2k = 16(3) - 16(k)$. Simplifica: $32k - 48k - 2k = 48 - 16k$. Agrupa los términos semejantes: $-18k = 48 - 16k$. Suma $16k$ a cada lado de la ecuación: $-18k + 16k = 48 - 16k + 16k$. Simplifica: $-2k = 48$. Divide ambos lados de la ecuación entre -2: $\frac{-2k}{-2} = \frac{48}{-2}$. Por lo tanto, $k = -24$.

14. **2.5**; **Nivel de conocimiento:** 2; **Temas:** Q.2.a, Q.2.e, Q.4.a, A.2.a, A.2.b; **Prácticas:** MP.1.a, MP.1.b, MP.1.e, MP.2.a, MP.4.a

Como el perímetro del triángulo es 9.5 pies, $9.5 = x + 2(3x - 4)$. Para hallar x, comienza por multiplicar los términos que están dentro de los paréntesis por 2: $9.5 = x + 2(3x) - 2(4)$. Multiplica: $9.5 = x + 6x - 8$. Combina los términos semejantes: $9.5 = 7x - 8$. Suma 8 a ambos lados de la ecuación: $9.5 + 8 = 7x - 8 + 8$. Simplifica: $17.5 = 7x$. Divide ambos lados de la ecuación entre 7: $\frac{17.5}{7} = \frac{7x}{7}$. Por lo tanto, $x = 2.5$.

15. **−2.2**; **Nivel de conocimiento:** 2; **Temas:** Q.2.a, A.2.a; **Prácticas:** MP.1.a, MP.1.b, MP.1.e, MP.4.a

Para comenzar, multiplica cada término que está dentro de los paréntesis por la cantidad que está fuera de los paréntesis: $4(2.25a) + 4(0.75) = 12(2a) + 12(3)$. Multiplica: $9a + 3 = 24a + 36$. Resta $24a$ de ambos lados de la ecuación: $9a - 24a + 3 = 24a - 24a + 36$. Simplifica: $-15a + 3 = 36$. Resta 3 de cada lado de la ecuación: $-15a + 3 - 3 = 36 - 3$. Simplifica: $-15a = 33$. Divide ambos lados de la ecuación entre -15: $\frac{15a}{-15} = \frac{33}{-15}$. Por lo tanto, $a = -2.2$.

16. **6**; **Nivel de conocimiento:** 2; **Temas:** Q.2.a, A.2.a; **Prácticas:** MP.1.a, MP.1.b, MP.1.e, MP.4.a

Para comenzar, multiplica cada término que está dentro de los paréntesis por la cantidad que está fuera de los paréntesis: $-\frac{1}{5}z - \frac{1}{5}(12) = \frac{2}{5}(9) - \frac{2}{5}(3z)$. Multiplica: $-\frac{1}{5}z - \frac{12}{5} = \frac{18}{5} - \frac{6}{5}z$. Suma $\frac{6}{5}z$ a cada lado de la ecuación: $-\frac{1}{5}z + \frac{6}{5}z - \frac{12}{5} = \frac{18}{5} - \frac{6}{5}z + \frac{6}{5}z$. Simplifica: $\frac{5}{5}z - \frac{12}{5} = \frac{18}{5}$. Escribe la fracción en su mínima expresión y suma $\frac{12}{5}$ a cada lado de la ecuación: $z - \frac{12}{5} + \frac{12}{5} = \frac{18}{5} + \frac{12}{5}$. Simplifica: $z = \frac{30}{5} = 6$.

17. **1.25**; **Nivel de conocimiento:** 2; **Temas:** Q.2.a, Q.2.e, A.2.a, Q.3.a, A.2.b; **Prácticas:** MP.1.a, MP.1.b, MP.1.e, MP.2.a, MP.4.a

Como quedan 5,500 galones de agua en la piscina, $5,500 = 9,250 - 60(50t)$. Para hallar t, comienza por multiplicar para eliminar los paréntesis: $5,500 = 9,250 - 3,000t$. Resta 9,250 de ambos lados de la ecuación: $5,500 - 9,250 = 9,250 - 9,250 - 3,000t$. Simplifica: $-3,750 = -3,000t$. Divide ambos lados de la ecuación entre -3000: $\frac{-3750}{-3000} = \frac{-3000t}{-3000}$, Por lo tanto $t = 1.25$. La piscina se estuvo vaciando durante 1.25 horas.

18. **D**; **Nivel de conocimiento:** 1; **Temas:** Q.2.a, Q.4.a, A.2.a; **Prácticas:** MP.1.a, MP.1.b, MP.1.e, MP.2.a, MP.4.a

Como el perímetro del rectángulo es 35 pulgadas, $2x + 2(4x - 2) = 35$. Para hallar x, comienza por multiplicar cada término que está dentro de los paréntesis por 2: $2x + 2(4x) - 2(2) = 35$. Simplifica: $2x + 8x - 4 = 35$. Agrupa los términos semejantes: $10x - 4 = 35$. Suma 4 a ambos lados de la ecuación: $10x - 4 + 4 = 35 + 4$. Simplifica: $10x = 39$. Divide ambos lados de la ecuación entre 10: $x = 3.9$.

19. **B**; **Nivel de conocimiento:** 3; **Temas:** Q.2.a, A.2.a; **Prácticas:** MP.4.a, MP.3.a

Resuelve la ecuación para hallar y y luego determina qué operaciones se usaron y cuáles no. Comienza por **multiplicar** cada término que está dentro de los paréntesis por 5: $10y - 12 = 5(2y) + 5(3) - y$. Simplifica: $10y - 12 = 10y + 15 - y$. Agrupa los términos semejantes: $10y - 12 = 9y + 15$. **Suma** 12 a cada lado de la ecuación: $10y - 12 + 12 = 9y + 15 + 12$. Simplifica: $10y = 9y + 27$. **Resta** $9y$ de cada lado de la ecuación: $10y - 9y = 9y - 9y + 27$. Simplifica: $y = 27$. Se usan las funciones de multiplicación, suma y resta. La división no es necesaria.

Clave de respuestas

UNIDAD 3 *(continuación)*

20. D; Nivel de conocimiento: 2; **Temas:** Q.2.a, A.2.a; **Prácticas:** MP.1.a, MP.1.b, MP.1.e, MP.2.a, MP.4.a
Para resolver la ecuación, comienza por desarrollar los paréntesis: $4\left(\frac{1}{8}t\right) + 4(2) = 2(t) - 2(8) - \frac{1}{2}t$. Simplifica: $\frac{4}{8}t + 8 =$ $2t - 16 - \frac{1}{2}t$. Para escribir las fracciones con denominadores semejantes, escribe la fracción $\frac{4}{8}$ en su mínima expresión y escribe $2t$ como fracción con un denominador de 2: $\frac{1}{2}t + 8 = \frac{4}{2}t - 16 - \frac{1}{2}$. Agrupa los términos semejantes: $\frac{1}{2}t + 8 = \frac{3}{2}t - 16$. Resta $\frac{3}{2}t$ de ambos lados de la ecuación: $\frac{1}{2}t - \frac{3}{2}t + 8 = \frac{3}{2}t - \frac{3}{2}t - 16$. Simplifica: $-\frac{2}{2}t + 8 = -16$. Simplifica la fracción y resta 8 de ambos lados de la ecuación: $-t + 8 - 8 = -16 - 8$. Simplifica: $-t = -24$. Multiplica ambos lados de la ecuación por -1: $t = 24$.

21. A; Nivel de conocimiento: 1; **Temas:** Q.2.a, Q.2.e, Q.4.a, A.2.b; **Prácticas:** MP.1.a, MP.1.b, MP.1.e, MP.2.a, MP.4.a
Como la longitud del material para cercos es 65 pies, $2x + 2(x + 7.5) = 65$. Multiplica los términos que están dentro de los paréntesis por 2: $2x + 2x + 2(7.5) = 65$. Simplifica: $4x + 15 = 65$. Resta 15 de ambos lados de la ecuación: $4x + 15 - 15 = 65 - 15$. Simplifica: $4x = 50$. Divide ambos lados de la ecuación entre 4: $\frac{4x}{4} = \frac{50}{4}$, por lo tanto $x = 12.5$.

22. C; Nivel de conocimiento: 2; **Temas:** Q.2.a, A.2.a; **Prácticas:** MP.1.a, MP.1.b, MP.1.e, MP.3.a, MP.3.b, MP.4.a
Para hallar el valor de a, completa el siguiente paso de Keira en la solución. Keira halló que $12x - 20 = -2x - 14$. Para agrupar los términos de las variables, tiene que haber sumado $2x$ a ambos lados de la ecuación: $12x + 2x - 20 = -2x + 2x - 14$. Simplifica: $14x - 20 = -14$. Como a representa el coeficiente de x, a es igual a 14.

23. C; Nivel de conocimiento: 2; **Temas:** Q.2.a, A.2.a; **Prácticas:** MP.1.a, MP.1.b, MP.1.e, MP.4.a, MP.5.a
Para hallar el error en la solución de Quentin, despeja la y de la ecuación y compara cada paso con la solución de Quentin. Comienza por desarrollar los paréntesis: $0.5(7y) - 0.5(6) = 2(2y) + 2(1)$. Simplifica: $3.5y - 3 = 4y + 2$. Este es el primer paso de Quentin, por lo tanto, el error no está en el Paso 1. A continuación, resta $4y$ de ambos lados de la ecuación: $3.5y - 4y - 3 = 4y - 4y + 2$. Simplifica: $-0.5y - 3 = 2$. Éste es el segundo paso de Quentin, por lo tanto, el error no está en el Paso 2. Suma 3 a ambos lados de la ecuación: $-0.5y - 3 + 3 = 2 + 3$. Simplifica: $-0.5y = 5$. Quentin restó 3 del lado derecho de la ecuación en el Paso 3. Por lo tanto, el error está en el Paso 3. Puedes comprobar tu respuesta resolviendo para hallar el Paso 4: Divide ambos lados de $-0.5y = 5$ entre $-0.5y$, de modo que $y = -10$.

24. C; Nivel de conocimiento: 2; **Temas:** Q.2.a, A.2.a; **Prácticas:** MP.1.a, MP.1.b, MP.1.e, MP.4.a
Para resolver la ecuación para hallar b, comienza por desarrollar los paréntesis: $10 - 3(2b) - 3(4) = -4b - 2(5) - 2(-b)$. Simplifica: $10 - 6b - 12 = -4b - 10 + 2b$. Agrupa los términos semejantes: $-2 - 6b = -2b - 10$. Suma $2b$ a ambos lados de la ecuación: $-6b + 2b - 2 = -2b + 2b - 10$. Simplifica: $-4b - 2 = -10$. Suma 2 a ambos lados de la ecuación: $-4b - 2 + 2 = -10 + 2$. Simplifica: $-4b = -8$. Divide ambos lados de la ecuación entre -4: $\frac{-4b}{-4} = \frac{-8}{-4}$. Por lo tanto, $b = 2$.

25. A; Nivel de conocimiento: 2; **Temas:** Q.2.a, A.2.a; **Prácticas:** MP.1.a, MP.1.b, MP.1.e, MP.4.a, MP.5.a
Para hallar el error en la solución de Lisa, despeja la x de la ecuación y compara cada paso con la solución de Lisa. Comienza por desarrollar los paréntesis: $\frac{1}{4}(2x) + \frac{1}{4}(12) = 3\left(\frac{1}{4}x\right) - 3(2)$. Simplifica: $\frac{2}{4} + 3 = \frac{3}{4}x - 6$. Lisa no multiplicó -2 por 3, por lo tanto, el error está en el Paso 1. Todos los otros pasos (del 2 al 4), si bien son correctos, arrojan un resultado incorrecto debido al error en el Paso 1.

26. A; Nivel de conocimiento: 2; **Temas:** Q.2.a, A.2.a; **Prácticas:** MP.1.a, MP.1.b, MP.1.e, MP.4.a
Para hallar el valor de n que hace que la ecuación sea verdadera, despeja la n de la ecuación. Primero, multiplica cada término que está dentro de los paréntesis por las cantidades que están fuera de los paréntesis: $0.2(6n) + 0.2(5) = 0.5(2n) - 0.5(8) + 3$. Simplifica: $1.2n + 1 = n - 4 + 3$. Agrupa los términos semejantes: $1.2n + 1 = n - 1$. Resta n de ambos lados de la ecuación: $1.2n - n + 1 = n - n - 1$. Simplifica: $0.2n + 1 = -1$. Resta 1 de ambos lados de la ecuación: $0.2n + 1 - 1 = -1 - 1$. Simplifica: $0.2n = -2$. Divide ambos lados de la ecuación entre 0.2: $\frac{0.2n}{0.2} = \frac{-2}{0.2}$. Por lo tanto, $n = -10$.

27. C; Nivel de conocimiento: 2; **Temas:** Q.2.a, A.2.a; **Prácticas:** MP.1.a, MP.1.b, MP.1.e, MP.4.a
Para hallar el valor de w que hace que la ecuación sea verdadera, despeja la w de la ecuación. Primero, multiplica cada término que está dentro de los paréntesis por las cantidades que están fuera de los paréntesis: $3w - 2(.05w) - 2(1) = -4(2) - 4(w)$. Simplifica: $3w - w - 2 = -8 - 4w$. Agrupa los términos semejantes: $2w - 2 = -8 - 4w$. Suma $4w$ a ambos lados, de modo que $2w - 2 + 4w = -8 - 4w + 4w$. Simplifica: $6w - 2 = -8$. Suma 2 a ambos lados, de modo que $6w = -6$. Divide $6w$ entre -6 para hallar que $w = -1$.

28. B; Nivel de conocimiento: 2; **Temas:** Q.2.a, A.2.a; **Prácticas:** MP.1.a, MP.1.b, MP.1.e, MP.4.a
Comienza por desarrollar los paréntesis: $2x + 3(5) - 3(x) - 12 = 4x + 4(2)$. Simplifica: $2x + 15 - 3x - 12 = 4x + 8$. Agrupa los términos semejantes: $-x + 3 = 4x + 8$. Resta $4x$ de ambos lados de la ecuación: $-x - 4x + 3 = 4x - 4x + 8$. Simplifica: $-5x + 3 = 8$. Resta 3 de ambos lados de la ecuación: $-5x + 3 - 3 = 8 - 3$. Simplifica: $-5x = 5$. Divide ambos lados de la ecuación entre -5. $x = -1$.

LECCIÓN 7, *págs. 82–85*

1. A; Nivel de conocimiento: 2; **Temas:** Q.2.a, A.2.a, A.2.d; **Prácticas:** MP.1.a, MP.1.b, MP.1.e, MP.2.c, MP.4.a
En este sistema de ecuaciones, ninguna ecuación se resuelve fácilmente para hallar una variable y ninguna variable tiene coeficientes que son múltiplos entre sí. Para resolver este sistema, halla el mínimo común múltiplo de los coeficientes de una de las variables. El mínimo común múltiplo de 2 y 3 (variable y) es 6. Para eliminar los términos y, multiplica la primera ecuación por 3 y multiplica la segunda ecuación por 2. Luego suma estas dos nuevas ecuaciones:

$3(3x + 2y = -5) \longrightarrow \quad 9x + 6y = -15$
$2(4x - 3y = -18) \longrightarrow \quad \underline{8x - 6y = -36}$
$\qquad\qquad\qquad\qquad\qquad\qquad 17x = -51$
$\qquad\qquad\qquad\qquad\qquad\qquad\ \ x = -3$

Reemplaza x con -3 en cualquiera de las ecuaciones originales: $3(-3) + 2y = -5$. Multiplica: $-9 + 2y = -5$. Suma 9 a ambos lados de la ecuación: $2y = 4$. Divide ambos lados de la ecuación entre 2: $y = 2$. También puedes multiplicar la primera ecuación por 4 y la segunda ecuación por -3 y luego sumar las nuevas ecuaciones para eliminar los términos x. Luego resuelve para hallar y y reemplaza este valor en una de las ecuaciones originales para hallar x.

2. C; Nivel de conocimiento: 2; **Temas:** Q.2.a, A.2.a, A.2.d; **Prácticas:** MP.1.a, MP.1.b, MP.1.e, MP.2.c, MP.4.a
Comienza por escribir la segunda ecuación como $Ax + By + C$: $7x + 3y = 1$. Los coeficientes de y tienen signos opuestos, por lo que debes hallar el mínimo común múltiplo de los coeficientes de y. El m.c.m. de 2 y 3 es 6. Multiplica la primera ecuación por 3 y multiplica la segunda ecuación por 2. Luego suma las ecuaciones resultantes entre sí:

$3(3x - 2y = 7) \longrightarrow$ $\quad 9x - 6y = 21$
$2(7x + 3y = 1) \longrightarrow$ $\quad \underline{14x + 6y = 2}$
$\qquad\qquad\qquad\qquad\qquad 23x = 23$
$\qquad\qquad\qquad\qquad\qquad\quad x = 1$

Reemplaza x con 1 en cualquiera de las ecuaciones originales: $3(1) - 2y = 7$. Multiplica: $3 - 2y = 7$. Resta 3 de ambos lados de la ecuación: $-2y = 4$. Divide ambos lados de la ecuación entre -2: $y = -2$. También puedes multiplicar la primera ecuación por 7 y la segunda ecuación por -3 y luego sumar las nuevas ecuaciones para eliminar los términos x. Luego resuelve para hallar y y reemplaza este valor en una de las ecuaciones originales para hallar x.

3. D; Nivel de conocimiento: 2; **Temas:** Q.2.a, A.2.a, A.2.d; **Prácticas:** MP.1.a, MP.1.b, MP.1.e, MP.2.c, MP.4.a
Para resolver este sistema por combinación lineal, suma las dos ecuaciones: $6x + 0y = 30$. Divide ambos lados de la ecuación entre 6: $x = 5$. Reemplaza x con 5 en cualquiera de las ecuaciones originales: $2(5) + y = 13$. Multiplica: $10 + y = 13$. Resta 10 de ambos lados de la ecuación: $y = 3$. Para resolver este sistema por sustitución, despeja la y de la primera ecuación: $y = 13 - 2x$. Reemplaza y con $13 - 2x$ en la segunda ecuación: $4x - (13 - 2x) = 17$. Simplifica: $6x - 13 = 17$. Suma 13 a ambos lados de la ecuación: $6x = 30$. Divide ambos lados de la ecuación entre 6: $x = 5$. Reemplaza x con 5 en cualquiera de las ecuaciones originales para hallar y.

4. C; Nivel de conocimiento: 2; **Temas:** Q.2.a, A.2.a, A.2.d; **Prácticas:** MP.1.a, MP.1.b, MP.1.e, MP.2.c, MP.4.a
Para resolver este sistema por combinación lineal, multiplica la primera ecuación por 2: $6x - 4y = 28$. Suma la nueva ecuación a la segunda ecuación: $7x + 0y = 14$. Divide ambos lados de la ecuación entre 7: $x = 2$. Reemplaza x con 2 en cualquiera de las ecuaciones originales: $2 + 4y = -14$. Resta 2 de ambos lados de la ecuación: $4y = -16$. Divide ambos lados de la ecuación entre 4: $y = -4$. Para resolver este sistema por sustitución, despeja la x de la segunda ecuación: $x = -4y - 14$. Reemplaza x con $-4y - 14$ en la primera ecuación: $3(-4y - 14) - 2y = 14$. Simplifica: $-12y - 42 - 2y = 14$. Agrupa los términos semejantes: $-14y - 42 = 14$. Suma 42 a ambos lados de la ecuación: $-14y = 56$. Divide ambos lados de la ecuación entre -14: $y = -4$. Reemplaza y con -4 en cualquiera de las ecuaciones originales para hallar que $x = 2$.

5. A; Nivel de conocimiento: 2; **Temas:** Q.2.a, Q.2.e, A.2.a, A.2.b, A.2.d; **Prácticas:** MP.1.a, MP.1.b, MP.1.e, MP.2.a, MP.2.c, MP.4.a
Para resolver esta sistema por combinación lineal, comienza por escribir la segunda ecuación en la forma $Ax + By = C$: $4x + y = -2$. Multiplica la segunda ecuación por 2: $8x + 2y = -4$. Suma la nueva ecuación a la primera ecuación: $14x + 0y = -14$. Divide ambos lados de la ecuación entre 14: $x = -1$. Reemplaza x con -1 en cualquiera de las ecuaciones originales: $4(-1) + y = -2$. Resuelve: $y = 2$. Para resolver este sistema por sustitución, despeja la y de la segunda ecuación: $y = -4x - 2$. Reemplaza y con $-4x - 2$ en la primera ecuación: $6x - 2(-4x - 2) = -10$. Multiplica: $6x + 8x + 4 = -10$, de modo que $14x + 4 = -10$. Resta 4 de ambos lados de la ecuación: $14x = -14$. Divide ambos lados de la ecuación entre 14: $x = -1$. Reemplaza x con -1 en cualquiera de las ecuaciones originales para hallar que $y = 2$.

6. D; Nivel de conocimiento: 1; **Temas:** Q.2.a, A.2.a, A.2.d; **Prácticas:** MP.1.b, MP.1.e, MP.2.c, MP.4.a
Para resolver un sistema por combinación lineal, los coeficientes de una variable deben ser opuestos. Para este sistema, el mínimo común múltiplo de los coeficientes de x es 10 y el mínimo común múltiplo de los coeficientes de y es 12. Para eliminar los términos x, la primera ecuación podría multiplicarse por 5 ó -5 y la segunda ecuación podría multiplicarse por -2 ó 2. Ninguno de ellos corresponde a opciones de respuesta disponibles. Para eliminar los términos y, la primera ecuación podría multiplicarse por 4 y la segunda ecuación podría multiplicarse por 3. Por lo tanto, la opción de respuesta D es la correcta.

7. B; Nivel de conocimiento: 2; **Temas:** Q.2.a, A.2.a, A.2.d; **Prácticas:** MP.1.a, MP.1.b, MP.1.e, MP.2.c, MP.4.a
Para resolver este sistema por combinación lineal, multiplica la primera ecuación por 4 y la segunda ecuación por 3. Luego suma estas dos ecuaciones nuevas:

$4(2x - 3y = 8) \longrightarrow$ $\quad 8x - 12y = 32$
$3(5x + 4y = -3) \longrightarrow$ $\quad \underline{15x + 12y = -9}$
$\qquad\qquad\qquad\qquad\qquad 23x = 23$
$\qquad\qquad\qquad\qquad\qquad\quad x = 1$

Reemplaza la x con 1 en cualquiera de las ecuaciones originales: $2(1) - 3y = 8$. Multiplica: $2 - 3y = 8$. Resta 2 de ambos lados de la ecuación: $-3y = 6$. Divide ambos lados de la ecuación entre -3: $y = -2$. Este sistema también podría resolverse multiplicando la primera ecuación por 5 y la segunda ecuación por -2 y luego sumando las nuevas ecuaciones para eliminar los términos x. Luego resuelve para hallar y y reemplaza este valor en una de las ecuaciones originales para hallar x.

8. A; Nivel de conocimiento: 2; **Temas:** Q.2.a, A.2.a, A.2.d; **Prácticas:** MP.1.a, MP.1.b, MP.1.e, MP.2.c, MP.3.a, MP.4.a
Como la suma de las nuevas ecuaciones de Darnell no tiene un término y, Darnell multiplicó las ecuaciones originales por factores que eliminarían los términos y. El mínimo común múltiplo de los términos y es 15, por lo que Darnell multiplicó la primera ecuación por 3 ó -3 y la segunda ecuación por 5 ó -5. Los términos y en las ecuaciones originales tienen los mismos signos, por lo que los factores por los que se multiplican las ecuaciones deben tener signos opuestos. Por lo tanto, Darnell multiplicó la primera ecuación por 3 y la segunda ecuación por -5. Comprueba: $3\,(4x - 5y = -7)$ $\longrightarrow 12x - 15y = -21$. $-5(7x - 3y = 5) \longrightarrow -35x + 15y = -25$. La suma de estas nuevas ecuaciones es $-23x + 0y = -46$.

Clave de respuestas

UNIDAD 3 *(continuación)*

9. C; **Nivel de conocimiento:** 2; **Temas:** Q.2.a, A.2.a, A.2.d; **Prácticas:** MP.1.a, MP.1.b, MP.1.e, MP.2.c, MP.4.a
En este sistema de ecuaciones, ninguna ecuación se resuelve fácilmente para hallar una variable y ninguna variable tiene coeficientes que sean múltiplos entre sí. Para resolver este sistema, halla el mínimo común múltiplo de los coeficientes de una de las variables. El mínimo común múltiplo de 5 y 2 es 10. Para eliminar los términos y, multiplica la primera ecuación por 2 y multiplica la segunda ecuación por 5. Luego suma estas dos nuevas ecuaciones:

$$2(4x - 5y = -6) \longrightarrow 8x - 10y = -12$$
$$5(3x + 2y = -16) \longrightarrow \underline{15x + 10y = -80}$$
$$23x = -92$$
$$x = -4$$

Reemplaza x con -4 en cualquiera de las ecuaciones originales: $4(-4) - 5y = -6$. Multiplica: $-16 - 5y = -6$. Suma 16 a ambos lados de la ecuación: $-5y = 10$. Divide ambos lados de la ecuación entre -5: $y = -2$. También puedes multiplicar la primera ecuación por 3 y la segunda ecuación por -4 y luego sumar las nuevas ecuaciones para eliminar los términos x. Luego resuelve para hallar y y reemplaza este valor en una de las ecuaciones originales para hallar x.

10. A; **Nivel de conocimiento:** 2; **Temas:** Q.2.a, Q.2.e, Q.6.c, A.2.a, A.2.b, A.2.d; **Prácticas:** MP.1.a, MP.1.b, MP.1.e, MP.2.a, MP.2.c, MP.4.a
Este sistema se resuelve mejor por combinación lineal. Multiplica la primera ecuación por -2 de modo que los coeficientes de y sean opuestos: $-30a - 16n = -616$. Suma esta nueva ecuación a la segunda ecuación: $-8a + 0n = -96$. Divide ambos lados de la ecuación entre -8: $a = 12$. Como la pregunta te pide el número de adultos, no es necesario hallar n.

11. D; **Nivel de conocimiento:** 2; **Temas:** Q.2.a, A.2.a, A.2.d; **Prácticas:** MP.1.a, MP.1.b, MP.1.e, MP.2.c, MP.4.a
Este sistema se puede resolver por sustitución o por combinación lineal. Para resolver por sustitución, despeja la y de la primera ecuación restando $2x$ de cada lado: $-y = 3 - 2x$. Multiplica ambos lados por -1: $y = 2x - 3$. Reemplaza y con $2x - 3$ en la segunda ecuación: $3x - 2(2x - 3) = 2$. Multiplica: $3x - 4x + 6 = 2$. Agrupa los términos semejantes y resta 6 de ambos lados de la ecuación: $-x = -4$. Por lo tanto, $x = 4$. Reemplaza x con 4 en cualquiera de las ecuaciones originales y resuelve para hallar y: $2(4) - y = 3$. Multiplica: $8 - y = 3$. Resta 8 de ambos lados de la ecuación: $-y = -5$. Por lo tanto, $y = 5$. Para resolver este sistema por combinación lineal, multiplica la primera ecuación por -2: $-4x + 2y = -6$. Suma esta nueva ecuación a la segunda ecuación para eliminar los términos y: $-x + 0y = -4$, por lo que $x = 4$. Reemplaza x con 4 en cualquiera de las ecuaciones originales para hallar y.

12. C; **Nivel de conocimiento:** 2; **Temas:** Q.2.a, A.2.a, A.2.d; **Prácticas:** MP.1.a, MP.1.b, MP.1.e, MP.2.c, MP.4.a
Este sistema se puede resolver por sustitución o por combinación lineal, pero como los coeficientes de y de las dos ecuaciones son opuestos, es más sencillo resolver por combinación lineal. Suma las dos ecuaciones: $6x + 0y = 12$. Divide ambos lados de la ecuación entre 6: $x = 2$. Reemplaza x con 2 en cualquiera de las ecuaciones originales: $4(2) + 2y = 2$. Multiplica: $8 + 2y = 2$. Resta 8 de ambos lados de la ecuación: $2y = -6$. Divide ambos lados de la ecuación entre 2: $y = -3$.

13. B; **Nivel de conocimiento:** 2; **Temas:** Q.2.a, A.2.a, A.2.d; **Prácticas:** MP.1.a, MP.1.b, MP.1.e, MP.2.c, MP.4.a
Este sistema se resuelve más fácilmente mediante la combinación lineal. Para comenzar, escribe la segunda ecuación en la forma $Ax + By = C$: $5x - 2y = -22$. Como los coeficientes de y son múltiplos entre sí, multiplica la segunda ecuación por 2 y deja la primera ecuación como está: $10x - 4y = -44$. Suma esta nueva ecuación a la primera ecuación: $13x + 0y = -26$. Divide ambos lados de la ecuación entre 13: $x = -2$. Reemplaza x con -2 en cualquiera de las ecuaciones originales: $3(-2) + 4y = 18$. Multiplica: $-6 + 4y = 18$. Suma 6 a ambos lados de la ecuación: $4y = 24$. Divide ambos lados de la ecuación entre 4: $y = 6$. También puedes multiplicar la primera ecuación por 5 y la segunda ecuación por -3 y sumar las nuevas ecuaciones para eliminar los términos x. Luego resuelve para hallar y y reemplaza ese valor en una ecuación original para hallar x.

14. A; **Nivel de conocimiento:** 2; **Temas:** Q.2.a, A.2.a, A.2.d; **Prácticas:** MP.1.a, MP.1.b, MP.1.e, MP.2.c, MP.4.a
Este sistema se resuelve más fácilmente mediante la combinación lineal. Multiplica la primera ecuación por 4 y la segunda ecuación por 5 para que los coeficientes de y sean opuestos. Luego suma las nuevas ecuaciones:

$$4(7x + 5y = -2) \longrightarrow 28x + 20y = -8$$
$$5(3x - 4y = -7) \longrightarrow \underline{15x - 20y = -35}$$
$$43x = -43$$
$$x = -1$$

Reemplaza x con -1 en cualquiera de las ecuaciones originales: $7(-1) + 5y = -2$. Multiplica: $-7 + 5y = -2$. Suma 7 a ambos lados de la ecuación: $5y = 5$. Por lo tanto, $y = 1$. También puedes multiplicar la primera ecuación por 3 y la segunda ecuación por -7 y luego sumar las nuevas ecuaciones para eliminar los términos x. Luego resuelve para hallar y y reemplaza este valor en una de las ecuaciones originales para hallar x.

15. D; **Nivel de conocimiento:** 2; **Temas:** Q.2.a, A.2.a, A.2.d; **Prácticas:** MP.1.a, MP.1.b, MP.1.e, MP.2.c, MP.4.a
Este sistema se resuelve más fácilmente mediante la combinación lineal. Multiplica cualquiera de las ecuaciones por -1 para que los coeficientes de y sean opuestos. Luego suma las nuevas ecuaciones.

$$4x + 5y = 2 \longrightarrow 4x + 5y = 2$$
$$2x + 5y = -4 \longrightarrow \underline{-2x - 5y = 4}$$
$$2x = 6$$
$$x = 3$$

Reemplaza x con 3 en cualquiera de las ecuaciones originales: $4(3) + 5y = 2$. Multiplica: $12 + 5y = 2$. Resta 12 de cada lado de la ecuación: $5y = -10$. Por lo tanto, $y = -2$. También puedes multiplicar la segunda ecuación por -2 y luego sumar las nuevas ecuaciones para eliminar los términos x. Luego resuelve para hallar y y reemplaza este valor en una de las ecuaciones originales para hallar x.

16. D; **Nivel de conocimiento:** 2; **Temas:** Q.2.a, A.2.a, A.2.d; **Prácticas:** MP.1.a, MP.1.b, MP.1.e, MP.2.c, MP.3.a, MP.4.a
Como la suma de las nuevas ecuaciones de Liam no tiene un término x, Liam multiplicó las ecuaciones originales por factores que eliminarían los términos x. El mínimo común múltiplo de los términos x es 45, por lo que Liam multiplicó la primera ecuación por 5 ó -5 y la segunda ecuación por 9 ó -9. Los términos x en las ecuaciones originales tienen los mismos signos, por lo que los factores por los que se multiplican las ecuaciones deben tener signos opuestos. Comprueba -5 y 9:

$$-5(9x - 4y = 2) \longrightarrow -45x + 20y = -10$$
$$9(5x - 3y = -2) \longrightarrow \underline{-45x - 27y = -18}$$
$$-7y = -28$$

Si bien los términos x se han eliminado, la nueva ecuación no coincide con la ecuación de Liam, por lo que los signos de los factores deben ser incorrectos. Comprueba 5 y −9:

$$5(9x - 4y = 2) \longrightarrow -45x - 20y = 10$$
$$-9(5x - 3y = -2) \longrightarrow \underline{-45x + 27y = 18}$$
$$7y = 28$$

17. C; **Nivel de conocimiento:** 2; **Temas:** Q.2.a, A.2.a, A.2.d; **Prácticas:** MP.1.a, MP.1.b, MP.1.e, MP.2.a, MP.2.c, MP.4.a
Este sistema se puede resolver por sustitución o por combinación lineal. Como los coeficientes de y tienen signos opuestos, multiplica la primera ecuación por 2 y la segunda ecuación por 3 para resolver por combinación lineal. Luego suma las nuevas ecuaciones para eliminar los términos y:

$$2(10x + 3y = 8) \longrightarrow 20x + 6y = 16$$
$$3(4x - 2y = 16) \longrightarrow \underline{12x - 6y = 48}$$
$$32x = 64$$
$$x = 2$$

Reemplaza x con 2 en cualquiera de las ecuaciones originales: $10(2) + 3y = 8$. Multiplica: $20 + 3y = 8$. Resta 20 de ambos lados de la ecuación: $3y = -12$. Por lo tanto, $y = -4$. También puedes multiplicar la primera ecuación por 4 y la segunda ecuación por −10 y luego sumar las nuevas ecuaciones para eliminar los términos x. Luego resuelve para hallar y y reemplaza este valor en una de las ecuaciones originales para hallar x. Para resolver por sustitución, despeja la y de la segunda ecuación: $y = 2x - 8$. Reemplaza y con $2x - 8$ en la primera ecuación para hallar que $x = 2$. Luego reemplaza x con ese valor en cualquiera de las ecuaciones originales para hallar que $y = -4$.

18. C; **Nivel de conocimiento:** 3; **Temas:** Q.2.a, A.2.a, A.2.d; **Prácticas:** MP.1.a, MP.1.b, MP.1.e, MP.2.c, MP.3.a, MP.4.a, MP.5.a, MP. 5.c
Para resolver un sistema por combinación lineal, multiplica una o ambas ecuaciones por un factor (o factores) que darán como resultado coeficientes opuestos para la misma variable. Si multiplicas la primera ecuación por 5 y la segunda ecuación por −3, obtendrás un coeficiente de x de 15 en la primera ecuación y de −15 en la segunda ecuación. Como estos coeficientes son opuestos, al sumar las nuevas ecuaciones, se eliminarán los términos x. Por lo tanto, Craig tiene razón. Si multiplicas la primera ecuación por 3 y la segunda ecuación por −4, obtendrás un coeficiente de y de −24 en la primera ecuación y de 24 en la segunda ecuación. Como estos coeficientes son opuestos, al sumar las nuevas ecuaciones se eliminarán los términos y. Por lo tanto, Scott también tiene razón.

19. A; **Nivel de conocimiento:** 2; **Temas:** Q.2.a, A.2.a, A.2.d; **Prácticas:** MP.1.a, MP.1.b, MP.1.e, MP.2.a, MP.2.c, MP.4.a
Este sistema se resuelve más fácilmente mediante la combinación lineal. Como los coeficientes de y son múltiplos y opuestos entre sí, multiplica la primera ecuación por 2 y deja la segunda ecuación como está. Luego suma las nuevas ecuaciones para eliminar los términos y:

$$2(2x - 3y = 7) \longrightarrow 4x - 6y = 14$$
$$\underline{4x + 6y = 26}$$
$$8x = 40$$
$$x = 5$$

Reemplaza x con 5 en cualquiera de las ecuaciones originales: $2(5) - 3y = 7$. Multiplica: $10 - 3y = 7$. Resta 10 de ambos lados de la ecuación: $-3y = -3$. Por lo tanto, $y = 1$. También puedes multiplicar la primera ecuación por −2 y dejar la segunda ecuación como está, y luego sumar las nuevas ecuaciones para eliminar los términos x. Luego resuelve para hallar y y reemplaza este valor en una de las ecuaciones originales para hallar x.

20. B; **Nivel de conocimiento:** 3; **Temas:** Q.2.a, A.2.a, A.2.d; **Prácticas:** MP.1.a, MP.1.b, MP.1.e, MP.2.c, MP.3.a, MP.4.a, MP.5.a, MP. 5.c
Para identificar el paso en el que Hannah cometió un error, examina el trabajo que hizo en cada paso. En el Paso 1, Hannah multiplicó la primera ecuación por 3 y la segunda ecuación por −4 para eliminar las variables de y. Este enfoque fue correcto. Sus cálculos también fueron correctos, por lo que no hay errores en el Paso 1. En el Paso 2, Hannah sumó las nuevas ecuaciones del Paso 1. Este enfoque fue correcto. No obstante, Hannah cometió un error de cálculo al sumar los términos constantes. La suma de −6 + 20 es 14, no −14. Por lo tanto, el error estuvo en el Paso 2. Si bien realizó correctamente los Pasos 3 y 4, el par ordenado de −2 y 2 no resuelve ninguna ecuación.

21. D; **Nivel de conocimiento:** 2; **Temas:** Q.2.a, Q.2.e, Q.6.c, A.2.a, A.2.b, A.2.d; **Prácticas:** MP.1.a, MP.1.b, MP.1.e, MP.2.a, MP.2.c, MP.4.a
Este sistema se resuelve más fácilmente mediante la combinación lineal. Como la pregunta pide el número de resmas de papel, r, multiplica cada ecuación por un factor que cancele los términos c. Multiplica la primera ecuación por 5 y la segunda ecuación por −3 y luego suma las nuevas ecuaciones:

$$5(4r + 3c = 205) \longrightarrow 20r + 15c = 1{,}025$$
$$-3(7r + 5c = 355) \longrightarrow \underline{-21r - 15c = -1{,}065}$$
$$-r = -40$$
$$r = 40$$

Por lo tanto, el gerente de la oficina encargará 40 resmas de papel. Para resolver el sistema, también puedes multiplicar la primera ecuación por 7 y la segunda ecuación por −4. Suma las nuevas ecuaciones para eliminar los términos r y resuelve para hallar c. Luego reemplaza c con 15 en cualquiera de las ecuaciones originales para hallar que $r = 40$.

22. B; **Nivel de conocimiento:** 2; **Temas:** Q.2.a, A.2.a, A.2.d; **Prácticas:** MP.1.a, MP.1.b, MP.1.e, MP.2.a, MP.2.c, MP.4.a
Para resolver por sustitución, comienza por despejar la x o la y de la primera ecuación. Resuelve para hallar y: $2y = 6 - 2x$, por lo que $y = 3 - x$. Reemplaza y con $3 - x$ en la segunda ecuación: $5(3 - x) = 19 - 4x$. Multiplica: $15 - 5x = 19 - 4x$. Suma $4x$ a ambos lados de la ecuación: $15 - x = 19$. Resta 15 de ambos lados de la ecuación: $-x = 4$. Por lo tanto, $x = -4$. Reemplaza x con −4 en cualquiera de las ecuaciones originales: $2(-4) + 2y = 6$. Multiplica: $-8 + 2y = 6$. Suma 8 a ambos lados de la ecuación: $2y = 14$. Por lo tanto, $y = 7$. Para resolver este sistema por combinación lineal, comienza por escribir la segunda ecuación en la forma $Ax + By = C$: $4x + 5y = 19$. Multiplica la primera ecuación por −2 para obtener coeficientes de x que sean opuestos: $-4x - 4y = -12$. Suma esta nueva ecuación a la segunda ecuación: $y = 7$. Reemplaza y con 7 en cualquiera de las ecuaciones originales para hallar que $x = -4$.

Clave de respuestas

UNIDAD 3 (continuación)

23. **A**; **Nivel de conocimiento:** 2; **Temas:** Q.2.a, A.2.a, A.2.d; **Prácticas:** MP.1.a, MP.1.b, MP.1.e, MP.2.a, MP.2.c, MP.4.a
Este sistema se resuelve más fácilmente mediante la combinación lineal. Como ninguna variable tiene coeficientes que son múltiplos entre sí, se puede eliminar cualquiera de las variables. Halla el mínimo común múltiplo de los coeficientes de y para eliminar los términos y. El mínimo común múltiplo de 2 y 5 es 10. Multiplica la primera ecuación por 5 y la segunda ecuación por −2, luego suma las nuevas ecuaciones:

$$5(7x + 2y = -11) \longrightarrow 35x + 10y = -55$$
$$-2(3x + 5y = 16) \longrightarrow \underline{-6x - 10y = -32}$$
$$29x = -87$$
$$x = -3$$

Reemplaza x con −3 en cualquiera de las ecuaciones originales: $7(-3) + 2y = -11$. Multiplica: $-21 + 2y = -11$. Suma 21 a ambos lados de la ecuación: $2y = 10$. Por lo tanto, $y = 5$. También puedes multiplicar la primera ecuación por 3 y la segunda ecuación por −7, luego sumar las nuevas ecuaciones para eliminar los términos x. Luego resuelve para hallar y y reemplaza este valor en una de las ecuaciones originales para hallar x.

24. **D**; **Nivel de conocimiento:** 2; **Temas:** Q.2.a, Q.2.e, A.2.a, A.2.b, A.2.d; **Prácticas:** MP.1.a, MP.1.b, MP.1.e, MP.2.a, MP.2.c, MP.4.a
Este sistema se puede resolver por sustitución o por combinación lineal. Para resolver por sustitución, despeja cualquiera de las variables de la primera ecuación. Luego reemplaza ese valor en la segunda ecuación para hallar la otra variable. Resuelve para hallar m: $m = 1,200 - a$. Reemplaza m con $1,200 - a$ en la segunda ecuación: $3a + 8(1,200 - a) = 5,600$. Multiplica: $3a + 9,600 - 8a = 5,600$. Agrupa los términos semejantes y resta 9,600 de ambos lados de la ecuación: $-5a = -4,000$. Divide ambos lados de la ecuación entre −5: $a = 800$. Reemplaza a con 800 en cualquiera de las ecuaciones originales: $800 + m = 1,200$, por lo que $m = 400$. Para resolver por combinación lineal, multiplica la primera ecuación por −3: $-3a - 3m = -3,600$. Suma esta nueva ecuación a la segunda ecuación para eliminar los términos a: $0a + 5m = 2,000$. Divide ambos lados de la ecuación entre 5: $m = 400$. Reemplaza este valor en cualquiera de las ecuaciones originales para hallar que $a = 800$.

25. **D**; **Nivel de conocimiento:** 3; **Temas:** Q.2.a, A.2.a, A.2.d; **Prácticas:** MP.1.a, MP.1.b, MP.1.e, MP.2.a, MP.2.c, MP.4.a
Reemplaza x con 2 en la segunda ecuación y resuelve para hallar y: $5(2) + 4y = 14$. Multiplica: $10 + 4y = 14$. Resta 10 de ambos lados de la ecuación: $4y = 4$. Divide ambos lados de la ecuación entre 4: $y = 1$. Reemplaza y con 1 y x con 2 en la primera ecuación: $9(2) + a(1) = 25$. Multiplica: $18 + a = 25$. Resta 18 de ambos lados de la ecuación: $a = 7$.

LECCIÓN 8, págs. 86–89

1. **C**; **Nivel de conocimiento:** 2; **Temas:** Q.2.a, Q.2.e, Q.4.a, A.1.a, A.1.g; **Prácticas:** MP.1.a, MP.1.b, MP.1.e, MP.2.a,c, MP.4.a,
Área $= l \times a$
Área $= a\,(a - 2)$
$48 = a^2 - 2a$
$a^2 - 2a - 48 = 0$
La opción de respuesta A representa el ancho elevado al cuadrado, lo que es apropiado para un cuadrado pero no para un rectángulo. La opción B proviene de un uso impreciso de un signo. La opción D proviene de usar una fórmula del área incorrecta.

2. **D**; **Nivel de conocimiento:** 2; **Temas:** Q.2.a, Q.2.e, Q.4.a, A.1.a, A.1.g; **Prácticas:** MP.1.a, MP.1.b, MP.1.e, MP.2.a,c, MP.4.a, MP.4.b
$a^2 - 2a - 48 = 0$
$a^2 - 8a + 6a - 48 = 0$
$a(a - 8)\,a(a + 6) = 0$
$a - 8 = 0$, por lo que $a = 8$; del mismo modo, $a + 6 = 0$, por lo que $a = -6$. Las opciones de respuesta A y C provienen de una forma incorrecta de hallar las variables. Como el ancho no puede ser negativo (opción de respuesta B), la respuesta correcta es 8.

3. **B**; **Nivel de conocimiento:** 2; **Temas:** Q.2.a, Q.2.e, A.1.a; **Prácticas:** MP.1.a, MP.1.b, MP.1.e, MP.2.c, MP.4.a
Saca la raíz cuadrada de ambos lados para obtener:
$z - 3 = \sqrt{10}$
$z = \sqrt{10} + 3$
Las opciones de respuesta A, C y D provienen de una reorganización incorrecta de la ecuación.

4. **C**; **Nivel de conocimiento:** 2; **Temas:** Q.2.a, Q.2.e, Q.5.a; **Prácticas:** MP.1.a, MP.1.b, MP.1.e, MP.2.c, MP.4.a
Desarrolla los paréntesis usando el método FOIL, de modo que:
Primero (*F*irst): $x(x) = x^2$
Externo (*O*uter): $x(-4) = -4x$
Interno (*I*nner): $5(x) = 5x$
Último (*L*ast): $5(-4) = -20$
Esto se puede representar con la siguiente ecuación:
$x^2 - 4x + 5x - 20 = x^2 + 1x - 20$. La opción de respuesta A proviene de un signo incorrecto para la variable c, la opción B proviene de valores imprecisos de b y la opción D proviene de un signo incorrecto para la variable b.

5. **D**; **Nivel de conocimiento:** 2; **Temas:** Q.2.a, Q.2.e, A.1.a, A.4.b, A.1.g; **Prácticas:** MP.1.a, MP.1.b, MP.1.e, MP.2.a, MP.2.c, MP.4.a
Área de un cuadrado $=$ lado $\times$ lado
$$= (x - 4)\,(x - 4)$$
$$= x^2 - 4x - 4x + 16$$
$$= x^2 - 8x + 16$$
Las opciones de respuesta A, B y C provienen de un desarrollo impreciso de $x - 4$. Ninguna de las tres opciones de respuesta calcula adecuadamente los últimos valores ($-4 \times -4 = +16$).

6. **A**; **Nivel de conocimiento:** 2; **Temas:** Q.2.a, Q.2.e, A.1.a, A.4.b, A.1.g; **Prácticas:** MP.1.a, MP.1.b, MP.1.e, MP.2.a, MP.2.c, MP.4.a, MP.4.b
$$= (x + 2)\,(x - 5)$$
Utiliza el método FOIL para determinar el área del rectángulo:
Primero (*F*irst): $x(x) = x^2$
Externo (*O*uter): $x(-5) = -5x$
Interno (*I*nner): $2(x) = 2x$
Último (*L*ast): $2(-5) = -10$
Ecuación: $x^2 - 3x - 10$

7. **C**; **Nivel de conocimiento:** 2; **Temas:** Q.2.a, Q.2.e, A.1.a, A.4.b, A.1.g; **Prácticas:** MP.1.a, MP.1.b, MP.1.e, MP.2.c, MP.4.a, MP.4.b
Inserta cada par de soluciones en la ecuación para determinar el par que hace que la ecuación sea verdadera. Solamente la opción de respuesta C (−4, 4) hace que sea verdadera.

8. **B**; **Nivel de conocimiento:** 2; **Temas:** Q.2.a, Q.2.e, A.1.a, A.4.b, A.1.g; **Prácticas:** MP.1.a, MP.1.b, MP.1.e, MP.2.c, MP.4.a
Total de estudiantes = x
Lápices que tiene cada estudiante = $x + 5$
Número total de lápices en el salón = $x(x + 5) = x^2 + 5x$
Las opciones de respuesta A y D provienen de un desarrollo incompleto de los paréntesis. La opción de respuesta C proviene de un uso incorrecto de signos.

9. **A**; **Nivel de conocimiento:** 2; **Temas:** Q.2.a, Q.2.e, Q.5.a; **Prácticas:** MP.1.a, MP.1.b, MP.1.e, MP.2.c, MP.4.a
Primero, halla dos factores del tercer término (−21) que tengan una suma igual al coeficiente del término del medio (−7, 3). Usa la variable x como el primer término de cada factor y los números enteros como los segundos términos.
$x^2 − 4x − 21$
$x^2 + 3x − 7x − 21$
$x(x + 3) − 7(x − 3)$
$(x + 3) = 0$, ó $(x − 7) = 0$
Observa que la pregunta pide la *expresión* (opción A) no la *solución* (opción B).

10. **A**; **Nivel de conocimiento:** 2; **Temas:** Q.2.a, Q.2.e, A.1.a, A.4.b, A.1.g; **Prácticas:** MP.1.a, MP.1.b, MP.1.e, MP.2.c, MP.4.a, MP.4.b
Primero, halla dos factores del tercer término (−20) que tengan una suma igual al coeficiente del término del medio (10, −2). Usa la variable x como el primer término de cada factor y los números enteros como los segundos términos, de modo que:
$x^2 + 8x − 20 = 0$
$x^2 + 10x − 2x − 20 = 0$
$x(x + 10) − 2(x + 10)$
Como $x + 10 = 0$, $x = −10$; del mismo modo, como $x − 2 = 0$, $x = 2$. Como −10 es el único valor que aparece en las respuestas, se trata de la respuesta correcta. Las opciones de respuesta B y C provienen de una descomposición en factores incorrecta de los valores, mientras que la opción de respuesta D usa un signo incorrecto.

11. **B**; **Nivel de conocimiento:** 2; **Temas:** Q.2.a, Q.2.e, A.1.a, A.4.b, A.1.g; **Prácticas:** MP.1.a, MP.1.b, MP.1.e, MP.2.a, MP.2.c, MP.4.a, MP.4.b
Descompón en factores la ecuación para determinar los lados del cuadrado. Comienza por hallar dos factores del tercer término (9) que tengan una suma igual al coeficiente del término del medio (6). En este caso, esos números son 3, 3. A continuación, usa la variable x como el primer término de cada factor y los números enteros como los segundos términos, de modo que:
$x^2 + 6x + 9 = 0$
$x^2 + 3x + 3x + 9 = 0$
$x(x + 3) + 3(x + 3) = 0$
Cada lado del cuadrado es $x + 3$.
Las opciones de respuesta A, C y D provienen de una descomposición en factores incorrecta de la ecuación. Para comprobar si tu respuesta es correcta, intenta elevar al cuadrado tu resultado. Si se obtiene la ecuación original, entonces has descompuesto en factores correctamente.

12. **B**; **Nivel de conocimiento:** 2; **Temas:** Q.2.a, Q.2.e, A.1.a, A.4.a, A.4.b, A.1.g; **Prácticas:** MP.1.a, MP.1.b, MP.1.e, MP.2.a, MP.2.c, MP.4.a
Sea x el primer número entero y $x + 1$ el segundo número entero.
$(x)(x + 1) = 42$
$x^2 + 1x = 42$
$x^2 + x − 42 = 0$
Las opciones de respuesta A, C y D provienen de una descomposición en factores incorrecta de la ecuación. La opción de respuesta D tiene un signo incorrecto para el valor c en la ecuación. Las opciones de respuesta A y C tienen valores incorrectos de b.

13. **D**; **Nivel de conocimiento:** 2; **Temas:** Q.2.a, Q.2.e, Q.4.a, A.1.a, A.4.a, A.4.b, A.1.g; **Prácticas:** MP.1.a, MP.1.b, MP.1.e, MP.2.a, MP.2.c, MP.4.a, MP.4.b
Primero, halla el área del cuadrado.
Área del cuadrado = L × W
$49 = (x + 4)(x + 4)$
$49 = x^2 + 8x + 16$
$0 = x^2 + 8x + 16 − 49$
$0 = x^2 + 8x + − 33$
A continuación, descompón en factores la ecuación para determinar los lados del cuadrado. Comienza por hallar dos factores del tercer término (−33) que tengan una suma igual al coeficiente del término del medio (8). En este caso, esos números son 11, −3. A continuación, usa la variable x como el primer término de cada factor y los números enteros como los segundos términos, de modo que:
$x^2 + 8x − 33 = 0$
$x^2 + 11x − 3x − 33 = 0$
$x(x + 11) − 3(x + 11) = 0$
Como $x + 11 = 0$, $x = −11$; del mismo modo, como $x − 3 = 0$, $x = 3$. Una medida no puede ser negativa, por lo que debes usar $x = 3$ para el paso siguiente. Si $x = 3$, $x + 4 = 7$, lo que haría que el área fuera 49 pies cuadrados, como establece el problema. Las otras opciones de respuesta se pueden descartar.

14. **D**; **Nivel de conocimiento:** 2; **Temas:** Q.2.a, Q.2.e, A.1.a, A.1.d, A.4.a, A.4.b, A.1.g, A.1.f; **Prácticas:** MP.1.a, MP.1.b, MP.1.e, MP.2.a, MP.2.c, MP.4.a, MP.4.b
Sea x el primer número entero y $x + 1$ el segundo número entero.
$x^2 + (x + 1)^2 = 113$
$x^2 + x^2 + 2x + 1 = 113$
$2x^2 + 2x − 112 = 0$
A continuación, elimina el 2 de cada uno de los términos, de modo que: $2[x^2 + x − 56] = 0$
A partir de allí, halla dos factores del tercer término (−56) que tengan una suma igual al coeficiente del término del medio (1). En este caso, esos números son 8, −7. A continuación, usa la variable x como el primer término de cada factor y los números enteros como el segundo término, de modo que: $2[(x − 7)(x + 8)] = 0$.
Los números enteros son 7 y 8. Las otras opciones de respuesta no dan 113 como resultado cuando se suman y se elevan al cuadrado, por lo que se pueden descartar.

15. **A**; **Nivel de conocimiento:** 2; **Temas:** Q.2.a, Q.2.e, A.1.a, A.1.d, A.4.a, A.4.b, A.1.g, A.1.f; **Prácticas:** MP.1.a, MP.1.b, MP.1.e, MP.2.a, MP.2.c, MP.4.a, MP.4.b
Sea x el primer número entero impar y $x + 2$ el segundo número entero. Halla el producto de los números enteros. Luego resuelve para hallar x.
$x(x + 2) = 35$
$x^2 + 2x = 35$
$x^2 + 2x − 35 = 0$
Luego, halla dos factores del tercer término (−35) que tengan una suma igual al coeficiente del término del medio (2). En este caso, esos números son 7, −5. A continuación, usa la variable x como el primer término de cada factor y los números enteros como los segundos términos, de modo que:
$x^2 + 7x − 5x − 35 = 0$
$x(x + 7) − 5(x + 7) = 0$
Como $x + 7 = 0$, $x = −7$. Para que sea consecutivo, debe ser 7 positivo. Por último, como $x − 5 = 0$, $x = 5$. Multiplicar las otras opciones de respuesta con un número entero consecutivo no da como resultado 35, por lo que se pueden descartar.

Clave de respuestas

UNIDAD 3 *(continuación)*

16. D; **Nivel de conocimiento:** 2; **Temas:** Q.2.a, Q.2.e, A.1.a, A.1.d, A.4.a, A.4.b, A.1.g; **Prácticas:** MP.1.a, MP.1.b, MP.1.e, MP.2.a, MP.2.c, MP.4.a, MP.4.b
Sea x el primer número entero y $x + 2$ el segundo número entero. Halla el producto de los números enteros y desarrolla una ecuación:
$x(x + 2) = 48$
$x^2 + 2x = 48$
$x^2 + 2x - 48 = 0$
Las opciones de respuesta A, B y C tienen valores incorrectos de b.

17. C; **Nivel de conocimiento:** 2; **Temas:** Q.2.a, Q.2.e, A.1.a, A.1.d, A.4.a, A.4.b, A.1.g, A.1.f; **Prácticas:** MP.1.a, MP.1.b, MP.1.e, MP.2.a, MP.2.c, MP.4.a, MP.4.b
Sea x la longitud del rectángulo. Por lo tanto, $x - 4$ es el ancho del rectángulo. El área de un rectángulo es el producto de su longitud y su ancho, de modo que $x(x - 4) = 165$. Desarrolla los paréntesis y resta 165 de cada lado de la ecuación: $x^2 - 4x - 165 = 0$. Halla los dos números cuyo producto es -165 y cuya suma es -4. Los números son -15 y 11. Por lo tanto, $(x - 15)(x + 11) = 0$. Por lo tanto, $x - 15 = 0$ ó $x + 11 = 0$ y $x = 15$ ó $x = -11$. Como una longitud debe tener un valor positivo, $x = 15$ y la longitud del rectángulo es 15 pies.

18. B; **Nivel de conocimiento:** 2; **Temas:** Q.2.a, Q.2.e, Q.3.a, A.1.a, A.1.d, A.4.a, A.4.b, A.1.g, A.1.f; **Prácticas:** MP.1.a, MP.1.b, MP.1.e, MP.2.a, MP.2.c, MP.4.a, MP.4.b
Cuando el objeto toque el suelo, su altura será cero; por lo tanto, $h = 0$ se puede representar con: $-4.9t^2 + 19.6t + 58.8 = 0$. Halla t para hallar el tiempo en el que $h = 0$ y descompón en factores, dividiendo toda la ecuación entre -4.9 para facilitar la descomposición en factores: $-4.9[t^2 - 4t - 12] = 0$
A continuación, halla dos factores del tercer término (-12) que tengan una suma igual al coeficiente del término del medio (-4). En este caso, esos números son 2, -6. A continuación, usa la variable x como el primer término de cada factor y los números enteros como los segundos términos, de modo que:
$-4.9[t^2 - 6t + 2t - 12] = 0$
$-4.9[t(t - 6) + 2(t - 6)] = 0$
Como $t - 6 = 0$, $t = 6$; del mismo modo, como $t + 2 = 0$, $t = -2$. Como en la vida real el tiempo no puede ser igual a -2 s, el objeto llega al suelo $t = 6$ s después de ser lanzado al aire. La opción de respuesta A es incorrecta, ya que el tiempo no puede ser negativo. La opción de respuesta C proviene de una descomposición en factores incorrecta y la opción de respuesta D representa el valor de b en la ecuación cuadrática estándar.

19. C; **Nivel de conocimiento:** 2; **Temas:** Q.2.a, Q.2.e, Q.3.a, A.1.a, A.4.a, A.4.b, A.1.g, A.1.f; **Prácticas:** MP.1.a, MP.1.b, MP.1.e, MP.2.a, MP.2.c, MP.4.a, MP.4.b
Iguala la ecuación a cero y luego descompón en factores
$t^2 - 2t - 8 = 0$.
A continuación, halla dos factores del tercer término (-8) que tengan una suma igual al coeficiente del término del medio (-2). En este caso, esos números son 2, -4. A continuación, usa la variable x como el primer término de cada factor y los números enteros como los segundos términos, de modo que: $(t + 2)(t - 4)$.
Como $t + 2 = 0$, $t = -2$; del mismo modo, como $t - 4 = 0$, $t = 4$. Dado que, en este contexto, no existe un tiempo negativo, la pelota toca el suelo a los $t = 4$ s.

20. D; **Nivel de conocimiento:** 2; **Temas:** Q.2.a, Q.2.e, A.1.a; **Prácticas:** MP.1.a, MP.1.b, MP.1.e, MP.2.c, MP.4.a
Vuelve a escribir la ecuación como: $(x + 6)(x + 6)$. A continuación, resuelve usando el método *FOIL*:
Primero (*F*irst): $x(x) = x^2$
Externo (*O*uter): $x(6) = 6x$
Interno (*I*nner): $6(x) = 6x$
Último (*L*ast): $6(6) = 36$
Ecuación: $x^2 + 6x + 6x + 36 = x^2 + 12x + 36$
Las opciones A, B y C provienen en parte de un desarrollo incorrecto de los últimos términos. La opción de respuesta B proviene también de un desarrollo incorrecto de los términos externos e internos.

21. 809 kg; **Nivel de conocimiento:** 2; **Temas:** Q.2.a, Q.2.e, Q.5.a; **Prácticas:** MP.1.a, MP.1.b, MP.1.e, MP.2.a, MP.2.c, MP.4.a, MP.4.b
$809{,}600 = x^2 + 20x - 300$
$x^2 + 20x - 300 - 809{,}600 = 0$
$x^2 + 20x - 809{,}900 = 0$
Comienza con la fórmula: $\dfrac{-b \pm \sqrt{b^2 - 4ac}}{2a}$
A continuación, reemplaza valores, de modo que:
$a = 1$
$b = 20$
$c = -809{,}900$
$x = \dfrac{[-20 \pm \sqrt{[20^2 - 4(1)(-809900)]}]}{2(1)}$
$x = \dfrac{[-20 \pm \sqrt{3{,}240{,}000}]}{2}$
$x = \dfrac{[-20 \pm 1{,}800]}{2}$
$x = \dfrac{-20 + 1{,}800}{2} = \dfrac{1780}{2} = 890$ ó $x = \dfrac{-20 - 1{,}800}{2}$
$x = \dfrac{-1{,}820}{2}$
$x = -910$.
Dado que, en este contexto, es imposible vender unidades negativas de productos, $x = 809$ kg.

22. \$300; **Nivel de conocimiento:** 2; **Temas:** Q.2.a, Q.2.e, Q.5.a; **Prácticas:** MP.1.a, MP.1.b, MP.1.e, MP.2.c, MP.4.a
Si no se vende ningún producto, $x = 0$. Si insertamos este valor en la ecuación, obtenemos:
$I = x^2 + 20x - 300$
$I = (0)^2 + 0x - 300$
$I = -300$
Cuando no se vende ningún producto, la empresa pierde \$300.

23. \$11,700; **Nivel de conocimiento:** 2; **Temas:** Q.2.a, Q.2.e, Q.4.a, A.1.a, A.4.a, A.4.b, A.1.g; **Prácticas:** MP.1.a, MP.1.b, MP.1.e, MP.2.a, MP.2.c, MP.4.a, MP.4.b
Cuando se venden 100 kg de producto, $x = 100$. Si insertamos este valor en la ecuación, obtenemos:
$I = x^2 + 20x - 300$
$I = 100x^2 + 20(100)x - 300$
$I = 10{,}000 + 2{,}000 - 300$
$I = 12{,}000 - 300$
$I = \$11{,}700$

**24. B; Nivel de conocimiento: 3; Nivel de conocimiento: 2;
Temas:** Q.2.a, Q.2.e, Q.3.a, A.1.a, A.1.d, A.4.a, A.4.b, A.1.g, A.1.f;
Prácticas: MP.1.a, MP.1.b, MP.1.e, MP.2.a, MP.2.c, MP.4.a, MP.4.b
Cuando el objeto llegue al agua, su altura será cero. Por lo tanto,
$h = 0$ se puede representar con:

Brian
$-16t^2 + 160 = 0$
$-16t^2 = -160$
Divide cada lado entre -16, de modo que $t^2 = 10$.
$t = \sqrt{10}$

Pelota
$-16t^2 - 48t + 160 = 0$
$-16 [t^2 + 3t - 10] = 0$
A continuación, halla dos factores del tercer término (-10) que tengan
una suma igual al coeficiente del término del medio (3). En este caso,
esos números son 5, -2. A continuación, usa la variable x como
el primer término de cada factor y los números enteros como los
segundos términos, de modo que:
$-16 [t^2 + 5t - 2t - 10] = 0$
$-16 [t(t + 5) -2(t + 5)] = 0$
Como $t - 2 = 0$, $t = 2$. Además, como $t + 5 = 0$, $t = -5$. Como en
la vida real no existe un tiempo negativo, $t = 2$. Por lo tanto, la
diferencia entre los tiempos es $\sqrt{10} - 2$.

25. D; Nivel de conocimiento: 3; Temas: Q.2.a, Q.2.e, Q.4.a,
A.1.a, A.1.d, A.4.a, A.4.b, A.1.g, A.1.f; **Prácticas:** MP.1.a, MP.1.b,
MP.1.e, MP.2.a, MP.2.c, MP.4.a, MP.4.b
Desarrolla una ecuación que represente el triángulo.
Sea $x - 6 = a$ el cateto más corto.
Sea $x = b$ el cateto más largo.
Sea $2(x - 6) - 6 = c$ la hipotenusa.
Se puede usar el teorema de Pitágoras ($a^2 + b^2 = c^2$) para hallar el
cateto que falta del triángulo:
$(x - 6)^2 + x^2 = (2x - 18)^2$
$x^2 - 12x + 36 + x^2 = 4x^2 - 72x + 324$
Reordena la ecuación y agrupa los términos semejantes, de modo
que: $2x^2 - 12x + 36 = 4x^2 - 72x + 324$. A continuación, suma $12x$ a
cada lado, de modo que: $2x^2 + 36 = 4x^2 - 60x + 324$. Luego, resta
324 de cada lado, de modo que: $2x^2 - 288 = 4x^2 - 60x$. Luego, resta
$2x^2$ de cada lado, de modo que: $-288 = 2x^2 - 60x$. Iguala la ecuación
a 0, de modo que: $2x^2 - 60x + 288 = 0$. A continuación, elimina el
2 de la ecuación, de modo que: $2[x^2 - 30x + 144] = 0$. Luego, halla
dos factores del tercer término (144) que tengan una suma igual al
coeficiente del término del medio (-30). En este caso, esos números
son -24, -6. A continuación, usa la variable x como el primer
término de cada factor y los números enteros como los segundos
términos, de modo que:
$2[(x - 6) (x - 24)] = 0$
$x = 6$, ó $x = 24$
Recuerda que x = cateto más largo del triángulo.
Si el cateto más largo 6, el cateto más corto tendría que ser
($x - 6 = 0$). Como un lado de un triángulo no puede medir cero
unidades, $x = 24$ unidades.
Cateto más largo (x) = 24 unidades
Cateto más corto ($x - 6$) = 24 – 6 = 18 unidades
Hipotenusa $2(x - 6) - 6 = 2(24 - 6) - 6 = 30$ unidades
Longitud del ovillo de estambre = Perímetro del triángulo = 24
unidades + 18 unidades + 30 unidades = 72 unidades

26. B; Nivel de conocimiento: 2; Temas: Q.2.a, Q.2.e, Q.4.a,
A.1.a, A.4.a, A.4.b, A.1.g, A.1.f; **Prácticas:** MP.1.a, MP.1.b, MP.1.e,
MP.2.c, MP.4.a
Resuelve mediante el método *FOIL*:
Primero (First): $x(x) = x^2$
Externo (Outer): $x(-8) = -8x$
Interno (Inner): $-8(x) = -8x$
Último (Last): $-8(-8) = 64$
Ecuación: $x^2 -16x + 64$

27. B; Nivel de conocimiento: 2; Temas: Q.2.a, Q.2.e, Q.5.a;
Prácticas: MP.1.a, MP.1.b, MP.1.e, MP.2.a, MP.2.c, MP.4.a, MP.4.b
$A = (a) (a + 8)$
$84 = a^2 + 8a$
$a^2 + 8a - 84 = 0$
A continuación, halla dos factores del tercer término (-84) que
tengan una suma igual al coeficiente del término del medio (8).
En este caso, esos números son 14, -6. A continuación, usa la
variable x como el primer término de cada factor y los números
enteros como los segundos términos, de modo que:
$a^2 + 14a - 6a - 84 = 0$
$(a + 14) (a - 6) = 0$
$a = -14$, ó $a = 6$
Como un lado de un rectángulo no puede tener una medida
negativa, $a = 6$. El lado más largo del rectángulo mide $a + 8 = 6 +$
$8 = 14$ pies.

LECCIÓN 9, *págs. 90–93*

1. C; Nivel de conocimiento: 2; Temas: Q.2.a, A.1.a, A.1.f, A.1.h;
Prácticas: MP.1.a, MP.1.b, MP.1.e, MP.4.b
Para sumar expresiones racionales con denominadores
distintos, vuelve a escribir las expresiones de modo que tengan
denominadores semejantes. Comienza por descomponer las
expresiones en factores por completo para asegurarte de que
cada expresión esté simplificada: $\frac{3}{x + 1} + \frac{x - 2}{x^2 - 4} = \frac{3}{x + 1} +$
$\frac{x - 2}{(x + 2)(x - 2)}$. Como el segundo sumando se puede simplificar
a $\frac{1}{x + 2}$, el mínimo común denominador es el producto de los
dos denominadores, $(x + 1)(x + 2)$. Multiplica el numerador y el
denominador de la primera expresión por $(x + 2)$ y el numerador y
el denominador de la segunda expresión por $(x + 1)$ para volver a
escribir cada expresión con denominadores semejantes:
$\frac{3(x + 2)}{(x + 1)(x + 2)} + \frac{1(x + 1)}{(x + 1)(x + 2)}$.
Suma: $\frac{3(x + 2)}{(x + 1)(x + 2)} + \frac{1(x + 1)}{(x + 1)(x + 2)} = \frac{3(x + 2) + (x + 1)}{(x + 1)(x + 2)}$.
Usa la propiedad distributiva y luego agrupa los términos
semejantes: $\frac{3(x + 2) + (x + 1)}{(x + 1)(x + 2)} = \frac{3x + 6 + x + 1}{(x + 1)(x + 2)} = \frac{4x + 7}{(x + 1)(x + 2)}$.

2. A; Nivel de conocimiento: 2; Temas: Q.2.a, A.1.a, A.1.f, A.1;
Prácticas: MP.1.a, MP.1.b, MP.1.e, MP.4.b
Comienza por descomponer cada expresión en factores para
asegurarte de que esté simplificada. La expresión del lado
izquierdo de la ecuación está descompuesta en factores. La
expresión del lado derecho de la ecuación tiene un denominador
que no está descompuesto en factores:
$y^2 + 5y - 6 = (y - 1)(y + 6)$. Como el denominador del lado
izquierdo es un factor del denominador del lado derecho, el m.c.d.
es $(y - 1)(y - 6)$. Multiplica cada lado de la ecuación por el m.c.d.:
$(y - 1)(y + 6) \cdot \frac{5}{y - 1} = (y - 1)(y + 6) \cdot \frac{-10}{y^2 + 5y - 6}$.
Cancela factores comunes:
$\cancel{(y - 1)}(y + 6) \cdot \frac{5}{\cancel{y - 1}} = \cancel{(y - 1)}(y + 6) \cdot \frac{-10}{\cancel{(y - 1)}(y + 6)}$.
Simplifica: $5(y + 6) = -10$. Multiplica: $5y + 30 = -10$. Resta 30 de
cada lado $5y = -40$. Divide cada lado entre 5: $y = -8$.

UNIDAD 3 *(continuación)*

3. C; Nivel de conocimiento: 2; **Temas:** Q.2.a, A.1.a, A.1.f, A.1.h; **Prácticas:** MP.1.a, MP.1.b, MP.1.e, MP.4.b
Para hallar el mínimo común denominador de expresiones racionales, comienza por descomponer los denominadores en factores. El denominador de la segunda expresión está completamente descompuesto en factores, pero $x^2 - 6x = 9 = (x - 3)(x - 3)$. Como el denominador de una expresión es un factor del denominador de la otra expresión, el mínimo común denominador es $(x - 3)(x - 3)$. La opción de respuesta A es el denominador de la segunda expresión y el factor en común de ambos denominadores. La opción de respuesta B proviene de un error en la descomposición en factores de $x^2 - 6x + 9$. La opción de respuesta D es el producto de los dos denominadores, pero no es el mínimo común denominador.

4. A; Nivel de conocimiento: 2; **Temas:** Q.2.a, A.1.a, A.1.f, A.1.h; **Prácticas:** MP.1.a, MP.1.b, MP.1.e, MP.4.b
Para restar expresiones racionales con denominadores distintos, vuelve a escribir las expresiones de modo que tengan denominadores comunes, como se muestra en el Problema 3:
$$\frac{4x}{(x - 3)(x - 3)} - \frac{3(x - 3)}{(x - 3)(x - 3)} \cdot$$
Resta los numeradores: $\frac{4x - 3(x - 3)}{(x - 3)(x - 3)} \cdot$

Usa la propiedad distributiva y combina los términos semejantes:
$$\frac{4x - 3(x - 3)}{(x - 3)(x - 3)} = \frac{4x - 3x + 9}{(x - 3)(x - 3)} = \frac{x + 9}{(x - 3)(x - 3)} \cdot$$

5. A; Nivel de conocimiento: 2; **Temas:** Q.2.a, A.1.a, A.1.f, A.1.h; **Prácticas:** MP.1.a, MP.1.b, MP.1.e, MP.4.b
Para sumar expresiones racionales, vuelve a escribir las expresiones con denominadores semejantes. Comienza por descomponer cada expresión en factores por completo para asegurarte de que las expresiones estén en su forma simplificada. La segunda expresión está completamente descompuesta en factores, pero el denominador de la primera expresión no está descompuesto en factores: $\frac{x - 2}{x^2 + x - 6} = \frac{x - 2}{(x + 3)(x - 2)}$. El factor común $(x - 2)$ se puede cancelar del numerador y el denominador, y la expresión simplificada es $\frac{1}{x + 3}$. Las expresiones simplificadas tienen denominadores semejantes, por lo que debes sumar los numeradores y conservar el denominador: $\frac{1}{x + 3} + \frac{4x}{x + 3} = \frac{4x + 1}{x + 3} \cdot$

6. B; Nivel de conocimiento: 2; **Temas:** Q.2.a, A.1.a, A.1.f, A.1.h; **Prácticas:** MP.1.a, MP.1.b, MP.1.e, MP.4.b
Para dividir expresiones racionales, multiplica por el recíproco del divisor: $\frac{x^2 - 16}{x} \div \frac{x^2 - x - 12}{x + 3} = \frac{x^2 - 16}{x} \cdot \frac{x + 3}{x^2 - x - 12} \cdot$
Multiplica los numeradores y los denominadores:
$$\frac{x^2 - 16}{x} \cdot \frac{x + 3}{x^2 - x - 12} = \frac{(x^2 - 16)(x + 3)}{x(x^2 - x - 12)} \cdot$$
Descompón en factores el numerador y el denominador y cancela los factores comunes:
$$\frac{(x^2 - 16)(x + 3)}{x(x^2 - x - 12)} = \frac{(x - 4)(x + 4)(x + 3)}{x(x + 3)(x - 4)} = \frac{x + 4}{x} \cdot$$

7. A; Nivel de conocimiento: 2; **Temas:** Q.2.a, A.1.a, A.1.f, A.1.h; **Prácticas:** MP.1.a, MP.1.b, MP.1.e, MP.4.a, MP.4.b
Para despejar la x de la ecuación, las expresiones racionales deben tener denominadores semejantes. Antes de hallar el mínimo común denominador, descompón en factores las expresiones:
$$\frac{x + 1}{3x + 3} = \frac{x + 1}{3(x + 1)} = \frac{1}{3} \cdot$$
Vuelve a escribir la ecuación con la expresión simplificada:
$\frac{5}{x} + \frac{1}{3} = \frac{2}{x}$. El mínimo común denominador de x y 3 es $3x$, por lo que debes multiplicar cada expresión por $3x$: $3x \cdot \frac{5}{x} + 3x \cdot \frac{1}{3} = 3x \cdot \frac{2}{x}$. Simplifica: $15 + x = 6$. Resta 15 de cada lado de la ecuación: $x = -9$.

8. B; Nivel de conocimiento: 3; **Temas:** Q.2.a, A.1.a, A.1.f, A.1.h; **Prácticas:** MP.1.a, MP.1.b, MP.1.e, MP.3.c, MP.4.a, MP.4.b, MP.5.a
Examina cada paso en la solución de Evan. En el Paso 1, Evan descompone en factores el numerador: $12 - 3x = 3(4 - x)$. También descompone en factores el denominador: $(x + 1)(x + 4)$. Este paso es correcto. En el Paso 2, Evan descompone en factores el -1 del numerador: $3(4 - x) = -3(x - 4)$. Por lo tanto, Evan no descompuso correctamente en factores el numerador y el error estuvo en el Paso 2. Los pasos restantes de la solución de Evan funcionan con la expresión incorrecta del Paso 2.

9. C; Nivel de conocimiento: 2; **Temas:** Q.2.a, A.1.a, A.1.f, A.1.h; **Prácticas:** MP.1.a, MP.1.b, MP.1.e, MP.4.a, MP.4.b
Para resolver esta ecuación, multiplica cada expresión por el mínimo común denominador. Como $x^2 - 9 = (x + 3)(x - 3)$, el mínimo común denominador es $(x + 3)(x - 3)$. Multiplica cada expresión por el mínimo común denominador:
$$(x + 3)(x - 3) \cdot \frac{2}{x + 3} + (x + 3)(x - 3) \cdot \frac{2}{x - 3} = (x + 3)(x - 3) \cdot \frac{20}{x^2 - 9}$$
Simplifica: $2(x - 3) + 2(x + 3) = 20$. Multiplica: $2x - 6 + 2x + 6 = 20$. Agrupa los términos semejantes: $4x = 20$. Divide ambos lados de la ecuación entre 4: $x = 5$.

10. B; Nivel de conocimiento: 2; **Temas:** Q.2.a, A.1.a, A.1.f, A.1.h; **Prácticas:** MP.1.a, MP.1.b, MP.1.e, MP.4.a, MP.4.b
Para multiplicar una expresión racional por un polinomio, escribe el polinomio como una expresión racional con un denominador de 1:
$$\frac{8x}{x^2 + 10x + 16} \cdot (x + 2) = \frac{8x}{x^2 + 10x + 16} \cdot \frac{(x + 2)}{1} \cdot$$
Multiplica los numeradores y los denominadores:
$$\frac{8x}{x^2 + 10x + 16} \cdot \frac{(x + 2)}{1} = \frac{8x(x + 2)}{x^2 + 10x + 16} \cdot$$
Descompón en factores y cancela los factores comunes:
$$\frac{8x(x + 2)}{x^2 + 10x + 16} = \frac{8x(x + 2)}{(x + 2)(x + 8)} = \frac{8x}{(x + 8)} \cdot$$

11. A; Nivel de conocimiento: 2; **Temas:** Q.2.a, Q.2.e, A.1.a, A.1.f, A.1.h; **Prácticas:** MP.1.a, MP.1.b, MP.1.e, MP.2.a, MP.4.a, MP.4.b
Para hallar el número de pruebas consecutivas en las que Alicia debe obtener una calificación del 100%, despeja la x de la ecuación. Primero, multiplica los números racionales de la ecuación ($0.85 \times 4 = 3.4$. 3.4 es el total de las calificaciones de las primeras cuatro pruebas de Alicia): $0.90 = \frac{3.4 + x}{4 + x}$. A continuación, multiplica ambos lados de la ecuación por el mínimo común denominador, $4 + x$: $(4 + x) \cdot 0.90 = (4 + x) \cdot \frac{3.4 + x}{4 + x} \cdot$

Simplifica: $3.6 + 0.9x = 3.4 + x$. Resta 3.4 y $0.9x$ de cada lado: $0.2 = 0.1x$. Divide cada lado entre 0.1: $x = 2$. Alicia debe obtener una calificación del 100% en las dos próximas pruebas para elevar su promedio a 90%.

12. C; Nivel de conocimiento: 2; Temas: Q.2.a, A.1.a, A.1.f, A.1.h; **Prácticas:** MP.1.a, MP.1.b, MP.1.e, MP.4.b

Para hallar el mínimo común denominador, comienza por simplificar ambos lados de la ecuación. Los términos del lado izquierdo de la ecuación están completamente descompuestos en factores. El numerador y denominador de la expresión del lado derecho de la ecuación tienen un factor común de 2:

$\frac{12}{2x+8} = \frac{2(6)}{2(x+4)} = \frac{6}{x+4}$. Ninguno de los denominadores tiene

factores comunes, por lo que el mínimo común denominador es $(5)(1)(x+4)$, ó $5(x+4)$.

13. B; Nivel de conocimiento: 2; Temas: Q.2.a, A.1.a, A.1.f, A.1.h; **Prácticas:** MP.1.a, MP.1.b, MP.1.e, MP.4.b

Para resolver la ecuación, multiplica ambos lados de la ecuación por el mínimo común denominador, $5(x+4)$:

$\not{5}(x+4) \cdot \frac{x}{\not{5}} + 5(x+4) \cdot 1 = 5\overline{(x+4)} \cdot \frac{2(6)}{\overline{2(x+4)}}$. Simplifica:

$x(x+4) + 5(x+4) = 30$. Multiplica: $x^2 + 4x + 5x + 20 = 30$. Combina los términos semejantes: $x^2 + 9x - 10 = 0$. Como $(-1)(10) = -10$ y $(-1) + 10 = 9$, $x^2 + 9x - 10 = (x-1)(x+10) = 0$, por lo tanto, $x = 1$ ó $x = -10$.

14. A; Nivel de conocimiento: 3; Temas: Q.2.a, A.1.a, A.1.f, A.1.h; **Prácticas:** MP.1.a, MP.1.b, MP.1.e, MP.4.b, MP.5.a, MP.5.c

Para determinar quién tiene razón, halla el mínimo común denominador de las expresiones. Comienza por descomponer en factores cada expresión por completo:

$\frac{x^2-25}{x^2+7x+10} + \frac{4x+8}{x^2+4x-5} = \frac{(x+5)(x-5)}{(x+5)(x+2)} + \frac{4(x+2)}{(x+5)(x-1)}$.

A continuación, en cada expresión, identifica todos los factores comunes del numerador y el denominador y cancela esos factores

comunes: $\frac{\overline{(x+5)}(x-5)}{\overline{(x+5)}(x+2)} + \frac{4(x+2)}{(x+5)(x-1)}$. Por último, examina

los factores del denominador de las dos expresiones. No hay factores comunes, por lo que el mínimo común denominador es el producto de los dos denominadores simplificados, es decir, $(x+2)$ $(x+5)(x-1)$. Por lo tanto, Emma tiene razón. Ten en cuenta las dos razones dadas para el mínimo común denominador correcto de Emma. En la opción de respuesta A, la razón para el mínimo común denominador es que el factor común de $(x+5)$ se puede cancelar del primer sumando. Éste es el enfoque apropiado para cancelar factores. En la opción de respuesta C, la razón para el mínimo común denominador es que el factor común de $(x+5)$ se puede cancelar del numerador de la primera expresión y del denominador de la segunda expresión. De todos modos, los factores comunes deben cancelarse de una sola expresión al sumar o restar. Las opciones de respuesta B y D son incorrectas porque Marco no tiene razón.

15. C; Nivel de conocimiento: 2; Temas: Q.2.a, A.1.a, A.1.f, A.1.h; **Prácticas:** MP.1.a, MP.1.b, MP.1.e, MP.4.b

Para resolver la ecuación, comienza por hallar el mínimo común denominador. El primer paso es descomponer ambos lados de la ecuación en factores por completo. Los términos del lado izquierdo de la ecuación están completamente descompuestos en factores. De todos modos, el numerador y denominador de la expresión del lado derecho tienen un factor común de $(x+6)$:

$\frac{x+6}{x^2-36} = \frac{x+6}{(x+6)(x-6)} = \frac{1}{x-6}$. Por lo tanto, el mínimo común

denominador es $(x-6)$. Multiplica cada lado de la ecuación por el mínimo común denominador: $(x-6) \cdot 3 + \overline{(x-6)} \cdot \frac{4}{\overline{x-6}} = \overline{(x-6)}$

$\frac{x+6}{\overline{(x+6)}\,\overline{(x-6)}}$. Simplifica: $3x - 18 + 4 = 1$. Suma 18 y resta 4 de

cada lado: $3x = 15$. Divide cada lado entre 3: $x = 5$.

16. A; Nivel de conocimiento: 2; Temas: Q.2.a, A.1.a, A.1.f, A.1.h; **Prácticas:** MP.1.a, MP.1.b, MP.1.e, MP.4.b

Para dividir expresiones racionales, multiplica por el recíproco del

divisor: $\frac{x^2+2x-15}{7x^2} \div (x-3) = \frac{x^2+2x-15}{7x^2} \cdot \frac{1}{(x-3)}$.

Multiplica los numeradores y los denominadores: $\frac{x^2+2x-15}{7x^2} \cdot$

$\frac{1}{(x-3)} = \frac{x^2+2x-15}{7x^2(x-3)}$. Descompón en factores y cancela los

factores comunes: $\frac{x^2+2x-15}{7x^2(x-3)} = \frac{(x+5)(x-3)}{7x^2\overline{(x-3)}} = \frac{x+5}{7x^2}$.

17. A; Nivel de conocimiento: 2; Temas: Q.2.a, A.1.a, A.1.f, A.1.h; **Prácticas:** MP.1.a, MP.1.b, MP.1.e, MP.4.b

Para restar expresiones racionales, vuelve a escribir las expresiones con denominadores semejantes. Para determinar el mínimo común denominador, comienza por descomponer

cada expresión en factores por completo. La expresión $\frac{2}{x+4}$

está completamente descompuesta en factores. El numerador y

el denominador de la expresión $\frac{x^2-25}{x^2+9x+20}$ tienen un factor

común de $(x+5)$: $\frac{x^2-25}{x^2+9x+20} = \frac{\overline{(x+5)}(x-5)}{\overline{(x+5)}(x+4)} = \frac{(x-5)}{(x+4)}$.

Las expresiones simplificadas tienen denominadores semejantes de $(x+4)$, por lo que debes sumar los numeradores y conservar el

denominador: $\frac{x^2-25}{x^2+9x+20} - \frac{2}{x+4} = \frac{x-5}{x+4} - \frac{2}{x+4} = \frac{x-7}{x+4}$.

18. C; Nivel de conocimiento: 2; Temas: Q.2.a, A.1.a, A.1.f, A.1.h; **Prácticas:** MP.1.a, MP.1.b, MP.1.e, MP.4.b

Para resolver la ecuación, comienza por hallar el mínimo común

denominador. El denominador de $\frac{2}{6x+12}$ se puede escribir

como $6(x+2)$, por lo que el mínimo común denominador para la ecuación es $6(x+2)$. Multiplica cada lado de la ecuación por el

mínimo común denominador:

$6\overline{(x+2)} \cdot \frac{3}{\overline{x+2}} + 6\overline{(x+2)} \cdot \frac{2}{\overline{6(x+2)}} = 6\overline{(x+2)} \cdot \frac{5}{\not{6}}$.

Simplifica: $6(3) + 2 = 5(x+2)$. Multiplica: $18 + 2 = 5x + 10$. Combina los términos semejantes y resta 10 de cada lado: $10 = 5x$. Divide cada lado entre 5: $x = 2$.

19. A; Nivel de conocimiento: 2; Temas: Q.2.a, A.1.a, A.1.f, A.1.h; **Prácticas:** MP.1.a, MP.1.b, MP.1.e, MP.4.b

Para resolver la ecuación, comienza por hallar el mínimo común

denominador. El denominador de $\frac{4}{x^2-9}$ se puede volver a escribir

como $(x+3)(x-3)$, por lo que el mínimo común denominador de la ecuación es $(x+3)(x-3)$. Multiplica cada lado de la ecuación por el mínimo común denominador:

$(x+3)\overline{(x-3)} \cdot \frac{3}{\overline{x-3}} + (x+3)(x-3) \cdot 1 = \overline{(x+3)}\,\overline{(x-3)} \cdot \frac{4}{\overline{x^2-9}}$.

Simplifica: $3(x+3) + x^2 - 9 = 4$. Multiplica: $3x + 9 + x^2 - 9 = 4$. Combina los términos semejantes y resta 4 de cada lado: $x^2 + 3x - 4 = 0$. Como $(4)(-1) = -4$ y $4 + (-1) = 3$, $x^2 + 3x - 4 = (x-1)(x+4) = 0$, por lo tanto $x = 1$ ó $x = -4$.

Clave de respuestas

UNIDAD 3 *(continuación)*

20. D; Nivel de conocimiento: 2; **Temas:** Q.2.a, A.1.a, A.1.f, A.1.h; **Prácticas:** MP.1.a, MP.1.b, MP.1.e, MP.4.b

Para resolver la ecuación, comienza por hallar el mínimo común denominador. El denominador de $\dfrac{3x - 29}{x^2 - 13 + 42}$ se puede volver a escribir como $(x - 6)(x - 7)$, por lo que el mínimo común denominador de la ecuación es $(x - 6)(x - 7)$. Multiplica cada lado de la ecuación por el mínimo común denominador: $3(x - 6)(x - 7)$ $\dfrac{x + 2}{x - 6} = (x - 6)(x - 7)\dfrac{3x - 29}{x^2 - 13 + 42}$. Simplifica: $(x - 7)(x + 2) = 3x - 29$. Multiplica: $x^2 - 5x - 14 = 3x - 29$. Resta $3x$ y suma 29 de cada lado: $x^2 - 8x + 15 = 0$. Como $(-3)(-5) = 15$ y $-3 + (-5) = -8$, $x^2 - 8x + 15 = (x - 3)(x - 5) = 0$, y $x = 3$ ó $x = 5$.

21. A; Nivel de conocimiento: 2; **Temas:** Q.2.a, A.1.a, A.1.f, A.1.h; **Prácticas:** MP.1.a, MP.1.b, MP.1.e, MP.4.b

Para simplificar, primero despeja los factores más grandes de los distintos términos: $\dfrac{2(4x^2 - 9)}{(x^2 - 1)} \cdot \dfrac{3(x - 1)}{2(2x + 3)}$. A continuación, observa todos los términos que estén relacionados con la diferencia entre cuadrados perfectos, ej. $(4x^2 - 9)$ y $(x^2 - 1)$, porque se descomponen fácilmente en factores: $\dfrac{2(2x - 3)(2x + 3)}{(x - 1)(x + 1)} \cdot \dfrac{3(x - 1)}{2(2x + 3)}$. Si cancelamos los términos idénticos en el numerador y el denominador, obtenemos el resultado: $\dfrac{3(2x - 3)}{(x + 1)}$ (opción A).

22. D; Nivel de conocimiento: 1; **Temas:** Q.2.a, A.1.f; **Prácticas:** MP.1.a, MP.1.b, MP.1.e, MP.4.b

Para hallar el mínimo común denominador de cada ecuación, descompón ambos lados en factores por completo. En la opción de respuesta A, $\dfrac{7}{2x + 8} = \dfrac{7}{2(x + 4)}$ y $\dfrac{3}{3x - 9} = \dfrac{\cancel{3}}{\cancel{3}(x - 3)}$, por lo que el mínimo común denominador es $2(x + 4)(x - 3)$. En la opción de respuesta B, $\dfrac{2x - 4}{x^2 + 2x - 8} = \dfrac{2(x - 2)}{(x + 4)(x - 2)}$, por lo que el mínimo común denominador es $(x + 4)\ (x - 2)$. En la opción de respuesta C, $\dfrac{x + 3}{x^2 - 9} = \dfrac{x + 3}{(x + 3)(x - 3)}$ y $\dfrac{x + 5}{x^2 + 2x - 15} = \dfrac{x + 5}{(x + 5)(x - 3)}$, por lo que el mínimo común denominador es $(x - 3)$. En la opción de respuesta D, $\dfrac{6}{3x + 12} = \dfrac{3(2)}{\cancel{3}(x + 4)}$ y $\dfrac{x^2 - 16}{x^2 + x - 12} = \dfrac{(x + 4)(x - 4)}{(x - 3)(x + 4)}$, por lo que el mínimo común denominador es $(x + 4)(x - 3)$.

23. A; Nivel de conocimiento: 3; **Temas:** A.1.a, A.1.f, A.1.h; **Prácticas:** MP.1.a, MP.1.b, MP.1.d, MP.1.e, MP.2.c, MP.3.a, MP.4.a

Para que una expresión *no* cambie el mínimo común denominador de $\dfrac{n}{(x + a)} + \dfrac{m}{(x + b)}$, su denominador simplificado debe ser $(x + a)$, $(x + b)$ o $(x + a)(x + b)$. Por lo tanto, p tendría que ser un número o un polinomio con un factor que sea común a otros factores cualesquiera del denominador y que pueda cancelarlos. En la opción de respuesta A, no hay ningún factor que pueda cancelarse de $(x - b)$ para que dé como resultado $(x + a)$, $(x + b)$ o $(x + a)(x + b)$.

Por lo tanto, si se añade la expresión $\dfrac{p}{x - b}$ necesariamente se cambiaría el mínimo común denominador. En la opción de respuesta B, si p fuera múltiplo de $(x - a)$, entonces el numerador y el denominador tendrían un factor común de $(x - a)$ y la expresión simplificada tendría un denominador de $(x + a)$. En la opción de respuesta C, si p fuera múltiplo de $(x + b)$, entonces el numerador y el denominador tendrían un factor común de $(x + b)$ y la expresión simplificada tendría un denominador de $(x + b)$. En la opción de respuesta D, si p fuera múltiplo de 2, entonces el numerador y el denominador tendrían un factor común de 2 y la expresión simplificada tendría un denominador de $(x + a)$.

24. B; Nivel de conocimiento: 2; **Temas:** Q.2.a, Q.2.e, A.1.a, A.1.f, A.1.h; **Prácticas:** MP.1.a, MP.1.b, MP.1.e, MP.2.a, MP.4.a, MP.4.b

Para hallar el número de mililitros de solución de alcohol al 25% que la química necesita agregar, despeja la m de la ecuación. Primero, multiplica para eliminar los paréntesis: $0.15 = \dfrac{0.1(100) + 0.25m}{100 + m} = \dfrac{10 + 0.25m}{100 + m}$. A continuación, multiplica cada lado por el mínimo común denominador, $100 + m$: $(100 + m) \cdot 0.15 = (100 + m) \cdot \dfrac{10 + 0.25m}{100 + m}$.

Multiplica: $15 + 0.15m = 10 + 0.25m$. Resta 10 y $0.15m$ de cada lado: $5 = 0.1m$. Divide cada lado entre 0.1: $m = 50$. La química debe agregar 50 ml de la solución de alcohol al 25%.

25. C; Nivel de conocimiento: 2; **Temas:** Q.2.a, A.1.a, A.1.f, A.1.h; **Prácticas:** MP.1.a, MP.1.b, MP.1.e, MP.4.b

Para restar expresiones racionales, vuelve a escribirlas con denominadores semejantes. Para hallar el mínimo común denominador, comienza por simplificar cada expresión: $\dfrac{x^2 + 4x}{3x + 12}$ puede simplificarse a $\dfrac{x(x + 4)}{3(x + 4)}$. A partir de allí, despeja los términos $x + 4$ del numerador y el denominador, de modo que se lea: $\dfrac{x}{3} - \dfrac{4x}{x} + 7$. Multiplica los dos términos del denominador para hallar el denominador común, $3(x + 7)$. A continuación, vuelve a escribir cada expresión usando el mínimo común denominador, aplicando $x + 7$ tanto al numerador como al denominador del lado izquierdo de la expresión y 3 al numerador y al denominador del lado derecho, de modo que: $\dfrac{x^2 + 7x - 12x}{3x + 21}$. Combina los términos semejantes: $\dfrac{x^2 - 5x}{3x + 21}$.

CLAVE DE RESPUESTAS

27. **C; Nivel de conocimiento:** 2; **Temas:** Q.2.a, A.1.a, A.1.f, A.1.h; **Prácticas:** MP.1.a, MP.1.b, MP.1.e, MP.4.b
Para simplificar la expresión, comienza por descomponer en factores cada denominador:
$$\frac{2}{5(x-2)} + \frac{x+1}{(x-5)(x-2)} + \frac{1}{-(x-2)}.$$
El mínimo común denominador es $5(x-2)(x-5)$.
Vuelve a escribir la suma de una cantidad negativa como resta y vuelve a escribir la expresión con el m.c.d.:
$$\frac{2(x-5)}{5(x-2)(x-5)} + \frac{5(x+1)}{5(x-5)(x-2)} - \frac{1(5)(x-5)}{(x-2)(5)(x-2)}.$$
Suma: $\dfrac{2(x-5) + 5(x+1) - 1(5)(x-5)}{5(x-2)(x-5)}.$
Halla los productos en el numerador: $\dfrac{2x-10+5x+5-5x+25}{5(x-2)(x-5)}.$
Combina los términos semejantes: $\dfrac{2x+20}{5(x-2)(x-5)}.$

28. **B; Nivel de conocimiento:** 3; **Temas:** Q.2.a, A.1.a, A.1.f, A.1.h; **Prácticas:** MP.1.a, MP.1.b, MP.1.e, MP.3.c, MP.4.a, MP.4.b, MP.5.a
Examina cada paso de la solución de Rebecca. En el Paso 1, Rebecca multiplicó cada lado de la ecuación por el mínimo común denominador, $5(x-3)$: $5(x-3) \cdot \dfrac{x}{x-3} + 5(x-3) \cdot \dfrac{1}{5} = 5(x-3) \cdot \dfrac{3}{x-3}$. Este paso es correcto. En el Paso 2, Rebecca halló los productos del Paso 1: $5x + (x-15) = 5(3)$. Rebecca cometió un error al multiplicar $5(x-3) \cdot \dfrac{1}{5}$, y escribió el producto como $x-15$ en lugar de $x-3$. El error se encuentra en el Paso 2.

LECCIÓN 10, *págs. 94–97*
1. **D; Nivel de conocimiento:** 2; **Temas:** Q.4.a, A.3.d; **Prácticas:** MP.1.a, MP.2.a
Sea a el ancho del contrachapado. El área de un rectángulo es el producto de su longitud y su ancho, por lo que el área del contrachapado es $25a$. Como el área debe ser mayor que 100 pies cuadrados, $25a \geq 100$. La opción de respuesta A resta el ancho de la longitud y utiliza un signo de desigualdad incorrecto. La opción de respuesta B suma el ancho a la longitud. La opción de respuesta C utiliza un signo de desigualdad incorrecto.

2. **C; Nivel de conocimiento:** 1; **Temas:** Q.2.a, Q.2.e, Q.4.a, A.3.d; **Prácticas:** MP.1.a, MP.1.e, MP.2.a, MP.4.b
El área de un rectángulo es igual a la longitud × el ancho. La longitud es 25 pies y el ancho está representado con a, por lo que el área del rectángulo es $25a$. Como el área es mayor que 100 pies cuadrados, $25a \geq 100$. Divide cada lado de la desigualdad entre 25 para hallar a: $a \geq 4$. Las opciones de respuesta A, B y D usan un signo de desigualdad incorrecto.

3. **B; Nivel de conocimiento:** 1; **Tema:** A.3.b; **Práctica:** MP.4.c
El círculo cerrado en -3 indica que -3 es parte del conjunto de soluciones. La flecha apunta hacia la derecha, por lo que la gráfica muestra la desigualdad $x \geq -3$. La gráfica de la opción de respuesta A mostraría un círculo cerrado en 3, con una flecha apuntando también hacia la derecha. La gráfica de la opción de respuesta C mostraría un círculo cerrado en -3, con una flecha apuntando hacia la izquierda. La gráfica de la opción de respuesta D mostraría un círculo abierto en -3, con una flecha apuntando hacia la derecha.

4. **D; Nivel de conocimiento:** 1; **Temas:** Q.2.a, Q.2.e, Q.4.a, A.3.d; **Prácticas:** MP.1.a, MP.1.e, MP.2.a, MP.4.b
Resuelve la desigualdad como resolverías una ecuación. Resta 5 de cada lado de la desigualdad: $x+5-5 < 14-5$. Simplifica: $x < 9$. La opción de respuesta A tiene un signo incorrecto para la constante. Las opciones de respuesta B y C provienen de sumar 5 a cada lado de la desigualdad y de utilizar un signo de desigualdad incorrecto.

5. **C; Nivel de conocimiento:** 1; **Tema:** A.3.b; **Práctica:** MP.4.c
Un círculo cerrado en la gráfica de una desigualdad significa que el número está incluido en el conjunto de soluciones. Por lo tanto, una desigualdad representada en una recta numérica con un círculo cerrado debe ser "menor que o igual a" ($\leq$) o "mayor que o igual a" ($\geq$). Por lo tanto, solamente la opción de respuesta C se representaría gráficamente en una recta numérica con un círculo cerrado.

6. **D; Nivel de conocimiento:** 2; **Temas:** Q.2.a, A.3.a, A.3.b; **Prácticas:** MP.1.a, MP.1.e, MP.4.a, MP.4.c
Para representar gráficamente la desigualdad, comienza por despejar la x. Primero, multiplica para eliminar los paréntesis: $4x-4 \geq 8$. Suma 4 a cada lado de la desigualdad: $4x \geq 12$. Divide cada lado entre 3: $x \geq 3$. El signo de desigualdad significa "mayor que o igual a", por lo que se representa gráficamente mediante un círculo cerrado en 3, con una flecha que apunta hacia la derecha. La opción de respuesta A representa la desigualdad $x \leq -1$. La opción de respuesta B representa la desigualdad $x < 3$. La opción de respuesta C representa la desigualdad $x > -1$.

7. **B; Nivel de conocimiento:** 2; **Temas:** Q.2.a, A.3.a; **Prácticas:** MP.1.a, MP.1.e, MP.4.a
Para resolver la desigualdad, despeja la variable a un lado del signo de desigualdad. Primero, resta $5x$ de cada lado, de modo que $-3x+3 \geq 4$. A continuación, resta 3 de cada lado, de modo que $-3x \geq 1$. Divide cada lado entre -3 y cambia la dirección del signo de desigualdad porque estás dividiendo entre un número negativo: $x \leq -\dfrac{1}{3}$. La opción de respuesta A utiliza un signo de desigualdad incorrecto. La opción de respuesta C proviene de multiplicar por -3, en lugar de dividir, y de no cambiar la dirección del signo de desigualdad. La opción de respuesta D proviene de multiplicar por 3, en lugar de dividir entre -3, y de utilizar un signo de desigualdad incorrecto.

8. **D; Nivel de conocimiento:** 1; **Tema:** A.3.b; **Práctica:** MP.4.c
El círculo cerrado en -1 muestra que -1 está incluido en el conjunto de soluciones. La flecha apunta hacia la izquierda, por lo que la gráfica muestra la desigualdad $x \leq -1$. La gráfica de la opción de respuesta A mostraría un círculo abierto en 1, con una flecha apuntando hacia la derecha. La gráfica de la opción de respuesta B mostraría un círculo cerrado en -1, con una flecha apuntando hacia la derecha. La gráfica de la opción de respuesta C mostraría un círculo abierto en -1, con una flecha apuntando hacia la izquierda.

9. **A; Nivel de conocimiento:** 2; **Temas:** Q.2.a, A.3.a; **Prácticas:** MP.1.a, MP.1.e, MP.4.a
Para resolver la desigualdad, despeja la variable a un lado del signo de la desigualdad. Suma 7 a cada lado de la desigualdad, de modo que $2x \geq 22$. A continuación, divide cada lado entre 2, de modo que $x \geq 11$. La opción de respuesta B proviene de no dividir entre 2. La opción de respuesta C proviene de cambiar la dirección del signo de la desigualdad. La opción de respuesta D proviene de no dividir entre 2 y de cambiar la dirección del signo de la desigualdad.

Clave de respuestas

UNIDAD 3 *(continuación)*

10. **A**; **Nivel de conocimiento:** 2; **Temas:** Q.2.a, A.3.a, A.3.d; **Prácticas:** MP.1.a, MP.1.e, MP.2.a, MP.4.b
Sea x el número. 4 por el número, $4x$, sumado a 3 es mayor que 2 menos que 5 por el número, o $5x - 2$. Por lo tanto, la desigualdad es $4x + 3 > 5x - 2$.

11. **C**; **Nivel de conocimiento:** 2; **Temas:** Q.2.a, Q.2.e, A.3.a, A.3.c, A.3.d; **Prácticas:** MP.1.a, MP.1.e, MP.2.a, MP.4.b
Sea x el número de minutos que habla Stacy. Stacy paga $12 por mes más $0.10 por minuto, es decir, $12 + 0.1x$. Asigna $25 por mes para su cuenta de teléfono celular, por lo que la cantidad que paga debe ser menor que $25 o igual a $25, que se representa con la desigualdad $12 + 0.1x \leq 25$. Resta 12 de cada lado: $0.1x \leq 13$. Multiplica cada lado por 10: $x \leq 130$.

12. **C**; **Nivel de conocimiento:** 2; **Temas:** Q.2.a, Q.2.e, A.3.a, A.3.c, A.3.d; **Prácticas:** MP.1.a, MP.1.e, MP.2.a, MP.4.b
Sea x el precio de 1 galón de leche. Lydia compró 3 galones de leche, o $3x$. El total de su compra fue más de $9, por lo que $3x > 9$. Divide cada lado entre 3: $x > 3$. El mínimo precio posible que es mayor que $3 es $3.01. Las opciones de respuesta A y B son menores que $3, por lo que el total de Lydia sería menor que $9. La opción de respuesta D daría como resultado un total mayor que $9, pero $3.50 no es el mínimo precio posible.

13. **A**; **Nivel de conocimiento:** 2; **Temas:** Q.2.a, Q.2.e, Q.7.a, A.3.c, A.3.d; **Prácticas:** MP.1.a, MP.1.e, MP.2.a, MP.4.b
Para hallar un promedio, divide el total entre el número de valores. El puntaje promedio de Dylan sería el puntaje total de los tres juegos dividido entre el número de juegos. Si x es el puntaje de Dylan en el tercer juego, su promedio es $\dfrac{122 + 118 + x}{3}$.
Como Dylan quiere que su promedio sea de al menos 124, $\dfrac{122 + 118 + x}{9} \geq 124$. Multiplica cada lado por 3:
$122 + 118 + x \geq 372$. Combina los términos semejantes: $240 + x \geq 372$. Resta 240 de cada lado: $x \geq 132$.

14. $x > -1$; **Nivel de conocimiento:** 1; **Tema:** A.3.b; **Práctica:** MP.4.c
El círculo abierto en -1 indica que -1 no es parte del conjunto de soluciones. La flecha apunta hacia la derecha. Por lo tanto, $x > -1$.

15. $x \leq 2$; **Nivel de conocimiento:** 1; **Tema:** A.3.b; **Práctica:** MP.4.c
El círculo cerrado en 2 indica que 2 es parte del conjunto de soluciones. La flecha apunta hacia la izquierda. Por lo tanto, $x \leq 2$.

16. $x > -3$; **Nivel de conocimiento:** 2; **Temas:** Q.2.a, A.3.a; **Prácticas:** MP.1.a, MP.1.e, MP.4.a
Resta 2 de cada lado, de modo que $6x > 3x - 9$. Resta $3x$ de cada lado: $3x > -9$. Divide: $x > -3$.

17. $y \geq -4$; **Nivel de conocimiento:** 2; **Temas:** Q.2.a, A.3.a; **Prácticas:** MP.1.a, MP.1.e, MP.4.a
Suma 2 a cada lado, de modo que $4y \leq 7y + 12$. Resta $7y$ de cada lado, de modo que $-3y \leq 12$. Divide y cambia la dirección del signo de desigualdad porque estás dividiendo entre un número negativo: $y \geq -4$.

18. $30b \leq 1,000$; **Nivel de conocimiento:** 2; **Temas:** Q.2.a, Q.2.e, Q.7.a, A.3.c, A.3.d; **Prácticas:** MP.1.a, MP.1.e, MP.2.a, MP.4.b
Cada bloque de hormigón pesa 30 libras, por lo que el peso total de los bloques de hormigón es $3b$. Como la carga máxima es 1,000 libras, $30b \leq 1,000$.

19. $3m > 18$; **Nivel de conocimiento:** 2; **Temas:** Q.2.a, Q.2.e, A.3.c, A.3.d; **Prácticas:** MP.1.a, MP.1.e, MP.2.a, MP.4.b
Matthew trotará m millas. Correrá el doble de millas de las que trotará, por lo que correrá $2m$ millas. La distancia total, $m + 2m$, debe ser mayor que 18, por lo que $m + 2m > 18$, ó $3m > 18$.

20. **16**; **Nivel de conocimiento:** 2; **Temas:** Q.2.a, Q.2.e, Q.4.a, A.3.c, A.3.d; **Prácticas:** MP.1.a, MP.1.e, MP.2.a, MP.4.b
El área de un rectángulo es el producto de su longitud (o altura) y su ancho, o lw. Como el mural medirá 15 pies de altura, el área del mural será $15w$. El mural puede tener un área de no más de 240 pies cuadrados, por lo que $15w \leq 240$. Divide: $w \leq 16$. Por lo tanto, el ancho máximo del mural es 16 pies.

21. **D**; **Nivel de conocimiento:** 2; **Temas:** Q.2.a, Q.2.e, Q.7.a, A.3.a, A.3.c, A.3.d; **Prácticas:** MP.1.a, MP.1.e, MP.2.a, MP.4.b
Para hallar un promedio, divide el total entre el número de valores. La calificación promedio de Brit sería el total de las calificaciones de sus cuatro pruebas dividido entre el número de pruebas. Si x es la puntuación de Brit en la cuarta prueba, su promedio es $\dfrac{45 + 38 + 47 + x}{4}$. Como Brit quiere que su promedio sea de al menos 44, $\dfrac{45 + 38 + 47 + x}{4} \geq 44$. Multiplica cada lado por 4: $45 + 38 + 47 + x \geq 176$. Combina los términos semejantes: $130 + x \geq 176$. Resta 130 de cada lado $x \geq 46$.

22. **D**; **Nivel de conocimiento:** 2; **Temas:** Q.2.a, Q.2.e, A.3.c, A.3.d; **Prácticas:** MP.1.a, MP.1.e, MP.2.a, MP.4.b
Sea x el número original de camisetas. El número de camisetas que quedan es igual al número vendido restado del número original, es decir, $x - 156$. Como el número de camisetas que quedan es menor que 34, $x - 156 < 34$. Suma 156 a cada lado: $x < 190$.

23. **D**; **Nivel de conocimiento:** 2; **Temas:** Q.2.a, Q.2.e, A.3.a, A.3.c, A.3.d; **Prácticas:** MP.1.a, MP.1.e, MP.2.a, MP.4.b
Sea x las ventas mensuales de Gabe. Las ganancias totales de Gabe son la suma de su salario base, $1,500, y su comisión, 3% de las ventas, es decir, $0.03x$. Para que Gabe gane al menos $3,000, $1,500 + 0.03x \geq 3,000$. Resta 1,500 de cada lado: $0.03x \geq 1,500$. Divide cada lado entre 0.03: $x \geq 50,000$. Las opciones de respuesta A, B y C provienen de errores de cálculo relacionados con la conversión de porcentaje a número decimal o la división entre un número decimal.

24. **A**; **Nivel de conocimiento:** 2; **Temas:** Q.2.a, Q.2.e, A.3.c, A.3.d; **Prácticas:** MP.1.a, MP.1.e, MP.2.a, MP.4.b
Sea y el número de puntos que obtuvo Allen en la segunda ronda. Obtuvo 10 puntos en la primera ronda. En la segunda ronda, obtuvo menos de 2 por el número de puntos que obtuvo en la primera ronda, es decir, menos que $2(10)$. Por lo tanto, $y < 20$. Las opciones de respuesta B y D representan el resultado de no multiplicar por 2 y/o de usar un signo de desigualdad incorrecto. La opción de respuesta C representa "menor que 2 o igual a 2 por el número de puntos que obtuvo en la primera ronda".

25. D; Nivel de conocimiento: 2; **Temas:** Q.2.a, Q.2.e, A.3.a, A.3.c, A.3.d; **Prácticas:** MP.1.a, MP.1.e, MP.2.a, MP.4.b
Sea x el número de cajas de fideos. La primera caja cuesta $1.60. Cada caja adicional cuesta $0.95, por lo que el costo de las cajas adicionales es $0.95(x - 1)$. El costo total de las cajas de fideos es $1.60 + $0.95(x - 1)$. Por lo tanto, el número máximo de cajas de fideos que puede comprar Jax con $4.50 está dado por $1.60 + 0.95(x - 1) \leq 4.50$. Multiplica para eliminar los paréntesis: $1.60 + 0.95x - 0.95 \leq 4.50$. Combina los términos semejantes: $0.95x + 0.65 \leq 4.50$. Resta 0.65 de cada lado, de modo que $0.95x \leq 3.85$. Divide: $x \leq 4.05$. Como el número de cajas tiene que ser un número entero, el número máximo de cajas que puede comprar Jax es 4.

26. B; Nivel de conocimiento: 2; **Temas:** Q.2.a, Q.2.e, A:3.a, A.3.c, A.3.d; **Prácticas:** MP.1.a, MP.1.e, MP.2.a, MP.4.b
Sea x el precio de las botas. Por lo tanto, el precio de la chaqueta es $2\frac{1}{2}x$ ó $2.5x$. La suma del precio de las botas y el precio de la chaqueta no puede ser más de $157.50, por lo que $x + 2.5x \leq 157.50$. Combina los términos semejantes: $3.5x \leq 157.50$. Divide cada lado entre 3.5: $x \leq 45$.

27. A; Nivel de conocimiento: 2; **Temas:** Q.2.a, Q.2.e, A.3.a, A.3.c, A.3.d; **Prácticas:** MP.1.a, MP.1.e, MP.2.a, MP.4.b
Sea x el número de yardas que nadó Michael el lunes. El martes, nadó 400 menos que $3x$, ó $3x - 400$. Entre los dos días, Michael nadó $x + (3x - 400)$ yardas. El número de yardas que nadó Michael a lo largo de los dos días fue menos de 2,000, por lo que $x + (3x - 400) < 2,000$. Combina los términos semejantes: $4x - 400 < 2,000$. Suma 400 a cada lado: $4x < 2,400$. Divide: $x < 600$. Como Michael nadó menos de 600 yardas el lunes, pudo haber nadado 500 yardas.

28. B; Nivel de conocimiento: 2; **Temas:** Q.2.a, Q.2.e, Q.7.a, A.3.a, A.3.c, A.3.d; **Prácticas:** MP.1.a, MP.1.e, MP.2.a, MP.4.b
Para hallar un promedio, divide el total entre el número de valores. Como José tiene el mismo número de turnos al bate cada año, su promedio total de bateo se puede hallar calculando el promedio de sus promedios de bateo de los dos años. Si x es el promedio de bateo de José de este año, su promedio de bateo total para los dos años es $\frac{0.266 + x}{2}$. Como José quiere un promedio de bateo total mayor que 0.300, $\frac{0.266 + x}{2} \geq 0.300$. Multiplica cada lado por 2: $0.266 + x \geq 0.600$. Resta 0.266 de cada lado $x \geq 0.334$. La opción de respuesta A es el promedio de 0.266 y 0.300. Las opciones de respuesta C y D darían como resultado un promedio de bateo total mayor que 0.300 pero no son el promedio mínimo de bateo que podría tener José.

29. D; Nivel de conocimiento: 2; **Temas:** Q.2.a, Q.2.e, A.3.c, A.3.d; **Prácticas:** MP.1.a, MP.1.e, MP.2.a, MP.4.b
Sea x el precio de la revista. Hay un impuesto del 6% sobre su compra, por lo que el monto total que gasta es $(8.99 + x) + 6\% \cdot (8.99 + x)$, ó $1.06(8.99 + x)$. El monto total que gasta Elena en el libro y la revista debe ser menor que $15 o igual a $15, por lo que la desigualdad $1.06(8.99 + x) \leq 15$ representa el precio máximo de la revista.

30. B; Nivel de conocimiento: 2; **Temas:** Q.2.a, Q.2.e, A.3.a, A.3.c, A.3.d; **Prácticas:** MP.1.a, MP.1.e, MP.2.a, MP.4.b
Sea x el número de estudiantes que se inscribieron para la clase el año pasado. Por lo tanto, 30 menos que el doble de los estudiantes del año pasado puede representarse con la expresión $2x - 30$. Como el número de inscriptos no puede exceder los 100, $2x - 30 \leq 100$. Suma 30 a cada lado: $2x \leq 130$. Divide entre 2: $x \leq 65$. La opción de respuesta A proviene de restar 30 de cada lado en lugar de sumar. La opción de respuesta C proviene de restar 30 de 100. La opción de respuesta D es el número máximo de inscriptos que puede haber este año.

31. D; Nivel de conocimiento: 2; **Temas:** Q.2.a, Q.2.e, A.3.a, A.3.c, A.3.d; **Prácticas:** MP.1.a, MP.1.e, MP.2.a, MP.4.b
Sea x la cantidad que pagó cada amigo. Como los tres amigos dividieron la cuenta en partes iguales, $3x$ es la cantidad total que pagaron los tres amigos. La cuenta fue menor que $45, por lo que $3x < 45$. Divide: $x < 15$. El monto máximo menor que $15 es $14.99, por lo que el monto máximo que pudo haber pagado cada amigo es $14.99.

32. C; Nivel de conocimiento: 2; **Temas:** Q.2.a, Q.2.e, Q.7.a, A.3.a, A.3.c, A.3.d; **Prácticas:** MP.1.a, MP.1.e, MP.2.a, MP.4.b
Para hallar un promedio, divide el total entre el número de valores. La calificación promedio de Elisa es el total de sus calificaciones dividido entre el número de calificaciones. Si x es la calificación de Elisa en su quinto trabajo, su promedio es $\frac{78 + 85 + 82 + 74 + x}{5}$. Como Elisa quiere una calificación promedio de al menos 80%, $\frac{78 + 85 + 82 + 74 + x}{5} \geq 80$. Multiplica cada lado por 5: $78 + 85 + 82 + 74 + x \geq 400$. Combina los términos semejantes: $319 + x \geq 400$. Resta 319 de cada lado: $x \geq 81$. Elisa necesita una calificación de al menos 81 en el quinto trabajo. La opción de respuesta D le daría a Elisa una calificación promedio mayor que 80, pero no es la calificación mínima que necesita. Las opciones de respuesta A y B le darían a Elisa una calificación promedio menor que 80.

LECCIÓN 11, *págs. 98–101*

1. D; Nivel de conocimiento: 1; **Tema:** A.5.a; **Práctica:** MP.1.a
El punto G está ubicado 3 unidades a la derecha del origen, por lo que está representado con un número positivo, y 3 unidades por debajo del origen, por lo que está representado con un número negativo. Por lo tanto, el punto G está ubicado en $(3, -3)$. El par ordenado $(3, -4)$ describe la ubicación 3 unidades a la derecha del origen y 4 unidades por debajo del origen. El par ordenado $(4, -3)$ describe la ubicación 4 unidades a la derecha del origen y 3 unidades por debajo del origen. El par ordenado $(-3, 3)$ describe la ubicación 3 unidades a la izquierda del origen y 3 unidades por encima del origen.

2. A; Nivel de conocimiento: 2; **Temas:** Q.2.a, A.5.a; **Prácticas:** MP.1.a, MP.1.e
El punto G está ubicado 3 unidades a la derecha del origen y 3 unidades por debajo del origen, en $(3, -3)$. Para trasladar el punto 1 unidad hacia arriba, suma 1 a la coordenada y, que es -3: $-3 + 1 = -2$. Para trasladar el punto 2 unidades hacia la izquierda, resta 2 de la coordenada x, que es 3: $3 - 2 = 1$. Por lo tanto, la nueva ubicación del punto G es $(1, -2)$. El punto $(-2, 1)$ confunde las coordenadas x y y del punto trasladado. El punto $(4, -5)$ está 1 unidad a la derecha y 2 unidades por debajo del punto G. El punto $(1, -4)$ desplaza el punto G incorrectamente 1 unidad hacia abajo y 2 unidades hacia la izquierda.

Clave de respuestas

UNIDAD 3 *(continuación)*

3. **A**; **Nivel de conocimiento:** 1; **Tema:** A.5.a; **Práctica:** MP.1.a
El punto *D* está ubicado 2 unidades a la derecha del origen y 5 unidades por encima del origen. Ambas direcciones se representan con números positivos, por lo que el punto *D* está ubicado en (2, 5). El par ordenado (5, 2) describe la ubicación 5 unidades a la derecha del origen y 2 unidades por encima del origen. El par ordenado (−5, 2) describe la ubicación 5 unidades a la izquierda del origen y 2 unidades por encima del origen. El par ordenado (−2, −5) describe la ubicación 2 unidades a la izquierda del origen y 5 unidades por debajo del origen.

4. **D**; **Nivel de conocimiento:** 2; **Tema:** A.5.a; **Prácticas:** MP.1.a, MP.1.d, MP.3.a
El punto que falta estará en la misma línea vertical que el punto *C*, por lo que el punto estará a la misma distancia del eje de la *y* y tendrá la misma coordenada *x* que el punto *C*. El punto *C* está ubicado 1 unidad a la derecha del origen, por lo que su coordenada *x* es 1. El punto que falta estará en la misma línea horizontal que el punto *B*, por lo que el punto estará a la misma distancia del eje de la *x* y tendrá la misma coordenada *y* que el punto *B*. El punto *B* está ubicado 5 unidades por debajo del origen, por lo que su coordenada *y* es −5. Por lo tanto, el punto que falta está ubicado en (1, −5). El punto (1, 5) está ubicado por encima del punto *C*. El punto (−5, −1) está ubicado en el lado izquierdo del rectángulo, entre los puntos *A* y *B*. El punto (−5, 1) es la ubicación del punto *A*.

5. **D**; **Nivel de conocimiento:** 2; **Tema:** A.5.a; **Prácticas:** MP.1.a, MP.1.d, MP.3.a
Un rectángulo tiene dos grupos de lados paralelos. Para que el punto que falta y el punto *C* formen un lado paralelo con el lado formado por los puntos *E* y *F*, la relación entre el punto que falta y el punto *C* debe ser la misma que la relación entre los puntos *E* y *F*. El punto *E* está 3 unidades por debajo y 2 unidades a la izquierda del punto *F*. Por lo tanto, el punto que falta está 3 unidades por debajo y 2 unidades a la izquierda del punto *F*. El punto *C* está ubicado en (1, 1), por lo que el punto que falta está ubicado en (−1, −2). Los puntos restantes no forman lados con el punto *C* que sean paralelos al lado formado por los puntos *E* y *F*.

6. **A**; **Nivel de conocimiento:** 2; **Temas:** Q.2.a, A.5.a; **Prácticas:** MP.1.a, MP.1.e
El punto *D* está ubicado 2 unidades a la derecha del origen y 5 unidades por encima del origen, en (2, 5). Para trasladar el punto 5 unidades hacia abajo, resta 5 de la coordenada *y*, que es 5 − 5 = 0. Para trasladar el punto 2 unidades hacia la derecha, suma 2 a la coordenada *x*, que es 2 + 2 = 4. Por lo tanto, la nueva ubicación del punto *D* es (4, 0). El punto (0, 4) confunde las coordenadas *x* y *y* del punto trasladado. El punto (−3, 3) está 5 unidades a la izquierda y 2 unidades por debajo del punto *D*. El punto (0, 0) está 2 unidades a la izquierda y 5 unidades por debajo del punto *D*.

7. **D**; **Nivel de conocimiento:** 2; **Temas:** Q.2.a, A.5.a; **Prácticas:** MP.1.a, MP.1.e
El punto *C* está ubicado 1 unidad a la derecha del origen y 1 unidad por encima del origen, en (1, 1). Para trasladar el punto 2 unidades hacia abajo, resta 2 de la coordenada *y*, que es 1 − 2 = −1. La coordenada *x* no cambia. Por lo tanto, la nueva ubicación del punto *C* es (1, −1). El punto (−1, 1) confunde las coordenadas *x* y *y* del punto trasladado o proviene de trasladar el punto *C* dos unidades hacia la izquierda. El punto (1, 3) está 2 unidades por encima del punto *C*. El punto (3, 1) confunde las coordenadas *x* y *y* del punto ubicado 2 unidades por encima del punto *C* o proviene de trasladar el punto *C* dos unidades hacia la derecha.

8. **C**; **Nivel de conocimiento:** 1; **Tema:** A.5.a; **Prácticas:** MP.1.a, MP.1.e
El cuadrante 2 es el cuadrante superior izquierdo de la cuadrícula de coordenadas. El cuadrante 2 está a la izquierda del eje de la *y* y por encima del eje de la *x*, por lo que los puntos en el cuadrante 2 tienen una coordenada *x* negativa y una coordenada *y* positiva. Por lo tanto, el punto (−2, 5) está en el cuadrante 2. El punto (2, 3) está en el cuadrante 1, el cuadrante superior derecho. El punto (−4, −3) está en el cuadrante 3, el cuadrante inferior izquierdo. El punto (1, −6) está en el cuadrante 4, el cuadrante inferior derecho.

9. **B**; **Nivel de conocimiento:** 2; **Temas:** Q.2.a, A.5.a; **Prácticas:** MP.1.a, MP.1.e
Frank comenzó en el punto ubicado 4 unidades a la derecha del origen y 3 unidades por debajo del origen, en (4, −3). Para moverte 1 unidad hacia abajo, resta 1 de la coordenada *y*, que es −3 − 1 = −4. Para moverte 2 unidades hacia la derecha, suma 2 a la coordenada *x*, que es 4 + 2 = 6. Por lo tanto, la nueva ubicación de Frank es (6, −4). El punto (−4, 6) confunde las coordenadas *x* y *y* del punto trasladado. El punto (3, −1) está 1 unidad a la izquierda y 2 unidades por encima del punto de inicio de Frank. El punto (−1, 3) confunde las coordenadas *x* y *y* del punto.

10. **C**; **Nivel de conocimiento:** 2; **Temas:** Q.2.a, A.5.a; **Prácticas:** MP.1.a, MP.1.e
Para mostrar una traslación de 3 unidades hacia abajo, resta 3 de la coordenada *y*. La coordenada *y* es −6, por lo que la coordenada *y* del punto trasladado es −6 − 3 = −9. No hay cambio hacia la derecha ni hacia la izquierda, por lo que la coordenada *x* sigue siendo *x* y el punto trasladado está ubicado en (*x*, −9).

11. **B**; **Nivel de conocimiento:** 2; **Temas:** Q.2.a, A.5.a; **Prácticas:** MP.1.a, MP.1.e
El punto *M* está ubicado 3 unidades a la izquierda del origen y 2 unidades por debajo del origen, en (−3, −2). Para trasladar el punto 2 unidades hacia arriba, suma 2 a la coordenada *y*, que es −2 + 2 = 0. Para trasladar el punto 3 unidades hacia la derecha, suma 3 a la coordenada *x*, que es −3 + 3 = 0. Por lo tanto, la nueva ubicación del punto *M* es (0, 0). El punto (−1, −1) está 1 unidad por encima y 2 unidades a la derecha del punto *M*. El punto (0, −1) está 2 unidades por encima y 2 unidades a la derecha del punto *M*. El punto (0, −5) está 2 unidades por encima y 2 unidades a la izquierda del punto *M*.

12. **C**; **Nivel de conocimiento:** 2; **Temas:** Q.2.a, A.5.a; **Prácticas:** MP.1.a, MP.1.e
El punto *K* está ubicado 1 unidad a la derecha del origen y 2 unidades por encima del origen, en (1, 2). El punto *M* está ubicado 3 unidades a la izquierda del origen y 2 unidades por debajo del origen, en (−3, −2). Si nos movemos del punto *M* al punto *M'*, la coordenada *x* aumenta en 1 − (−3) = 4 y la coordenada *y* aumenta en 2 − (−2) = 4. Ambos cambios están representados con números positivos, por lo que la traslación movió el cuadrado 4 unidades hacia arriba y 4 unidades hacia la derecha. Una traslación de 2 unidades hacia arriba y 3 unidades hacia la derecha colocaría *M'* en (0, 0). Una traslación de 3 unidades hacia arriba y 3 unidades hacia la derecha colocaría *M'* en (0, 1). Una traslación de 5 unidades hacia arriba y 4 unidades hacia la derecha colocaría *M'* en (1, 3).

13. A; Nivel de conocimiento: 3; **Temas:** Q.2.a, A.5.a; **Prácticas:** MP.1.a, MP.1.e

Cada lado del cuadrado mide 4 unidades de largo. Por consiguiente, el centro del cuadrado está a 2 unidades verticales y 2 unidades horizontales de cada esquina del cuadrado. Comenzando en el punto M, muévete 2 unidades hacia arriba y 2 unidades hacia la derecha para hallar el centro. El centro del cuadrado, el punto N, está ubicado 1 unidad a la izquierda del origen y 0 unidades por encima o por debajo del origen, en $(-1, 0)$. Para trasladar el punto 1 unidad hacia arriba, suma 1 a la coordenada y, que es $0 + 1 = 1$. Para trasladar el punto 2 unidades hacia la izquierda, resta 2 unidades de la coordenada x, que es $-1 - 2 = -3$. Por consiguiente, la nueva ubicación del punto N es $(-3, 1)$. El punto $(0, -2)$ está ubicado 1 unidad a la derecha y 2 unidades por debajo del punto original. El punto $(1, 1)$ está ubicado 2 unidades a la derecha y 1 unidad por encima del punto original.

14. C; Nivel de conocimiento: 1; **Tema:** A.5.a; **Prácticas:** MP.1.a, MP.1.e

El cuadrante 3 es el cuadrante inferior izquierdo de la cuadrícula de coordenadas. El cuadrante 3 está a la izquierda del eje de la y y por debajo del eje de la x, por lo que los puntos en el cuadrante 3 tienen una coordenada x negativa y una coordenada y negativa. Por lo tanto, el punto $(-3, -2)$ está en el cuadrante 3. El punto $(2, 3)$ está en el cuadrante 1, el cuadrante superior derecho. El punto $(-2, 3)$ está en el cuadrante 2, el cuadrante superior izquierdo. El punto $(5, -2)$ está en el cuadrante 4, el cuadrante inferior derecho.

15. C; Nivel de conocimiento: 2; **Tema:** A.5.a; **Prácticas:** MP.1.a, MP.1.d, MP.3.a

El punto que falta estará en la misma línea vertical que el punto superior izquierdo, por lo que el punto estará a la misma distancia del eje de la y y tendrá la misma coordenada x que ese punto. El punto superior izquierdo está ubicado 3 unidades a la izquierda del origen, por lo que su coordenada x es -3. El punto que falta estará en la misma línea horizontal que el punto inferior derecho, por lo que el punto estará a la misma distancia del eje de la x y tendrá la misma coordenada y que ese punto. El punto inferior derecho está ubicado 5 unidades por debajo del origen, por lo que su coordenada y es -5. Por lo tanto, el punto que falta está ubicado en $(-3, -5)$. El punto $(4, -3)$ está ubicado en el lado derecho del rectángulo, entre los dos puntos que se muestran. El punto $(-3, -4)$ tiene la coordenada x correcta pero la coordenada y es incorrecta y no completa el rectángulo. El punto $(-5, -3)$ confunde las coordenadas x y y del punto correcto.

16. D; Nivel de conocimiento: 2; **Tema:** A.5.a; **Práctica:** MP.1.a

Si se trazaran segmentos para conectar los puntos existentes en la cuadrícula de coordenadas, habría un segmento horizontal ubicado 2 unidades por debajo del origen, un segmento vertical ubicado 4 unidades a la derecha del origen y un segmento diagonal que iría hacia abajo de izquierda a derecha. Los segmentos horizontal y vertical forman un ángulo recto, lo que hace que el triángulo sea un triángulo rectángulo. El triángulo no es equilátero porque el segmento horizontal mide 7 unidades de longitud y el segmento vertical mide 3 unidades de longitud. El triángulo no es obtusángulo porque ninguno de los ángulos es mayor que un ángulo recto. El triángulo no es isósceles porque el segmento diagonal no tiene la misma longitud que ninguno de los otros dos segmentos.

17. B; Nivel de conocimiento: 2; **Tema:** A.5.a; **Prácticas:** MP.1.a, MP.1.d, MP.3.a

Si se mueve un punto hacia arriba o hacia abajo, se modifica su coordenada y. Para trasladar un punto 2 unidades hacia abajo, resta 2 unidades de la coordenada y original. Por lo tanto, para hallar la ubicación original de un punto que ha sido trasladado 2 unidades hacia abajo, suma 2 unidades a la coordenada y final.

18. C; Nivel de conocimiento: 2; **Tema:** A.5.a; **Prácticas:** MP.1.a, MP.1.d

El punto R está ubicado 2 unidades a la derecha del origen, que se representa con un número positivo. Por lo tanto, su coordenada x es 2. El punto T está ubicado 5 unidades por debajo del origen, que se representa con un número negativo. Por consiguiente, su coordenada y es -5. Por lo tanto, el punto V está ubicado en $(2, -5)$.

19. A; Nivel de conocimiento: 3; **Temas:** Q.2.a, A.5.a; **Prácticas:** MP.1.a, MP.1.e

El punto U está ubicado 4 unidades a la derecha del origen, que se representa con un número positivo, y 5 unidades por debajo del origen, que se representa con un número negativo. Por lo tanto, el punto U está ubicado en $(4, -5)$. Para hallar la nueva coordenada x, reemplaza x con 4 en $x - 5$: $4 - 5 = -1$. Para hallar la nueva coordenada y, reemplaza y con -5 en $y + 3$: $-5 + 3 = -2$. Por lo tanto, la ubicación final del punto U es $(-1, -2)$.

20. A; Nivel de conocimiento: 1; **Tema:** A.5.a; **Práctica:** MP.1.a

El punto X $(-2, -1)$ tiene una coordenada x negativa y una coordenada y negativa. Por lo tanto, si nos movemos 6 unidades hacia la derecha de -2, obtenemos una coordenada x de $-2 + 6 = 4$ y si nos movemos 3 unidades hacia abajo, desde -1, obtenemos una coordenada y de $-1 + (-3) = -4$.

21. D; Nivel de conocimiento: 2; **Tema:** A.5.a; **Prácticas:** MP.1.a, MP.1.e

El punto W está ubicado en $-2, 2$, por lo que si lo extendemos 1 unidad hacia la izquierda y 1 unidad hacia arriba, obtenemos las coordenadas $-3, 3$. La coordenada $(2, 3)$ es lo que ocurre con el punto Z cuando se mueve 1 unidad hacia la derecha y 1 unidad hacia arriba. La coordenada $(-1, 1)$ es lo que ocurre con el punto W cuando se mueve 1 unidad hacia la derecha y 1 unidad hacia abajo. La coordenada $(2, -2)$ es lo que ocurre con el punto Y cuando se mueve 1 unidad hacia la derecha y 1 unidad hacia abajo.

22. B; Nivel de conocimiento: 2; **Temas:** Q.2.a, A.5.a; **Prácticas:** MP.1.a, MP.1.e

El punto Z está ubicado en el cuadrante 1 (el superior derecho) ya que tiene coordenada x positiva y coordenada y positiva. Si nos movemos en sentido contrario a las manecillas del reloj, el punto W está ubicado en el cuadrante 2, el cuadrante superior izquierdo. El cuadrante 2 está a la izquierda del eje de la y y por encima del eje de la x, por lo que los puntos que están en el cuadrante 3 tienen una coordenada x negativa y una coordenada y positiva. El punto X está ubicado en el cuadrante 3, el cuadrante inferior izquierdo de la cuadrícula de coordenadas. El cuadrante 3 está a la izquierda del eje de la y y por debajo del eje de la x, por lo que los puntos ubicados en el cuadrante 3 tienen una coordenada x negativa y una coordenada y negativa. El punto Y está ubicado en el cuadrante 4, el cuadrante inferior derecho de la cuadrícula de coordenadas. El cuadrante 4 está a la derecha del eje de la y y por debajo del eje de la x, por lo que los puntos ubicados en el cuadrante 4 tienen una coordenada x positiva y una coordenada y negativa.

23. A; Nivel de conocimiento: 2; **Temas:** Q.2.a, A.5.a; **Prácticas:** MP.1.a, MP.1.e

El punto Z se mueve 3 unidades hacia la derecha sobre el eje de la x, lo que significa que su coordenada x cambia mientras que la coordenada y queda igual. Por lo tanto, su nueva ubicación es $(4, 2)$. Las otras coordenadas provienen de moverse 3 unidades hacia la derecha de los otros puntos, W, X y Y.

Clave de respuestas

LECCIÓN 12, *págs. 102–105*

1. B; Nivel de conocimiento: 1; **Temas:** Q.2.a, Q.2.e, A.1.b;
Prácticas: MP.1.a, MP.1.e, MP.4.a
Si los puntos de una gráfica satisfacen una ecuación, entonces hacen que la ecuación sea verdadera. Reemplaza x y y con los valores de cada par ordenado en cada ecuación. Comienza con el par ordenado $(-3, 3)$. Para la opción A, $x - y = 0$, $-3 - (3) = -6$. Como $-6 \neq 0$, los puntos no satisfacen la ecuación $x - y = 0$. Del mismo modo, para la opción C, $x - y = -1$, $-3 - (3) = -6$. Como $-6 \neq 1$, los puntos no satisfacen la ecuación $x - y = -1$. Para la opción D, $x + y = 1$, $-3 + (3) = 0$. Como $0 \neq 1$, los puntos no satisfacen la ecuación $x + y = 1$. Sin embargo, para la opción B, $x + y = 0$, como $-3 + (3) = 0$, los puntos satisfacen la ecuación $x + y = 0$.

2. C; Nivel de conocimiento: 2; **Temas:** Q.2.a, Q.2.e, A.1.b;
Prácticas: MP.1.a, MP.1.e, MP.4.a
Usa la ecuación $d = \sqrt{(x_2 - x_1)^2 + (y_2 - y_1)^2}$, donde $x_2 = 2$, $x_1 = -3$, $y_2 = -2$ y $y_1 = 3$. Reemplaza los valores y resuelve.
$d = \sqrt{(2 - -3)^2 + (-2 - 3)^2}$
$d = \sqrt{(5)^2 + (-5)^2}$
$d = \sqrt{25 + 25}$
$d = \sqrt{50}$
$d \approx 7.1$

3. C; Nivel de conocimiento: 1; **Temas:** Q.2.a, Q.2.e, A.1.b;
Prácticas: MP.1.a, MP.1.e, MP.4.a
Si un par ordenado es una solución de una ecuación, entonces hace que la ecuación sea verdadera. Reemplaza x y y con los valores de cada par ordenado en la ecuación. Para la opción A, $(4, 8)$, $\frac{1}{2}x = \frac{1}{2}(4) = 2$. Como $2 \neq 8$, $(4, 8)$ no es una solución de la ecuación. Para la opción B, $(1, 3)$, $\frac{1}{2}x = \frac{1}{2}(1) = \frac{1}{2}$. Como $3 \neq \frac{1}{2}$, $(1, 3)$ no es una solución de la ecuación. Para la opción D, $(1, 2)$, $\frac{1}{2}x = \frac{1}{2}(1) = \frac{1}{2}$. Como $2 \neq \frac{1}{2}$, $(1, 2)$ no es una solución de la ecuación. Para la opción C, $(4, 2)$, $\frac{1}{2}x = \frac{1}{2}(4) = 2$.
Como $2 = 2$, $(4, 2)$ es una solución de la ecuación.

4. A; Nivel de conocimiento: 2; **Temas:** Q.2.a, Q.2.e, A.1.b;
Prácticas: MP.1.a, MP.1.d, MP.1.e, MP.2.c, MP.4.a
Como $(2, y)$ es una solución de $-x = y + 1$, reemplaza x con 2 y luego resuelve para hallar y: $-2 = y + 1$. Para hallar y, resta 1 de ambos lados de la ecuación: $-2 - 1 = y$, por lo que $-3 = y$.

5. C; Nivel de conocimiento: 2; **Temas:** Q.2.a, Q.2.e, A.1.b;
Prácticas: MP.1.a, MP.1.d, MP.1.e, MP.2.c, MP.4.a
Como $(x, -3)$ es una solución de $2x + 2y = -8$, reemplaza y con -3 y luego resuelve para hallar x: $2x + 2(-3) = -8$. Simplifica: $2x - 6 = -8$. Para hallar x, comienza por sumar 6 a ambos lados de la ecuación: $2x = -8 + 6$, por lo que $2x = -2$. Divide ambos lados de la ecuación entre 2. $x = -1$.

6. D; Nivel de conocimiento: 1; **Temas:** Q.2.a, Q.2.e, A.1.b;
Prácticas: MP.1.a, MP.1.e, MP.4.a
Si la representación gráfica de una ecuación pasa por un punto de la cuadrícula de coordenadas, entonces el par ordenado hace que la ecuación sea verdadera. Reemplaza x y y con los valores de cada par ordenado en la ecuación. Para la opción A, $(1, -1)$, $4 - 3x = 4 - 3(1) = 4 - 3 = 1$. Como $1 \neq -1$, el punto no satisface la ecuación $y = 4 - 3x$. Para la opción B, $(4, 8)$, $4 - 3x = 4 - 3(4) = 4 - 12 = -8$. Como $-8 \neq 8$, el punto no satisface la ecuación $y = 4 - 3x$. Para la opción C, $(3, 1)$, $4 - 3x = 4 - 3(3) = 4 - 9 = -5$. Como $-5 \neq 1$, el punto no satisface la ecuación $y = 4 - 3x$. Para la opción D, $(2, -2)$, $4 - 3x = 4 - 3(2) = 4 - 6 = -2$. Como $-2 = -2$, el punto satisface la ecuación $y = 4 - 3x$.

7. C; Nivel de conocimiento: 2; **Temas:** Q.2.a, Q.2.e, A.1.b;
Prácticas: MP.1.a, MP.1.d, MP.1.e, MP.2.c, MP.4.a
Como $(x, 1)$ es una solución de $2x - y = 5$, reemplaza y con 1 y luego resuelve para hallar x: $2x - 1 = 5$. Para hallar x, comienza por sumar 1 a ambos lados de la ecuación: $2x = 5 + 1$, por lo que $2x = 6$. Divide ambos lados de la ecuación entre 2. $x = 3$.

8. C; Nivel de conocimiento: 2; **Temas:** Q.2.a, Q.2.e, A.1.b, A.5.a; Prácticas:** MP.1.a, MP.1.d, MP.1.e, MP.4.a
Para cada representación gráfica, halla un punto por el que pase la línea. Luego comprueba si ese punto satisface la ecuación $x + 2y = 2$. La representación gráfica A pasa por el punto $(3, -3)$. Reemplaza: $3 + 2(-3) = 3 - 6 = -3$. Por lo tanto, en la primera representación gráfica no se muestra la ecuación $x + 2y = 2$. La representación gráfica B pasa por $(0, 0)$. Reemplaza: $0 + 2(0) = 0$. Por lo tanto, en la segunda representación gráfica no se muestra la ecuación $x + 2y = 2$. La representación gráfica D pasa por $(0, 2)$. Reemplaza: $0 + 2(2) = 0 + 4 = 4$. Por lo tanto, en la cuarta representación gráfica no se muestra la ecuación. La representación gráfica C pasa por $(0, 1)$. Reemplaza: $0 + 2(1) = 0 + 2 = 2$. Es posible que en la representación gráfica se muestre la ecuación $x + 2y = 2$. Comprueba con otro punto. La representación gráfica también pasa por $(2, 0)$. Reemplaza: $2 + 2(0) = 2$. Como dos puntos de la línea satisfacen la ecuación, en la representación gráfica se muestra la ecuación $x + 2y = 2$.

9. $y = -\frac{1}{2}x - 2$, $y = \frac{3}{2}x - 2$, $y = \frac{1}{2}x + 2$; **Nivel de conocimiento:**
2; **Temas:** Q.2.a, Q.2.e, A.1.b, A.5.a; **Prácticas:** MP.1.a, MP.1.d, MP.1.e, MP.4.a
Halla un punto por el que pase cada línea. Luego comprueba qué ecuación satisface cada línea. El lado PR pasa por el punto $(-2, -1)$. Este punto satisface la ecuación $y = -\frac{1}{2}x - 2$ porque $-\frac{1}{2}(-2) - 2 = 1 - 2 = -1$. El lado QR pasa por el punto $(2, 1)$. Este punto satisface la ecuación $y = \frac{3}{2}x - 2$ porque $\frac{3}{2}(2) - 2 = 3 - 2 = 1$. El lado PQ pasa por el punto $(-2, 1)$. Este punto satisface la ecuación $y = \frac{1}{2}x + 2$ porque $\frac{1}{2}(-2) + 2 = 1$.

10. (4,4), (0, −2), (4,0); Nivel de conocimiento: 2; **Temas:** A.5.a, A.5.d; **Prácticas:** MP.1.a, MP.1.e, MP.4.a
La solución de un sistema de ecuaciones lineales es el punto en el que se intersecan las representaciones gráficas de las ecuaciones. Los lados PQ y QR se intersecan en $(4, 4)$. Estos lados están sobre las líneas $y = \frac{1}{2}x + 2$ y $y = \frac{3}{2}x - 2$, por lo que $(4, 4)$ es la solución de ese par de ecuaciones. Los lados PR y QR se intersecan en $(0, -2)$. Estos lados están sobre las líneas $y = -\frac{1}{2}x - 2$ y $y = \frac{3}{2}x - 2$, por lo que $(0, -2)$ es la solución de ese par de ecuaciones. Los lados PQ y PR se intersecan en $(-4, 0)$. Estos lados están sobre las líneas $y = \frac{1}{2}x + 2$ y $y = -\frac{1}{2}x - 2$, por lo que $(-4, 0)$ es la solución de ese par de ecuaciones.

11. **(0,2) y (-6, -1); (2,1) y (6,7); (2,-3) y (8, -6)**;
Nivel de conocimiento: 1; **Temas:** Q.2.a, Q.2.e, A.1.b; **Prácticas:** MP.1.a, MP.1.e, MP.4.a
Si la representación gráfica de una ecuación pasa por un punto de la cuadrícula de coordenadas, entonces el par ordenado hace que la ecuación sea verdadera. Reemplaza x y y con los valores para cada par ordenado en cada ecuación. Los puntos $(0, 2)$ y $(-6, -1)$ hacen que la ecuación $y = \frac{1}{2}x + 2$ sea verdadera, porque $\frac{1}{2}(0) + 2 = 0 + 2 = 2$ y $\frac{1}{2}(-6) + 2 = -3 + 2 = -1$. Los puntos $(2, 1)$ y $(6, 7)$ hacen que la ecuación $y = \frac{3}{2}x - 2$ sea verdadera, porque $\frac{3}{2}(2) - 2 = 3 - 2 = 1$ y $\frac{3}{2}(6) - 2 = 9 - 2 = 7$. Los puntos $(2, -3)$ y $(8, -6)$ hacen que la ecuación $y = -\frac{1}{2}x - 2$ sea verdadera porque $-\frac{1}{2}(2) - 2 = -1 - 2 = -3$ y $-\frac{1}{2}(8) - 2 = -4 - 2 = -6$.

12. **D**; **Nivel de conocimiento:** 2; **Temas:** Q.2.a, Q.2.e, A.1.b; **Prácticas:** MP.1.a, MP.1.e, MP.4.a
Usa la ecuación $d = \sqrt{(x_2 - x_1)^2 + (y_2 - y_1)^2}$, donde $x_2 = 4$, $x_1 = 0$, $y_2 = 7$ y $y_1 = 0$. Reemplaza los valores y resuelve.
$d = \sqrt{(4 - 0)^2 + (7 - 0)^2}$
$d = \sqrt{(4)^2 + (7)^2}$
$d = \sqrt{16 + 49}$
$d = \sqrt{65}$
$d \approx 8.1$

13. **A**; **Nivel de conocimiento:** 2; **Temas:** Q.2.a, Q.2.e, A.1.b; **Prácticas:** MP.1.a, MP.1.e, MP.4.a
Usa la ecuación $d = \sqrt{(x_2 - x_1)^2 + (y_2 - y_1)^2}$, donde $x_2 = -3$, $x_1 = -2$, $y_2 = -8$ y $y_1 = -5$. Reemplaza los valores y resuelve.
$d = \sqrt{(-3 - (-2))^2 + (-8 - (-5))^2}$
$d = \sqrt{(-1)^2 + (-3)^2}$
$d = \sqrt{1 + 9}$
$d = \sqrt{10}$
$d \approx 3.2$

14. **A**; **Nivel de conocimiento:** 1; **Temas:** Q.2.a, Q.2.e, A.1.b; **Prácticas:** MP.1.a, MP.1.e, MP.4.a
Si la representación gráfica de una ecuación pasa por un punto de la cuadrícula de coordenadas, entonces el par ordenado hace que la ecuación sea verdadera. Reemplaza x y y con los valores de cada par ordenado en la ecuación. Para la opción A, $(1, -3)$, $-2(1) - 1 = -2 - 1 = -3$. Por lo tanto, la representación gráfica pasa por $(1, -3)$. Comprueba los otros puntos. Para la opción B, $(1, -2)$, como $-2(1) - 1 = -3$ y $-3 \neq -2$, la línea no pasa por $(1, -2)$. Para la opción C, $(0, 1)$, como $-2(0) - 1 = 0$ y $0 - 1 = -1$ y $-1 \neq 1$, la línea no pasa por $(0, 1)$. Para la opción D, $(-1, 2)$, como $-2(-1) - 1 = 2$ y $2 - 1 = 1$ y $1 \neq 2$, la línea no pasa por $(-1, 2)$.

15. **B**; **Nivel de conocimiento:** 2; **Temas:** Q.2.a, Q.2.e, A.1.b; **Prácticas:** MP.1.a, MP.1.e, MP.4.a
Usa la ecuación $d = \sqrt{(x_2 - x_1)^2 + (y_2 - y_1)^2}$, donde $x_2 = -4$, $x_1 = -3$, $y_2 = 5$ y $y_1 = -2$.
$d = \sqrt{-4 - (-3)^2 + 5 - (-2)^2}$
$d = \sqrt{(-1)^2 + 7^2}$
$d = \sqrt{1 + 49}$
$d = \sqrt{50}$
$d \approx 7.1$

16. **A**; **Nivel de conocimiento:** 2; **Temas:** Q.2.a, Q.2.e, A.1.b, A.2.d, A.5.d; **Prácticas:** MP.1.a, MP.1.e, MP.4.a
La solución de un conjunto de ecuaciones lineales es el punto en el que se intersecan las gráficas de las ecuaciones. Comienza por hallar el punto de intersección de cada par de gráficas y comprobar ese punto en cada ecuación. En la opción de respuesta A, las gráficas se intersecan en el punto $(1, 0)$.
Para $2x - y = 2$, $2(1) - 0 = 2$. Para $y = -x + 1$, $-1 + 1 = 0$. Por lo tanto, el punto $(1, 0)$ está en ambas líneas. En la opción de respuesta B, las gráficas se intersecan en el punto $(0, 1)$.
Para $2x - y = 2$, $2(0) - 1 = -1$. Como $-1 \neq 2$, el punto $(0, 1)$ no está en la línea $2x - y = 2$, por lo que $(0, 1)$ no puede ser el punto de intersección de las gráficas. En la opción de respuesta C, las líneas se intersecan en el punto $(0, -1)$.
Para $2x - y = 2$, $2(0) - (-1) = 0 + 1 = 1$. Como $1 \neq 2$, el punto $(0, -1)$ no está en la línea $2x - y = 2$, por lo que $(0, -1)$ no puede ser el punto de intersección de las gráficas. En la opción de respuesta D, las líneas se intersecan en $(-1, -1)$.
Para $2x - y = 2$, $2(-1) - (-1) = -2 + 1 = -1$. Como $-1 \neq 2$, el punto $(-1, -1)$ no está en la línea $2x - y = 2$, por lo que $(-1, -1)$ no puede ser el punto de intersección de las gráficas.

17. **C**; **Nivel de conocimiento:** 2; **Temas:** Q.2.a, Q.2.e, A.1.b, A.5.d; **Prácticas:** MP.1.a, MP.1.e, MP.4.a
Para identificar qué ecuación se muestra en la gráfica, determina si el punto $(4, 48)$ hace que la ecuación sea verdadera. Reemplaza x y y con los valores del par ordenado en cada ecuación. Para la opción A, $12x + y = 0$, $12(4) + 48 = 48 + 48 = 96$. Como $96 \neq 0$, la línea $12x + y = 0$ no pasa por el punto $(4, 48)$. Para la opción B, $4x - 5y = 0$, $4(4) - 5(48) = 16 - 240 = -224$. Como $-224 \neq 0$, la línea $4x - 5y = 0$ no pasa por el punto $(4, 48)$. Para la opción C, $12x - y = 0$, $12(4) - 48 = 48 - 48 = 0$. Por lo tanto, la línea $12x - y = 0$ pasa por el punto $(4, 48)$. Por último, para la opción D, $4x + 5y = 0$, $4(12) + 5(48) = 48 + 240 = 288$. Como $288 \neq 0$, la línea $4x + 5y = 0$ no pasa por el punto $(4, 48)$. Por lo tanto, como solamente la línea $12x - y = 0$ pasa por el punto dado, esa es la ecuación de la línea de los *Ingresos*.

18. **C**; **Nivel de conocimiento:** 2; **Temas:** Q.2.a, Q.2.e, A.1.b, A.5.a, A.5.d; **Prácticas:** MP.1.a, MP.1.e, MP.4.a
Para identificar qué ecuación se muestra en la gráfica, identifica un punto en la gráfica y determina qué ecuación es verdadera para ese punto. Como los gastos iniciales de Rachel suman $150, la línea pasa por el punto $(0, 150)$. Reemplaza x y y con los valores del par ordenado en cada ecuación. Para la opción A, $x - 2y = 150$, $0 - 2(150) = 0 - 300 = -300$. Como $-300 \neq 150$, la línea $x - 2y = 150$ no pasa por el punto $(0, 150)$. Para la opción B, $x + 2y = 150$, $0 + 2(150) = 0 + 300 = 300$. Como $300 \neq 150$, la línea $x + 2y = 150$ no pasa por el punto $(0, 150)$. Para la opción C, $2x - y = -150$, $2(0) - 150 = 0 - 150 = -150$. Por lo tanto, la línea $2x - y = -150$ pasa por el punto $(0, 150)$. Por último, para la opción D, $2x - y = 150$, $2(0) - 150 = 0 - 150 = -150$. Como $-150 \neq 150$, la línea $2x - y = 150$ no pasa por el punto $(0, 150)$. Por lo tanto, como solamente la línea $2x - y = -150$ pasa por el punto dado, esa es la ecuación de la línea de los *Gastos*.

Clave de respuestas

UNIDAD 3 *(continuación)*

19. B; **Nivel de conocimiento:** 2; **Temas:** Q.2.a, Q.2.e, A.1.b, A.2.d, A.5.a, A.5.d; **Prácticas:** MP.1.a, MP.1.e, MP.3.a, MP.4.a
El número de libras de caramelos de dulce de azúcar es el valor de x del par ordenado que representa la solución del conjunto de ecuaciones. La solución de un conjunto de ecuaciones es la intersección de las gráficas de las ecuaciones. Las líneas de ingresos y de gastos se intersecan cerca del punto (15, 180). La coordenada x del punto de intersección es 15, por lo que Rachel debe vender 15 libras de caramelos de dulce de azúcar para alcanzar el punto de equilibrio. La opción de respuesta A (18) proviene de leer incorrectamente la coordenada y del punto de intersección. Las opciones de respuestas C (10) y D (8) provienen de leer incorrectamente la gráfica o de no comprender cómo hallar la solución de un conjunto de ecuaciones.

LECCIÓN 13, *págs. 106–109*

1. D; **Nivel de conocimiento:** 2; **Temas:** Q.2.a, Q.2.e, Q.6.c, A.1.i, A.5.a, A.5.b; **Prácticas:** MP.1.a, MP.1.b, MP.1.e, MP.3.a, MP.4.a
Para hallar la pendiente de la línea G, usa la fórmula de la pendiente:
$$m = \frac{y_2 - y_1}{x_2 - x_1}$$
A continuación, identifica puntos en la línea a partir de la cuadrícula: (−2, 1) y (4, 4) e insértalos en la fórmula de la pendiente: $m = \frac{4 - 1}{4 - -2} = \frac{3}{6} = \frac{1}{2}$

2. C; **Nivel de conocimiento:** 2; **Temas:** Q.2.a, Q.2.e, Q.6.c, A.1.i, A.5.b, A.5.c, A.6.a, A.6.b; **Prácticas:** MP.1.a, MP.1.b. MP.1.e, MP.3.a, MP.4.a
La fórmula de la pendiente es $y = mx + b$. La intersección con el eje de la y es 2, por lo tanto, si usamos una pendiente de $\frac{1}{2}$, la ecuación de la línea es $\frac{1}{2}x + 2$.

3. A; **Nivel de conocimiento:** 2; **Temas:** Q.2.a, Q.2.e, Q.6.c, A.1.i; **Prácticas:** MP.1.a, MP.1.b. MP.1.e, MP.3.a, MP.4.a
Para hallar la pendiente inserta los puntos en la fórmula de la pendiente y resuelve:
$m = \frac{y_2 - y_1}{x_2 - x_1}$ de modo que $m = \frac{3 - 4}{2 - -4} = \frac{-1}{6}$

4. D; **Nivel de conocimiento:** 2; **Temas:** Q.2.a, Q.2.e, Q.6.c, A.1.i, A.6.a, A.6.b; **Prácticas:** MP.1.a, MP.1.b. MP.1.e, MP.3.a, MP.4.a
Pendiente de una línea $= \frac{y_2 - y_1}{x_2 - x_1}$
$= \frac{-4 - (-2)}{-3 - (-1)} = \frac{-2}{-2} = 1$
Si insertamos las ecuaciones en la fórmula correctamente, podemos descartar las opciones de respuesta A, B y C.

5. B; **Nivel de conocimiento:** 2; **Temas:** Q.2.a, Q.2.e, Q.6.c, A.1.i, A.6.a, A.6.b; **Prácticas:** MP.1.a, MP.1.b. MP.1.e, MP.3.a, MP.4.a
La única opción con una pendiente de $\frac{1}{2}$ es $y = \frac{1}{2}$ −3, por lo que es paralela a $y = \frac{1}{2}x + 3$. Como la pendiente es $y = mx + b$, en $y = \frac{1}{2}x + 3$, $\frac{1}{2} = $ la pendiente.

6. C; **Nivel de conocimiento:** 2; **Temas:** Q.2.a, Q.2.e, Q.6.c, A.1.i, A.5.b, A.5.c, A.6.a, A.6.b; **Prácticas:** MP.1.a, MP.1.b. MP.1.e, MP.3.a, MP.4.a
Usa la fórmula de la pendiente, $y = mx + b$, para resolver, y halla b: $-2 = -1(4) + b$, por lo que $b = 2$. Usa la ecuación $y = -x + 2$ y resuelve para hallar x. Si $x = 2$, entonces $y = 0$, por lo tanto, (0, 2).

7. A; **Nivel de conocimiento:** 3; **Temas:** Q.2.a, Q.2.e, Q.6.c, A.1.i, A.5.b, A.5.c, A.6.a, A.6.b; **Prácticas:** MP.1.a, MP.1.b. MP.1.e, MP.3.a, MP.4.a
Ecuación de una línea $y = mx + b$
$$m = \frac{y_2 - y_1}{x_2 - x_1}$$
$$m = \frac{1 - 5}{5 - (-5)} = \frac{-4}{10} = \frac{-2}{5}$$
A continuación, halla b reemplazando m con el valor en la ecuación $y = mx + b$, donde $y_1 = 5$ y $x_1 = -5$.
$5 = \frac{-2}{5}(-5) + b$
$5 = \frac{10}{5} + b$
$5 = 2 + b$
$b = 5 - 2 = 3$
Al reemplazar estos valores, podemos hallar la ecuación de la línea.
$y = mx + b$
$y = \frac{-2}{5}x + 3$

8. D; **Nivel de conocimiento:** 2; **Temas:** Q.2.a, Q.2.e, Q.6.c, A.1.i, A.5.b, A.5.c, A.6.a, A.6.b; **Prácticas:** MP.1.a, MP.1.b. MP.1.e, MP.3.a, MP.4.a, MP.4.c
Recuerda que la pendiente de una línea se refiere a su inclinación. La intersección (b) es el punto en el que la línea cruza el eje de la y, que en este caso tiene un valor de 20. Aquí, entonces, la tarifa inicial $= b = \$20$ y la pendiente es $\frac{\text{elevación}}{\text{distancia}} = \frac{30}{1} = 30$. Por lo tanto, la ecuación de la línea es $y = 30x + 20$.

9. C; **Nivel de conocimiento:** 2; **Temas:** Q.2.a, Q.2.e, Q.6.c, A.1.i; **Prácticas:** MP.1.a, MP.1.b. MP.1.e, MP.3.a, MP.4.a
Elige dos puntos cualesquiera de la línea y anota los valores de x y de y. Por ejemplo, $(x_1, y_1) = (-3, -3)$; $(x_2, y_2) = (3, -2)$
Al insertar los valores anteriores en la fórmula, se obtiene la siguiente ecuación:
$$m = \frac{-2 - (-3)}{3 - (-3)} = \frac{1}{6}$$

10. D; **Nivel de conocimiento:** 2; **Temas:** Q.2.a, Q.2.e, Q.6.c, A.1.i; **Prácticas:** MP.1.a, MP.1.b. MP.1.e, MP.3.a, MP.4.a
Recuerda que la pendiente del techo $=$
$\frac{\text{elevación}}{\text{distancia}} = \frac{y_2 - y_1}{x_2 - x_1}$ $\frac{1}{3} = \frac{4 - 0}{\text{distancia}}$. A continuación, despeja la x de $\frac{1}{3} = \frac{4}{x}$ para hallar que $x = 12$ (la distancia).
La extensión es $12 \times 2 = 24$.

11. D; **Nivel de conocimiento:** 2; **Temas:** Q.2.a, Q.2.e, Q.6.c, A.1.i; **Prácticas:** MP.1.a, MP.1.b. MP.1.e, MP.3.a, MP.4.a
Observa que cuando una línea tiene una pendiente positiva, se mueve hacia arriba de izquierda a derecha a medida que aumentan los valores de y. Solamente la línea D cumple con este requisito. Cuando los valores de y de una línea disminuyen a medida que se mueve de izquierda a derecha, tiene una pendiente negativa (como sucede en las líneas A y B).

12. C; **Nivel de conocimiento:** 2; **Temas:** Q.2.a, Q.2.e, Q.6.c, A.1.i; **Prácticas:** MP.1.a, MP.1.b, MP.1.e, MP.3.a, MP.4.a
Todas las líneas horizontales o verticales tienen una pendiente de cero. La línea C cumple con este requisito.

13. **A**; **Nivel de conocimiento:** 2; **Temas:** Q.2.a, Q.2.e, Q.6.c, A.1.i, A.5.b, A.5.c, A.6.a, A.6.b; **Prácticas:** MP.1.a, MP.1.b, MP.1.e, MP.3.a, MP.4.a

Si Kaylia usa 200 minutos por mes a 10 centavos por minuto, el costo es: $200 \times 0.1 = \$20$. Desarrolla una ecuación para la línea. Inserta el valor $x = 1$ para hallar el costo del teléfono celular al final del mes 1.

$y = mx + b$
$y = 15x + 20$

En la ecuación anterior, la pendiente es 15.

14. **B**; **Nivel de conocimiento:** 3; **Temas:** Q.2.a, Q.2.e, Q.6.c, A.1.i, A.5.b, A.5.c, A.6.a, A.6.b; **Prácticas:** MP.1.a, MP.1.b, MP.1.e, MP.3.a, MP.4.a

Si Kaylia usa 200 minutos por mes a 10 centavos por minuto, el costo es: $200 \times 0.1 = \$20$.
Desarrolla una ecuación para la línea. Inserta el valor $x = 1$ para hallar el costo del teléfono celular al final del primer mes.

$y = mx + b$
$y = 15x + 20$
$y = 15(1) + 20$
$y = \$35$

La factura de teléfono celular de Kaylia será de $35 al final del primer mes.

15. **4.5 pies**; **Nivel de conocimiento:** 2; **Temas:** Q.2.a, Q.2.e, Q.6.c, A.1.i **Prácticas:** MP.1.a, MP.1.b. MP.1.e, MP.3.a, MP.4.a

Pendiente de la escalera = $\dfrac{\text{elevación}}{\text{distancia}} = \dfrac{18}{4} = 4.5$

16. **2**; **Nivel de conocimiento:** 2; **Temas:** Q.2.a, Q.2.e, Q.6.c, A.1.i, A.5.a, A.5.b; **Prácticas:** MP.1.a, MP.1.b. MP.1.e, MP.3.a, MP.4.a

Para hallar la pendiente, inserta los valores provistos en la fórmula de la pendiente: $\dfrac{y_2 - y_1}{x_2 - x_1} = \dfrac{3 - -3}{4 - 1} = \dfrac{6}{3} = 2$.

17. $\dfrac{4}{5}$; **Nivel de conocimiento:** 2; **Temas:** Q.2.a, Q.2.e, Q.6.c, A.1.i; **Prácticas:** MP.1.a, MP.1.b. MP.1.e, MP.3.a, MP.4.a

Para hallar la pendiente, inserta los valores provistos en la fórmula de la pendiente: $\dfrac{y_2 - y_1}{x_2 - x_1} = \dfrac{4 - 0}{3 - -2} = \dfrac{4}{5}$

18. **B**; **Nivel de conocimiento:** 2; **Temas:** Q.2.a, Q.2.e, Q.6.c, A.1.i; **Prácticas:** MP.1.a, MP.1.b. MP.1.e, MP.3.a, MP.4.a

Observa que la tasa de cambio es lo mismo que la pendiente.
$m = \dfrac{400\ \text{km} - 300\ \text{km}}{8\ \text{h} - 6\ \text{h}} = \dfrac{100\ \text{km}}{2\ \text{h}} = 50\ \text{km/h}$

19. **C**; **Nivel de conocimiento:** 2; **Temas:** Q.2.a, Q.2.e, Q.6.c, A.1.i; **Prácticas:** MP.1.a, MP.1.b. MP.1.e, MP.3.a, MP.4.a

La tasa a la que se eleva el helicóptero es la pendiente, por lo que $m = 90t$. La ecuación de la línea es $x = 90(t) + 200$.
El helicóptero despega desde los 200 pies, hasta $b = 200$.

20. **D**; **Nivel de conocimiento:** 2; **Temas:** Q.2.a, Q.2.e, Q.6.c, A.1.i; **Prácticas:** MP.1.a, MP.1.b. MP.1.e, MP.3.a, MP.4.a

Opción A: Establecer una tabla de valores de x (tiempo transcurrido) y valores de y (temperatura)
Opción B: Hallar la ecuación de la línea e insertar el valor, $tiempo = 6\ h$
Opción C: A medianoche, han transcurrido 6 horas. Como la temperatura desciende 4 °F por hora, hay que determinar el cambio de temperatura multiplicando estos valores entre sí.
Cambio de temperatura = $6 \times 4 = 24$ °F
La temperatura a la medianoche es 90 °F − 24 °F = 66 °F.

21. **A**; **Nivel de conocimiento:** 2; **Temas:** Q.2.a, Q.2.e, Q.6.c, A.1.i; **Prácticas:** MP.1.a, MP.1.b. MP.1.e, MP.3.a, MP.4.a
Opción A: Usar la fórmula de **punto-pendiente** para hallar la ecuación de la línea:
$y - y_1 = m(x - x_1)$
$y - 90 = -4(x - 0)$
$y = -4x + 90$ ó $y = 90 - 4x$
Opción B: Recuerda que la pendiente es la tasa de cambio. La temperatura disminuye en 4, por lo que nuestra pendiente es −4. El valor de b representa la temperatura cuando $t = 0$, que es 90.
$y = mx + b$
$y = -4t + 90$

22. **C**; **Nivel de conocimiento:** 3; **Temas:** Q.2.a, Q.2.e, Q.6.c, A.1.i; **Prácticas:** MP.1.a, MP.1.b. MP.1.e, MP.3.a, MP.4.a
A las 4:30 a. m., han pasado 10.5 horas desde que se puso el sol. Para determinar si la planta sigue viva, halla si la temperatura ha estado por debajo de los 60 °F durante más de 2 horas. Después de 7.5 horas, la temperatura desciende a 60 °F. La planta muere 2 horas después de eso ($t = 9.5$ horas). Como la temperatura no vuelve a subir durante 1 hora, la planta de María ha muerto.

LECCIÓN 14, *págs. 110–113*

1. **A**; **Nivel de conocimiento:** 1; **Temas:** Q.6.c, A.5.b, A.5.b, A.6.a, A.6.c; **Prácticas:** MP.1.a, MP.2.c
La ecuación de la línea dada está en forma de pendiente-intersección, y la pendiente se especifica como −3. Las líneas paralelas a la línea dada también tendrán una pendiente de −3. Si usamos la fórmula de punto-pendiente, con la pendiente de −3 y el punto (−2, 2), $(y - 2)$, la ecuación de la línea paralela es $y = -3(x + 2)$ (opción A). Las opciones B y D tienen la inversa de la pendiente correcta, y las opciones C y D tienen invertidos los valores de x y y del punto especificado.

2. **A**; **Nivel de conocimiento:** 1; **Temas:** A.5.b, A.6.b; **Prácticas:** MP.1.a, MP.2.c
Otra vez, la pendiente de la línea dada es −3. Las líneas perpendiculares a la línea dada tendrán pendientes que son el inverso negativo de −3, ó $+\dfrac{1}{3}$. Una vez más, si usamos la forma de punto-pendiente de la ecuación con el punto especificado (−2, 2), obtenemos $(y - 2) = \dfrac{1}{3}(x + 2)$ (opción A). Las opciones B y D tienen el inverso de la pendiente correcta, y la opción C tiene el valor incorrecto de y.

3. **B**; **Nivel de conocimiento:** 1; **Temas:** A.5.b, A.6.c; **Prácticas:** MP.1.a, MP.2.c
La ecuación dada ya está en la forma de pendiente-intersección, $y = mx + b$, y, por lo tanto, la pendiente de la línea dada es $m = \dfrac{1}{2}$.
Cualquier línea paralela a la línea dada tendrá esa misma pendiente. La opción B es la única ecuación que cumple con esa condición. La opción A intercambia el 2 y el 3 en la ecuación dada. La opción C representa una línea perpendicular a la línea dada. La opción D tiene la misma intersección con el eje de la y, pero tiene el doble de pendiente.

4. **C**; **Nivel de conocimiento:** 1; **Temas:** A.5.b, A.6.c; **Prácticas:** MP.1.a, MP.2.c
La pendiente en la ecuación dada es −2. Las líneas perpendiculares a la línea dada tendrán una pendiente que es el inverso negativo de −2, como $+\dfrac{1}{2}$. La opción C es la única ecuación que cumple con esa condición.

Clave de respuestas

UNIDAD 3 *(continuación)*

5. **A**; **Nivel de conocimiento:** 2; **Temas:** Q.2.a, Q.2.d, Q.6.c, A.5.a, A.5.b, A.6.c; **Prácticas:** MP.1.a, MP.1.b, MP.2.c, MP.4.a, MP.5.c
Las dos líneas que son paralelas deben tener pendientes idénticas. De todas las líneas que se muestran, solamente las líneas A y B tienen pendientes negativas. La línea C tiene una pendiente que es indefinida, la línea D tiene una pendiente positiva y la línea E tiene una pendiente de cero. Por lo tanto, las líneas A y B deben ser las dos líneas que tienen la misma pendiente, y, por consiguiente, son paralelas.

6. **D**; **Nivel de conocimiento:** 2; **Temas:** Q.2.a, Q.6.c, A.5.a, A.5.b, A.6.c; **Prácticas:** MP.1.a, MP.1.b, MP.2.c, MP.3.a
La pendiente de la línea trazada a través de los puntos N y P puede hallarse dividiendo el cambio en y de N a P (+4) entre el cambio correspondiente en x (+5), lo que da una pendiente de $\frac{4}{5}$.
Las líneas paralelas a esa línea dada deben tener la misma pendiente y, por lo tanto, para las ecuaciones escritas en forma de pendiente-intersección, el coeficiente de x debe ser $\frac{4}{5}$. La opción D es la única ecuación que cumple con ese requisito.

7. **B**; **Nivel de conocimiento:** 2; **Temas:** Q.2.a, Q.6.c, A.5.a, A.5.b, A.6.c; **Prácticas:** MP.1.a, MP.1.b, MP.2.c, MP.3.a
La pendiente de la línea trazada a través de los puntos M y P puede hallarse dividiendo el cambio en y de M a P (−2) entre el cambio correspondiente en x (+7), lo que da una pendiente de $-\frac{2}{7}$.
Las líneas paralelas a esa línea dada deben tener la misma pendiente, $-\frac{2}{7}$ (opción B). La opción A es el inverso de la respuesta correcta, mientras que la opción C es el negativo de la respuesta correcta. La opción D es el inverso negativo de la pendiente correcta, lo que hace que sea igual a la pendiente de una línea *perpendicular* a la línea dada.

8. **D**; **Nivel de conocimiento:** 2; **Temas:** Q.2.a, Q.6.c, A.5.a, A.5.b, A.6.c; **Prácticas:** MP.1.a, MP.1.b, MP.2.c, MP.3.a
La pendiente de la línea trazada a través de los puntos M y P es, una vez más, $-\frac{2}{7}$. Las líneas perpendiculares a esa línea dada deben tener una pendiente que es el inverso negativo de $-\frac{2}{7}$, ó $\frac{7}{2}$ (opción D). La opción A es el negativo de la respuesta correcta, mientras que la opción C es el inverso de la respuesta correcta. La opción B es igual a la pendiente de la línea dada, lo que la hace igual a la pendiente de una línea *paralela* a la línea dada.

9. $y = 2x$; **Nivel de conocimiento:** 3; **Temas:** Q.2.a, Q.6.c, A.5.a, A.5.b, A.6.a, A.6.c; **Prácticas:** MP.1.a, MP.1.b, MP.1.c, MP.1.d, MP.1.e, MP.2.c, MP.3.a, MP.4.a
Como la línea entre los puntos A y B y la línea entre los puntos C y D forman los lados opuestos de un rectángulo, deben ser paralelas y tener pendientes iguales. La pendiente de la línea entre A y B puede hallarse a partir de sus coordenadas, usando la fórmula de la pendiente y resolviendo:
$$\frac{y_2 - y_1}{x_2 - x_1} = \frac{4 - 0}{0 - -2} = \frac{4 - 0}{0 + 2} = \frac{4}{2} = \text{una pendiente de 2.}$$ Esta es también la pendiente de la línea entre C y D. Como la información dada establece explícitamente que la línea entre C y D pasa por el origen, debe tener una intersección con el eje de la y de 0. Eso significa que la ecuación de esa línea es $y = 2x$.

10. **−0.5**; **Nivel de conocimiento:** 2; **Temas:** Q.2.a, Q.6.c, A.5.a, A.5.b, Q.6.c; **Prácticas:** MP.1.a, MP.1.b, MP.2.c, MP.3.a, MP.4.a
Como la línea que atraviesa los puntos B y C forma un extremo de un rectángulo, debe ser perpendicular a los lados adyacentes del rectángulo (la línea que atraviesa los puntos A y B). Ya se ha determinado que la pendiente de la línea que atraviesa A y B es +2, por lo que la pendiente de la línea que atraviesa B y C debe ser el inverso negativo de 2, ó $-\frac{1}{2}$. Si expresamos eso en forma decimal, obtenemos −0.5.

11. **(1.6, 3.2)**; **Nivel de conocimiento:** 3; **Temas:** Q.2.a, Q.6.c, A.5.a, A.5.b, A.6.c; **Prácticas:** MP.1.a, MP.1.b, MP.1.c, MP.1.d, MP.1.e, MP.2.c, MP.3.a, MP.4.a, MP.5.c
La ecuación de la línea que atraviesa los puntos C y D es $y = 2x$. La ecuación de la línea que pasa por B y C $y = -\frac{1}{2}x + 4$.
Estas dos líneas se cruzan en el punto C, donde $2x = -\frac{1}{2}x + 4$. Si volvemos a ordenar la ecuación, obtenemos $\frac{5}{2}x = 4$, por lo que $x = \frac{8}{5} = 1.6$. Si reemplazamos x con ese valor en $y = 2x$, obtenemos un valor correspondiente de $y = 2(1.6) = 3.2$. Por consiguiente, las coordenadas del punto C son (1.6, 3.2).

12. **(−0.4, −0.8)**; **Nivel de conocimiento:** 3; **Temas:** Q.2.a, Q.6.c, A.5.a, A.5.b, A.6.c; **Prácticas:** MP.1.a, MP.1.b, MP.1.c, MP.1.d, MP.1.e, MP.2.c, MP.3.a, MP.4.a, MP.5.c
La ecuación de la línea que atraviesa los puntos C y D es $y = 2x$. Como es perpendicular a la pendiente de la línea que pasa por B y C, la ecuación de la línea que pasa por A y D tiene una pendiente de $-\frac{1}{2}$ y pasa por el punto (−2, 0). La ecuación de esa última línea es, por lo tanto, $(y - 0) = -\frac{1}{2}[x - (-2)]$, ó $y = -\frac{1}{2}x - 1$. Estas dos líneas se cruzan en el punto D, donde $2x = -\frac{1}{2}x - 1$. Si volvemos a ordenar la ecuación, obtenemos $\frac{5}{2}x = -1$, $x = -\frac{2}{5} = -0.4$.
Si reemplazamos x con ese valor en $y = 2x$, obtenemos un valor correspondiente de $y = 2(-0.4) = -0.8$. Por consiguiente, las coordenadas del punto D son (−0.4, −0.8).

13. **A**; **Nivel de conocimiento:** 2; **Temas:** Q.2.a, Q.6.c, A.5.a, A.5.b, A.6.c; **Prácticas:** MP.1.a, MP.1.b, MP.1.e, MP.2.c
La pendiente de la línea entre los puntos A y B es el cambio en y (1) dividido entre el cambio en x (3), ó $\frac{1}{3}$. Como la línea entre B y C es perpendicular a la línea entre A y B, la pendiente de la línea que atraviesa los puntos B y C debe ser el inverso negativo de $\frac{1}{3}$, ó −3 (opción A). La opción B es el inverso de la respuesta correcta, la opción C es la pendiente de la línea AB y la opción D es el negativo de la respuesta correcta.

14. **D**; **Nivel de conocimiento:** 3; **Temas:** Q.2.a, Q.6.c, A.5.a; **Prácticas:** MP.1.a, MP.1.b, MP.1.e, MP.2.c, MP.3.a, MP.4.a
La línea que atraviesa los puntos B y C tiene una pendiente de −3 y pasa por el punto (3, 1). Si reemplazamos esos valores en la forma de pendiente-intersección de una línea ($y = mx + b$), obtenemos $1 = (-3)(3) + b = -9 + b$. Si resolvemos para hallar b, obtenemos un valor de $b = 10$, o la opción D. La opción de respuesta A proviene de usar un signo incorrecto, mientras que las opciones de respuesta B y C provienen de errores en las operaciones o en los cálculos.

15. **D**; **Nivel de conocimiento:** 3; **Temas:** Q.2.a, Q.6.c, A.5.a, A.5.b, A.6.c; **Prácticas:** MP.1.a, MP.1.b, MP.1.c, MP.1.d, MP.1.e, MP.2.c, MP.3.a, MP.4.a, MP.5.c

La pendiente de la línea entre $(0, -4)$ y $(3, 2)$ es $\frac{[(2) - (-4)]}{(3 - 0)} = \frac{(6)}{(3)} = 2$.

La pendiente de la línea entre $(-3, -2)$ y $(0, 4)$ es $\frac{[(4) - (-2)]}{[(0) - (-3)]} = \frac{(6)}{(3)} = 2$.

Como tienen la misma pendiente, esas dos líneas son paralelas, como ocurriría si la figura fuera un rectángulo. Del mismo modo, tanto la pendiente de la línea entre $(0, 4)$ y $(3, 2)$ como la de la línea entre $(-3, -2)$ y $(0, -4)$ son $-\frac{2}{3}$. Por lo tanto, esas líneas también son paralelas. Sin embargo, si la figura fuera un rectángulo, cada lado sería también perpendicular a sus lados adyacentes y la pendiente de los lados adyacentes sería el inverso negativo de sus lados adyacentes. Como el inverso negativo de $-\frac{2}{3}$ es $\frac{3}{2}$ y no 2, los lados adyacentes no son perpendiculares y la opción D es correcta.

16. **C**; **Nivel de conocimiento:** 3; **Temas:** Q.2.a, A.5.b, A.6.b, A.6.c; **Prácticas:** MP.1.a, MP.1.b, MP.1.c, MP.1.d, MP.1.e, MP.2.c, MP.3.a, MP.4.a, MP.5.c

La pendiente de la línea que atraviesa los puntos A y B es $\frac{7 - 3}{2 - 1} = 4$. La ecuación de la línea es $(y - 3) = 4 (x - 1) = 4x - 4$.

Si resolvemos para hallar y, obtenemos $y = 4x - 1$. Como la nueva línea es paralela a la línea dada, tendrá la misma pendiente (4), y si la intersección con el eje de la y, -1, aumenta en 2 como se pide en la pregunta, la nueva intersección con el eje de la y será $+1$. Por consiguiente, la ecuación de la nueva línea será $y = 4x + 1$ (opción C). Las opciones A y B tienen invertida la pendiente; la opción B tiene, además, una intersección con el eje de la y incorrecta. La opción D tiene la pendiente correcta, pero una intersección con el eje de la y incorrecta.

17. **B**; **Nivel de conocimiento:** 2; **Temas:** Q.2.a, Q.2.e, Q.6.c, A.5.a, A.5.b, A.6.a; **Prácticas:** MP.1.a, MP.1.b, MP.2.a, MP.2.c

La pendiente de la línea que atraviesa los puntos A y B es el cambio en y (6 pies) dividido entre el cambio en x (-12 pies), según el sistema de coordenadas especificado en la pregunta y la figura. Esa pendiente, $-\frac{1}{2}$, sumada al hecho de que la línea cruza el eje de la y en $y = 6$, dan como resultado la ecuación $y = -\frac{1}{2}x + 6$ (opción B). La opción A tiene la pendiente correcta, pero el negativo de la intersección correcta con el eje de la y. Las opciones C y D tienen la pendiente invertida, y la opción C tiene también una intersección con el eje de la y incorrecta.

18. **A**; **Nivel de conocimiento:** 2; **Temas:** Q.2.e, Q.6.c, A.5.a, A.5.b, A.6.c; **Prácticas:** MP.1.a, MP.1.b, MP.2.c

Como la alfombra pequeña tiene forma rectangular, la línea que atraviesa los puntos B y C es perpendicular a la línea que atraviesa los puntos A y B. Esto significa que la pendiente de la línea que atraviesa B y C es el inverso negativo de la pendiente de la línea que atraviesa A y B. En este caso, el inverso negativo de $-\frac{1}{2}$ es 2, es decir, la opción de respuesta A. La opción de respuesta B es el negativo de la pendiente, mientras que la opción de respuesta C es la pendiente de una línea que atraviesa los puntos A y B. La opción de respuesta D no aplica el inverso negativo.

19. **B**; **Nivel de conocimiento:** 3; **Temas:** Q.2.a, Q.2.e, Q.6.c, A.5.a; **Prácticas:** MP.1.a, MP.1.b, MP.1.c, MP.1.d, MP.1.e, MP.2.c, MP.3.a, MP.4.a, MP.5.c

La pendiente de la línea que conecta los puntos B y C es 2. Eso significa que el cambio en x es la mitad del cambio en y. El cambio en y puede hallarse restando la distancia que hay entre la esquina inferior izquierda y el punto B (6 pies) de la longitud total de esa pared (14 pies), una diferencia de 8 pies. El cambio correspondiente en x es la distancia d. Por lo tanto, d, el cambio en x, la mitad del cambio en y es $\frac{8 \text{ pies}}{2} = 4$ pies. Las otras opciones de respuesta son posibilidades que pueden provenir de operaciones o cálculos incorrectos.

LECCIÓN 15, *págs.* 114–117

1. **B**; **Nivel de conocimiento:** 1; **Temas:** A.5.a, A.5.e; **Prácticas:** MP.1.a, MP.1.b, MP.2.c

La curva cruza el eje de la y en $y = c$, donde c es el término constante de la ecuación. En el caso de la curva de la derecha, eso es $y = -24$ (opción B).

2. **A**; **Nivel de conocimiento:** 2; **Temas:** Q.2.a, Q.6.c, A.4.a, A.5.a, A.5.e; **Prácticas:** MP.1.a, MP.1.b, MP.4.a, MP.5.c

Si igualamos la expresión de la izquierda a cero y multiplicamos por 2, obtenemos: $x^2 + 8x + 8 = 0$. La ecuación no se descompone en factores, por lo que tenemos que usar la fórmula cuadrática $\left(\frac{-b \pm \sqrt{b^2 - 4ac}}{2a} \right)$. Los valores de x resultantes son:

$$x = \frac{-8 \pm \sqrt{64 - 32}}{2} = \frac{-8 \pm \sqrt{32}}{2} = \frac{-8 \pm 5.656}{2} = \frac{-4 \pm 2.828}{1},$$

lo que da como resultado valores redondeados de -6.8 y -1.2 (opción A). Las opciones de respuesta restantes son puntos cercanos distribuidos de manera uniforme.

3. **C**; **Nivel de conocimiento:** 1; **Temas:** A.5.a, A.5.e; **Prácticas:** MP.1.a, MP.1.b, MP.2.c

La curva cruza el eje de la y cuando $x = 0$. Para esta ecuación, si reemplazamos x con 0 en la ecuación de $y = 2x^2 - 5x + 3$, obtenemos $y = +3$ (opción C).

4. **D**; **Nivel de conocimiento:** 2; **Temas:** Q.2.a, A.5.a, A.5.e; **Prácticas:** MP.1.a, MP.1.b, MP.1.d, MP.4.a

El coeficiente del término x^2 (a) determina si una función cuadrática atraviesa un máximo o un mínimo. En este caso, $a < 0$, lo que significa que la función atraviesa un máximo. El valor de x del máximo está dado por $\frac{-b}{2a}$. En este caso, eso es igual a $\frac{-12}{2(-3)} = +2$. Por lo tanto, la opción D es la respuesta correcta.

5. **A**; **Nivel de conocimiento:** 3; **Temas:** Q.2.a, Q.2.e, Q.6.c, A.1.g, A.4b, A.5.a, A.5.e; **Prácticas:** MP.1.a, MP.1.b, MP.1.c, MP.1.d, MP.1.e, MP.2.a, MP.2.c, MP.3.a, MP.4.a, MP.5.a

La ecuación tiene la forma $y = ax^2 + bx + c$. Como la pelota se arroja horizontalmente, su valor máximo ocurre en $x = 0$, lo que significa que $b = 0$. Eso permite descartar las opciones C y D. En $x = 6$, el valor de y es igual a 0. Solamente la opción A cumple con esa condición, por lo que la opción A es la correcta.

6. **D**; **Nivel de conocimiento:** 2; **Temas:** Q.6.c, A.5.e; **Prácticas:** MP.1.a, MP.1.b, MP.2.c, MP.5.a

Las funciones cuadráticas con $a < 0$ se caracterizan por tener curvas que atraviesan máximos en lugar de mínimos; los valores negativos de a invierten una curva. De las curvas que se muestran, B, D y E presentan máximos (opción D). Las curvas A y C presentan mínimos, y, por lo tanto, deben tener valores de $a > 0$.

Clave de respuestas

UNIDAD 3 *(continuación)*

7. B; Nivel de conocimiento: 2; **Temas:** Q.6.c, A.5.e; **Prácticas:** MP.1.a, MP.1.b, MP.1.d, MP.2.c, MP.5.a

Si $b = 0$, la ubicación del máximo o el mínimo de la curva $\left(x = \dfrac{-b}{2a}\right)$ también debe ser cero, independientemente de los valores de a o c. De las curvas que se muestran, aquellas que presentan máximos o mínimos en $x = 0$ incluyen las curvas B y D (opción B).

8. A; Nivel de conocimiento: 2; **Temas:** Q.6.c, A.5.e; **Prácticas:** MP.1.a, MP.1.b, MP.2.c, MP.5.a

La ubicación del máximo o el mínimo de una función cuadrática ocurre en $x = \dfrac{-b}{2a}$. Si $\left(\dfrac{b}{2a}\right)$ es positivo, entonces el máximo o el mínimo ocurre en un valor *negativo* de x en la gráfica. Solamente la curva A está ubicada completamente dentro de un rango x negativo.

9. A; Nivel de conocimiento: 3; **Temas:** Q.6.c, A.5.e; **Prácticas:** MP.1.a, MP.1.b, MP.2.c, MP.5.a

Valores negativos de a implican curvas que atraviesan máximos (y se invierten), en este caso, las curvas B, D y E. A mayor *magnitud* de a, más pronunciada es la curva. De las tres curvas con $a < 0$, la curva B es la más pronunciada, por lo que su ecuación presenta el valor más negativo de a.

10. (−2, 0), (2, 0) y (0, −2); Nivel de conocimiento: 2; **Temas:** Q.2.a, Q.6.c, A.5.a, A.5.e; **Prácticas:** MP.1.a, MP.1.b, MP.1.d, MP.2.c, MP.3.a, MP.4.b, MP.4.c, MP.5.a

La función cruza el eje de la y cuando $x = 0$; si reemplazamos x con 0 en $y = \dfrac{1}{2}x^2 - 2$ obtenemos $y = \dfrac{1}{2}(0)^2 - 2$ ó $y = 0 - 2$, de modo que $y = -2$. La función cruza el eje de la x cuando $y = 0$; si reemplazamos, obtenemos como resultado $0 = \dfrac{1}{2}x^2 - 2$.

Suma −2 a ambos lados, de modo que $2 = \dfrac{1}{2}x^2$, ó $x^2 = 4$.

Eso da dos puntos más: (−2, 0) y (2, 0). El mínimo ocurre en $x = \dfrac{-b}{2a}$, donde, en este caso, el coeficiente del término x (b) es 0. El punto en $x = 0$ ya se ha determinado: (0, −2). Por lo tanto, solo hay tres puntos para marcar.

11. (0, 3), (−1, 0), (−3, 0), (−2, −1); Nivel de conocimiento: 2; **Temas:** Q.2.a, Q.6.c, A.5.a, A.5.e; **Prácticas:** MP.1.a, MP.1.b, MP.1.d, MP.2.c, MP.3.a, MP.4.b, MP.4.c, MP.5.c

Cuando $x = 0$, reemplaza x con 0 en $y = x^2 + 4x + 3$, de modo que dé como resultado $y = 0^2 + 4(0) + 3$ y $y = 3$, lo que da el primer punto: (0, 3). A continuación, cuando $y = 0$, reemplaza y con 0 en $x^2 + 4x + 3 = 0$; si descomponemos la ecuación en factores, obtenemos $(x + 1)(x + 3) = 0$. Eso da como resultado dos soluciones para x (−1 y −3), lo que da dos puntos más: (−1, 0) y (−3, 0). El mínimo ocurre en $x = \dfrac{-b}{2a} = \dfrac{-4}{(2 \cdot 1)} = -2$. Halla el valor correspondiente de y por sustitución: $y = -2^2 + 4(-2) + 3$, de modo que $y = -1$, lo que da un cuarto punto: (−2, −1).

12. (0, 3), (3, 0), (−1, 0), (1, 4); Nivel de conocimiento: 2; **Temas:** Q.2.a, Q.6.c, A.5.a, A.5.e; **Prácticas:** MP.1.a, MP.1.b, MP.1.d, MP.2.c, MP.3.a, MP.4.b, MP.4.c, MP.5.c

Cuando $x = 0$, reemplaza x con 0 en $y = -x^2 + 2x + 3$, de modo que $y = -0^2 + 2(0) + 3$ y $y = 3$, lo que da el primer punto: (0, 3). A continuación, cuando $y = 0$, $-x^2 + 2x + 3 = 0$; si descomponemos en factores, obtenemos $(-x + 3)(x + 1) = 0$. Eso da como resultado dos soluciones más para x (3, −1), lo que da dos puntos más: (3, 0) y (−1, 0). El mínimo ocurre en $x = \dfrac{-b}{2a} = \dfrac{(-2)}{(-2)} = 1$. El valor correspondiente de y es, por sustitución, 4, lo que da un cuarto punto (1, 4).

13. (−1, −3), (0, 2), (1, 0), (2, 3); Nivel de conocimiento: 3; **Temas:** Q.2.a, Q.6.c, A.5.a, A.5.e; **Prácticas:** MP.1.a, MP.1.b, MP.1.d, MP.2.c, MP.3.a, MP.4.c, MP.5.c

Para cada punto dado, habrá un punto correspondiente que también está ubicado en la curva, con el mismo valor de y, ubicado a la misma distancia horizontal del mínimo que el punto dado, pero en dirección opuesta. El punto dado (−2, −3) está ubicado horizontalmente media unidad a la izquierda del mínimo ($x = -2$ comparado con $x = -1.5$). Por lo tanto, el punto reflejado estará ubicado media unidad a la derecha del mínimo (−1.5 + 0.5 = −1), en el mismo valor de y (−3), formando el punto (−1, −3). Del mismo modo, como el punto dado (−3, −2) está 1.5 unidades a la izquierda del mínimo, el punto reflejado estará 1.5 unidades a la derecha (−1.5 + 1.5 = 0), lo que da un punto (0, −2). De igual manera, el punto (−4, 0), tendrá un punto correspondiente 2.5 unidades a la derecha del mínimo en $y = 0$: (1, 0). El último punto (−5, 3) tiene un punto correspondiente 3.5 unidades a la derecha del mínimo, en (2, 3).

14. (1, 4), (4, 1), (−1, −4); Nivel de conocimiento 3; **Temas:** Q.2.a, Q.6.c, A.5.a, A.5.e; **Prácticas:** MP.1.a, MP.1.b, MP.1.d, MP.2.c, MP.3.a, MP.4.c, MP.5.c

Para el punto (3, 4), que está una unidad a la derecha del máximo, habrá un punto correspondiente ubicado una unidad a la izquierda del máximo ($x = 1$), también con $y = 4$: (1, 4). Para el punto (0, 1), que está dos unidades a la izquierda del máximo, habrá un punto correspondiente ubicado dos unidades a la derecha del máximo ($x = 4$), también en $y = 1$: (4, 1). Para el punto (5, −4), que está tres unidades a la derecha del máximo, habrá un punto correspondiente ubicado tres unidades a la izquierda del máximo ($x = -1$), también en $y = -4$: (−1, −4).

15. (0, −4), (−3, −1), (2, 4); Nivel de conocimiento: 3; **Temas:** Q.2.a, Q.6.c, A.5.a, A.5.e; **Prácticas:** MP.1.a, MP.1.b, MP.1.d, MP.2.c, MP.3.a, MP.4.c, MP.5.c

Para el punto (−2, −4), que está una unidad a la izquierda del mínimo, habrá un punto correspondiente ubicado una unidad a la derecha del mínimo ($x = 0$), también con $y = -4$: (0, −4). Para el punto (1, −1), que está dos unidades a la derecha del mínimo, habrá un punto correspondiente ubicado dos unidades a la izquierda del mínimo ($x = -3$), también en $y = -1$: (−3, −1). Para el punto (−4, 4), que está tres unidades a la izquierda del mínimo, habrá un punto correspondiente ubicado tres unidades a la derecha del mínimo ($x = 2$), también en $y = 4$: (2, 4).

16. D; Nivel de conocimiento: 2; **Temas:** Q.2.a, A.1.f, A.4.a A.5.a, A.5.e; **Prácticas:** MP.1.a, MP.1.b, MP.1.d, MP.4.b

La curva cruza el eje de la x cuando $y = 0$. Si igualamos a cero la expresión en x y dividimos ambos lados entre −2, obtenemos: $x^2 + 2x - 3 = 0$. Esto se descompone en factores de la siguiente manera: $(x + 3)(x - 1) = 0$. Las soluciones son $x = -3$ y $x = +1$ (opción D). Las opciones restantes representan respuestas con las magnitudes correctas pero con distintos usos incorrectos de los signos.

17. D; Nivel de conocimiento: 1; **Temas:** A.1.e, A.5.a, A.5.e; **Prácticas:** MP.1.a, MP.1.d, MP.2.c

La curva cruza el eje de la y cuando $x = 0$, de modo que $y = -2(0)^2 - 4(0) + 6$. Al simplificar, queda solamente el último término (c), por lo que $y = +6$ (opción D). La opción A tiene la magnitud correcta pero el signo incorrecto. Las opciones B y C representan el coeficiente del término x^2 (a) con y sin el signo de negativo, respectivamente.

18. **C**; **Nivel de conocimiento:** 2; **Temas:** Q.2.a, A.5.a, A.5.e; **Prácticas:** MP.1.a, MP.1.b, MP.4.a

El valor de x del mínimo está dado por $\frac{-b}{2a}$ o, en este caso, $\frac{-(-4)}{2(-2)} = -1$ (opción C). La opción B tiene la magnitud correcta pero el signo incorrecto. Las opciones A y D representan $\frac{-b}{a}$, sin el signo negativo y con él, respectivamente.

19. **B**; **Nivel de conocimiento:** 3; **Temas:** Q.2.a, Q.6.c, A.5.a, A.5.e; **Prácticas:** MP.1.a, MP.1.b, MP.1.d, MP.2.c, MP.3.a, MP.5.a

La parte de la curva que se da incluye el punto (−2, 3). Ese punto está cuatro unidades a la izquierda del valor de x, donde ocurre el mínimo. El otro punto donde $y = 3$ ocurrirá, por simetría, a la misma distancia a la derecha del mínimo, o cuatro unidades a la derecha de $x = 2$. El resultado es $x = 6$ (opción B). Las otras opciones representan una distribución uniforme de valores de x alrededor de la respuesta correcta.

20. **D**; **Nivel de conocimiento:** 3; **Temas:** Q.2.a, Q.2.e, Q.6.c, A.1.g, A.4.a, A.5.a, A.5.e; **Prácticas:** MP.1.a, MP.1.b, MP.1.c, MP.1.d, MP.2.c, MP.3.a, MP.4.b, MP.5.c

Cuando el segundo jugador atrapa la pelota, $y = 6$. Reemplaza y con 6 en la ecuación, de modo que $6 = -\frac{1}{144}x^2 + x + 6$. A continuación, resta 6 de ambos lados y multiplica por −144, de modo que: $x^2 - 144x = 0$. Las dos soluciones corresponden al punto en el que se arroja la pelota ($x = 0$) y al punto en el que se atrapa la pelota ($x = 144$). La distancia entre los dos jugadores es, entonces, 144 pies (opción D).

21. **B**; **Nivel de conocimiento:** 2; **Temas:** Q.2.a, Q.2.e, Q.6.c, A.1.g, A.5.a, A.5.e; **Prácticas:** MP.1.a, MP.1.b, MP.1.c, MP.1.d, MP.4.a

El máximo de la curva está ubicado en $x = \frac{-b}{2a}$, donde $b = 1$ y $a = \frac{-1}{144}$. Si reemplazamos, el valor de x del máximo es 72 pies (opción B). También podríamos usar la simetría: como $y = 6$ tanto en $x = 0$ como en $x = 144$, el máximo tiene que estar en el promedio de los dos valores de x: $\frac{(0 + 144)}{2}$.

22. **C**; **Nivel de conocimiento:** 1; **Temas:** Q.2.a, Q.2.e, Q.6.c, A.1.e, A.1.g, A.5.a, A.5.e; **Prácticas:** MP.1.a, MP.4.a

Si reemplazamos x con 72 en la ecuación $y = -\frac{1}{144}72^2 + 72 + 6$ obtenemos un valor de y de 42 pies.

23. **C**; **Nivel de conocimiento:** 3; **Temas:** Q.2.a, Q.2.e, A.5.e; **Prácticas:** MP.1.a, MP.1.b, MP.1.d, MP.1.e, MP.3.a, MP.4.a , MP.5.c

La ecuación que representa el recorrido sigue siendo una función cuadrática, por lo que la simetría con respecto al máximo sigue existiendo, independientemente de la distancia a la que se arroja la pelota. Si la pelota regresa a la misma altura desde la que fue arrojada, la distancia horizontal entre el punto desde el que se arroja y el punto en el que se atrapa siempre será el doble de la distancia entre el punto desde el que se arroja y el punto en el que alcanza su altura máxima. Por consiguiente, cualquier cambio que genere un aumento de 20 pies en las distancias en las que alcanza su altura máxima dará como resultado una distancia total que aumenta en 40 pies (opción C). La opción A no supone ningún impacto en la distancia total. La opción B supone que la distancia total aumenta en la misma cantidad que la distancia horizontal en la que se alcanza la altura máxima. La opción D continúa la secuencia de números establecida por las tres opciones anteriores.

LECCIÓN 16, *págs. 118–121*

1. **D**; **Nivel de conocimiento:** 1; **Temas:** Q.2.a, Q.6.c, A.5.e; **Prácticas:** MP.1.a, MP.2.c, MP.4.a

El valor en el que la curva interseca al eje de la x puede determinarse a partir de la gráfica u observando que el numerador de $y = \frac{x - 2}{x + 1}$, $x - 2$, se convierte en 0 cuando $x = 2$ (opción D).

La opción A es el opuesto de la respuesta correcta, y es también el valor de y de la intersección con el eje de la y. La opción B es el valor de x en el que la función es indefinida. La opción C es el siguiente número entero en la secuencia que sigue a las opciones A y B.

2. **B**; **Nivel de conocimiento:** 2; **Temas:** Q.2.a, Q.6.c, A.5.e; **Prácticas:** MP.1.a, MP.1.b, MP.4.a

Si examinamos la función, vemos que el denominador de $y = \frac{x - 2}{x + 1}$, $x + 1$, se convierte en 0 cuando $x = -1$ (opción B).

Esto coincide con la representación gráfica de la función, donde las curvas muestran un comportamiento radical a medida que se acercan a $x = -1$, tanto por debajo como por arriba. Las opciones restantes son paralelas a las de la pregunta 1.

3. **D**; **Nivel de conocimiento:** 3; **Temas:** Q.6.c, A.5.e, A.1.i; **Prácticas:** MP.1.a, MP.1.b, MP.1.e, MP.2.c, MP.3.a, MP.4.a, MP.4.c, MP.5.b, MP.5.c

La gráfica muestra que, para valores grandes de x (como 3, 4, etc.), la función es positiva. Eso permite descartar las opciones A y B, ya que, para valores grandes de x, los numeradores de esas opciones son negativos y sus denominadores son positivos. La gráfica también muestra que la función es indefinida (el denominador se convierte en cero) en $x = 1$ y $x = -1$, lo que indica que los denominadores se convierten en 0 para esos valores de x. Eso permite descartar la opción C, lo que deja la opción D como la única opción posible.

4. **B**; **Nivel de conocimiento:** 3; **Temas:** Q.6.c, A.5.e, A.1.i; **Prácticas:** MP.1.a, MP.1.b, MP.1.e, MP.2.c, MP.3.a, MP.4.a, MP.4.c, MP.5.b, MP.5.c

La gráfica muestra que el numerador asume valores de cero en $x = -1$ y 2; eso permite descartar las opciones A y C. Las opciones B y D coinciden con el hecho de que la función es indefinida en $x = 1$. La gráfica muestra que, para valores grandes de x, la función es positiva. Eso permite descartar la opción D, que es negativa. Sin embargo, coincide con la opción B, que es la respuesta correcta.

5. **A**; **Nivel de conocimiento:** 1; **Temas:** Q.6.c, A.5.e; **Prácticas:** MP.1.a, MP.2.c

Si examinamos la gráfica, el único valor de x con un valor correspondiente de y positivo es x_1. La función aumenta un poco en x_2 y en x_3 (opciones B y C), pero en ambos casos, los valores siguen siendo negativos. El valor de la función para la opción D es negativo.

6. **C**; **Nivel de conocimiento:** 2; **Temas:** Q.6.c, A.5.e; **Prácticas:** MP.1.a, MP.2.c

La gráfica muestra que la función tiene una pendiente negativa (la curva se mueve hacia abajo, de izquierda a derecha) en x_1, x_2 y x_4. Solamente en x_3 (opción C) la pendiente es positiva.

7. **D**; **Nivel de conocimiento:** 2; **Temas:** Q.6.c, A.5.e; **Prácticas:** MP.1.a, MP.2.c

La curva atraviesa un mínimo entre x_2 y x_3 (opción C) y no cambia de dirección a la izquierda de x_1 (opción A) ni entre x_1 y x_2. El único máximo ocurre entre x_3 y x_4 (opción D).

Clave de respuestas

UNIDAD 3 *(continuación)*

8. C; Nivel de conocimiento: 2; **Temas:** Q.2.a, Q.6.c, A.5.e;
Prácticas: MP.1.a, MP.2.c, MP.4.a
La curva interseca al eje de la y cuando x es cero. Si reemplazamos x con 0 en la ecuación $y = x^3 - 2x^2$, obtenemos $y = 0$ (opción C). La opción A es un punto en el que la curva interseca al eje de la x; la opción D es el opuesto de ese valor de x. La opción B es el número entero intermedio entre las opciones A y C.

9. D; Nivel de conocimiento: 2; **Temas:** Q.2.a, Q.6.c, A.1.f, A.5.e;
Prácticas: MP.1.a, MP.1.b, MP.1.e, MP.2.c, MP.4.a, MP.4.b
Para hallar dónde la curva interseca al eje de la x, debemos resolver la ecuación: $-x^3 - 2x^2 = 0$. Resolver esto es más simple si se despeja $-x^2$ de la expresión: $-x^2(x + 2) = 0$. Eso hace evidente que las dos soluciones son $x = 0$ y $x = -2$ (opción D). Las opciones A y C contienen, cada una, una de las soluciones, pero no ambas. La opción B contiene una de las soluciones (-2) pero también el opuesto (2) de esa solución.

10. B; $y = \dfrac{x(x - 1)}{(x + 1)}$; **Nivel de conocimiento:** 3; **Temas:** Q.2.a,
A.1.i, A.5.e; **Prácticas:** MP.1.a, MP.1.b, MP.1.e, MP.2.c, MP.3.a, MP.4.a, MP.4.c, MP.5.c
La función representada gráficamente cruza el eje de la x en $x = 0$ y $x = 1$, lo que indica que el numerador se convierte en 0 en esos puntos. Al insertar $x = 0$ y $x = 1$ en cada ecuación, vemos que da como resultado un numerador de 0 solamente cuando usamos ambos valores con las ecuaciones B y F. Más aún, ambas funciones son indefinidas en $x = -1$, lo que coincide con la gráfica. En valores grandes de x, como 4, la función de la gráfica es positiva, como ocurre con la ecuación B. Sin embargo, la ecuación F es *negativa* en valores grandes de x. Por lo tanto, la opción correcta es la ecuación B.

11. A; $y = \dfrac{(x + 1)(x - 1)}{x}$; **Nivel de conocimiento:** 3; **Temas:**
Q.2.a, A.1.i, A.5.e; **Prácticas:** MP.1.a, MP.1.b, MP.1.e, MP.2.c, MP.3.a, MP.4.a, MP.4.c, MP.5.c
La función representada gráficamente cruza el eje de la x en $x = -1$ y $x = 1$, lo que indica que el numerador se convierte en 0 en esos puntos. Eso permite descartar todas las ecuaciones excepto la A y la D. Ambas funciones son indefinidas en $x = 0$, lo que coincide con la gráfica. En valores grandes de x, como 4, la función de la gráfica es positiva, lo que indica que la ecuación A, que también es positiva para valores grandes de x, es la opción correcta.

12. C; $y = -\dfrac{1}{x}$; **Nivel de conocimiento:** 3; **Temas:** Q.2.a, A.1.i,
A.5.e; **Prácticas:** MP.1.a, MP.1.b, MP.1.e, MP.2.c, MP.3.a, MP.4.a, MP.4.c, MP.5.c
La función representada gráficamente nunca cruza el eje de la x, por lo que un término del numerador nunca es igual a 0. Eso permite descartar todas las opciones, excepto la ecuación C. La función es indefinida en $x = 0$, lo que indica que el denominador se convierte en 0 en ese punto y así coincide con la ecuación C. En valores positivos grandes de x, como 2, la gráfica muestra que la función es negativa, lo que también coincide con la ecuación C.

13. F; $y = \dfrac{-x(x - 1)}{(x + 1)}$; **Nivel de conocimiento:** 3; **Temas:** Q.2.a,
A.1.i, A.5.e; **Prácticas:** MP.1.a, MP.1.b, MP.1.e, MP.2.c, MP.3.a, MP.4.a, MP.4.c, MP.5.c
La función representada gráficamente cruza el eje de la x en $x = 0$ y $x = 1$, lo que indica que el numerador se convierte en 0 en esos puntos. Al insertar $x = 0$ y $x = 1$ en cada ecuación, obtenemos como resultado un numerador de 0 solamente cuando usamos ambos valores con la ecuación B y la ecuación F. Ambas funciones son indefinidas en $x = -1$, lo que coincide con la gráfica. En valores grandes de x, como 3, la función de la gráfica es negativa, como ocurre con la ecuación F. La ecuación B es *positiva* en valores grandes de x. Por lo tanto, la opción correcta es la ecuación F.

14. E; $y = \dfrac{x(x + 1)}{(x - 1)}$; **Nivel de conocimiento:** 3; **Temas:** Q.2.a,
A.1.i, A.5.e; **Prácticas:** MP.1.a, MP.1.b, MP.1.e, MP.2.c, MP.3.a, MP.4.a, MP.4.c, MP.5.c
La función de la gráfica cruza el eje de la x en $x = -1$ y $x = 0$, lo que indica que el numerador se convierte en 0 en esos puntos. Al insertar $x = -1$ y $x = 0$ en cada ecuación, obtenemos como resultado un numerador de 0 solamente cuando usamos ambos valores con la ecuación E. Esa función es indefinida en $x = 1$ ya que el denominador es 0 en ese punto, lo que también coincide con la gráfica. En valores grandes de x, como 2, tanto la función de la gráfica como la ecuación E son positivas.

15. D; $y = \dfrac{-(x + 1)(x - 1)}{x}$; **Nivel de conocimiento:** 3; **Temas:**
Q.2.a, A.1.i, A.5.e; **Prácticas:** MP.1.a, MP.1.b, MP.1.e, MP.2.c, MP.3.a, MP.4.a, MP.4.c, MP.5.c
La función de la gráfica cruza el eje de la x en $x = 1$ y $x = -1$, lo que indica que el numerador se convierte en 0 en esos puntos. Al insertar $x = 1$ y $x = -1$ en cada ecuación, obtenemos como resultado un numerador de 0 solamente cuando usamos ambos valores con las ecuaciones A y D. Ambas opciones son funciones que son indefinidas en $x = 0$, lo que coincide con la gráfica. La gráfica muestra que, a medida que x aumenta a valores positivos grandes, como 3, la función se hace negativa. Esto deja la ecuación D como la respuesta correcta.

16. C; Nivel de conocimiento: 3; **Temas:** Q.6.c, A.5.e, A.1.i;
Prácticas: MP.1.a, MP.1.b, MP.1.e, MP.2.c, MP.3.a, MP.4.a, MP.4.c, MP.5.b, MP.5.c
La función de la gráfica cruza el eje de la x solamente en $x = 1$, lo que indica que el numerador se convierte en 0 en ese punto. Eso permite descartar las opciones B y D. Las funciones de las opciones A y C son indefinidas en $x = 0$ y $x = -1$, ya que los denominadores se convierten en 0 en esos puntos. Para valores que son negativos, hacia la izquierda de $x = -1$, la función de la gráfica tiene un valor negativo, lo que coincide con la ecuación de la opción C. La opción A es positiva en esos puntos (dos valores negativos hacen un valor positivo), lo que permite descartar esa opción como posibilidad.

17. C; Nivel de conocimiento: 3; **Tema:** A.7.b; **Prácticas:** MP.1.a, MP.1.b, MP.1.e, MP.2.c, MP.3.a, MP.5.c
La curva de la gráfica B presenta dos valores de y para cada valor de x mayor que cero. La curva de la gráfica D tiene tres valores de y para $x = 0$; en otras palabras, el eje de la y cruza la curva en tres puntos distintos. Eso permite descartar tanto B como D (opciones A y D). Las curvas de las gráficas A y C nunca tienen más de un valor de y para cualquier valor dado de x, lo que indica que la opción C es la correcta.

18. **B; Nivel de conocimiento:** 3; **Temas:** Q.6.c, A.5.e, A.1.i;
Prácticas: MP.1.a, MP.1.b, MP.1.e, MP.2.c, MP.3.a, MP.4.a, MP.4.c, MP.5.b, MP.5.c
La curva cruza el eje de la x en $x = -1$, lo que coincide con las opciones B y D. Ambas opciones representan funciones que son indefinidas en $x = 0$ y 1. Para valores grandes de x, como 2 y 3, solamente la opción B representa una función que es negativa, lo que coincide con la gráfica.

19. **D; Nivel de conocimiento:** 3; **Temas:** Q.6.c, A.5.e, A.1.i;
Prácticas: MP.1.a, MP.1.b, MP.1.e, MP.2.c, MP.3.a, MP.4.a, MP.4.c, MP.5.b, MP.5.c
La función de la gráfica cruza el eje de la x en $x = -1$ y $x = 0$, lo que indica que el numerador se convierte en 0 en esos puntos. Al insertar $x = -1$ y $x = 0$ en cada ecuación, obtenemos como resultado un numerador de 0 solamente cuando usamos ambos valores con las opciones de respuesta B y D. Las funciones de las opciones de respuesta B y D son indefinidas en $x = 1$, lo que coincide con la gráfica. Para valores grandes de x, como 3 y 4, la función es negativa, lo que indica que D es la opción correcta.

20. **C; Nivel de conocimiento:** 3; **Temas:** Q.2.a, A.1.e, A.5.e;
Prácticas: MP.1.a, MP.1.b, MP.1.e, MP.2.c, MP.3.a, MP.4.a, MP.5.c
La función cruza el eje de la y cuando x es igual a 0. Si reemplazamos x con 0 en la ecuación, obtenemos $y = 10$, que, al ser positivo, permite descartar las opciones A y B. Al reemplazar x con números muy pequeños, como $+0.1$ y -0.1, en la ecuación, hallamos que la función es decreciente en ese punto, lo que indica que la opción C es la correcta.

LECCIÓN 17, *págs. 122–125*

1. **B; Nivel de conocimiento:** 2; **Temas:** Q.6.a, Q.6.c, A.5.e, A.7.a, A.7.c, A.7.d; **Prácticas:** MP.1.a, MP.1.b, MP.1.d, MP.1.e, MP.4.c
En $x = 0$, la función cuadrática tiene un valor de -1. En $x = 3$, la función cuadrática tiene un valor de 3.5. Por lo tanto, la tasa de cambio promedio de la función es $\dfrac{3.5}{3} \approx 1.17$. La tasa de cambio de una función lineal representada de manera algebraica, en notación de función, está dada por el coeficiente x. Por lo tanto, compara el coeficiente x de la función en cada opción de respuesta con 1.17. Solamente la opción de respuesta B tiene un coeficiente x (0.5) que es menor que 1.17.

2. **A; Nivel de conocimiento:** 2; **Temas:** Q.6.a, Q.6.c, A.5.e, A.7.a, A.7.c, A.7.d; **Prácticas:** MP.1.a, MP.1.b, MP.1.d, MP.1.e, MP.4.c
La tasa de cambio de una función lineal representada en notación de función es el coeficiente x. Por lo tanto, la tasa de cambio de $f(x) = -2x - 3$ es -2. Halla la tasa de cambio promedio de la ecuación cuadrática con respecto a cada intervalo y compara con -2. En la opción de respuesta A, $f(-4) = 7$ y $f(0) = -1$. Por lo tanto, la tasa de cambio promedio es $\dfrac{7 - 1(-1)}{-4 - 0} = \dfrac{8}{-4} = -2$. De esta forma, la tasa de cambio promedio (-2) de la función cuadrática con respecto al intervalo $x = -4$ a $x = 0$ es la misma que la tasa de cambio de la función $f(x) = -2x - 3$. En la opción de respuesta B, $f(-4) = 7$ y $f(-2) = 1$, por lo que la tasa de cambio promedio es $\dfrac{7 - 1}{-4 - -2} = \dfrac{6}{-2} = -3$. En la opción de respuesta C, $f(-3) = 3.5$ y $f(2) = 1$, por lo que la tasa de cambio promedio es $\dfrac{3.5 - 1}{-3 - 2} = \dfrac{2.5}{-5} = -0.5$. En la opción de respuesta D, $f(0) = -1$ y $f(4) = 7$, por lo que la tasa de cambio promedio es $\dfrac{7 - (-1)}{4 - 0} = \dfrac{8}{4} = 2$.

3. **B; Nivel de conocimiento:** 1; **Temas:** Q.6.a, Q.6.c, A.5.e, A.7.a, A.7.c, A.7.d; **Prácticas:** MP.1.a, MP.1.b, MP.1.d, MP.1.e
La intersección con el eje de la y de una función es el valor de la función cuando $x = 0$. Para la función que se representa en la tabla, la intersección con el eje de la y (donde $x = 0$) es también 0. Para la función que se representa de manera algebraica, $f(0) = 6(0) + 4$ es 4. Por lo tanto, la intersección con el eje de la y de la función que se representa de manera algebraica es mayor que la intersección con el eje de la y de la función que se representa en la tabla.

4. **B; Nivel de conocimiento:** 2; **Temas:** Q.6.a, Q.6.c, A.5.e, A.7.a, A.7.c, A.7.d; **Prácticas:** MP.1.a, MP.1.b, MP.1.d, MP.1.e
La tasa de cambio de una función lineal representada de manera algebraica es el coeficiente x. En la función $f(x) = 6x + 4$, el coeficiente x es 6, por lo que la tasa de cambio de la función es 6. Para la función que se representa en la tabla, $f(0) = 0$ y $f(1) = 3$.
Por lo tanto, la tasa de cambio promedio es $\dfrac{3 - 0}{1 - 0} = 3$, y la tasa de cambio de la función que se representa de manera algebraica es mayor que la tasa de cambio promedio de la función que se representa en la tabla.

5. **C; Nivel de conocimiento:** 2; **Temas:** Q.6.a, Q.6.c, A.5.e, A.7.a, A.7.c, A.7.d; **Prácticas:** MP.1.a, MP.1.b, MP.1.d, MP.1.e
La tasa de cambio de una función lineal representada de manera algebraica es el coeficiente x. En la función $f(x) = 6x + 4$, el coeficiente x es 6, por lo que la tasa de cambio de la función es 6. Para la función que se representa en la tabla, $f(0) = 0$ y $f(2) = 12$.
Por lo tanto, la tasa de cambio promedio es $\dfrac{12 - 0}{2 - 0} = 6$, y la tasa de cambio de la función que se representa de manera algebraica es igual a la tasa de cambio promedio de la función que se representa en la tabla.

6. **A; Nivel de conocimiento:** 2; **Temas:** Q.6.a, Q.6.c, A.5.e, A.7.a, A.7.c, A.7.d; **Prácticas:** MP.1.a, MP.1.b, MP.1.d, MP.1.e
La tasa de cambio de una función lineal representada de manera algebraica es el coeficiente x. En la función $f(x) = 6x + 4$, el coeficiente x es 6, por lo que la tasa de cambio de la función es 6. Para la función que se representa en la tabla, $f(1) = 3$ y $f(3) = 27$.
Por lo tanto, la tasa de cambio promedio es $\dfrac{27 - 3}{3 - 1} = 12$, y la tasa de cambio de la función que se representa de manera algebraica es menor que la tasa de cambio promedio de la función que se representa en la tabla.

7. **A; Nivel de conocimiento:** 2; **Temas:** Q.6.a, Q.6.c, A.5.e, A.7.a, A.7.c, A.7.d; **Prácticas:** MP.1.a, MP.1.b, MP.1.d, MP.1.e, MP.4.c
La intersección con el eje de la y de una función es el valor de la función cuando $x = 0$. Para la función que se representa en la tabla (donde $x = 0$), la intersección con el eje de la y es 0. Para la función que se representa de manera algebraica, $f(0) = -9(0) - 1 = -1$. Por lo tanto, la intersección con el eje de la y de la función que se representa de manera algebraica es menor que la intersección con el eje de la y de la función que se representa en la tabla.

8. **C; Nivel de conocimiento:** 2; **Temas:** Q.6.a, Q.6.c, A.5.e, A.7.a, A.7.c, A.7.d; **Prácticas:** MP.1.a, MP.1.b, MP.1.d, MP.1.e, MP.4.c
La tasa de cambio de una función lineal representada de manera algebraica es el coeficiente x. En la función $f(x) = -9x - 1$, el coeficiente x es -9, por lo que la tasa de cambio de la función es -9. Para la función que se representa en la tabla $f(-2) = 12$ y $f(-1) = 3$. Por lo tanto, la tasa de cambio promedio es $\dfrac{12 - 3}{-2 - -1} = -9$, y la tasa de cambio de la función representada de manera algebraica es igual a la tasa de cambio promedio de la función que se representa en la tabla.

Clave de respuestas

UNIDAD 3 *(continuación)*

9. **D; Nivel de conocimiento:** 1; **Temas:** Q.6.a, Q.6.c, A.5.e, A.7.a, A.7.c, A.7.d; **Prácticas:** MP.1.a, MP.1.b, MP.1.d, MP.1.e, MP.4.c
La intersección con el eje de la y de una función representada en una gráfica es el valor de y del punto donde la gráfica cruza el eje de la y. Por lo tanto, la intersección con el eje de la y de la función que se representa en la gráfica es 1. La intersección con el eje de la y de una función representada de manera algebraica es el término constante, o b. En la opción de respuesta A, la intersección con el eje de la y es −2. En la opción de respuesta B, la intersección con el eje de la y es 2. En la opción de respuesta C, la intersección con el eje de la y es −1. En la opción de respuesta D, la intersección con el eje de la y es 1.

10. **C; Nivel de conocimiento:** 2; **Temas:** Q.6.a, Q.6.c, A.5.e, A.7.a, A.7.c, A.7.d; **Prácticas:** MP.1.a, MP.1.b, MP.1.d, MP.1.e, MP.4.c
La intersección con el eje de la x de una función representada en una gráfica es el valor de x del punto donde la gráfica cruza el eje de la x. Por lo tanto, la intersección con el eje de la x de la función que se representa en la gráfica es 2. La intersección con el eje de la x de una función representada de manera algebraica es el valor de x para el que el valor de la función es 0. Iguala $f(x)$ a 0 para cada opción de respuesta y resuelve para hallar x. Para la opción de respuesta A, $0 = x + 1$, de modo que $x = -1$. Para la opción de respuesta B, $0 = \frac{3}{2}x - 1$, de modo que $\frac{3}{2}x = 1$ y $x = \frac{2}{3}$. Para la opción de respuesta C, $0 = -x + 2$, de modo que $x = 2$. Para la opción de respuesta D, $0 = -\frac{2}{2}x - 2$, de modo que $x = -2$.

11. **D; Nivel de conocimiento:** 2; **Temas:** Q.6.c, A.5.e, A.7.c, A.7.d; **Prácticas:** MP.1.a, MP.1.b, MP.1.d, MP.1.e, MP.4.c
El valor máximo de la función que se representa en la gráfica es 5. Compara este valor con el valor máximo de las funciones representadas de manera algebraica en las opciones de respuesta. En las opciones de respuesta A y B, los coeficientes de los términos x^2 son positivos, por lo que las gráficas se abren hacia arriba y las gráficas no tienen valores máximos. En las opciones de respuesta C y D, los coeficientes de los términos x^2 son negativos, por lo que las gráficas se abren hacia abajo y las gráficas tienen valores máximos. En la opción de respuesta C, la intersección con el eje de la y es 3, por lo que el máximo es 3. En la opción de respuesta D, la intersección con el eje de la y es 5, por lo que el máximo es 5.

12. **B; Nivel de conocimiento:** 3; **Temas:** Q.2.a, Q.2.e, Q.6.c, A.5.e, A.7.a, A.7.d; **Prácticas:** MP.1.a, MP.1.b, MP.1.d, MP.1.e, MP.2.a, MP.2.b, MP.4.c
La velocidad del carro 1 está representada con la pendiente de la gráfica. Elige dos puntos de la gráfica y halla la razón del cambio vertical al cambio horizontal. La gráfica pasa por (3, 150) y (0,0), por lo que la pendiente $m = \frac{150 - 0}{3 - 0} = 50$. El carro 1 viaja a una velocidad de 50 millas por hora. La velocidad del carro 2 está representada con el coeficiente x de la ecuación, que es 45. Por lo tanto, el carro 1 viaja a una velocidad mayor, porque la pendiente de la línea de la gráfica es mayor que 45.

13. **D; Nivel de conocimiento:** 3; **Temas:** Q.6.c, A.5.e, A.7.a, A.7.d; **Prácticas:** MP.1.a, MP.1.b, MP.1.d, MP.1.e, MP.4.c
La tasa de cambio de la función que se representa en la gráfica es la pendiente de la gráfica, o la razón del cambio vertical al cambio horizontal. La línea atraviesa los puntos (0, −2) y (5, 0). Halla la pendiente: $\frac{5 - 0}{0 - (-2)} = \frac{5}{2} = 0.4$. La tasa de cambio de una función representada de manera algebraica es el coeficiente x, por lo que la tasa de cambio de la función $f(x) = 0.75x - 1$ es 0.75. Por consiguiente, la tasa de cambio de la función que se representa en la gráfica es menor que la tasa de cambio de la función $f(x) = 0.75x - 1$. La intersección con el eje de la y de una función representada en una gráfica es el valor de y del punto en el que la gráfica cruza el eje de la y, por lo que la intersección con el eje de la y de la función que se representa en la gráfica es −2. La intersección con el eje de la y de una función representada de manera algebraica es el término constante, b, por lo que la función $f(x) = 0.75x - 1$ tiene una intersección con el eje de la y de −1. Por lo tanto, la intersección con el eje de la y de la función que se representa en la gráfica es menor que la intersección con el eje de la y de la función $f(x) = 0.75x - 1$.

14. **B; Nivel de conocimiento:** 3; **Temas:** Q.2.a, Q.6.c, A.5.e, A.7.a, A.7.c; **Prácticas:** MP.1.a, MP.1.b, MP.1.d, MP.1.e, MP.2.c, MP.4.c
La tasa de cambio de la función que se representa en la gráfica es la pendiente de la gráfica, o la razón del cambio vertical al cambio horizontal. La línea atraviesa los puntos (0, −2) y (5, 0). Halla la pendiente: $\frac{5 - 0}{0 - (-2)} = \frac{5}{2} = 0.4$. Como la pendiente de la gráfica de la función $g(x)$ es el doble de la pendiente de la gráfica de la función que se representa en la gráfica, su pendiente es $2(0.4) = 0.8$. La intersección con el eje de la y de una función representada en una gráfica es el valor de y del punto en el que la gráfica cruza el eje de la y, por lo que la intersección con el eje de la y de la función que se representa en la gráfica es −2. Por lo tanto, la intersección con el eje de la y de la gráfica de $g(x)$ es también −2. Por consiguiente, $g(x) = 0.8x - 2$. Comprueba cada par ordenado para ver si hace que la ecuación sea verdadera. Para la opción de respuesta A, $g(-10) = 0.8(-10) - 2 = -8 - 2 = -10$. Por lo tanto, (−10, 6) no está en la gráfica de $g(x)$. Para la opción de respuesta B, $g(-5) = 0.8(-5) - 2 = -4 - 2 = -6$. Por lo tanto, (−5, −6) está en la gráfica de $g(x)$. Para la opción de respuesta C, $g(5) = 0.8(5) - 2 = 4 - 2 = 2$. Por lo tanto, (5, −2) no está en la gráfica de $g(x)$. Para la opción de respuesta D, $g(10) = 0.8(10) - 2 = 6$. Por lo tanto, (10, −10) no está en la gráfica de $g(x)$.

15. **D; Nivel de conocimiento:** 2; **Temas:** Q.2.a, Q.6.c, A.5.e, A.7.c, A.7.d; **Prácticas:** MP.1.a, MP.1.b, MP.1.d, MP.1.e, MP.2.c, MP.4.c, MP.5.a
La función que se representa en la gráfica tiene un valor mínimo de −3, cuando $x = -2$. La función que representa la ecuación $f(x) = x^2 - 2$ tiene un valor mínimo de −2. Por lo tanto, Alaina no tiene razón, ya que la función que se representa en la gráfica tiene un valor mínimo de −3 y la función $f(x) = x^2 - 2$ tiene un valor mínimo de −2.

16. **C; Nivel de conocimiento:** 2; **Temas:** Q.2.a, Q.6.c, A.5.e, A.7.a, A.7.c, A.7.d; **Prácticas:** MP.1.a, MP.1.b, MP.1.d, MP.1.e, MP.2.c, MP.4.c

La tasa de cambio promedio de la función que se representa en la gráfica es la razón del cambio vertical al cambio horizontal con respecto al intervalo de $x = -3$ a $x = 0$. Cuando $x = -3$, $y = -1$.

Cuando $x = 0$, $y = 5$. Halla la tasa de cambio: $\frac{5 - (-1)}{3} = \frac{6}{3} = 2$.

La tasa de cambio de una función lineal representada de manera algebraica es el coeficiente x. Por lo tanto, la función lineal que tiene la misma tasa de cambio que la tasa de cambio promedio de la función que se representa en la gráfica con respecto al intervalo de $x = -3$ a $x = 0$ tiene un coeficiente x de 2. Por consiguiente, $f(x) = 2x - 6$ tiene la misma tasa de cambio que la tasa de cambio promedio de la función cuadrática con respecto al intervalo dado.

17. **D; Nivel de conocimiento:** 2; **Temas:** Q.2.a, Q.6.c, A.5.e, A.7.a, A.7.c, A.7.d; **Prácticas:** MP.1.a, MP.1.b, MP.1.d, MP.1.e, MP.2.c, MP.4.c

La tasa de cambio de una función lineal es la razón del cambio vertical al cambio horizontal. La función que se representa en la tabla tiene una tasa de cambio de $\frac{5 - 6}{-2 - (-4)} = \frac{-1}{2} = -0.5$. Por

lo tanto, la función dada tiene la misma tasa de cambio que la función que se representa en la tabla. La intersección con el eje de la y de una función es el valor de y cuando el valor de x es 0, por lo que la intersección con el eje de la y de la función que se representa en la tabla es 4. Por consiguiente, la función dada tiene una intersección con el eje de la y (5) mayor que la función que se representa en la tabla.

18. **B; Nivel de conocimiento:** 2; **Temas:** Q.2.a, Q.6.c, A.5.e, A.7.a, A.7.c, A.7.d; **Prácticas:** MP.1.a, MP.1.b, MP.1.d, MP.1.e, MP.2.c, MP.4.c

La intersección con el eje de la x de una función es la coordenada x del punto donde la función cruza el eje de la x, o el valor de x cuando la función tiene un valor de 0. Para la función que se representa en la tabla, la tasa de cambio de la función es $\frac{5 - 6}{-2 - (-4)} = \frac{-1}{2} = -0.5$ y la intersección con el eje de la y es 4, por

lo que la función se puede representar de manera algebraica como $f(x) = -0.5x + 4$. Cuando la función tiene un valor de 0, $0 = -0.5x + 4$, por lo que $0.5x = 4$ y $x = 8$. Por lo tanto, la intersección con el eje de la x de la función que se representa en la tabla es 8. Para la función $f(x) = x + 8$, cuando la función tiene un valor de 0, $0 = x + 8$ y $x = -8$. Para la función $f(x) = 0.25x - 2$, cuando la función tiene un valor de 0, $0 = 0.25x - 2$ y $x = 8$. Por lo tanto, la función $f(x) = 0.25x - 2$ tiene la misma intersección con el eje de la x que la función que se representa en la tabla y Sam tiene razón.

19. **B; Nivel de conocimiento:** 2; **Temas:** Q.2.a, Q.6.c, A.5.e, A.7.a, A.7.c, A.7.d; **Prácticas:** MP.1.a, MP.1.b, MP.1.d, MP.1.e, MP.2.c, MP.4.c

La función que se representa en la tabla tiene una tasa de cambio de $\frac{5 - 6}{-2 - (-4)} = \frac{-1}{2} = -0.5$. Como la tasa de cambio es negativa, la función es decreciente. La tasa de cambio de la función que se representa con los pares ordenados es $\frac{1 - (-1)}{-2 - (-6)} = \frac{2}{4} = 0.5$. Por

lo tanto, la función que se representa con los pares ordenados aumenta a la misma tasa a la que disminuye la función que se representa en la tabla.

UNIDAD 4 GEOMETRÍA

LECCIÓN 1, *págs. 126–129*

1. **A; Nivel de conocimiento:** 2; **Temas:** Q.2.a, Q.2.e, Q.4.a, A.2.a, A.2.b, A.2.c; **Prácticas:** MP.1.a, MP.1.b, MP.1.d, MP.1.e, MP.2.a, MP.4.a, MP.4.b

El perímetro de un cuadrado está dado por la fórmula $P = 4s$. El perímetro del cuadrado es 34 pies, entonces $34 = 4s$. Divide los lados entre 4: $s = 8.5$. La opción de respuesta B es el resultado de dividir el área del rectángulo entre 4. La opción C es el resultado de dividir el perímetro del rectángulo entre 2. La opción D es el perímetro del cuadrado.

2. **B; Nivel de conocimiento:** 2; **Temas:** Q.2.a, Q.2.e, Q.4.a, A.2.a, A.2.b, A.2.c; **Prácticas:** MP.1.a, MP.1.b, MP.1.d, MP.1.e, MP.2.a, MP.4.a, MP.4.b

El perímetro de un triángulo es la suma de las longitudes de sus lados. Como un triángulo isósceles tiene dos lados congruentes, $P = b + 2s$. Reemplaza P con 28 y b con 8: $28 = 8 + 2s$. Resta 8 de cada lado: $20 = 2s$. Divide cada lado entre 2: $s = 10$. La opción de respuesta A es el resultado de dividir 28 entre 2 y después restar 8. La opción C es el resultado de sumar $28 + 8$ y de dividir la suma entre 2. La opción D es la suma de las longitudes de los dos lados.

3. **24; Nivel de conocimiento:** 2; **Temas:** Q.2.a, Q.4.a, A.2.a, A.2.b, A.2.c; **Prácticas:** MP.1.a, MP.1.b, MP.1.d, MP.1.e, MP.2.a, MP.4.a, MP.4.b

El perímetro de un triángulo es la suma de las longitudes de sus lados. Como el perímetro es 64 pulgadas, $20 + 20 + b = 64$. Combina los términos semejantes y resta 40 de cada lado: $b = 24$.

4. **16; Nivel de conocimiento:** 2; **Temas:** Q.2.a, Q.4.a, A.2.a, A.2.b, A.2.c; **Prácticas:** MP.1.a, MP.1.b, MP.1.d, MP.1.e, MP.2.a, MP.4.a, MP.4.b

El área de un triángulo es $\frac{1}{2} bh$. La base del triángulo es $64 - 20 - 20 = 24$ pulgadas, entonces $192 = \frac{1}{2}(24)h$. Multiplica: $192 = 12h$. Divide cada lado entre 12: $h = 16$.

5. **4; Nivel de conocimiento:** 2; **Temas:** Q.2.a, Q.4.a, A.2.a, A.2.b, A.2.c; **Prácticas:** MP.1.a, MP.1.b, MP.1.d, MP.1.e, MP.2.a, MP.4.a, MP.4.b

El área de un triángulo es $\frac{1}{2} bh$. En el triángulo rectángulo, los lados que forman el ángulo recto son la base y la altura. Como el área es 30 cm^2, $\frac{1}{2}(15)(h) = 30$. Multiplica: $7.5h = 30$. Divide cada lado entre 7.5: $h = 4$.

6. **8; Nivel de conocimiento:** 3; **Temas:** Q.2.a, Q.4.a, A.2.a, A.2.b, A.2.c; **Prácticas:** MP.1.a, MP.1.b, MP.1.d, MP.1.e, MP.2.a, MP.4.a, MP.4.b.

El área de un rectángulo es lw. Como su longitud es el doble de su ancho, reemplaza l con $2w$ en la fórmula. Entonces, $A = (2w)(w)$. Como el área es 32 pulg^2, $32 = 2w^2$. Divide cada lado entre 2: $16 = w^2$. Toma la raíz cuadrada positiva de cada lado: $w = 4$, entonces $l = 2(4)$ u 8.

Clave de respuestas

UNIDAD 4 *(continuación)*

7. **22**; **Nivel de conocimiento:** 3; **Temas:** Q.2.a, Q.2.e, Q.4.a, Q.4.d, A.2.a, A.2.c; **Prácticas:** MP.1.a, MP.1.b, MP.1.d, MP.1.e, MP.2.a, MP.4.a, MP.4.b.

El área de un cuadrado es el cuadrado de su longitud de lado.

Como el área de cada cuadrado del edredón es $\frac{1}{4}$ pies², $\frac{1}{4} = s^2$.

Toma la raíz cuadrada positiva de cada lado: $s = \frac{1}{2}$. Hay 10 cuadrados en cada fila, entonces el ancho del edredón es

$10 \times \frac{1}{2} = 5$ pies. Hay 12 filas, entonces la longitud del edredón

es $12 \times \frac{1}{2} = 6$ pies. El perímetro del edredón es $2l + 2w$, entonces

$P = 2(5 + 6) = 2(11) = 22$.

8. **C**; **Nivel de conocimiento:** 1; **Temas:** Q.2.a, Q.4.a, Q.4.c; **Prácticas:** MP.1.a, MP.1.e

El perímetro del paralelogramo no se puede determinar porque no se conoce el ancho. Usa el cuadrado para hallar el perímetro de ambas figuras. El perímetro de un cuadrado es igual a 4s. Como s = 16, el perímetro es 4(16) = 64 cm. La opción de respuesta A es el resultado de multiplicar la longitud de lado del cuadrado por 2 en lugar de 4. La opción B es el resultado de sumar 16 + 8 y multiplicar la suma por 2. La opción D es el resultado de multiplicar 16 × 8.

9. **A**; **Nivel de conocimiento:** 2; **Temas:** Q.2.a, Q.2.e, Q.4.a, Q.4.c, A.2.a, A.2.b, A.2.c; **Prácticas:** MP.1.a, MP.1.b, MP.1.d, MP.1.e, MP.2.a, MP.4.a, MP.4.b

El área del rectángulo es igual al área del triángulo, $\frac{1}{2}(12)(9)$

ó 54 pulg². Entonces, 54 pulg² es el área de cada figura.

10. **B**; **Nivel de conocimiento:** 2; **Temas:** Q.2.a, Q.4.a, A.2.a, A.2.b, A.2.c; **Prácticas:** MP.1.a, MP.1.b, MP.1.d, MP.1.e, MP.4.a, MP.4.b.

El área de un triángulo está dada por la fórmula $A = \frac{1}{2}bh$.

Reemplaza el área y la altura en la fórmula y resuelve para hallar

la base: $86.6 = \frac{1}{2}b(17.32)$. Multiplica ambos lados por

2: 173.2 = 17.32b. Divide ambos lados entre 17.32: b = 10.

11. **C**; **Nivel de conocimiento:** 2; **Temas:** Q.2.a, Q.4.a, A.2.a, A.2.b, A.2.c; **Prácticas:** MP.1.a, MP.1.b, MP.1.d, MP.1.e, MP.4.a, MP.4.b.

Un triángulo equilátero tiene tres lados congruentes. Para hallar un lado, la base, reemplaza A con 86.6 y h con 17.32 en la fórmula

$A = \frac{1}{2}bh$. Resuelve para hallar b y obtendrás que el triángulo

tiene una base de 10. El perímetro de un triángulo es la suma de las longitudes de sus lados, entonces el perímetro del triángulo equilátero es 3b = 3(10) = 30.

12. **B**; **Nivel de conocimiento:** 2; **Temas:** Q.2.a, Q.4.a, Q.4.c, A.2.a, A.2.b, A.2.c; **Prácticas:** MP.1.a, MP.1.b, MP.1.d, MP.1.e, MP.4.a, MP.4.b.

El área del paralelogramo se calcula con la fórmula A = bh. Reemplaza A con 58 y b con 5: 58 = 5h. Divide cada lado de la ecuación entre 5: h = 11.6.

13. **A**; **Nivel de conocimiento:** 2; **Temas:** Q.2.a, Q.4.a, A.2.a, A.2.b, A.2.c; **Prácticas:** MP.1.a, MP.1.b, MP.1.d, MP.1.e, MP.4.a, MP.4.b.

El perímetro de un cuadrado es igual a cuatro veces su longitud de lado, ó 4s. Reemplaza P con 0.5 en la fórmula P = 4s y divide ambos lados de la ecuación entre 4 para hallar s: 0.5 = 4s, entonces s = 0.125. La opción de respuesta B es el resultado de dividir el perímetro entre 2. La opción C es el resultado de multiplicar la longitud de lado por 2. La opción D es el resultado de usar el perímetro dado como la longitud de lado del cuadrado y multiplicarlo por 4 en lugar de dividirlo.

14. **A**; **Nivel de conocimiento:** 2; **Temas:** Q.2.a, Q.2.e, Q.4.a, A.2.a, A.2.b, A.2.c; **Prácticas:** MP.1.a, MP.1.b, MP.1.d, MP.1.e, MP.2.a, MP.4.a, MP.4.b.

Para hallar el ancho de la piscina, primero hay que hallar su área dividiendo el costo total de la cubierta entre el costo por pie cuadrado: $76.80 ÷ $0.15 = 512. Luego, hay que sustituir A con 512 y l con 32 en la fórmula A = lw: 512 = 32w. Divide ambos lados entre w: w = 16.

15. **B**; **Nivel de conocimiento:** 2; **Temas:** Q.2.a, Q.2.e, Q.4.a, A.2.a, A.2.b, A.2.c; **Prácticas:** MP.1.a, MP.1.b, MP.1.d, MP.1.e, MP.2.a, MP.4.a, MP.4.b.

Reemplaza las áreas mínima y máxima y la longitud en la fórmula A = lw para hallar los anchos mínimo y máximo. Si A = 30, entonces 30 = 7w y w mide alrededor de 4.28 pies. Si A = 40, entonces 40 = 7w y w mide alrededor de 5.71. Solo la opción de respuesta B, 4.4 pies, está en el rango de 4.28 a 5.71.

16. **A**; **Nivel de conocimiento:** 2; **Temas:** Q.2.a, Q.4.a, A.2.a, A.2.b, A.2.c; **Prácticas:** MP.1.a, MP.1.b, MP.1.d, MP.1.e, MP.2.a, MP.4.a, MP.4.b.

Para cada opción de respuesta, usa la fórmula de perímetro para determinar el ancho y luego calcula el área. Si la longitud es 2 pies, entonces el ancho es 10 pies y el área es (2)(10) = 20. Si la longitud es 3 pies, entonces el ancho es 9 pies y el área es (3)(9) = 27. Si la longitud es 4 pies, entonces el ancho es 8 pies y el área es (4)(8) = 32. Si la longitud es 5 pies, entonces el ancho es 7 pies y el área es (5)(7) = 35. Solo 20 es menor que 24, entonces la longitud podría ser 2 pies.

17. **A**; **Nivel de conocimiento:** 2; **Temas:** Q.2.a, Q.4.a, Q.4.c, A.2.a, A.2.b, A.2.c; **Prácticas:** MP.1.a, MP.1.b, MP.1.d, MP.1.e, MP.2.a, MP.4.a, MP.4.b.

Solo puede calcularse el área del cuadrado con la información dada: $A = s^2 = 6^2 = 36$. Usa el área del cuadrado para determinar las dimensiones que faltan de las demás figuras. Para el paralelogramo, A = bh. Como el área es 36 cm² y la altura es 9 cm,

36 = 9b y b = 4 cm. Para el triángulo, $A = \frac{1}{2}bh$. Como el área es

36 cm² y la altura es 6 cm, $36 = \frac{1}{2}(6)b$, entonces 36 = 3b y

b = 12 cm. Para el rectángulo, A = lw. Como el área es 36 cm² y el ancho es 4.5 cm, 36 = 4.5l y l = 8. Entonces, de las opciones dadas, solo en la opción A, la base del triángulo mide 12.

18. **B**; **Nivel de conocimiento:** 2; **Temas:** Q.2.a, Q.4.a, Q.4.c, A.2.a, A.2.b, A.2.c; **Prácticas:** MP.1.a, MP.1.b, MP.1.d, MP.1.e, MP.2.a, MP.4.a, MP.4.b.

Usando el cuadrado, el área de cada figura es $6^2 = 36$ cm^2. Usa el área del cuadrado para determinar las dimensiones que faltan para hallar el perímetro. Para el paralelogramo, $A = bh$, entonces $36 = 9b$ y $b = 4$. Por lo tanto, $P = 2(10 + 4) = 2(14) = 28$ cm. Para el triángulo, $A = \frac{1}{2}bh$, entonces $36 = \frac{1}{2}b(6)$ y $b = 12$. Por lo tanto, $P = 8 + 10 + 12 = 30$ cm. Para el rectángulo, $A = lw$, entonces $36 = 4.5l$ y $l = 8$. Por lo tanto, $P = 2(4.5 + 8) = 2(12.5) = 25$ cm.

19. **C**; **Nivel de conocimiento:** 2; **Temas:** Q.2.a, Q.4.a, Q.4.c, A.2.a, A.2.b, A.2.c; **Prácticas:** MP.1.a, MP.1.b, MP.1.d, MP.1.e, MP.2.a, MP.4.a, MP.4.b.

El perímetro del cuadrado es $4(6) = 24$ cm. Las cuatro figuras tienen la misma área. Usando el cuadrado, el área de cada figura es $6^2 = 36$ cm^2. La diferencia entre el área y el perímetro del cuadrado es $36 - 24 = 12$. Usa el área del cuadrado para determinar las dimensiones que faltan para hallar el perímetro. Para el paralelogramo, $A = bh$, entonces $36 = 9b$ y $b = 4$. Por lo tanto, $P = 2(10 + 4) 2(14) = 28$ cm. La diferencia entre el área y el perímetro del paralelogramo es $36 - 28 = 8$. Para el triángulo, $A = \frac{1}{2}bh$, entonces $36 = \frac{1}{2}b(6)$ y $b = 12$. Por lo tanto, $P = 8 + 10 + 12 = 30$ cm. La diferencia entre el área y el perímetro del triángulo es $36 - 30 = 6$. Para el rectángulo, $A = lw$, entonces $36 = 4.5l$ y $l = 8$. Por lo tanto, $P = 2(4.5 + 8) = 2(12.5) = 25$ cm. La diferencia entre el área y el perímetro del rectángulo es $36 - 25 = 11$. Entonces, el cuadrado tiene la mayor diferencia entre su área y su perímetro (12).

20. **D**; **Nivel de conocimiento:** 2; **Temas:** Q.2.a, Q.4.a, A.2.a, A.2.b, A.2.c; **Prácticas:** MP.1.a, MP.1.b, MP.1.d, MP.1.e, MP.2.a, MP.4.a, MP.4.b, MP.5.a.

Un paralelogramo tiene dos pares de lados congruentes, entonces el perímetro de un paralelogramo puede determinarse si se conoce la longitud de lado de cada par de lados. El área de un paralelogramo es igual al producto de su base por su altura, de manera que el área de un paralelogramo no puede determinarse solo a partir de la longitud de sus lados. Por lo tanto, el perímetro del paralelogramo puede determinarse, pero no el área. El perímetro del paralelogramo es igual a $2(11) + 2(14) = 50$, entonces la respuesta D es la correcta.

21. **A**; **Nivel de conocimiento:** 3; **Temas:** Q.2.a, Q.4.a, A.2.a, A.2.c; **Prácticas:** MP.1.a, MP.1.b, MP.1.d, MP.1.e, MP.4.a, MP.4.b.

Usa $A = \frac{1}{2}bh$ para hallar la medida de la base del triángulo isósceles, donde $A = 75$ y $h = 7.5$. Entonces $75 = \frac{1}{2}b(7.5)$.

Multiplica cada lado por 2: $150 = 7.5b$. Divide cada lado entre 7.5: $b = 20$. Entonces, la base de cada triángulo rectángulo es $\frac{1}{2}(20) = 10$ pulgadas.

22. **D**; **Nivel de conocimiento:** 2; **Temas:** Q.2.a, Q.4.a, A.2.a, A.2.b, A.2.c; **Prácticas:** MP.1.a, MP.1.b, MP.1.d, MP.1.e, MP.2.a, MP.4.a, MP.4.b.

Cada triángulo tiene un área de 30 cm2. Usa la fórmula del área, $A = \frac{1}{2}bh$, y la altura de cada triángulo para determinar su base. Para el Triángulo 1, $30 = \frac{1}{2}b(5)$. Multiplica cada lado por 2: $60 = 5b$, entonces $b = 12$. Para el Triángulo 2, $30 = \frac{1}{2}b(15)$. Multiplica cada lado por 2: $60 = 15b$, entonces $b = 4$. Para el Triángulo 3, $30 = \frac{1}{2}b(6)$. Multiplica cada lado por 2: $60 = 6b$, entonces $b = 10$. Para el Triángulo 4, $30 = \frac{1}{2}b(4)$. Multiplica cada lado por 2: $60 = 4b$, entonces $b = 15$. Entonces, el Triángulo 4 tiene la base más larga.

23. **B**; **Nivel de conocimiento:** 2; **Temas:** Q.2.a, Q.4.a, A.2.a, A.2.b, A.2.c; **Prácticas:** MP.1.a, MP.1.b, MP.1.d, MP.1.e, MP.2.a, MP.4.a, MP.4.b.

Cada triángulo tiene un área de 30 cm^2. Usa la fórmula del área, $A = \frac{1}{2}bh$, y la altura de cada triángulo para determinar su base. Luego suma la base a las otras dos longitudes de lado para hallar el perímetro. Para el Triángulo 1, $30 = \frac{1}{2}b(5)$. Multiplica cada lado por 2: $60 = 5b$, entonces $b = 12$. El perímetro del Triángulo 1 es $5 + 13 + 12 = 30$ cm. Para el Triángulo 2, $30 = \frac{1}{2}b(15)$. Multiplica cada lado por 2: $60 = 15b$, entonces $b = 4$. El perímetro del Triángulo 2 es $18 + 16 + 4 = 38$ cm. Para el Triángulo 3, $30 = \frac{1}{2}b(6)$. Multiplica cada lado por 2: $60 = 6b$, entonces $b = 10$. El perímetro del Triángulo 3 es $11 + 8 + 10 = 29$ cm. Para el Triángulo 4, $30 = \frac{1}{2}b(4)$. Multiplica cada lado por 2: $60 = 4b$, entonces $b = 15$. El perímetro del Triángulo 4 es $5 + 17 + 15 = 37$ cm. Entonces, el Triángulo 2 tiene el perímetro más grande.

24. **B**; **Nivel de conocimiento:** 2; **Temas:** Q.2.a, Q.4.a, A.2.a, A.2.b, A.2.c; **Prácticas:** MP.1.a, MP.1.b, MP.1.d, MP.1.e, MP.2.a, MP.4.a, MP.4.b.

Para cada rectángulo reemplaza el área y el ancho en la fórmula $A = lw$ y resuelve para hallar el ancho. Para la opción de respuesta A, $32 = 6w$, entonces w mide alrededor de 5.66. Para la opción de respuesta B, $40 = 7w$, entonces w mide alrededor de 5.74. Para la opción de respuesta C, $45 = 8w$, entonces w mide alrededor de 5.625. Para la opción de respuesta D, $50 = 9w$, entonces w mide alrededor de 5.56. Entonces el rectángulo que se describe en la opción B tiene el mayor ancho.

25. **D**; **Nivel de conocimiento:** 3; **Temas:** Q.2.a, Q.4.a, A.2.a, A.2.b, A.2.c; **Prácticas:** MP.1.a, MP.1.b, MP.1.d, MP.1.e, MP.4.a, MP.4.b.

Un triángulo isósceles tiene dos lados congruentes. El lado dado, con una longitud de 12, podría ser uno de los lados congruentes, o podría ser el tercer lado. Si el lado dado es uno de los lados congruentes, entonces otro de los lados debe medir 12, y el tercer lado debe medir $48 - 12 - 12 = 24$. Si el lado dado es el tercer lado, entonces la suma de los dos lados congruentes es $48 - 12 = 36$, y cada uno de los lados congruentes mide $36 \div 2 = 18$. Entonces, los lados podrían medir 12, 12, 24, ó 12, 18, 18. Sin embargo, no pueden medir 30.

Clave de respuestas

UNIDAD 4 *(continuación)*

LECCIÓN 2, *págs. 130–133*

1. D; **Nivel de conocimiento:** 2; **Temas:** Q.4.e, A.4.a; **Prácticas:** MP.1.a, MP.2.b, MP.4.b
Resuelve $10^2 + 2^2 = c^2$ para hallar que $c^2 = 104$ y $c \approx 10.2$ pies.

2. B; **Nivel de conocimiento:** 2; **Temas:** Q.4.e, A.4.a; **Prácticas:** MP.1.a, MP.2.b, MP.4.b.
Resuelve $12^2 + 2^2 = c^2$ para hallar que $c^2 = 148$ y $c \approx 12.17$ pies, que se redondea a 12.2 pies.

3. 8.25; **Nivel de conocimiento:** 2; **Temas:** Q.4.e, A.4.a; **Prácticas:** MP.1.a, MP.2.b, MP.4.b.
Imagina que AB es la hipotenusa de una triángulo rectángulo con vértices A, B y $(3, -3)$. Resuelve $8^2 + 2^2 = c^2$ para hallar que $c \approx 8.25$.

4. 10.05; **Nivel de conocimiento:** 2; **Temas:** Q.4.e, A.4.a; **Prácticas:** MP.1.a, MP.2.b, MP.4.b
Imagina que AC es la hipotenusa de una triángulo rectángulo con vértices A, C y $(5, -3)$. Resuelve $1^2 + 10^2 = c^2$ para hallar que $c \approx 10.05$.

5. 7.21; **Nivel de conocimiento:** 2; **Temas:** Q.4.e, A.4.a; **Prácticas:** MP.1.a, MP.2.b, MP.4.b
Primero halla la diferencia entre los puntos J $(-4, 4)$ y L $(2, 0)$, de tal manera que $J = (2 - -4)^2$ y $L = (0, 4)^2$. Multiplica: $6^2 + 4^2 = c^2$, de manera que $c^2 = 52$. Por lo tanto, $c \approx 7.21$, que es la distancia entre los puntos J y L.

6. 6; **Nivel de conocimiento:** 2; **Temas:** Q.4.e, A.4.a; **Prácticas:** MP.1.a, MP.2.b, MP.4.b
Halla la diferencia entre los puntos K $(-4, 0)$ y L $(2, 0)$, de tal manera que $K = (2 - -4)^2$ y $L = (0 - 0)^2$. Multiplica: $6^2 + 0^2 = c^2$, de tal manera que $c^2 = 36$. Por lo tanto, $c = 6$, que es la distancia entre los puntos K y L.

7. 17.21; **Nivel de conocimiento:** 2; **Temas:** Q.4.e, A.4.a; **Prácticas:** MP.1.a, MP.1.e, MP.2.b, MP.4.b
Halla la diferencia entre los puntos J $(-4, 4)$ y K $(-4, 0)$, de manera que $J = (-4 - -4)^2$ y $K = (0 - 4)^2$. Multiplica: $0^2 + -4^2 = c^2$, de manera que $c^2 = 16$. Por lo tanto, $c = 4$. A continuación, suma los lados para hallar el perímetro de un triángulo. $6 + 4 + 7.21 = 17.21$.

8. D; **Nivel de conocimiento:** 3; **Temas:** Q.4.e, A.4.a; **Prácticas:** MP.1.a, MP.2.b, MP.3.c, MP.4.b, MP.5.a
Elba sumó incorrectamente el cuadrado de 4 (16) al cuadrado de 10 (100), en vez de restar 16 de 100. Al hacerlo, Elba obtiene un total de 84, cuya raíz cuadrada es ≈ 9.165, que se redondea a 9.17.

9. A; **Nivel de conocimiento:** 2; **Temas:** Q.4.e, A.4.a; **Prácticas:** MP.1.a, MP.2.b, MP.4.b
Resuelve $4^2 + 4^2 = c^2$ para hallar que $c^2 = 32$ y $c \approx 5.656$ pulgadas, pulgadas, que se redondea a 5.66 pulgadas.

10. C; **Nivel de conocimiento:** 2; **Temas:** Q.4.e, A.4.a; **Prácticas:** MP.1.a, MP.2.b, MP.4.b
Resuelve $16^2 + b^2 = 21^2$ para hallar que $256 + b^2 = 441$. Resta 256 de 441 de tal manera que $b^2 = 185$ y $b \approx 13.6$.

11. D; **Nivel de conocimiento:** 2; **Temas:** Q.4.e, A.4.a; **Prácticas:** MP.1.a, MP.2.b, MP.4.b
Resuelve $75^2 + 63^2 = c^2$ para hallar la hipotenusa. Suma $5{,}625 + 3{,}969 = c^2$ de tal manera que $c^2 = 9{,}594$. Por lo tanto, $c \approx 97.9$.

12. C; **Nivel de conocimiento:** 2; **Temas:** Q.4.e, A.4.a; **Prácticas:** MP.1.a, MP.2.b, MP.4.b
Resuelve $11^2 + 3^2 = c^2$ para hallar la hipotenusa. Suma $121 + 9 = c^2$, entonces $c^2 = 11.4$.

13. B; **Nivel de conocimiento:** 2; **Temas:** Q.4.e, A.4.a; **Prácticas:** MP.1.a, MP.2.b, MP.4.b
Resuelve $6.5^2 + b^2 = 7.9^2$ para hallar el otro cateto de manera que $42.25 + b^2 = 62.41$. Resta 42.25 de 62.41 de manera que $b^2 = 20.16$ y $b \approx 4.49$, que se redondea a 4.5.

14. D; **Nivel de conocimiento:** 2; **Temas:** Q.4.e, A.4.a; **Prácticas:** MP.1.a, MP.2.b, MP.4.b
Resuelve $5^2 + 8^2 = c^2$ para hallar la hipotenusa. Suma $25 + 64 = c^2$, entonces $c^2 = 89$. Por lo tanto, $c \approx 9.4$.

15. B; **Nivel de conocimiento:** 2; **Temas:** Q.4.e, A.4.a; **Prácticas:** MP.1.a, MP.2.b, MP.4.b
Resuelve $55^2 + 40^2 = c^2$ para hallar la hipotenusa. Suma $3{,}025 + 1{,}600 = c^2$ de manera que $c^2 = 4{,}625$ y $c \approx 68$. Luego, divide 68 entre 12 para convertirlo de pulgadas a pies. Se obtiene 5.67 pies como resultado, que se redondea a 6 pies.

16. C; **Nivel de conocimiento:** 3; **Temas:** Q.4.e, A.4.a; **Prácticas:** MP.1.a, MP.1.e, MP.2.b, MP.4.b.
Comprueba para ver qué medidas resuelven $a^2 + b^2 = c^2$.
$6^2 + 8.5^2 = 108.25$
$c^2 = 108.25$
$c \approx 10.4$
Ninguna de las demás opciones resuelve la fórmula.

17. A; **Nivel de conocimiento:** 2; **Temas:** Q.4.e, A.4.a; **Prácticas:** MP.1.a, MP.2.b, MP.4.b
Resuelve $30^2 + 17^2 = c^2$ para hallar el sendero en el jardín, Suma $900 + 289 = c^2$ de manera que $c^2 = 1{,}189$. Por lo tanto, $c \approx 34.48$, que se redondea a 34.5.

18. B; **Nivel de conocimiento:** 2; **Temas:** Q.4.e, A.4.a; **Prácticas:** MP.1.a, MP.2.b, MP.4.b
Resuelve $12^2 + b^2 = 40^2$ de manera que $144 + b^2 = 1{,}600$. Resta 144 de 1,600 de manera que $b^2 = 1{,}456$ y $b \approx 38.16$, que se redondea a 38.2.

19. B; **Nivel de conocimiento:** 2; **Temas:** Q.4.e, A.4.a; **Prácticas:** MP.1.a, MP.2.b, MP.4.b
Resuelve $12^2 + b^2 = 15^2$ de manera que $144 + b^2 = 225$. Resta 144 de 225 de manera que $b^2 = 81$ y $b = 9$.

20. A; **Nivel de conocimiento:** 2; **Temas:** Q.4.e, A.4.a; **Prácticas:** MP.1.a, MP.2.b, MP.4.b
Resuelve $16^2 + b^2 = 18^2$ de manera que $256 + b^2 = 324$. Resta 256 de 324 de manera que $b^2 = 68$ y $b \approx 8.2$.

21. C; **Nivel de conocimiento:** 2; **Temas:** Q.4.e, A.4.a; **Prácticas:** MP.1.a, MP.2.b, MP.4.b
Resuelve $6^2 + b^2 = 18^2$ de manera que $36 + b^2 = 324$. Resta 36 de 324 de manera que $b^2 = 288$ y $b \approx 16.97$.

22. D; **Nivel de conocimiento:** 2; **Temas:** Q.4.e, A.4.a; **Prácticas:** MP.1.a, MP.2.b, MP.4.b
Resuelve $15^2 + 15^2 = c^2$ para hallar el ancho de la casa de muñecas. Suma $225 + 225 = c^2$ de manera que $c^2 = 450$. Por lo tanto, $c \approx 21.2$.

23. A; **Nivel de conocimiento:** 2; **Temas:** Q.4.e, A.4.a; **Prácticas:** MP.1.a, MP.2.b, MP.4.b
Para hallar el área de la sección triangular del techo hay que usar la fórmula para hallar el área de un triángulo: $\frac{1}{2}bh$. En este caso, $\frac{1}{2} \times 15 \times 15 = 112.5$ pulgadas cuadradas.

24. **B**; **Nivel de conocimiento:** 3; **Temas:** Q.4.e, A.4.a; **Prácticas:** MP.1.a, MP.1.d, MP.1.e, MP.2.b, MP.2.c, MP.4.b

Para hallar el perímetro, suma todas las medidas externas de la casa de muñecas, incluida la base (que no está rotulada en la figura, pero se encuentra en la pregunta 21, arriba). 15 + 15 + 18 + 18 + 21.2 = 87.2 pulgadas.

LECCIÓN 3, *págs. 134–137*

1. **B**; **Nivel de conocimiento:** 2; **Temas:** Q.2.a, Q.4.c; **Prácticas:** MP.1.a, MP.1.e, MP.2.c, MP.4.a

El perímetro de un polígono regular es el producto de la longitud de sus lados y el número de lados. La figura tiene 6 lados, entonces $s = 27 \div 6 = 4.5$ pies. La opción de respuesta A es el resultado de hallar la longitud de lado de una figura de 8 lados. La opción C es el resultado de hallar la longitud de lado de una figura de 5 lados. La opción D es el resultado de restar 6 de 27.

2. **B**; **Nivel de conocimiento:** 2; **Temas:** Q.2.a, Q.4.c; **Prácticas:** MP.1.a, MP.1.d, MP.1.e, MP.2.c, MP.4.a

El perímetro de un polígono irregular es la suma de las longitudes de sus lados. Para hallar una longitud del lado desconocida, resta las longitudes de los lados conocidas del perímetro: $s = 27 - (7.5 + 3 + 2 + 5.5 + 5) = 27 - 23 = 4$. La longitud de lado de un polígono regular es el perímetro dividido entre el número de lados: $27 \div 6 = 4.5$ pies. Resta: $4.5 - 4 = 0.5$ pies. Hay 12 pulgadas en un pie, entonces 0.5 pies = $(0.5)(12) = 6$ pulgadas. La opción de respuesta A es el resultado de convertir 0.5 pies a 5 pulgadas. La opción C es el resultado de calcular incorrectamente la longitud del lado desconocida en cualquiera de las figuras. La opción D es la longitud del lado desconocida de la figura irregular.

3. **A**; **Nivel de conocimiento:** 1; **Temas:** Q.2.a, Q.4.c; **Prácticas:** MP.1.a, MP.1.e, MP.2.c, MP.4.a

El perímetro de un polígono irregular es la suma de las longitudes de sus lados. Para hallar una longitud de lado desconocida, resta las longitudes de lado conocidas del perímetro: $s = 32 - 5 - 12 - 2 - 10 = 3$. La opción de respuesta B es el resultado de un error de cálculo. La opción C es el resultado de dividir la suma de las longitudes de los lados dadas entre 5. La opción D es el resultado de dividir 32 entre 5.

4. **C**; **Nivel de conocimiento:** 2; **Temas:** Q.2.a, Q.4.c; **Prácticas:** MP.1.a, MP.1.e, MP.2.c, MP.4.a

El perímetro de un polígono regular es el producto de la longitud de sus lados y el número de lados. Un pentágono tiene 5 lados, entonces $s = 32 \div 5 = 6.4$ metros. Las demás opciones son el resultado de errores de cálculo o de suposiciones incorrectas en relación al número de lados.

5. **A**; **Nivel de conocimiento:** 2; **Temas:** Q.2.a, Q.2.e, Q.4.c; **Prácticas:** MP.1.a, MP.1.e, MP.2.c, MP.4.a

Para hallar la longitud del sendero entre la fuente y la cafetería, resta las longitudes de las demás secciones del sendero de la longitud total del sendero: $135 - (40 + 45 + 20) = 135 - 105 = 30$. Entonces, el sendero entre la fuente y la cafetería mide 30 yardas de largo.

6. **A**; **Nivel de conocimiento:** 2; **Temas:** Q.2.a, Q.4.c; **Prácticas:** MP.1.a, MP.1.e, MP.2.c, MP.4.a

El perímetro de un polígono regular es igual al producto de la longitud de sus lados y el número de lados. Divide el perímetro de cada polígono entre el número de sus lados para hallar su longitud de lado. Para la opción de respuesta A, la longitud de lado = $36 \div 4 = 9$ pies. Para la opción B, la longitud de lado = $32 \div 8 = 4$ pies. Para la opción C, la longitud de lado = $30 \div 6 = 5$ pies. Para la opción D, la longitud de lado = $35 \div 5 = 7$ pies. Entonces, la figura que se describe en la opción A tiene la longitud de lado más grande.

7. **B**; **Nivel de conocimiento:** 2; **Temas:** Q.2.a, Q.4.c; **Prácticas:** MP.1.a, MP.1.e, MP.2.c, MP.4.a

El perímetro de un polígono irregular es la suma de las longitudes de sus lados. Para hallar la longitud del lado que falta, resta las longitudes de los lados conocidas del perímetro: $70 - (8 + 11 + 10 + 8 + 10 + 5) = 70 - 52 = 18$.

8. **C**; **Nivel de conocimiento:** 2; **Temas:** Q.2.a, Q.4.c; **Prácticas:** MP.1.a, MP.1.e, MP.2.c, MP.4.a

El perímetro de un polígono regular es el producto de la longitud de sus lados y el número de lados. Para hallar el número de lados, divide el perímetro entre la longitud de lado: $21 \div 3.5 = 6$.

9. **B**; **Nivel de conocimiento:** 2; **Temas:** Q.2.a, Q.4.c; **Prácticas:** MP.1.a, MP.1.b, MP.1.d, MP.1.e, MP.2.c, MP.4.a

El perímetro de un polígono regular es el producto de la longitud de sus lados y el número de lados. Entonces el perímetro del polígono regular es $(2.5)(8) = 20$ pulgadas. Como Eli usa el mismo trozo de alambre, el perímetro del pentágono regular debe ser también 20 pulgadas. Divide el perímetro entre el número de lados: $20 \div 5 = 4$ pulgadas.

10. **C**; **Nivel de conocimiento:** 1; **Temas:** Q.2.a, Q.4.c; **Prácticas:** MP.1.a, MP.1.b, MP.1.e, MP.4.a

El perímetro de un polígono regular es el producto de la longitud de sus lados y el número de lados. El perímetro del pentágono regular es $(7.5)(5) = 37.5$. La opción de respuesta A es el resultado de calcular el perímetro de un polígono regular de cuatro lados con una longitud de lado de 7.5. La opción B es la suma de los lados dados del polígono irregular. La opción D es el resultado de calcular el perímetro de un polígono regular de seis lados con una longitud de lado de 7.5.

11. **A**; **Nivel de conocimiento:** 1; **Temas:** Q.2.a, Q.4.c; **Prácticas:** MP.1.a, MP.1.b, MP.1.d, MP.1.e, MP.4.a

Para hallar la longitud del lado que falta del polígono irregular, primero halla su perímetro calculando el perímetro del polígono regular: $(5)(7.5) = 37.5$. Resta las longitudes conocidas de los lados del polígono irregular del perímetro: $37.5 - (10 + 9 + 6 + 6.5) = 6$.

12. **A**; **Nivel de conocimiento:** 2; **Temas:** Q.2.a, Q.4.c; **Prácticas:** MP.1.a, MP.1.b, MP.1.d, MP.1.e, MP.4.a

El perímetro de un polígono irregular es la suma de las longitudes de sus lados. Para hallar la longitud combinada de los lados desconocidos, resta las longitudes conocidas de los lados del perímetro: $33.5 - (7 + 10 + 2 + 6.5) = 33.5 - 25.5 = 8$ pulgadas. Luego, como las dos longitudes de lado desconocidas son iguales, divide su longitud combinada entre 2: $8 \div 2 = 4$ cm. La opción de respuesta B es el resultado de un error de cálculo. La opción C es el resultado de olvidarse de dividir la longitud combinada de los lados entre 2. La opción D es el resultado de multiplicar la longitud combinada por 2 en lugar de dividirla entre 2.

Clave de respuestas

UNIDAD 4 *(continuación)*

13. C; **Nivel de conocimiento:** 3; **Temas:** Q.2.a, Q.4.c; **Prácticas:** MP.1.a, MP.1.b, MP.1.d, MP.1.e, MP.2.c, MP.3.a, MP.4.a
Para hallar la longitud del lado que falta del hexágono irregular (derecha) debes conocer su perímetro. La opción de respuesta A dice que las dos figuras tienen el mismo perímetro, pero como no se conoce la longitud de uno de los lados de cada cuadrilátero, no se puede conocer la longitud del lado que falta. La opción B da el perímetro del cuadrilátero, pero no especifica la relación entre los dos perímetros. La opción C da el perímetro del hexágono. La opción D proporciona información suficiente para determinar el perímetro del cuadrilátero, pero no especifica la relación entre los dos perímetros.

14. B; **Nivel de conocimiento:** 3; **Temas:** Q.2.a,Q.2.e, Q.4.c; **Prácticas:** MP.1.a, MP.1.b, MP.1.d, MP.1.e, MP.2.c, MP.4.a
El perímetro del octágono regular es el producto de su longitud de lado y el número de lados, entonces el perímetro es (8)(3.5) = 28 cm. La cinta mide 40 cm de largo, entonces 40 − 28 = 12 cm restantes. Esta longitud es igual al perímetro del hexágono. Divide el perímetro entre el número de lados para hallar la longitud de lado del hexágono: 12 ÷ 6 = 2 cm. La opción de respuesta A es el resultado de dividir la longitud de la cinta que le sobra, 12, entre 8. La opción C es el resultado de dividir la cinta que le sobra entre 5 lados (para que encaje perfectamente alrededor de un pentágono). La opción D es el resultado de dividir la longitud de la cinta entre 8.

15. D; **Nivel de conocimiento:** 3; **Temas:** Q.2.a, Q.4.c; **Prácticas:** MP.1.a, MP.1.b, MP.1.d, MP.1.e, MP.2.c, MP.3.b, MP.4.a, MP.5.b
El perímetro de un polígono regular es el producto de su longitud de lado y el número de lados. El número de lados debe ser un número natural, pero la longitud de lado puede ser cualquier número racional positivo. Por lo tanto, Ethan no tiene razón porque, como (2.25)(8) = 18, el polígono podría tener 8 lados con una longitud de lado de 2.25 pies.

16. 40; 5; **Nivel de conocimiento:** 2; **Temas:** Q.2.a, Q.4.c; **Prácticas:** MP.1.a, MP.1.b, MP.1.d, MP.1.e, MP.2.c, MP.4.a
Un octágono tiene 8 lados y (5)(8) = 40. Entonces, el octágono tiene un perímetro de 40 pulgadas y una longitud de lado de 5 pulgadas.

17. hexágono; 54; **Nivel de conocimiento:** 2; **Temas:** Q.2.a, Q.4.c; **Prácticas:** MP.1.a, MP.1.b, MP.1.d, MP.1.e, MP.2.c, MP.4.a
Un hexágono tiene 6 lados y (6)(9) = 54. Entonces, un hexágono con un perímetro de 54 cm tiene una longitud de lado de 9 cm.

18. octágono; 1.5; **Nivel de conocimiento:** 2; **Temas:** Q.2.a, Q.4.c; **Prácticas:** MP.1.a, MP.1.b, MP.1.d, MP.1.e, MP.2.c, MP.4.a
Un octágono tiene 8 lados y (8)(1.5) = 12, entonces un octágono con un perímetro de 12 pulgadas tiene una longitud de lado de 1.5 pulgadas.

19. 7; 4.5; **Nivel de conocimiento:** 2; **Temas:** Q.2.a, Q.4.c; **Prácticas:** MP.1.a, MP.1.b, MP.1.d, MP.1.e, MP.2.c, MP.4.a
Como (7)(3.5) = 31.5, una figura regular de 7 lados con un perímetro de 31.5 cm tiene una longitud de lado de 4.5 cm.

20. A; **Nivel de conocimiento:** 2; **Temas:** Q.2.a, Q.2.e, Q.4.c; **Prácticas:** MP.1.a, MP.1.b, MP.1.d, MP.1.e, MP.2.c, MP.4.a
El perímetro de un polígono regular es el producto de su longitud de lado y el número de lados. La cerca tiene un perímetro de 108 pies y 6 lados, de manera que la longitud de cada lado es 108 ÷ 6 = 18 pies. La longitud de lado de la cerca es 6 pies mayor que la longitud de lado de la piscina, entonces el lado de la piscina es 18 − 6 = 12 pies. La opción de respuesta B es la longitud de lado de la cerca. La opción C es el resultado de sumar 6 a la longitud de lado de la cerca. La opción D es el resultado de restar 6 de 108 y dividir la diferencia entre 6.

21. B; **Nivel de conocimiento:** 3; **Temas:** Q.2.a, Q.4.c; **Prácticas:** MP.1.a, MP.1.b, MP.1.d, MP.1.e, MP.2.c, MP.4.a
El perímetro de un polígono irregular es la suma de las longitudes de sus lados. Un pentágono tiene 5 lados. Al menos uno de ellos mide 3 pulgadas y al menos otro de los lados mide 9 pulgadas. Todos los demás lados miden entre 3 y 9 pulgadas. Si la figura tiene 4 lados que miden 3 pulgadas cada uno y 1 lado que mide 9 pulgadas, su perímetro es: 3 + 3 + 3 + 3 + 9 = 21 pulgadas. Si la figura tiene 4 lados que miden 9 pulgadas cada uno y 1 lado que mide 3 pulgadas, su perímetro es: 3 + 9 + 9 + 9 + 9 = 39 pulgadas. El perímetro de la figura debe estar entre 21 pulgadas y 39 pulgadas. Solo la opción de respuesta B, 24 pulgadas, está entre ese rango.

22. B; **Nivel de conocimiento:** 3; **Temas:** Q.2.a, Q.4.c; **Prácticas:** MP.1.a, MP.1.b, MP.1.d, MP.1.e, MP.2.c, MP.4.a
El perímetro de un polígono irregular es igual a la suma de las longitudes de sus lados. Suma: 3 + 1 + 2.5 + 3.5 + 3.5 + 2.5 = 16 m. Multiplica el perímetro del polígono irregular por 1.5 para hallar el perímetro del polígono regular: (1.5)(16) = 24 m. Como el polígono regular tiene 8 lados, divide el perímetro entre 8 para hallar la longitud de lado: 24 ÷ 8 = 3 m.

LECCIÓN 4, *págs. 138–141*

1. D; **Nivel de conocimiento:** 2; **Temas:** Q.2.a, Q.2.e, Q.4.b, A.2.a, A.2.b, A.2.c; **Prácticas:** MP.1.a, MP.1.b, MP.2.e, MP.2.c, MP.4.a, MP.4.b
La circunferencia de un círculo es el producto de su diámetro y π. Reemplaza C con 25.9 en la fórmula $C = \pi d$ y resuelve para hallar d: 25.9 = 3.14d. Divide cada lado entre 3.14: $d \approx 8.25$ pulgadas.

2. A; **Nivel de conocimiento:** 3; **Temas:** Q.2.a, Q.2.e, Q.4.b, A.2.a, A.2.a, A.2.b; **Prácticas:** MP.1.a, MP.1.b, MP.1.d, MP.1.e, MP.2.c, MP.4.a, MP.4.b
La circunferencia de un círculo es el producto de su diámetro y π. Reemplaza C con 25.9 en la fórmula $C = \pi d$ y resuelve para hallar d: 25.9 = 3.14d. Divide cada lado entre 3.14: d = 8.25 pulgadas. Si Elizabeth usa 35 adoquines, la longitud total de los adoquines será 35 × 8.25 = 289 pulgadas. Hay 12 pulgadas en 1 pie, entonces divide el número de pulgadas entre 12: 289 ÷ 12 = 24.1 pies. Entonces, el sendero del jardín tendrá alrededor de 24 pies.

3. 18.84; **Nivel de conocimiento:** 1; **Temas:** Q.2.a, Q.4.b; **Prácticas:** MP.1.a, MP.1.b, MP.1.d, MP.1.e, MP.2.c, MP.4.a
La circunferencia de un círculo está dada por la fórmula $C = \pi d$. Como el diámetro de un círculo es el doble de su radio, $d = 2 \times 3 = 6$. Entonces, $C = 3.14 \times 6 \approx 18.84$ pulgadas.

4. **43.96**; **Nivel de conocimiento:** 2; **Temas:** Q.2.a, Q.4.b; **Prácticas:** MP.1.a, MP.1.b, MP.1.d, MP.1.e, MP.2.c, MP.4.a
El radio del círculo más grande es 3 + 4 = 7 pulgadas. Como el diámetro de un círculo es el doble de su radio, el diámetro es 2 × 7 = 14 pulgadas. La circunferencia de un círculo está dada por $C = \pi d$. Entonces, $C = 3.14 \times 14 \approx 43.96$ pulgadas.

5. **94.2**; **Nivel de conocimiento:** 1; **Temas:** Q.2.a, Q.2.e, Q.4.b; **Prácticas:** MP.1.a, MP.1.b, MP.1.e, MP.2.c, MP.4.a
La circunferencia de un círculo está dada por la fórmula $C = \pi d$. Como el diámetro es 30 pulgadas, $C = 3.14 \times 30 \approx 94.2$ pulgadas.

6. **4**; **Nivel de conocimiento:** 2; **Temas:** Q.2.a, Q.2.e, Q.4.b, A.2.a, A.2.b, A.2.c; **Prácticas:** MP.1.a, MP.1.b, MP.1.e, MP.2.c, MP.4.a, MP.4.b
La circunferencia de un círculo está dada por la fórmula $C = \pi d$. Reemplaza C con 25.12 y resuelve para hallar d: $25.12 = 3.14d$. Divide cada lado entre 3.14: $d = 8$. El diámetro de un círculo es el doble de su radio, entonces $r = 8 \div 2 = 4$ pulgadas.

7. **6**; **Nivel de conocimiento:** 2; **Temas:** Q.2.a, Q.2.e, Q.4.b, A.2.a, A.2.b, A.2.c; **Prácticas:** MP.1.a, MP.1.b, MP.1.e, MP.2.c, MP.4.a, MP.4.b
La circunferencia de un círculo está dada por la fórmula $C = \pi d$. Reemplaza C con 19 y resuelve para hallar d: $19 = 3.14d$. Divide cada lado entre 3.14: $d = 6.0509...$, entonces $d \approx 6$.

8. **C**; **Nivel de conocimiento:** 2; **Temas:** Q.2.a, Q.2.e, Q.4.b; **Prácticas:** MP.1.a, MP.1.b, MP.1.d, MP.1.e, MP.2.c, MP.4.a
El área de un círculo está dada por la fórmula $A = \pi r^2$. Como el diámetro del círculo mide 132 cm, el radio del círculo es $132 \div 2 = 66$ cm. Reemplaza r con 66 para hallar el área: $3.14 \times 66^2 \approx 13,678$ cm^2.

9. **D**; **Nivel de conocimiento:** 2; **Temas:** Q.2.a, Q.2.e, Q.4.b; **Prácticas:** MP.1.a, MP.1.b, MP.1.d, MP.1.e, MP.2.c, MP.4.a
El área de un círculo está dada por la fórmula $A = \pi r^2$. Como el diámetro del círculo es 12 pies, el radio del círculo es $12 \div 2 = 6$ pies. Reemplaza r con 6 para hallar el área: $3.14 \times 6^2 \approx 113.04$ pies^2.

10. **A**; **Nivel de conocimiento:** 2; **Temas:** Q.2.a, Q.4.b, A.2.a, A.2.c; **Prácticas:** MP.1.a, MP.1.b, MP.1.d, MP.1.e, MP.2.c, MP.4.a, MP.4.b
La circunferencia del círculo está dada por la fórmula $C = \pi d$. Reemplaza C con 50.24 y resuelve para hallar d: $50.24 = 3.14d$. Divide cada lado entre 3.14: $d = 16$ pulgadas. Como el radio de un círculo es la mitad de su diámetro, $r = 16 \div 2 = 8$ pulgadas.

11. **A**; **Nivel de conocimiento:** 1; **Temas:** Q.2.a, Q.2.e, Q.4.b; **Prácticas:** MP.1.a, MP.1.b, MP.1.d, MP.1.e, MP.2.c, MP.4.a
El marco mide 2 pulgadas de ancho, de manera que se extiende 2 pulgadas en cualquiera de las direcciones del espejo. Determina el diámetro del espejo solo restando 4 pulgadas del diámetro del espejo con el marco. El diámetro del espejo es 11 − 4 = 7. Como el radio de un círculo es la mitad de su diámetro, $r = d \div 2 = 3.5$ pulgadas.

12. **B**; **Nivel de conocimiento:** 1; **Temas:** Q.2.a, Q.2.e, Q.4.b; **Prácticas:** MP.1.a, MP.1.b, MP.1.d, MP.1.e, MP.2.c, MP.4.a
El diámetro del espejo es 11 − 4 = 7. Como el radio de un círculo es la mitad de su diámetro, $r = d \div 2 = 3.5$ pulgadas. Como $A = \pi r^2$, el área del espejo es $3.14 \times 3.5^2 = 38.5$ pulgadas.

13. **C**; **Nivel de conocimiento:** 2; **Temas:** Q.2.a, Q.2.e, Q.4.b; **Prácticas:** MP.1.a, MP.1.b, MP.1.d, MP.1.e, MP.2.c, MP.4.a
El área del marco solamente es la diferencia entre el área del espejo y el marco y el área del espejo solo. El diámetro del espejo es 11 − 4 = 7. Como el radio de un círculo es la mitad de su diámetro, $r = d \div 2 = 3.5$ pulgadas. Como $A = \pi r^2$, el área del espejo es $3.14 \times 3.5^2 = 38.465$ pulgadas. Como el diámetro del espejo con el marco es 11 pulgadas, el radio del espejo con el marco es $11 \div 2 = 5.5$ pulgadas. Reemplaza r con 5.5 y calcula el área: $\pi r^2 = 3.14 \times 5.5^2 = 94.985$. Resta el área del espejo del área del espejo con el marco: $94.985 - 38.465 = 56.52$, que se redondea a 56.5 pulgadas cuadradas.

14. **A**; **Nivel de conocimiento:** 1; **Temas:** Q.2.a, Q.2.e, Q.4.b; **Prácticas:** MP.1.a, MP.1b, MP.1.e, MP.2.c, MP.4.a
La circunferencia del círculo está dada por la fórmula $C = \pi d$. El diámetro del espejo y el marco es 11 pulgadas, entonces la circunferencia es $3.14 \times 11 \approx 34.54$ pulgadas.

15. **B**; **Nivel de conocimiento:** 3; **Temas:** Q.2.a, Q.2.e, Q.4.b, A.2.a, A.2.b, A.2.c; **Prácticas:** MP.1.a, MP.1.b, MP.1.d, MP.1.e, MP.2.c, MP.4.a, MP.4.b
El diámetro del espejo es 11 − 4 = 7. Como el radio de un círculo es la mitad de su diámetro, $r = d \div 2 = 3.5$ pulgadas. Como $A = \pi r^2$, el área del espejo original es $3.14 \times 3.5^2 = 38.5$ pulgadas. Por lo tanto, el área del segundo espejo es $1.5 \times 38.5 = 57.75$ pulgadas. Reemplaza A con 57.75 y resuelve para hallar r: $57.75 = 3.14r^2$. Divide cada lado entre 3.14: $r^2 = 18.39$. Toma la raíz cuadrada de cada lado: $r = 4.3$ pulgadas. El diámetro de un círculo es el doble de su radio, entonces $d = 2 \times 4.3 \approx 8.6$ pulgadas.

16. **C**; **Nivel de conocimiento:** 1; **Temas:** Q.2.a, Q.2.e, Q.4.b; **Prácticas:** MP.1.a, MP.1b, MP.1.e, MP.2.c, MP.4.a
El área de un círculo está dada por la fórmula: $A = \pi r^2$. Reemplaza r por 4 y calcula el área: $A = 3.14 \times 4^2 \approx 50.24$ pies cuadrados.

17. **B**; **Nivel de conocimiento:** 3; **Temas:** Q.2.a, Q.2.e, Q.4.b; **Prácticas:** MP.1.a, MP.1b, MP.1.e, MP.2.c, MP.4.a
El área de un círculo está dada por la fórmula $A = \pi r^2$. Entonces el área del mantel es $3.14 \times 42 = 50.24$ pies cuadrados. El diámetro de la mesa es 6 pies, entonces el radio de la mesa es $6 \div 2 = 3$ pies. Reemplaza r con 3 para hallar el área de la mesa: $\pi r^2 = 3.14 \times 3^2 = 28.26$ pies cuadrados. Para hallar el número de pies cuadrados de mantel que colgarán del borde de la mesa, resta el área de la mesa del área del mantel: $50.24 - 28.26 \approx 21.98$ pies cuadrados.

18. **B**; **Nivel de conocimiento:** 2; **Temas:** Q.2.a, Q.2.e, Q.4.b; **Prácticas:** MP.1.a, MP.1.b, MP.1.d, MP.1.e, MP.2.c, MP.4.a
Como la tela debe ser 2 pulgadas más ancha que la almohada en todo el contorno, el diámetro de tela que necesitará Jonna es 15 + 2 + 2 = 19 pulgadas. Por lo tanto, el radio de la tela es $19 \div 2 = 9.5$ pulgadas. El área de un círculo está dada por la fórmula $A = \pi r^2$, entonces reemplaza r con 9.5 y calcula el área: $3.14 \times 9.5^2 = 283.4$ pulgadas cuadradas.

19. **D**; **Nivel de conocimiento:** 2; **Temas:** Q.2.a, Q.2.e, Q.4.b, A.2.a, A.2.b, A.2.c; **Prácticas:** MP.1.a, MP.1.b, MP.1.d, MP.1.e, MP.2.c, MP.4.a, MP.4.b
La circunferencia de un círculo está dada por la fórmula $C = \pi d$. Como la circunferencia de un círculo es 37.68 pulgadas, $37.68 = 3.14d$. Divide cada lado entre 3.14: $d = 12$ pulgadas. Para hallar el número de círculos, divide la longitud del cartel entre el diámetro de un círculo: $60 \div 12 = 5$ es la cantidad de círculos que necesitará unir.

UNIDAD 4 *(continuación)*

20. B; **Nivel de conocimiento:** 2; **Temas:** Q.2.a, Q.2.e, Q.4.b;
Prácticas: MP.1.a, MP.1.b, MP.1.d, MP.1.e, MP.2.c, MP.4.a
El área de un círculo está dada por la fórmula $A = \pi r^2$. El radio de un círculo es la mitad de su diámetro, entonces divide el diámetro de cada piscina entre 2 para hallar su radio. Para la sección más pequeña de la piscina, $r = 10 \div 2 = 5$ y $A = 3.14 \times 5^2 = 78.5$ metros cuadrados. Para la sección más grande de la piscina, $r = 15 \div 2 = 7.5$ y $A = 3.14 \times 7.5^2 = 176.625$. Suma las dos áreas para hallar el área total de la piscina: $176.625 + 78.5 = 255.125$, que se redondea hacia abajo a 255.

21. C; **Nivel de conocimiento:** 2; **Temas:** Q.2.a, Q.2.e, Q.4.b;
Prácticas: MP.1.a, MP.1b, MP.1.d, MP.1.e, MP.2.c, MP.4.a
Como 100 cm = 1 m, el diámetro de la segunda sección se aumenta en 45 cm, su diámetro pasa a ser 10.45. Entonces su nuevo radio es $10.45 \div 2 = 5.225$ metros. El área de un círculo está dada por la fórmula $A = \pi r^2$, entonces la nueva área de la sección más pequeña es $3.14 \times 5.225^2 = 85.724$. Para la sección más grande de la piscina, $r = 15 \div 2 = 7.5$ y $A = 3.14 \times 7.5^2 = 176.625$. Suma las dos áreas: $176.625 + 85.724 \approx 262.35$ metros cuadrados.

22. B; **Nivel de conocimiento:** 2; **Temas:** Q.2.a, Q.2.e, Q.4.b;
Prácticas: MP.1.a, MP.1b, MP.1.e, MP.2.c, MP.4.a
La circunferencia de un círculo está dada por la fórmula $C = \pi d$. El diámetro del círculo más grande es $2 \times 6 = 12$, entonces su circunferencia es $3.14 \times 12 = 37.68$ pulgadas. El diámetro del círculo más pequeño es $2 \times 2 = 4$, entonces su circunferencia es $3.14 \times 4 = 12.56$ pulgadas. Divide: $37.68 \div 12.56 = 3$. Entonces, la circunferencia del círculo más grande es 3 veces la circunferencia del círculo más pequeño. El área de un círculo está dada por la fórmula $A = \pi r^2$. El radio del círculo más grande es 6 pulgadas, entonces su área es $3.14 \times 6^2 = 113.04$ pulgadas cuadradas. El radio del círculo más pequeño es 2 pulgadas, entonces su área es $3.14 \times 2^2 = 12.56$ pulgadas cuadradas. Divide: $113.04 \div 12.56 = 9$. Entonces, el área del círculo más grande es 9 veces el área del círculo más pequeño.

23. D; **Nivel de conocimiento:** 2; **Temas:** Q.2.a, Q.2.e, Q.4.b;
Prácticas: MP.1.a, MP.1b, MP.1.d, MP.1.e, MP.2.c, MP.4.a
El área de un círculo está dada por la fórmula $A = \pi r^2$. Para el círculo más pequeño, reemplaza r con 5 y calcula el área: $3.14 \times 5^2 = 78.5$ pulgadas cuadradas. Para el más grande, reemplaza r con 6 y calcula el área: $3.14 \times 6^2 = 113.04$ pulgadas cuadradas. Resta para hallar la diferencia entre las dos áreas: $113.04 - 78.5 = 34.54$ pulgadas cuadradas.

24. D; **Nivel de conocimiento:** 2; **Temas:** Q.2.a, Q.2.e, Q.4.b;
Prácticas: MP.1.a, MP.1.b, MP.1.d, MP.1.e, MP.2.c, MP.4.a
La circunferencia de un círculo está dada por la fórmula $C = \pi d$. El diámetro de cada uno de los neumáticos frontales es 3.5 pulgadas, entonces la circunferencia de cada neumático frontal es $3.14 \times 3.5 = 10.99$ pulgadas. Como hay dos neumáticos, multiplica la circunferencia por 2: $10.99 \times 2 = 21.98$ pulgadas, que se redondea hacia arriba a 22 pulgadas.

25. D; **Nivel de conocimiento:** 2; **Temas:** Q.2.a, Q.2.e, Q.4.b;
Prácticas: MP.1.a, MP.1b, MP.1.d, MP.1.e, MP.2.c, MP.4.a
El área de un círculo está dada por la fórmula $A = \pi r^2$. El radio del círculo es la mitad del diámetro, entonces reemplaza r con $1 \div 2 = 0.5$ y calcula el área: $3.14 \times 0.5^2 \approx 0.79$ pies cuadrados.

26. A; **Nivel de conocimiento:** 3; **Temas:** Q.2.a, Q.2.e, Q.4.b;
Prácticas: MP.1.a, MP.1.b, MP.1.d, MP.1.e, MP.2.c, MP.4.a
El radio de un círculo es la mitad de su diámetro, entonces reemplaza r con $1 \div 2 = 0.5$ y calcula el área: $3.14 \times 0.5^2 = 0.79$ pies cuadrados. La ventana es un rectángulo, de manera que el área de la ventana es $lw = 3 \times 2 = 6$ pies cuadrados. Para determinar el porcentaje del área de la ventana que está cubierta por el parasol, divide el área del parasol entre el área de la ventana y multiplica por 100: $0.79 \div 6 \approx 13\%$.

LECCIÓN 5, *págs. 142–145*

1. D; **Nivel de conocimiento:** 3; **Temas:** Q.4.a, Q.4.b, Q.4.d;
Prácticas: MP.1.a, MP.1.b, MP.1.c, MP.1.d
Nota que como el mantel real es dos veces más grande que el mantel de muestra, necesitamos multiplicar cada valor por 2 para obtener 10 pies y 16 pies. Para hallar el área de la sección rectangular usa L × W de manera que A = 10 pies × 16 pies = 160 pies^2. A continuación, halla el área de cada semicírculo usando la fórmula $\frac{1}{2}\pi r^2$. Multiplica de manera que = $\frac{1}{2}(3.14)(5^2) = 39.25$.

Como hay dos semicírculos, multiplica este valor por 2: $39.25 \times 2 = 78.5$ pies^2. Finalmente, suma las áreas de las figuras = 160 pies^2 + 78.5 pies^2 = 238.5 pies^2.

2. A; **Nivel de conocimiento:** 2; **Temas:** Q.4.a, Q.4.b, Q.4.d;
Prácticas: MP.1.a, MP.1.b, MP.1.c, MP.1.d
Usa la fórmula para calcular el área (πr^2). El diámetro de 5 pies ÷ 2 = un radio de 2.5 pies. Entonces, $(3.14)(2.5)(2.5)$ = un área de 19.625 pies^2, que se redondea hacia arriba a 19.63 pies^2.

3. C; **Nivel de conocimiento:** 3; **Temas:** Q.4.a, Q.4.d; **Prácticas:**
MP.1.a, MP.1.b, MP.1.c, MP.1.d, MP.3.a
Para determinar el área, esta figura puede dividirse en 3 rectángulos más pequeños en sentido horizontal.
Área del rectángulo #1 = L × W
= 20 pies × 5 pies = 100 pies^2
Área del rectángulo #2 = L × W
= 14 pies × 6 pies
= 84 pies^2
Área del rectángulo #3 = L × W
= 7 pies × 5 pies
= 35 pies^2
Área total de la figura: = 100 pies^2 + 84 pies^2 + 35 pies^2 = 219 pies^2.

4. B; **Nivel de conocimiento:** 3; **Temas:** Q.4.a, Q.4.b, Q.4.d;
Prácticas: MP.1.a, MP.1.b, MP.1.c, MP.1.d, MP.3.a
Para determinar el perímetro, suma los lados de la figura de manera que P = 5 pies + 6 pies + 6 pies + 9 pies + 7 pies + 5 pies + 18 pies + 20 pies = 76 pies.

5. D; **Nivel de conocimiento:** 3; **Temas:** Q.4.a, Q.4.b, Q.4.d;
Prácticas: MP.1.a, MP.1.b, MP.1.c, MP.1.d, MP.3.a
Área de cada círculo = πr^2 = $(3.14)(3\ cm)(3\ cm)$ = 28.26 cm^2 y 2 círculos × 28.26 cm^2 = 56.52 cm^2
Área de los círculos = 56.52 cm^2 + Área del rectángulo = 226.1 cm^2
Área total de la figura = 282.62 cm^2

6. C; **Nivel de conocimiento:** 3; **Temas:** Q.4.a, Q.4.b, Q.4.d;
Prácticas: MP.1.a, MP.1.b, MP.1.c, MP.1.d, MP.3.a
Área de la pizza completa = πr^2, entonces $(3.14)(8)(8)$ = 200.96 pulgadas cuad. El área de un trozo de pizza = $(200.96 \div 8)$ = 25.12 pulgadas cuad. A continuación, calcula la pizza que comió = $25.12 \times 3 = 75.36$ pulgadas cuad. Finalmente, resta la pizza que comió de la pizza entera de tal manera que $200.96 - 75.36 = 125.6$ pulgadas cuadradas.

7. **B**; **Nivel de conocimiento:** 3; **Temas:** Q.4.a, Q.4.d; **Prácticas:** MP.1.a, MP.1.b, MP.1.c, MP.1.d, MP.3.a
Halla el área del piso del baño, luego divide entre el área de cada loseta. El área del piso es igual al área del rectángulo y el área del cuadrado. El área del rectángulo = 80 pulgadas × 64 pulgadas = 5,120 pulgadas cuadradas y el área del cuadrado = 40 pulgadas × 40 pulgadas = 1,600 pulgadas cuadradas. El área total del piso = 5,120 + 1,600 = 6,720 pulgadas cuad. El área de cada loseta = L × W = 8 pulgadas × 8 pulgadas = 64 pulgadas cuad. Total de losetas necesarias para cubrir el piso = 6,720 ÷ 64 = 105 losetas.

8. **C**; **Nivel de conocimiento:** 3; **Temas:** Q.4.a, Q.4.b, Q.4.d; **Prácticas:** MP.1.a, MP.1.b, MP.1.c, MP.1.d, MP.3.a
Para hallar el área total de la figura, primero determina el área de la base rectangular: 30 m × 5 m = 150 m². A continuación, halla el área del triángulo usando la fórmula $\frac{1}{2}Bh$ de manera que 15 m × 3m = 45 m². Suma las áreas para hallar el área total de la figura = 150 m² + 45 m² = 195 m².

9. **B**; **Nivel de conocimiento:** 3; **Temas:** Q.4.a, Q.4.b, Q.4.d; **Prácticas:** MP.1.a, MP.1.b, MP.1.c, MP.1.d, MP.3.a
La fórmula del círculo = πr^2. Para hallar el área de uno de los círculos más grandes, primero determina el diámetro de uno de los círculos. El diámetro total es 22 m, entonces 22 ÷ 2 = 11. Desde ese punto, puedes hallar el radio tomando la mitad de 11. A continuación, usa la fórmula para el área de manera que (3.14)(5.5)(5.5) = 94.98 m², que se redondea hacia arriba a 95 m².

10. **C**; **Nivel de conocimiento:** 3; **Temas:** Q.4.a, Q.4.b, Q.4.d; **Prácticas:** MP.1.a, MP.1.b, MP.1.c, MP.1.d, MP.3.a
El área del cantero es igual al área de los tres círculos. Para hallar el área de uno de los círculos más grandes, primero determina el diámetro de uno de los círculos. El diámetro total es 22 m, entonces 22 ÷ 2 = 11. Desde ese punto, puedes hallar el radio tomando la mitad de 11. A continuación usa la fórmula para hallar el área de manera que (3.14)(5.5)(5.5) = 94.98 m². Finalmente, multiplica el área de un círculo por 2 para obtener el área total de los dos círculos más grandes, 189.96. Desde este punto, determina el área del círculo más pequeño. Usa la fórmula πr^2 de tal manera que (3.14)(4)(4) = 50.24 m². Por último, suma las dos áreas: 189.96 m² + 50.24 m² = 240.2 m², que se redondea a 240 m².

11. **B**; **Nivel de conocimiento:** 3; **Temas:** Q.4.a, Q.4.b, Q.4.d; **Prácticas:** MP.1.a, MP.1.b, MP.1.c, MP.1.d, MP.3.a
La fórmula para calcular el área de un círculo = πr^2. Desde ese punto, puedes hallar el radio tomando la mitad de 11. Luego usa la fórmula para hallar el radio de manera que 22 ÷ 2 = 11. Desde ese punto, puedes hallar el radio tomando la mitad de 11. Luego usa la fórmula para hallar el área de manera que (3.14)(5.5)(5.5) = 94.98 m², que se redondea a 95 m². Como hay dos círculos grandes, duplica el área de uno (95m²) para obtener 190 m². A continuación, determina el área del círculo más pequeño usando la fórmula πr^2 de tal manera que (3.14)(4)(4) = 50.24 m². Suma las dos áreas (190 m² + 50 m²) para obtener un área combinada de 290 m². A continuación, para hallar el diámetro de un círculo más grande, divide el área total (290 m²) entre 3.14 para hallar el cuadrado del radio, 92.35 m². Luego toma la raíz cuadrada de 92.35 para hallar el radio = 9.6. Finalmente, duplica el radio para hallar el diámetro del nuevo círculo más grande = 19.2 m.

12. **C**; **Nivel de conocimiento:** 3; **Temas:** Q.4.a, Q.4.b, Q.4.d; **Prácticas:** MP.1.a, MP.1.b, MP.1.c, MP.1.d, MP.3.a
La fórmula para calcular el área de un círculo = πr^2. Para hallar el área de uno de los círculos más grandes, primero determina el diámetro de uno de los círculos. El diámetro total es 22 m, entonces 22 ÷ 2 = 11. Desde ese punto, puedes hallar el radio tomando la mitad de 11. Luego usa la fórmula para hallar el área de manera que (3.14)(5.5)(5.5) = 94.98 m², que se redondea a 95 m². Como hay dos círculos grandes, duplica el área de uno (95m²) para obtener 190 m². A continuación, para hallar el área de uno de los círculos más pequeños, determina el diámetro de uno de ellos. El diámetro total es 8 m, entonces puedes hallar el radio tomando la mitad de 8 (4). Luego usa la fórmula para calcular el área de tal manera que (3.14)(4)(4) = 50.24 m², que se redondea a 50 m². Como hay dos círculos pequeños, duplica el área para obtener 100 m². Suma las áreas combinadas de los círculos más pequeños y los círculos más grandes: 100 m² + 190 m² = 290 m².

13. **B**; **Nivel de conocimiento:** 3; **Temas:** Q.4.a, Q.4.b, Q.4.d; **Prácticas:** MP.1.a, MP.1.b, MP.1.c, MP.1.d, MP.3.a
Primero, halla el área del rectángulo multiplicando los dos lados (8 × 10 = 80 m²). Luego usa la fórmula para calcular el área del semicírculo = $\frac{1}{2}\pi r^2$ y lo que sabes sobre el diámetro (8 m) para hallar el radio (la mitad del diámetro, o 4 m) , de manera que $\frac{1}{2}$(3.14)(4)(4) = 25.12 m².

14. **B**; **Nivel de conocimiento:** 3; **Temas:** MP.1.a, MP.1.b, MP.1.c, MP.1.d, MP.3.a; **Prácticas:** Q.4.a, Q.4.b, Q.4.d
La fórmula para calcular el área de un semicírculo = $\frac{1}{2}(\pi r^2)$. Luego usa lo que sabes sobre el diámetro (6 cm) para hallar el radio (la mitad del diámetro, o 3 cm), de manera que $\frac{1}{2}$(3.14)(3 cm)(3 cm) = 14.13 cm².

15. **B**; **Nivel de conocimiento:** 3; **Temas:** Q.4.a, Q.4.b, Q.4.d; **Prácticas:** MP.1.a, MP.1.b, MP.1.c, MP.1.d, MP.3.a
Para hallar el área de toda la figura, debes determinar el área del semicírculo y luego sumarla al área del rectángulo. En este caso, puedes hallar el área del rectángulo multiplicando ambos lados (6 × 13 = 78 cm²). Luego halla el área del semicírculo usando el diámetro (6 cm) para hallar el radio (la mitad del diámetro, o 3 cm), de tal manera que $\frac{1}{2}$(3.14)(3 cm)(3 cm) = 14.13 cm². Finalmente, suma el área del rectángulo y el área del semicírculo de manera que 14.13 cm² + 78 cm² = 92.13 cm².

16. **C**; **Nivel de conocimiento:** 3; **Temas:** Q.4.a, Q.4.b, Q.4.d; **Prácticas:** MP.1.a, MP.1.b, MP.1.c, MP.1.d, MP.3.a
La fórmula para calcular el perímetro del semicírculo es πr, o (3.14)(3 cm) = 9.42 cm, más el perímetro del rectángulo. En este caso, es 13 cm + 13 cm + 6 cm = 32 cm. Luego, suma 9.42 cm + 32 cm = 41.42 cm.

17. **D**; **Nivel de conocimiento:** 3; **Temas:** Q.4.a, Q.4.b, Q.4.d; **Prácticas:** MP.1.a, MP.1.b, MP.1.c, MP.1.d, MP.3.a
La longitud del rectángulo y el diámetro del semicírculo se convierten en 12 cm, entonces para hallar el área del rectángulo usa 12 cm × 13 cm = 156 cm². Luego, usa la siguiente fórmula para hallar el área del semicírculo = $\frac{1}{2}(\pi r^2)$, de tal manera que (3.14)(6 cm)(6 cm) = 56.52 cm². Finalmente, suma para hallar el área de la figura completa: 156 cm² + 56.52 cm² = 212.52 cm².

18. **A**; **Nivel de conocimiento:** 2; **Temas:** Q.4.a, Q.4.d; **Prácticas:** MP.1.a, MP.1.b, MP.1.c, MP.1.d, MP.3.a
Altura del triángulo = 27 pies − 15.25 pies = 11.75 pies.

UNIDAD 4 (continuación)

19. C; Nivel de conocimiento: 3; Temas: Q.4.a, Q.4.d; **Prácticas:** MP.1.a, MP.1.b, MP.1.c, MP.1.d, MP.3.a
Para hallar el área de la figura, primero debes hallar el área del triángulo, luego el área del rectángulo y finalmente sumar las áreas de las dos figuras.
Área del rectángulo = 15.25 pies × 14 pies = 213.5 pies².
Área del triángulo = (14 pies × 11.75 pies) ÷ 2 = 82.25 pies².
Finalmente, suma las áreas: 213.5 pies² + 82.25 pies² = 295.75 pies².

20. C; Nivel de conocimiento: 3; Temas: Q.4.a, Q.4.d; **Prácticas:** MP.1.a, MP.1.b, MP.1.c, MP.1.d, MP.3.a
Usa el teorema de Pitágoras ($a^2 + b^2 = c^2$) para calcular la hipotenusa del triángulo, de tal manera que $c^2 = 11.75^2 + 7^2$ (para obtener 7, toma un medio de la base de 14 para formar un triángulo rectángulo) = 187.0625. Toma la raíz cuadrada de 187 para hallar que c = 13.68 pies. Luego suma para hallar el perímetro de la figura: 13.68 + 13.68 + 15.25 + 14 + 15.25 = 71.86 pies, que se redondea a 71.9 pies.

21. A; Nivel de conocimiento: 3; Temas: Q.4.a, Q.4.d; **Prácticas:** MP.1.a, MP.1.b, MP.1.c, MP.1.d, MP.3.a
Suma las longitudes de los lados para hallar el perímetro del rectángulo: 14 + 14 + 15.25 + 15.25 = 58.5 pies. Luego suma las longitudes de los lados para hallar el perímetro del triángulo: 14 × 3 = 42 pies. Finalmente, suma los perímetros de ambas figuras para hallar que 58.5 pies + 42 pies = 100.5 pies.

22. C; Nivel de conocimiento: 3; Temas: Q.4.a, Q.4.b, Q.4.d; **Prácticas:** MP.1.a, MP.1.b, MP.1.c, MP.1.d, MP.3.a
Para hallar el área total de toda la figura, primero halla el área de la sección rectangular: 18 pulgadas × 24 pulgadas = 432 pulgadas cuadradas. Luego halla el área de los círculos: 2 (πr^2) = 2(3.14)(9)(9) = 508.68 pulgadas cuadradas. Finalmente, suma las áreas: 432 pulgadas cuadradas + 508.68 pulgadas cuadradas = 940.68 pulgadas cuadradas.

23. B; Nivel de conocimiento: 3; Temas: Q.4.a, Q.4.b, Q.4.d; **Prácticas:** MP.1.a, MP.1.b, MP.1.c, MP.1.d, MP.3.a
El área total que los niños pintarán será la sección rectangular más una sección circular. El área de la sección rectangular = 18 pulgadas × 24 pulgadas = 432 pulgadas cuadradas. El área de 1 porción circular = (πr^2) = (3.14)(9)(9) = 254.34 pulgadas cuadradas. Suma las dos áreas: 432 pulgadas cuadradas + 254.34 pulgadas cuadradas para obtener 686.34 pulgadas cuadradas.

24. C; Nivel de conocimiento: 3; Temas: Q.4.a, Q.4.b, Q.4.d; **Prácticas:** MP.1.a, MP.1.b, MP.1.c, MP.1.d, MP.3.a
Sabemos que el área total de la figura entera es 940.68 pulgadas cuadradas. Entonces, divide el área total entre el área que cubre cada recipiente: $\frac{940.68 \text{ pulgadas cuadradas}}{100 \text{ pulgadas cuadradas}}$ = 9.40 recipientes de pintura. Para pintar toda la figura, se necesitan al menos 10 recipientes de pintura.

25. C; Nivel de conocimiento: 3; Temas: Q.4.a, Q.4.b, Q.4.d; **Prácticas:** MP.1.a, MP.1.b, MP.1.c, MP.1.d, MP.3.a
Para hallar la nueva área de la porción rectangular: 48 pulgadas × 18 pulgadas = 864 pulgadas cuadradas. Luego halla el área de los dos círculos usando la fórmula 2(πr^2), de manera que A = 2(3.14)(9)(9) = 508.68. Finalmente, suma las dos áreas: 864 pulgadas cuadradas + 508.68 pulgadas cuadradas para obtener 1,372.68 pulgadas cuadradas, que se redondea hacia arriba a 1,372.7 pulgadas cuadradas.

LECCIÓN 6, págs. 146–149

1. C; Nivel de conocimiento: 2; Temas: Q.3.b, Q.3.c; **Prácticas:** MP.1.a, MP.1.b, MP.1.d
Establece una relación de proporción y asegúrate de usar las mismas unidades.
$$\frac{\text{Alfombra real}}{\text{Plano de la sala}} = \frac{5 \text{ pies}}{1 \text{ pulgada}} = \frac{8}{x}$$
$8 \div 5x = x = 1.6$ pulgadas

2. B; Nivel de conocimiento: 2; Temas: Q.3.b, Q.3.c; **Prácticas:** MP.1.a, MP.1.b, MP.1.d
$$\frac{\text{Longitud real}}{\text{Plano de la sala}} = \frac{5 \text{ pies}}{1 \text{ pulgada}} = \frac{x}{3}$$
x = 15 pies

3. D; Nivel de conocimiento: 3; Temas: Q.3.b, Q.3.c; **Prácticas:** MP.1.a, MP.1.b, MP.1.d
Establece una relación proporcional entre la fotografía y la ampliación (x) tal como se detalla a continuación:
$$\frac{6}{4} = \frac{x}{12} ; x = \frac{72}{4} \rightarrow x = 18$$

4. D; Nivel de conocimiento: 2; Temas: Q.3.b, Q.3.c; **Prácticas:** MP.1.a, MP.1.b, MP.1.d
Establece una relación de proporción de acuerdo con la escala de la pregunta:
$$\frac{5.5 \text{ millas}}{1 \text{ pulgada}} = \frac{x}{3.5 \text{ pulgadas}}$$
x = 19.25 millas
Por lo tanto, la distancia real en millas entre las dos ciudades es 19.25 millas.

5. A; Nivel de conocimiento: 2; Temas: Q.3.b, Q.3.c; **Prácticas:** MP.1.a, MP.1.b, MP.1.d
Establece una relación de proporción para representar el problema:
$$\frac{1 \text{ pulgada}}{25 \text{ millas}} = \frac{x}{350 \text{ millas}}$$
x = 14 pulgadas

6. C; Nivel de conocimiento: 2; Temas: Q.3.b, Q.3.c; **Prácticas:** MP.1.a, MP.1.b, MP.1.d
Establece una relación de proporción para representar el problema:
$$\frac{\text{Mapa}}{\text{Real}} = \frac{2 \text{ pulgadas}}{3.2 \text{ millas}} = \frac{x}{19.2 \text{ millas}}$$
Por lo tanto, 38.4 pulgadas = 3.2x y x = 12 pulgadas.

7. D; Nivel de conocimiento: 2; Temas: Q.3.b, Q.3.c; **Prácticas:** MP.1.a, MP.1.b, MP.1.d
$$\frac{\text{Mapa}}{\text{Real}} = \frac{2}{6.5} = \frac{3.25}{x}$$
Multiplica cruzado para hallar que 21.125 = 2x. Luego, x = 10.56 km, que se redondea hacia arriba a 10.6 km.

8. D; Nivel de conocimiento: 2; Temas: Q.3.b, Q.3.c; **Prácticas:** MP.1.a, MP.1.b, MP.1.d
Para calcular la diferencia en kilómetros entre manejar desde Blue Harbor hasta Dodgeville pasando por Westfield (BWD) y manejar desde Blue Harbor hasta Dodgeville pasando por Crawford (BCD), debemos primero calcular cada distancia por separado.
BWD = 3.25 cm + 3 cm = 6.25 cm
BCD = 2.75 cm + 3.25 cm = 6 cm
Luego, halla la diferencia entre las dos rutas: BWD – BCD = 6.25 cm – 6 cm = 0.25 cm. Usa la diferencia que calculaste para convertir la distancia a escala de centímetros a kilómetros.
$$\frac{6.5 \text{ km}}{2 \text{ cm}} = \frac{x \text{ km}}{0.25 \text{ cm}}$$
Multiplica cruzado para hallar que 1.625 = 2x y x = 0.8 km.

9. **B**; **Nivel de conocimiento:** 2; **Temas:** Q.3.b, Q.3.c; **Prácticas:** MP.1.a, MP.1.b, MP.1.d
Para calcular la escala del mapa, establece la siguiente ecuación de conversión:

$$\frac{\text{Mapa}}{\text{Real}} = \frac{4 \text{ cm}}{48 \text{ km}} = \frac{1 \text{ cm}}{12 \text{ km}}$$

$x = 12$ km

Por lo tanto, la escala es 1 cm = 12 km.

10. **D**; **Nivel de conocimiento:** 2; **Temas:** Q.3.b, Q.3.c; **Prácticas:** MP.1.a, MP.1.b, MP.1.d
Establece una ecuación para representar la relación:

Dimensión 1:
$$\frac{\text{Mapa}}{\text{Actual}} = \frac{0.5 \text{ pulgadas}}{5 \text{ pies}} = \frac{1 \text{ pulgada}}{x}$$
Entonces, 5 pies ÷ 0.5$x = x = 10$ pies

Dimensión 2:
$$\frac{\text{Mapa}}{\text{Real}} = \frac{0.5 \text{ pulgadas}}{5 \text{ pies}} = \frac{1.5 \text{ pulgadas}}{x}$$
Entonces, 7.5 pies ÷ 0.5$x = x = 15$ pies
Las dimensiones de la plataforma son 10 pies por 15 pies.

11. **A**; **Nivel de conocimiento:** 2; **Temas:** Q.3.b, Q.3.c; **Prácticas:** MP.1.a, MP.1.b, MP.1.d
Usa el factor de escala para establecer una proporción y resolver para hallar x.

$$\frac{\frac{7}{8} (0.875)}{x} = \frac{0.5}{x}, \text{ entonces } 0.5x = 4.375$$

$x = 8.75$
La longitud del lado más largo del baño es $8\frac{3}{4}$ pies.

12. **A**; **Nivel de conocimiento:** 2; **Temas:** Q.3.b, Q.3.c; **Prácticas:** MP.1.a, MP.1.b, MP.1.d
Para hallar las dimensiones del baño real, halla el ancho estableciendo la siguiente ecuación:
$$\frac{5 \text{ pies}}{0.5 \text{ pulgadas}} = \frac{W \text{ pies}}{0.75 \text{ pulgadas}}$$
Entonces 5 pies × 0.75 pulgadas = 3.75 pies y

3.75 ÷ 0.5$W = W = 7.5$ pies. El ancho del baño es $7\frac{1}{2}$ pies.

Usando la longitud calculada en la pregunta 11, las dimensiones son $7\frac{1}{2}$ pies por $8\frac{3}{4}$ pies.

13. **B**; **Nivel de conocimiento:** 3; **Temas:** Q.3.b, Q.3.c; **Prácticas:** MP.1.a, MP.1.b, MP.1.d
Establece una ecuación para determinar la distancia que viaja Stacey:
$$\frac{\text{Mapa}}{\text{Real}} = \frac{3 \text{ cm}}{18 \text{ km}} \times \frac{10 \text{ cm}}{x}$$
Multiplica cruzado para hallar que 180 ÷ 3$x = x = 60$ km.
Establece una segunda ecuación para hallar el tiempo:
$$\frac{90 \text{ km}}{1 \text{ h}} \times \frac{60 \text{ km}}{x}$$
Después de multiplicar cruzado, se obtiene que $x = 0.667$ horas o 40 minutos.

14. **D**; **Nivel de conocimiento:** 2 **Temas:** Q.3.b, Q.3.c; **Prácticas:** MP.1.a, MP.1.b, MP.1.d
Para calcular la longitud de la sombra del edificio de 55 pies, establece la siguiente proporción:
$$\frac{\text{Sombra}}{\text{Poste}} = \frac{31.9 \text{ pies}}{22 \text{ pies}} \times \frac{s}{55 \text{ pies}}$$
Multiplica cruzado para obtener que 1,754.5 pies = 22s y divide

para calcular que $s = 79.75$, que se redondea a 79.8 pies.

15. **A**; **Nivel de conocimiento:** 2; **Temas:** Q.3.b, Q.3.c; **Prácticas:** MP.1.a, MP.1.b, MP.1.d
La altura del segundo animal se calcula con la siguiente ecuación:
$$\frac{4.2 \text{ pies}}{3.8 \text{ pies}} \times \frac{h}{6.8 \text{ pies}}$$
Multiplica cruzado para obtener que 28.56 pies = 3.8h y divide para hallar que $h = 7.5$ pies. El segundo animal tiene una altura de 7.5 pies.

16. **C**; **Nivel de conocimiento:** 2; **Temas:** Q.3.b, Q.3.c; **Prácticas:** MP.1.a, MP.1.b, MP.1.d
Establece una ecuación para hallar la longitud desconocida:
$$\frac{\text{Escala}}{\text{Real}} = \frac{1 \text{ pulgada}}{32 \text{ pulgadas}} = \frac{x}{106.8 \text{ pulgadas}}$$
Multiplica cruzado para hallar que 108.8 pulgadas = 32x y divide para hallar que $x = 3.4$ pulgadas.

17. **C**; **Nivel de conocimiento:** 2; **Temas:** Q.3.b, Q.3.c; **Prácticas:** MP.1.a, MP.1.b, MP.1.d
Establece una ecuación para hallar la longitud desconocida:
$$\frac{2 \text{ cm}}{5 \text{ yd}} = \frac{22 \text{ cm}}{x}$$
Multiplica cruzado para hallar que 110 ÷ 2$x = x = 55$ yardas. Si el perímetro del cuadrado mide 55 yardas, entonces un lado mide 55 ÷ 4 = 13.75 yardas.

18. **B**; **Nivel de conocimiento** 2; **Temas:** Q.3.b, Q.3.c; **Prácticas:** MP.1.a, MP.1.b, MP.1.d
Recuerda que la escala no es más que una proporción. En este caso, la escala puede representarse de la siguiente manera:
$$\text{Escala} = \frac{\text{Medida del dibujo}}{\text{Medida real}} \text{ de manera que } \frac{3 \text{ pulgadas}}{30 \text{ pies}} = \frac{1 \text{ pulgada}}{10 \text{ pies}}.$$
La escala del mapa es 1 pulgada : 10 pies.

19. **D**; **Nivel de conocimiento:** 2; **Temas:** Q.3.b, Q.3.c; **Prácticas:** MP.1.a, MP.1.b, MP.1.d
Establece una ecuación para hallar las dimensiones desconocidas:
$$\frac{0.5 \text{ pulgadas}}{6.5 \text{ pies}} = \frac{1 \text{ pulgada}}{x}$$
Multiplica cruzado para hallar que 6.5 = 0.5x y luego divide para hallar que $x = 13$ pies. Las dimensiones de la nueva plataforma serían 13 pies por 13 pies.

20. **C**; **Nivel de conocimiento:** 2; **Temas:** Q.3.b, Q.3.c; **Prácticas:** MP.1.a, MP.1.b, MP.1.d
Recuerda que las dimensiones en una figura semejante son siempre proporcionales. El factor de escala no es más que la proporción que relaciona a los dos triángulos entre sí.
Establece una ecuación para determinar el factor de escala:
$$\frac{\overline{CB}}{\overline{GF}} = \frac{1.25}{0.625} = 2$$
Como el factor de escala es 2, las líneas del Triángulo 1 son dos veces más largas que las del Triángulo 2.

21. **B**; **Nivel de conocimiento:** 3; **Temas:** Q.3.b, Q.3.c; **Prácticas:** MP.1.a, MP.1.b, MP.1.d
Recuerda que las dimensiones en una figura semejante son siempre proporcionales. El factor de escala no es más que la proporción que relaciona a las dos alfombras entre sí.
Establece una ecuación para determinar el factor de escala:
$$\frac{\text{Alfombra más grande}}{\text{Alfombra más pequeña}} = \frac{18 \text{ pies}}{10 \text{ pies}} = 1.8$$
Cada lado de la alfombra más pequeña es 1.8 veces más corta que la alfombra más larga. El ancho desconocido de la alfombra más pequeña: 9 pies ÷ 1.8 = 5 pies. Otra posibilidad es que, como el ancho de la alfombra más grande (18 pies) es el doble de su longitud (9 pies), es posible suponer que la longitud de la alfombra más pequeña sería un medio del ancho de la más pequeña (10 pies) o 5 pies.

Clave de respuestas

UNIDAD 4 *(continuación)*

LECCIÓN 7, *págs. 150–153*

1. C; Nivel de conocimiento: 1; **Temas:** Q.2.a, Q.2.e, Q.5.b; **Prácticas:** MP.1.a, MP.1.b, MP.1.d, MP.1.e, MP.4.a
El volumen de un cilindro es el producto del área de su base y su altura, o $V = \pi r^2 h$. Como se proporcionan el diámetro y la altura de la Piscina A, halla el volumen del la Piscina A. El radio de la Piscina A es igual a 0.5 × 20 = 10 pies. Reemplaza π con 3.14, r con 10 y h con 4: 3.14 × 10^2 × 4 = 3.14 × 100 × 4 = 1,256 pies³. La opción de respuesta A es el producto del cuadrado del radio y la altura. La opción B es el resultado de usar 4 como radio, elevarlo al cuadrado, multiplicarlo por el diámetro de la piscina y luego multiplicarlo nuevamente por 3.14. La opción D es el resultado de usar un radio de 20 pies.

2. B; Nivel de conocimiento: 2; **Temas:** Q.2.a, Q.2.e, Q.5.b; **Prácticas:** MP.1.a, MP.1.b, MP.1.d, MP.1.e, MP.4.b
El volumen de un cilindro es el producto del área de su base y su altura, o $V = \pi r^2 h$. Para hallar la altura de un cilindro conociendo el volumen y el radio, divide el volumen entre πr^2. Como el volumen de la Piscina B es igual al de la Piscina A, $V = 1,256$ pies³. El radio de la Piscina B es la mitad de su diámetro, u 8 pies. Entonces, la altura del cilindro es 1,256 ÷ (3.14 × 8^2) = 1,256 ÷ 200.96 = 6.25 pies. Las opciones de respuesta restantes son resultado de errores al calcular el volumen o la altura.

3. A; Nivel de conocimiento: 1; **Temas:** Q.2.a, Q.2.e, Q.5.b; **Prácticas:** MP.1.a, MP.1.b, MP.1.d, MP.1.e, MP.4.a
El volumen de un cilindro es el producto del área de su base y su altura, o $V = \pi r^2 h$. Reemplaza r con 1.5 y h con 10: V = 3.14 × 1.5^2 × 10 = 70.65 pulg³.

4. B; Nivel de conocimiento: 2; **Temas:** Q.2.a, Q.2.e, Q.5.b; **Prácticas:** MP.1.a, MP.1.b, MP.1.d, MP.1.e, MP.2.a, MP.4.a
El volumen de un cilindro es el producto del área de su base y su altura, o $V = \pi r^2 h$. El cilindro tiene un diámetro de 10 metros, entonces su radio es 0.5 × 10 metros = 5 metros. Reemplaza r con 5 y h con 7: V = 3.14 × 5^2 × 7 = 549.5 m³.

5. A; Nivel de conocimiento: 1; **Temas:** Q.2.a, Q.2.e, Q.5.a; **Prácticas:** MP.1.a, MP.1.b, MP.1.d, MP.1.e, MP.4.a
El volumen de un prisma es el producto del área de su base y su altura. Para un cubo, como la longitud, el ancho y la altura son iguales, el volumen es la longitud de lado elevada al cubo. Como la pregunta pide el volumen en pies cúbicos, convierte 18 pulgadas en 1.5 pies. El volumen es 1.5 × 1.5 × 1.5 = 3.375 pies³, que se redondea a 3 pies.

6. A; Nivel de conocimiento: 2; **Temas:** Q.2.a, Q.5.a; **Prácticas:** MP.1.a, MP.1.b, MP.1.d, MP.1.e, MP.4.a
El área total de un prisma es la suma de las áreas de sus superficies. Como un cubo tiene 6 caras congruentes, el área total es igual a 6 veces el área de la base. La base es un cuadrado, de manera que su área es igual a la longitud de lado (18 pulgadas = 1.5 pies) multiplicada por sí misma: 6(1.5)(1.5) = 13.5 pies² ≈ 14 pies².

7. B; Nivel de conocimiento: 2; **Temas:** Q.2.a, Q.2.e, Q.5.a, A.2.a, A.2.b, A.2.c; **Prácticas:** MP.1.a, MP.1.b, MP.1.d, MP.1.e, MP.4.a, MP.4.b
El volumen de un prisma rectangular es el producto de su longitud, ancho y altura, o $V = lwh$. Para hallar la longitud, reemplaza V con 97.5, w con 2.5 y h con 13. Luego resuelve para hallar l: 97.5 = (2.5)(13)l. Multiplica: 97.5 = 32.5l. Divide: l = 3.

8. C; Nivel de conocimiento: 2; **Temas:** Q.2.a,Q.2.e, Q.5.c; **Prácticas:** MP.1.a, MP.1.b, MP.1.d, MP.1.e, MP.4.a
La cantidad de cartón necesaria es igual al área total del prisma triangular. El prisma tiene 2 superficies triangulares con una base de 10 cm y una altura de 10 cm, 2 superficies rectangulares con una longitud de 50 cm y un ancho de 10 cm y una superficie rectangular con una longitud de 50 cm y un ancho de 14 cm.
Entonces, el área total es $2\left(\dfrac{1}{2}\right)(10)(10) + 2(10)(50) + 14(50)$.
Multiplica: 100 + 1,000 + 700. Suma: 1,800 cm².

9. D; Nivel de conocimiento: 2; **Temas:** Q.2.a, Q.5.a; **Prácticas:** MP.1.a, MP.1.b, MP.1.d, MP.1.e, MP.4.a, MP.5.b
El volumen de un cubo es igual al producto de su longitud, su ancho y su altura. Como la longitud, el ancho y la altura del cubo son iguales, el volumen es igual al cubo de la longitud de lado o s^3. El área total de un cubo es 6 veces el área de su base. El área de una base al cuadrado es s^2, entonces el área total de un cubo es $6s^2$. Halla la longitud de lado para la cual el área total es menos que el volumen. Para la opción de respuesta A, el volumen = 0.5^3 = 0.125 y el área total = $6(0.5)^2$ = 1.5. Para la opción B, el volumen = 2^3 = 8 y el área total = $6(2)^2$ = 24. Para la opción C, el volumen = 5^3 = 125 y el área total = $6(5)^2$ = 150. Para la opción D, el volumen = 8^3 = 512 y el área total = $6(8)^2$ = 384.

10. C; Nivel de conocimiento: 2; **Temas:** Q.2.a, Q.5.b, A.2.a, A.2.c; **Prácticas:** MP.1.a, MP.1.b, MP.1.d, MP.1.e, MP.2.a, MP.4.a, MP.4.b
El volumen de un cilindro está dado por la fórmula $V = \pi r^2 h$. Entonces, reemplaza V con 235.5 y h con 3 para hallar r: 235.5 = 3.14 × r^2 × 3. Multiplica: 235.5 = $9.42r^2$. Divide cada lado entre 9.42: r^2 = 25. Toma la raíz cuadrada de cada lado: r = 5. Ahora, usa el radio para hallar el diámetro. El diámetro es el doble del radio, entonces d = 2(5) = 10 pulgadas.

11. D; Nivel de conocimiento: 2; **Temas:** Q.2.a, Q.2.e, Q.5.b., A.2.a, A.2.b, A.2.c; **Prácticas:** MP.1.a, MP.1.b, MP.1.d, MP.1.e, MP.2.a, MP.4.a, MP.4.b
El área de cartón que se necesita es igual a la suma del área de una base y el área lateral. El área lateral es igual al área de un rectángulo cuya longitud es igual a la circunferencia del círculo y cuyo ancho es igual a la altura del cilindro, entonces el área lateral es (31.4)(20) = 628 centímetros cuadrados. Como la circunferencia es igual a $2\pi r$, el $r = \dfrac{31.4}{2 \times 3.14}$ = 5. Entonces, el área de la base es 3.14 × 5^2 = 78.5. Por lo tanto, el área de cartón que se necesita es 628 + 78.5 = 706.75 cm², que se redondea a 707 cm.

12. B; Nivel de conocimiento: 2; **Temas:** Q.2.a, Q.2.e, Q.5.b, A.2.a, A.2.b, A.2.c; **Prácticas:** MP.1.a, MP.1.b, MP.1.d, MP.1.e, MP.2.a, MP.4.a, MP.4.b
Para hallar la circunferencia del segundo cilindro, primero halla el volumen del primer cilindro. El volumen de un cilindro está dado por la fórmula $V = \pi r^2 h$. Como la circunferencia es igual a $2\pi r$, el $r = \dfrac{31.4}{2 \times 3.14}$ = 5. Reemplaza r con 5 y h con 20:
V = 3.14 × 5^2 × 20 = 1,570 cm³. Luego, reemplaza V con 1,570 y h con 15 en la fórmula para calcular el volumen y halla r: 1,570 = 3.14 × r^2 × 15, entonces $r^2 = \dfrac{1,570}{3.14 \times 15}$ = 33.33 y r es alrededor de 5.77 centímetros. La circunferencia del cilindro es igual a $2\pi r$, ó 2(3.14)(5.77), que es alrededor de 36.2 cm.

13. **D**; **Nivel de conocimiento:** 2; **Temas:** Q.2.a, Q.5.a, Q.5.c, A.2.a, A.2.b, A.2.c; **Prácticas:** MP.1.a, MP.1.b, MP.1.d, MP.1.e, MP.2.a, MP.4.a, MP.4.b
El volumen de un prisma triangular es el producto del área de su base y su altura. Como la altura es un dato dado, al dividir el volumen entre la altura se obtiene el área de la base. El área del prisma triangular es igual al volumen del prisma rectangular, que es igual a lwh, o $16 \times 5 \times 3$, que es igual a 240 pulg^3. Divide 240 entre 12 para hallar el área de la base del prisma triangular: $240 \div 12 = 20$.

14. **C**; **Nivel de conocimiento:** 2; **Temas:** Q.2.a, Q.2.e, Q.5.a; **Prácticas:** MP.1.a, MP.1.b, MP.1.d, MP.1.e, MP.2.c, MP.4.a
El volumen de un prisma rectangular es el producto de su longitud, su ancho y su altura. Como la pecera está llena solo hasta la mitad, usa $0.5(15) = 7.5$ pulgadas como altura. Multiplica: $24 \times 10 \times 7.5 = 1{,}800$ pulgadas cúbicas. La opción de respuesta A es el resultado de duplicar la altura en lugar de tomar la mitad. La opción B es el volumen de la pecera entera. La opción D es el resultado de multiplicar cada dimensión por 0.5.

15. **C**; **Nivel de conocimiento:** 2; **Temas:** Q.2.a, Q.2.e, Q.5.b, A.2.a, A.2.b, A.2.c; **Prácticas:** MP.1.a, MP.1.b, MP.1.d, MP.1.e, MP.2.a, MP.4.a, MP.4.b
Una lata tiene forma de cilindro. El volumen de un cilindro está dado por la fórmula $V = \pi r^2 h$. El diámetro de la lata es 3 pulgadas, entonces reemplaza r con $3 \div 2 = 1.5$ y V con 28.26 y resuelve para hallar h: $28.26 = 3.14 \times 1.5^2 \times h$. Multiplica: $28.26 = 7.065h$. Divide: $h = 4$. La opción de respuesta A es el resultado de usar 3 pulgadas como el radio de la lata. La opción B es el resultado de usar 3 pulgadas como el radio y no elevar el radio al cuadrado. La opción D es el resultado de no elevar el radio al cuadrado.

16. **A**; **Nivel de conocimiento:** 2; **Temas:** Q.2.a, Q.2.e, Q.5.b; **Prácticas:** MP.1.a, MP.1.b, MP.1.d, MP.1.e, MP.2.a, MP.4.a
El volumen de un cilindro está dado por la fórmula $V = \pi r^2 h$. Reemplaza r con 3.5 y h con 10: $V = 3.14 \times 3.5^2 \times 10 = 384.65$ cm^3, que se redondea hacia arriba a 384.7 cm. La opción de respuesta B es el resultado de multiplicar el radio por 2 en lugar de elevarlo al cuadrado. La opción C es el resultado de dividir $\pi r^2 h$ entre 2. La opción D es el resultado de no elevar el radio al cuadrado.

17. **D**; **Nivel de conocimiento:** 2; **Temas:** Q.2.a, Q.2.e, Q.5.b; **Prácticas:** MP.1.a, MP.1.b, MP.1.d, MP.1.e, MP.2.a, MP.4.a
El área lateral de un cilindro es el área del rectángulo cuya longitud es igual a la circunferencia de la base circular y cuyo ancho es igual a la altura del cilindro. El vaso tiene un radio de 3.5, entonces la circunferencia es $2(3.5)(3.14) = 21.98$ cm. Entonces, el área lateral es $(21.98)(10) = 219.8$, o alrededor de 220 cm.

18. **B**; **Nivel de conocimiento:** 3; **Temas:** Q.2.a, Q.2.e, Q.5.a, Q.5.b; **Prácticas:** MP.1.a, MP.1.b, MP.1.d, MP.1.e, MP.2.c, MP.4.a
Para hallar la cantidad de espacio vacío en la caja, halla la diferencia entre el volumen de la caja y el volumen total de las latas. El volumen de cada lata está dado por la fórmula $V = \pi r^2 h$. Reemplaza r con 2 y h con 5: $V = 3.14 \times 2^2 \times 5 = 62.8$ pulgadas cúbicas. Hay 40 latas, entonces el volumen total de las latas es $40(62.8) = 2{,}512$ pulgadas cúbicas. El volumen de la caja es lwh o $18 \times 10 \times 28$, que es igual a 5,040 pulgadas cúbicas. Resta para hallar la cantidad de espacio vacío: $5{,}040 - 2{,}512 = 2{,}528$ pulgadas cúbicas.

19. **B**; **Nivel de conocimiento:** 2; **Temas:** Q.2.a, Q.2.e, Q.5.b; **Prácticas:** MP.1.a, MP.1.b, MP.1.d, MP.1.e, MP.2.c, MP.4.a
El número de pulgadas cúbicas de tierra abonada que usa Kaya es igual a la cantidad de tierra abonada que se necesitaría para llenar una maceta cilíndrica con una altura de $24 - 3 = 21$ pulgadas. El radio de un cilindro es igual a un medio del diámetro, ó 0.5(18), que es 9 pulgadas. El volumen de un cilindro está dado por la fórmula $V = \pi r^2 h$. Reemplaza r con 9 y h con 21: $V = 3.14 \times 9^2 \times 21 = 5{,}341.14$ pulgadas cúbicas, o alrededor de 5,340 pulgadas cúbicas.

20. **C**; **Nivel de conocimiento:** 3; **Temas:** Q.2.a, Q.2.e, Q.5.b, A.2.a, A.2.b, A.2.c; **Prácticas:** MP.1.a, MP.1.b, MP.1.d, MP.1.e, MP.2.a, MP.2.c, MP.4.a, MP.4.b
El volumen de un prisma es el producto de su longitud, su ancho y su altura. Como el volumen es igual a 4,050 pulg^3, $x(2x)(25) = 4{,}050$. Multiplica: $50x^2 = 4{,}050$. Divide cada lado entre 50: $x^2 = 81$. Toma la raíz cuadrada de cada lado: $x = 9$. Como x es el ancho, la longitud (base) es $2(9) = 18$ pulgadas. La opción de respuesta A es el resultado de dividir x entre 2 en lugar de multiplicar. La opción B es el valor de x, que representa el ancho. La opción D es el resultado de multiplicar el ancho por 3 en lugar de 2.

21. **A**; **Nivel de conocimiento:** 3; **Temas:** Q.2.a, Q.2.e, Q.5.a; **Prácticas:** MP.1.a, MP.1.b, MP.1.d, MP.1.e, MP.2.c, MP.4.a
Como el volumen del prisma es 4,050 pulg^3, $x(2x)(25) = 4{,}050$ y $x = 9$ pulgadas. Por lo tanto, el prisma mide 9 pulgadas de ancho y $2(9) = 18$ pulgadas de largo. El área total del prisma es el área total de sus caras rectangulares. Hay dos caras de 9 pulgadas por 18 pulgadas. Hay dos caras de 9 pulgadas por 25 pulgadas. Hay dos caras de 18 pulgadas por 25 pulgadas. Entonces, el área total es igual a $2(9 \times 18) + 2(9 \times 25) + 2(18 \times 25)$. Multiplica: $2(162) + 2(225) + 2(450) = 324 + 450 + 900 = 1{,}674$ pulg^2

LECCIÓN 8, *págs. 154–157*

1. **A**; **Nivel de conocimiento:** 1; **Temas:** Q.2.a, Q.2.e, Q.5.d; **Prácticas:** MP.1.a, MP.1.b, MP.1.d, MP.1.e, MP.2.c, MP.4.a
El volumen de un cono está dado por la fórmula $V = \frac{1}{3}\pi r^2 h$. Se dan el diámetro y la altura del Granero A, entonces usa el diámetro para hallar el radio y calcular el volumen del Granero A: $r = 100 \div 2 = 50$ pies de radio, entonces $V = \frac{1}{3} \times 3.14 \times 50^2 \times 16 = 41{,}866.66$ pies^3, que se redondea a 41,867 pies^3.

2. **C**; **Nivel de conocimiento:** 2; **Temas:** Q.2.a, Q.2.e, Q.5.d, A.2.a, A.2.b, A.2.c; **Prácticas:** MP.1.a, MP.1.b, MP.1.d, MP.1.e, MP.2.a, MP.2.c, MP.4.a, MP.4.b
Para hallar el diámetro del Granero B, usa el volumen para calcular el radio y luego duplícalo. El volumen del Granero B es igual al volumen del Granero A: $V = \frac{1}{3} \times 3.14 \times 50^2 \times 16 = 41{,}867$ pies^3. Reemplaza V con 41,867 y h con 25 en la fórmula $V = \frac{1}{3}\pi r^2 h$ y luego resuelve para hallar r: $41{,}867 = \frac{1}{3} \times 3.14 \times r^2 \times 25$. Multiplica: $41{,}867 = 26.167 r^2$. Divide: $r^2 = 1{,}600$. Toma la raíz cuadrada de cada lado: $r = 40$ pies. Entonces el diámetro es $40 \times 2 = 80$ pies.

Clave de respuestas

UNIDAD 4 *(continuación)*

3. **B**; **Nivel de conocimiento:** 2; **Temas:** Q.2.a, Q.2.e, Q.5.e;
Prácticas: MP.1.a, MP.1.b, MP.1.d, MP.1.e, MP.2.c, MP.4.a

El volumen de una esfera es igual a $\frac{4}{3}\pi r^3$. Como el diámetro de
una esfera es el doble de su radio, el radio de la esfera es
$15 \div 2 = 7.5$ pulgadas. Reemplaza r con 7.5 para hallar el volumen:
$\frac{4}{3} \times 3.14 \times (7.5)^3 = 1{,}766.25$. Entonces el volumen de la pelota de
playa es alrededor de 1,770 pulgadas cúbicas.

4. **A**; **Nivel de conocimiento:** 1; **Temas:** Q.2.a, Q.5.d; **Prácticas:**
MP.1.a, MP.1.b, MP.1.d, MP.1.e, MP.2.c, MP.4.a
El volumen de una pirámide cuadrada es un tercio del producto del
área de su base y su altura ($V = \frac{1}{3}Bh$). El área de la base es 36
cm^2 y la altura es 9 cm, entonces el volumen es $\frac{1}{3}(36)(9) = 108$ cm^3.

5. **A**; **Nivel de conocimiento:** 2; **Temas:** Q.2.a, Q.5.e, A.2.a,
A.2.c; **Prácticas:** MP.1.a, MP.1.b, MP.1.d, MP.1.e, MP.2.a, MP.2.c,
MP.4.a, MP.4.b
El área total de la esfera es igual a $4\pi r^2$. Como la esfera tiene un
área total de alrededor de 28.26 pies cúbicos, $4 \times 3.14 \times r^2 = 28.26$.
Multiplica: $12.56r^2 = 28.26$. Divide: $r^2 = 2.25$. Toma la raíz
cuadrada de cada lado: $r = 1.5$.

6. **B**; **Nivel de conocimiento:** 2; **Temas:** Q.2.a, Q.5.d, A.2.a,
A.2.c; **Prácticas:** MP.1.a, MP.1.b, MP.1.d, MP.1.e, MP.2.a, MP.2.c,
MP.4.a, MP.4.b

El volumen de una pirámide está dado por la fórmula $\frac{1}{3}Bh$. El
área de la base es $8 \times 8 = 64$ pies cuadrados y el volumen es
64 pies cúbicos, entonces $\frac{1}{3}(64)h = 64$. Multiplica cada lado por
3: $64h = 192$. Divide cada lado entre 64: $h = 3$.

7. **C**; **Nivel de conocimiento:** 2; **Temas:** Q.2.a, Q.5.d, A.2.a, A.2.c;
Prácticas: MP.1.a, MP.1.b, MP.1.d, MP.1.e, MP.2.a, MP.2.c, MP.4.a,
MP.4.b
El área total de un prisma está dada por la fórmula $B + \frac{1}{2}Ps$. El
área de la base es 64 pies, el perímetro es $4(8) = 32$ pies y el
área total es 144 pies cuadrados, entonces $\frac{1}{2}(32)s + 64 = 144$.
Multiplica: $16s + 64 = 144$. Resta 64 de cada lado: $16s = 80$.
Divide: $s = 5$.

8. **A**; **Nivel de conocimiento:** 2; **Temas:** Q.2.a, Q.2.e, Q.5.d;
Prácticas: MP.1.a, MP.1.b, MP.1.d, MP.1.e, MP.2.c, MP.4.a

El volumen de un cono está dado por la fórmula $V = \frac{1}{3}\pi r^2 h$. El
radio del cono es igual a un medio del diámetro, entonces
$r = 6 \div 2 = 3$. Reemplaza r con 3 y h con 10 y resuelve para
hallar el volumen: $V = \frac{1}{3} \times 3.14 \times 3^2 \times 10$. Multiplica: $V = 94.2$
centímetros cúbicos, que se redondea a 94 centímetros cúbicos.

9. **B**; **Nivel de conocimiento:** 2; **Temas:** Q.2.a, Q.2.e, Q.5.d;
Prácticas: MP.1.a, MP.1.b, MP.1.d, MP.1.e, MP.2.c, MP.4.a
El cono no tiene una base circular, de manera que la cantidad de
papel usado es igual al área de la superficie curva del cono, πrs.
El radio es igual a un medio del diámetro, entonces $r = 6 \div 2 = 3$.
Reemplaza r con 3 y s con 10.4: $3.14 \times 3 \times 10.4 = 97.97$ cm^2, que
se redondea en 98 cm^2.

10. **C**; **Nivel de conocimiento:** 2; **Temas:** Q.2.a, Q.2.e, Q.5.d;
Prácticas: MP.1.a, MP.1.b, MP.1.d, MP.1.e, MP.2.c, MP.4.a

El volumen de un cono está dado por la fórmula $V = \frac{1}{3}\pi r^2 h$. El
radio de un cono es la mitad de su diámetro, entonces el radio del
cono mediano es $8 \div 2 = 4$ cm y el radio del cono grande es
$10 \div 2 = 5$ cm. Para el cono mediano, reemplaza r con 4 y h con
12: $V = \frac{1}{3} \times 3.14 \times 4^2 \times 12 = 200.96$ cm^3. Para el cono grande,
reemplaza r con 5 y h con 14: $V = \frac{1}{3} \times 3.14 \times 5^2 \times 14 = 366.33$ cm^3.
Resta para hallar la diferencia: $366.33 - 200.96 = 165.37$, que se
redondea a 165 cm^2.

11. **A**; **Nivel de conocimiento:** 2; **Temas:** Q.2.a, Q.2.e, Q.5.d;
Prácticas: MP.1.a, MP.1.b, MP.1.d, MP.1.e, MP.2.c, MP.4.a

El volumen de un cono está dado por la fórmula $V = \frac{1}{3}\pi r^2 h$. El radio
del cono es la mitad de su diámetro, de manera que el radio del cono
original es $6 \div 2 = 3$ cm y el radio del cono nuevo es
$5 \div 2 = 2.5$ cm. Para el cono original, reemplaza r con 3 y h con 10:
$V = \frac{1}{3} \times 3.14 \times 3^2 \times 10 = 94.2$ cm^3. Para el cono nuevo, reemplaza
r con 2.5 y h con 9: $V = \frac{1}{3} \times 3.14 \times 2.5^2 \times 9 = 58.9$ cm^3. Resta para
hallar la diferencia: $94.2 - 58.9 = 35.3$ cm^3, que se redondea a 35 cm^3.

12. $V = \frac{1}{3} \times \pi \times 5^2 \times 8 \approx 209$ pulg^3; **Nivel de conocimiento:** 3;
Temas: Q.2.a, Q.5.d, A.2.c; **Prácticas:** MP.1.a, MP.1.b, MP.1.d,
MP.1.e, MP.2.a, MP.2.c, MP.4.a

El volumen de un cono está dado por la fórmula $V = \frac{1}{3}\pi r^2 h$.
El diámetro del cono es 10 pulgadas, entonces el radio es
$10 \div 2 = 5$ pulgadas. Reemplaza r con 5 y h con 8 y luego
multiplica para hallar el volumen: $V = \frac{1}{3} \times \pi^2 \times 5^2 \times 8 = 209$ pulg^3.

13. $V = \frac{1}{3} \times 144 \times 15 = 720$ pies^3; **Nivel de conocimiento:** 1;
Temas: Q.2.a, Q.5.d, A.2.c; **Prácticas:** MP.1.a, MP.1.b, MP.1.d,
MP.1.e, MP.2.a, MP.2.c, MP.4.a

El volumen de un prisma está dado por la fórmula $V = \frac{1}{3}Bh$.
La arista de la base mide 12 pies, entonces el área de la base es
$12^2 = 144$. La altura es 15 pies. Reemplaza B con 144 y h con 15 y
luego multiplica para hallar el volumen: $V = \frac{1}{3} \times 144 \times 15 = 720$ pies^3.

14. **C**; **Nivel de conocimiento:** 1; **Temas:** Q.2.a, Q.2.e, Q.5.d;
Prácticas: MP.1.a, MP.1.b, MP.1.d, MP.1.e, MP.2.c, MP.4.a
El volumen de una pirámide es un tercio del producto del área de
su base y su altura, o $V = \frac{1}{3}Bh$. Para la Pirámide A, la base tiene
un área de $6^2 = 36$ pies cuadrados y la altura es 7 pies. Entonces,
el volumen es $\frac{1}{3}(36)(7) = 84$ pies cúbicos.

15. **D**; **Nivel de conocimiento:** 1; **Temas:** Q.2.a, Q.2.e, Q.5.d;
Prácticas: MP.1.a, MP.1.b, MP.1.d, MP.1.e, MP.2.c, MP.4.a
El volumen de una pirámide es un tercio del producto del área
de su base y su altura, o $V = \frac{1}{3}Bh$. Para la Pirámide B, la base
tiene un área de $10^2 = 100$ pies cuadrados, y la altura es 6 pies.
Entonces, el volumen es $\frac{1}{3}(100)(6) = 200$ pies cúbicos.

16. **A**; **Nivel de conocimiento:** 2; **Temas:** Q.2.a, Q.2.e, Q.5.d, A.2.a, A.2.b, A.2.c; **Prácticas:** MP.1.a, MP.1.b, MP.1.d, MP.1.e, MP.2.a, MP.2.c, MP.4.a, MP.4.b

La Pirámide C tiene el mismo volumen que la Pirámide A, entonces su volumen es 84 pies cúbicos. La Pirámide C tiene una arista de la base de igual longitud que la Pirámide B, entonces la arista de la base mide 10 pies. Reemplaza V con 84 y B con $10^2 = 100$ en la fórmula para hallar el volumen de una pirámide: $\frac{1}{3}(100)h = 84$. Multiplica cada lado por 3: $100h = 252$. Divide entre 100: $h = 2.52$ pies, que se redondea a 2.5 pies.

17. **A**; **Nivel de conocimiento:** 3; **Temas:** Q.2.a, Q.2.e, Q.5.e; **Prácticas:** MP.1.a, MP.1.b, MP.1.d, MP.1.e, MP.2.c, MP.4.a

El área total de una esfera es $4\pi r^2$. El radio del farol mide 12 pulgadas, entonces el área total es $4 \times 3.14 \times 12^2 = 1{,}808.64$ pulg². El área del círculo es πr^2, entonces el área del hoyo circular es $3.14 \times 3^2 = 28.26$ pulg². Resta el área del hoyo del área total del farol: $1{,}808.64 - 28.26 = 1{,}780.38$ pulg², que se redondea a 1,780 pulg².

18. **D**; **Nivel de conocimiento:** 2; **Temas:** Q.2.a, Q.2.e, Q.5.d, A.2.a, A.2.b, A.2.c; **Prácticas:** MP.1.a, MP.1.b, MP.1.d, MP.1.e, MP.2.a, MP.2.c, MP.4.a, MP.4.b

El volumen de un cono está dado por la fórmula $V = \frac{1}{3}\pi r^2 h$.

El radio es $10 \div 2 = 5$, entonces, reemplaza V con 550 y r con 5 y resuelve para hallar h: $550 = \frac{1}{3} \times 3.14 \times 5^2 \times h$. Multiplica: $550 \approx 26h$. Divide: $h \approx 21$ pulgadas.

19. **B**; **Nivel de conocimiento:** 2; **Temas:** Q.2.a, Q.5.d; **Prácticas:** MP.1.a, MP.1.b, MP.1.d, MP.1.e, MP.2.c, MP.4.a

El volumen de una pirámide cuadrada está dado por la fórmula $V = \frac{1}{3}Bh$. Como hay 12 pulgadas en 1 pie, 2 pies 6 pulgadas es igual a 2.5 pies y 3 pies 3 pulgadas es igual a 3.25 pies. El área de la base es el cuadrado de la longitud de lado, entonces $B = 2.5^2 = 6.25$ pies². Reemplaza B con 6.25 y h con 3.25 para calcular el volumen: $V = \frac{1}{3}(6.25)(3.25) = 6.77$ pies³. A la pulgada cúbica más próxima, el volumen de la pirámide es 7 pies cúbicos.

20. **C**; **Nivel de conocimiento:** 2; **Temas:** Q.2.a, Q.2.e, Q.5.d, A.2.a, A.2.b, A.2.c; **Prácticas:** MP.1.a, MP.1.b, MP.1.d, MP.1.e, MP.2.a, MP.2.c, MP.4.a, MP.4.b

El volumen de un cono está dado por la fórmula $V = \frac{1}{3}\pi r^2 h$. El radio es $16 \div 2 = 8$, entonces reemplaza V con 803.84 y r con 8 y resuelve para hallar h: $803.84 = \frac{1}{3} \times 3.14 \times 8^2 \times h$. Multiplica: $803.84 = 67h$. Divide: $h = 12$ pies.

21. **B**; **Nivel de conocimiento:** 2; **Temas:** Q.2.a, Q.2.e, Q.5.d, A.2.a, A.2.b, A.2.c; **Prácticas:** MP.1.a, MP.1.b, MP.1.d, MP.1.e, MP.2.a, MP.2.c, MP.4.a, MP.4.b

El área total de un cono es la suma del área de su base circular y el área de su superficie curva, o $\pi r^2 + \pi rs$. Entonces, $563 = \pi r^2 + \pi rs$. Reemplaza el radio con $16 \div 2 = 8$ y resuelve para hallar s, la altura inclinada. $563 = 3.14 \times 8^2 + 3.14 \times 8s$. Multiplica: $563 = 200.96 + 25.12s$. Resta: $362.04 = 25.12s$. Divide: $s = 14.41$ pies. Como hay 12 pulgadas en 1 pie: 0.41 pies $= 12 \times 0.41 \approx 5$. La altura inclinada mide alrededor de 14 pies 5 pulgadas.

22. **C**; **Nivel de conocimiento:** 1; **Temas:** Q.2.a, Q.2.e, Q.5.d; **Prácticas:** MP.1.a, MP.1.b, MP.1.d, MP.1.e, MP.2.c, MP.4.a

El volumen de una pirámide cuadrada está dado por la fórmula $V = \frac{1}{3}Bh$. Como se conocen la altura y la longitud de arista de la base del Invernadero A, calcula el volumen del Invernadero A. Reemplaza B con y h con 9: $V = \frac{1}{3}(64)(9) = 192$ pies cúbicos.

23. **D**; **Nivel de conocimiento:** 2; **Temas:** Q.2.a, Q.2.e, Q.5.d, A.2.a, A.2.b. A.2.c; **Prácticas:** MP.1.a, MP.1.b, MP.1.d, MP.1.e, MP.2.a, MP.2.c, MP.4.a, MP.4.b

El área de madera que se necesitará para el Invernadero B es el área de su base. El volumen de una pirámide es un tercio del producto del área de su base y su área, entonces usa la fórmula para hallar el volumen de una pirámide para resolver y hallar el área de la base. El volumen del Invernadero B es igual al volumen del Invernadero A: $V = \frac{1}{3}(64)(9) = 192$ pies cúbicos. Reemplaza V con 192 y h con 16 en la fórmula para calcular el volumen y resuelve para hallar B: $192 = \frac{1}{3}B(16)$. Multiplica cada lado por 3: $576 = 16B$. Divide cada lado entre 16: $B = 36$ pies cuadrados.

24. **D**; **Nivel de conocimiento:** 2; **Temas:** Q.2.a, Q.2.e, Q.5.d; **Prácticas:** MP.1.a, MP.1.b, MP.1.d, MP.1.e, MP.2.c, MP.3.a, MP.4.a

La cantidad de vidrio que se usará para cada invernadero es el área total de las caras triangulares, porque la base de cada invernadero estará construida en madera. El área total de las caras triangulares de una pirámide cuadrada es $\frac{1}{2}ps$. Para el Invernadero A, el área total de las caras triangulares es $\frac{1}{2}(4)(8)(9.5) = 152$ pies cuadrados. Para el Invernadero B, sabemos por la pregunta 23 que el área de la base es 36 pies cuadrados, entonces 1 lado mide 6 pies cuadrados. Por lo tanto, el área total de las caras triangulares es $\frac{1}{2}(4)(6)(7.2) = 86.4$ pies cuadrados.

Entonces, el área total de las caras triangulares del Invernadero A es mayor que el área total de las caras triangulares del Invernadero B y la arquitecta debería elegir el diseño para el Invernadero B.

LECCIÓN 9, *págs. 158–161*

1. **C**; **Nivel de conocimiento:** 1; **Temas:** Q.2.a, Q.2.e, Q.5.a; **Prácticas:** MP.1.a, MP.2.c, MP.4.a

La parte inferior del depósito es un prisma rectangular de 20 pies por 20 pies con una altura de 12 pies. El volumen es el producto de esas tres dimensiones: $(20)(20)(12) = 4{,}800$ pies cúbicos (opción C).

2. **B**; **Nivel de conocimiento:** 2; **Temas:** Q.2.a, Q.2.e, Q.5.a, Q.5.d, Q.5.f; **Prácticas:** MP.1.a, MP.2.c, MP.4.a

El volumen de la pirámide es $\left(\frac{1}{3}\right)Bh$, donde $B = 900$ pies (la base es el producto de s^2, o 30×30) y $h = 12$ pies. Si se reemplaza, se obtiene un volumen de 3,600 pies cúbicos. Si se suma este resultado al volumen de la parte inferior (4,800 pies cúbicos) se obtiene un total de 8,400 pies cúbicos (opción B).

Clave de respuestas

UNIDAD 4 (continuación)

3. C; **Nivel de conocimiento:** 2; **Temas:** Q.2.a, Q.2.e, Q.5.b, Q.5.d, Q.5.f; **Prácticas:** MP.1.a, MP.1.b, MP.4.a
Suma el volumen del cono y el del cilindro para hallar el volumen del recipiente. Cono: $V = \frac{1}{3}\pi r^2 h$, de manera que $\frac{1}{3}(3.14)(3^2)(4) = 37.68$ centímetros cúbicos. Cilindro: $V = \pi r^2 h$, de manera que $= (3.14)(3^2)(12) = 339.12$ centímetros cúbicos. Si se combinan los dos volúmenes y se redondea al centímetro más próximo se obtiene 376.8 centímetros cúbicos, que se redondea hacia arriba a 377 centímetros cúbicos (opción C).

4. D; **Nivel de conocimiento:** 2; **Temas:** Q.2.a, Q.2.e, Q.5.c, Q.5.f; **Prácticas:** MP.1.a, MP.2.c, MP.4.a
La cara frontal del escenario puede dividirse en dos rectángulos, la base, que mide 30 cm por 5 cm, y el escalón, que mide 12 cm por 16 cm. Las áreas de las dos secciones miden 150 cm² y 192 cm², respectivamente, lo que da un área combinada de 342 cm². El volumen es esa área multiplicada por la profundidad de 16 cm o 5,472 cm³ (opción D).

5. B; **Nivel de conocimiento:** 2; **Temas:** Q.2.a, Q.2.e, Q.5.d; **Prácticas:** MP.1.a, MP.4.a
El volumen del cono es $V = \frac{1}{3}\pi r^2 h = \frac{1}{3}(3.14)(25)^2(8) = 5,233.3$ pies cúbicos (opción B).

6. D; **Nivel de conocimiento:** 2; **Temas:** Q.2.a, Q.2.e, Q.5.b, Q.5.f; **Prácticas:** MP.1.a, MP.4.a
El volumen de la sección cilíndrica del restaurante es $V = \pi r^2 h$, donde $r = 25$ y $h = 12$. Al reemplazar se obtiene un volumen de 23,550 pies cúbicos. Si se suma el volumen del cono (5,233 pies cúbicos) al volumen de la parte cilíndrica del restaurante, se obtiene un total de 28,783 pies cúbicos (opción D).

7. B; **Nivel de conocimiento:** 3; **Temas:** Q.2.a, Q.2.e, Q.5.b, Q.5.f; **Prácticas:** MP.1.a, MP.4.a
El nuevo radio del edificio es 24 pies. La nueva altura de la sección con forma de cono es 7 pies. La altura de la sección con forma de cilindro no cambia. El volumen del cono es $V = \frac{1}{3}\pi r^2 h = \frac{1}{3}(3.14)(24)^2(7) = 4,220.16$ pies cúbicos. El volumen de la sección cilíndrica del restaurante es $V = \pi r^2 h$, donde $r = 24$ y $h = 12$. Al reemplazar se obtiene un volumen de 21,703.68 pies cúbicos. Entonces, el volumen total del restaurante es $4,220.16 + 21,703.68 = 25,923.84$ pies cúbicos. Resta del volumen original de 28,783 para hallar la disminución en el volumen: $28,783 - 25,924 = 2,859$ pies cúbicos.

8. A; **Nivel de conocimiento:** 3; **Temas:** Q.5.b, Q.5.d, Q.5.f, A.1.a, A.1.c, A.1.g, A.2.c, A.4.b; **Prácticas:** MP.1.a, MP.1.b, MP.1.d, MP.2.a, MP.2.c, MP.3.a, MP.4.b, MP.5.c
El área total de la pared cilíndrica es $2\pi rh$; el área del piso no está incluida ya que la pregunta no pide esta medida. El área del techo cónico es πrs; nuevamente, el área de la base circular no tiene importancia para este problema. Al combinar ambas áreas se obtiene $(2\pi rh + \pi rs)$. Al descomponer en factores πr se obtiene $\pi r(2h + s)$ (opción A).

9. C; **Nivel de conocimiento:** 2; **Temas:** Q.2.a, Q.2.e, Q.5.a, Q.5.b, Q.5.f; **Prácticas:** MP.1.a, MP.2.c, MP.4.a
El volumen de la parte superior de la mesa es el producto de su longitud, su ancho y su grosor: $(4.0)(8.0)(0.5) = 16$ pies cúbicos. El volumen de una pata es $\pi r^2 h$, donde $r = 0.25$ pies y $h = 4$ pies: $V = (3.14)(.25)^2(4) = 0.785$ pies cúbicos. Hay cuatro patas, entonces el volumen total de la mesa y las patas es $(16) + 4(0.785) = 19.1$ pies cúbicos (opción C).

10. D; **Nivel de conocimiento:** 2; **Temas:** Q.2.a, Q.2.e, Q.5.a, Q.5.b, Q.5.f; **Prácticas:** MP.1.a, MP.2.c, MP.4.a
El peso de la parte superior de la mesa es 50 libras por pie cúbico multiplicado por el volumen (16 pies cúbicos), u 800 libras. El peso de las patas es 120 libras por pie cúbico por el volumen total de las patas (3.14 pies cúbicos), o 376.8 libras, que se redondea a 377 libras. El peso total es la suma de ambos, o 1,177 libras (opción D).

11. A; **Nivel de conocimiento:** 2; **Temas:** Q.2.a, Q.2.e, Q.5.a, Q.5.b, Q.5.f; **Prácticas:** MP.1.a, MP.2.c, MP.4.a
El área de la superficie superior de la mesa es $4 \times 8 = 32$ pies cuadrados. El área del borde frontal es $4 \times 0.5 = 2$ pies cuadrados y el área del borde lateral es $8 \times 0.5 = 4$ pies cuadrados. Si combinamos las medidas se obtiene 38 pies cuadrados. Para cada una de esas superficies, hay superficies opuestas que no se ven en la figura, entonces el área total de la parte superior de la mesa es el doble de eso, o 76 pies cuadrados. El área total de cada pata es $2\pi rh$, donde $r = 0.25$ y $h = 4$. Reemplaza de manera que $2(3.14)(0.25)(4) = $ un área total de 6.28 pies cuadrados por pata, o 25.12 pies cuadrados, que se redondea a 25 pies cuadrados. Suma el área total de la mesa (76 pies cuadrados) al área total de las patas (25 pies cuadrados) para obtener un área total de 101 pies cuadrados.

12. C; **Nivel de conocimiento:** 2; **Temas:** Q.2.a, Q.2.e, Q.5.a, Q.5.b, Q.5.f; **Prácticas:** MP.1.a, MP.2.c, MP.4.a
El área total a la cual se le aplica barniz es la parte superior de la mesa, que mide $4 \times 8 = 32$ pies cuadrados; dos lados de la mesa, que miden cada uno $8 \times 0.5 = 4$ pies cuadrados, que da un total de 8 pies cuadrados; dos lados de la mesa, que miden cada uno $4 \times 0.5 = 2$ pies cuadrados, que da un total de 4 pies cuadrados; y 4 superficies laterales, que miden cada una $2 \times 3.14 \times .25 \times 4 = 6.28$ pies cuadrados, que dan un total de 25.12 pies cuadrados. Suma para hallar el área total de la mesa que se barniza: $32 + 8 + 4 + 25.12 = 69.12$ pies cuadrados, que se redondea hacia abajo a 69 pies cuadrados.

13. B; **Nivel de conocimiento:** 3; **Temas:** Q.5.b, Q.5.e, Q.5.f, A.1.a, A.1.c, A.1.g, A.2.c, A.4.b; **Prácticas:** MP.1.a, MP.1.b, MP.1.c, MP.1.d, MP.1.e, MP.2.a, MP.3.a, MP.4.b, MP.5.c
El volumen de la sección cilíndrica es $\pi r^2 h$, donde $r = R$ y la altura h de la parte cilíndrica es $h = (H - R)$, de manera que $V = \pi R^2 (H - R)$. El volumen de la sección semiesférica es $\left(\frac{4}{3}\right)\pi r^3 \div 2$ (o un medio de la esfera) $= \left(\frac{2}{3}\right)\pi r^3$, donde nuevamente $r = R$. Al sumar ambas y expandir el término para la sección cilíndrica se obtiene $V = \pi R^2 H - \pi R^3 + \left(\frac{2}{3}\right)\pi R^3 = \pi R^2 H - \left(\frac{1}{3}\right)\pi R^3$.

Al descomponer en factores πR^2 se obtiene $V = \pi R^2 \left(H - \frac{1}{3}R\right)$ (opción B).

14. C; Nivel de conocimiento: 3; **Temas:** Q.5.a, Q.5.c, Q.5.f, A.1.a, A.1.c, A.1.g, A.2.c, A.4.b; **Prácticas:** MP.1.a, MP.1.b, MP.1.d, MP.2.a, MP.3.a, MP.4.b, MP.5.c

El volumen del prisma rectangular está dado por la fórmula LWh. El volumen del prisma triangular está dado por la fórmula $\frac{1}{2}W(H - h)L$. Al combinar ambos se obtiene un volumen total de $\frac{1}{2}lw(h + h)$ (opción C).

15. D; Nivel de conocimiento: 2; **Temas:** Q.2.a, Q.2.e, Q.5.a; **Prácticas:** MP.1.a, MP.1.d, MP.2.c, MP.4.a, MP.5.c

La parte inferior del monumento es un prisma cuadrado, lo que significa que la base es un cuadrado de 50 pies × 50 pies. Como la altura es 400 pies, el volumen será (50)(50)(400) = 1,000,000 pies cúbicos (opción D).

16. C; Nivel de conocimiento: 2; **Temas:** Q.2.a, Q.2.e, Q.5.d, Q.5.f; **Prácticas:** MP.1.a, MP.1.d, MP.2.c, MP.4.a

El volumen de la pirámide pequeña de la parte superior es $\left(\frac{1}{3}\right)$ $(50)^2(60)$ = 50,000 pies cúbicos. Si lo sumamos al volumen de la parte inferior del monumento se obtiene 1,050,000 pies cúbicos (opción C).

17. D; Nivel de conocimiento: 3; **Temas:** Q.2.a, Q.2.e, Q.5.a, Q.5.d, Q.5.f; **Prácticas:** MP.1.a, MP.1.b, MP.1.c, MP.1.d, MP.2.c, MP.4.a

Las paredes del monumento son rectángulos de 50 pies de ancho por 400 pies de alto. Entonces, el área de cada uno es (50)(400) = 20,000 pies cuadrados. Hay cuatro de esos rectángulos que forman los lados del monumento, lo que da un área total de 80,000 pies cuadrados. Para saber el área total de los triángulos que forman la parte superior hay que calcular la altura inclinada usando al altura vertical (60 pies) y la mitad del ancho de la base $\left(\frac{1}{2} \times 50 = 25 \text{ pies}\right)$. Según el teorema de Pitágoras, la altura inclinada es $60^2 + 25^2 = s^2$, o la raíz cuadrada de $(60^2 + 25^2)$, o 65 pies. El área de uno de los triángulos que forman la parte superior es $\left(\frac{1}{2}\right)(50)(65)$ = 1,625 pies cuadrados. Hay cuatro de esos triángulos, lo que da un área total de 6,500 pies cuadrados. Entonces, al sumar las áreas de las paredes y la parte superior se obtiene (80,000 + 6,500) = 86,500 pies cuadrados (opción D).

18. C; Nivel de conocimiento: 2; **Temas:** Q.2.a, Q.2.e, Q.5.b, Q.5.e, Q.5.f; **Prácticas:** MP.1.a, MP.2.c, MP.4.a

El volumen de la parte superior semiesférica de la torre de agua es $\left(\frac{1}{2}\right)\left(\frac{4}{3}\right)\pi r^3$, donde r = 24 pies. Reemplaza de tal manera que $\left(\frac{1}{2}\right)\left(\frac{4}{3}\right)\pi r^3 = \left(\frac{1}{2}\right)\left(\frac{4}{3}\right)(3.14)(24^3)$ = 28,938 pies cúbicos, que se redondea a 28,940 pies cúbicos. El volumen de la parte cilíndrica es $\pi r^2 h$, donde r = 4 pies (o un medio del diámetro de 8 pies) y h = 40 pies. Reemplaza de tal manera que $\pi r^2 h = (3.14)(4^2)40$ = 2,009.6 pies cúbicos, que se redondea a 2,010 pies cúbicos. Al sumar los dos volúmenes (28,940 + 2,010) se obtiene 30,950 pies cúbicos (opción C).

19. A; Nivel de conocimiento: 3; **Temas:** Q.2.a, Q.2.e, Q.5.d, Q.5.f; **Prácticas:** MP.1.a, MP.1.b, MP.2.c, MP.3.a, MP.4.a, MP.5.c

La sección cónica de la torre de agua representa solo una parte de un cono completo; observa la siguiente figura.

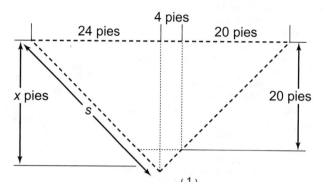

El volumen del cono completo sería $\left(\frac{1}{3}\right)\pi r^2 h$, donde r = 24 y h = 24, lo que da un volumen de 14,469.12 pies cúbicos, que se redondea a 14,470 pies cúbicos. El volumen de la parte pequeña del cono que falta está dado por la misma fórmula, donde r = 4 pies y $h = (x - 20)$ = (24 − 20) = 4 pies. A partir de aquí, reemplaza los valores en la fórmula para hallar el volumen de un cono: $\left(\frac{1}{3}\right)\pi r^2 h$, de manera que $\left(\frac{1}{3}\right)(3.14)4^2 4$ = 67 pies cúbicos, que se redondea a 70 pies cúbicos. Entonces, el volumen de la sección cónica que está presente es (14,470 − 70) pies cúbicos = 14,400 pies cúbicos (opción A).

20. C; Nivel de conocimiento: 2; **Temas:** Q.2.a, Q.2.e, Q.5.b, Q.5.e, Q.5.f; **Prácticas:** MP.1.a, MP.2.c, MP.4.a

El área de una semiesfera es la mitad del área de la esfera entera, entonces es igual a $2\pi r^2$, donde r = 24. Esto da un área total de 3,617 pies cuadrados. El área total del cilindro es $2\pi rh$, donde r = 4 y h = 40, lo que da un volumen de 1,004.8 pies cuadrados, que se redondea a 1,005 pies cuadrados. Al sumar las dos áreas (3,617 + 1,005) y redondear a la decena más próxima se obtiene 4,620 pies cuadrados (opción C).

21. B; Nivel de conocimiento: 3; **Temas:** Q.2.a, Q.2.e, Q.5.d, Q.5.f; **Prácticas:** MP.1.a, MP.1.b, MP.1.d, MP.2.c, MP.3.a, MP.4.a, MP.5.c

Halla el volumen total de la torre de agua. Luego determina qué porcentaje del volumen total es 27,210 pies cúbicos. El volumen de la sección esférica es $0.5 \times \frac{4}{3} 3.14 \times 24^3$ = 28,938 pies cúbicos.

El volumen de la porción cilíndrica es $3.14 \times 4^2 \times 40$ = 2,009.6 pies cúbicos. El volumen de la sección cónica es igual al volumen de un cono con un radio de 24 pies y una altura de 24 pies, menos el volumen de un cono con un radio de 4 pies y una altura de 4 pies. Entonces, el volumen del cono es 14,470 − 70 = 14,400 pies cúbicos. Al sumar los tres volúmenes, la capacidad total de la torre de agua es alrededor de 45,350 pies cúbicos. Divide el volumen actual, 27,210 pies cúbicos, entre la capacidad y multiplica por 100: 27,210 ÷ 45,350 × 100 = 60%.

Índice

A

Álgebra
comparación de funciones, 122–125
cuadrícula de coordenadas, 98–101
descomponer en factores, 86–89
ecuaciones, 62–65
elevar al cuadrado, elevar al cubo y
extraer las raíces, 66–69
evaluación de funciones, 118–121
exponentes y notación científica, 70–73
expresiones algebraicas y variables,
58–61
expresiones racionales y ecuaciones,
90–93
forma de ecuación pendiente-
intersección de una línea, xiv, 106
forma normal de una ecuación
cuadrática, xiv
fórmula cuadrática, xiv, 86, 114
interés simple, xiv
patrones y funciones, 74–77
pendiente, xiv, 106–109
representar gráficamente ecuaciones
cuadráticas, 114–117
representar gráficamente ecuaciones
lineales, 102–105
resolver ecuaciones con dos variables,
82–85, 102–105
resolver ecuaciones con una variable,
78–81
resolver y representar gráficamente
desigualdades, 94–97
teorema de Pitágoras, xiv, 130–133, 158
usar la pendiente para resolver
problemas de geometría, 110–113
Altura
altura del lado inclinado de conos y
pirámides, 154–155, 157
de cilindros, 150, 152
de triángulos, 126–127, 129, 145
del paralelogramo, 126
Altura del lado inclinado, 154–155, 157
Ángulos
de figuras congruentes y semejantes, 146
de polígonos, 126
Área
área lateral, 150
de cuadriláteros, 126–129
de figuras planas compuestas, 142–145
de triángulos, 126–129, 133
de un círculo, 138–145
de un cuadrado, 66–68, 87–88
de un paralelogramo, xiv
de un rectángulo, 34–37, 60, 67–70,
86, 89, 94, 126
de un trapecio, xiv
Véase también **Área total**
Área lateral, 150, 153
Área total
de cuerpos geométricos compuestos,
158–161
de figuras planas compuestas, 142–145
de la pirámide, el cono y la esfera, xiv, 154
del cilindro, xiv

del prisma, xiv, 34–37, 150–151, 153
**Áreas de estudio de la Prueba de
GED®**, iv–v

B

Barra de fracciones, 14
Base de porcentaje, 26
Bases
de cuerpos geométricos, 150, 152, 154
de triángulos, 126, 128–129

C

Calculadora, xii–xiii, 58, 66
Calculadora TI–30XS, xii–xiii, 58, 66
Cancelar, 70, 82, 90
Capacidad, 30–31, 33
Caras, 154, 157
Cero
como característica de ecuaciones
cuadráticas, 86, 114
como marcadores de posición, 22
como número entero, 10–13
Cilindro, xiv, 150–153, 159–160
Círculos, 138–141, 144–145
Circunferencia, 138–141, 152
Claves de gráficas, 46, 48–49
Coeficientes, 82, 114
Computadora, Prueba de GED® en la,
xiv, xv
Conjuntos de datos, 38–41
Conos, xiv, 154–157
Consejos para realizar la prueba, vx
asegurar comprensión de preguntas, 134
convertir unidades de medida, 30
cuerpos geométricos y volumen, 150
escribir respuestas de probabilidad, 42
estimar valores en gráficas circulares, 50
etiquetar razones, 18
información para resolver problemas
de geometría, 126
información requerida en las
preguntas, 34
media, mediana y moda, 38
reducir fracciones, 14
revisar las respuestas, 46
subrayar palabras clave, 2
teorema de Pitágoras, 130
usar las opciones de respuesta, 74, 102
**Convertir unidades del sistema
métrico**, 30–33
**Convertir unidades del sistema usual
de EE. UU.**, 31, 33
Cuadrado de un número, xii–xiii, 66–69
Cuadrados, 66–69, 114, 118
**Cuadrantes de cuadrícula de
coordenadas**, 98
Cuadrícula de coordenadas
hallar la pendiente y las ecuaciones de
líneas, 106–108

partes de, 98–101
representar gráficamente ecuaciones
cuadráticas, 114–117
representar gráficamente ecuaciones
lineales, 102–105
resolver problemas geométricos, 110–113
Cuadriláteros, 126–129, 136
Cuartiles, 54–55
Cuerpos geométricos. *Véase* **Figuras
tridimensionales**
Cuerpos geométricos compuestos,
158–161

D

Denominador, 14, 18, 26, 90, 92, 118
Denominador común, 14, 90–93
Dentro del ejercicio
comparación de funciones, 122
comprobar soluciones de ecuaciones, 78
interpretar funciones, 118
pendiente de una línea, 110
Descomponer en factores, 86–93
Desigualdades, 94–97
Diagramas de caja, 54–57
Diagramas de dispersión, 46–47
Diagramas de puntos, 54–57
Diámetro, 138–141, 143–145, 150–152, 154
Dibujos a escala, 146–149
Distancia entre dos puntos, 17, 58,
60–61, 64, 72–74, 76–77, 102, 104,
113, 115, 117, 131–132, 135, 147
Distribución, 54
Dividendo, 6, 14–17, 22
División
con notación científica, 70
de expresiones racionales, 90–93
de fracciones, 15–17
de números decimales, 22–25
de números enteros, 10, 13
de números exponenciales, 70–73
de números naturales, 6–9
en la calculadora, xii
Divisor, 6, 14–17, 22

E

Ecuación cuadrática
resolver y representar gráficamente,
114–117
Ecuaciones
ecuaciones lineales con dos variables,
82–85
ecuaciones lineales con una variable,
62–65, 78–81
ecuaciones racionales, 90–93
forma de ecuación pendiente-
intersección de una línea, xiv, 106

ÍNDICE

S

Salida, 77, 118, 121
Segmento, 98
Sentido numérico
    fracciones, 14–17
    números decimales, 22–25
    números enteros, 10–13
    números naturales, 2–5
    operaciones, 6–9
    porcentajes, 26–29
    razones y proporciones, 18–21
Simetría, 114, 116
Simplificar
    ecuaciones, 78–85
    exponentes, 70
    expresiones, 58–61, 90–93
    fracciones, 17
    razones, 18
Sistema métrico, 30–33
Sistema usual de EE. UU., 30–33
**Solución de un conjunto de
  ecuaciones lineales**, 102–105
Suceso imposible, 42
Suceso probable, 42
Suceso seguro, 42
Sucesos, 42
Suma
    de expresiones racionales, 90–93
    de fracciones, 14, 17
    de números decimales, 22–26
    de números enteros, 10–13
    de números exponenciales, 70–73
    de números naturales, 6–9, 28
    en la calculadora, xii
Sustitución
    evaluar expresiones con, 58–61
    resolver ecuaciones cuadráticas con,
      86–89
    resolver ecuaciones lineales con dos
      variables con, 82–85
    resolver para hallar valores de
      funciones, 74–75, 77

T

Tablas
    de valores de funciones, 118, 122,
      123, 125
    leer, 2, 6
Tasa de cambio, 109, 122–125
Tasa de cambio constante, 122
Tasa de cambio promedio, 109, 122–125
Tasa de porcentaje, 26
Tasa por unidad, 18–20
Taza, 16, 31
Tecla "2nd", xii–xiii
Tecla CLEAR, xii–xiii
Tecla de conmutación, xii
Tecla ENTER, xii–xiii
Tecnología para la prueba
    calculadora en pantalla, 66
    ítems de punto clave, 114
    signo de negativo y signo de la resta, 58
    uso del ratón, 26
Temas
    área y circunferencia de círculos, 138
    calcular el volumen y el área total, 154
    cuerpos geométricos compuestos, 158
    mostrar/interpretar datos, 54
    pares ordenados, 98
    resolver sistemas de ecuaciones
      lineales, 82
    valor absoluto de números enteros, 10
Teorema de Pitágoras, xiv, 130–133, 158
Tercer cuartil, 54
Términos
    de factores, 86
    en razones, 18
Términos comunes, 90–93
**Tipos de preguntas de la Prueba de
GED®**, v
    arrastrar y soltar, 15–17, 20, 104, 120,
      137, 156
    completar los espacios, 7–9, 23, 41,
      80, 89, 96, 109, 112, 127, 131, 139
    menú desplegable, 27–29, 35, 43, 64,
      72, 123, 152
    punto clave, 47–49, 56, 116
Trapecio, xiv
Traslaciones, 98, 100–101
Triángulo, 59, 76, 80, 104, 126–129, 130,
  143, 145. *Véase también* **Teorema de
  Pitágoras; Triángulo rectángulo**
Triángulo acutángulo, 126
Triángulo isósceles, 80, 100, 126, 129
Triángulo rectángulo, 100, 112, 127,
  129–133, 149

U

Unidades cuadradas, 34
Unidades cúbicas, 34, 150
Usar la lógica
    análisis de figuras compuestas, 142
    comprobar respuestas con números
      decimales, 22
    comprobar soluciones de
      desigualdades, 94
    hallar la ecuación de una línea, 106
    método FOIL, 86
    operaciones opuestas, 6
    usar el sentido común, 146
    valor de variables, 62

V

Valor absoluto, 10–13
Valor máximo de funciones, 118–119,
  122, 124
Valor máximo de un conjunto de datos, 54
**Valor máximo de una ecuación
  cuadrática**, 114–117
Valor mínimo de funciones, 118, 125
Valor mínimo de un conjunto de datos, 54
**Valor mínimo de una ecuación
  cuadrática**, 114–117
Valor posicional
    alinear en operaciones, 6–9
    de números decimales, 22–25
    de números naturales, 2–5
Variables
    despejar en un lado de una ecuación,
      62–65, 78, 126
    en ecuaciones cuadráticas, 114
    en ecuaciones lineales, 78–85
    en expresiones algebraicas, 54–61
Volumen
    de cilindros y prismas, 150–153
    de cuerpos geométricos compuestos,
      158–161
    de pirámides, conos y esferas,
      154–157
    del prisma rectangular, 34–37, 66–69

ÍNDICE